신약

가족을 하나님께로 이끄는 **10분 가정예배**

Old Story New

복음, 늘 새로운 옛이야기

마티 마쵸스키 지음 · HIS 옮김

Old Story New: Ten-Minute Devotions to Draw Your Family to God
by Marty Machowski

Originally published in the USA by New Growth Press
under the title Old Story New: Ten-Minute Devotions to Draw Your Family to God
Text Copyright ®œ 2012 by Marty Machowski
Illustration Copyright ®œ 2012 by New Growth Press

Korean Edition published by Home&Edu in 2019
Translated and used by permission of New Growth Press
Printed in Korea.

저는 이 책을 사랑하는 아내, 루이스와 여섯 자녀들,

엠마, 나단, 마르다, 노아, 안나 그리고 아멜리아에게 바치고 싶습니다.

소중한 가족들은 제가 이 책을 준비하는 긴 시간 동안

저를 전적으로 지지하며 도와주었고,

지속적인 관심과 격려를 보내주었습니다.

차례

추천사

"가정 예배 시간을 확보하는 것은 힘든 일입니다. 그러나 하나님의 말씀대로 살아가려는 가족이, 모두 함께할 수 있는 즐거운 일을 찾는 것은 이보다 훨씬 더 어려운 문제가 될 수 있습니다. 이 놀라운 책에서, 여러분은 두 번째 문제의 답을 이미 찾았습니다. 그리고 마티 목사님의 명쾌한 글과 창의성 덕분에 여러분은 첫 번째 문제도 쉽게 해결할 수 있을 겁니다(설령 여러분 자신은 그런 문제가 없다고 생각할 수도 있지만). 이 멋진 책을 추천함으로 여러분이 가정 예배의 즐거움을 맛볼 수 있게 된다고 생각하니 제게는 매우 큰 기쁨입니다."

– 로버트 윌게머스 박사

*The Most Important Place on Earth: What a Christian Home Looks Like and How to Build One*의 저자

"교회는 부모님들이 가정을 영적으로 인도하길 바랍니다. 하지만, 정작 당사자인 부모님들은 그 방법을 모르고 있습니다. 마티 마츠스키 목사님의 이 책은 교회와 부모님들 모두에게 명쾌한 해답을 제시합니다. 마티 목사님은 큰 노력과 시간을 들여 이 책을 완성했고, 부모님들이 쉬운 이야기를 도구로 자녀들을 올바르게 가르치며 양육할 수 있게 도움을 주었습니다. 거기다 단지 그 정도에 머물지 않고 그 모든 이야기를 그리스도인들의 핵심 주제인 예수님께 분명하게 연결했습니다."

– 스캇 토마스 목사, *The Journey* 교회, *Gospel Coach Shepherding Leaders to Glorify God*의 저자

"마티 마츠스키 목사님은 많은 가정을 이해하고 있습니다. 무엇보다도 각 가정이 신약 성경을 읽으면서 그 안에 담긴 예수님 이야기, 즉 복음을 어떻게 하면 쉽게 찾아낼 수 있는지를 잘 알고 있습니다. 만약 여러분의 자녀가 성경을 읽으면서 구원자이신 예수님을 만나길 원한다면, 이 책으로 가정 예배를 드려 볼 것을 권해 드립니다."

– 데이브 하비

주권적 은혜 사역(SGM)의 교회 개척과 돌봄 담당, *When sinners say "I do": discovering the power of the gospel for marriage*의 저자

"요즘 볼 수 있는 대부분의 가정 예배서들은 성경에 담긴 진리는 적당히 가르치고 도덕적인 삶을 살아가는 데 도움이 되는 내용에만 초점을 맞춘 경향이 있습니다. 저와 아내가 마티 마츠스키 목사님의 책들을 매우 소중하게 여기는 이유는, 그리고 그 책들이 "주님의 가르침과 원칙"을 따라 우리 자녀들을 양육하는 중요한 도구가 된 이유는 성경에 담긴 핵심 주제에서 벗어나지 않고 그 내용들을 깊이 다루기 때문입니다. 이 책 역시 우리가 기쁘게 추천하며 우리 아이들과 함께 꼭 읽어보고 싶습니다."

– 팀 칼리스 작가, 목사, 블로거

"마티 마쵸스키 목사님의 이 책은 그분의 어린이 사역 커리큘럼과 먼저 출간된 가정 예배서(구약)인 Long Story Short와 마찬가지로 부모님들과 목회자들, 그리고 각 교회의 어린이 담당 교사들에게 매우 소중한 자산이 될 것이 분명합니다. 나는 마티 목사님이 신약성경에 담긴 수많은 이야기를 그리스도의 복음과 연결하는 방식에 상당히 매료되었고 놀라움을 금할 수 없습니다. 마티 목사님의 책은 아이들이 성경에 담긴 모든 이야기를 예수님께 연결해서 이해하는 방법을 배우는 데 도움이 될 것입니다. 진리의 말씀, 곧 구원의 복음을 올바르게 이해하고 가르칠 수 있게 양육된 자녀 세대를 통해 하나님은 얼마나 놀라운 일을 하실 수 있을까요?"

– **조쉬 블런트** *Living Faith* 교회 목사

"아이들을 키우려면 가능한 한 빨리 그들의 마음을 살피는 것이 필요합니다. 그렇게 하려면, 부모인 우리는 무엇으로 우리 아이들의 관심을 붙잡아 둘 수 있을까요? 착한 아이가 되라고 가르치고 요구하는 얇고 쉬운 도덕 이야기인가요? 마티 목사님의 이 책을 보면, 빛 되신 그리스도는 우리 아이들의 상상력을 붙잡아 두십니다. 이 아름다운 책을 통해 우리 아이들은 잘살려면 어떻게 해야 하는지를 끝없이 가르치고 요구하는, 세상이라는 사막에서 그들의 갈증을 영원히 해소하는 오아시스와 같은 예수님을 만나게 될 것입니다. 우리 아이들이 영혼과 마음의 갈증에서 벗어날 길이 여기에 있습니다. 그곳으로 아이들을 인도해 주는 건 부모님의 몫입니다."

– **데이빗 E. 테이트** *Manor* 장로 교회 목사

서문 *Foreword*

- *테드 트립(Tedd Tripp)*

마티 마쵸스키 목사님이 또 한 번 대단한 일을 끝냈습니다! 이 책은 구약 성경을 다룬 Long Story Short와 함께 그리스도인 가정을 위한 또 하나의 훌륭한 가정 예배서입니다. 이 책은 매우 단순하지만, 그 깊이는 결코 얕지 않습니다. 이 책은 지나치게 율법적이거나 원칙만을 고수하려 하지 않지만, 신학적으로 볼 때 매우 견고하고 진리를 분명히 말하고 있습니다. 무엇보다도, 이 책은 바쁜 부모님들과 아이들 모두에게 짧지만, 의미 있는 시간을 함께 보낼 수 있게 만듭니다.

우리 아이들의 마음과 영혼을 진리에서 벗어나게 만드는 메시지가 넘쳐나는 시대에, 부모들에게는 성경의 진리를 자녀들에게 가르쳐야 할 책임과 필요가 있습니다. 부모로서 우리는 이 세상의 문화가 항상 이야기로 아이들에게 다가와서 어떻게 삶을 이해하고 받아들여야 하는지를 가르치고 있다는 사실을 기억해야만 합니다. 아이팟, 아이패드, 페이스북, 리틀리그, 댄스 스튜디오, 비디오 게임 등 우리가 일상에서 만나기 쉬운 이 모든 것들이 아이들에게 삶이 무엇이고 어떻게 살아가야 하는지를 이야기로 들려주고 있습니다. 엔터테인먼트, 예술과 음악, 문학, 관습, 스포츠, 일, 여가활동, 레크리에이션 등도 문화라는 이름으로 전달되는 이야기인데, 삶에 대한 잘못된 개념을 갖게 할 수 있습니다. 문화로서 전달되는 많은 이야기는 자녀들에게 권위, 정의, 명예, 오락, 책임, 봉사, 성별 그리고 다양한 추상적 이미지에 대해 어떻게 이해하고 반응하며 받아들일지를 알려줍니다. 정말 안타까운 것은, 대다수 문화는 주로 세대와 세대를 통해 전수되는데, 그 과정에서 진리보다는 거짓과 왜곡이 더 빨리 전해진다는 사실입니다.

마티 마쵸스키 목사님은 우리에게 다른 이야기를 제공합니다. 마티 목사님은 10분 정도의 짧은 시간에 성경을 연구하고, 그 안에서 진리를 발견하며, 온 가족이 함께 그것을 나누며 알아갈 수 있게 만들었습니다. 가정 예배는 자녀들에게 꼭 필요합니다. 매일 10분씩 따로 떼어낼 수 있다면, 부모로서 우리는 자녀들에게 자기 자신과 하나님, 그리고 세상에 대한 진실한 이야기를 들려줄 수 있습니다.

저의 부모님은 자녀인 저희와 항상 가정 예배를 드리셨습니다. 그런 환경에서 자랐다는 것은 제가 누린 특권이었습니다. 저의 아버님이 이 책과 같은, 가정 예배에 도움이 되는 무엇인가를 가지고 있으셨다면, 아마 많은 도움을 얻으셨을 겁니다. 하지만 매일 온 가족이 함께 예배드렸다는 사실만으로도 여전히 저와 저의 형제자매들은 삶 속에서 큰 영향을 받고 있습니다. 여러분의 자녀들에게 하나님의 말씀을 따라 살아갈 수 있게 진리를 가르쳐야 하는 핵심 장소는 교회나 기독교 학교, 짧은 여름 캠프가 아닙니다. 그곳은 바로 가정입니다. 시편 78편은 이 진리를 이렇게 말합니다. "이는 우리가 들어서 아는 바요 우리의 조상들이 우리에게 전한 바라 우리가 이를 그들의 자손에게 숨기지 아니하고 여호와의 영예와 그의 능력과 그가 행하신 기이한 사적을 후대에 전하리로다 여호와께서 증거를 야곱에게 세우시며 법도를 이스라엘에게 정하시고 우리 조상들에게 명령하사 그들의 자손에게 알리라 하셨으니 이는 그들로 후대 곧 태어날 자손에게 이를 알게 하고 그들은 일어나 그들의 자손에게 일러서 그들로 그들의 소망을 하나님께 두며 하나님께서 행하신 일을 잊지 아니하고 오직 그의 계명을 지켜서"(시 78:3~7절).

가정 예배의 유익은 아무리 말해도 지나치지 않습니다. 최근에 영국 목사인 필립 헨리가 꾸준한 가정 예배를 통해 자녀들을 어떻게 양육했는지에 대한 이야기를 읽었습니다. 그 목사님은 주말이 되면, 한 주간 매일 함께했던 가정 예배의 내용을 기억할 수 있게 질문을 했습니다. 그 목사님은 그것을 "아무것도 잃어버리지 않게 부스러기를 쓸어 담기"라고 했습니다. 혹시 필립 헨리 목사님이 누군지 궁금할 수 있겠군요. 그 목사님은 바로 매튜 헨리의 아버지였습니다. 매튜 헨리는 지난 200년 동안 가장 널리 읽힌 성경 주석을 쓴 목사님입니다. 어떤 가정이 매튜 헨리의 성서적 통찰과 이해를 가진 사람을 만들어 낼 수 있을까요? 아마도 성경 이야기를 매일, 끊임없이 듣는 가정에서 자란 아이들이 그렇게 성장할 것입니다. 그런 탁월한 사람을 만들어내는 곳은 오직 가정밖에는 없습니다.

이 책에서 마티 마쵸스키 목사님은 성경 이야기를 진리에서 벗어나지 않으면서도 짧고 쉽게 다룰 수 있게 나누었습니다. 마티 목사님은 가정 예배가 아빠들에게 너무 부담스럽거나 거추장스러운 것이 되지 않게 했습니다. 매일 정해진 내용을 읽고 그에 따르는 질문을 함께 고민하고 생각해 보게 했습니다. 단순히 성경 이야기를 읽고 끝내는 것이 아니라, 즉 읽는 데 초점을 둔 것이 아니라 각 단원의 내용을 직접 생각하고 고민해 볼 수 있게 했습니다. 그 안에 담긴 의미를 찾아낼 수 있는 질문들을 통해 부모와 자녀 모두가 함께 진리를 도출해 내는 경험을 할 수 있습니다.

서문에서 마티 목사님이 책을 소개하시면서 다양한 연령대의 아이들과 함께 사용하는 방법을 자세히 기록해 놓으셨으니 꼭 주의 깊게 읽어보시길 바랍니다. 서문에 기록된 안내는 이 책을 자녀들과 효과적으로 사용할 수 있게 도와줄 겁니다.

한 가지 더, 제가 항상 찾고자 노력하는 것이 있는데 바로 복음입니다. 마티 목사님의 초점은 단지 성경에 기록된 이야기 자체가 아닙니다. 바로 그 이야기 속에 담긴 진짜 이야기, 즉 복음에 맞춰져 있습니다. 그리스도와 복음이 매일의 가정 예배 속에서 발견되고, 묵상될 것입니다. 하나님의 은혜와 영광스러운 복음은 우리의 깊은 필요를 채워줄 것입니다. 부모인 우리가 자녀들과 함께 예배하는 그 순간에!

테드 트립
2012년 8월

감사의 말 *Acknowledgments*

먼저 데이브 하비(Dave Harvey) 목사님께 감사드리고 싶습니다. 그분의 격려 덕분에 이 책을 기획하고 출간할 수 있었습니다. 그래서 단지 우리 교회 가족들에 그치지 않고 더 많은 분에게 도움을 드릴 수 있게 되었습니다. Covenant Fellowship 교회의 동료 목회자들에게도 감사한 마음을 전합니다. 그분들의 삶은 제 사역과 삶에서 어떻게 복음대로 살 것인가를 배우고 실천하게 하는 좋은 본보기였습니다.

이 책을 쓰면서 참고하고, 많은 영향을 받은 책들이 있습니다. Living the Cross Centered Life(C.J. Mahaney), The Unfolding Mystery(Edmund Clowney), Promise and deliverance(S. G. de Graaf), Systematic Theology(Wayne Grudem), ESV Study Bible(Crossway) 입니다.

이 책을 끝내고 나니, 제가 이 책을 쓰는 동안 함께 일했던 수많은 사람에게 점점 더 깊은 감사의 마음을 갖게 되었습니다. 이 프로젝트는 10년 전, 제가 Covenant Fellowship 교회에서 아이들과 부모들을 위한 하나님 이야기 과정을 준비하면서 시작되었습니다. 여러 해에 걸쳐 저는 원고들을 편집장들과 교정가들에게 보냈습니다. 그분들의 노력과 수고 덕분에 지금 이 가정 예배서가 하나로 묶여서 출간되었습니다. 그분들이 없었다면, 어쩌면 불가능했을지도 모르겠습니다.

그래서 빌 패튼(Bill Patten), 미셸 제인스(Michelle Janes), 사라제인 올란도(Sarajane Orlando), 자넬 펠드먼(Janel Feldman), 그리고 주일 오전 어린이 사역 프로그램인 Promise Kingdom에서 함께 해준 드웨인(Dwayne)과 토니 베넷(Toni Bennett)에게 감사드립니다. 이 책 원고 초안을 읽어준 아내 로이스(Lois)와 재러드 멜린저(Jared Mellinger)에게도 감사한 마음을 전합니다. 제프 게르케(Jeff Gerke)의 능숙한 편집 실력 덕분에 성경에 담긴 진리를 이해하기 쉬운 매일의 짧은 예배로 바꾸는 데 큰 도움이 되었습니다. 또한 자선 단체 임펠드(Imfeld)에게 감사드리고 싶습니다. 보이지 않는 곳에서 많은 도움을 받았습니다.

이 책을 출판할 수 있게 적극적으로 지원해 주신 New Growth 출판사에도 감사를 드립니다. 그들의 투자와 세심한 조언은 많은 교회와 가정들에 분명히 큰 도움이 될 것입니다. 마지막으로, Covenant Fellowship 교회 가족들이 이 책을 실제로 사용해 보고 수많은 의견을 전해 주셨습니다. 교회의 많은 관심과 지지 덕분에 이 프로젝트가 완성될 수 있었습니다. 그리고 무엇보다도 함께 기도해 주신 것에 감사드립니다.

부모님을 위한 서문 *Introduction for Parents*

모든 그리스도인 부모들의 가장 큰 바람은 자녀들이 예수 그리스도를 개인적으로 만나 그들의 구원자로 고백하는 것입니다. 대부분의 부모는 자녀들의 구원이 보장된다면, 아무리 높은 산일지라도 주저 없이 오를 것이고, 아무리 사나운 용이 있을지라도 싸워서 무찌를 수 있을 겁니다. 그러나 부모인 우리도 은혜로 예수님을 믿었던 것처럼, 자녀들도 어떤 노력이나 성취가 아니라 오직 성령님의 일하심을 통해 예수님을 만나고 변할 수 있습니다. 사실 구원에 있어서 우리는 할 수 있는 게 전혀 없습니다. 왜냐하면 하나님은 우리를 긍휼히 여기셔서 자비를 베푸심으로 우리가 하나님의 구원 사역에 동참할 수 있게 하셨기 때문입니다.

우리는 우리 아이들에게 하나님의 이야기를 들려줄 수 있습니다. 삶을 바꾸는 강력한 복음의 메시지를 말입니다. 성경에 따르면 복음은 모든 믿는 사람에게 구원을 주시는 하나님의 능력입니다(롬 1:16절). 우리가 자녀들에게 하나님의 말씀을 전할 때마다 우리는 믿음의 씨앗을 심는 것입니다. 새로 심은 씨앗에 물을 주는 농부처럼, 우리는 하나님께 기도하고, 자녀들의 삶의 토양에서 복음의 씨앗이 새싹을 돋아내기를 기다리며 바라보고 있는 것입니다. 비록 우리가 복음의 씨앗을 뿌렸지만, 여전히 그것들이 어떻게 자라는지 알지 못합니다(막 4:26~29절).

모험, 서스펜스, 드라마, 신비로 가득 찬 복음 이야기 때문에 우리 자녀들은 쉽게 관심을 기울이게 됩니다. 좋은 책은 읽을 때 상상력을 자극해서 살아 움직이듯 다가온다고 합니다. 성경에 기록된 복음 이야기는 그런 좋은 책들보다 더 많은 것들을 우리에게 전해 줍니다. 그것은 살아 있어서, 우리의 죄가 아무리 크고 강력할지라도 제거할 수 있으며, 믿지 않아 깊은 죽음에 빠져 있는 영혼에 생명을 불어넣을 수 있습니다.

날카로운 칼이 사과를 반으로 자르듯, 하나님의 말씀은 우리의 자만심을 꿰뚫어서 우리가 어떤 죄인인지를 드러나게 합니다. 그런 다음 우리가 공의로우신 하나님께 용서받을 수 있는 유일한 길인 예수님을 보여줍니다. 요한이 자신이 기록한 복음서 마지막에 이렇게 말했습니다. "오직 이것을 기록함은 너희로 예수께서 하나님의 아들 그리스도이심을 믿게 하려 함이요 또 너희로 믿고 그 이름을 힘입어 생명을 얻게 하려 함이니라"(요 20:31절). 우리는 구원 받았습니다. 그리고 우리 자녀들도 복음에 담겨 있는 그리스도의 이야기를 살펴보면서 성령님의 도움으로 구원받습니다.

그러면 왜 수많은 그리스도인 가정에서 성경은 먼지가 쌓인 채 책장에 꽂혀 있거나 책상 한구석으로 밀려나 있는 걸까요? 그 이유는 그리스도인 부모들이 자녀들에게 성경을 가르치지 않으려고 해서가 아닙니다. 단지 그들은 어디서부터, 어떻게 시작해야 할지를 모를 뿐입니다. 성경은 때로는 손댈 수 없을 정도로 길고 복잡해 보입니다. 부모들은 성경을 어디부터 읽기 시작해야 할지, 한 번에 얼마나 읽어야 할지, 혹은 방금 읽은 내용에서 무엇을 가르쳐야 할지 잘 알지 못하고, 확신이 없습니다. 고민 끝에 가정 예배를 진행해 보지만, 결국에는 아이들의 멍한 눈빛만 보게 되고, 낙담과 실패를 또 한 번 겪을 뿐입니다.

많은 부모가 성경이 아이들을 어떻게 변화시킬 수 있는지에 대한 기대감으로 마치 출발선상에서 문이 열리자마자 달려가는 경주마처럼 가정 예배로 돌진합니다. 그러나 첫 번째 코너를 돌기도 전에 지쳐서 포기해 버립니다. 그러고 나서 성경은 다시 책장 한쪽 구석을 차지합니다. 그들은 낙담한 채 스스로 이렇게 말합니다. "나는 확실히 아이들에게 성경을 강해하고 그리스 원어로 가르칠 만한 슈퍼 부모는 될 수 없어."

슈퍼 부모는 없습니다. 우리는 모두 악전고투합니다. 그리고 그런 노력을 지속할 수 있는 도움이 필요합니다. 이 책이 부모인 우리가 자녀들과 함께 성경 이야기를 나누는 데 큰 도움이 될 수 있기를 바랍니다. 분명히 자녀들과 가정 예배를 훨씬 더 쉽게 할 수 있게 도와줄 겁니다. 성경 이야기를 짧게 나누었고, 가정 예배를 10분 정도 진행하는데 필요한 것들을 제공함으로써 부모들의 부담감을 줄였습니다. 매일 가정 예배를 진행하고 이어지는 간단한 질문(그리고 대답!)은 자녀들과 그날 배운 내용에 관해 이야기 나눌 기회를 줄 겁니다. 가정 예배를 인도하면서 자녀들의 멍한 눈빛과 무관심한 모습이 줄어드는 것을 보게 될 것이고, 그들이 얼마나 많은 것을 이해하고 기억하는지에 놀랄 것입니다.

우리가 하나님의 말씀을 읽고 서로 나눌 때, 성령님도 우리 자녀들을 하나님께로 더 가까이 나아가도록 인도하시고 그들의 마음을 열어 영원한 생명을 가져다주는 복음의 메시지를 이해하도록 돕는다는 확신을 얻게 될 겁니다. 이것을 반드시 기억해주세요. 부모인 우리의 역할은 씨앗을 심고 물을 주는 것입니다. 그 씨앗을 자라게 하고 열매를 맺으시는 분은 바로 하나님이십니다.

하루에 딱 10분!

만약 하루에 10분만 확보할 수 있다면, 부모인 여러분은 이 책을 사용해서 이제까지 이 세상에 존재해 왔던 것 중에서 가장 가치 있는 선물을 자녀들에게 전해줄 수 있습니다. 대다수의 사람이 믿는 것과는 다르게, 매일 가정 예배를 드리는 것은 그리 많은 시간이 필요하지 않습니다. 하나님은 우리 자녀들의 삶에서 우리가 생각하는 것보다 더 많은 열매를 맺기 위해서 짧고 간단하지만 지속해서 이뤄지는 가정 예배를 사용하실 수 있습니다. 그리고 짧지만 매일 이뤄지는 가정 예배는 우리의 바쁜 일상에서 우리가 쉽게 다른 길로 빠지지 않게 합니다. 매일 이뤄지는 가정 예배 가운데 우리가 보고 듣는 복음의 메시지를 통해서 하나님은 일하십니다.

하나님 안에서 우리가 바라는 것은 자녀들이 의무감이 아니라 자발적으로 성경을 읽고 그들 자신을 하나님께 헌신하는 모습을 보는 것입니다. 하나님 말씀의 진리는 우리를 그리스도께 인도하고 우리가 믿음을 지키고 평생토록 성장하는 데 도움을 줍니다. 그리스도인 부모에게 하나님의 말씀을 온전한 믿음으로 공부하는 과정에서 우리 자녀들을 향한 성령님의 인도하심을 보는 것보다 더 큰 기쁨은 없습니다. 어떤 세상의 보물도 감히 비교될 수가 없습니다.

　어린아이였을 때 우리 마음에 새겨진 하나님의 말씀은 훗날 인생을 살아가면서 반복적으로 사용됩니다. 성령님은 말씀을 기억나게 하셔서 우리가 하나님과 동행하도록 도와주시고 우리의 인생에서 만나는 다른 많은 사람을 격려할 수 있도록 해 주십니다.

　각 가정은 일상생활 속에서 약간의 시간을 확보할 수 있습니다. 어떤 가정들은 가정 예배를 위해서 하루를 시작하는 아침에 모입니다. 반면에 다른 가정들은 저녁 식사 시간에 그렇게 할 수 있습니다. 가정 예배를 위한 책과 성경을 저녁 식사가 차려진 식탁에 함께 두세요. 모든 가족이 식사를 마친 직후에, 10분 동안 가정 예배를 드릴 수 있습니다. 이 책은 여러분에게 그 일을 가능하게 합니다. 여러분이 해야 할 것은 그날에 해당하는 성경을 읽는 것이 전부입니다. 그리고 해당하는 짧은 내용을 읽으세요. 그러고 나서 자녀들에게 적혀 있는 질문을 하시면 됩니다. 마지막으로 자녀 중 한 명에게 기도해달라고 부탁하시면 됩니다.

사용하기에 쉽고 단순합니다.

　이 책은 창세기부터 요한계시록에 나타난 하나님의 구원 계획을 설명하기 위해서 고안된 가정 예배를 위한 책입니다. 1권은 구약 성경을, 2권은 신약 성경을 다루고 있습니다. 다 합치면 3년 동안 가정 예배를 드릴 수 있습니다. 구약 성경 각 내용을 통해서, 여러분의 가정은 다음의 질문에 대한 답을 배우게 될 것입니다. "이 성경 본문이 어떻게 예수님을 가리키는가?" 신약 성경 각 내용을 통해서는 "복음은 어디에 있는가?"라는 질문에 대한 답을 찾게 될 것입니다. 성경은 하나님의 구원 계획이 드러나는 이야기라서, 성경의 모든 말씀은 갈보리를 가리키거나 그곳으로 돌아가게 합니다.

　주마다 재밌는 활동이나 놀이, 쉬운 질문들로 시작하면서 성경 말씀을 소개합니다. 1일부터 4일까지는 정해진 분량대로 그 주에 다루는 성경 말씀을 살펴봅니다. 3일째에는 그날 다루는 성경 말씀이 복음과 어떻게 연결되는지를 설명하면서 좀 더 특별한 관심을 두도록 합니다. 4일째에는 자녀들이 부모에게 물어볼 수 있는 질문이 실려 있습니다. 그리고 5일째에는 시편이나 예언서 중 하나에서 성경 말씀을 발췌해서 그 말씀들이 어떻게 예수님을 가리키고 있는지 살펴보게 될 겁니다.

　이 책은 자녀들의 연령에 따라서 다르게 사용할 수 있습니다. 이 책은 복음의 진리를 충분히 다루고 있기 때문에, 어떤 연령대의 자녀들이 있어도 가정마다 매우 효과적으로 복음을 가르칠 수 있습니다. 여러분의 가정을 가장 잘 설명하는 부분을 찾기 위해서 다음에 나오는 항목들을 한 번 살펴보세요.

자녀가 미취학이라면

4~6세의 자녀들이 있다면, 가정 예배를 매일 함께 꾸준히 하는 것을 시작하기에 가장 좋은 시기입니다. 이 책은 이 시기의 자녀들에게 가장 효과적입니다. 다섯 살 된 자녀가 책에 있는 질문들에 답을 하지 못할 거라는 자기 생각에 속지 마세요. 이 연령대의 아이들은 그들이 표현할 수 있는 것보다 훨씬 더 많은 것을 이해할 수 있는 경우가 종종 있습니다. 다음에 나오는 기술들을 생각해 보세요:

● 토론 질문을 건너뛰는 깃을 부담스럽게 생각하지 마세요. 그냥 정답을 읽어 주는 것도 괜찮습니다. 매일의 예배와 관련된 질문들에 대한 답은 완전한 문장으로 적혀 있습니다. 이렇게 드려지는 가정 예배 시간을 사용해서 자녀들이 성경과 친숙해질 수 있는 첫 기회로 삼아보세요. 만약 여러분의 자녀가 이 책을 네 살에 처음 시작한다면, 그 아이는 3년 후인 일곱 살에 끝마치게 되는데 매일매일 쌓여 온 엄청난 복음의 진리의 토대를 갖추게 되는 것입니다.

● 여러분은 또한 매주 첫날에 있는 창의 활동들을 건너뛸 수도 있는데 그 내용은 미뤄두었다가 자녀들이 초등학교 입학할 나이가 되었을 때 다시 다룰 수도 있습니다.

● 자녀들이 쉽게 이해하는 데 도움이 되거나 좀 더 다양한 대답을 유도하기 위해서 질문을 바꿔서 다르게 물어보는 것도 시도해 보세요.

● 어떤 부모들은 자녀들을 위한 도움이 되기 위해서 자녀들이 답을 말할 수 있도록 옆에서 이야기해 줄 수도 있습니다. 이것이 어떻게 보면 정직하지 않은 것처럼 들리지만, 실제로 이렇게 하는 것은 자녀들이 예배에서 깨닫고 배우는 내용을 잘 기억하도록 도와주는 반복의 효과가 있습니다.

● 아주 어린 자녀들을 위해서 부모인 여러분이 간단한 질문을 직접 만들 수도 있습니다. 예를 들면 "이집트에서 이스라엘 민족을 이끈 사람은 누구지?"와 같은 성경 인물에 관한 질문들은 어린 자녀들에게는 많은 도움이 됩니다.

자녀가 초등학생이라면

초등학생 시기는 자녀들에게 가정 예배에 적극적인 참여를 요청할 수 있는 시기입니다. 어떤 아이들은 처음에는 꺼릴 수도 있지만, 곧 꾸준히 예배에 참석하는 모습을 보여줄 겁니다. 심지어 가장 까다롭고 다루기 어려운 아이도 하루에 10분은 충분히 가능합니다. 기억하세요. 우리 자녀들이 매일매일 복음의 진리에 노출되고 그것을 통해서 하나님은 그들의 삶을 변화시키십니다. 매주 첫날에 있는 창의 활동은 자녀들의 흥미를 유발할 것입니다. 하루 전쯤 미리 읽어보고 그 활동에 필요한 것들을 준비할 시간을 가진다면 도움이 될 겁니다.

모든 자녀가 성경책을 준비했는지를 확인하고 예배를 시작하세요. 초등학생 자녀와 미취학 자녀들이 함께 예배할 수도 있습니다. 그것은 괜찮습니다. 미취학 자녀들이 그들의 어린이용 성경책을 제대로 펼치도록 도와주세요 (내용상 정확하지는 않을 수 있으나 가능한 비슷한 곳을 펼치도록 하는 것을 의미합니다). 그날 예배에 해당하는 성경 구절을 읽어주세요. 만약 그날의 성경 구절이 짧다면, 첫째 아이에게 읽게 시키세요. (명심하세요, 그저 열심히 읽기만 하는 것은 자녀들이나 다른 이들에게 별로 도움이 되지 않습니다. 따라서 자녀들이 읽기가 자유로워질 때까지 기다렸다가 성경을 읽도록 책임을 주는 것이 좋습니다.) 만약 미취학이나 유아기의 자녀가 함께 있다면, 특히, 유아기의 자녀는 보행기나 유아의자에 태워주세요. 그러나 예배를 그들의 수준으로 낮추지는 마세요. 미취학이나 유아기의 자녀들은 온종일 큰아이들의 일상을 보면서 끊임없이 배우고 있습니다. 그 아이들은 하나님에 대해서 같은 방식으로 배웁니다.

성경 말씀과 요약 문장을 읽고 나서 질문으로 넘어가세요. 여기에 토론을 효과적으로 하기 위해 몇 가지 고려할 사항들이 있습니다 :

- 가족들에게 질문한 후에, 성경 말씀을 찾아보고 답을 찾기 위해서 어느 구절을 살펴봐야 하는지 말해 주세요.

- 자녀들이 비록 올바른 답변을 하지 못할지라도, 그 시도와 노력에 대해서 격려하고 칭찬해 주세요.

- 자녀들이 서로의 답변을 듣고 그것에 내용을 추가하는 것도 허용해 주세요. 때때로 정답을 말하기를 꺼리는 자녀들의 경우 다른 자녀들의 답변을 듣고 그것의 내용을 확장하면서 대답을 시작할 수도 있습니다.

- 더 큰 자녀들에게 정답을 가르쳐 달라고 부탁하는 것을 걱정하거나 염려하지 마세요. 만약 여러분이 답변에 필요한 성경 구절을 찾으라고 얘기한 후에 자녀들이 답을 찾지 못하고 어려워하고 있다면, 적절한 단서들을 알려 주세요.

자녀들에게 기도를 부탁하면서 마무리하세요. 막내 아이들은 여러분의 기도를 따라 하게 시키세요. 여러분의 자녀가 성장함에 따라 그들이 자신의 말로 기도할 수 있도록 도와주세요. 혹시 자녀들이 기도하지 않고 반응을 보이지 않더라도 계속해서 도와주셔서 기도할 수 있게 이끌어 주세요. 그러면 곧 그들은 여러분의 도움 없이도 스스로 기도하게 될 겁니다.

자녀가 초등학교를 졸업했다면

이 책은 초등학교를 졸업한 자녀들과 아직은 어린 십대 자녀들에게도 큰 도움이 됩니다. 그들은 질문들에 적절한 답변을 하고 심지어는 예배를 직접 인도함으로써 동생들에게 매우 훌륭한 모범을 보일 수 있습니다.

만약 여러분의 십대 자녀가 가정 예배는 너무 쉽고 지루하다는 생각을 하고 있다면, 이렇게 한번 해 보세요. 먼저 이 책을 아무 데나 펼치고 그 자녀에게 거기에 적혀 있는 질문들을 던져 보세요. 우리가 모두 그랬듯이 그 자녀는 모든 사람은 반복해서 성경 말씀을 공부하고 기억해야 할 필요가 있다는 것을 분명히 깨닫게 될 것입니다.

다음에 나오는 몇 가지 사항들은 큰 자녀들과 함께 시도해 보세요 :

● 큰 자녀들에게 매주 첫날에 나오는 창의 활동을 동생들과 함께하라고 권유해 주세요.

● 큰 자녀들은 잠시 기다리게 하고, 동생들이 먼저 답을 얘기하게 시키세요. 그리고 나서 큰 자녀들에게 동생들이 대답한 내용을 보완해서 말하게 시키세요.

● 자녀들을 짝을 지어주고 큰 자녀들이 동생들이 대답할 수 있도록 도와주게 해 보세요. 이것이 부정행위를 하는 것처럼 들릴 수도 있지만 이렇게 하는 것은 복음을 반복해서 듣고 기억할 수 있도록 하는데 큰 의미가 있습니다.

● 여러분의 자녀들이 훗날 어디서 살게 될지 한번 생각해 보세요. 그 자녀들이 성경 말씀을 대할 때 그것들을 그들의 개인적인 삶과 어떻게 연결할지 스스로 질문을 던지는 경험을 할 수 있도록 도와주세요. "하나님은 오늘 말씀을 통해서 무엇을 가르치고 싶으신 걸까?" 와 같은 질문은 어떤 성경 말씀을 대할 때도 충분히 가능한 질문입니다.

● 만약 여러분의 자녀 중에 십대 자녀가 있다면, 일주일에 한 번 그 자녀가 예배를 인도하게 해 주세요. 성경을 읽게 해 주시고, 그날 예배와 관련된 질문들을 먼저 살펴보도록 하셔서 충분한 답을 준비할 수 있게 해 주세요. 그 십대 자녀를 잘 이끌어 주고 격려를 해 주신다면, 그 자녀는 가정 예배를 인도하는 것에 더욱 더 큰 힘을 쏟게 될 것입니다.

명심하세요, 이 책에 담긴 매일의 예배는 지속적이고 단순한 반복을 통해서 영향을 미치도록 구성되어 있습니다. 만약 하루를 건너뛰었다면, 괜찮습니다. 여러분이 건너뛴 그 날부터 다시 시작하면 됩니다.

추수하기

언젠가 아내인 로이스와 저는 장인에게서 물려받은 가족사진 앨범을 우리의 자녀 중 한 명에게 다시 물려줄 것입니다. 그리고 그것과 함께 우리 가족의 유산 일부를 전수할 것입니다. 무엇보다도 우리가 가족 유산을 물려준 자녀의 삶이 복음으로 인해서 변화되었다면 그날은 보다 더 아름답고 기쁠 것입니다. 우리가 자녀들을 구원할 수 없다는 사실을 알지만, 자녀들을 복음에 흠뻑 빠져서 지내게 할 수는 있습니다. 그리고 이미 우리에게는, 하나님은 하실 수 있고 기꺼이 그들을 구원하실 것이라는 확신이 있습니다.

이 책에 담긴 예배로 자녀들을 성실하게 인도할 때, 단순히 역사를 읽는 수준으로 대하지 마세요. 이것은 역사이지만 그보다 훨씬 더 많은 것을 담고 있습니다! 하나님의 역사가 우리 가족에게도 임할 것이라는 기대를 하고 예배를 인도하세요. 기다리면서 하나님이 무슨 일을 하시는지를 지켜보세요! 여러분 가정에 임하시는 복음 선포를 통해서 성령님이 여러분 자녀들의 마음을 새롭게 하실 것이라는 이 소망에 믿음을 두세요. 그리고 오직 믿음으로, 오직 그리스도 안에서, 오직 은혜로만 자녀들을 인도하세요.

가족을 하나님께로 이끄는 10분 가정예배

Old Story New

복음, 늘 새로운 옛 이야기

Marty Machowski

Foreword by Dr. Tedd Tripp

예고된 예수님의 탄생
The Birth of Jesus Foretold

이야기 79 – 컬러 스토리 바이블

성경 공부를 시작하기 전에, 다양한 모습의 사람들 사진을 잡지나 인터넷에서 찾아 준비해 주세요. 그리고 그 사진들 속에서 자녀들의 관찰력을 알아볼 수 있는 질문 목록을 만들어보세요. 자녀들에게 사진을 자세히 살펴보게 한 후, 사진에 대해서 얼마나 잘 기억하는지 물어보세요. "그 사람이 입고 있는 셔츠는 무슨 색이었지?" "테이블에는 무엇이 놓여 있었지?"와 같은 질문들은 관찰력이 얼마나 좋은지를 알아보는 데 도움이 될 것입니다. 자녀 모두에게 1분 정도의 시간을 주시고, 그 사진의 세부적인 것들을 가능한 한 많이 찾아보게 하세요. 그러고 나서 미리 작성해 놓은 질문들을 해 보세요. 그리고 이번 주에 누가복음을 읽을 건데, 그것은 증인들의 증언이 담긴 것이라고 설명해 주세요.

DAY 1

♥ 상상하기

여러분은 혹시 생각지도 못했던 일로 깜짝 놀랐던 경험이 있나요? 조용한 곳에서 누군가 전혀 눈치채지 못하게 살금살금 등 뒤로 다가와서 어깨에 손을 얹는다면 화들짝 놀라겠지요. 만약 정말 싫어하고 무서워하는 게 있는데, 어떤 곳에 그것과 함께 있게 된다면 마음이 어떨지, 혹은 아무도 없는 곳에서 난데없이 천사가 나타난다면 기분이 어떨지 상상해 보세요. 아마도 두려움과 공포, 놀란 마음에 비명을 지르거나 아니면 오히려 너무 무서워서 전혀 소리도 내지 못하거나 둘 중 하나일 겁니다. 오늘 우리가 읽는 이야기에서 천사가 갑자기 나타났을 때, 사가랴와 마리아에게 어떤 일이 일어났는지 살펴봅시다.

📖 성경 읽기 | 누가복음 1:1~38절

💬 깊이 생각하기

오늘 이야기를 읽다 보면 천사를 만나는 것이 일상 가운데 흔히 일어나는 일처럼 오해할 수 있는데 사실은 그렇지 않습니다. 사가랴는 평생 제사장으로 살았지만 이전에는 단 한 번도 천사를 만난 적이 없었습니다. 성전을 섬기는 것은 매우 두렵고 긴장되는 일이었습니다. 왜냐하면 하나님의 임재가 성전 안쪽에서 일어나고 있었기 때문입니다. 천사를 보기 전까지 사가랴는 성전 안에 들어가 분향하는 제사장의 직무를 행하기 위해서 매우 조심스럽게 걷고 있었습니다. 사가랴는 하나님은 거룩하시고 자신은 죄인이라는 사실을 분명히 알고 있었습니다. 혹시라도 실수하면, 거룩한 하나님의 언약궤를 만져서 죽임을 당했던 웃사(삼하 6:6~7)처럼 죽을 수도 있었습니다. 그래서 갑자기 천사가 나타났을 때, 틀림없이 밤하늘에 치는 번개처럼 순식간에 두려움이 몰려와 그를 휘감았을 것입니다. 천사가 마리아에게 나타났을 때도 마찬가지였습니다. 마리아는 두려웠습니다. 천사들은 메시지를 전달하기 전에 사람들의 두려움을 가라앉히고 진정시켜야만 했습니다.

💬 이야기하기

사가랴는 왜 목소리를 잃었나요?
(사가랴는 천사가 자신에게 전한 말을 믿지 않았기 때문에 목소리를 잃었습니다.)

천사에게 답한 사가랴의 대답과 마리아의 대답은 어떻게 달랐나요?
(마리아는 천사가 전한 말을 신뢰했습니다. 믿었고, 의심하지 않았습니다.)

예수님이 앉으실 왕좌는 누구의 것이었나요?
(32절 때문에 우리는 예수님이 다윗의 왕좌에 앉게 되신다는 사실을 알 수 있습니다. 만약 자녀들이 어려서 잘 기억하지 못한다면 32절을 다시 한번 읽어주세요. 그리고 예수님이 누구의 왕좌에 앉게 되시는지 알려주는 내용이 나올 때 손을 들어서 대답하라고 얘기해 주세요.)

🙏 기도하기

아들이신 예수님을 이 땅에 보내셔서 우리 죄 때문에 십자가에서 죽게 하신 하나님께 감사드리세요.

DAY 2

♥ 기억하기

어제 이야기 중에서 무엇을 기억하나요? 오늘은 어떤 이야기가 있을 것으로 생각하나요?

📖 성경 읽기 | 누가복음 1:39~45절

💬 깊이 생각하기

천사를 통해 하나님의 계획을 들은 마리아는 친척인 엘리사벳을 만나러 갔습니다. 마리아가 그 집으로 들어가 문안 인사를 할 때 엘리사벳의 뱃속에서 아기가 뛰놀았습니다. 그리고 엘리사벳은 성령 충만하게 되었습니다. 마리아가 자신의 임신을 엘리사벳에게 말하기도 전에 엘리사벳은 이미 알았습니다. 성령이 마리아가 매우 특별한 아기를 가지게 될 것이라고 엘리사벳에게 먼저 말씀해 주신 것입니다. 엘리사벳은 마리아의 아기가 그녀의 주님이 되실 거라고 말했습니다! 그건 엘리사벳이 마리아의 아기가 하나님이시고, 자신의 삶을 다스리시는 분이라는 걸 알았다는 뜻입니다.

🗣 이야기하기

엘리사벳이 마리아에게 한 인사는 매우 놀라운 것이었습니다. 그 이유가 무엇일까요?
(마리아가 아무 말도 하지 않았지만 엘리사벳은 무슨 일이 일어났는지를 이미 알고 있었습니다.)

마리아가 찾아왔을 때 엘리사벳의 아기는 무엇을 했나요?
(훗날 세례 요한이라고 불리게 될 엘리사벳의 아기는 뱃속에서 뛰놀았습니다.)

엘리사벳의 아기는 왜 뛰놀았나요? 마리아의 아기는 무엇 때문에 그렇게 특별했나요?
(예수님은 평범한 아기가 아니었습니다. 그분은 하나님의 아들이셨습니다. 예수님은 우리의 죄 때문에 십자가에서 돌아가시려고 이 땅에 오셨습니다. 그분은 오늘 이야기에서 작고 어린 아기에 불과하지만, 분명히 그분은 온 세상을 구원하실 분이었습니다.)

🌰 기도하기

예수님을 이 땅에 보내시려는 계획을 마리아와 엘리사벳을 통해서 이루신 하나님께 감사하세요.

DAY 3

♥ 예수님께 연결하기

오늘은 이번 주 성경 이야기를 복음과 연결해 보는 날입니다. 복음은 우리를 구원하신 예수님의 생명과 죽음, 그리고 부활입니다. 이번 주 성경 이야기가 어떻게 복음과 연결되는지 깊이 생각해보세요.

📖 성경 읽기 | 누가복음 1:46~56절

💬 깊이 생각하기

엘리사벳도 임신했다는 사실을 알게 된 마리아는 천사 가브리엘의 말이 전부 다 사실이었음을 깨달았습니다. 그리고 그녀는 하나님을 찬양하기 시작했습니다. 마리아는 그녀의 배 속에 있는 아기가 평범하지 않다는 것을 받아들였습니다. 그 아기는 자라서 훗날 구원자 ― 바로 그녀를 자신의 죄로부터 구원하는 ― 가 될 것입니다. 비록 예수님을 낳는 특별한 역할을 부여받았지만, 마리아도 우리와 마찬가지로 죄인이었습니다. 죄를 용서받고, 그 죄로부터 구원을 받아야만 했습니다. 마리아의 기도를 읽어보면 하나님께서 아브라함과 맺으신 언약이 자신의 배 속의 아기와 관련되어 있다는 사실을 그녀가 이해한 것으로 보입니다. 하나님이 아브라함에게 모든 열방이 그를 통해서 복을 받게 될 것(창 12:3)이라고 말씀하셨을 때, 바로 예수님을 가리키고 있는 것이었습니다. 예수님은 아브라함의 후손으로 태어나셨습니다. 그리고 모든 나라의 백성들이 구원받도록 십자가에서 돌아가셨습니다.

🗨 이야기하기

구원자의 뜻은 무엇인가요?
(구원자는 위기에서 구출해 내는 사람입니다. 예수님은 우리의 구원자이십니다. 왜냐하면 그분은 우리를 죄로부터 구원하시기 때문입니다.)

마리아는 왜 하나님을 자신의 구원자라고 했나요?
(마리아는 자신이 죄인이고 오직 하나님만이 그 죄로부터 구원해 주실 수 있다는 걸 알았습니다. 그래서 하나님을 구원자라고 했습니다.)

우리에게도 구원자가 필요한가요? 왜 그런가요?
(네, 우리도 당연히 구원자가 필요합니다. 죄 때문에 우리는 하나님과 갈라서게 되었습니다. 죄인이기에, 우리는 자신을 절대 구원할 수 없습니다. 오직 예수님을 보내 주신 하나님의 자비만이 우리를 구원할 수 있습니다.)

🤲 기도하기

우리의 죄로부터 우리를 구원하시려고 이 땅에 오신 예수님께 감사하세요.

DAY 4

♥ 기억하기

이번 주 성경 이야기를 통해서 하나님은 우리에게 무엇을 가르치시나요?

📕 성경 읽기 | 누가복음 1:57~80절

💬 깊이 생각하기

한 일 년 정도 목소리를 잃어버린다면 어떨까요? 사가랴에게 그런 일이 벌어졌습니다. 천사가 그에게 나타난 후로 부터 요한이라는 아들이 태어나기까지, 하나님의 천사가 그에게 말한 그대로 사가랴는 말을 할 수 없었습니다. 엘리사벳이 아들을 낳고 사가랴가 서판에 아들의 이름을 요한이라고 적는 순간, 그는 다시 말할 수 있게 되었습니다. 그리고 그 후에 하나님은 다시 사가랴를 그 백성들에게 구원받을 때가 온다는 사실을 전하는 선지자로 사용하셨습니다. 사가랴는 하나님이 우리를 구원하시려고 다윗의 집에서 "구원의 뿔"을 일으켜 세우셨다고 말했습니다(69 절). 그 말을 듣는 순간까지도 백성들은 그것이 무슨 뜻인지 제대로 알지 못했습니다. 사가랴는 아기 예수에 대해서 말하는 것이었는데 그는 곧 구원자로서 이 세상에 태어날 분이었습니다. 사가랴의 아들 요한은 커서 예수님의 사역 시작을 알리는 자로 사용될 사람이었습니다.

🗣 이야기하기

부모님은 자녀들의 이름이 무슨 뜻인지를 알려주세요.
(자녀들의 이름을 지을 때 어떤 이유로 그렇게 지었는지, 어떤 뜻인지를 알려주세요.)

사가랴와 엘리사벳은 아기의 이름을 왜 요한이라고 지었나요?
(천사가 이름을 요한으로 지으라고 했습니다[눅 1:13절].)

사가랴가 다시 말할 수 있게 된 후에, 그는 예수님에 대해서 예언했습니다. 그 예언을 통해서 우리는 무엇을 배울 수 있나요? (필요하다면, 68-79절을 다시 읽어주시고 예수님에 대한 내용을 들을 때 손을 들어 대답하라고 말해주 세요. 예수님은 다윗의 집에서 일으켜진 "구원의 뿔" [69절]입니다. 예수님은 하나님의 백성들에게 "성결과 의"[75 절]를 가져다주실 것입니다. 그리고 우리의 원수에게서 우리를 구원하실 것 [71절]입니다. "성결과 의"는 예수님이 십자가에서 우리를 위해서 돌아가실 때 우리의 죄와 맞바꾸신 그분의 완전하고 죄가 전혀 없으신 삶을 말합니다.)

사가랴는 자기 아들에 대해서 어떤 예언을 했나요?
(사가랴는 자기 아들 요한은 선지자가 되고, 주님 앞에서 그분의 길을 예비하는 자가 될 것이라고 했습니다[76절].)

🙏 기도하기

놀라운 구원 계획을 세우신 하나님을 찬양하세요. 하나님은 예수님이 태어나시기 오래 전에 그분을 통해서 우리 를 구원하실 계획을 세우고 계셨습니다.

DAY 5

♥ 발견하기

오늘은 다른 성경 본문을 보는 날입니다. 시편이나 예언서에서 예수님 혹은 우리의 구원에 대해 배울 수 있습니다.

📖 성경 읽기 | 이사야 4:2~3절

💬 깊이 생각하기

하나님이 사가랴의 목소리를 회복시켜 주신 후에, 사가랴는 성령으로 충만해졌고, 하나님이 그에게 주신 미래에 어떤 일이 벌어질지에 대한 말씀을 전하기 시작했습니다 — 그는 예언을 하기 시작한 것입니다. 그는 마치 구약의 선지자들이 예언하듯이 하나님이 다윗 왕의 집안에서 구원을 가져올 것이라고 말했습니다. 이사야는 예수님이 이 땅에 태어나시기 오래 전에 예수님에 대해서 예언했던 선지자들 가운데 한 명이었습니다. 그리고 그는 우리가 오늘 읽은 성경 구절을 남겼습니다. 그의 예언에서, 이사야는 "아름답고 영화로울 싹"에 대해서 말하고 있습니다. "싹"은 선지자들의 예언에서 구원자를 나타내는 암호와 같은 말입니다. 예레미야와 스가랴 또한 곧 오실 메시아를 싹이라고 했습니다. 우리는 이사야가 말한 싹이 예수님이라는 걸 알고 있습니다. 이사야가 말했던 싹은 다윗 왕과 그의 아버지인 이새의 집안에서 자라고 있었습니다(사 11:1절, 10절을 보세요). 그리고 영원히 통치하시는 왕이 됩니다.

🗨 이야기하기

이사야가 사용한 싹을 설명하는 단어는 무엇이었나요?
(이사야는 싹은 아름답고 영화롭다고 했습니다.)

예루살렘에 남은 모든 사람은 어떻게 불리게 되나요?
(예루살렘에 남은 사람들 — 모든 하나님의 백성들 — 은 거룩하다 여김을 받게 될 것입니다.)

하나님 앞에서 죄 때문에 절대 거룩하지 않은 죄인들이 어떻게 그렇게 불릴 수 있나요?
(싹이신 예수님이 모든 죄를 지시고 십자가에서 돌아가실 것입니다. 완전히 순종하신 그분의 생명으로 죄인인 우리를 거룩하게 하실 것입니다.)

🤲 기도하기

싹이신 예수님을 보내셔서 십자가에서 죄의 문제를 해결하심으로 우리를 용서하신 하나님께 감사하세요.

예수님의 탄생
The Birth of Jesus

이야기 80 - 컬러 스토리 바이블

이번 주 성경 공부를 시작하는 시기가 몇 월이든 상관없이 잠시 크리스마스를 축하하는 시간을 가지세요. 크리스마스 장식품들을 꺼내서 방안 곳곳을 꾸며주세요. 자녀들에게 작은 선물도 주세요. 크리스마스 선물용으로 사용하고 남은 포장지로 사탕이나 초콜릿 등을 포장해서 주면 그럴싸한 선물이 됩니다. 이번 주 첫째 날을 시작하면서 선물을 나눠주고 아이들에게 "메리 크리스마스! 이번 주 우리는 크리스마스 이야기를 살펴보게 될 거야."라고 얘기해 주세요.

DAY 1

♥ 상상하기

한 지도자가 자신이 다스리는 나라에 얼마나 많은 사람이 살고 있는지 알고 싶을 때, 그는 인구 조사라는 것을 실시하는데 그것은 사람들의 수를 세어 보는 것을 멋지게 표현한 단어입니다. 오늘 우리가 보는 성경 이야기에서, 로마 황제인 가이사 아구스도는 로마 제국 전체의 인구수를 확인해 보고 싶었습니다. 그리고 더욱 쉽게 확인하기 위해, 모든 백성으로 하여금 고향으로 돌아가라는 명령을 내렸습니다. 그것이 마리아와 요셉이 베들레헴으로 돌아가야만 했던 이유입니다. 그 두 사람의 가족들 모두 그곳 출신들이었습니다.

우리나라 대통령이 인구 조사를 하겠다고 이런 명령을 내렸다면 어떨지 상상해 보세요. 우리 가족은 얼마나 먼 거리를 여행해서 고향으로 돌아가게 될까요? 심지어 그 먼 거리를 걸어서 가야 한다고 생각해 보세요! 마리아와 요셉이 살던 시대에는 자동차나 다른 교통수단이 없었습니다. 이동할 때 그들이 선택할 수 있었던 제일 나은 방법은 당나귀나 낙타, 마차 등을 이용하는 것이었습니다. 하지만 대부분의 사람은 걸어야만 했는데, 어떤 경우에는 그 거리가 수백 킬로미터였을 수도 있습니다.

📖 성경 읽기 I 누가복음 2:1~7절, 마태복음 2:1~6절

💬 깊이 생각하기

성탄절에 대한 마태의 기록에는 예수님이 태어나신 자리에 동방박사들이 등장합니다. 마태의 기록에는 매우 특별한 예언이 포함되는데 그것은 선지자 미가를 통해서 주어졌습니다. 예수님이 태어나시기 아주 오래전, 심지어 마리아와 요셉이 태어나기도 훨씬 전에, 하나님은 구원자가 베들레헴에서 태어날 것이라고 미가에게 말씀하셨습니다. 그 사실 때문에 우리는 예수님이 우연히 베들레헴에 태어나신 것이 아니라는 사실을 알 수 있습니다. 모든 것이, 심지어 가이사의 인구 조사까지도, 하나님의 계획 중 하나였습니다. 하나님은 베들레헴을 선택하셨고, 완벽한 때를 결정하셨습니다. 사도 바울은 갈라디아서 4:4절에서 예수님은 하나님의 계획대로 완벽한 때에 태어나셨다고 말했습니다.

🗨 이야기하기

대제사장은 예수님이 베들레헴에서 태어나실 거라는 사실을 어떻게 알았나요?
(선지자 미가가 그 사실을 성경에 기록해 놓았습니다.)

예수님이 태어나시기 훨씬 오래 전에 미가 선지자는 그분이 어디에서 태어나실지 어떻게 알았나요?
(하나님이 미가에게 예수님이 태어나실 곳을 알려주셨습니다.)

갈라디아서 4:4절을 읽으세요. 바울이 말한 이 구절에서 우리는 예수님의 탄생과 관련해서 무엇을 배울 수 있나요?
(예수님은 "때가 차매" 탄생하셨다는 사실을 배우게 됩니다. 그것은 예수님이 아주 정확한 때에 탄생하셨다는 뜻입니다. 그때는 바로 하나님이 계획하셨습니다. 바울의 기록으로 우리는 예수님이 하나님의 계획을 따라 가장 정확한 때에 태어나셨다는 사실을 배우게 됩니다.)

모든 것을 계획하시는 하나님의 능력은 우리에게 어떤 격려가 되나요?
(예수님만 정확한 때에 탄생하시는 것이 아니라 우리도 그렇습니다. 사도행전 17:26절을 읽으세요. 우리는 모두 하나님의 완전한 계획 일부입니다.)

🙏 기도하기

하나님이 모든 것을 다스리심을 찬양하세요.

DAY 2

♥ 기억하기

어제 이야기 중에서 무엇을 기억하나요? 오늘은 어떤 이야기가 있을 것으로 생각하나요?

📖 성경 읽기 | 누가복음 2:8~21절

💬 깊이 생각하기

매년 각 가정에서 성탄절 장식을 시작할 때, 보통 말구유 장면은 꼭 들어가는 편입니다. 그 장면은 주로 한 두 명의 목자와 몇 마리의 동물들, 동방박사들, 그리고 마리아와 요셉과 구유(동물들의 사료를 담아 두는 통)에 놓인 아기 예수님으로 이뤄져 있습니다. 많은 아이가 집안에 꾸며진 성탄절 장식의 일부인 말구유를 소재로 성탄 이야기를 처음 듣게 됩니다.

이 말구유 장면이 설명하는 이야기가 오늘 우리가 읽은 누가복음에 기록되어 있다는 사실을 알고 있었나요? 우리가 하늘이 열리고 예수님의 탄생을 선포하는 수많은 천사의 모습을 바라보고 있는 목자들 가운데 한명이라면 어떨까요? 목자들이 찾아와서 그들이 보았던 것을 다 말할 때 마리아는 어떻게 반응했을까요? 그리고 얼마 후 도착한 동방박사들이 구원자이신 아기 예수님을 바라보는 모습은 또한 어땠을까요? 아마도 다음 번 성탄절 장식으로 말구유 장면을 꾸밀 때는 이 장면이 단순한 장식이 아니라 진짜 실제 상황이었구나 하는 생각을 하게 될 것입니다.

《● 이야기하기

오늘 성경 본문 내용을 담은 성탄절 노래 중에서 기억나는 것이 있나요?
(자녀들이 성탄절 노래를 생각해낸다면 함께 그 노래를 부르는 시간을 가져보세요. 12월에는 다양한 방법으로 마음껏 성탄절 이야기를 축하하고 기념하는 것이 좋습니다.)

하나님의 천사는 목자들에게 무엇을 말했나요? (천사는 온 백성에게 미칠 큰 기쁨의 좋은 소식이 있다고 말했습니다. 그리고 목자들은 그리스도이신 한 아기가 구유에 있다는 사실을 알았습니다.)

목자들이 마리아에게 이 모든 이야기를 했을 때 그녀는 어떻게 했나요?
(마리아는 이 모든 말을 마음에 소중하게 새겼습니다.)

예수님이 태어나셨다는 천사들의 메시지가 왜 좋은 소식인가요?
(왜냐하면 이 아기 예수님은 훗날 우리의 죄를 짊어지시고 십자가에서 죽게 될 것이기 때문입니다. 그것만이 우리를 영원히 천국에서 살아갈 수 있게 하는 유일한 길입니다.)

🤲 기도하기

가장 좋아하는 성탄절 찬송가를 부르세요. 예수 그리스도의 탄생이라는 좋은 소식을 우리에게 주신 하나님께 감사하세요.

DAY 3

♥ 예수님께 연결하기

오늘은 이번 주 성경 이야기를 복음과 연결해 보는 날입니다. 복음은 우리를 구원하신 예수님의 생명과 죽음, 그리고 부활입니다. 이번 주 성경 이야기가 어떻게 복음과 연결되는지 깊이 생각해보세요.

📖 성경 읽기 l 누가복음 2:10~11절

💬 깊이 생각하기

오늘 성경 구절은 어제 읽었던 구절과 거의 같지만, 오늘 그것들을 다시 읽어보는 것만으로도 목자들에게 선포된 천사들의 말을 다시 한 번 깊이 새겨보는 기회가 될 수 있습니다. 하나님이 보내신 천사들이 예수님을 가리켜 '구주'라고 부르는 것을 읽었나요? 구주, 곧 구원자는 주로 위기에 빠진 사람들을 구조하고 살려내는 사람을 설명할 때 사용하는 단어입니다. 물에 빠진 사람을 살리는 인명구조원도 일종의 구원자라고 할 수 있지만(영어로는 소문자 "s"를 사용해서 "a savior"로 표기합니다) 예수님을 지칭하는 구원자와는 다른 개념이라고 할 수 있습니다(예수님을 가리킬 때는 대문자 "S"를 사용합니다). 왜냐하면 예수님은 곧 하나님이시고 그분은 온 세상의 구원자이시기 때문입니다. 예수님은 십자가에서 돌아가심으로 그분을 믿는 모든 사람을 죄 때문에 마땅히 당해야 할 징계로부터 구원하시려고 이 땅에 오셨습니다.

《● 이야기하기

말 그대로 구원자는 무슨 뜻인가요?
(구원자는 다른 사람을 구출하는 사람을 말합니다.)

우리의 삶에서 위험으로부터 사람들의 생명을 구하는 구원자라고 할 수 있는 사람들은 누구일까요?
(인명 구조원, 병에 걸린 사람을 진료하고 약을 처방하는 의사, 화재로부터 사람들을 살리는 소방대원 등을 구조원이라고 부를 수 있습니다.)

예수님은 어떻게 구원자가 되시나요?
(예수님은 십자가에 달려 돌아가심으로 우리를 죄의 징계로부터 구원하시려고 이 땅에 오셨습니다.)

우리는 예수님을 구원자 혹은 구세주라고 부릅니다. 왜 그렇게 부르나요?
(왜냐하면 예수님은 바로 하나님이시기 때문입니다.)

🙏 기도하기

우리의 죄 때문에 십자가에서 돌아가시려고 구원자로 이 땅에 오신 예수님께 감사하세요.

DAY 4

♥ 기억하기

이번 주 성경 이야기를 통해서 하나님은 우리에게 무엇을 가르치시나요?

📖 성경 읽기 | 마태복음 2:7~21절

💬 깊이 생각하기

하나님의 계획은 그 누구도, 그 무엇도 멈출 수 없습니다. 그러나 예수님이 태어나시고 얼마 후에, 헤롯 왕은 예수님을 죽이려는 시도를 통해서 하나님의 계획을 방해하려고 했습니다. 헤롯은 자기 외에는 다른 그 누구도 왕이 되기를 바라지 않았습니다. 그런데도 그분의 백성들에게 구원자를 보내시려는 하나님의 계획은 절대 방해받을 수 없었습니다. 헤롯 왕은 동방박사들의 거짓말에 속았다는 사실을 알았을 때, 2살 이하의 모든 남자 아기들을 죽이라는 명령을 내리는 것으로 하나님의 계획을 방해하려고 했습니다. 그러나 또다시 하나님은 그 악한 통치자보다 한발 먼저 움직이셨고 예수님을 이집트로 보내셔서 헤롯 왕이 죽을 때까지 거기서 머물게 하셨습니다. 하나님은 헤롯과 싸움에서 이기셨을 뿐만 아니라 헤롯이 태어나기도 전에 이미 무슨 일이 벌어질지를 다 알고 계셨습니다. 수백 년 앞서서 선지자 호세아는 예수님이 이집트로 보내지고 다시 고향으로 돌아오게 될 것을 예언했습니다. 호세아 11:1절에서, 그 선지자는 이렇게 예언했습니다. "내가 사랑하여 내 아들을 애굽에서 불러냈거늘" 하나님은 헤롯의 위협에 대해서 전혀 놀라지 않으셨습니다. 오히려 그런 위협들은 하나님의 멈출 수 없는 계획 가운데 일부에 불과했습니다.

🗨 이야기하기

부모님들은 성탄절 이야기 가운데 가장 좋아하는 부분이 어디인지 얘기해 주세요.
(목자들, 동방박사들 또는 다른 성탄절 이야기 가운데 가장 좋아하는 부분이 어디인지, 왜 그렇게 느끼는지 생각해 보고 자녀들에게 얘기해 주세요. 그러고 나서 자녀들에게도 가장 좋아하는 부분이 어디인지 물어봐 주세요.)

헤롯은 왜 아기 예수님을 죽이려고 했나요?
(헤롯은 예수님이 왕이 되실 거라는 소식을 들었습니다. 그는 이스라엘에서 유일한 왕이 되고 싶었습니다.)

하나님은 왜 헤롯왕의 사악한 계획을 완전히 차단하셨나요? (하나님은 외아들이신 예수님을 그 누구도 해치지 못하게 하시는 게 당연했습니다. 그러나 조금만 더 생각해 보면 하나님은 유대인들이 예수님을 십자가에서 죽이는 것을 막지 않으셨습니다. 하나님은 아들이신 예수님을 죽게 하시려고 보내셨습니다. 그러나 어린 아기였을 때 그렇게 되게 할 계획은 아니었습니다. 하나님의 계획에서 예수님은 우리의 죄 때문에 십자가에서 돌아가셔야만 했습니다.)

🙏 기도하기

헤롯의 사악한 계획으로부터 아기 예수님을 보호하신 하나님께 감사하세요.

DAY 5

♥ 발견하기

오늘은 다른 성경 본문을 보는 날입니다. 시편이나 예언서에서 예수님 혹은 우리의 구원에 대해 배울 수 있습니다.

📖 성경 읽기 | 호세아 11:1~2절

💬 깊이 생각하기

성경 말씀들은 종종 두 가지 의미를 담고 있습니다. 오늘 성경 말씀에서, 호세아는 이집트를 떠나는 이스라엘 민족에 대해 말하고 있습니다. 하나님의 백성들이 이집트에서 어떻게 노예 생활을 했었는지, 그리고 하나님이 모세를 보내셔서 그들을 어떻게 구원해 내셨는지를 기억하나요? 성령님이 이스라엘에 대해서 기록하시려고 호세아를 사용하셨듯이, 마태가 말하길 하나님은 자신을 사용하셔서 예수님에 대해서 기록하게 하셨다고 했습니다. 호세아가 살던 시대보다 훨씬 앞서서, 하나님은 그분의 아들 예수님을 보내시기로 이미 계획하고 계셨다는 사실은 정말 놀랍습니다. 그분의 백성들을 이집트에서 구원하시려는 하나님의 계획은 우리를 예수님께로 이끕니다. 하나님은 수많은 선지자를 사용해서 어떤 일을 행하실 것인지에 대해 많은 단서를 주셨습니다. 호세아서의 오늘 말씀은 마태를 통해 우리에게 알려진 하나님의 구원 계획에 대한 숨겨진 단서들 가운데 하나입니다. 마태가 아니었다면, 아마도 결코 그것을 추측하지 못했을 것입니다. 돌이켜 보면, 모든 역사는 하나님이 다스리신다는 사실을 확인할 수 있습니다.

🔊 이야기하기

자녀들이 출애굽 이야기에 대해서 가능한 한 많이 기억해보고 다시 설명해 보게 해 주세요.

출애굽 이야기에서 예수님을 가리키는 다른 부분들은 어떤 것이 있나요?
(예수님을 가리키는 가장 중요한 부분은 어린양의 피를 문설주에 바르고, 죽음의 천사가 그 집을 넘어가는 순간입니다. 그것은 예수님이 우리 죄를 대신해서 죽게 되실 것을 미리 보여주는 장면입니다. 그래서 하나님의 심판이 우리에게 임하지 않게 되었습니다. 출애굽기 12:6~12절을 살펴보세요.)

하나님은 어떻게 예수님이 이집트로 갔다가 다시 고향으로 돌아올 것을 아셨나요?
(하나님은 미래를 다스리십니다. 하나님은 모든 것을 아시고 모든 일이 일어나게 하십니다. 하나님은 우리와 같은 존재가 아니십니다. 그분은 모든 것을 다스리시는 하나님이십니다.)

🙏 기도하기

하나님이 모든 것을 아시고 모든 것을 다스리시는 분인 것을 찬양하세요.

예수님이 성전에 가시다
Jesus Presented in the Temple

이야기 81 - 컬러 스토리 바이블

자녀들과 "사이먼이 가라사대"라는 게임을 해봅니다. 살짝 이름만 바꿔서 "율법이 가라사대"로 진행해 주세요. 자녀들에게 오직 "율법이 가라사대"라는 말이 나온 명령만 따라야 한다고 설명을 해 주고, 연습하는 시간도 가지세요. 만약 "율법이 가라사대 너의 오른손을 들어라"고 하면, 자녀들은 그들의 오른손을 들어야 합니다. 그러나 "너의 오른손을 들어라"고 한다면, 그 말은 따르면 안 됩니다. 얼마나 빨리해야 자녀들이 실수하는지도 확인해 보세요. 그리고 나서 완전한 삶을 살기 위해서 예수님은 그분의 전 생애 동안 하나님의 모든 율법을 지키고 그것에 순종해야만 했다고 설명해 주세요.

DAY 1

♥ 상상하기

보통 "완벽한/완전한"이란 단어는 실수가 없는 사람을 설명할 때 사용합니다. 100문제짜리 시험을 완벽하게 치르려면, 100문제 모두 정확하게 풀어야만 합니다. 만약 올림픽에 출전한 체조 선수가 정해진 동작에서 넘어지거나 떨어지면, 그 선수는 절대로 만점을 받을 수가 없습니다. 가장 완벽한 최고급 다이아몬드는 내부에 작은 물방울 흔적이나 검은 반점이 조금도 없는 수정같이 맑은 것이어야만 합니다. 단 한 번이라도 죄를 지었다면, 그 사람은 완벽할 수 없습니다. 그리고 우리는 모두 죄인으로 태어나기 때문에, 우리 가운데 그 누구도 결코 완전해 질 수 없습니다.

그러나 예수님은 죄가 전혀 없이 태어나셨습니다. 그리고 십자가에서 우리 죄의 대가를 치르기 위해 완전한 삶을 사셔야만 했습니다. 그래서 평생에 단 한 번의 실수나, 단 하나의 죄도 없이 사셨습니다. 즉, 하나님의 율법에 완벽하게 순종하셨던 것입니다.

📖 성경 읽기 ㅣ 누가복음 2:21~24절

💬 깊이 생각하기

예수님의 생애가 시작된 시점부터, 심지어는 어린 아기일 때에도, 그분은 하나님의 율법을 완전하게 지키고 따랐습니다. 하나님이 예수님께 주신 부모님은 그분이 어린 아기였을 때 율법에 순종하며 살려고 노력한 분들이었습니다. 예를 들면, 하나님은 모세에게 모든 남자아이는 태어난 지 8일 만에 할례를 받아야만 한다고 명령하셨습니다. 요셉과 마리아는 이 율법을 지켰고 예수님이 할례를 받게 했습니다. 그 율법은 또한 모든 첫째 아들은 다 하나님의 소유이기에 그 부모들은 그 아들을 위하여 동물을 제물로 바쳐야만 한다고 명령했습니다. 마리아와 요셉은 하나님의 이 명령에도 순종했습니다. 그래서 아들이신 예수님을 위해서 두 마리의 새끼 비둘기를 하나님께 제물로 바쳤습니다. 그래서 예수님은 어린 아기였을 때에도 하나님의 율법을 다 지킬 수 있었습니다. 예수님은 완전하고 죄가 전혀 없는 삶을 사셔서 우리 죄를 다 지시고 십자가에서 돌아가실 수 있었습니다.

💬 이야기하기

"완벽한/완전한"은 무슨 뜻인가요?
(그것은 실수나 빈틈이 없다는 뜻입니다.)

예수님이 완전한 삶을 사셨다는 사실이 왜 우리에게 중요한가요?
(예수님이 그분의 완전한 삶을 우리의 죄로 가득한 인생과 바꾸시려면, 먼저 이 땅에서 완전한 삶을 사셔야만 했습니다. 또한 예수님은 하나님이시기 때문에, 그리고 하나님은 완전하시기 때문에, 그분은 완전한 삶을 사실 수 있었습니다.)

예수님이 아기였을 때 누가 그분이 율법에 순종할 수 있게 도와주었나요?
(예수님이 아기였을 때, 부모님인 요셉과 마리아가 하나님의 율법을 따르고 지킴으로 예수님을 도왔습니다.)

🙏 기도하기

예수님이 어린 아기였지만 그때에도 부모인 요셉과 마리아를 통해서 율법을 지킴으로 완전한 삶을 살게 하신 하나님께 감사하세요.

DAY 2

♥ 기억하기

어제 이야기 중에서 무엇을 기억하나요? 오늘은 어떤 이야기가 있을 것으로 생각하나요?

📖 성경 읽기 l 누가복음 2:36~40절

💬 깊이 생각하기

성부 하나님은 예수님이 이 땅에 태어나셨을 때 그분을 환영하는 파티를 여셨습니다. 우선, 하나님은 하늘을 여시고 목자들에게 수많은 천사를 보내서 구유에 누인 아기 예수님을 찾아가라고 말씀하셨습니다. 대부분의 사람은 이 세상을 구원할 구원자가 태어나셨다는 사실을 몰랐지만, 하나님은 몇몇 사람들에게 그분의 아들에 대해 말씀하셨습니다. 오늘 이야기에서 나이가 매우 많은 과부였던 안나는 성전에서 예배하고 있었습니다. 그때 하나님은 그분의 백성들을 구원하시려고 예수님이 이 땅에 오셨다는 사실을 안나에게 알려 주셨습니다. 그래서 안나는 모든 사람에게 예수님에 관해서 얘기할 수 있었습니다.

《● 이야기하기

성경은 안나를 선지자라고 기록합니다. 선지자란 무엇인가요?
(안나는 예언하는 능력을 받았습니다. 예언자는 하나님으로부터 메시지를 받습니다. 그리고 그것을 사람들에게 전합니다. 오늘 이야기에서 안나는 예수님에 대해서 사람들에게 전합니다.)

안나는 예루살렘, 즉 이스라엘의 구원을 기다리던 사람들에게 예수님에 대해 전했습니다. 구원은 무슨 뜻인가요?
(구원은 "무엇을 사는 것" 또는 "다시 사는 것"을 의미합니다. 그래서 예수님이 우리의 구원을 위해서 오셨다는 내용을 읽을 때, 그것은 예수님이 우리를 다시 사려고, 혹은 우리를 살리시려고 이 땅에 오셨다는 뜻입니다. 예수님은 십자가에서 우리가 받을 징계를 대신 받으심으로 그렇게 하셨습니다.)

예수님은 하나님의 백성들을 그들의 죄로부터 구원하시는 분이란 사실을 누가 안나에게 알려주었나요?
(하나님이 그렇게 하셨습니다.)

어떻게 하면 우리도 안나처럼 될 수 있을까요? (우리는 기도할 수 있고 하나님을 예배할 수 있습니다. 그리고 우리는 예수님이 구원자라는 사실을 모든 사람에게 전할 수 있습니다.)

🤲 기도하기

우리도 매일 기도하고 예배했던 안나처럼 살아가게 해 달라고 하나님께 도움을 구하세요.

DAY 3

♥ 예수님께 연결하기

오늘은 이번 주 성경 이야기를 복음과 연결해 보는 날입니다. 복음은 우리를 구원하신 예수님의 생명과 죽음, 그리고 부활입니다. 이번 주 성경 이야기가 어떻게 복음과 연결되는지 깊이 생각해보세요.

📖 성경 읽기 | 누가복음 2:25~35절

💬 깊이 생각하기

안나처럼, 시므온도 예수님을 환영하는 파티 일부였습니다. 하나님은 시므온에게 구원자가 오는 것을 보기 전까지는 죽지 않을 거라고 약속하셨습니다. 시므온은 마리아와 요셉이 예수님을 성전에 데리고 온 바로 그날 성전에 왔습니다. 마리아와 요셉은 "우리 아기가 자라서 세상을 구원할 거예요. 여러분 주목해 주세요. 오셔서 메시아를 보세요."라고 소리치지 않았습니다. 그러나 하나님의 영이 시므온에게 임하셔서, 예수님이 구원자이시고 시므온이 죽기 전에 보게 될 거라고 하나님이 약속하셨던 분이라는 사실을 알게 하셨습니다. 시므온이 아기 예수님을 안았을 때, 그는 구원이 하나님의 백성들에게 임했고, 예수님이 유대인들만이 아니라 이방인들에게도 구원을 가져다주실 거라고 예언을 하기 시작했습니다. 시므온은 또한 어떤 사람들은 예수님을 좋아하지 않고 배격할 것이라는 사실을 알았습니다. 시므온의 예언은 사람들이 예수님을 십자가에 못 박았을 때 사실로 증명되었습니다.

🗨 이야기하기

하나님의 백성들을 구원하실 그리스도, 즉 메시아를 볼 것이라고 누가 시므온에게 약속했나요?
(하나님이 하셨습니다.)

시므온은 예수님이 구원자라는 사실을 어떻게 알았나요?
(시므온이 아침에 성전에 들어설 때 성령님이 그에게 임재하셨습니다. 즉, 성령님이 시므온에게 알려주셨습니다.)

시므온이 아기 예수님을 봤을 때 그는 "내 눈이 주의 구원을 보았사오니"라고 말했습니다. 하나님의 구원을 이루기 위해서 예수님은 무엇을 하게 되시나요?
(예수님이 자라서 어른이 되었을 때 그분은 하나님 백성들의 죄를 해결하시려고 십자가에서 죽게 될 것이었습니다. 그것이 예수님이 구원을 가져오신 방법이었습니다.)

🙏 기도하기

이 땅에 오신 예수님을 환영하기 위해서 시므온을 성전으로 이끄신 하나님께 감사하세요.

DAY 4

♥ 기억하기

이번 주 성경 이야기를 통해서 하나님은 우리에게 무엇을 가르치시나요?

📖 성경 읽기 | 누가복음 2:41~52절

💬 깊이 생각하기

예수님이 소년이었을 때, 가족들은 매년 유월절을 기념하려고 예루살렘에 왔습니다. 그들은 주로 안전을 위해서 무리 지어서 이동했는데 그 여행에서 예수님을 잃어버리게 된 것입니다. 그때 예수님은 열 두 살이었습니다. 아마도 예수님은 몇 명의 동생들이 있었을 겁니다. 예수님은 첫째였고 자신을 돌볼만한 나이였기에, 마리아와 요셉은 동생들에 비해 크게 신경을 쓰지 않았습니다. 그리고 고향으로 돌아가는 여정에서 한참 만에 예수님이 없어졌다는 사실을 알았을 때, 그들은 예루살렘으로 돌아가야만 했습니다. 그래서 가족들은 예수님을 사흘 만에 찾게 된 것입니다.

💬 이야기하기

부모님은 잠깐이라도 자녀 중 한 명을 잃어버린 적이 있었는지 생각해 보세요. 그리고 그 순간 어떤 느낌이었는지도 얘기해 주세요. (대형 상점이나 바닷가, 놀이 공원 등에서 자녀들을 잃어버린 때가 있었는지 기억해 보세요. 그 순간 기분이 어땠는지 자녀들에게 얘기해 주세요. 예수님을 찾아 헤매던 사흘 동안 마리아와 요셉의 심정이 어땠을지 자녀들에게 얘기해 주세요.)

마리아와 요셉은 예수님을 어디서 찾았나요?
(그들은 성전에서 여러 선생과 함께 앉아 듣기도 하고 묻기도 하는 예수님을 찾았습니다.)

부모님인 마리아와 요셉이 예수님을 찾았을 때, 그분은 성전을 어디라고 하셨나요?
(예수님은 성전을 내 아버지의 집이라고 하셨습니다.)

예수님은 왜 성전을 내 아버지의 집이라고 하셨나요? (성전은 성부 하나님을 위해서 지어진 곳입니다. 예수님은 하나님의 아들이셨기 때문에, 하나님을 아버지라 부르고, 성전을 내 아버지의 집이라고 하셨습니다.)

🙏 기도하기

성자 예수님을 보내서서 누구든지 그분을 믿기만 하면 자신의 죄로부터 구원받을 수 있게 하신 성부 하나님께 감사하세요.

DAY 5

♥ 발견하기

오늘은 다른 성경 본문을 보는 날입니다. 시편이나 예언서에서 예수님 혹은 우리의 구원에 대해 배울 수 있습니다.

📖 성경 읽기 I 시편 9:7~14절

💬 깊이 생각하기

이 시편은 어떻게 하나님이 다윗을 그의 적들에게서 구원하셨는지를 기록한 것입니다. 그러나 이것은 또한 하나님이 온 세상을 심판하실 미래에 대해서 말하는 것이고, 하나님이 다윗을 그의 죄로부터 구원하실 날을 가리키는 것입니다. 다윗은 "여호와여 내게 은혜를 베푸소서! 내가 주의 구원을 기뻐하리이다"(13~14절)고 했습니다. 이 구절은 시므온이 예수님을 봤을 때 했던 말과 비슷합니다. 시므온은 "내 눈이 주의 구원을 보았사오니" 라고 했습니다. 구원은 하나님이 그분의 백성들을 그들의 적들로부터 보호하시는 것을 뜻합니다. 그러나 그 말은 또한 하나님이 그분의 백성들을 그들의 죄로부터 구원하실 미래의 계획을 가리키는데 자주 사용됩니다. 그래서 구원의 의미를 담고 있는 시편들은 예수님을 통해서 나타날 하나님의 구원에 대한 단서들을 자주 보여줍니다. 예수님은 하나님이 십자가에서 죽게 하심으로 우리를 구원하시려고 이 땅에 보내신 분입니다.

《💬 이야기하기

많은 시편을 기록한 다윗은 어떤 사람인가요?
(다윗은 이스라엘의 왕 중 한 명이었습니다. 그는 거인 골리앗을 죽인 사람이었습니다.)

죄인들을 구원하시기 위해 하나님은 어떤 계획을 세우셨나요?
(하나님은 그분의 아들이신 예수님을 보내셔서 마땅히 징계받고 죽임당해야 할 죄인들 대신에 예수님을 십자가에서 죽게 하심으로 구원을 완성할 계획을 가지고 계셨습니다.)

시므온과 다윗은 어떤 비슷한 말을 했나요?
(그들은 둘 다 하나님의 구원에 대해서 말했습니다.)

🙏 기도하기

우리 죄 때문에 십자가에서 죽게 하시려고 예수님을 보내신 하나님께 감사하세요. 그분 때문에 우리가 구원받았습니다.

세례 요한의 사역
The Ministry of John the Baptist

이야기 82 – 컬러 스토리 바이블

예배를 시작하기에 앞서 자녀들 각자를 위해 한 숟가락 정도의 꿀, 크래커 조금, 그리고 건포도를 준비하세요. (그것들을 보이지 않게 하세요.) 예배를 시작하면서 이번 주에 배울 내용이 무엇인지 맞힐 수 있는 단서를 줄 거라고 설명하세요.

눈을 감고 입을 벌리게 하세요. 그런 다음 준비해 놓은 꿀과 크래커, 건포도를 자녀들에게 먹여 주세요. 아이들이 그것들을 먹고 있을 때, 바로 지금 이 순간이 오늘 배울 내용에 대한 단서들을 담고 있다고 설명해 주세요. 그리고 나서 "그 사람이 먹던 음식은 메뚜기와 석청이었더라."고 얘기해 주세요. 자녀들에게 꿀을 준 직후에 이 이야기를 한다면, 아마도 아주 재밌는 반응들을 볼 겁니다. 이렇게 말하세요. "이번 주에 너희들은 메뚜기와 석청을 먹었던 세례 요한에 대해서 배울 거란다."

DAY 1

♥ 상상하기

세상에는 우리가 가질 수 있는 수많은 직업이 있습니다. 경찰관이나 소방관, 의사처럼 사람들을 돕고 보살피는 일을 할 수도 있습니다. 또는 상점에서 일할 수도 있습니다. 엔지니어, 건축가, 디자이너와 같은 새로운 것을 만드는 직업을 가질 수도 있습니다. 어쩌면 가수, 음악가, 코미디언, 무용수가 될 수도 있겠지요.

그런데 우리가 낙타털로 만든 옷을 입고 집에 와서는 "저는 대학에 가지 않고 집을 떠나 사막에 살면서, 벌레와 꿀만 먹고 하나님의 말씀을 전하는 선지자가 될 거에요."라고 선언한다면, 부모님들이 어떻게 반응하실까요? 오늘 본문에서 요한이 자신의 부모님께 바로 이렇게 말했습니다. 그러나 뜻밖에도 요한의 부모님은 크게 놀라지 않았습니다. 왜냐하면 요한의 아버지에게 처음 찾아왔던 천사가 요한은 구약의 엘리야 선지자의 심령과 능력으로 살아가게 될 것(눅 1:17절)이라고 이미 말했기 때문입니다.

📖 성경 읽기 I 마태복음 3:1~3절

💬 깊이 생각하기

요한이 태어나기 아주 오래전에, 이사야 선지자는 요한은 누구이며 하나님이 그를 사용하셔서 예수님이 오실 길을 어떻게 예비하실지 기록했습니다(사 40장). 그렇게 하기 위해서, 요한은 이스라엘 민족에게 즉시 죄로부터 돌이키고 회개하라고 선포했습니다. 모든 사람이 죄인이라는 말을 듣고 싶어 하지는 않았기 때문에 그런 행동은 많은 용기가 필요했습니다. 그러나 요한은 자신을 감옥에 가두려는 종교지도자들을 비롯한 모든 사람에게 그 메시지를 책임감 있게 전파했습니다. 먼 훗날, 예수님이 가르치기 시작하셨을 때, 그분은 요한에 대해서 다음과 같이 말씀하셨습니다. "여자가 낳은 자 중에 세례 요한보다 큰 이가 일어남이 없도다" (마 11:7~12절).

🗣 이야기하기

요한이 태어나기도 전에 그에 대한 기록을 남긴 선지자는 누구인가요?
(이사야 선지자가 요한에 대한 기록을 남겼습니다.)

요한의 아버지인 사가랴에게 처음 찾아왔던 천사는 하나님이 주신 그 아들에 대해 무슨 말을 했나요?
(자녀들이 기억하지 못한다면, 누가복음 1:13~17절을 읽어주세요. 그리고 나서 다시 질문해 주세요. 천사는 하나님이 요한을 엘리야의 심령과 능력으로 아버지의 마음을 자식에게 전하고, 예수님의 오실 길을 준비하는 자로 사용하실 것이라고 말했습니다.)

요한은 이스라엘 민족에게 회개를 촉구했습니다. 회개란 무슨 뜻인가요?
(회개는 무언가로부터 돌아서는 것입니다. 요한은 이스라엘 민족이 그들의 죄로부터 돌아서기를 원했습니다.)

죄로부터 돌아서고 즉시 회개하라는 세례 요한의 외침은 왜 우리에게도 필요한 말인가요?
(우리도 요한의 시대에 살던 사람들처럼 죄인입니다. 그리고 그들처럼 죄에서 구원받기 위해 예수님이 필요합니다.)

🙏 기도하기

우리가 죄에서 돌이키고 회개할 수 있도록 하나님께 도움을 구하는 기도를 드리세요.

DAY 2

♥ 기억하기

어제 이야기 중에서 무엇을 기억하나요? 오늘은 어떤 이야기가 있을 것으로 생각하나요?

📖 성경 읽기 | 마태복음 3:4~11절

💬 깊이 생각하기

요한을 세례 요한이라고 했는데 그 이유는 그가 죄로부터 돌이킬 사람들을 찾았고 강에서 그들에게 세례를 베풀었기 때문입니다. '세례를 주다'는 물 아래로 담그는 것을 의미합니다. 세례는 사람들이 자신의 죄를 고백하고 세례를 받았을 때, 그들의 죄가 씻겼다는 것을 보여 주는 상징입니다. 그러나 모든 사람이 자신의 죄로부터 기꺼이 돌이키려고 하지는 않았습니다.

요한이 살던 시대의 종교지도자들이었던 바리새인들과 사두개인들이 그랬습니다. 그들은 겉으로는 가장 선한 것처럼 보였지만 안으로는 다른 사람들과 마찬가지로 죄인이었습니다. 요한은 그들을 독사의 자식들이라고 했고, 하나님의 진노를 피하려면 죄에서 돌이키라고 경고했습니다.

💭 이야기하기

세례는 어떤 사람들이 받나요?
(자신들의 죄를 고백한 사람들이 받습니다.)

죄를 고백한다는 것은 무슨 뜻인가요?
(죄 고백은 우리가 죄인이고 그런 우리의 행동이 잘못되었다는 것을 인정한다는 뜻입니다.)

우리는 왜 죄를 고백해야만 하나요?
(실제로 자녀들이 자신들의 죄를 고백할 수 있게 도와주세요. 부모님이 먼저 본을 보여줄 수도 있습니다. 지난 며칠간 자녀들에게 차갑고 냉정하게 말했거나 인내해 주지 못했던 경우가 있었다면, 지금 그 죄에 대해서 고백하고 용서를 구하세요. 그러고 나서 자녀들 역시 지난 며칠간 죄를 지었던 적은 없었는지 생각해 보는 시간을 가지게 해 주세요.)

🤲 기도하기

우리의 죄를 용서해 달라고 하나님께 간구하세요.

DAY 3

♥ 예수님께 연결하기

오늘은 이번 주 성경 이야기를 복음과 연결해 보는 날입니다. 복음은 우리를 구원하신 예수님의 생명과 죽음, 그리고 부활입니다. 이번 주 성경 이야기가 어떻게 복음과 연결되는지 깊이 생각해보세요.

📖 성경 읽기 | 누가복음 3:1~9절

💬 깊이 생각하기

누가복음에서, 누가는 세례 요한에 대해서 선지자 이사야가 말했던 것보다 좀 더 많은 이야기를 합니다. 누가는 이사야가 말했던, 요한이 예수님의 오실 길을 예비할 것이라는 내용뿐만 아니라 요한과 같은 시대에 살던 모든 사람(모든 육체)은 하나님의 구원을 직접 보게 될 것이라고 전합니다. 이사야가 하나님의 구원에 대해서 말했을 때, 그는 예수님에 대해서 말하는 것이었습니다.

십자가에서 이뤄진 예수님의 죽음은 세상의 모든 나라가 아브라함의 자손을 통해 복을 얻게 될 거라고 말씀하시며 하나님이 아브라함과 직접 맺으신 언약을 완성하시는 방법이었습니다. 왜냐하면 예수님은 아브라함의 후손으로 이 땅에 태어나셨고, 그분을 통해 완성된 구원은 모든 사람에게 주어진 것이기 때문입니다. 이사야는 하나님의 구원이 이스라엘 민족에 그치지 않고 모든 나라와 민족에게도 주어졌다는 것을 알았습니다.

💭 이야기하기

요한은 어떤 강에서 사람들에게 세례를 행했나요?
(요한은 요단강에서 세례를 주었습니다.)

이사야 선지자는 모든 육체(사람들)가 무엇을 보게 될 것이라고 말했나요?
(필요하다면 6절을 다시 읽어 주시고, 자녀들이 듣는 중에 답을 찾게 되면 손을 들어 대답하게 하세요. 이사야는 모든 사람이 하나님의 구원을 볼 것이라고 말했습니다.)

모든 육체(사람들)가 하나님의 구원을 보리라는 누가복음 3:6절은 무슨 뜻인가요?
(이것은 하나님이 이스라엘 민족만이 아니라 모든 나라와 백성들을 구원하실 거라는 뜻입니다.)

🙏 기도하기

모든 나라의 백성들에게 구원을 베푸신 하나님께 감사하세요. 구원은 모든 사람에게 주어집니다.

DAY 4

♥ 기억하기

이번 주 성경 이야기를 통해서 하나님은 우리에게 무엇을 가르치시나요?

📖 성경 읽기 | 누가복음 3:10~18절

💬 깊이 생각하기

하나님이 이사야 선지자를 이스라엘에 보내신 이후로 오랜 시간이 지났습니다. 그래서 요한의 메시지를 들은 사람들이 그를 메시아(하나님이 이스라엘을 구원하기 위해서 보내시기로 약속하신 사람)로 생각하게 되었습니다. 그러나 요한은 자신은 메시아의 신발 끈을 푸는 것조차도 감당하지 못할 사람이라고 즉시 말하면서 사람들의 생각을 고쳐줍니다. 요한은 자신은 물로 세례를 주지만, 오실 메시아는 성령으로 세례를 베푸실 것이라고 말합니다.

요한의 세례로는 사람들의 죄를 해결할 수 없었습니다. 게다가 죄로 가득한 마음은 더욱 바꿀 수 없었습니다. 어떤 방법으로도 그것은 불가능합니다. 오직 예수님을 믿을 때만 죄는 사라지고 변화가 일어납니다. 예수님은 우리가 받아야 할 죄의 징계를 대신 받으시려고 십자가에 오르셔서 돌아가셨습니다. 누구든지 예수님을 믿으면, 모든 죄는 다 용서받고 성령이 임하십니다.

💬 이야기하기

부모님은 자녀들에게 성령의 임재를 경험했던 기억을 나눠주세요.
(이 질문은 부모님이 어떻게 구원받았는지를 자녀들에게 간증할 수 있는 아주 좋은 기회입니다.)

요한의 세례와 예수님의 세례는 어떤 차이점이 있나요?
(자녀들이 답을 하지 못한다면, 16절을 다시 읽어서 차이점을 발견하게 도와주세요. 요한은 물로 세례를 주지만, 예수님은 성령으로 세례를 베푸십니다.)

요한이 말하길 예수님은 알곡(작물 가운데 먹을 수 있는 부분)은 곳간에 모으시지만 쭉정이(버려지는 작물의 껍질)는 불에 태우십니다. 알곡과 쭉정이는 각각 어떤 사람을 가리키나요? (알곡은 하나님이 천국으로 인도하시는 사람들이고, 쭉정이는 하나님을 믿지 않고 지옥 불에 던져지는 사람들입니다.)

🙏 기도하기

우리가 예수님을 믿어서 곳간에 쌓이는 알곡이 되고 천국에 들어가 하나님과 더불어 살게 해 달라고 하나님께 간구하세요.

DAY 5

♥ 발견하기

오늘은 다른 성경 본문을 보는 날입니다. 시편이나 예언서에서 예수님 혹은 우리의 구원에 대해 배울 수 있습니다.

📖 성경 읽기 l 이사야 40:1~5절

💬 깊이 생각하기

비록 선지자 이사야는 세례 요한이 태어나기 수백 년 전에 살았지만, 하나님은 그에게 미래의 일들에 대해서 말씀 하셨습니다. 이사야의 말에 주목해 보세요. 그가 받아 적은 것을 통해 하나님이 직접 말씀하십니다. 이사야가 살던 시대에 하나님은 전할 말씀이 있으면, 이사야와 같은 선지자들을 통해 그 말씀을 대언하게 하셨습니다. 하나님은 선지자들에게 무엇을 말해야 할지 알려 주셨습니다. 그러면 선지자들은 사람들에게 가서 선포했습니다. 하나님은 모든 것을 아시기 때문에, 미래의 일까지도 당연히 다 알고 계십니다. 그래서 하나님은 요한이 태어나기도 전에 그에 관한 내용을 이사야에게 알려주실 수 있었습니다. 마태와 누가 모두 이사야가 전한 말들을 기록하고, 그들의 복음서를 읽는 독자들에게 세례 요한이 예수님의 사역을 어떻게 선포하는지에 대해 이사야가 대언한 것을 알려줍니다.

🔊 이야기하기

이사야는 자신의 메시지가 누구에게서 온 것이라고 말했나요?
(필요하다면 1절과 5절을 다시 읽어주세요. 이사야는 하나님이 말씀하신다고 했습니다. 즉, 그가 백성들에게 전한 메시지는 사실은 하나님이 알려주신 메시지였습니다.)

이사야는 세례 요한이 태어나기 수백 년 전에 어떻게 그에 대해 알 수 있었나요?
(하나님이 이사야에게 직접 말씀하셨습니다. 그리고 이사야는 성령을 통해서 그가 들은 대로 반복했습니다.)

이사야는 "여호와의 영광이 나타나고"라고 했습니다. 요한은 말씀을 통해 백성들에게 누구를 가르쳤나요?
(요한은 사람들에게 예수님을 가르쳤습니다. 이사야가 '여호와의 영광이 나타나고' 라는 말을 했을 때, 그는 사람들에게 메시아가 누구인지를 알게 하는 세례 요한에 대해서 말하고 있는 것입니다. 세례 요한을 통해서 그 메시아가 바로 예수님이라는 사실이 사람들에게 전해졌습니다.)

🙏 기도하기

선지자들을 세우시고 예수님을 그 백성들에게 가르치게 하신 하나님께 감사하세요.

예수님의 세례
The Baptism of Jesus

이야기 83 - 컬러 스토리 바이블

아무 어려움 없이 삼위일체(세 분 하나님은 한 분이시다)를 완벽하게 설명할 방법은 없습니다. 어떤 사람들은 물, 얼음 그리고 증기로 비교해서 설명합니다. 그러나 그것이 하나님을 정확하게 표현하려면, 이 세 가지 물질 모두가 물을 측정할 때 동시에 존재해야 하는데 그렇게 되는 것은 불가능합니다.

삼위일체는 이해할 수 없습니다. 즉, 우리의 이성과 지혜로는 그 신비를 명확하게 이해할 수 없습니다. 우리는 세 분의 인격이 곧 한 분 하나님이라는 것을 알 수 있습니다. 그러나 세 분 하나님이 어떻게 동시에 완전한 한 분이 되실 수 있는지를 정확히 이해할 수는 없습니다.

따라서 자녀들이 스스로 생각해 볼 기회를 주세요. 하나님은 세 분이나 동시에 한 분이라는 사실에 관해 얘기 나눠 주시고, 자녀들이 세 분이 서로 다른 인격을 가지셨지만 동시에 한 분이시라는 사실을 이해하는지 살펴보세요. 이렇게 말해 주세요. "이번 주에 우리는 예수님의 세례에 대해 읽을 건데 그 장면에서 우리는 삼위일체이신 하나님을 보게 된단다: 성부 하나님은 말씀하시고, 성령 하나님은 비둘기같이 임재하시고, 예수님은 세례를 받으시지."

DAY 1

♥ 상상하기

우리 교회가 이웃에게 도움을 주기 위해서 무료 세차 행사를 열었다고 해 봅시다. 교회의 많은 가족이 자녀들과 함께 세차하면서 즐거운 시간을 가지려고 모였습니다. 처음에 여기저기 흠집이 있고 찌그러지기도 한 낡은 트럭 한 대가 들어왔습니다. 행사에 참여한 부모들은 자녀들에게 세차하게 합니다. 그런데 이어서 들어온 차는 새로 구입한, 아주 화려하고 비싼 차였습니다. 아이들은 낡은 트럭을 세차할 때와 마찬가지로 살짝 흥분해서 세차하려고 준비를 했습니다. 그러나 이 비싼 차를 본 부모들은 자녀들이 그 차를 건드리지 못하도록 물러서게 했습니다. 그 차는 너무 깨끗했고 광택이 났기 때문이었습니다. 그 비싼 차의 주인이 차에서 내린 후 아이들에게 세차를 해 줄 것을 요청하자 그제야 부모들은 조심스럽게 자녀들이 그 차에 다가서게 했습니다. 그리고 신중하게 자녀들을 도와서 세차를 했습니다. 비록 그 차는 세차할 필요가 없었지만, 그 차의 주인은 교회가 주최한 마을 행사에 동참하고 싶었습니다.

오늘 이야기에서, 예수님은 세례를 받으시려고 요한을 찾아오셨습니다. 그러나 먼지 한 점 없이 잘 관리된 그 비싼 차처럼 예수님은 회개할 죄가 전혀 없으셨기에, 세례를 받으실 필요도 없으셨습니다. 그것이 요한이 예수님께 세례를 베풀지 않으려고 했던 이유입니다.

📖 성경 읽기 l 마태복음 3:13~15절

💬 깊이 생각하기

세례 요한은 요단강에서 사람들을 향해 죄에서 돌이키라고 외쳤습니다. 요한은 사람들의 죄가 넘쳐나고 있고 하나님의 용서가 필요하다는 것을 알았기 때문입니다. 우리는 이미 요한이 종교지도자들에게 하나님의 진노를 피하려면 죄로부터 돌이키라고 경고하면서 그들에게 독사의 자식들이라고 한 것을 배웠습니다. 그러니 예수님이 그에게 찾아와서 세례를 받겠다고 하셨을 때, 요한이 얼마나 놀랐을까요? 예수님은 단 한 번도 죄를 지은 적이 없기 때문에 요한은 절대 자신에게서 세례를 받으실 이유가 없다고 생각했습니다. 그러나 예수님은 자신의 죄 때문이 아니라 우리 대신에 그 자리에 계신 것이었고, 우리의 죄 때문에 세례를 받으시려고 한 것이었습니다. 공생애를 처음 시작하는 순간부터 예수님은 자신에게 주어진 사명이 우리의 모든 죄를 그분이 직접 가져가시는 것임을 분명히 아셨습니다. 바울이 말하길 예수님께는 죄가 전혀 없었으나, 하나님은 우리를 대신하여 그분을 죄로 삼으셨다고 했습니다(고후 5:21절).

🗣 이야기하기

만약에 예수님이 우리에게 찾아오셔서 세례를 베풀어 달라고 하신다면, 뭐라고 말씀드릴 건가요?
(죄인들에게 회개를 촉구하고 있던 요한의 입장에서 생각해보게 도와주세요. 예수님의 요청을 받은 요한이 어떤 어려움을 느꼈을까요? 그리고 이렇게 말하게 이끌어 주세요. "절대 못 합니다. 예수님. 세례를 받으실 수 없습니다. 예수님은 죄인이 아니니까요.")

예수님은 "모든 의를 이루기 위해서" 세례가 필요하다고 말씀하셨습니다. 여기서 "의로움"은 무슨 뜻인가요?
(그것은 하나님 앞에서의 선함과 완전함, 하나님 앞에 서는 것을 의미합니다. 만약 "의로움"이 옷의 한 종류라면, 그것은 새롭고 매우 깨끗한 최고급 상품일 것입니다. 그러나 우리의 죄는 그런 옷을 더럽고 낡은 헌 옷으로 만듭니다. 우리는 그런 헌옷을 입은 채로 천국에 들어갈 수 없습니다. — 우리는 완전하게 세탁해서 깨끗해진 옷이 필요합니다. 예수님 스스로는 회개할 어떤 죄도 짓지 않으셨습니다. 그런 예수님이 세례를 받으셨다는 것은 우리 대신에 그 자리에 서신 것이었고, 우리의 죄가 완전히 씻겼다는 뜻이었습니다.)

요한은 왜 예수님께, "내가 당신에게서 세례를 받아야 할 터인데" 라고 말했나요?
(요한은 자신이 죄인이고 그 죄가 씻겨야 한다는 것을 알았습니다. 하지만 예수님은 어떤 죄도 없으셨습니다. 그래서 요한은 예수님이 자신에게 세례를 베푸셔야 한다고 말했습니다.)

우리가 용서받아야 할 죄는 무엇이 있나요?
(자녀들이 요한처럼 자신들도 용서받아야 할 죄인이라는 사실을 깨닫도록 도와주세요.)

🙏 기도하기

하나님께 우리 각자의 죄를 고백하세요. 그리고 용서를 간구하고 죄를 씻어 달라고 기도하세요.

DAY 2

♥ 기억하기

어제 이야기 중에서 무엇을 기억하나요? 오늘은 어떤 이야기가 있을 것으로 생각하나요?

📖 성경 읽기 l 마태복음 3:16~17절

💬 깊이 생각하기

세 분 하나님이 예수님의 세례에 함께 계셨다는 사실을 알았나요? 하나님의 아들이신 예수님은 세례를 받으셨고, 성령 하나님은 비둘기 같이 오셔서 예수님 위에 임재 하셨습니다. 그리고 성부 하나님은 하늘에서 말씀하셨습니다. 비록 세 분 하나님은 서로 다른 인격이시지만 성부, 성자, 성령 세 분은 한 분 하나님이십니다. 그것이 우리가 삼위일체라는 용어로 하나님을 설명하는 이유입니다. 삼위일체는 세 분이지만 동시에 한 분임을 의미합니다. 하나님은 세 분의 인격을 가지셨지만, 오직 한 분, 바로 삼위일체이십니다.

💬 이야기하기

하나님께서 하늘에서 말씀하시는 소리를 들은 사람들은 무슨 생각을 했을까요?
(틀린 답은 없습니다. 자녀들이 자신을 그 이야기 속 인물로 여기고 생각하게 도와주세요.)

삼위일체는 무슨 뜻인가요?
(세 분의 인격을 가지셨으나 한 분이란 의미입니다.)

삼위일체에서 한 분 하나님을 이루는 세 분의 인격은 누구인가요?
(삼위일체에서 세 분의 인격은 성부 하나님, 성자 하나님, 그리고 성령 하나님입니다.)

🙏 기도하기

"만복의 근원 하나님" (찬송가 1장)을 온 가족이 함께 부르고, 그 가사에 관해서 얘기를 나누세요. 삼위일체의 하나님께 영광을 올려드리는 기도를 드리세요.

DAY 3

♥ 예수님께 연결하기

오늘은 이번 주 성경 이야기를 복음과 연결해 보는 날입니다. 복음은 우리를 구원하신 예수님의 생명과 죽음, 그리고 부활입니다. 이번 주 성경 이야기가 어떻게 복음과 연결되는지 깊이 생각해보세요.

📖 성경 읽기 | 요한복음 1 : 29 ~ 34절

💬 깊이 생각하기

세례 요한이 예수님과 관계가 있다는 사실을 알고 있었나요? 누가복음에서는 마리아와 세례요한의 어머니, 엘리사벳이 친척이라고 나옵니다. 그래서 요한과 예수님이 어린 시절에 이미 서로를 알았을 거로 추측할 수 있습니다. 그러나 아마도 요한은 자신의 친척인 예수님이 메시아라는 사실은 꿈에도 상상하지 못했을 겁니다. 그가 나이가 들어가자, 하나님은 이제는 요한에게 그 선택받은 자, 즉 메시아가 누군지에 대한 단서를 주셔야만 했습니다. 성령님이 예수님 위에 비둘기 같이 임하셨을 때, 요한은 그의 친척이 바로 메시아라는 사실을 알게 되었고 예수님을 가리켜 "세상 죄를 지고 가는 하나님의 어린 양이로다" 라고 말했습니다(29절).

어린양은 구약 성경에 기록되어 있는데 이스라엘 사람들은 자신들의 죗값으로 어린양을 죽여서 제물로 바쳤습니다. 하나님이 모든 이스라엘 사람들에게 어린양을 희생 제물로 삼아서 그 피를 문설주에 바르라고 말씀하셨던 유월절과 모세의 이야기를 기억하나요? 어린양의 피는 그곳이 첫아들을 대신해서 어린양이 죽임을 당한 자리라는 사실을 나타내는 표시였습니다. 하나님이 그 피를 보시고 그 집을 넘어가셨고 죽음이 그 집의 첫 번째 아들에게는 임하지 않았습니다. 어린양이신 예수님은 우리를 위한 희생 제물이 되셨습니다. 우리가 예수님을 믿을 때, 하나님의 진노는 우리를 넘어갑니다. 그것이 요한이 예수님을 세상 죄를 지고 가는 하나님의 어린양이라고 부른 이유입니다.

💬 이야기하기

요한은 세례를 베풀면서 예수님을 누구라고 했나요? (요한은 예수님을 세상 죄를 지고 가는 하나님의 어린양이라고 했습니다. 요한은 또한 예수님을 하나님의 아들이라고 했습니다.)

하나님께서 요한에게 메시아가 누구인지를 확신할 수 있게 주신 신호는 무엇인가요?
(하나님은 요한에게 성령님께서 머무는 이가 바로 선택받은 이라고 말씀하셨습니다. 그리고 그것으로 요한은 메시아가 누군지를 알 수 있었습니다[33절].)

왜 예수님을 하나님의 어린양이라고 부르나요? (구약 성경에서 어린양이 죄의 진노를 대신 받아 죽임을 당함으로 죄인 한 사람이 용서를 받았듯이 예수님이 우리를 위해서 그렇게 하셨기 때문입니다.)

🙏 기도하기

아들이신 예수님을 보내셔서 우리의 죗값을 대신 치르실 어린양으로 삼아주신 하나님을 찬양하세요.

DAY 4

♥ 기억하기

이번 주 성경 이야기를 통해서 하나님은 우리에게 무엇을 가르치시나요?

📖 성경 읽기 | 마가복음 6:17~29절

💬 깊이 생각하기

세례 요한은 용감한 사람이었습니다. 그는 모든 사람에게 죄로부터 돌아서 즉시 회개하라고 외쳤습니다. 요한은 심지어 헤롯왕의 잘못도 지적했는데 그 왕은 자기 동생의 아내인 헤로디아를 빼앗아 자신의 아내로 삼았습니다. 헤롯은 요한을 의롭고 거룩한 하나님이 보내신 사람으로 알았습니다. 하지만 자기 아내를 만족시키려고 요한을 감옥에 가두었습니다. 그리고 결국에는 그를 죽였습니다. 요한은 하나님께 순종하고 진리를 선포하는데 자신의 목숨을 바쳤습니다. 요한은 자신에게 주어진 예수님의 길을 예비하라는 사명을 완수했습니다. 몇 년 후에, 예수님은 체포되셨고, 십자가에서 돌아가셨습니다. 그 죽음으로, 예수님은 요한과 그분을 믿는 모든 사람이 천국에 갈 수 있는 길을 여셨습니다. 오늘날, 세례 요한은 천국에서 예수님과 함께 기뻐하고 있습니다.

🗣 이야기하기

부모님은 하나님을 섬기고 주어진 사명을 감당하다가 죽임을 당한 또 다른 사람의 이야기를 자녀들에게 들려주세요. (자녀들에게 여러 선교사나 신약 성경에 기록된 이야기를 해줄 수 있습니다. 예를 들면 사도행전 6~7장에 기록된 스데반의 순교와 같은 이야기를 해 주시면 됩니다. 그리고 마지막으로는 모든 영광스러운 자리를 포기하시고 섬기는 자로서 이 땅에 오셔서 우리가 용서받도록 십자가에서 대신 피 흘려 돌아가신 예수님의 이야기를 해 주시면 좋겠습니다.)

헤롯은 왜 세례 요한을 감옥에 가두었나요?
(세례 요한은 헤롯에게 동생의 아내를 빼앗아서 결혼한 것이 잘못된 행동이었다고 말했습니다. 그래서 그의 아내인 헤로디아는 화가 났습니다. 헤롯은 새 아내를 기쁘게 해 주려고 요한을 체포해서 감옥에 가두었습니다.)

헤롯은 하나님보다 누구를 더 기쁘게 하려고 했나요?
(헤롯은 하나님보다 아내인 헤로디아와 연회에 참석한 사람들을 기쁘게 하려고 했습니다.)

🙏 기도하기

예수님을 보내시고 십자가에서 죽게 하심으로 요한과 모든 신자를 천국에 들어갈 수 있게 해 주신 하나님께 감사하세요.

DAY 5

♥ 발견하기

오늘은 다른 성경 본문을 보는 날입니다. 시편이나 예언서에서 예수님 혹은 우리의 구원에 대해 배울 수 있습니다.

📖 성경 읽기 | 이사야 11:1~5절

💬 깊이 생각하기

성경에는 예수님이 태어나시기 전부터 그분을 나타내는 단서들이 가득하다는 사실을 알고 있었나요? 예를 들어, 예수님이 세례받기 오래전에, 이사야는 하나님의 영이 그분 위에 임하실 것이라고 예언했습니다.

하나님은 이사야에게 그 외에도 또 다른 단서들을 주셨습니다. 이사야는 예수님을 이새의 줄기에서 나온 싹이라고 했습니다. 그것은 다윗 왕의 아버지인 이새가 언젠가는 먼 후손을 갖게 될 거라는 뜻이었습니다(줄기에서 새싹이 돋아나는 모습을 그려보세요). 이 미래의 후손은 하나님의 영이 그 위에 임하시는 복을 받게 될 것입니다. 그분은 의로운 재판관이 될 것입니다; 그분은 강력한 힘을 가지고 악인들을 심판하실 것입니다; 그리고 그분은 의로우시고 신실하신 분입니다. 조금만 살펴보면, 우리는 이사야의 예언이 정확히 예수님을 가리킨다는 사실을 금세 알 수 있습니다. 예수님이 태어나기 훨씬 전에, 하나님은 그분의 백성들에게 예수님에 대한 많은 단서를 주고 계셨던 것입니다.

💬 이야기하기

이사야가 말한, 예수님을 가리키는 것들을 말해보세요.
(자녀들이 아직 어리다면, 성경 본문을 다시 읽어주시고 들으면서 손을 들어 대답하도록 해 주세요. 예수님을 나타내는 내용이 나올 때 목소리나 표정에 변화를 주어서 자녀들이 알아차리도록 할 수도 있습니다.)

이사야가 하나님의 영을 설명하는데 사용했던 이름들은 무엇이었나요?
(이사야는 하나님의 영은 지혜, 총명, 모략, 재능, 지식과 하나님을 경외하는 영이라고 말했습니다. 자녀들에게 본문을 다시 읽어주시고 손을 들어 대답하도록 해 주세요.)

예수님이 태어나기도 전에 어떻게 이사야는 예수님에 대한 이 모든 것을 알 수 있었나요?
(이사야를 비롯한 성경의 모든 기자는 성령님의 도움을 받았습니다. 성령님은 그들에게 기록해야 할 것들을 알려주셨습니다. 결국 사람들이 기록했으나, 하나님이 그들에게 쓸 것을 알게 하셨습니다.)

🤲 기도하기

예수님이 태어나기도 전에 모든 예언자를 사용하셔서 놀라운 방법으로 우리가 그분에 대해 알 수 있게 기록을 남기신 하나님께 감사하세요.

예수님의 시험
The Temptation of Jesus

이야기 84 – 컬러 스토리 바이블

오늘 활동은 자녀들이 '시험(유혹)'의 개념을 이해하는 데 도움이 됩니다. 이것을 하려면 반짝이는 새 동전으로 100원짜리와 50원짜리가 필요합니다. (꼭 100원/50원짜리가 아니어도 괜찮습니다. 단 두 동전의 금액이 달라야 합니다. — 옮긴이) 반짝거리는 100원짜리 동전을 손바닥에 올려놓고 자녀들에게 보여주세요. 잠깐 보여준 후, 그냥 주머니에 넣으세요. 그런 후에 50원짜리 동전을 꺼내서 손바닥에 올려놓으세요. 하지만 이번에는 다음과 같이 말해서 자녀들이 이것을 빼앗으려고 달려들게 해 주세요. "내가 장담하는데 너희는 내 손에서 이 동전을 가져갈 만큼 빠르진 못할 거야." 그리고 손을 자녀들에게 더 가깝게 내밀면서 놀리는 것 같은 말투와 행동을 취해주세요. 분명히 자녀들은 그 동전을 빼앗으려고 달려들 겁니다.

자녀들의 도전이 몇 번 실패한 후에, 동전을 주머니에 다시 넣고 왜 100원짜리 동전을 보여줬을 땐 빼앗으려고 하지 않다가 이번에는 그렇게 했는지 질문해 주세요. 자녀들에게 던진 한마디의 말이 그들을 50원짜리 동전에 달려들게 했다는 사실을 얘기해 주고, 시험(유혹)이 무엇인지를 설명해 주세요. 그리고 이렇게 말해 주세요. "이번 주우리는 사탄이 예수님을 어떻게 시험했는지 듣게 될 거란다."

DAY 1

♥ 상상하기

만약 어떤 친구가 우리에게 한 아이를 때리라고 한다면 그 친구에게 뭐라고 말할 건가요? 대부분 "아니야"라고 말할 겁니다. 왜냐하면 누군가를 때리는 것은 옳지 않은 것이기 때문입니다. 그러나 만약 그 친구가 시키는 대로 하면 좋은 것을 주겠다고 한다면 어떨까요? "네가 동생을 때리면 오만 원 줄게."라고 제안한다면? 그러면 뭐라고 말할 건가요? 이것은 처음 제안과 마찬가지로 옳지 않은 것입니다. 하지만 '해볼까?'라는 생각이 조금이라도 들 수 있습니다.

아마 이번에도 그 제안을 거부할 수 있을 겁니다. 그러나 그 친구가 더 큰 금액을 제시한다면 어떨까요? "네가 동생을 한 대만 때려도, 50만 원을 줄게." 하면서 실제로 그 돈을 꺼내서 눈앞에 보여준다면 어떨까요? 그 돈을 보는 순간 당연히 이런 생각을 할지도 모르겠습니다. '살살 때리면 되지 뭐, 그러면 저 돈을 받을 수 있고, 동생에게 맛있는 것을 사주면 되지 않을까?'

오늘 우리는 예수님이 죄를 짓게 시험하는 사탄을 볼 겁니다. 사탄은 예수님이 원한다고 생각하는 것들을 제안하고 있습니다.

📖 성경 읽기 | 누가복음 4:1~4절

💬 깊이 생각하기

사탄은 예수님이 금식을 하셔서 매우 허기가 졌다는 사실을 알았습니다(금식은 하나님 아버지가 음식보다 중요하다는 사실을 보이려고 일정 시간 동안 아무것도 먹지 않는 것입니다). 그것이 사탄이 예수님에게 돌을 떡으로 바꿔보라고 말한 이유입니다. 사탄은 예수님이 천국에 계신 하나님 아버지가 아니라 자신의 명령을 따르게 하도록 유혹하고 싶었습니다. 그러나 예수님은 성경 말씀을 인용하시면서 그 유혹과 맞서 싸우셨습니다. "사람이 떡으로만 살 것이 아니라"(신 8:3절). 예수님은 이 말씀으로 음식보다 하나님의 말씀에 순종하는 것이 더 중요하다는 사실을 보이셨습니다.

모세는 예수님이 겪으신 것과 매우 비슷한 상황에 놓인 이스라엘 백성에게 음식보다 하나님이 더 필요하다는 사실을 가르치려고 이 말씀을 처음 사용했습니다. 모세는 그들이 경험했던 40년의 광야 생활 가운데 하나님이 매일 아침 그들에게 만나를 어떻게 공급해 주셨는지를 기억하게 했습니다. 그러나 안타깝게도 이스라엘 백성은 계속 불평했고 하나님을 거부했습니다.

사탄의 시험을 이겨내심으로, 예수님은 이스라엘 백성이 저질렀던 것과 같은 잘못을 저지르지 않을 것이라는 사실을 확실히 보이셨습니다. 그들은 불평하면서 하나님을 거부했지만, 예수님은 사탄의 시험 때문에 하나님 아버지를 거부하는 죄를 짓지 않았습니다. 예수님은 하나님께 완전히 순종했고 이스라엘 백성처럼 실패하지 않으셨습니다.

💬 이야기하기

사탄은 왜 예수님께 돌을 떡으로 바꾸라고 말했나요?
(사탄은 예수님이 오랜 금식 때문에 허기져 있다는 것을 알았습니다. 그래서 돌을 떡으로 바꾸라는 제안을 하므로 예수님이 자신의 명령에 복종하도록 시험했습니다.)

예수님은 사탄과 어떻게 싸우셨나요?
(예수님은 하나님의 말씀으로 사탄과 싸우셨습니다.)

예수님이 사탄의 시험을 이기셨다는 사실이 왜 중요한가요? (예수님은 전혀 죄가 없는 완전한 삶을 사셔야만 했습니다. 그래야만 우리 죄의 대가를 대신 해결할 수 있는 자격을 얻게 됩니다. 만약 예수님이 단 한 번이라도 죄를 짓는다면, 그분은 완벽한 희생 제물이 되실 수가 없습니다. 따라서 예수님이 시험을 당했으나 결코 죄를 짓지 않으셨다는 사실은 기쁜 소식이 됩니다. 히브리서 4:15절을 읽으세요.)

🙏 기도하기

사탄의 시험에 넘어지지 않으시고 우리를 위해서 완전한 삶을 사신 예수님을 찬양하세요.

DAY 2

♥ 기억하기

어제 이야기 중에서 무엇을 기억하나요? 오늘은 어떤 이야기가 있을 것으로 생각하나요?

📖 성경 읽기 | 누가복음 4:5~8절

💬 깊이 생각하기

돌을 떡으로 바꿔보라는 시험이 예수님께 아무런 효과가 없자, 사탄은 다른 것으로 시험했습니다. 사탄은 예수님께 온 세상을 주겠다는 제안을 했습니다. 사탄에게 딱 한 번만 절을 하면 예수님은 온 세상을 얻을 수 있었습니다. 당연히 그것은 끔찍한 죄를 짓는 것입니다. 그러나 예수님은 사탄의 속임수에 넘어가지 않았습니다. 예수님은 먼 훗날 사탄의 세상은 멸망할 것을 알고 계셨습니다. 그리고 예수님 자신은 세상을 구원하는 왕이 되실 것입니다. 하지만 예수님의 승리는 사탄과의 협상이나 거래를 통해서가 아니라 십자가에서 완성된 그분의 죽음으로만 얻을 수 있었습니다. 그래서 예수님은 신명기의 또 다른 말씀을 인용하셨습니다. 사탄의 속임수를 물리치심으로, 예수님은 이스라엘 백성이 실패했던 '오직 하나님만 경배하기'를 해내셨습니다. 이스라엘 백성이 금송아지를 경배했을 때 어떻게 실패했는지를 기억하세요. 이스라엘이 실패한 곳에서, 예수님은 성공하셨습니다.

🗨 이야기하기

사탄의 유혹이 그렇게 강력했던 이유는 무엇일까요?
(사탄은 할 수 있는 것 중에 예수님께 가장 가치 있다고 여겨지는 것을 제안했습니다. 그것은 바로 자기가 다스리는 나라인 이 세상이었습니다. 사탄의 제안은 먼 훗날 온 세상을 다스리시는 왕이 되실 예수님께 지름길을 제공하는 것이었습니다. 사탄은 십자가에서 대가를 치르지 않고도 세상 왕국을 가질 수 있다고 예수님을 유혹했습니다.)

사탄은 예수님께 자신이 온 세상을 내어줄 힘이 있다고 속였습니다. 그러나 실제로 이 세상을 통치하시는 분은 누구인가요? (하나님이 온 세상의 통치자이십니다. 그리고 성경은 우리에게 예수님이 모든 것을 다스리신다고 말합니다[골 1:15~18절]. 사탄이 제시할 수 있었던 유일한 왕국은 죄와 어둠의 왕국뿐이었습니다. 만약 예수님이 사탄의 제안을 받아들였다면, — 물론 예수님은 절대 그렇게 하지 않으십니다. — 그분은 사탄처럼 악을 행하는 이가 되었을 겁니다.)

유혹에 넘어져서 죄를 지은 경험이 있나요?
(자녀들이 유혹에 굴복해서 사소해 보일지라도 죄를 지었던 때를 기억하게 도와주세요.)

🙏 기도하기

시험에 넘어져서 지었던 죄를 고백하세요. 하나님께 용서를 구하고 그 죄에서 구원해 달라고 기도하세요.

DAY 3

♥ 예수님께 연결하기

오늘은 이번 주 성경 이야기를 복음과 연결해 보는 날입니다. 복음은 우리를 구원하신 예수님의 생명과 죽음, 그리고 부활입니다. 이번 주 성경 이야기가 어떻게 복음과 연결되는지 깊이 생각해보세요.

📖 성경 읽기 | 히브리서 4:14~16절

💬 깊이 생각하기

혹시 뼈가 부러져서 깁스를 해 본 적이 있다면, 약 6주 정도 그것을 깨끗하고 건조하게 유지하기가 얼마나 어려운지, 그리고 깁스를 풀기 마지막 2주 전쯤에는 얼마나 가려운지 잘 알 겁니다. 그러나 한 번도 깁스를 해 본 적이 없다면, 그것이 얼마나 불편한지를 아는 것은 결코 쉬운 일이 아닙니다. 마찬가지로 우리가 겪었던 것과 비슷한 어려움을 당하는 사람들에게 격려하는 것은 쉽습니다. 왜냐하면 그것이 어떤 것인지를 알기 때문입니다.

오늘 성경 이야기에서, 히브리서의 기자는 예수님은 우리가 시험당할 때 우리의 연약함을 충분히 동정하신다고 말합니다. 왜냐하면 그분도 우리처럼 시험을 받으셨기 때문입니다. 그러나 우리와 예수님 사이에는 큰 차이점이 있습니다. 우리는 시험당할 때 죄에 자주 굴복합니다. 그러나 예수님은 우리처럼 시험당하셨으나, 결코 죄를 짓지는 않으셨습니다. 예수님은 유혹에 대항해서 싸우는 것이 얼마나 어려운지를 잘 아십니다. 그래서 우리가 죄를 지으려는 유혹 때문에 정말 힘들고 고통스러울 때, 예수님이 우리를 그 죄로부터 자유롭게 하시려고 십자가에서 돌아가셨다는 사실을 알기에 도와달라는 기도를 할 수 있습니다. 게다가 예수님은 죄와 싸우는 것이 얼마나 어려운 것인지를 잘 아시기에 충분히 도와주십니다.

🗣 이야기하기

유혹과 싸우는 것이 얼마나 힘들고 어려운 것인지를 이해하는 게 예수님께는 왜 쉬운 일인가요?
(예수님이 이 땅에 거하셨을 때, 그분도 우리처럼 유혹을 받으셨습니다. 직접 경험하셨기에 그것과 싸우는 것이 얼마나 힘든지를 잘 아십니다.)

예수님도 우리처럼 시험을 당하셨습니다. 그러나 유혹에 대한 그분의 반응은 우리와는 어떻게 달랐나요?
(비록 예수님이 우리처럼 시험을 당하셨으나, 그분은 그 시험에 조금도 굴복하지 않으셨습니다. 예수님은 시험당할 때마다, 죄를 거절하셨습니다. 분명히 아니라고 말씀하셨습니다.)

죄를 지을 유혹을 받거나 시험을 당했을 때, 분명히 아니라고 말했던 경험이 있나요?
(자녀들이 화가 나서 형제자매를 때리려고 했지만 그렇게 하지 않았던 경험이나 거짓말을 하거나 속이려는 마음이 들었지만 정직하게 말하고 행동했던 경험이 있었을 겁니다. 그런 것들을 기억하게 도와주세요.)

🙏 기도하기

결코 죄에 굴복하지 않으신 예수님을 찬양하세요. 우리 또한 그런 유혹과 시험에 넘어지지 않게 도와주시는 예수님을 기억하고 찬양하세요.

DAY 4

♥ 기억하기

이번 주 성경 이야기를 통해서 하나님은 우리에게 무엇을 가르치시나요?

📖 성경 읽기 | 누가복음 4:9~13절

💬 깊이 생각하기

어떤 사람이 우리를 시험할 수 있는 또 다른 방법은 우리에게 무엇인가를 해 보도록 부추기는 것입니다. 예를 들어, 한 친구가 우리에게 이렇게 말합니다. "너는 겁쟁이라서 분명히 저 자동차에 눈덩이를 던질 수 없을 거야." 우리는 그렇게 행동하는 것이 어리석다는 걸 이미 알고 있습니다. 특히 달리는 자동차에 그렇게 하는 것은 정말 나쁜 행동입니다. 그러나 친구가 나를 부추기면, 그렇게 해보려는 유혹을 더 받게 됩니다.

오늘 이야기에서, 사탄은 가장 기본적이고 중요한 질문을 하고 있습니다. "자, 어디 한번 보자고. 정말로 너의 천사들이 능력이 있는지 없는지. 내가 장담하건대, 너는 무서워서 여기서 뛰어내리지 못할 거야. 왜냐하면 천사들이 정말로 추락하는 너를 살릴 수 없을 테니까." 사탄도 성경 말씀을 인용해서 질문합니다. "만약 네가 주장하는 바가 사실이라면, 나한테 증명해 봐!" 그러나 사탄은 하나님이 아닙니다. 그리고 예수님께 어떤 명령도 내릴 수 없는 존재입니다. 사탄의 말을 따르지 않고, 예수님은 거절하셨습니다. 예수님이 자신의 유혹에 넘어가지 않았다는 것을 알아차리자, 사탄은 더 나은 기회가 생길 때까지 떠나 있었습니다.

🗣 이야기하기

부모님은 어떤 유혹에 넘어져서 죄를 지었던 경험을 자녀들에게 겸손하고 정직하게 나눠주세요.
(유혹에 굴복했던 기억을 떠올려 보세요. 자녀들에게 예수님과 우리가 얼마나 다른지 알려주는 기회가 될 것입니다. 그분은 시험에 빠지지 않으시고 결코 죄를 짓지 않으신 유일한 분이십니다.)

이번에는 자녀들에게 같은 질문을 해 주세요: "너희들 중 누구라도 시험에 빠지고 실패해서, 죄를 지었던 경험이 있니?" (아마도 자녀들보다 부모님이 더 많이 기억할 겁니다. 자녀들이 유혹에 넘어져서 죄를 지었던 때를 생각하게 도와주세요.)

예수님은 우리와 어떻게 다른가요?
(예수님은 결코 단 한 번도 유혹에 넘어지지 않으셨습니다. 그러나 우리는 매일 죄를 짓습니다.)

🫘 기도하기

죄에 넘어지고 유혹에 굴복했던 경험들을 고백하는 기도를 드리세요. 그런 후에 우리 가족들을 각자의 죄로부터 구원해 달라고 하나님께 간구하세요.

DAY 5

♥ 발견하기

오늘은 다른 성경 본문을 보는 날입니다. 시편이나 예언서에서 예수님 혹은 우리의 구원에 대해 배울 수 있습니다.

📖 성경 읽기 | 이사야 61:1~3절

💬 깊이 생각하기

사탄이 떠난 후에, 예수님은 광야에서 돌아와 그분의 고향인 나사렛으로 떠나셨습니다. 유대교 예배 장소인 회당에서 예수님은 이사야서를 읽으셨습니다(눅 4:17~19절을 보세요). 예수님은 오늘 우리가 읽은 성경 구절이 적혀 있는 두루마리를 펼쳐서 이사야가 그분에 대해 기록해 놓은 것을 사람들에게 말씀해 주셨습니다. 이사야가 기록한 예수님은 가난한 자에게 아름다운 소식을 전하시는 분입니다. 예수님은 기쁜 소식을 들려주셨습니다. 이제 사람들은 더 이상 죄에 사로잡히지 않을 것입니다. 예수님은 모든 사람의 죄를 위해 십자가에서 돌아가심으로 자유를 선포하셨습니다. 예수님이 십자가에서 이루신 일을 믿는 모든 사람은 용서를 받고 천국에 들어갈 자유를 얻게 됩니다. 그것이 바로 복음입니다!

💬 이야기하기

이사야는 "주 여호와의 영이 내게 내리셨으니"라고 말했습니다. 이것이 어떻게 예수님과 관련이 있나요?
(광야로 가시기 전, 예수님이 세례를 받으실 때 성령님이 그 위에 임하셨습니다. 이사야의 이 설명과 예수님이 어떻게 연결되는지 알 수 있도록 자녀들에게 누가복음 4:1절과 14절을 다시 읽어주세요.)

이사야가 "가난한 자에게 아름다운 소식을 전하게 하려 하심이라"고 말했을 때 그것은 무슨 뜻이었나요? 이사야가 말한 "아름다운 소식"은 무엇에 대한 것인가요?
("아름다운 소식"은 복음의 메시지입니다. 즉, 예수님이 우리 죄 때문에 십자가에서 돌아가시고 다시 살아나심으로 그분을 믿는 모든 사람이 용서받고 천국에 들어가 하나님과 함께 영원히 살게 된다는 뜻입니다.)

예수님이 그분의 날에 사람들을 구원하신다는 것은 아름다운 소식이었나요? 또한 그 아름다운 소식은 오늘날 우리에게도 유효한가요?
(오늘을 사는 우리에게도 그 소식은 여전히 유효합니다. 왜냐하면 예수님을 믿으면, 우리도 용서받고 예수님과 함께 천국에서 살 수 있기 때문입니다.)

🙏 기도하기

우리에게 기쁜 소식, 즉 복음을 전해 주시려고 이 땅에 오신 예수님께 감사하세요.

가나 혼인 잔치
The Wedding Feast

이야기 85 - 컬러 스토리 바이블

물 한 주전자와 나무 숟가락 하나, 그리고 와인 잔 몇 개를 식탁에 가져오세요. 모든 가족을 식탁으로 부른 후에, 물을 휘저어서 잘 섞고 이렇게 말해 주세요. "항아리를 물로 가득 채울 겁니다." 그리고 "그중 일부를 따라서 잔치의 주인에게 가져다줄 겁니다." 말이 끝나면 주전자의 물을 잔에다 따르고 자녀 중 한 명에게 그 잔을 넘겨주세요. 그리고 맛을 본 후에 어떤 맛이 나는지 말해 달라고 요청하세요. 아마도 그 아이는 어찌해야 할지 주저하거나 어이없어하면서 물을 마실 겁니다. 그리고 아무 맛도 나지 않는다고 말할 겁니다. 그 아이에게서 잔을 다시 받고 직접 맛을 보세요. 맛을 정확히 표현하겠다고, 분명히 물맛, 즉 아무 맛도 나지 않는다고 말해 주세요. 그 잔에 담겨 있는 것은 물이 맞습니다. 이 과정을 반복할 겁니다.

전체 과정을 몇 번 반복해 주세요. 그러고 나서 자녀들에게 예수님이 혼인 잔치 연회에서 하셨던 것과 똑같이 하고 있는데 도대체 왜 물을 포도주로 바꿀 수 없는지 이해할 수 없다고 말해 주세요. 혹시 자녀들이 부모님의 하소연에는 중요한 것 — 아빠나 엄마는 하나님처럼 전능하지 않다는 사실 — 이 빠졌다는 걸 말하는지 살펴보세요. 이렇게 말해 주세요. "이번 주 우리는 예수님이 물을 포도주로 바꾸신 첫 번째 기적에 대해서 배우게 될 거야."

DAY 1

♥ 상상하기

우리는 지금 생일 파티를 하고 있습니다. 그리고 이제 케이크와 아이스크림을 먹을 시간입니다. 그런데 바닐라 아이스크림을 꺼낸 순간, 엄마는 모든 사람이 다 먹을 수 있을 만큼 양이 충분하지 않다는 걸 알았습니다. 아이스크림이 부족해서는 안 돼! 엄마는 생각합니다. 그래서 아무도 모르게, 하지만 재빠르게 어른 중 한 명에게 빨리 가게에 가서 아이스크림을 더 사 올 수 있겠냐고 부탁합니다. 얼마 후에 그 어른은 초콜릿 아이스크림을 큰 것으로 네 통 사옵니다. 바로 그 순간 바닐라 아이스크림이 다 떨어져서 나머지 아이들에게는 새로 사 온 초콜릿 아이스크림을 나눠줍니다. 그러자 모든 사람이 초콜릿 아이스크림을 더 달라고 아우성을 칩니다. 그러면서 왜 더 맛있는 초콜릿 아이스크림을 먼저 안 주고 바닐라 아이스크림부터 줬는지 의아해합니다.

📖 성경 읽기 | 요한복음 2:1~5절

💬 깊이 생각하기

예수님의 시대에, 혼인 잔치에 포도주가 없다는 것은 오늘날로 말하면 생일 파티에 케이크나 아이스크림이 없는 것과 같은 일이었습니다. 예수님의 어머니 마리아는 혼인 잔치에 포도주가 다 떨어졌다는 사실을 알고는 예수님께 갔습니다. 마리아는 예수님께 어떤 기적을 일으켜 달라고 요청하려는 게 아니었습니다. 단지 그녀는 예수님이 어떤 도움을 주실 수 있을 거로 생각했던 것 같습니다. 예수님은 어머니에게 아직은 자신의 시간이 오지 않았다고 말씀하셨습니다. 그것은 예수님 자신이 하나님이라는 사실을 드러낼 때가 아직 아니었다는 의미였습니다. 그러나 마리아는 아들이 분명히 도와줄 수 있을 거로 생각했습니다. 그래서 종들에게 예수님이 시키는 대로 따르라고 말했습니다.

🗣 이야기하기

마리아는 왜 예수님께 도움을 요청했나요? (혼인 잔치 연회에 제공된 포도주가 점점 줄어들고 있었습니다. 포도주가 없다는 것은 주인 입장에서는 매우 당혹스러운 일이었습니다.)

예수님이 "내 때가 아직 이르지 아니하였나이다" 라고 말씀하셨는데, 그것은 무슨 뜻이었나요? (예수님은 하나님이셨지만, 평범한 삶을 살고 계셨습니다. 지금까지 어떤 기적도 행하신 적이 없었습니다. 그분은 아직 자신이 하나님이라는 사실을 알리고 사람들에게 거절당해 십자가에서 돌아가실 때가 아니라는 말씀을 하신 것이었습니다.)

이 장면 다음에 어떤 일이 벌어졌을 것 같나요? (자녀들은 아마도 예수님이 물을 포도주로 변하게 하신 사실을 알 겁니다. 따라서 이야기를 살짝 바꿔서 약간의 재미를 맛볼 수도 있습니다. 자녀들이 질문에 답변하면, 이렇게 말해서 자녀들이 어떻게 반응하는지 한 번 보세요. "내 생각에 너희들의 대답이 틀린 것 같은데! 내가 알기론 예수님은 포도주가 떨어졌다는 애기를 듣고 깜짝 놀라서 포도주를 사러 가게로 헐레벌떡 뛰어가셨는데? 그러고 나서 말씀하시길, '아직 내 때가 이르지 아니하였나이다' 라고 하셨지.)

우리는 마리아의 모습에서 배울 것이 있습니다. 마리아에게 문제가 생겼을 때, 그 문제를 예수님께 가지고 온 사람은 누구였나요? (마리아 자신이었습니다. 시편 55:22절과 베드로전서 5:7절에서, 우리는 모든 염려와 문제를 주님께 맡기라는 진리를 알게 됩니다. 빌립보서 4:6절에서 바울은 염려하지 말고 하나님께 기도로 우리의 필요를 구하라고 말하고 있습니다.)

🙏 기도하기

우리 가족의 필요를 잠시 생각해 보세요. 그리고 그것들을 주님께 말씀드리고 도움을 요청하세요.
(단순히 바라는 것이 아니라 좀 더 신중하고 의미 있는 도움을 구할 수 있도록 자녀들을 도와주세요.)

DAY 2

♥ 기억하기

어제 이야기 중에서 무엇을 기억하나요? 오늘은 어떤 이야기가 있을 것으로 생각하나요?

📖 성경 읽기 | 요한복음 2:6~10절

💬 깊이 생각하기

비록 예수님이 아직 때가 이르지 않았다고 말씀하셨지만, 그것이 사람들에게 그분 자신이 하나님이라는 사실을 알릴 준비가 되지 않았다는 뜻은 아니었습니다. 어쨌건 예수님은 혼인 잔치에 필요한 포도주를 채우기로 하셨습니다. 예수님이 포도주를 다 만드신 후에, 한 가지는 확실했습니다. 이제는 그 혼인 잔치에서 절대로 포도주가 부족하지 않을 것이라는 사실입니다. 이 이야기에 나오는 항아리에는 대략 380리터의 물이 담겨 있었는데, 그것은 포도주 250잔을 따를 수 있는 분량이었습니다! 예수님은 포도주가 어디서 나왔는지 혼인 잔치에 참석한 대부분의 사람이 모르게 조용히 기적을 행하셨으나, 어머니인 마리아와 제자들, 그리고 종들은 무슨 일이 벌어졌는지를 분명히 알았습니다. 그들은 보통 사람은 그 누구도 절대로 물을 포도주로 변하게 할 수 없다는 것을 알았습니다.

물론 예수님은 평범한 사람이 아니셨습니다. 골로새서 1:16절에서 우리는 예수님이 창조주이시고 그분에 의해서, 그분을 통해서, 그리고 그분을 위해서 모든 것들이 창조되었음을 알게 됩니다. 연회장은 포도주 맛을 보자 깜짝 놀랐습니다. 그 사람은 이 포도주는 세상에서 최고의 포도주를 만드시는 분, 즉 하나님이 만드셨다는 사실을 몰랐습니다. 포도주는 완전하게 익어서 제대로 맛을 내려면 보통 몇 달, 혹은 몇 년이 걸립니다.

🗣 이야기하기

물로 포도주를 만드신 분이 예수님이라는 사실을 몇 사람이 알았나요?
(아직은 예수님이 하나님이라는 사실을 드러낼 때가 아니었기에, 예수님은 아주 조심스럽고 조용하게 그 기적을 행하셨습니다. 그래서 오직 물을 나른 종들과 어머니인 마리아만 알았을 겁니다.)

예수님은 어떻게 물을 포도주로 변하게 하셨나요? (자녀들이 이것을 잘 설명하는지 살펴보세요. 만약 자녀들이 설명하는데 어려움을 겪는다면 예수님은 원하시는 대로 물을 포도주로 바꾸실 수 있다는 사실을 이해하게 도와주세요. 즉, 예수님은 "물아! 너는 포도주가 될지어다" 라고 말씀하실 필요가 없다는 의미입니다. 예수님은 그저 물이 포도주로 변하기를 원하시기만 하면 되었습니다. 그러면 그렇게 되었습니다. 왜냐하면 예수님은 이 세상을 창조하신 분이고 아무 것도 없는 무(無)의 상태에서 모든 것을 만드실 수 있기 때문입니다.)

아무리 큰 항아리에 물을 쏟아 부어도 왜 우리는 그것을 포도주로 변하게 할 수 없나요? (하나님은 우리와 전혀 다른 분이라는 점을 자녀들이 이해하게 도와주세요. "거룩" 이라는 단어를 사용해서 하나님을 설명할 수도 있습니다. 이 "거룩" 이란 말은 하나님이 우리와 완전히 다른 분이라는 뜻입니다. 그리고 하나님은 완전히 선하십니다.)

🙏 기도하기

원하시는 모든 것을 창조하실 수 있는 하나님의 전능하심을 찬양하세요.

DAY 3

♥ 예수님께 연결하기

오늘은 이번 주 성경 이야기를 복음과 연결해 보는 날입니다. 복음은 우리를 구원하신 예수님의 생명과 죽음, 그리고 부활입니다. 이번 주 성경 이야기가 어떻게 복음과 연결되는지 깊이 생각해보세요.

📖 성경 읽기 | 요한복음 12:23~32절

💬 깊이 생각하기

예수님은 혼인 잔치에서 어머니인 마리아에게 이렇게 대답하셨습니다. "내 때가 아직 이르지 아니하였나이다." 그것은 이상한 대답처럼 들렸을 겁니다. 그러나 하나님은 우리의 구원이 언제 어떻게 이뤄질지(갈 4:4절)에 대한 상세한 내용과 정확한 때를 계획하셨습니다. 아직은 예수님이 그분의 능력을 드러낼 때가 아니었습니다. 예수님은 처음에는 사람들이 그분을 기뻐하며 따르고 심지어 왕으로 세우려고 할 것을 아셨습니다. 그러나 사람들은 곧 예수님을 거부하고 십자가에 못 박을 것이었습니다. 예수님이 혼인 잔치에서 하신 말씀과는 반대로, 오늘 성경 구절에서 예수님은 제자들에게 때가 찼다고 말씀하셨습니다. 그러나 그분이 말씀하신 그 시간은 바로 고통의 시간이었습니다. 심지어 혼인 잔치에서 이미 예수님은 그 십자가가 멀지 않았다는 걸 아셨습니다.

🗣 이야기하기

예수님이 "내가 땅에서 들리면"(32절)이라고 말씀하셨는데, 그분은 무엇에 들려지게 되셨나요?
(예수님은 우리 죄를 대신해서 돌아가시려고 십자가에 들려지게 될 것이었습니다.)

예수님은 그분이 오신 이유가 이때를 위해서라고 말씀하셨습니다. "이때"는 무슨 뜻인가요?
(예수님은 우리 죄를 대신해서 십자가에서 돌아가시려고 오셨습니다. 예수님이 "이때"라는 단어를 사용하셨을 때, 그분은 십자가에 들려져서 우리 죄를 다 감당하시고 돌아가시게 될 때가 다가왔다는 것을 말씀하신 겁니다.)

혼인 잔치에서, 예수님이 어머니인 마리아에게 "내 때가 아직 이르지 아니하였나이다"라고 말씀하셨을 때, 예수님은 곧 무슨 일이 벌어질지를 아셨나요?
(예수님은 곧 십자가에서 돌아가실 것을 아셨습니다.)

🙏 기도하기

모든 죄를 짊어지고 우리를 대신해서 십자가에서 돌아가시려고 이 땅에 오신 예수님께 감사하세요.

DAY 4

♥ 기억하기

이번 주 성경 이야기를 통해서 하나님은 우리에게 무엇을 가르치시나요?

📖 성경 읽기 ㅣ 요한복음 2:11~12절

💬 깊이 생각하기

오늘 성경 구절에서, 요한은 예수님이 물을 포도주로 변하게 하셨을 때, "그분의 영광을 나타내셨다"고 말했습니다. "영광"은 우리가 평범한 삶을 설명할 때 사용하는 단어가 아닙니다. 그것은 바로 하나님을 설명할 때 사용됩니다. 그 단어는 완전히 놀랍고 경이로운 하나님을 가리키는 것입니다. 물을 포도주로 바꾼 것은 어머니인 마리아와 제자들, 그리고 종들에게 예수님은 보통 사람이 아니라는 걸 정확하게 보이신 기적이었습니다.

제자들은 무슨 일이 벌어졌는지를 알았을 때, 그대로 믿었습니다. 비록 아직은 예수님이 하나님이라는 사실을 몰랐지만, 적어도 예수님을 하나님이 보내신 분으로는 믿었습니다. 예수님이 십자가에서 돌아가시고 다시 살아나실 때까지는 시간이 얼마 남지 않았습니다. 그때가 되면, 제자들은 예수님이 단지 하나님의 보내심을 받은 분에 불과하지 않다는 사실을 분명히 알게 될 것입니다 — 그들은 예수님이 하나님이셨다는 것을 알게 될 것입니다.

《● 이야기하기

부모님은 예수님의 기적들 가운데 어떤 것이 가장 그분의 영광을 잘 드러낸다고 생각하는지 얘기해 주세요.
(성경에는 예수님의 부활이나 죽은 나사로를 살리신 기적과 같은 좋은 답변들이 가득합니다.)

우리가 예수님의 형제나 자매라면 어땠을까요?
(자녀들이 스스로 생각하게 도와주세요. 예수님은 죄를 전혀 짓지 않으셨습니다. 아무런 흠이 없고 어떤 잘못도 저지른 적이 없는 누군가의 형제가 된다는 것이 어떨지 상상해 보도록 이끌어 주세요.)

예수님이 물로 포도주를 만드신 것을 목격한 후에 제자들은 무엇을 했나요? (그들은 예수님을 믿었습니다.)

예수님이 하신 일들에 대한 이야기를 읽는 것은 우리의 믿음에 어떤 도움이 되나요?
(그 이야기들을 읽음으로써, 우리는 예수님이 평범한 사람이 아니라는 것을 알 수 있고, 그 후에 성령님이 마음을 바꿔 주시면 우리도 제자들처럼 예수님을 믿을 수 있습니다.)

🤲 기도하기

우리가 예수님은 하나님의 아들이시고 우리의 죄를 대신 감당하시려고 십자가에 오르셔서 돌아가셨다는 사실을 믿고 평생 그 믿음을 잃지 않게 하나님께 도움을 구하세요.

DAY 5

♥ 발견하기

오늘은 다른 성경 본문을 보는 날입니다. 시편이나 예언서에서 예수님 혹은 우리의 구원에 대해 배울 수 있습니다.

📖 성경 읽기 | 이사야 62:11~12절

💬 깊이 생각하기

제자들이 혼인 잔치를 떠날 때, 그들은 이사야가 오래전에 기록한 말씀처럼 소리쳤을 것입니다. "네 구원이 이르렀느니라." 물을 포도주로 바꾼 기적은 예수님이 행하신 여러 가지 기적들 가운데 첫 번째였습니다. 예수님은 포도주가 부족해지는 당혹스러운 상황에서 혼인 잔치의 주인을 구하셨습니다. 그 후에 예수님은 사람들을 그들의 질병에서 구하셨고, 심지어 죽음에서도 살리셨습니다. 그러나 예수님이 행하신 가장 위대한 구원은 그분을 믿는 자들을 죄로부터 구원하신 것이었습니다. 이사야는 그날이 올 것을 미리 알았습니다. 그것이 이사야가 하나님의 백성들을 "거룩한 백성"이라고 부른 이유입니다. 우리는 여전히 죄인들이지만, 예수님이 우리 죄의 대가로 십자가에서 돌아가셨기에 그분을 믿으면 하나님의 거룩한 백성이 될 수 있습니다. 이사야가 오늘 말씀에서 언급하고 있는 유일한 사람, 우리를 죄로부터 구원할 유일한 사람이 있는데 그분은 바로 예수님입니다.

《💬 이야기하기

우리의 구원이 오고 있다고 이사야가 말할 때, 그는 무엇을 말하는 건가요? 무엇으로부터 우리는 구원을 받았나요?
(이것은 어려운 질문이지만 매우 중요합니다. 자녀들이 우리는 모두 하나님의 징계를 받아야만 하는 죄인들이라는 사실을 잘 이해할 수 있게 도와주셔야만 합니다. 이것을 이해하는 것은 죄 때문에 당연히 받아야 할 징계로부터 하나님이 우리를 구원하셨다는 사실을 자녀들이 인정하고 그 구원이 자신을 위한 것이었음을 받아들이게 합니다.)

누가 우리 대신에 징계를 받으셔서 우리가 구원받을 수 있게 되었나요?
(예수님이 그렇게 하셨습니다.)

이사야는 하나님의 백성들을 "거룩한 백성"이라고 했습니다. 이것은 그 백성이 하나님처럼 거룩하고 죄가 없다는 뜻입니다. 죄인인 그 백성들이 어떻게 거룩하다는 말을 들을 수 있나요?
(예수님이 우리의 죄 때문에 십자가에서 돌아가셨습니다. 우리가 예수님을 믿으면 그분은 모든 죄의 문제를 해결하십니다. 그러면 우리는 그분의 거룩한 백성이 됩니다. 즉, 우리의 죄가 모두 사라지고 우리는 깨끗해졌습니다.)

🤲 기도하기

우리의 죄를 해결해 주신 하나님께 감사하세요.

예수님이 성전을 쓸어버리시다
Jesus Cleanses the Temple

이야기 86 - 컬러 스토리 바이블

이번 주에는 저녁 식사 후 설거지를 할 때, 자녀 중 한 명의 식기를 그대로 놔두세요. 그 아이가 왜 이 더러운 접시는 설거지하지 않느냐고 물어보면, 더러운 접시가 무슨 문제가 되냐고 되물어 주세요. 그러면 그 아이는 더러운 접시에 음식을 먹는 게 싫고, 병에 걸릴지도 모른다고 말할 수도 있습니다. 계속해서 아이에게 접시에 오래된 음식이 담겨 있다면 어떻게 해야겠냐고 물어보세요. 아이는 그 음식은 버리고, 접시는 깨끗이 닦아야 한다고 말할 겁니다. 그 자녀에게 정답을 말했다고 칭찬해 주시고, 깨끗하게 설거지한 접시를 주세요.

접시에 오래된 음식을 담아서는 안 되고, 깨끗이 설거지해야만 하는 것처럼 돈 바꾸는 사람들은 성전에 있어서는 안 되었기에 예수님은 그들을 모두 쫓아내셨다고 설명해 주세요. 이렇게 말하면서 대화를 마치세요. "이번 주 우리는 이 내용에 대해서 자세히 배울 거란다."

DAY 1

♥ 상상하기

우리가 양 떼 농장의 주인이라고 가정해 봅시다. 어느 날 양떼 목장으로 가는 문이 열려 있고, 양 떼가 모두 사라졌다는 사실을 알게 되었습니다. 만약 그 양 떼가 우리를 떠나서 그 문을 통해 다 집 안으로 들어왔다면 어떻게 할 건가요? 그 양 떼를 집 안에서 쫓아내고 다시 우리로 들여보내기 위해 집 안으로 달려가야지 않을까요?

그것이 예수님이 성전 안에 자리 잡고서 돈을 바꾸며 동물을 파는 자들에게 하셔야만 했던 일이었습니다. 원래는 성전 바깥에서 그런 일을 하던 자들이었습니다. 그리고 그렇게 해야만 했었습니다. 예루살렘의 성전은 동물을 팔거나 돈을 바꾸려고 지어지지 않았습니다. 성전은 분명한 목적이 있었습니다: 그곳은 하나님이 거하시는 곳으로 예배와 경배를 드리는 장소였습니다. 이제 예수님이 성전 안에서 돈을 바꾸고 동물을 팔던 자들에게 어떻게 하셨는지 살펴봅시다.

📖 성경 읽기 | 요한복음 2:13~17절

💬 깊이 생각하기

성전은 결코 물건을 파는 시장이 아닌 하나님의 집이었습니다. 그곳은 하나님이 그분의 백성들과 함께 거하시는 곳이었습니다. 백성들은 그곳에서 하나님께 속죄의 제물을 바치면서 제사와 기도를 드렸습니다. 그러나 하나님께 경배와 기도를 드리는 것보다 상인들은 돈을 벌기에 여념이 없었습니다. 그게 전부가 아니었습니다. 마태의 기록을 통해 우리는 성전에 모여 있던 상인들이 사람들을 속여서 폭리를 취하고 있었다는 사실도 알 수 있습니다. 예수님은 이렇게 말씀하셨습니다. "너희는 강도의 소굴을 만드는도다." (마 21:13절).

예수님은 예루살렘 성전에 오르시자마자 그곳에 득실대던 상인들을 쫓아내셨고 돈 바꾸는 사람들의 상을 엎어서 돈을 쏟아버리셨습니다. 비록 성전을 더럽힌 자들을 싹 쓸어내긴 하셨지만, 예수님은 그들의 소유와 재산을 함부로 취급하지는 않으셨습니다. 예수님은 성전에 쏟아 엎으신 동전들을 다시 모아 담을 수 있었고 휘두르신 채찍으로 양이나 소가 맞아서 상할 수 있었으나 그렇게 하지 않으셨습니다. 또한 비둘기가 날아가 버리지 않도록 새장을 내동댕이치거나 그 문을 열지도 않으셨습니다. 예수님은 오직 성전은 시장이나, 강도의 소굴이 아니라 하나님의 집이라는 메시지를 사람들에게 전하고자 하셨습니다. 예수님은 하나님이셨기 때문에, 잘못된 일들을 바로잡으실 때도 죄를 짓지 않으셨습니다. 우리는 누군가 잘못을 저지르거나 옳지 않은 행동을 할 때 그것을 바로잡으려고 종종 악한 마음으로 분노합니다. 그러나 예수님은 그렇게 하지 않으셨습니다.

💬 이야기하기

예수님은 성전을 누구의 집이라고 하셨나요?
(성전은 하나님 아버지의 집이었습니다.)

성전에서는 어떤 잘못된 일들이 벌어지고 있었나요?
(상인들이 동물들을 팔고 백성들을 속여서 이익을 취하고 있었습니다.)

예수님은 동물을 파는 상인들과 돈을 바꾸는 자들을 성전에서 쫓아내셨습니다. 그러나 모든 사람을 내쫓으신 것은 아니었습니다. 어떤 사람들을 그냥 두셨나요?
(예수님은 제사와 기도를 드리려고 온 사람들을 쫓아내지 않으셨습니다. 요한복음 6:37절에서 이렇게 말씀하셨습니다. "아버지께서 내게 주시는 자는 다 내게로 올 것이요 내게 오는 자는 내가 결코 내쫓지 아니하리라." 하나님은 경배하는 사람들을 절대 내쫓지 않으십니다.

🙏 기도하기

경배하며 나아오는 사람은 누구라도 절대로 내쫓지 않으시는 하나님께 감사하세요.

DAY 2

♥ 기억하기

어제 이야기 중에서 무엇을 기억하나요? 오늘은 어떤 이야기가 있을 것으로 생각하나요?

📖 성경 읽기 | 요한복음 2:18～22절

💬 깊이 생각하기

유대인들은 예수님이 성전 안에 있던 돈 바꾸는 사람들의 상을 엎어서 돈을 쏟아버리고, 동물을 팔던 사람들을 내쫓는 걸 보고선 매우 화가 났습니다. 그들이 보기에도 예수님은 분명히 성전에서 옳은 일을 하고 계셨습니다. 그러나 유대인들은 예수님께 누구의 허락을 받고 이런 일을 벌였는지 증명할 수 있는 표적을 보이라고 요구했습니다. 그러자 예수님은 표적을 보이는 대신에 매우 흥미로운 대답을 하셨습니다. 예수님은 이렇게 말씀하셨습니다. "너희가 이 성전을 헐라 내가 사흘 동안에 일으키리라." 하지만 예수님은 돌로 지어진 성전을 두고 말씀하신 것이 아니었습니다. 예수님이 말씀하신 것은 바로 자신의 몸이었습니다.

모두가 알다시피, 성전에서 하나님은 그분의 백성들과 함께하십니다. 예수님이 이 땅에 오셨기에 그분이 다니시는 모든 곳에서 하나님은 그분의 백성들과 함께하셨습니다. 이것이 바로 예수님의 몸이 하나님의 성전인 이유였습니다. 즉, 예수님이 계시는 모든 곳에서 하나님도 백성들과 함께 거하셨습니다. 예수님이 성전을 깨끗하게 하시고 얼마 후에, 유대 사람들은 예수님을 죽였습니다. 사흘 째 되던 날에 예수님이 다시 살아나시자, 제자들은 사흘 동안에 성전을 일으키겠다는 예수님의 말씀을 기억했고 그것은 완전한 죽음에서의 부활을 의미하는 것이었다는 사실을 깨달았습니다.

🗨 이야기하기

유대인들은 예수님께 무엇을 요구했나요? (유대인들은 예수님에게 성전을 더럽히는 자들을 내쫓을 허락을 누구에게서 받았는지 보여줄 표적을 요구했습니다.)

유대인들은 왜 표적을 요구했나요? (유대인들은 예수님을 보내신 분이 하나님이라고 생각하지 않았습니다. 그래서 그들은 표적을 요구함으로써 예수님의 신분을 드러낼 증거를 찾고자 했습니다. 믿음이 없는 사람들은 자신들이 보고 만져서 확인할 수 있는 증거를 원합니다. 마가복음 8:11절에 기록된 대로, 바리새인들이 표적을 요구했을 때 예수님은 그들에게 어떤 표적도 보이지 않으셨습니다.)

예수님 자신이 어떻게 하나님의 성전이었나요?
(하나님의 성전에서는 그분의 임재가 백성들과 함께합니다. 예수님이 어디를 가시든지 하나님은 그분의 백성들과 함께하셨습니다. 왜냐하면 예수님이 바로 하나님이셨기 때문입니다. 천국에는 성전이 없을 겁니다. 주 하나님 곧 전능하신 이가 바로 성전이기 때문입니다. 요한계시록 21:22절을 보세요.)

🙏 기도하기

믿음이 없는 유대인들처럼 표적을 구하지 않고 예수님을 믿게 해 달라고 하나님께 도움을 구하세요.

DAY 3

♥ 예수님께 연결하기

오늘은 이번 주 성경 이야기를 복음과 연결해 보는 날입니다. 복음은 우리를 구원하신 예수님의 생명과 죽음, 그리고 부활입니다. 이번 주 성경 이야기가 어떻게 복음과 연결되는지 깊이 생각해보세요.

📖 성경 읽기 | 마태복음 27:39~43절

💬 깊이 생각하기

제자들은 예수님이 유대인들에게 사흘 만에 성전을 다시 짓겠다는 말씀을 하실 때 그것이 무슨 뜻인지 몰랐습니다. 그러나 지금 우리는 그것이 예수님의 부활을 말하고 있다는 사실을 압니다. 예수님이 죽음에서 살아나시자 제자들도 기억했습니다 (요 2:22절). 심지어 예수님이 십자가에 달려 계신 동안에, 사람들은 그분을 모욕하고 성전을 다시 짓겠다는 그 말씀을 조롱했습니다(마 27:39~40절). 죽음에서 다시 살아나심으로 예수님은 말씀을 증명하셨고 우리가 그분을 믿을 수 있는 가장 놀라운 증거를 보여주셨습니다. 죽음에서 다시 살아나심으로 예수님은 만유의 주님이심을 증명하셨습니다. 성전에서 돈 바꾸던 자들에게도 주님이시고, 삶과 죽음에서도 주님이셨습니다.

🗨 이야기하기

대제사장들은 예수님에게 무엇을 해보라고 시비를 걸었나요?
(그들이 과거에 그랬던 것처럼, 예수님을 믿지 않고 표적을 요구했습니다. 그들은 예수님께 만약 십자가에서 내려온다면 믿겠노라고 말했습니다. 그러나 사실은 예수님을 모욕하고 조롱하는 것이었습니다.)

사람들은 왜 예수님이 십자가에 달려 계실 때, 그분이 하셨던 사흘 만에 성전을 다시 짓겠다는 말씀으로 조롱했나요?
(사람들은 예수님의 말씀이 거짓말이었다고 생각했기 때문에 그렇게 했습니다. 그들은 예수님이 하나님의 아들이라는 사실을 믿지 않았습니다.)

예수님은 사흘 만에 성전을 짓겠다는 말씀을 증명하시려고 무엇을 하셨나요? (예수님은 사흘 만에 죽음에서 다시 살아나셨습니다. 그것이 예수님이 줄곧 사흘 만에 성전을 다시 짓겠다고 말씀하신 진짜 의미였습니다.)

🙏 기도하기

모든 가족이 한 사람씩 돌아가면서 죽음에서 다시 사신 예수님을 찬양하세요. 비록 유대 종교지도자들은 예수님을 조롱했지만, 우리는 그분을 찬양할 특권을 가졌습니다!

DAY 4

♥ 기억하기

이번 주 성경 이야기를 통해서 하나님은 우리에게 무엇을 가르치시나요?

📖 성경 읽기 | 요한복음 2:23~25절

💬 깊이 생각하기

정직하지 않게 돈을 바꿔주던 상인들을 성전 밖으로 내쫓으신 후에, 예수님은 여러 가지 기적을 행하셨고, 사람들은 예수님을 믿었습니다. 그러나 마음으로는 하나님을 믿지 않으면서 겉으로만 믿는다고 말하는 사람이 많았습니다. 그런 이유로 요한은 예수님이 자신을 다른 누군가에게 의탁할 필요가 없었다고 말했습니다. 예수님이 보시기에 사람들은 이구동성으로 믿는다고 말하지만, 아직은 그분을 따를 준비가 되어 있지 않았습니다. 여기서 예수님을 믿는다고 말하던 사람들, 소위 신자라는 이들 중에도 예수님이 재판받으실 때에 "십자가에 처형하라"고 소리쳤던 사람들이 있었습니다.

🗨 이야기하기

부모님은 자녀들에게 실제로는 예수님을 믿지 않으면서 겉으로만 믿는다고 말한 경험이 있었다면 얘기해 주세요.
(많은 사람이 실제로 믿지는 않으면서 말로만 그리스도인이라고 합니다. 혹시 부모님이 그리스도께 헌신하기 전에 이런 적이 있었다면, 자녀들에게 그때의 상황을 얘기해 주세요. 그리고 말만 하는 것보다 마음으로 믿는 것이 중요하다는 사실을 말해주세요.)

예수님이 행하신 일들, 즉 오늘 성경 말씀에 기록된 "표적"은 무엇이었나요?
(예수님은 사람들을 고치셨고 그분이 메시아라는 사실을 보이시려고 귀신을 쫓으셨습니다.)

사람들은 마음으로 예수님을 믿었나요, 아니면 그저 말로만 믿는다고 했나요?
(우리는 예수님의 반응을 통해서 사람들이 실제로는 예수님을 믿지 않았다는 것을 알 수 있습니다.)

예수님은 어떻게 사람의 생각과 믿음을 아실 수 있나요?
(예수님은 하나님이십니다. 그리고 하나님은 우리에 대해서 모든 것을 아십니다. 심지어 우리의 마음속 생각과 무엇을 믿는지도 다 아십니다.)

🙏 기도하기

우리 마음속에서 예수님이 구원자이심을 믿게 해 달라고 기도하세요. 그리고 우리 가족 모두가 같은 믿음으로 예수님을 믿게 해 달라고 기도하세요.

DAY 5

♥ 발견하기

오늘은 다른 성경 본문을 보는 날입니다. 시편이나 예언서에서 예수님 혹은 우리의 구원에 대해 배울 수 있습니다.

📖 성경 읽기 ┃ 시편 69:7~13절

💬 깊이 생각하기

예수님이 돈 바꾸는 상인들을 성전에서 내쫓는 것을 보았을 때, 제자들에게는 다윗 왕이 쓴 시편 한 편이 떠올랐을 겁니다. 그것은 시편 69편이었습니다. 이 시편에서, 다윗이 말하는 어떤 사람은 하나님의 성전에 대한 강한 열망을 가지고 있었습니다. 그래서 다른 사람들의 비방과 공격을 견디었습니다(9절). 아마도 다윗은 이 시편을 쓸 당시 자신의 삶에서 겪었던 어려움에 대해서 말하고 있었겠지만, 제자들은 이 시편을 예수님을 설명하는 데 사용했습니다. 예수님은 하나님의 성전에 대한 강한 열망을 가지고 계셨고, 또한 우리의 죄를 다 지시고 그 대가를 대신 감당하셨습니다. 이 모든 것이 이 시편에 기록되어 있습니다(9절).

💬 이야기하기

하나님의 성전을 향한 열망 때문에 예수님은 어떻게 하셨나요?
(예수님은 하나님의 성전에서 돈 바꾸는 상인들을 내쫓으셨습니다.)

오늘 시편에서, 다윗이 말하고 있는 사람은 다른 사람들의 비방과 공격을 참아냈습니다. 예수님은 우리의 죄를 어떻게 견디셨나요?
(예수님은 십자가에 달리셨을 때, 우리의 죄를 스스로 담당하셨습니다.)

오늘날 우리는 하나님의 성전에 대한 열망이 있나요?
(네, 우리에게는 더 이상 성전이 필요하지는 않습니다. 그러나 하나님의 영이 모든 신자의 삶 가운데 임하십니다. 예수님을 믿는 모든 사람은 하나님의 새로운 성전입니다. 오늘날 우리는 그 새로운 성전을 교회라고 합니다. 그리고 예수님은 교회의 머리이십니다. 그래서 하나님의 성전을 향한 열망을 가진다는 말은 우리에게 주어진 하나님의 교회를 사랑하고 예수님을 사랑한다는 뜻입니다. 우리의 삶에서 죄를 이겨내고 거절함으로써, 우리는 성전을 깨끗하게 할 수 있습니다. 단호히 죄를 끊고 거부하는 것은 하나님의 성전을 향한 열망을 표현하는 가장 좋은 방법입니다.)

🌿 기도하기

예수님을 믿음으로 우리도 하나님의 성전으로 지어져 가고 우리 마음 가운데 하나님이 거하시게 해 달라고 간구하세요.

니고데모
Nicodemus

이야기 87 - 컬러 스토리 바이블

손전등을 준비하고 지하실이나 벽장, 혹은 빛이 모두 가려진 방으로 자녀들과 함께 들어가세요. 그리고 어둠은 빛을 싫어한다고 말해 주세요. 이 말이 무슨 의미인지를 자녀들에게 설명해 주기 위해 우선 가장 어두운 곳을 찾아보라고 말하세요. 자녀들이 한 곳을 가리키면, 일단 뒤로 물러서게 한 후 잘 보라고 하세요. 그리고 그곳을 손전등으로 비추세요. "봐봐, 애들아, 어둠이 가버렸어. 빛을 싫어하는 게 분명해." 라고 말하세요.

이 활동을 몇 번 반복하되, 자녀들이 직접 손전등으로 어두운 곳을 비춰보게 해 주세요. 하나님의 거룩하심은 그분의 완전하심과 놀라운 선하심을 드러내는데, 이는 마치 빛과 같고 우리의 죄는 어둠처럼 빛을 싫어한다고 설명해 주세요. 하나님이 우리의 마음에서 어둠을 쫓아내게 도와주실 때, 우리의 어두운 죄성은 절대로 우리 안에 머무를 수 없습니다. 그 어둠은 하나님의 거룩한 빛 앞에서 한순간도 견디지 못합니다.

"이번 주에는 하나님이 우리의 마음을 어떻게 변화시키시는지를 배우게 될 텐데, 그것을 가리켜 '다시 태어난다', 즉 거듭난다고 하지. 하나님은 털끝만큼의 죄도 없으신, 아주 완전하신 분이신데 이것을 거룩하다고 말하지. 그렇기 때문에 오직 새롭게 다시 태어난 사람만이 그분과 함께 천국에 들어갈 수 있단다."

DAY **1**

♥ 상상하기

숨바꼭질을 하고 있다고 생각해 봅시다. 불이 환하게 켜진 방에서 낮에 하는 것과 어두운 밤에 하는 것 중에 언제 하는 게 더 재밌을까요? 아마도 대부분의 아이는 밤에 하는 게 더 재미있다고 할 겁니다. 왜냐하면 그래야 숨는 게 더 쉽고, 술래는 찾기가 더 어렵기 때문입니다. 만약에 대낮에 숨바꼭질한다면, 절대로 거실 소파에 누워있거나 조용히 벽에 붙어 있는 식으로 숨을 수는 없을 겁니다. 그렇게 숨으면 술래가 금세 찾을 테니까요. 하지만 어두운 밤에는 찾기가 쉽지 않아서, 소파에 누워 있어도 그냥 쿠션으로 생각하고 살펴보지 않거나, 바로 옆에 서 있어도 모르고 지나칠 수 있습니다. 깜깜한 밤일수록 숨기는 더 쉽습니다. 그리고 그것이 오늘 성경 말씀의 주인공인 니고데모가 보였던 행동입니다. 니고데모는 낮에 예수님과 말씀을 나누려고 찾아갈 수도 있었습니다. 그러나 다른 사람들에게 예수님과 얘기하는 자신의 모습을 보이고 싶지 않았습니다. 그래서 결국 어두운 밤에 예수님을 찾아갔습니다.

📖 성경 읽기 | 요한복음 3:1~8절

💬 깊이 생각하기

예루살렘의 다른 바리새인과 종교지도자들처럼, 니고데모도 예수님을 자세히 관찰하고 있었습니다. 니고데모는 예수님을 잘 알았거나 최소한 그분이 어떤 기적을 행하셨는지는 들어서 알고 있었습니다. 그래서 그는 예수님을 이 땅에 보내신 분이 하나님이라고 믿었습니다. 다른 종교지도자들은 예수님을 귀신 들린 자로 여겼지만 니고데모는 그렇지 않았습니다. 니고데모는 오직 하나님이 보내신 사람만이 병든 자를 고치고 눈먼 자를 보게 할 수 있다는 사실을 알았습니다. 그래서 니고데모는 예수님을 더 알기 위해 직접 대화를 나누고 싶었습니다.

바리새인으로서 니고데모는 하나님께 인정받는 사람이 되려면 선한 이스라엘 사람이 되어야 하고 죄를 피해야만 한다고 믿고 있었습니다. 그러나 예수님은 전혀 새로운 말씀을 하셨습니다. 하나님께로 나아갈 수 있는 방법은 오직 거듭나는 것밖에 없다고 말씀하셨습니다. 이것은 절대로 사람이 스스로 해낼 수 있는 것이 아닙니다. 이것은 외부로부터의 영향으로 사람의 내면에서 일어나야만 하는 것입니다. 즉, 하나님의 거룩한 영이 이끄셔서 일어나는 것입니다. 이 말씀은 니고데모에게는 너무나 새롭고 이해하기 힘든 가르침이었습니다. 그래서 그는 도저히 믿을 수가 없었습니다. 니고데모는 그 누구도 절대로 거듭남, 곧 다시 태어날 수 없다고 생각했습니다. 그래서 만약 예수님의 말씀이 사실이라면, 어떤 사람도 자기 힘으로는 천국에 갈 수 없다는 사실을 깨달았습니다. 모든 사람은 하나님의 인도하심대로 거듭나야만 합니다.

💬 이야기하기

니고데모는 왜 밤에 예수님을 찾아왔나요?
(니고데모는 다른 바리새인이나 종교지도자들에게 예수님과 대화하는 자신의 모습을 보이고 싶지 않았습니다. 그래서 그는 자신의 모습을 감추기 쉽고 모든 사람이 잠들었을 시간에 예수님을 만나러 왔습니다.)

예수님은 천국에 들어가기 전에 무슨 일이 일어나야만 한다고 말씀하셨나요?
(거듭나야 한다고 하셨습니다.)

우리는 스스로 거듭날 수 있나요, 아니면 우리를 위해서 하나님이 그 일을 하시나요?
(오직 하나님만이 사람을 거듭나게 하십니다.)

하나님이 사람을 거듭나게 하실 때 무엇을 바꾸시나요? (하나님을 거부하는 마음을 바꾸셔서 회개하고 용서받게 하십니다. 그리고 예배하는 마음을 주시고 하나님을 기뻐하게 하십니다.)

🙏 기도하기

하나님을 모르는 누군가를 떠올려 보세요. 그리고 그 사람이 거듭나서 하나님 나라의 일부가 되게 해 달라고 기도하세요.

DAY 2

♥ 기억하기

어제 이야기 중에서 무엇을 기억하나요? 오늘은 어떤 이야기가 있을 것으로 생각하나요?

📖 성경 읽기 | 요한복음 3:9∼15절

💬 깊이 생각하기

예수님이 말씀하신 거듭남에 대해서 들은 후, 니고데모는 혼란스러워졌습니다. 그는 평생 유대인으로서 율법을 준수해야만 구원받고 천국에 갈 수 있다고 배웠습니다. 그런데 예수님은 설령 그렇게 살았을지라도, 성령님이 거듭나게 해 주시지 않으면 천국에 갈 수 없다고 하셨습니다. 니고데모에게 거듭남은 수수께끼였습니다. 예수님이 확실하게 우리의 구원이 우리 자신이 아니라 하나님께 달려 있다고 말씀하신 것은 아니었습니다. 니고데모에게 가장 이해하기 어려운 것은 니고데모 자신이 죄인이고 그 죄로부터 구원받아야 하며 아무리 노력할지라도 자신을 구원할 수 없다는 사실이었습니다. 오직 하나님만이 그를 구원하실 수 있었습니다.

니고데모의 이해를 도와주시려고 예수님은 하나님의 백성들이 불순종해서 뱀에게 물렸던 구약 시대의 사건을 떠올려주셨습니다. 뱀에 물린 백성들이 살 방법은 오직 하나님을 믿고 모세가 만들어 장대 위에 달아둔 놋뱀을 바라보는 것이었습니다. 예수님은 계속해서 인자도 그와 같이 들려야 한다고 니고데모에게 말씀하셨습니다. 예수님은 니고데모에게 단서를 주셨습니다. 바로 십자가와 그 위에 달리신 예수님을 바라봐야만 구원에 이를 수 있다는 진리를 알려주신 것이었습니다. 얼마 후, 니고데모는 예수님이 십자가에 달리신 것을 보게 될 것이고, 그때에야 비로소 더 잘 이해하게 될 겁니다.

🗨 이야기하기

예수님은 구약의 어떤 이야기를 니고데모에게 해주셨나요?
(예수님은 모세가 사막에서 장대 위에 달아둔 놋뱀 이야기를 하셨습니다. 민수기 21:4~9절을 살펴보세요.)

예수님은 인자도 놋뱀처럼 들려야 한다고 말씀하셨습니다. 여기서 인자는 누구인가요?
(인자는 예수님이 스스로 붙인 이름 중 하나였습니다. 예수님이 인자가 들려야만 한다고 말씀하신 것은 그분 자신이 곧 그렇게 될 것이라는 뜻이었습니다.)

십자가에 달리신 예수님을 바라볼 때 우리는 어떻게 낫게 되나요?
(모세와 함께하던 백성들이 장대 위의 놋뱀을 바라본 믿음으로 나은 것처럼, 우리 또한 십자가에 달리신 예수님을 바라보고 그분을 믿을 때 우리의 죄로부터 낫게 됩니다.)

🙏 기도하기

우리 가족 모두가 십자가에 달리신 예수님을 바라봄으로 용서를 받게 해 달라고 하나님께 간구하세요.

DAY 3

♥ 예수님께 연결하기

오늘은 이번 주 성경 이야기를 복음과 연결해 보는 날입니다. 복음은 우리를 구원하신 예수님의 생명과 죽음, 그리고 부활입니다. 이번 주 성경 이야기가 어떻게 복음과 연결되는지 깊이 생각해보세요.

📖 성경 읽기 | 요한복음 3:16~18절

💬 깊이 생각하기

요한복음 3:16절은 아마도 성경 전체를 통틀어 가장 널리 알려진 구절일 것입니다. 전 세계 모든 교회의 아이들이 이 구절을 암송합니다. 왜냐하면 우리를 향한 하나님의 크신 사랑을 가장 잘 나타내기 때문입니다. 하나님 아버지는 우리에게 주실 수 있는 최고의 선물을 주셨습니다. 그것은 바로 그분의 아들입니다. 하나님은 아들 예수님을 단순히 방문객이나 좋은 선생으로 보내신 것이 아니었습니다. 예수님은 우리 대신에 참혹한 죽임을 당하시려고 오셨습니다. 우리는 모두 각자의 죄로 인해서 징벌을 받아 마땅합니다. 그러나 하나님은 우리를 너무나 사랑하셔서 그분의 아들을 주셨고 우리 대신에 그 징벌을 당하게 하셨습니다. 그래서 예수님을 믿고 인생의 주인의 자리를 내어드린 사람은 누구든지 용서를 받습니다. 3:16절 다음에 나오는 구절들도 마찬가지로 중요합니다. 그 구절들은 우리에게 경고의 메시지를 전합니다: 예수님을 믿지 않고 삶을 내어드리지 않는 사람은 구원받지 못하고 죄의 대가를 반드시 치르게 될 것입니다. 우리는 누구나 선택해야만 합니다. 예수님을 믿고 십자가에서 이루신 일을 의지할 것인가 아니면 그분을 거부하고 자신만의 길로 달려갈 것인가, 둘 중 하나입니다.

💬 이야기하기

하나님은 왜 아들이신 예수님을 우리를 위해서 이 땅에 보내셨나요?
(하나님은 우리를 사랑하셔서 예수님을 보내셨습니다. 예수님은 십자가에서 우리 대신 돌아가시려고 오셨습니다.)

구원을 받으려면 우리는 무엇을 해야만 하나요?
(우리는 예수님을 믿고 인생의 주인의 자리를 그분께 내어드려야만 합니다. 예수님이 십자가에서 죽으셔서 내 죄가 깨끗이 해결되었다는 사실을 믿어야 합니다.)

예수님을 거부하고 믿지 않는 사람들에게는 무슨 일이 생기나요?
(그 사람들은 구원받지 못합니다. 그리고 그들 스스로 죄의 대가를 치러야만 합니다. 게다가 하나님이 주시는 은혜의 선물을 받을 수 없습니다.)

🙏 기도하기

아직 예수님을 믿지 않는 주변 사람들을 위해서 기도하세요. 그리고 그 사람들의 눈이 열려서 믿을 수 있게 해 달라고 간구하세요.

DAY 4

♥ 기억하기

이번 주 성경 이야기를 통해서 하나님은 우리에게 무엇을 가르치시나요?

📖 성경 읽기 | 요한복음 3:19~21절

💬 깊이 생각하기

도둑들은 주로 밤에 도둑질합니다. 왜냐하면 숨기가 쉽기 때문입니다. 또한 검은 색깔의 옷을 입어서 어둠 속에 자신들을 숨기려고 합니다. 죄는 이와 같습니다: 죄는 어둠을 원하는데 그 이유는 숨고 감출 수 있기 때문입니다. 우리는 죄를 지었을 때 종종 거짓말로 그것을 숨기려고 합니다. 아마도 나쁜 행동을 하고선 "엄마, 제가 그러지 않았는데요."라고 말했던 경험이 있을 겁니다. 우리가 죄를 감추려는 이유는 그 대가를 치르고 싶지 않기 때문일 겁니다. 즉, 누구도 벌을 받고 싶어 하지 않습니다. 그러나 만약 우리가 죄를 감추고 숨기면, 그 죄는 점점 더 커집니다. 정직하게 고백하고 드러낼 때만 죄는 힘을 잃고 사라집니다. 요한은 말하기를 예수님은 우리의 죄를 드러낼 빛으로 세상에 오셨다고 했습니다. 하나님은 우리가 어둠이 아니라 빛 가운데서 살아가기를 원하십니다. 하나님은 우리가 죄에서 벗어나길 원하십니다. 우리의 죄를 빛으로 가져오고 잘못을 인정할 때, 우리는 용서받을 수 있습니다.

💬 이야기하기

부모님은 과거에 어떤 죄를 짓거나 옳지 않은 행동을 하고선 그것을 감추려고 거짓말을 했던 경험이 있다면 자녀들에게 얘기해 주세요. 그리고 왜 그렇게 했었는지도 나눠주세요.
(어린 시절의 기억을 떠올려 보세요. 거짓말이나 잘못된 행동을 했던 경험이 있을 겁니다. 자녀들에게는 부모님의 이야기를 지금 자신들의 일상과 비교해 볼 좋은 기회가 될 겁니다.)

우리의 죄는 왜 어둠을 좋아하나요? (죄는 어둠 속에 감출 수 있습니다. 도둑이나 강도가 주로 어두운 밤에 나쁜 짓을 하는 것처럼, 우리도 죄를 숨기려고 애씁니다.)

하나님은 우리가 죄와 비밀을 어떻게 하기 원하시나요?
(하나님은 그것들을 빛으로 가지고 나오길 원하십니다. 이것은 죄 고백을 의미합니다. 우리가 죄를 고백하고 예수님께 용서를 구하며 우리를 구원해 주시기를 간구할 때, 예수님은 그렇게 해 주십니다. 그러나 우리가 죄를 감추고 아무런 잘못이 없는 것처럼 행동한다면, 우리는 예수님이 아니라 우리 자신을 믿는 것입니다.)

🙏 기도하기

우리가 죄를 고백하고 빛으로 나아오게 도와달라고 기도하세요. 그리고 예수님께 용서를 구하고 우리를 변화시켜 달라고 간구하세요.

DAY 5

♥ 발견하기

오늘은 다른 성경 본문을 보는 날입니다. 시편이나 예언서에서 예수님 혹은 우리의 구원에 대해 배울 수 있습니다.

📖 성경 읽기 | 이사야 60:1~5절

💬 깊이 생각하기

예수님이 니고데모와 대화를 나누시기 오래 전에, 하나님은 선지자 이사야를 통해서 말씀하시고 그분의 백성들에게 위대한 빛을 보내시겠다는 예언을 하셨습니다. 그 빛은 죄의 어둠을 비추고 모든 나라를 빛으로 나아오게 할 것입니다. 그날에, 하나님이 그 놀라운 빛을 드러내시면 사람들은 모두 감격하고 놀랄 것입니다. 니고데모는 바리새인으로서 이사야를 읽었고 이사야가 예언한 이 사실을 이미 알고 있었습니다. 예수님이 그 빛이 지금 이 세상에 임했다는 말씀을 하셨을 때, 니고데모가 얼마나 혼란스럽고 고민에 빠졌을지 상상할 수 있겠습니까? 나중에, 예수님은 서기관들과 바리새인들에게 이렇게 말씀하셨습니다. "나는 세상의 빛이니 나를 따르는 자는 어둠에 다니지 아니하고 생명의 빛을 얻으리라" (요 8:12절). 아마도 니고데모도 그날 거기에서 이 말씀을 들었을 겁니다. 결국, 니고데모는 예수님을 믿었습니다. 요한은 예수님이 십자가에서 돌아가신 후에 그분의 시체를 수습하려고 나온 사람이 니고데모였다고 말합니다(요 19:39절). 그리고 이것은 니고데모가 예수님을 믿었고 그분을 따르는 제자가 되었다는 것을 우리에게 알려주는 단서가 됩니다.

💭 이야기하기

이사야가 말한 먼 훗날 세상의 빛으로 오시는 분은 누구인가요?
(예수님이 바로 세상의 빛이십니다.)

어둠은 무엇을 상징하나요? (어둠은 죄와 악을 의미합니다.)

하나님은 누가 빛으로 나아오게 될 거라고 말씀하셨나요?
(만약 자녀들이 아직 글을 읽지 못한다면, 이사야서의 말씀을 다시 한번 읽어주세요. 그리고 듣는 중에 정답을 알게 되면 손을 들어서 말하게 해 주세요. 그리고 정말 너무 어려서 잘 모른다면, 정답인 구절을 읽을 때 목소리나 표정에 변화를 주어서 자녀들이 알아차릴 수 있게 해 주세요. 3절 때문에 우리는 모든 나라가 하나님의 빛으로 나아온다는 사실을 압니다. 이것은 하나님이 아브라함의 자손들을 통해서 열방에 복을 주시겠다는 말씀이 반복되는 것입니다.)

🙏 기도하기

세상의 빛으로 예수님을 보내주신 하나님께 감사하세요.

복음
Good News

이야기 88 - 컬러 스토리 바이블

아이스크림 한 통과 휘핑크림 한 캔, 그리고 가족이 함께 먹을 아이스크림선디(기다란 유리잔에 아이스크림을 넣고 시럽, 견과류, 과일 조각 등을 얹은 것)를 만들 토핑을 몇 가지 사세요. 그러나 자녀들에게는 비밀로 하세요. 아이스크림을 후식으로 먹기로 정한 날 저녁 식사 전에 막내(다른 가족들에게 메시지를 전달할 수 있다면)에게 나머지 가족들에게 아주 좋은 소식이 있다고 전달하라고 말해 주세요. 막내에게 어서 다른 가족들한테 가서 "아주 좋은 소식이야!"라고 말하게 시키세요. 그러면 그 아이는 아마도 아이스크림과 여러 가지 토핑들에 대한 이야기를 신나게 할 겁니다. 혹시 자녀가 한 명이라면, 엄마나 아빠에게 그 이야기를 하게 해 주세요.

저녁 식사 후에, 막내가 직접 모든 가족 앞에서 큰 소리로 이 좋은 소식을 선포하게 하세요. 이렇게 말하면 됩니다. "주목하세요. 여러분에게 전할 좋은 소식이 있습니다. 자, 이제 아이스크림을 먹을 시간입니다!" 아이스크림을 다 함께 먹으면서 자녀들에게 아이스크림 선포를 한 목적이 있다고 다음과 같이 얘기해 주세요. "이번 주 우리는 예수님이 전해주신 '복음'에 대해서 듣게 될 거야." "예수님이 전하신 복음이 무엇인지 아는 사람 있니?"

DAY **1** ────────

♥ 상상하기

아빠가 육군 예비역으로 큰 전쟁에 참전하게 되었다고 가정해 봅시다. 전쟁 소식을 기다리는 기분이 어떨까요? 방송에서 알려주는 전쟁 관련 뉴스를 들을 때마다 얼마나 긴장하면서 집중할지 상상해 보세요. 방송 리포터가 이렇게 보도한다면 어떨지 떠올려 보세요. "한 시간 전에 우리 군대가 적군을 공격했고 대승을 거뒀습니다. 적군은 도망쳤고, 우리 군대는 사망자가 한 명도 없었습니다." 이 소식을 들은 모든 가족은 기뻐 날뛸 거라 생각하지 않나요? 오늘 우리가 읽는 성경 구절을 유심히 잘 들어보세요. 이 구절은 예수님이 회당에서 예수님의 가르침을 듣고 있던 사람들에게 선포하신 복음을 알게 해 줍니다.

📖 성경 읽기 | 누가복음 4:14~21절

💬 깊이 생각하기

오늘 성경 구절에서 "좋은 소식"이란 단어를 발견할 수 없다고 해서 너무 염려하지 마세요. 성경에 따라 "좋은 소식" 대신에 "복음"이란 단어를 사용합니다. 그러나 그 두 단어는 모두 같은 의미입니다. "복음"과 "좋은 소식"은 같은 뜻입니다. 그래서 성경에서 "성령이 임하셔서 좋은 소식을 전하게 하셨다." 혹은 "성령이 임하셔서 복음을 전하게 하셨다." 둘 중 어떤 표현을 사용하더라도 그것은 같은 말을 하는 것입니다.

이사야는 하나님이 복음의 좋은 소식을 전할 자를 보내신 미래의 그날을 봤습니다. 예수님은 사람들에게 자신이 바로 하나님이 보내신 좋은 소식을 전하는 자라고 말씀하셨습니다. 그리고 예수님은 눈먼 자를 보게 하셔서 그들은 곧 볼 수 있게 되었고, 사탄의 압제에서 자유롭게 되었습니다. 오래전 이사야의 예언은 지금, 이 순간의 예수님에 대해서 기록한 것이었습니다.

🗣 이야기하기

안식일에 예수님은 어떤 성경을 읽으셨나요?
(예수님은 선지자 이사야의 글을 읽었습니다.)

"복음"이란 단어는 무슨 뜻인가요?
(그것은 "좋은 소식"이란 뜻입니다.)

이사야는 하나님이 보내신 종이 해야 할 일들이 있다고 기록했습니다. 무슨 일을 해야 한다고 했는지 기억하나요?
(자녀들이 기억하지 못하면, 오늘 읽은 누가복음 18~19절을 다시 읽어주세요. 그리고 잘 듣고 답을 말하라고 얘기해 주세요. 정답은 이 구절들 속에서 아주 쉽게 반복됩니다.)

안식일마다 예수님은 무엇을 하셨나요?
(우리가 주일에 교회에 가는 것과 매우 비슷하게 예수님은 회당에 가셨습니다.)

🙏 기도하기

우리에게 복음, 곧 좋은 소식을 전해주시려고 예수님을 보내신 하나님께 감사하세요.

DAY 2

♥ 기억하기

어제 이야기 중에서 무엇을 기억하나요? 오늘은 어떤 이야기가 있을 것으로 생각하나요?

📖 성경 읽기 ┃ 누가복음 4:22~30절

💬 깊이 생각하기

나사렛 사람들은 예수님이 자신들이 듣고 싶어 하는 말씀을 가르치시는 동안에는 그분의 말씀 듣기를 즐겼습니다. 그러나 예수님은 그들이 믿고 따르기에는 아직 준비되어 있지 않다는 사실을 아셨습니다. 예수님은 유대인들에게 거부당하고 십자가에서 죽임을 당할 거라는 사실도 알고 계셨습니다. 그래서 예수님은 그들에게 과거를 떠올리게 하셨고, 그때 이스라엘이 하나님의 선지자들을 어떻게 거부했었는지를 기억하게 하셨습니다. 그리고 이스라엘이 그렇게 하자, 하나님은 그들 대신에 이방 민족들에게 복을 주셨습니다. 이스라엘이 엘리야를 배척할 때, 하나님은 그를 시돈의 과부에게로 보내셨습니다. 또 이스라엘이 엘리사를 거부하자, 하나님은 수리아 사람 나아만을 낫게 하셨습니다. 그러나 예수님의 이런 경고를 듣지 않고, 사람들은 오히려 분노하고 예수님을 죽이려고 했습니다. 결국, 그들은 예수님을 거부했습니다. 그것은 오래전 이스라엘이 하나님의 선지자들을 거부했던 모습과 똑같았습니다.

🗣 이야기하기

사람들이 화를 내며 예수님을 어떻게 하려고 했나요?
(그들은 예수님을 낭떠러지로 끌고 가 떨어뜨려서 죽이려고 했습니다.)

예수님은 그 상황을 어떻게 피하셨나요? (아직은 예수님이 돌아가실 때가 아니었습니다. 그래서 그분은 그냥 그 사람들 사이를 가로질러서 지나가셨습니다.)

오늘 이야기에서처럼 예수님은 위험한 상황을 피하실 수 있으셨을 텐데 왜 자신을 십자가에 달려 죽게 내버려 두셨나요? (성경은 그 상황에서 예수님이 천사들을 불러서 자신을 구원하실 수 있었다고 말해 줍니다. 그러나 그분은 그렇게 하지 않으셨습니다. 그렇게 하셨기에 예수님은 우리를 대신해서 십자가에서 죄의 대가를 치르고 돌아가실 수 있었습니다. 성경은 예수님이 우리를 위해서 그분의 생명을 포기하셨다고 말합니다.)

🤚 기도하기

우리가 예수님을 믿고 나사렛 사람들이 했던 것처럼 예수님을 거부하지 않게 해 달라고 기도하세요.

DAY 3

♥ 예수님께 연결하기

오늘은 이번 주 성경 이야기를 복음과 연결해 보는 날입니다. 복음은 우리를 구원하신 예수님의 생명과 죽음, 그리고 부활입니다. 이번 주 성경 이야기가 어떻게 복음과 연결되는지 깊이 생각해보세요.

✝ 성경 읽기 | 누가복음 4:31~37절

💬 깊이 생각하기

예수님을 낭떠러지로 떨어뜨리려고 했던 나사렛 사람들은 그분이 자신들을 구원하시려고 이 땅에 오신 하나님이라는 사실을 깨닫지 못했습니다. 그러나 옆 동네 가버나움에서 한 사람을 속박하고 있던 귀신은 예수님이 누구신지를 정확히 알았습니다. 그 귀신은 예수님을 거룩한 분이라고 했습니다. 귀신은 예수님이 평범한 사람이 아니라 하나님이라는 사실을 분명히 알았습니다. 예수님이 이사야서를 읽을 때, 그 귀신은 그분이 속박된 자들을 자유롭게 하고 갇힌 자들을 도와주러 오셨다고 말했습니다. 그것이 바로 예수님이 귀신에게 매여 있던 사람에게 행하신 일이었습니다.

우리가 모두 귀신에게 속박된 건 아니지만, 예수님은 우리도 자유롭게 하십니다. 바로 우리를 가두고 있는 죄의 권세에서 그렇게 해 주십니다. 우리는 모두 죄에 갇힌 죄수들입니다. 예수님은 하나님이시고 결코 어떤 죄도 지은 적이 없으시기 때문에, 죽음에서 승리하셨고 사흘 만에 다시 살아나셨습니다. 이제 우리가 예수님을 믿고 그분이 우리를 위해서 하신 일들을 의지한다면, 우리는 죄에서 자유로워질 수 있고 하나님과 함께 영원히 천국에서 살 수 있습니다.

🗨 이야기하기

귀신은 예수님을 누구라고 했나요? (귀신은 예수님을 하나님의 거룩한 분이라고 했습니다.)

예수님은 귀신에게 무슨 일을 하셨나요? (예수님은 귀신을 잠잠하게 하셨고, 사람에게서 나오라고 명령하셨습니다. 가버나움 사람들은 예수님의 가르침을 듣고 놀랐습니다. 그리고 예수님은 귀신을 다스리는 권세가 있었습니다. 자녀들에게 예수님의 어떤 모습이 가장 놀라운지 질문해 보세요.)

예수님은 우리를 자유롭게 하려고 무엇을 하셨나요? (예수님은 우리를 죄에서 벗어나게 하시려고 우리 대신에 십자가에서 돌아가셨습니다. 그리고 우리가 받아야 할 징계를 대신 받으셨습니다.)

🙏 기도하기

예수님을 보내서서 죄의 권세에서 벗어나게 하시고, 귀신에게 사로잡힌 자들을 자유롭게 하신 하나님을 찬양하세요.

DAY 4

♥ 기억하기

이번 주 성경 이야기를 통해서 하나님은 우리에게 무엇을 가르치시나요?

✝ 성경 읽기 | 누가복음 4:38~44절

💬 깊이 생각하기

예수님이 귀신 들린 사람을 고치셨다는 소문이 퍼져나가자 병자들이 곳곳에서 예수님을 만나러 찾아 왔습니다. 그들은 시몬의 집에 계시던 예수님을 만나러 그곳까지 왔습니다. 또다시 귀신들이 도망치며 소리쳤습니다. 이번에는 귀신들이 예수님을 하나님의 아들이라고 했습니다. 귀신들은 예수님이 그리스도이시고, 하나님 아버지가 그분의 백성들을 구하려고 보내신 분이라는 사실을 알았습니다.

'그리스도' 란 이름의 의미는 "메시아" 또는 "하나님의 기름 부음 받은 자" 입니다. '기름 부음 받은' 이란 단어는 구약 성경에 기록되어 있습니다. 이스라엘 초기 시대로 거슬러 가면, 하나님은 선지자 사무엘을 보내서 이새의 아들 중 한 명을 왕으로 지명하여 기름 부으셨습니다. 모든 아들을 살펴본 후, 사무엘은 다윗을 선택했고 그의 머리에 기름을 부었습니다. 그렇게 함으로써 다윗이 하나님의 선택을 받았다는 사실을 선언했습니다. 예수님을 "그리스도" (기름 부음 받은 자)라고 하는데, 예수님은 곧 하나님이시고, 하나님이 선택하여 지명하신 왕이며, 그 백성을 구원하실 분입니다.

《🍎 이야기하기

부모님은 누군가에게 복음을 가르치거나 선포한 적이 있었다면 그 경험을 자녀들에게 나눠주세요.
(다른 사람들에게 복음을 나누었던 경험을 떠올려 보세요. 예를 들어, 직장 동료, 친구, 혹은 이웃들이 될 수 있습니다.)

예수님은 시몬의 장모에게 무엇을 하셨나요?
(시몬의 장모는 아팠고, 예수님은 낫게 하셨습니다.)

귀신은 예수님을 누구라고 했나요?
(귀신은 예수님을 하나님의 아들이라고 했습니다.)

성경에서는 또한 예수님을 "그리스도" 라고 합니다. "그리스도" 는 무슨 뜻인가요?
(그 이름은 기름 부음 받은 자, 또는 하나님의 선택을 받은 자란 뜻입니다. 예수님은 죄로부터 그 백성을 구하시려고 하나님 아버지의 선택을 받았습니다.)

🙏 기도하기

우리를 죄로부터 구원하실 분으로 아들이신 예수님을 지명하여 보내주신 하나님께 감사하세요.

DAY 5

♥ 발견하기

오늘은 다른 성경 본문을 보는 날입니다. 시편이나 예언서에서 예수님 혹은 우리의 구원에 대해 배울 수 있습니다.

📖 **성경 읽기 | 에스겔 37 : 24 ~ 28절**

💭 깊이 생각하기

에스겔의 예언 첫 줄은 다윗 왕을 말하는 것 같지만 계속 읽다보면, 그렇지 않다는 걸 알 수 있습니다. 그는 예수님을 말하고 있습니다. 25절에서는 다윗이 영원한 이스라엘의 왕이 될 거라고 말했지만 다윗은 이 예언이 기록되기 오래 전에 이미 죽었습니다. 그러나 다윗의 머나먼 후손 중 한 명인 예수님은 오늘날까지도 여전히 살아계시고 천국에서 이스라엘의 왕이 되십니다. 그리고 영원무궁토록 왕이 되실 분이십니다. 에스겔이 예언한 분은 바로 예수님이십니다. 게다가 오늘 예언에는 예수님을 설명하는 내용이 더 있는데 예수님의 이야기를 기억한다면, 오늘 읽은 예언의 내용이 이스라엘 백성에게 예수님을 알려주고 있다는 사실을 발견할 수 있습니다. 예수님은 언약을 맺으시고 화평을 약속하셨습니다. 그분은 우리 죄 때문에 십자가에서 돌아가심으로 그렇게 하셨습니다. 우리는 죄의 대가로 징계를 받아 마땅한 존재였기 때문에 하나님과 화평하지 않았습니다. 그러나 예수님은 우리 대신에 돌아가셨고 우리가 받아야 할 징계를 대신 받으셨기에 우리에게 하나님과 화평할 기회가 생긴 것입니다. 예수님이 그렇게 하셨습니다!

🗨 이야기하기

에스겔의 예언이 다윗 왕을 가리키는 것이 아닌 이유는 무엇인가요?
(다윗 왕은 이미 죽었습니다. 그래서 그는 에스겔이 말한 영원한 왕이 될 수가 없습니다.)

"내 종 다윗이 영원히 그들의 왕이 되리라" 는 에스겔의 예언은 누구를 말하나요?
(에스겔은 다윗 왕의 아주 먼 후손인 예수님을 말하고 있는 것입니다. 다윗 왕의 삶은 예수님을 가리킵니다.)

이 예언 때문에 우리는 하나님이 그분의 백성들과 함께하실 거라는 사실을 알게 됩니다. 예수님이 이 땅에 오신 것은 어떻게 이 예언을 성취하는 건가요?
(예수님은 하나님이셨고, 이 예언에 기록된 대로 그분이 우리와 함께 사셨습니다. 그러나 그것이 전부는 아닙니다. 우리가 예수님을 믿으면 성령님이 우리 마음에 거하시고 우리와 언제나 함께하십니다. 그리고 우리가 천국에 갔을 때, 우리는 그곳에서 또한 함께 살게 될 겁니다. 예수님은 하나님이 그분의 백성들과 함께 살아가는 길을 만드셨습니다.)

우리가 하나님과 화평하게 살게 하시려고 예수님은 무엇을 하셨나요?
(자녀들에게 이렇게 설명해주세요. "하나님은 죄를 싫어하시고 절대 용서하지 않으시지, 그 이유는 그것이 옳지 않기 때문이야. 그런데 우리는 모두 죄인이라서 죄에 대한 하나님의 진노가 우리에게 쏟아져야만 했지. 그런데 예수님이 십자가에서 돌아가셨을 때, 하나님은 우리를 향한 그 거룩한 진노를 예수님께 다 쏟으셨단다. 예수님은 그분의 진노가 남지 않을 때까지 모든 진노를 다 받으셨지. 우리는 여전히 죄인이지만, 하나님과 더불어 화평할 수 있게 되었어.)

🙏 기도하기

우리가 받아야 할 징계를 대신 받으신 예수님께 감사하세요. 그렇게 하심으로 우리가 하나님 아버지와 화평하게 되고, 그분과 함께 천국에서 영원히 살게 되었습니다.

물고기를 낚는 기적을 보이시다
The Miraculous Catch

이야기 89 - 컬러 스토리 바이블

물고기 모양의 과자를 넉넉하게 큰 봉지로 사세요. 자녀들을 한자리에 모이게 하고 아이들의 손을 그물망처럼 모으게 한 후, 그 위에 과자를 쏟아부으세요. 단, 아이들이 손에 다 담을 수 없을 정도로 한 번에 많이 쏟아붓습니다. 떨어지는 과자들을 담을 수 있게 그릇이나 상자를 받쳐 놓으세요. 아마도 아이들에게는 매우 새롭고 재미있는 경험일 겁니다. 각자의 손에 담긴 과자를 그릇이나 컵에 담아 나눠준 후 자신들이 낚은 물고기 과자를 맛있게 먹게 하세요. 그리고 얘기해 주세요. "이번 주에는 어부인 제자들이 물고기를 한 마리도 잡지 못하고 실망감 속에 빠져 있을 때 예수님이 어떻게 놀라운 기적을 행하셨는지 배울 거야."

DAY 1

♥ 상상하기

예수님이 우리의 일상 가운데 찾아오셔서 우리를 만나주시고 이렇게 말씀하셨다고 상상해 봅시다. "나를 따라 오너라." 예수님을 따르려면 우리는 무엇을 버려야 할까요? 우리가 어떤 것을 소중하게 여기는지 목록을 만들어 봅니다. 그리고 그중에서 가장 포기하기 힘든 게 무엇인지 골라 보세요. 물론 예수님이 실제로 물 위를 걸으시면서 우리를 부르시는 건 아니지만, 그분은 지금도 여전히 우리를 부르고 계십니다. 예수님은 세상이 주는 부유함을 버려야 그분을 따를 수 있다고 성경을 통해서 가르치십니다.

어쩌면 하나님은 우리 가운데 어떤 사람들을 부르시면서 정말 큰 희생과 포기를 요구하실 수도 있습니다. 예를 들어, 어떤 목사님들은 사업을 하면 훨씬 많은 돈을 벌 수 있지만, 그렇게 하지 않고 교회를 섬깁니다. 또 어떤 사람들은 복음을 전하려고 자기 나라를 떠나서 낯선 외국으로 가기도 합니다. 때론 힘들게 성경 번역을 하기도 합니다. 그래서 우리가 세상이 주는 부유함이나 안락보다 하나님을 더 사랑하라는 부름을 받았든지, 익숙하고 편안한 환경을 버리고 낯설고 힘들며 불편한 환경으로 복음을 전하기 위해서 떠나라는 부름을 받았든지, 우리는 모두 예수님을 따르기 위해 무엇인가를 포기해야만 합니다.

📖 **성경 읽기** | 요한복음 1:40~51절

💬 깊이 생각하기

예수님은 세례를 받으신 후에, 사람들을 가르치시고 자신을 따르라고 하셨습니다. 예수님의 부름을 받은 사람들 가운데 일부는 너무 놀라고 들떠서 가족과 친구들에게 그 사실을 말해야만 했습니다. 안드레는 예수님을 만나고 나서, 형제인 시몬 베드로에게 찾아갔습니다. 빌립은 예수님을 만난 후, 친구인 나다나엘에게 갔습니다. 이런 모습은 지금도 마찬가지입니다. 하나님이 우리의 눈을 여셔서 예수님이 그저 많은 성인 가운데 한 명이 아니라 하나님의 아들이라는 사실을 깨닫게 하셨을 때, 우리는 그 사실을 우리가 아는 모든 사람에게 전하고 싶어집니다. 오늘날 교회를 이루는 대부분의 사람은 친구나 가족들이 예수님을 소개해서 그렇게 되었습니다.

🗨 이야기하기

안드레와 빌립 둘 다 예수님이 메시아 즉, 하나님이 그 백성을 구원하려 보내신 분이란 사실을 깨닫자, 어떻게 했나요?
(둘 다 주변 사람들에게 예수님에 관해서 얘기했습니다.)

예수님이 그분의 제자로 빌립을 부르실 때, 어떻게 하셨나요?
(예수님은 간단하게 말씀하셨습니다. "나를 따르라.")

빌립과 안드레의 가족과 친구들은 하던 모든 일을 다 버리고 예수님을 따르겠다는 그들의 말을 들었을 때 무슨 생각을 했을까요? 예수님은 그들에게 돈을 주겠다고 말씀하신 적이 없다는 사실을 기억하세요.
(자녀들이 이 상황을 잘 이해하게 도와주세요. 그들의 가족이나 친구들은 그런 선언을 듣고선 도대체 무슨 말을 하는 건지 이해하기 어려웠을 것이고, 믿기는 더더욱 힘들었을 겁니다. 근데 도대체 어떻게 먹고살 수 있을까요?)

우리가 마지막으로 예수님을 전했던 때는 언제인가요?
(이 질문에 대한 대답은 부모님이 먼저 해 주세요. 그리고 나서 가족들과 함께 예수님을 이웃과 다른 가족들에게 전할 계획을 함께 세워 보세요. 교회로 초대하거나 저녁 식사를 함께하면서 예수님을 전할 수 있습니다.)

🤲 기도하기

예수님을 따르고 증거하는 삶을 살게 해 달라고 하나님께 도움을 구하세요.

DAY 2

♥ 기억하기

어제 이야기 중에서 무엇을 기억하나요? 오늘은 어떤 이야기가 있을 것으로 생각하나요?

📖 성경 읽기 ┃ 누가복음 5:1~9절

💬 깊이 생각하기

베드로(누가복음에서는 시몬이라고 부릅니다)는 이미 예수님을 만났지만(요1:35~42절), 그는 예수님이 하나님이라는 사실은 아직 몰랐습니다. 그저 평범한 사람 정도로만 생각했을 겁니다. 그래서 예수님이 그물을 다시 한번 던져보라고 말씀하셨을 때, 분명 마음 한편으로는 이렇게 생각했을 겁니다. '랍비가 물고기 잡는 걸 뭘 안다고 이래라저래라 하는 거야?' 그러나 그물이 물고기로 가득해서 찢어질 지경이 되자, 베드로는 예수님이 그저 평범한 사람이 아니라 하나님이 보내신 분이라고 생각했습니다. 그는 자신의 모든 죄와 하나님을 따르지 않았던 과거가 떠올라 예수님께 자신의 곁을 떠나시라고 말씀드렸습니다. 하나님의 능력을 보이신 예수님 앞에서 자신이 얼마나 큰 죄인인지를 깨달았기 때문입니다.

🗨 이야기하기

시몬 베드로는 물고기를 얼마나 잡았을까요?
(성경은 자세히 알려주지 않지만 자녀들의 대답을 들어보세요. 약 100여 마리 정도 되었을 거라고 예상됩니다. 요한복음 21:11절에서 대략 비슷한 숫자로 153마리라고 기록되어 있습니다. 아마도 이와 비슷했을 겁니다.)

베드로는 밤새 그물을 던졌지만 물고기를 한 마리도 낚지 못했습니다. 그런데 예수님께 순종하는 것만으로 어떻게 그렇게 많은 물고기를 낚을 수 있었을까요? (예수님이 물고기가 어디에 많이 있는지를 알았거나 그분의 명령으로 물고기들이 그물 속으로 들어왔거나 둘 중 하나일 겁니다. 두 가지 가운데 어떤 방법이든지 베드로가 던진 그물에는 하나님의 능력 때문에 찢어질 정도로 많은 물고기가 가득했습니다.)

베드로는 왜 예수님 앞에 무릎을 꿇고 자신에게서 떠나시라고 말씀을 드렸나요?
(베드로는 자신이 죄인인 것을 알았습니다. 그리고 예수님은 하나님이 보내신 분이라는 걸 깨달았습니다. 그는 자신의 죄가 너무나 크고 깊어서 예수님과 함께할 자격이 없다고 느꼈습니다.)

만약 내가 베드로였다면 어땠을까요? 우리는 각자의 삶에서 어떤 죄를 지었나요?
(자녀들이 자신들도 베드로와 다를 바가 없는 죄인이라는 걸 깨닫게 도와주세요. 우리가 베드로의 모습을 볼 때, 얼마나 끔찍하고 나쁜 죄를 지었기에 저렇게 행동할까 라는 생각을 할 수도 있습니다. 그런데 그것은 잘못 생각하는 겁니다. 베드로는 자신의 죄가 창피했습니다. 베드로처럼 우리도 예수님과 직접 대면하게 된다면 그분의 거룩함과 능력 앞에서 우리의 죄를 보게 되고, 매우 창피해서 어딘가에 숨고 싶어질 겁니다.)

🙏 기도하기

지금 기억나는 죄를 고백하고 하나님께 용서를 구하세요. 그리고 하나님의 말씀을 듣고 잘 따를 수 있게 도와달라고 기도하세요. (자녀들이 죄를 고백할 수 있게 도와주세요. 아무리 어려도 자신의 죄에 대해 용서를 구할 수 있다는 걸 자녀들이 깨닫게 도와주세요.)

DAY 3

♥ 예수님께 연결하기

오늘은 이번 주 성경 이야기를 복음과 연결해 보는 날입니다. 복음은 우리를 구원하신 예수님의 생명과 죽음, 그리고 부활입니다. 이번 주 성경 이야기가 어떻게 복음과 연결되는지 깊이 생각해보세요.

📖 성경 읽기 ┃ 누가복음 5:10절

💬 깊이 생각하기

믿을 수 없을 정도로 엄청난 양의 물고기가 그물에 잡힌 걸 보자, 베드로는 예수님이 자신과 같은 평범한 사람이 아니라는 걸 깨달았습니다. 그러자 즉시 무릎을 꿇고 자신이 죄인이라는 사실을 시인합니다. 하지만 예수님은 그런 베드로에게 죄의 대가로 징계를 내리시기보다는 오히려 두려워하지 말라고 말씀하시면서 이제부터는 사람을 낚는 어부가 될 거라고 하셨습니다. 예수님은 자신이 베드로의 죄 때문에 십자가에서 돌아가시고, 부활하셔서 천국으로 되돌아가실 것을 아셨습니다. 훗날, 그 모든 일이 일어난 후에, 베드로는 수많은 사람에게 설교했습니다. 그의 설교가 끝난 후, 약 삼천 명의 사람들이 죄로부터 돌이키고 예수님을 믿었습니다. 그 수많은 사람을 구원한 것은 그물이 찢어질 정도로 물고기를 낚은 오늘 성경 말씀과 연결됩니다(사도행전 2:41절을 보세요).

💬 이야기하기

베드로는 무엇을 두려워했나요?
(베드로는 예수님의 말씀대로 순종했을 때 물고기가 낚이는 것을 보면서 하나님의 전능하심을 발견했습니다. 그 순간 자신이 죄인이라는 사실을 깨닫고 두려워졌습니다.)

예수님이 베드로에게 하신 두 가지 말씀은 무엇인가요?
(오늘 말씀은 매우 단순합니다. 그러나 자녀들에게 예수님이 하신 말씀이 무엇인지를 기억하게 하는데 도움이 될 겁니다. 자녀들이 직접 읽을 수 없다면, 그 구절을 반복해서 읽어 주세요. 그리고 예수님이 하신 말씀이 무엇인지 알게 될 때 손을 들어서 답을 하게 해 주세요.)

베드로에게 물고기가 아니라 사람을 낚는 어부가 될 거라고 하신 예수님의 말씀은 무슨 뜻이었나요?
(예수님은 베드로가 그분을 전하고 사람들에게 구원을 가져다 줄 것을 아셨습니다. 즉, 사람을 구원한다는 뜻이었습니다.)

🙏 기도하기

이천 년 전 베드로에게 하셨던 것처럼 죄인인 우리에게 먼저 다가와 주신 하나님께 감사하세요. 하나님은 우리를 부르시고 은혜로 믿음을 주셨습니다. 하나님은 우리의 모든 죄를 용서하십니다. 그래서 우리가 모두 예수님을 전하는, 사람을 낚는 어부가 되게 하십니다.

DAY 4

♥ 기억하기

이번 주 성경 이야기를 통해서 하나님은 우리에게 무엇을 가르치시나요?

📖 성경 읽기 ㅣ 누가복음 5:11절

💬 깊이 생각하기

오늘 우리가 읽은 구절은 매우 짧습니다. 하지만 베드로와 야고보 그리고 요한이 모든 것을 버리고 예수님을 따르기로 한 것은 정말 믿을 수 없는 일입니다. 평생 해 오던 일이 있었고, 이제껏 본 적 없는 많은 양의 물고기를 잡아서 큰돈을 벌 수 있게 되었는데 그 전부를 버리고 예수님을 따라 일도, 살 곳도 없이 여기저기 떠돌아다니기로 했다고 생각해 보세요. 물론, 예수님은 정처 없이 떠도는 떠돌이가 아닙니다. — 그분은 하나님이 보내신 메시아였습니다! 언젠가 그분은 왕이 되셔서 다윗의 왕좌에 영원히 앉으실 겁니다. 어쩌면 그런 꿈을 꾸면서 제자들은 예수님을 따라가는 게 그리 나쁜 선택은 아니라고 생각했을지도 모릅니다. 그러나 그들이 몰랐던 것은 예수님은 이 땅에서 왕이 되시지는 않을 거라는 사실이었습니다. 그들이 기대하는 것처럼 예수님은 이 세상의 부귀영화를 주시는 분은 아니었습니다. 예수님은 분명히 왕이 되실 겁니다. 그러나 그분의 왕좌는 천국에 있습니다. 이 땅에서 예수님은 그분의 백성들에게 거절당하고 체포되어서 유죄 판결을 받고 십자가에서 처형당하실 겁니다.

🗨 이야기하기

부모님은 예수님을 믿고 따르면서 무엇을 포기했었는지 얘기해 주세요.
(세상의 만족과 성공 등 예수님을 믿기 때문에 포기했던 것들을 생각해 보세요.)

예수님이 베드로와 야고보, 그리고 요한을 부르셨을 때 그들은 무엇을 버리고 따랐나요?
(그들은 모든 것을 버리고 예수님을 따랐습니다.)

그들은 왜 모든 일을 버리고 예수님을 따랐나요?
(그들은 예수님을 하나님이 이스라엘을 구원하시려고 보낸 메시아라고 믿었습니다.)

제자들은 예수님을 이스라엘의 왕으로 생각했습니다. 만약 예수님이 진짜로 이스라엘을 다스리는 왕이 되셨다면, 그들은 무엇을 얻게 되었을까요?
(자녀들이 여기서 단서를 발견하게 도와주세요. 오늘 읽은 구절에서는 답이 없습니다. 그러나 이번 주 초반에, 우리는 나다나엘이 예수님을 이스라엘의 왕으로 여겼다는 내용을 배웠습니다. 예수님을 따랐던 사람들 가운데 일부는 그분이 왕이 되시면, 자신들도 부유해지고 권세를 얻을 거라고 생각했을 겁니다. 그러나 그들은 자신들이 생각하는 왕과 예수님은 전혀 다르다는 사실까지는 미처 몰랐습니다. 예수님은 천국의 왕이셨습니다. 왕이신 예수님을 따르는 제자들은 분명히 부유해졌습니다. 그러나 그 부유함은 금과 은을 많이 가지는 세상의 부유함이 아니었습니다.)

🙏 기도하기

예수님보다 더 사랑하고 소중히 여기는 모든 것을 다 버리고 예수님만 따르게 해 달라고 기도하세요. — 장난감, 친구, 심지어 가족까지도. 그래야만 우리는 예수님을 온전히 따르고 그분의 말씀에 순종할 수 있습니다.

DAY 5

♥ 발견하기

오늘은 다른 성경 본문을 보는 날입니다. 시편이나 예언서에서 예수님 혹은 우리의 구원에 대해 배울 수 있습니다.

📖 성경 읽기 ㅣ 이사야 43:8~13절

💬 깊이 생각하기

예수님이 이 땅에서 그분의 사역을 시작하시고 제자들을 부르시기 아주 오래 전에, 이사야는 예수님의 오심에 관해서 얘기했습니다. 성령의 감동으로 이사야는 눈먼 자가 보고, 듣지 못하는 이가 듣게 되는 날을 예언했습니다. 이사야가 말한 그날에 주님은 증인들을 선택하실 겁니다. 그 증인들은 오직 한 분이신 구원자를 믿는 사람들입니다. 당연히 예수님이 그 유일한 구원자이십니다. 그리고 예수님은 그분을 따르는 사람들을 선택하셨습니다. 그래서 그들을 예수님의 모든 행하심과 가르침을 전할 증인으로 세우십니다. 그들은 예수님이 눈먼 사람을 보게 하셨고, 듣지 못하는 이를 듣게 하신 것을 목격한 이들입니다. 심지어 예수님은 오늘날 우리 마음의 눈과 귀를 여셔서 우리가 그분을 믿고 따르게 하십니다.

🗣 이야기하기

증인은 무엇인가요?
(증인은 벌어진 어떤 일을 직접 본 사람입니다. 그래서 다른 사람들에게 그것을 말할 수 있습니다.)

예수님은 왜 제자들에게 그분의 증인이 되라고 하셨나요?
(예수님이 천국으로 되돌아가신 후, 하나님은 이 증인들을 사용하셔서 예수님이 누구신지를 사람들에게 전하게 하실 겁니다.)

오늘 구절 가운데 10, 11절은 어떻게 하나님을 전하고 있나요?
(만약 자녀들이 아직 정확히 읽는 게 어렵다면, 이 구절을 부모님이 읽어주세요. 그리고 정답을 알겠으면 손을 들라고 해 주세요. 이 구절들 때문에 우리는 어떤 다른 신도 참되신 하나님 이전에 존재하지 않았고 주님 말고는 다른 어떤 구원자도 존재하지 않는다는 사실을 알 수 있습니다.)

🙏 기도하기

유일하신 하나님, 유일하신 구원자 예수님을 찬양하세요.

예수님이 중풍병자를 고치시다
Jesus Heals the Paralyzed Man

이야기 90 - 컬러 스토리 바이블

오늘 활동을 위해서 상자 두 개가 필요합니다. 하나는 크고, 다른 하나는 작은 것으로 준비하세요. 큰 상자를 종이나 포장용 스티로폼 등으로 채워서 가볍게 만드세요. 그리고 작은 상자는 책이나 블록 같은 무거운 물건들로 채우세요. 자녀들에게 두 개의 상자 가운데 어느 쪽이 더 들기 쉬울 것 같은지 물어보세요. 자녀들은 주저하지 않고 작은 상자가 들기 쉬울 거라고 대답할 겁니다. 그 후에 자녀들에게 작은 상자를 들어보게 하세요. 아마도 깜짝 놀라며 어떻게 작은 상자가 이렇게 무겁냐고 말할 겁니다. 그러면 이번 주 우리가 배울 이야기에서 예수님은 중풍병자의 죄를 용서해 주시고 그를 고치셨다고 얘기해 주세요.

바리새인들은 아마도 "너의 죄가 용서받았다"가 "너는 치료받았다"보다 말하기에 쉬울 거로 생각했을 겁니다. 왜냐하면 어떤 사람이 실제로 나았는지 아닌지는 눈으로 금세 확인할 수 있기 때문입니다. 하지만 그 누구도 죄가 용서받았는지 아닌지는 분명히 알 수 없습니다. 중풍 병자가 죄 용서받았다고 말씀하시는 예수님은 쉽게 그렇게 하시는 것처럼 보였을 겁니다. — 마치 작은 상자가 가벼워 보였던 것처럼 — 그러나 죄 용서는 예수님의 생명을 대가로 요구합니다. "이번 주에 우리는 예수님이 어떻게 중풍 병자를 고치시고 또한 그의 죄를 용서하셨는지 배우게 될 거야."라고 얘기해 주세요.

DAY 1

♥ 상상하기

한 아버지가 디즈니 캐릭터들을 보고 싶어 하는 자녀들을 데리고 디즈니월드에 갔습니다. 그러나 구피와 도널드 덕을 보려고 간 곳에는 놀러온 사람들만 가득하고 실제 그 캐릭터들은 볼 수가 없었습니다. 백설 공주를 보러 간 곳에서도 같은 일이 벌어졌습니다. 그래서 아빠는 다른 계획을 세웠습니다. 곰돌이 푸를 보러 가서는 붐비는 입장객들 속에 있지 않고 곰돌이 푸가 무대로 나오는 통로를 찾아 그곳에서 기다리기로 한 것입니다. 힘들게 노력해서 통로를 찾았고, 아빠는 아이들을 데리고 거기서 기다렸습니다. 잠시 후 시간이 되자, 곰돌이 푸가 그 통로를 따라 나왔습니다. 기다리고 있던 바로 그들 앞으로! 수많은 사람으로 인산인해를 이루었지만, 결국 아이들은 아주 가까이에서 곰돌이 푸를 만날 수 있었습니다. 오늘 이야기에서, 수많은 사람이 예수님을 둘러싸고 있었습니다. 그래서 중풍 병자는 그분 곁에 가까이 갈 수 없었습니다. 이제 그 중풍 병자의 친구들이 예수님과 중풍 병자를 만나게 하려고 어떻게 했는지 살펴봅니다.

📖 성경 읽기 | 누가복음 5:17~20절

💬 깊이 생각하기

방금 오늘 성경 구절을 읽었는데 예수님의 말씀을 들으려고 모인 사람들은 누구였나요? 그 지역 사람들도 아니고 제자들도 아니었습니다. 오늘 이야기에서 예수님의 말씀을 듣고자 모인 사람들은 종교지도자들이었습니다. 그들은 예수님이 누구신지를 확인하려고 찾아왔습니다. 그들은 이제까지 예수님이 사람들을 고치시고 어떤 말씀을 전하셨는지를 듣고 자신들이 직접 확인하고자 무리를 지어서 찾아온 게 분명했습니다. 그들이 얼마나 많이 모였는지 중풍 병자가 예수님께로 가까이 올 수 없을 정도였습니다. 그래서 그 중풍 병자의 친구들은 예수님이 계신 집 지붕으로 그를 끌어 올렸습니다.

지붕 위까지 끌어올려진 중풍 병자는 어떤 기분이었을까요? 장담하건대 매우 긴장했을 겁니다. 친구들은 지붕에 구멍을 냈고 중풍 병자를 밑으로 내렸습니다. 그런데 예수님은 전혀 뜻밖의 말씀을 하셨습니다. "일어나 걸으라"는 말 대신에, 아주 강한 어조로 이렇게 말씀하셨습니다 : "네 죄 사함을 받았느니라."

💬 이야기하기

예수님을 만나려고 모인 사람들은 누구였나요?
(종교지도자들이었습니다.)

종교지도자들은 왜 예수님을 만나려고 찾아왔나요?
(새로운 선생이 나타나면 그가 무엇을 가르치는지 들어보고 잘못된 것을 가르치지는 않는지 확인하는 것이 바로 그들의 일이었습니다. 그들은 예수님이 무엇을 가르치고 어떤 선생인지를 알아보려고 찾아왔습니다.)

중풍 병자의 친구들은 왜 그를 지붕에서 내려야만 했나요?
(예수님이 계신 집은 사람들이 너무 많아서 도저히 중풍 병자가 들어갈 틈이 없었습니다. 그래서 그를 지붕에서 내려야만 했습니다.)

중풍 병자를 향한 예수님의 첫 말씀은 이랬습니다. "네 죄 사함을 받았느니라." 예수님이 "일어나 걸으라."고 하신 것보다 이 말씀이 왜 더 중요한가요?
(두 다리가 나아서 땅에서 걷는 것도 중요하지만 죄를 용서받았다는 것은 그가 하나님과 함께 천국에서 영원히 살아갈 수 있게 되었다는 뜻이었습니다.)

🙏 기도하기

중풍 병자의 죄를 용서하신 하나님을 찬양하세요.

DAY 2

♥ 기억하기

어제 이야기 중에서 무엇을 기억하나요? 오늘은 어떤 이야기가 있을 것으로 생각하나요?

📖 성경 읽기 ┃ 누가복음 5:21~23절

💬 깊이 생각하기

오늘 이야기를 통해서 우리가 배우게 될 한 가지는 하나님 앞에서는 결코 죄를 숨길 수 없다는 사실입니다. 지붕을 뚫고 중풍 병자가 내려졌을 때, 예수님은 그 사람에게 죄 사함을 받았다고 말씀하셨습니다. 예수님이 그렇게 말씀하신 이유는 그 사람의 죄를 다 아셨기 때문입니다. 그리고 예수님이 그 사람의 죄를 용서하셨을 때, 그곳에 있던 바리새인들은 자신들의 기준대로 예수님을 의심했습니다. 그들은 예수님이 죄를 용서할 능력이나 권세를 가지고 있다고 생각하지 않았습니다. 예수님은 그들이 그분을 믿지 않고 부정적인 생각을 하고 있다는 사실을 이미 아셨습니다.

예수님이 중풍 병자의 죄를 아시고 바리새인들의 마음을 읽었다면, 그분은 우리의 죄와 생각도 아십니다. 우리는 다른 사람들에게는 죄를 숨길 수 있을지도 모릅니다. 그러나 하나님께는 절대로 그렇게 할 수 없습니다.

🗨 이야기하기

예수님은 어떻게 종교지도자들의 생각을 아셨나요? 누가 그분께 말해 주었나요?
(아무도 그러지 않았습니다. 그러나 예수님은 하나님이시기에 그들의 생각을 다 아셨습니다. 마찬가지로 우리의 생각도 아십니다.)

예수님은 종교지도자들에게 사람의 죄를 용서하는 것과 아픈 다리를 치료해서 걸을 수 있게 하는 것 중에서 어느 것이 더 힘들겠냐고 질문하셨습니다. 그 종교지도자들은 어느 것이 더 힘들 거로 생각했을까요?
(누구나 죄 사함을 받았다고 말할 순 있습니다. 심지어 거짓말일지라도 그렇게 할 수 있는데 그 이유는 아무도 진짜 용서받았는지 확인할 수 없기 때문입니다. 그러나 만약 우리가 중풍 병자에게 일어나 걸으라고 말한다면, 주위 사람들은 진짜 나았는지 아닌지를 쉽게 알 수 있습니다. 우리가 거짓말을 하는 거라면, 여전히 걷지 못하는 중풍 병자를 보면서 즉시 확인할 수 있습니다.)

왜 하나님께는 우리 죄를 숨길 수 없을까요?
(예수님이 종교지도자들의 생각을 아셨던 것처럼, 하나님은 우리의 모든 행동과 생각을 다 보시고 다 아십니다.)

🙏 기도하기

우리 죄를 숨기지 않고 하나님을 위해 살게 도와달라고 간구하세요.

DAY 3

♥ 예수님께 연결하기

오늘은 이번 주 성경 이야기를 복음과 연결해 보는 날입니다. 복음은 우리를 구원하신 예수님의 생명과 죽음, 그리고 부활입니다. 이번 주 성경 이야기가 어떻게 복음과 연결되는지 깊이 생각해보세요.

📖 성경 읽기 ǀ 누가복음 5:24~26절

💬 깊이 생각하기

예수님이 중풍 병자를 고치신 후에 무슨 일이 벌어졌는지 살펴보는 것은 흥미로운 일입니다. 그 병자가 고침을 받고서 하나님께 영광을 돌리며 떠났고 종교지도자들을 포함한 모든 사람은 하나님께 영광을 올려 드렸습니다. 아마도 그곳에 모여 있던 사람들은 예수님을 선지자로 생각했을 겁니다. 왜냐하면 엘리야와 같은 선지자들은 아픈 사람들을 자주 낫게 했기 때문입니다. 그들의 생각이, 틀린 것은 아니었습니다. 예수님은 하나님의 말씀을 선포하기 위해 이 땅에 오신 선지자셨습니다.

그러나 예수님은 이전에 나타난 선지자들과는 다른 분이셨습니다. 예수님은 과거의 선지자들은 할 수 없었던 매우 특별한 일을 하셨습니다: 그분은 모든 죄의 문제를 해결하시고 용서해 주셨습니다. 종교지도자들이 깨닫지 못했던 것은 예수님이 바로 하나님이라는 사실이었습니다. 예수님은 중풍 병자의 죄를 용서하실 수 있었습니다. 왜냐하면 십자가에서 돌아가심으로 모든 사람이 받아야 할 죄의 대가를 전부 감당하셨기 때문입니다. 중풍 병자가 받아야 할 징계를 대신 받으심으로, 예수님은 "너의 죄가 용서 받았다"는 말씀을 하실 능력을 얻으셨습니다.

🗣 이야기하기

종교지도자들은 왜 하나님께 영광을 돌렸나요?
(그들은 중풍 병자가 고침 받는 것을 보고 놀랐습니다. 비록 예수님이 하나님이라는 사실을 깨닫진 못했지만, 그들은 오직 하나님만이 병든 자를 고치실 수 있다는 사실을 알고 있었습니다.)

중풍 병자는 완전히 나은 후에 무엇을 했나요? (그는 하나님께 영광을 돌리며 집으로 갔습니다.)

부모님(가능하면 아버지께서)은 중풍병자가 낫고 집으로 돌아가서 그의 가족들에게 어떻게 했을지 상상해 보신 후, 퇴근할 때 자녀들에게 그렇게 연기를 해 보세요.
(이 활동은 자녀들에게 오늘 이야기를 되새겨보는 기회가 될 겁니다.)

하나님께 더 가까이 나아가려고 이번 주 어떤 노력을 했나요? (자녀들이 하나님을 만나려고 했던 노력을 기억하게 도와주세요. 성경 읽기, 기도하기, 가정 예배 등을 떠올릴 수 있습니다.)

🙏 기도하기

중풍 병자의 죄와 우리의 죄를 짊어지시고 십자가에서 돌아가신 예수님을 찬양하세요. 그리고 예수님께 더욱 가까이 나아가게 도와달라고 간구하세요.

DAY 4

♥ 기억하기

이번 주 성경 이야기를 통해서 하나님은 우리에게 무엇을 가르치시나요?

📖 성경 읽기 | 마태복음 9:1~8절

💬 깊이 생각하기

오늘 이야기는 중풍 병자를 지붕에서 내려보냈던 이야기와 매우 흡사합니다. 오늘 이야기에는 서기관들이 등장합니다. 그리고 지난번처럼 예수님은 그들의 속마음을 꿰뚫어 보셨습니다. 예수님이 "네 죄 사함을 받았느니라"고 말씀하신 이유가 바로 이것입니다. 예수님은 그렇게 말씀하시면 서기관들이 매우 불쾌하게 여길 거라는 사실을 아셨습니다. 그들이 생각하기에 예수님은 신성 모독적인 발언을 하고 있었습니다. 이 말은 매우 중요한 단어인데 서기관들이 보기에 예수님은 하나님을 경시하고 마치 자신이 하나님인 것처럼 행동하고 있었습니다. 그들에게는 오직 하나님만이 하실 수 있는 죄 사함을 예수라는 평범해 보이는 사람이 마치 자기가 하나님인 것처럼 선포하는 것이 매우 못마땅했고 충분히 분개할 만한 일이었습니다. 그러나 서기관들은 예수님이 하나님이라는 사실을 꿈에도 상상하지 못했습니다. 그들은 또한 예수님이 그 중풍 병자와 그리스도를 믿는 모든 사람의 죄를 대신해서 십자가에서 돌아가실 거라는 사실도 전혀 몰랐습니다. 예수님이 그렇게 하셨기 때문에 모든 죄는 다 용서받게 되었습니다.

🗣 이야기하기

부모님은 처음 예수님이 나의 죄를 용서해 주셨다는 사실을 깨달았을 때, 어떤 느낌이 들었는지 얘기해 주세요.
(이 질문은 자녀들에게 구원 간증을 할 좋은 기회입니다. 혹시 이전에 자녀들에게 얘기해 준 적이 있을지라도, 다시 한번 나눠주세요.)

서기관들은 왜 예수님이 하나님의 신성을 모독하고 있다고 생각했나요? (그들은 죄 사함은 오직 하나님만이 하실 수 있는 영역이라고 생각했습니다. 그래서 하나님이 아닌 누군가가, 그것도 평범한 사람이 그런 일을 한다는 것은 명백한 잘못이었습니다. 그런데 그들이 몰랐던 한 가지는 바로 예수님이 하나님이라는 사실이었습니다.)

오늘 이야기에서 사람을 낮게 하는 것 말고, 예수님이 하나님이라는 사실을 증명하는 또 다른 사건은 무엇인가요?
(예수님은 병자를 고치심으로 눈먼 자를 보게 하고 다리를 저는 자를 걷게 하겠다는 예언을 성취하셨습니다. 심지어 죽은 자들을 살리셨습니다. 또한 자연을 다스리고 통치하십니다.)

🙏 기도하기

예수님은 평범한 스승이 아니라 하나님이심을 믿게 해 달라고 기도하세요.

DAY 5

♥ 발견하기

오늘은 다른 성경 본문을 보는 날입니다. 시편이나 예언서에서 예수님 혹은 우리의 구원에 대해 배울 수 있습니다.

📖 성경 읽기 | 시편 119:97∼104절

💬 깊이 생각하기

혹시 시편 119편을 다 읽어보았다면, 이 시편은 하나님의 말씀을 주제로 한 긴 찬양의 시라는 사실을 발견했을 겁니다. 이 시편이 말하는 대로 하려면, 우리는 모든 시간을 드려서 전적으로 하나님의 말씀을 사랑해야 할 겁니다. 우리는 하나님의 말씀을 평생토록 완벽하게 사랑해야 한다는 걸 알고 있습니다. 그러나 우리의 죄 때문에 그것은 언제나 실패합니다. 평생 하나님의 말씀을 온전히 사랑한 유일한 사람이 있는데, 그분이 바로 예수님입니다. 예수님은 하나님의 율법을 준수한 유일한 사람이고 단 한 번도 죄를 지은 적이 없었습니다. 오직 예수님만이 하나님의 말씀을 주야로 묵상하셨습니다. 그리고 그 모든 하나님의 말씀에 순종하신 분이었습니다. 가장 놀라운 것은 예수님이 우리 대신에 완벽한 삶을 사셨다는 사실입니다. 우리는 모두 하나님의 말씀을 온전히 사랑하려고 노력해야만 합니다. 하지만 우리는 넘어질 수밖에 없습니다. 그때 즉시 예수님을 바라봐야 합니다. 그분은 우리를 위해서 완벽한 삶을 살아내셨습니다.

《💬 이야기하기

오늘 읽은 시편 119편에서 말씀을 완벽하게 따르고 지킬 수 있었던 유일한 사람은 누구인가요?
(예수님만이 이 모든 말씀을 완전히 따르셨습니다.)

예수님은 하나님의 말씀을 얼마나 사랑하셨는지를 어떻게 보여 주셨나요?
(예수님은 단 한 번도 죄를 짓지 않으셨고 율법을 완벽히 지키셨습니다. 성전에서 말씀을 읽으셨고, 하나님의 율법을 가르치셨습니다. 예수님은 사탄의 시험을 말씀으로 물리치셨습니다.)

하나님은 우리에게 왜 이 시편을 주셨을까요?
(자녀들이 스스로 생각하게 도와주세요. 하나님의 말씀을 어떻게 제대로 사랑할 수 있는지 읽는 것으로, 그 말씀을 사랑하는 방법을 배우고 성장할 수 있습니다.)

🙏 기도하기

하나님의 말씀을 완벽하게 사랑하신 예수님처럼 살게 해 달라고 기도하세요.

산상수훈 – 팔복

The Sermon on the Mount – The Beatitudes

이야기 91 – 컬러 스토리 바이블

같은 종류의 과자 두 봉지를 준비하는데 하나는 짭짤한 맛이 나는 것으로, 나머지 하나는 그렇지 않은 것으로 해 주세요. (달걀, 팝콘, 프렌치프라이 등 다른 간식으로 대체해도 됩니다.) 아무 맛이 없는 걸 먼저 나눠주세요. 그리고 맛이 어떤지, 더 먹고 싶은지 느낌을 말해달라고 요청하세요. 그런 다음에 짭짤한 맛이 나는 것을 주고 맛이 어떻게 다른지 설명해 보라고 얘기하세요. 한 번 더 반복해 주세요. 그러고 나서 짭짤한 맛을 내는 소금은 음식을 훨씬 더 맛있게 해 준다고 설명해 주세요. 하나님은 그리스도인들을 세상의 소금으로 부르셨습니다. 이렇게 말해 주세요. "이번 주 우리는 팔복에 대해서, 그리고 예수님을 위해 살면서 어떻게 주위 사람들의 삶에 영향을 미칠 수 있는지 배우게 될 거란다."

DAY 1

♥ 상상하기

아빠 회사의 사장님이 특별히 프로야구 경기를 아주 편하게 관전할 수 있는 최고급 좌석인 클럽 박스 티켓을 가족 수만큼 주었다고 가정해 봅시다.(미국 프로야구(MLB)는 입장권이 비쌉니다. 그러나 저변이 넓어서 인기가 많습니다. 하지만 우리나라의 경우는 조금 다릅니다. 특히, 자녀들이 그것에 별로 관심을 보이지 않을 수 있습니다. 그럴 경우, 자녀들의 선호도와 관심사에 맞게 내용을 변경하는 것이 더욱 효과적일 겁니다.)

보통은 야구 경기를 관람할 때 가장 저렴한 좌석의 티켓을 구하려고 합니다. 그런 좌석은 주로 외야석이거나 가장 높은 층에 있습니다. 그리고 간식도 자기 돈으로 사서 먹거나 집에서 준비해 가야 합니다. 그러나 클럽 박스 티켓은 최고의 서비스를 제공하는 데 야구 관전에 필요한 모든 것이 다 무료로 제공됩니다.

경기장에 도착하면, 우선 경기장과 아주 가까운 지정된 주차장에 무료로 주차를 합니다. 모든 경기장 안내 직원들이 웃으며 환영해 주고 관람에 필요한 것들을 무료로 제공합니다. 게다가 원하는 음료와 간식, 그리고 식사까지도 서비스로 받습니다. 이런 최고의 환경에서 무엇보다도 가장 큰 즐거움을 주는 것은 응원하는 팀이 경기에서 노히트노런(단 한 개의 안타도 내주지 않고 무실점으로 승리하는 게임)으로 승리하는 것입니다. 심지어 매회 홈런으로 득점을 올리면서! 투수의 첫 투구부터 마지막까지 매 순간이 즐거움이고 기억할 만한 이벤트가 됩니다.

몇 가지 점에서 이런 경험은 천국과 비슷합니다. 오늘 성경 구절은 천국에 대해서 말합니다. 천국에서는 나중 된 사람들이 처음이 될 것입니다. 가난한 사람들이 부유해질 겁니다. 그리고 병들고 약한 사람들이 강해질 것입니다!

📖 성경 읽기 | 마태복음 5:1~12절

💬 깊이 생각하기

오늘 성경에서 말하는 팔복은 두 부분으로 나뉩니다. 첫 번째 부분은 이 땅에서의 삶에 대한 것이고 두 번째 부분은 하나님의 왕국에서 누리는 삶을 말합니다. 만약 우리가 두 번째 부분에 해당하는 구절들만 모아본다면, 우리는 천국에서 예수님과 함께 사는 삶이 어떨지, 그리고 그분의 왕국을 즐기는 삶이 어떨지 머릿속에 그려 볼 수 있습니다. 천국에서 우리는 위로를 받고 땅을 기업으로 받으며, 만족하고 긍휼히 여김을 받을 것입니다. 그리고 하나님을 볼 것입니다. 우리는 하나님의 아들이라 일컬음을 받을 것이고 큰 보상을 받게 될 것입니다. 이것들이 우리가 고대하고 바랄 것들입니다.

우리는 천국에 들어가려면 능력을 발휘하고 자신감 있게 최선을 다해서 일해야 할 거로 생각할 수도 있습니다. 그러나 예수님의 가르침은 달랐습니다. 성경을 보면 알 수 있듯이, 우리는 너무나 약하고 가난한 영혼을 소유하고 있으며, 우리의 힘과 노력, 선행으로는 도저히 천국에 이를 수 없습니다. 그 누구도 불가능합니다. 그것은 오로지 예수님을 믿음으로 가능하고 우리가 있어야 할 자리인 십자가에서 예수님이 대신 이루신 일을 통해서만 이뤄집니다.

🗣 이야기하기

오늘 읽은 팔복 가운데 기억나는 것 하나를 가족들에게 말해 줄 수 있나요?
(자녀들이 팔복을 기억하는지 살펴보세요. 만약 어려워하거나 대답하지 못한다면, 각 팔복의 앞부분만 읽어주고 뒷부분은 스스로 생각하게 도와주세요.)

천국은 어떤 곳인가요?
(자녀들이 팔복의 뒷부분을 기억해 낼 수 있는지 살펴보세요. 오늘 성경 구절은 예수님이 하신 말씀입니다. 천국은 각 팔복의 뒷부분에 해당되는 내용을 연결해 보면 어떤 곳일지 상상할 수 있습니다.)

예수님은 박해를 받는 사람들이 있을 거라고 말씀하셨습니다. '박해받는다' 는 말은 무슨 뜻인가요?
('박해받는다' 는 말은 어떤 사람들이 자신들의 믿음이나 신념 때문에 함부로 취급당하고 위협과 공격을 당하는 것을 의미합니다. 그리스도인들은 예수님을 믿는다는 이유로 그런 취급을 받았습니다. 그들은 폭행을 당하거나 심지어는 신앙 때문에 죽임을 당했습니다. 예수님은 만약 이 땅에서 믿음 때문에 박해를 받는다면, 천국에서 보상받게 될 것[10절]이라고 하셨습니다.)

🙏 기도하기

천국에 가기 위해서 나 자신이 아니라 예수님을 믿게 도와달라고 하나님께 간구하세요.

DAY 2

♥ 기억하기

어제 이야기 중에서 무엇을 기억하나요? 오늘은 어떤 이야기가 있을 것으로 생각하나요?

📖 성경 읽기 | 마태복음 5:13~16절

💬 깊이 생각하기

똑같은 군복을 입고 있는 군인들 안에서 누군가를 분간해 내는 것은 어려운 일입니다. 왜냐하면 전부 비슷해 보이기 때문입니다. 그러나 만약 어떤 한 군인이 모두 초록색 군복을 입고 있는데 혼자만 흰색 군복을 입고 있다면 어떨까요? 그 군인은 쉽게 눈에 띌 겁니다. 오늘 성경 구절에서, 예수님이 말씀하시길 그리스도인들은 삶의 방식 때문에 구별되고 다르게 보일 거라고 하셨습니다. 모든 사람이 불친절할 때에도, 그리스도인들은 친절하게 행동합니다. 모든 사람이 자기중심적으로 살아갈 때도, 그리스도인들은 다른 사람들을 섬기려 합니다. 예수님이 사셨던 것처럼 살아가려고 하므로, 그리스도인들은 그분의 빛을 다른 사람들에게 비춥니다.

사람들이 그런 다른 삶을 알아보고 그 이유를 물을 때, 우리의 대답은 예수님일 수밖에 없습니다. 예수님은 그것을 소금과 같다고 말씀하셨습니다. 우리는 소금으로 음식의 맛을 냅니다. 파티에 낼 음식으로 감자칩을 만들었는데 일부만 소금 양념을 하고 나머지는 그렇게 하지 않았다면, 사람들은 양념 된 감자 칩이 더 맛있다는 걸 금세 알아차릴 겁니다. 그들은 나머지 감자 칩에도 양념을 해 달라고 요청할 겁니다. 마찬가지로, 우리가 다른 사람들을 예수님의 사랑으로 섬긴다면, 그 사람들은 우리 곁에 모일 겁니다. 그리고 무엇 때문에 우리가 그런 삶을 살게 되었는지 궁금해할 겁니다. 바로 그 순간이 우리가 예수님을 증거할 때입니다.

🗨 이야기하기

다른 사람들이 알아차릴 수 있도록 우리 안에서 우리를 빛나게 하시는 그 빛은 누구인가요?
(예수님이 바로 우리를 빛나게 하시는 분이십니다.)

그 빛을 빛나게 하기 위해서 우리는 무엇을 할 수 있나요? (첫 날에 했던 팔복의 내용을 살펴보면, 무엇을 해야 할지 알 수 있습니다. 우리는 겸손하고 온유하며, 화평하고 의를 향한 목마름을 가질 수 있습니다. 우리가 죄로 가득한 이 세상에서 이렇게 살면, 사람들은 알아차릴 겁니다. 그러면 우리는 예수님을 전할 수 있습니다.)

이번 주에 우리가 했던 선한 행동은 무엇이 있었는지 생각해 보세요. 그것을 통해 우리 안에 계신 예수님의 빛과 하나님의 영광이 드러났을까요? (자녀들이 자신들의 행동을 돌아보고 우선 가족들에게 빛을 비추었는지 생각해 보게 도와주세요. 자녀들이 서로 친절하게 대하고 부모님을 존경하는 태도를 보였을 때 그들은 예수님의 빛을 비춘 겁니다. 우리 가족이 서로 사랑하는 모습을 주변 사람들이 볼 때, 그들은 도대체 뭐가 다르지 하면서 궁금해 할 겁니다. 그 순간이 바로 우리 가족이 예수님을 증거할 기회입니다.)

🙏 기도하기

우리가 가족 안에서 예수님의 빛으로 살게 해 달라고 간구하세요.

DAY 3

♥ 예수님께 연결하기

오늘은 이번 주 성경 이야기를 복음과 연결해 보는 날입니다. 복음은 우리를 구원하신 예수님의 생명과 죽음, 그리고 부활입니다. 이번 주 성경 이야기가 어떻게 복음과 연결되는지 깊이 생각해보세요.

📕 성경 읽기 | 마태복음 5:17~20절

💬 깊이 생각하기

스스로 평가하기에 나는 얼마나 괜찮은 사람인가요? 만약 자신에게 10점 만점으로 점수를 매긴다면, 1~10점 중에 몇 점이나 줄 수 있나요? 아주 극소수의 사람만이 자신에게 10점 만점을 줄 겁니다. 어쩌면 우리 대부분은 스스로 나름 괜찮은 점수(7~8점)를 줄지도 모릅니다.

예수님 시대의 종교지도자들이었던 서기관과 바리새인들이 그랬습니다. 그들은 자신을 꽤 선하고 옳은 사람이라고 여겼습니다. 왜냐하면 그들은 선행을 많이 했기 때문입니다. 그러나 예수님은 그들에게 경고하시면서 천국에 갈 만큼 충분히 선하지 않다고 말씀하셨습니다. 예수님은 만약 천국에 가기를 원한다면 서기관이나 바리새인들보다 훨씬 더 의로워야 한다고 말씀하셨습니다. 비록 바리새인들이 겉으로는 율법을 완벽히 지킨 것 같았지만, 그들의 마음은 여전히 죄로 가득했고, 죄에서 그들을 구원하실 예수님이 필요했습니다. 하지만 안타깝게도 그들 대다수가 자신들은 매우 선하기 때문에 굳이 구원자이신 예수님이 필요하다고 생각하지 않았습니다.

💭 이야기하기

바리새인들은 율법을 얼마나 잘 지켰나요?
(바리새인들은 겉으로는 율법을 잘 지켰습니다. 그러나 마음속에는 여전히 죄의 문제가 가득했습니다.)

바리새인들은 왜 천국에 갈 수 없었을까요? (바리새인들은 율법을 지켰지만, 여전히 죄의 문제에 빠져 있었습니다. 천국에 가려면 겉과 속이 모두 완전해야만 했습니다.)

하나님의 율법을 완벽히 지키고, 단 한 번도 어긴 적이 없는 분은 누구신가요? (그분은 바로 예수님입니다.)

우리는 어떻게 천국에 갈 수 있나요? (예수님이 우리 대신에 완전한 삶을 사셨습니다. 우리가 예수님을 믿을 때, 예수님은 우리의 죄를 가져가시고 대신에 그분의 완전한 순종과 의로움을 우리에게 주십니다. 우리는 자신을 의지해서가 아니라 예수님이 하신 일을 의지해서 천국에 갑니다.)

🙏 기도하기

우리를 위해서 완전히 의로운 삶을 사신 예수님께 감사하세요. 그래서 우리도 바리새인들의 선행과는 비교할 수도 없는 고귀한 의로움을 가지게 되었습니다.

DAY 4

♥ 기억하기

이번 주 성경 이야기를 통해서 하나님은 우리에게 무엇을 가르치시나요?

📖 성경 읽기 ┃ 마태복음 5:21~26절

💬 깊이 생각하기

예수님은 서기관과 바리새인들도 자신들이 죄인이라는 사실을 깨닫게 해야만 한다는 사실을 아셨습니다. 왜냐하면 그들은 겉으로 계명을 지키면 하나님처럼 완벽하다고 생각했기 때문입니다. 예수님은 비록 사람을 실제로 죽이지는 않을지라도, 마음으로 분노하고 공격하면 그것만으로도 이미 죄를 지은 것이라는 사실을 아셨습니다. 그래서 예수님은 사람들에게 누군가를 향해서 분노의 마음을 가졌다면 그것만으로도 하나님의 명령을 어기고, 마음에서 살인을 저지른 것이라고 말씀하셨습니다.

예수님은 종교지도자들에게 그 누구도 하나님의 계명을 완벽하게 따를 수 없다는 것을 가르치기 원하셨습니다. 마음속으로도 전혀 죄를 짓지 않아야 율법을 완벽히 지키는 것이라는 사실을 안다면, 우리는 어떤 사람도 그것을 성취하기가 불가능하다는 것을 깨달을 겁니다. 진정한 예수님의 제자는 아무리 선행을 베풀고 능력을 발휘해도 결코 의로워질 수 없다는 것을 인정합니다. 그래서 우리 대신에 완전한 삶을 살아내심으로 선한 일을 이루신 예수님을 믿습니다. 그리고 예수님은 우리가 믿을 때 우리에게 그분의 의로움을 주십니다.

🗣 이야기하기

부모님은 마음속으로 분노를 품고 죄를 지었던 경험을 자녀들에게 얘기해 주세요.

(이 질문은 부모님도 똑같은 죄인이고 예수님이 필요한 존재라는 사실을 이해하는 데 도움을 줍니다. 자녀 앞에서 부모님 자신의 죄를 고백하고 예수님이 필요하다는 사실을 인정함으로써, 자녀들에게 자신들도 부모님들처럼 죄를 고백하고 예수님이 필요한 존재라는 사실을 깨닫고 받아들이게 하는 좋은 기회가 될 겁니다. 우리는 모두 분노의 죄를 지었습니다. 우리 스스로는 절대 하나님의 율법을 지킬 수 없습니다. 우리의 유일한 희망은 예수님인데 그분은 우리 대신에 하나님의 모든 율법을 지키셨습니다. 우리가 예수님을 믿고 신뢰할 때 우리에게 그분의 완전한 순종, 완전한 의로움을 주십니다.)

우리는 언제 화를 내고 죄를 짓는지 생각해보세요.

(자녀들이 스스로 생각해 보게 도와주세요. 우리는 모두 하나님의 명령을 어긴 죄인이라는 사실을 깨닫는 것이 중요합니다.)

✍ 기도하기

우리의 분노의 죄를 하나님께 고백하고 용서를 구하세요. 그리고 하나님의 모든 율법을 완전하게 지키신 예수님을 믿게 해 달라고 기도하세요.

DAY 5

♥ 발견하기

오늘은 다른 성경 본문을 보는 날입니다. 시편이나 예언서에서 예수님 혹은 우리의 구원에 대해 배울 수 있습니다.

✝ 성경 읽기 | 이사야 55:1∼13절

💬 깊이 생각하기

귀신이 쫓겨나기 전에 예수님을 누구라고 했는지 기억하나요? (기억나지 않으면, 누가복음 4:34절을 읽으세요.) 그렇습니다. 귀신은 예수님을 하나님의 거룩한 자라고 했습니다. 오늘 말씀에서, 이사야는 이스라엘의 거룩한 자에 대해서 전하고 있는데(5절) 바로 예수님을 말하는 것입니다. 이사야는 굶주리고 목마른 사람들이 이스라엘의 거룩하신 이로 말미암아 만족하는 날이 올 거라고 말했습니다. 예수님은 "나는 생명의 떡이니 내게 오는 자는 결코 주리지 아니할 터이요 나를 믿는 자는 영원히 목마르지 아니하리라"(요 6:35절)고 하셨습니다.

🗣 이야기하기

이사야는 하나님이 먹을 것과 마실 것을 아무런 대가 없이 주실 거라고 약속했습니다. 이사야가 말한 먹을 것과 마실 것은 무엇인가요? 음료수나 햄버거, 아니면 다른 음식인가요?
(이사야는 우리가 매일 먹는 음식을 말한 게 아니었습니다. 그가 말하는 음식은 하나님을 향한 굶주림과 목마름을 가진 사람들을 위한 음식입니다.)

하나님 아버지는 그분을 향한 굶주림과 목마름을 가진 사람들을 위해서 누구를 보내셨나요?
(하나님은 예수님을 보내셨습니다. 그래서 예수님을 믿는 모든 사람은 언제나 성령으로 충만하고, 다시는 하나님을 향한 굶주림과 목마름으로 죽임을 당하지 않을 겁니다.)

"너희는 여호와를 만날 만한 때에 찾으라 가까이 계실 때에 그를 부르라" 이 구절(6절)로 이사야가 전하고 싶었던 것은 무엇일까요?
(언제든지 우리는 하나님에 대해서 배우고 그분의 말씀을 듣습니다. 주님은 가까이에 계시고 우리에게 믿을 기회를 주십니다. 하나님을 거부하거나 그분에게서 돌아서는 대신에, 그분을 믿고 우리의 삶을 드려야 합니다. 우리에게 또다시 기회가 올 거라고 확신할 수 없습니다.)

🙏 기도하기

내일까지 기다리는 것이 아니라 바로 오늘 하나님을 믿게 도와달라고 기도하세요.

산상수훈 – 원수를 사랑하라
The Sermon on the Mount – Love Your Enemies

이야기 92 – 컬러 스토리 바이블

다음 12개의 단어를 서로 다른 종이에 굵은 사인펜이나 마커 펜으로 적어보세요. 화, 미움, 분노, 상처, 공격, 속임수, 거짓말, 도둑질, 무례, 조롱, 배신 그리고 강도질. 그런 다음 각각의 종이를 구겨서 공처럼 만드세요. 아이들을 한자리에 모은 후에, 이제부터 종이 눈싸움을 하겠다고 말하세요. 두 팀으로 나누고 각 팀에 6개의 종이 뭉치를 주겠다고 설명해 주세요. 이 게임 방법은 제한 시간 내에 상대편 진영에 종이 뭉치를 많이 두는 것입니다. 스톱워치를 사용하세요. 이제 시작을 알리면 두 팀은 상대 팀 진영에 종이 뭉치를 던지면 됩니다. 가능한 한 빨리 우리 진영에 떨어진 종이 뭉치를 상대편 진영에 던져야 승리할 수 있습니다.

시작과 동시에 타이머를 작동시키세요. 1분 후에 게임을 멈추고 첫 라운드를 마무리하세요. 자기 진영에 종이 뭉치가 적게 떨어진 팀이 승자입니다. 3전 2선승제로 게임을 진행하세요. 자녀들만으로 두 팀이 구성이 안 되면 부모님도 참여하세요. 게임이 다 끝나고 구겨 놓았던 종이를 펴서 지금까지 신나게 던졌던 종이 뭉치에 무엇이 적혀 있었는지 자녀들에게 보여주세요. 방금 우리가 나쁜 말들이 적혀 있던 종이 뭉치를 상대편에게 던졌던 것처럼 우리는 서로에게 죄를 지을 수 있다고 설명해 주세요. 그렇게 행동할 때, 우리는 서로서로 원수 대하듯 하는 겁니다. "이번 주 우리를 원수 대하듯 하는 사람들에게 어떻게 반응해야 하는지 배우게 될 거란다." 라고 얘기해 주세요.

DAY 1

♥ 상상하기

'원수' 라는 말을 들으면, 어떤 생각이 드나요? 흔히 '원수' 라는 말은 적군, 강도나 도둑, 아니면 칼이나 총을 들고서 공격해 오는 사람들을 떠올리게 하는 무섭고 강력한 말입니다. 그런데 우리는 종종 서로에게 원수처럼 행동하기도 합니다. 불친절하게 대하고, 이름을 함부로 부르며, 꼬집고 밀고 잡아당기고 심하게는 때리기까지 합니다. 왜냐하면 바로 그 순간 우리는 서로에게 원수가 되기 때문입니다. 누군가에게 이런 원수가 된 적이 있나요? 오늘 성경에서, 예수님은 우리를 원수처럼 대하는 사람들에게 우리가 어떻게 행동해야 할지를 가르치십니다. 그 놀라운 방법은 무엇일까요?

📖 성경 읽기 | 마태복음 5:38~42절

💬 깊이 생각하기

하나님은 모세가 악행에 대해 합당한 징계를 내리는 데 도움을 주시려고 "눈에는 눈, 이에는 이"라는 법을 가르치셨습니다. 그것은 사람들 사이에서 복수가 일어나는 것을 막는 최고의 방법이었습니다. 그러나 예수님 시대의 사람들은 그것을 주로 그들에게 죄지은 사람들에게 똑같이 갚아주는 방법으로 사용했습니다. 그래서 만약 누군가가 나를 때렸을 때, 내가 그 사람을 똑같이 때려도 하나님은 허락해 주실 거로 생각했습니다. 누군가 내 염소를 훔쳤으면, 훔쳐 간 그대로 다시 빼앗거나 훔쳐 오면 되는 것이었습니다.

그런데 예수님은 다른 방법을 가르치셨습니다. 예수님이 말씀하시길 만약 어떤 사람이 뺨을 때리고 모욕을 주더라도, 똑같이 갚아서는 안 된다고 하셨습니다. 누군가 재판을 통해서 내 소유를 가지려고 한다면, 분노하면서 복수하기 보다는 오히려 요구하는 것 이상을 내어주는 게 낫다고 하셨습니다. 예수님은 이렇게 사셨습니다. 유대인들이 예수님을 체포하고 십자가에 그분을 못 박았을 때, 그들에게 어떤 대응도 하지 않으셨습니다. 대신에, 그분은 하늘 아버지께 그들을 용서해 달라고 구하셨습니다(눅 23:34절).

원수를 사랑하는 것은 정말로 어렵습니다. 그러나 예수님은 성령님을 보내셔서 우리를 도우십니다. 예수님은 성령님을 우리의 "보혜사"라고 했습니다(요 14:16절). 하나님은 성령님을 보내셔서 예수님을 믿는 모든 사람 마음속에 살게 하시고 죄에서 돌이키게 하십니다. 성령님 때문에 우리는 무엇인가 잘못되었을 때 그것을 알 수 있고, 우리에게 진리를 가르치시는 하나님의 말씀을 기억하게 됩니다. 그리고 그 말씀에 순종하게 됩니다. 우리가 예수님을 믿는다면, 성령님은 우리를 도와주시려고 그곳에 계십니다. 그리고 우리가 원수를 사랑하게 분명히 도와주십니다.

🗨 이야기하기

'복수'는 무슨 뜻인가요? (우리를 해롭게 하거나 다치게 한 사람에게 갚는 게 복수입니다. 예를 들면, 어떤 사람이 나를 때렸을 때, 나도 그 사람을 때리는 것이 복수하는 것입니다.)

만약 누군가 우리를 때린다면, 우리는 어떻게 하는 게 좋을까요? (성경은 우리에게 용서해야 한다고 가르칩니다. 왜냐하면 예수님이 그렇게 하셨기 때문입니다. 우리를 때린 사람에게 똑같이 하는 것은 잘못된 행동입니다.)

예수님은 우리가 원수를 사랑할 수 있게 누구를 보내셨나요?
(예수님은 모든 믿는 사람들에게 성령님을 보내주셨습니다. 성령님 때문에 우리는 예수님이 어떻게 사셨는지를 기억하고 원수를 사랑하라는 예수님의 가르침을 따를 수 있습니다.)

🙏 기도하기

우리에게 죄지은 사람들을 용서하고 그들에게 복수하지 않게 도와달라고 하나님께 기도하세요.

DAY 2

♥ 기억하기

어제 이야기 중에서 무엇을 기억하나요? 오늘은 어떤 이야기가 있을 것으로 생각하나요?

✝ 성경 읽기 | 마태복음 5:43~47절

💬 깊이 생각하기

만약 어떤 친구가 껌 한 통을 가지고 있다가 거기서 한 개를 나눠준다면, 나도 나중에 껌이 생겼을 때 그 친구에게 다시 나눠주려고 할 겁니다. 그런데 그 친구가 너한테는 줄 게 없다고 하면서 다른 친구들에게만 준다면, 어떨까요? 그 친구에게 가진 것을 나눠주기는 매우 어렵지 않을까요? 오늘 본문에서, 예수님은 우리를 사랑하는 사람을 사랑하기는 쉽다고 말씀하셨습니다. 그러나 우리는 우리를 적대시하고 괴롭히는 사람들까지도 사랑해야 합니다. 구약 성경에서 하나님은 이스라엘 백성에게 이웃을 나 자신과 같이 사랑하라고 말씀하셨습니다(레 19:18절). 그러나 오늘 성경 말씀에서 예수님은 원수까지도 사랑해야만 한다고 가르치셨습니다.

🗨 이야기하기

예수님은 우리에게 누구를 사랑해야 한다고 가르치셨나요?
(우리의 이웃과 우리를 사랑하는 사람들을 사랑하는 것은 당연합니다. 그러나 우리는 원수까지도 사랑하고 우리를 함부로 대하거나 거칠게 취급하는 사람들도 사랑해야 합니다.)

성경이 말하기를 우리의 죄 때문에 우리는 모두 죄인이고 하나님의 원수였습니다(롬 5:10절). 우리가 아직 원수였을 때에 예수님은 그분의 사랑을 보이시려고 우리에게 무엇을 해 주셨나요?
(예수님은 우리가 아직 원수였으나 우리를 대신해서 십자가에 오르시고 죽임을 당하셨습니다.)

원수를 사랑하라는 예수님의 가르침을 따르기 위해 이번 주에 우리는 무엇을 할 수 있을까요?
(우리 주변에는 원수가 없다고 생각할지도 모릅니다. 그러나 형제자매들, 친구들도 서로를 함부로 대할 때 원수가 될 수 있습니다. 이런 상황에서 하나님이 원하시는 것은 우리에게 해를 가하는 사람들을 사랑하는 것입니다. 화를 내고 분노로 갚기 보다는, 그 사람들을 사랑하고 용서하려고 해야 합니다. 그렇게 살려면, 우리는 성령님의 도움이 필요합니다.)

🤲 기도하기

친구와 가족이 설령 우리에게 죄를 짓더라도 사랑으로 대할 수 있게 도와달라고 하나님께 간구하세요.

DAY 3

♥ 예수님께 연결하기

오늘은 이번 주 성경 이야기를 복음과 연결해 보는 날입니다. 복음은 우리를 구원하신 예수님의 생명과 죽음, 그리고 부활입니다. 이번 주 성경 이야기가 어떻게 복음과 연결되는지 깊이 생각해보세요.

📖 성경 읽기 | 로마서 5:9~10절

💬 깊이 생각하기

오늘 성경 구절은 예수님이 십자가에서 돌아가시기 전에는 우리가 모두 하나님의 원수였다고 말합니다. 우리는 죄를 지었고, 하나님의 말씀에 불순종했기 때문에 하나님의 원수였습니다. 죄는 악하고 완전히 선하신 하나님께 대항합니다. 그래서 하나님은 모든 죄를 반드시 멸하셔야만 합니다. 우리가 죄를 지을 때, 하나님의 원수가 됩니다. 하나님은 완전히 선하셔서 모든 죄에 대해서 진노를 쏟아야만 합니다. 그 진노는 우리를 포함한 죄를 짓는 모든 사람을 향한 것입니다. 그러나 하나님은 우리를 사랑하셔서 그 죄의 대가를 우리가 감당하게 하지 않으시고, 외아들이신 예수님이 대신 짊어지게 하셨습니다. 죄에 대한 하나님의 진노를 예수님께 전부 쏟아부으셨고, 더 이상 우리가 감당할 죄가 남아 있지 않았습니다.

만약 우리가 예수님이 이루신 일을 믿고 죄에서 돌이킨다면, 하나님은 우리를 용서해 주시고 성령님을 보내셔서 우리가 하나님을 위해 살 수 있게 도우십니다. 그렇게 될 때, 우리는 하나님의 원수에서 하나님의 자녀로 신분이 바뀝니다. 즉, 하나님의 가족이 되는 것입니다. 대신 죽기까지 하나님이 우리를 얼마나 사랑하셨는지를 기억할 때, 우리를 원수처럼 대하는 사람들까지도 사랑할 수 있습니다.

💭 이야기하기

하나님은 왜 죄에 대해서 진노하시나요?
(죄는 악하고 선하신 하나님께 대항합니다. 하나님은 선하시기에 모든 죄를 멸하셔야만 합니다.)

우리 모두는 왜 하나님의 원수인가요?
(하나님은 모든 죄와 악을 멸하셔야만 하므로 죄인인 우리는 모두 하나님의 원수입니다.)

우리가 하나님의 원수라면, 어떻게 구원받을 수 있나요?
(우리가 죄인이지만 의로워지고 하나님과 화해할 수 있는 유일한 방법은 예수님을 믿는 것입니다. 그분은 우리 죄 때문에 스스로 십자가에 오르시고 돌아가셨습니다. 우리가 예수님을 믿고 그분이 우리의 죄를 해결하셨을 때, 우리는 더 이상 하나님의 원수가 아닙니다.)

🙏 기도하기

원수들이 용서받고 다시 하나님의 친구가 될 수 있게 하시려고 예수님을 보내주신 하나님을 찬양하세요.

DAY 4

♥ 기억하기

이번 주 성경 이야기를 통해서 하나님은 우리에게 무엇을 가르치시나요?

📖 성경 읽기 | 마태복음 5 : 48절

💬 깊이 생각하기

완벽한 것이 얼마나 어려운지 알고 싶다면, 종이 한 장과 연필을 준비하고, 완전한 원을 그려 보세요. 아무리 신중하게 애써서 그려도, 완전한 원을 그리는 것은 결코 쉽지 않을 겁니다. 우리의 삶도 그렇습니다. 아무리 노력해도 우리는 절대 완벽할 수 없습니다. 거짓말, 화내는 말, 엄마나 아빠를 향해 버릇없이 말하고 함부로 대하는 태도 등, 우리는 절대 완벽하지 않습니다.

그래서 우리가 완벽해야 천국에 갈 수 있다면, 과연 누가, 그리고 어떻게 천국에 갈 수 있을까요? 도저히 갈 방법이 없을 것입니다. 하지만 한 가지 방법이 있습니다. 그것은 바로 예수님입니다. 예수님은 우리 대신에 완벽한 삶을 사셨습니다. 예수님은 우리를 위해서 완전한 원을 그리신 것입니다. 우리가 예수님을 믿고 삶의 주인으로 인정할 때, 우리는 그분의 완벽한 순종을 마치 우리의 것처럼 여길 수 있습니다. 비록 우리가 실수했을지라도, 염려할 필요가 없습니다. 왜냐하면 죄의 대가로 우리가 치러야 할 징계를 예수님이 다 받으시고, 그 대신 그분의 완벽한 삶을 우리에게 주셨기 때문입니다. 우리는 예수님이 이루신 것들을 사랑해서 순종하는 것이지, 천국에 들어가는 방법을 구하려는 게 아닙니다. 정말 놀라운 것은 예수님의 죽음으로 우리가 용서를 받았다는 사실입니다 — 우리의 과거, 현재, 심지어 미래의 모든 죄까지 전부 용서 받았습니다.

🗣 이야기하기

부모님은 성령님께서 우리가 하나님께 순종할 수 있도록 어떻게 도와주시는지 얘기해 주세요.
(우리가 하나님의 말씀을 듣고 회개가 일어날 때마다 성령님이 일하십니다. 그리고 우리가 예수님을 사랑해서 하나님께 순종하기로 선택할 때마다 성령님이 우리를 도와주십니다. 성령님의 도움으로 우리가 삶에서 하나님의 뜻을 따를 수 있었던 경험을 나눠주세요.)

우리가 완벽할 수 없음에도, 우리는 왜 선하게 살려는 노력을 포기해서는 안 되나요? (우리가 자신의 힘으로만 완벽해져야 한다면, 아마도 우리는 모두 포기할 겁니다. 그러나 우리가 예수님을 믿는다면, 그분의 완전한 순종의 삶은 우리 것이 됩니다. 또한 우리가 더 순종하며 살아가게 성령님을 보내서 도와주십니다.)

예수님이 우리 대신에 살아내신 완전한 삶을 얻으려면 무엇이 필요한가요? (예수님이 우리 때문에 십자가에 오르시고 돌아가셨고, 그 죽음에서 다시 살아나셨다는 사실을 믿어야 합니다. 우리가 예수님을 믿을 때, 그분은 우리를 변화시키시고, 우리의 죄를 용서하시며 우리에게 완전한 삶을 주셔서 천국에 들어갈 수 있게 하십니다.)

🙏 기도하기

완전한 삶을 사신 예수님을 믿게 도와달라고 하나님께 간구하세요. 그리고 하나님께 순종하고 예수님의 삶을 따라 살 수 있게 우리 마음에 성령님을 보내 달라고 기도하세요.

DAY 5

♥ 발견하기

오늘은 다른 성경 본문을 보는 날입니다. 시편이나 예언서에서 예수님 혹은 우리의 구원에 대해 배울 수 있습니다.

📖 성경 읽기 | 이사야 50:5~6절

💬 깊이 생각하기

오늘 성경 말씀은 복수하지 않고, 자신을 때리고 수염을 뽑게 내어주며, 침을 뱉고 모욕을 주는 사람들에게 자신의 얼굴을 피하지 않았던 한 사람에 대해서 말하고 있습니다. 이 모습은 예수님이 체포되신 후에 당하신 것과 비슷하지 않나요? 예수님은 자신을 때리고 공격하는 사람들을 멈추게 하려고 천사들을 부를 수도 있었습니다. 그러나 그렇게 하지 않으셨습니다. 예수님은 산상수훈에서 가르치셨던 대로 하셨습니다. 그분은 보복하거나 반격을 가하지 않았습니다. 예수님이 그렇게 하지 않으신 이유는 아버지이신 하나님께서 예수님이 십자가에 올라 죽게 하심으로 원수까지도 구원하기를 원하신다는 사실을 아셨기 때문입니다. 예수님이 이 땅에 태어나기 오래전에, 하나님은 선지자 이사야를 통해서 예수님의 이 모습을 미리 알려주셨습니다.

💬 이야기하기

이사야는 예수님이 다른 사람들이 자신에게 어떻게 하게 내버려 뒀다고 말했나요?
(이사야가 말하기를 예수님은 사람들이 그분의 등을 때리고, 수염을 뽑고, 뺨을 때리며, 모욕하고 망신을 주게 내버려 두셨습니다. 필요하다면 다시 한번 말씀을 읽어주시고 정답을 찾게 되면 손을 들고 답하게 해주세요.)

예수님은 왜 반격하지 않았나요? (예수님은 자신이 십자가에 달려 죽어야만 하나님의 백성들을 죄로부터 구원할 수 있다는 사실을 아셨습니다. 그래서 그분은 사람들의 악행을 그냥 내버려 두셨습니다.)

성령님은 예수님의 모습을 통해서 우리를 적대시하고 공격하는 원수들에게 어떻게 하라고 가르치시나요?
(비록 우리가 원수였으나 예수님이 우리를 사랑하셨듯이, 우리도 기꺼이 우리의 원수인 사람들을 사랑해야 합니다. 만약 예수님이 그런 사람들을 용서하셨다면, 우리도 그렇게 해야만 합니다. 예수님이 그분을 해하고 고통을 가한 사람들에게 복수하거나 반격하지 않으셨다면, 우리도 우리에게 해를 가하는 사람들을 공격해서는 안 됩니다.)

누군가 우리를 괴롭히고 때리며 아프게 한 적이 있나요? 우리는 그들을 용서해야 하나요?
(자녀들이 형제간에 그렇게 한 적이 있었다면 서로 고백하고 용서하게 도와주세요. 이번 주, 예수님이 우리에게 하신 것처럼 자녀들이 서로를 돌보고 용서하며 사랑하는 기회를 가지게 해주세요.)

🙏 기도하기

예수님을 믿고, 원수들에게 반격하지 않고 용서하셨던 예수님처럼 행동할 수 있게 성령님으로 우리를 채워달라고 하나님께 도움을 구하세요.

주님의 기도 (주기도문)
The Lord's Prayer

이야기 93 - 컬러 스토리 바이블

자녀들이 다 모이면, 이렇게 발표하세요. "얘들아, 너희 혹시 내가 입양되었단 사실을 알고 있었니?" 만약 자녀들이 입양이 무슨 뜻인지를 잘 모른다면, 그것은 우리 부모님이 아닌 다른 부모님에게서 태어난 아기를 우리 가족의 한 사람으로 받아들이는 것이라고 설명해 주세요. 그리고 이어서 사실은 하나님의 가족으로 입양된 것이라고 말해 주세요.

"우리는 한때 하나님의 아들과 딸이 아니라 죄의 노예였지. 사도 바울은 우리가 예수님을 믿을 때 하나님의 자녀가 된다고 말했단다. 그 말은 아무나 하나님을 아버지로 부를 수 없다는 뜻이야. 사실, 예수님은 유대인들에게 그들의 아버지는 마귀라고 하셨단다(요 8:44절). 우리가 그리스도를 믿을 때, 하나님은 우리를 입양하셔서 그분의 자녀로 삼으시지. 그리고 바로 그때부터 우리는 하나님을 아버지라고 부를 수 있게 되는 거란다. 이번 주 우리는 예수님의 기도 때문에 제자들이 하나님 아버지께 기도하게 되었단 사실을 배우게 될 거야."

DAY 1

♥ 상상하기

세상 대부분의 부모들은 매일 묵묵히 가족들의 저녁 식사를 준비합니다. 그런데 이 부모들이 사람들의 관심을 끌려고 그렇게 하는 거라면 어떤 일이 벌어질지 상상해 봅시다. 아마도 지금과는 매우 다를 겁니다. 부모들은 저녁 식사 준비를 시작하기 전에 나팔을 꺼내 불면서 이렇게 말합니다. "신사 숙녀 여러분 집중해 주세요. 이제 저녁 식사를 준비하려고 합니다. 우선, 오븐의 전원을 올리겠습니다." 그 후에, 나팔을 다시 세 번 불고 발표를 합니다. "여러분, 이제 가열된 오븐에 치킨을 집어넣습니다!" 만약 우리 부모님이 식사 준비 전 과정을 이렇게 한다면 어떻겠습니까? 그리고 심지어 식사 후에 가족 모두와 하이파이브를 하면서 뛰어다닌다면, 아마도 엄마와 아빠가 자신을 너무 자랑스러워하고 잘난 척한다고 생각할지도 모르겠습니다. 물론 우리 부모님이 그렇게 하지는 않습니다. 그러나 오늘 이야기에서 예수님은 우리에게 바리새인들이 이렇게 살고 있다고 말씀하십니다. 그들은 자신들의 선행을 자랑하면서 돋보이고 싶어 했습니다.

📖 성경 읽기 | 마태복음 6:1~6절

💬 깊이 생각하기

마태복음 5:16절에서, 예수님은 우리가 사람들에게 빛을 비춰서, 그 사람들이 우리의 선한 행실을 볼 수 있게 하고 하나님께 영광을 돌리게 하라고 말씀하셨습니다. 오늘 성경 말씀에서. 예수님은 좀 다른 말씀을 가르치시는 것 같습니다. 우리의 선한 행실을 다른 사람들 앞에서 전혀 드러내지 말라고 하십니다. 예수님은 우리를 혼란스럽게 하시려는 게 아닙니다. 예수님은 그런 행동을 하려는 마음의 동기에 대해서 말씀하시는 것입니다. 하나님이 원하시는 선한 행실은 우리 자신의 영광이나 명예를 위해서가 아니라 하나님을 위해서 하는 것입니다.

바리새인처럼 외식하는 사람들, 곧 위선자들은 하나님을 경배하고 높이려고 선한 행실을 하지 않았습니다. 그들은 오로지 다른 사람들 앞에서 자신들을 잘 보이려고 그렇게 했습니다. 그들은 가난한 사람들에게 무엇인가를 적선하고, 기도하는 데 시간을 쏟는 자신들의 모습을 사람들이 본다면, 분명 자신들을 우러러보고 매우 특별한 사람으로 여길 것이라고 기대했습니다. 바리새인은 또한 자신들의 종교적인 모습을 사람들이 볼 때 자신들이 하나님을 매우 사랑하는 사람들로 인정받을 거로 생각했습니다. 이래서 예수님은 바리새인들이 자신들의 선행을 나팔 불며 사람들에게 알리고 자랑했다고 말씀하신 것입니다. 우리는 절대로 하나님을 속일 수 없습니다. 왜냐하면 하나님은 언제나 우리 마음속에서 무슨 일이 벌어지고 있는지를 다 아시기 때문입니다. 하나님은 우리가 무엇을 했는지 보다 왜 했는지에 더 관심이 많으십니다. 이번 주 남몰래 다른 사람들을 위해서 할 수 있는 선한 일들을 한 번 생각해보세요.

🗨️ 이야기하기

외식하는 사람(위선자)은 어떤 사람인가요?
(이런 사람은 속으로는 똑같은 죄인이지만 겉으로는 다른 사람들을 위해서 선행을 하는 것처럼 보이려고 합니다. 그렇게 함으로써 진짜 자신의 모습을 보지 못하게 주변 사람들을 속입니다.)

외식하는 사람들은 자신들이 가난한 사람들을 구제할 때 다른 사람들에게 그것을 알게 하려고 어떻게 했나요?
(그들은 나팔을 불면서 선한 행실을 사람들에게 알리고 자랑했습니다.)

우리는 반드시 선행을 아무도 알지 못하게 해야만 하나요?
(아니요, 굳이 일부러 감출 필요는 없습니다. 그러나 선행을 할 때 우리 자신에게 사람들의 관심을 집중시켜서는 안 됩니다. 가끔은 오직 하나님만 아시고 드러나지 않게 선행을 하는 게 더 나을 수도 있습니다.)

🙏 기도하기

나를 위해서가 아니라 하나님의 영광을 위해서 선행을 할 수 있도록 도와달라고 기도하세요.

DAY 2

♥ 기억하기

어제 이야기 중에서 무엇을 기억하나요? 오늘은 어떤 이야기가 있을 것으로 생각하나요?

📖 성경 읽기 ┃ 마태복음 6:7~13절

💬 깊이 생각하기

패스트푸드 식당에서 음식을 주문하려는데 카운터 직원이 우리가 무엇을 주문할지 이미 다 알고 있다면 어떨까요? 주문할 메뉴를 아직 말하지도 않았는데 그 직원이 하나도 틀리지 않고 다 알아맞힌다면 그건 정말 놀랄만한 일입니다. 그 직원은 절대 우리의 마음을 읽을 수 없기 때문에 우리가 원하는 것을 말하지 않는다면 절대 알 수 없습니다. 그렇기 때문에 만약 다 알고 있다면 그건 정말 믿기 힘든 일일 겁니다.

그러나 하나님은 다르십니다. 오늘 성경 말씀에서, 예수님이 말씀하시길 하나님은 우리가 기도하기 전에, 우리의 필요를 이미 다 아신다고 합니다! 그렇다고 해서 우리가 하나님께 아무것도 구할 필요가 없다는 말은 아닙니다. 우리가 하나님을 의지하고 우리의 필요를 간구할 때 하나님은 너무나 기뻐하십니다. 이미 하나님은 제자들의 필요를 다 알고 계시지만, 예수님은 그들에게 기도하라고 말씀하셨습니다. 그리고 우리가 주기도문이라고 부르는 매우 특별한 기도를 가르쳐 주셨습니다. 오늘 성경 본문은 우리가 성경을 통틀어서 반드시 기억해야 할 부분입니다.

🗣 이야기하기

우리가 구하기도 전에 우리의 필요를 아시는 분은 누구신가요? (하나님)

주기도문 가운데 암송하는 부분이 있나요?
(자녀들이 주기도문을 암송할 수 있는지 확인해 보세요. 잘 모른다면, 첫 단어를 알려주고 나머지 구절들을 말할 수 있게 도와주세요. 우리 자녀들이 주기도문을 암송하게 도와줄 좋은 방법은 칠판이나 노트에 쓰면서 소리 내어 읽게 하는 겁니다. 그리고 한 단어씩 지워가면서 그 빈칸을 자녀들이 직접 채워보게 하세요.)

우리가 하나님께 일용할 양식을 구할 때, 보통 어떻게 기도하나요? (일용할 양식을 구할 때 그저 오늘 먹을 것을 달라고만 기도하는 경우가 대부분입니다. 그러나 단순히 먹는 것만이 아니라 우리는 필요한 모든 것을 하나님께 구해야 합니다. 예를 들면, 먹을 것, 입을 것, 마실 것, 따뜻한 집 등 무엇이든지 구해도 됩니다.)

🙏 기도하기

주기도문으로 함께 기도하세요.
(자녀들이 필요한 것들을 구체적으로 기도하게 도와주세요. 그리고 자녀들이 싸우고 있는 유혹이나 시험이 있다면 그것을 고백하고 기도하게 이끌어 주세요.)

DAY 3

🖤 예수님께 연결하기

오늘은 이번 주 성경 이야기를 복음과 연결해 보는 날입니다. 복음은 우리를 구원하신 예수님의 생명과 죽음, 그리고 부활입니다. 이번 주 성경 이야기가 어떻게 복음과 연결되는지 깊이 생각해보세요.

📖 성경 읽기 | 마태복음 6:14~15절

💬 깊이 생각하기

하나님이 외아들이신 예수님을 포기하셔서 우리가 용서받았다면, 우리도 원수 된 사람들을 기꺼이 용서해야만 합니다. 예수님은 우리가 용서받게 하시려고 많은 것을 포기하셨습니다. 예수님은 천국에서 그분의 자리를 버리시고 우리와 같은 몸을 입고 이 땅에 태어나셨습니다. 우리를 용서하시려고 큰 대가를 치르셨습니다. 예수님은 우리를 용서하시기 위해서 체포되셨고 채찍질 당하셨으며 십자가에 못 박히셨습니다. 그래서 하나님은 누군가 우리를 공격하고 적대시할 때 예수님처럼 그 사람들을 대하라고 요구하십니다. 예수님이 하셨듯이 원수가 된 사람들을 기꺼이 용서하라고 말씀하십니다.

자녀들이 용서를 이해하는데 가장 좋은 방법은 도저히 갚을 수 없는 빚을 진 상황을 예시로 들어주는 것입니다. 어떤 사람에게 50만 원을 빌렸습니다. 그런데 도저히 우리 능력으로는 갚을 수가 없습니다. 그때 그 사람이 그 빚을 탕감해 주고 갚지 않아도 된다고 말해주는 것이 바로 용서입니다. 비록 우리에게 큰돈을 빌려줬지만, 그 사람은 그 돈을 잊기로 했고 손해를 보더라도 더 이상 신경 쓰지 않기로 한 것입니다. 우리에게 죄를 지은 누군가를 용서할 때, 우리는 더 이상 그들의 죄를 기억하지 않고 그들에게 당한 만큼 복수하지 않겠다고 말하는 것입니다. 하나님이 우리를 용서하시려고 행하신 모든 것을 기억함으로써 우리는 다른 사람들을 더욱 쉽게 용서할 수 있습니다.

🗣 이야기하기

하나님은 누군가 우리를 공격하고 적대시할 때 어떻게 하기를 원하시나요?
(하나님은 우리에게 그 사람들을 용서하라고 하십니다.)

우리에게 죄를 지은 누군가를 용서한다는 것은 어떤 뜻인가요? (우리에게 죄지은 사람을 용서할 때, 우리는 더 이상 그 죄를 기억하지 않고 그들이 행한 그대로 복수하지 않겠다고 말하는 것입니다.)

예수님은 우리 죄를 해결해 주시려고 어떻게 하셨나요?
(예수님은 천국에서 하나님의 아들이란 자리를 버리고 인간이 되셨습니다. 그리고 고통당하셨고, 십자가에서 돌아가심으로 우리가 용서받을 수 있게 하셨습니다. 그렇게 하심으로 우리를 하나님의 가족이 되게 하셨습니다.)

🙏 기도하기

우리를 용서하신 하나님께 감사드리고 우리가 다른 사람들을 용서할 수 있게 도와달라고 간구하세요.

DAY 4

♥ 기억하기

이번 주 성경 이야기를 통해서 하나님은 우리에게 무엇을 가르치시나요?

📖 성경 읽기 ┃ 마태복음 6:16∼18절

💬 깊이 생각하기

바리새인들은 사람들에게 잘 보이려고 선행을 했습니다. 그러나 예수님은 사람이 아니라 하나님이 보시기 때문에 그렇게 해야 한다고 가르치셨습니다. 오직 하나님만이 보실 수 있게 우리의 선행을 감추라고 말씀하신 이유가 바로 이것입니다. 만약 우리가 선행을 드러내고 과시해서 사람들의 칭찬을 이 땅에서 받는다면, 그저 사람들의 칭찬만이 우리의 보상이 될 뿐입니다. 그러나 우리가 아무도 모르게 선행을 한다면, 예수님이 약속해주신 대로 언젠가 천국에서 그 보상이 우리에게 주어질 것입니다.

🗣 이야기하기

부모님은 바리새인들처럼 사람들의 인정이나 칭찬을 위해서 선행을 했던 적이 있다면 그 경험을 자녀들에게 나눠주세요. (이 질문은 우리가 모두 다른 사람들의 칭찬과 인정을 받으려고 무엇인가를 하려는 마음을 갖기가 매우 쉬운 존재라는 사실을 자녀들에게 깨닫게 할 좋은 기회입니다. 주일에 교회에 가면서 차 안에서 다툼이 있었습니다. 그 다툼이 길어져서 교회 입구까지 이어졌습니다. 그러나 교회 안으로 들어서자마자, 다른 사람들의 눈을 의식해서 목소리가 바뀌고, 화를 숨기고, 매우 기쁜 것처럼 행동함으로써 나는 기쁨이 넘쳐나고 전혀 문제가 없는 것처럼 사람들에게 보이려 했던 때가 있었을 겁니다. 우리는 모두 하나님이 아니라 주변 사람들의 칭찬을 추구하는 순간에 갈등을 경험합니다.)

바리새인들이 사람들로부터 칭송과 인정을 받으려고 무엇을 했는지 기억하나요? (그들은 구제했고, 금식했으며, 길거리에서 기도했습니다. 그래서 사람들은 그들이 무엇을 하는지 볼 수 있었습니다.)

예수님은 만약 우리가 아무도 모르게 선행을 한다면 하나님 아버지께서 어떻게 해 주신다고 말씀하셨나요? (하나님 아버지께서 보상해 주신다고 말씀하셨습니다.)

오늘 성경 말씀에서, 예수님은 금식에 대해서 말씀하시는데 그것은 기도하고 하나님의 말씀을 읽기 위해 음식을 먹지 않는 것입니다. 우리는 왜 금식할 필요가 있나요? (우리는 너무나 쉽게 영혼의 양식인 하나님의 말씀이 얼마나 필요한지를 쉽게 잊습니다. 그러나 우리가 음식을 먹지 않는다면, 우리가 정말 나약한 존재라는 것을 금세 깨달을 겁니다. 금식 때문에 우리가 얼마나 하나님과 그분의 말씀이 필요한지를 깨닫습니다.)

🙏 기도하기

우리 모든 가족이 하나님과 개인적으로 만나서 기도할 수 있는 자신만의 장소를 찾게 기도하세요.

DAY 5

♥ 발견하기

오늘은 다른 성경 본문을 보는 날입니다. 시편이나 예언서에서 예수님 혹은 우리의 구원에 대해 배울 수 있습니다.

📖 성경 읽기 | 이사야 53:8절

💬 깊이 생각하기

이사야는 예수님의 이름을 몰랐지만, 그가 오늘 성경 말씀에서 설명하고 있는 대상은 바로 예수님이었습니다. 이사야는 우리 죄 때문에 하나님의 진노와 심판을 대신 받을 종에 대해서 기록했습니다. 오직 예수님만이 우리가 받아야 할 죄의 징계를 대신 받으실 수 있는 분입니다. 그렇기 때문에 우리는 이사야가 말하고 있는 분이 예수님이라는 사실을 알 수 있습니다. 이사야 53장에서 예수님이 어떻게 고통당하셨는지를 기록하고 있습니다. 그리고 오늘 구절에서 우리는 예수님이 체포당하시고 심판받으셨다는 사실을 알게 됩니다. "그는 내 백성의 허물 때문에 곤욕과 심문을 당하고 끌려갔으니"라는 구절을 통해서 예수님이 받으신 징계는 우리가 받아야 할 징계였다는 사실을 알게 됩니다. 그리고 그것은 모두 하나님이 우리를 죄에서 구원하시려고 세우신 계획이었습니다. 훗날, 신약 성경에서 사도 바울이 말하기를 예수님은 성경에 기록된 대로 우리 죄를 위하여 돌아가셨습니다 ― "이는 성경대로" (고전 15:3절).

《🗣 이야기하기

"허물"은 무슨 뜻인가요?
(그것은 죄의 또 다른 이름입니다.)

우리의 허물 때문에 예수님이 끌려가셨다고 기록했을 때, 이사야는 예수님의 어떤 삶을 말하는 것이었나요?
(하나님이 아들이신 예수님을 체포당하게 하신 이유는 우리 죄의 징계를 받게 하시기 위해서였습니다. 그래서 예수님은 십자가에서 죽임당하셨습니다. 예수님은 우리 대신에 그렇게 징계를 감당하셨습니다.)

예수님이 아직 태어나시기도 전에 이사야는 어떻게 그분이 우리 죄를 대신해서 돌아가실 거란 사실을 말할 수 있었나요? (하나님이 이사야에게 구원자를 보내실 계획을 알려 주셨습니다.)

🙏 기도하기

우리 죄를 해결하실 방법으로 아들이신 예수님의 죽음을 계획하신 하나님께 감사하세요.

천국의 보물
Treasure in Heaven

이야기 94 - 컬러 스토리 바이블

교회나 선교단체의 필요를 생각해 보고, 일정량의 후원금을 준비해 주세요. 그리고 그들의 사역에 대한 감사의 마음을 간단히 적은 메모를 동봉하세요. 후원금과 메모를 밀봉하지 않은 우편 봉투에 넣으세요. 가정 예배를 시작할 때, 가족들에게 우리가 죽은 후 천국에 갈 텐데 그때 돈을 들고 갈 수 있는지 물어보세요.

비록 돈이나 보물을 가져갈 수는 없지만, 먼저 보낼 수는 있다고 말해 주세요. 그리고 자녀들에게 후원금과 메모를 담은 봉투를 보여주고 천국에 미리 그것을 보내겠다고 얘기하세요. 자녀들이 무슨 말인지 이해하지 못해서 어리둥절해서 하면서 어떻게 그렇게 할 수 있냐고 질문할 수도 있는데, 그 방법은 바로 지금 내가 가진 돈을 누군가에게 기꺼이 나눠주고 베푸는 거라고 설명해 주세요. 성경은 우리의 선행에 대해서 하나님이 보상해 주신다고 말합니다. 그래서 우리가 돈을 나누고 베풀 때, 우리 자신을 위한 보물을 천국에 쌓고 있는 것입니다. 자녀들에게 이렇게 얘기해 주세요. "이번 주 우리는 천국의 보물에 대해서 배울 거란다."

DAY 1

♥ 상상하기

옛날에 한 남자가 돈을 모으려고 노력하고 있었습니다. 낮에는 레스토랑에서 요리사로 일했고, 밤에는 대단지 아파트 관리인으로 근무했습니다. 낮에 일하는 레스토랑에서 식사를 무료로 할 수 있었습니다. 밤에 근무하는 아파트에서는 작은 공간을 얻어 비용 없이 숙박할 수 있었습니다. 숙식에 큰돈을 쓸 필요가 없었기에 그 남자는 많은 돈을 저축할 수 있었습니다. 날이 갈수록 점점 더 많은 돈을 저축했고, 곧 큰 부자가 되었습니다. 처음에는 자동차와 집을 사려고 돈을 모았는데 언제부터인가 그 남자는 돈 그 자체를 사랑하게 되었습니다. 그리고 절대로 돈을 쓰지 않았습니다. 심지어 처음에 생각했던 자동차와 집도 사지 않았습니다.

어느 날, 그 남자가 수표를 현금으로 바꾸려고 은행에 갔다가 집에 돌아오는 길에 도둑이 뒤따라왔습니다. 창문을 통해서 몰래 엿보던 도둑은 그 사람이 10만 원짜리 수표 묶음을 벽에 있는 작은 구멍에다가 감추는 것을 봤습니다. 바로 그날 밤, 그 남자가 잠자는 동안에 도둑은 감춰둔 돈을 한 푼도 남김없이 훔쳐 갔습니다. 그 남자가 경찰에 신고하고 그 도둑이 10억이 넘는 돈을 훔쳐 갔다고 말하자, 경찰들은 그 말을 믿지 못했습니다. 오히려 경찰들은 그 많은 돈을 은행에 맡기지 않고 벽 속에다 감춘 그 사람을 책망했습니다. 오늘 성경 이야기에서 우리는 어떤 도둑도 결코 훔칠 수 없는 곳, 그래서 우리의 보물을 맡겼을 때 안심할 수 있는 곳에 대해서 듣게 될 겁니다.

📖 성경 읽기 | 마태복음 6:19∼24절

💬 깊이 생각하기

예수님이 말씀하시길 우리 마음은 오직 한 가지 보물에만 붙들립니다. 우리는 이 세상의 것들을 바라며 살거나 아니면 창조주이신 하나님을 위해서 살거나 둘 중 하나를 선택해야만 합니다. 하나님을 향한 사랑이 있다면 세상을 사랑하는 마음에서 벗어날 수 있습니다. 우리가 가장 소중한 보물, 즉 예수님과의 관계라는 보물을 가지게 되면, 도움이 필요한 사람들에게 돈과 다른 것들을 내어주기가 보다 쉬워집니다. 그리고 우리가 돈과 다른 것들을 내어줄 때, 하나님은 마치 은행에 돈을 저축하는 것처럼 천국에서 우리를 위해 보물을 쌓아두고 보상해주십니다.

게다가 천국에는 도둑이 없기 때문에, 그곳에 쌓아둔 우리의 보물은 언제나 안전할 겁니다. 하지만 이와 정반대의 경우도 얼마든지 일어날 수 있습니다. 만약 우리가 돈을 사랑하고 어떤 물건들을 소중히 여긴다면, 그런 마음속에는 주님을 위해서 남겨둘 여유나 공간이 없습니다. 그러다 죽게 되면, 이 땅에서 누리고 소유했던 어떤 것도 가져갈 수가 없습니다.

🗨 이야기하기

사람들은 왜 돈을 사랑하고 그것을 모아두려고 할까요?
(돈으로 원하는 것을 살 수 있기 때문입니다.)

돈 말고, 우리가 하나님보다 더 사랑하는 것은 무엇이 있나요?
(우리 각자의 생각을 말해봅시다. 사람들이 모아두려 하고, 소유하려는 것들은 그게 무엇이건 하나님보다 더 사랑하는 보물이 될 수 있습니다. 장난감, 자동차, 옷, 게임, 그리고 다른 많은 것들이 이 땅에서 우리가 얻으려고 하는 보물이 됩니다.)

어떤 보물을 가장 소중히 여기고 사랑하나요? 만약 도둑이 내 것을 훔쳐간다면, 무엇을 절대 빼앗기고 싶지 않은가요?
(자녀들이 스스로 생각하게 도와주세요. 부모님은 자녀들이 무엇을 절대 빼앗기고 싶어 하지 않는지 알 수도 있습니다.)

이번 주 어떤 보물을 천국에 쌓아두고 싶은가요?
(천국에 보물을 쌓아두기 위해서 자녀들이 할 수 있는 선행을 찾아보게 도와주세요.)

🙏 기도하기

이 세상의 어떤 보물보다도 예수님을 훨씬 더 사랑하게 도와달라고 하나님께 기도하세요.

DAY 2

♥ 기억하기

어제 이야기 중에서 무엇을 기억하나요? 오늘은 어떤 이야기가 있을 것으로 생각하나요?

📖 성경 읽기 | 마태복음 6:25~32절

💬 깊이 생각하기

사람들 대부분은 매일 아침 옷을 입으면서 그것을 공급해 주신 하나님께 감사하지 않습니다. 우리가 배부르게 먹을 때, 그것 역시도 하나님이 주신 것이라는 걸 너무나 쉽게 잊습니다. 우리가 돈이 부족해서, 필요한 것을 구할 수 없게 되었을 때, 하나님을 신뢰하기보다는 그저 염려와 걱정만 하는 경우가 더 많습니다.

그러나 예수님은 하나님이 물고기나 다른 동물들은 말할 것도 없고 하늘에 나는 셀 수 없을 만큼 많은 새를 먹이신다면, 우리 역시 그분의 공급하심으로 먹고 살아갈 수 있다고 가르치셨습니다. 또한 하나님이 들에 핀 꽃들을 형형색색 아름다움으로 물들이신다면, 그분은 우리에게도 필요한 입을 것을 주실 수 있는 분이십니다. 따라서 우리가 먹을 것이 풍성하고 입을 옷들이 충분하다면, 그것들을 사고 준비하게 돈을 벌게 해 주신 분이 하나님이란 사실을 기억해야만 합니다. 물론 그렇게 여유롭지 못한 상황에 놓여 있을 수도 있습니다. 돈이 부족해서 원하는 대로 필요한 것들을 사지 못할지도 모릅니다. 그러나 그때에도 하나님이 우리의 필요를 아시고 그것들을 공급해 주시는 분이라는 사실을 잊지 말아야 합니다.

💬 이야기하기

예수님은 하나님이 공중에 나는 새를 위해서 무슨 일을 하셨다고 말씀하셨나요?
(예수님이 말씀하시길 하나님은 새들을 먹이셨습니다. 그리고 그 사실을 통해서 새들을 먹이시는 하나님이 우리도 당연히 먹이실 거라고 가르치셨습니다.)

예수님은 하나님이 들에 핀 꽃들을 위해서 무슨 일을 하셨다고 말씀하셨나요?
(예수님이 말씀하시길 하나님은 그들에게 형형색색의 아름다움, 즉 옷을 입혀 주셨습니다. 하나님이 꽃들에 그런 아름다운 옷을 입히셨다면, 우리에게도 그렇게 하실 거란 사실을 믿어야 합니다.)

오늘, 하나님이 우리에게 주신 먹을 것과 입을 것에 대해서 감사했나요?
(자녀들이 이 부분을 잘 생각해 보게 도와주세요. 우리는 하나님이 공급해 주시는 것들을 너무나 쉽게 당연한 것으로 간주합니다. 오늘 우리 가족이 먹은 음식들에 대해서 되돌아보고 감사할 수 있게 도와주세요.)

먹을 것과 입을 것이 필요할 때, 우리는 어떻게 해야 하나요?
(우리는 기도하고 하나님께 우리의 필요를 채워달라고 간구해야 합니다. 걱정과 염려는 우리에게 어떤 것도 주지 못할 겁니다. 그것은 단지 두려움만 가득하게 만들고 슬픈 마음만 가지게 합니다. 그러나 우리가 하나님을 믿고 기도할 때, 소망을 하게 되고, 우리의 걱정과 염려는 사라집니다.)

🙏 기도하기

우리에게 먹을 것과 입을 것을 공급해 주시는 하나님께 감사하세요. 그리고 우리의 필요를 하나님께 간구하세요.
(만약 우리 가정에 특별한 필요가 있다면, 자녀들과 그 내용으로 함께 기도하세요. 그러고 나서 하나님이 어떻게 공급하시는지 살펴보세요.)

DAY 3

♥ 예수님께 연결하기

오늘은 이번 주 성경 이야기를 복음과 연결해 보는 날입니다. 복음은 우리를 구원하신 예수님의 생명과 죽음, 그리고 부활입니다. 이번 주 성경 이야기가 어떻게 복음과 연결되는지 깊이 생각해보세요.

📖 성경 읽기 ┃ 마태복음 6:33절

💬 깊이 생각하기

보통의 왕들은 하나의 나라를 통치합니다. 일반적으로 왕국을 찾으라는 말은 어떤 사람이 왕으로서 다스리는 지역을 찾으라는 뜻입니다. 하나님은 왕이십니다. 그러나 매우 다른 왕이십니다. 그분은 단순히 한 나라만 다스리지 않습니다. 그분은 모든 나라와 모든 백성을 다스리십니다. 그것이 성경에서 그분을 "왕 중의 왕" (계 17:14절)이라고 말하는 이유입니다.

예수님이 하나님의 나라를 찾으라고 우리에게 말씀하셨을 때 의미하셨던 바는, 하나님께 우리의 마음과 삶을 통치하시게 내어드려야 한다는 의미였습니다. 그러나 죄 때문에 우리는 하나님을 그 자리에서 밀어내고 그분의 통치를 거부했습니다. 그래서 우리는 우리의 죄와 싸워야만 하고, 하나님께 죄로부터 돌이킬 수 있도록 도움을 구해야 합니다. 또한 언제나 선한 의로움을 추구해야 합니다. 하나님이 우리를 거듭나게 하실 때, 우리 안에 성령님을 보내십니다. 그러면 하나님의 영인 성령님이 우리 마음에서 우리가 하나님을 위해서 살도록 일하십니다.

💭 이야기하기

예수님은 우리에게 염려하지 말고 무엇을 하라고 말씀하셨나요?
(자녀가 어려서 쉽게 대답하지 못하면, "먼저 그의 나라와 그의 의를 구하라"의 첫 문구인 "먼저 그의"를 단서로 줄 수 있습니다.)

하나님의 나라를 구한다는 것은 어떤 뜻인가요?
(하나님의 나라를 구한다는 것은 우리의 삶을 하나님이 다스리게 내어드린다는 뜻입니다.)

우리가 죄 때문에 하나님의 통치를 거부하는 곳은 어디인가요?
(죄 때문에 하나님이 우리의 마음과 삶을 다스리는 것을 원하지 않습니다.)

우리 스스로는 절대 하나님을 찾고 따르려고 하지 않음에도 불구하고 누가 그렇게 하도록 돕고 계시나요?
(성령님이 우리를 도우십니다. 요한복음 14:16절에 성령님은 우리를 돕는 분이라고 기록되어 있습니다.)

🙏 기도하기

우리를 용서하신 하나님께 감사드리고 우리가 다른 사람들을 용서할 수 있게 도와달라고 간구하세요.

DAY 4

♥ 기억하기

이번 주 성경 이야기를 통해서 하나님은 우리에게 무엇을 가르치시나요?

📖 성경 읽기 │ 마태복음 6:34절

💬 깊이 생각하기

우리가 예수님을 믿고 그분을 위해 산다면, 하나님은 우리의 죄를 용서하시고 자녀로 받아 주십니다. 그리고 하나님이 우리를 자녀 삼아 주셨다면, 우리가 먹을 것과 입을 것을 걱정하는 것은 참 어리석은 일입니다. 그렇지 않나요? 우리는 그저 하나님이 말씀하시는 대로 하고 그분이 우리의 필요를 채워주실 거라고 믿으면 됩니다. 그래서 하나님은 그런 염려와 두려움을 가지지 말라고 말씀하셨습니다. 우리가 하나님의 나라를 구하고 그분을 믿으면, 모든 것을 다스리시는 하나님, 우리의 하나님은 우리에게 모든 것을 공급해 주실 겁니다.

엄마랑 집에 있는데 배가 고프면, 아마도 엄마에게 먹을 것을 해 달라고 말할 겁니다. 그런데 어떤 아이가 이렇게 하지 않고, 먹을 것에 대해서 염려만 하고 가만히 있다면 그건 정말 어리석은 일입니다. 그 아이는 아들로서, 딸로서 요청하기만 하면 당연히 엄마는 먹을 것을 만들어 줄 겁니다. 하나님도 마찬가지입니다. 그러나 한 가지 기억할 것은 하나님은 우리가 무엇을 필요로 하는지 말하지 않아도 이미 알고 계신다는 사실입니다(마 6:8절). 우리는 지난주에 이 내용을 이미 배웠습니다. 우리가 하나님께 구하지 않으면 필요를 채워주시지 않을 거라고 두려워할 필요가 없습니다. 왜냐하면 하나님은 너무나 자비로우셔서 언제나 우리가 잘못되지 않게 돌보시기 때문입니다.

🗨 이야기하기

부모님은 무엇 때문에 가장 염려하고 걱정하는지 얘기해 주세요.
(걱정거리 가운데 가장 염려하는 것 한 가지를 자녀들에게 말해 주세요. 그리고 나서 고민하지 말고 하나님께 필요를 말씀드리고, 그분이 공급해 주실 것을 믿어야 한다고 설명해 주세요. 그렇게 함으로써 자녀들은 다음 질문의 답을 찾는 데 도움을 얻게 됩니다.)

걱정하고 염려하는 대신에, 우리는 무엇을 해야 하나요?
(우리의 필요를 하나님께 구하고 그분을 믿어야 합니다.)

부모님은 자녀들에게 무엇을 염려하는지 질문하고 그 내용을 지금 얘기해 줄 수 있겠냐고 요청해 주세요.
(많은 아이는 밤에 홀로 잠자는 것을 무서워하거나 아무도 없는 집에 혼자 있는 걸 두려워합니다. 아이들 각자의 다양한 걱정과 염려를 잘 들어주세요.)

🙏 기도하기

우리가 걱정과 염려 대신에 하나님을 믿게 도와달라고 기도하세요.

DAY 5

♥ 발견하기

오늘은 다른 성경 본문을 보는 날입니다. 시편이나 예언서에서 예수님 혹은 우리의 구원에 대해 배울 수 있습니다.

📖 성경 읽기 | 사무엘하 22:1~4절

💬 깊이 생각하기

다윗은 이 시편으로 하나님이 사울과 적들로부터 어떻게 자신을 구하셨는지 노래합니다. 그의 시편을 되돌아보면, 우리는 하나님이 다윗을 가장 큰 적인 죄와 사망에서 어떻게 구하셨는지도 알 수 있습니다. 비록 다윗은 그를 죄로부터 구원하시는 예수님에 대해서 알지 못했지만, 그의 시편은 그가 깨달은 것보다 더 엄청난 진리를 담고 있습니다. 하나님은 예수님을 보내셔서 십자가에 죽게 하심으로 다윗을 그의 죄로부터 구원하셨습니다. 우리도 예수님이 우리를 위해서 완성하신 그 일들을 묵상한다면, 다윗처럼 그분을 노래할 수 있습니다. 예수님이 우리 죄 때문에 십자가에서 돌아가심으로 우리의 적들로부터 구원받았습니다. 그리고 그분은 우리의 반석, 우리의 요새, 우리를 건지시는 분이십니다!

💬 이야기하기

하나님은 다윗을 누구로부터 구하셨나요?
(하나님은 다윗을 사울로부터 구하셨습니다. 그리고 예수님이 십자가에서 다윗의 죄 때문에 돌아가셨을 때 그를 죄와 사망에서 구원하셨습니다.)

우리는 오늘의 시편을 우리의 삶 속에서 어떻게 부를 수 있을까요?
(하나님은 우리도 죄로부터 구원하셨습니다. 그것이 우리가 하나님을 우리의 구원자요, 요새요, 우리를 건지실 분이라고 노래할 수 있는 이유입니다.)

하나님은 우리를 구원하시려고 무엇을 하셨나요?
(하나님은 아들이신 예수님을 보내셔서 십자가에서 죽게 하시고 우리가 받아야 할 죄의 대가를 대신 치르게 하심으로 우리를 용서해 주셨습니다.)

🙏 기도하기

오늘 시편을 우리의 기도로 사용하세요. 그리고 우리의 반석이시고 요새이시며 우리를 건지시는 하나님께 감사하세요.

지혜로운 건축가와 어리석은 건축가
The Wise & Foolish Builders

이야기 95 – 컬러 스토리 바이블

대부분의 아이는 기초라는 개념을 잘 이해하지 못합니다. 혹시 집에 지하실이 있다면, 자녀들에게 건물의 기초 혹은 기반 공사(집을 지탱하는 주춧돌, 시멘트 시공, 벽체 등)에 대해서 보여주면서 설명해 주세요. 현재 사는 집이 콘크리트 바닥 위에 지어진 거라면, 현관 앞 계단이나 창고와 같은 곳에서 시멘트 면이 드러난 곳을 생각해보세요. 그리고 그것이 얼마나 단단한지 확인하게 손으로 두드려보고 만져보게 해 주세요. 만약 집의 기초가 시멘트가 아니라 모래로 만들어져 있는데 비가 쏟아진다면 어떤 일이 벌어질지 자녀들에게 물어보세요. 모래 위에 지어놓은 집은 비가 많이 내리면 어떻게 될지 상상해 보고 자녀들이 그것에 대해서 어떤 생각을 했는지 말하게 해 주세요. 그리고 이렇게 얘기하세요. "이번 주 우리는 하나님을 믿는 믿음으로 사는 삶은 단단한 기초 위에 집을 짓는 것과 같다는 사실을 배울 거란다."

DAY 1

♥ 상상하기

빨간 모자(Little Red Riding Hood)라는 옛날이야기에서 빨간 망토를 쓴 소녀는 숲속 집에 사시는 할머니를 만나러 갑니다. 빨간 망토 소녀는 늑대가 할머니를 옷장 안에 가두고 잠옷과 모자를 뒤집어쓰고 할머니인 척하고 있다는 사실을 전혀 몰랐습니다. 그 소녀가 집에 왔을 때, 늑대는 침대에서 할머니인 척하면서 거짓말을 했습니다. 그러나 빨간 망토 소녀는 어리석지 않았습니다. 거기다 할머니의 옷을 걸치고 있던 늑대의 큰 귀와 눈, 그리고 무서운 이빨이 다 드러나 있었습니다. 결국, 그 늑대가 소녀를 공격하려고 침대에서 벌떡 일어났을 때, 나무꾼이 도와줘서 위험을 벗어났고 늑대를 물리쳤습니다.

장담하건대 성경에도 이와 같은 이야기가 있다는 사실을 전혀 몰랐을 겁니다. 자신을 감추려고 옷을 차려입은 늑대에 대한 이야기입니다. 오늘 성경 말씀에서, 예수님은 양의 옷을 입고서 노략질하는 이리에 대해서 말씀하십니다.

📖 성경 읽기 | 마태복음 7:15~20절

💬 깊이 생각하기

거짓 선지자는 하나님의 말씀을 대언하는 것처럼 행동하는 사람입니다. 거짓 선지자들은 말 그대로 거짓말쟁이들입니다. 예수님은 거짓 선지자들을 하나님의 사람, 즉 양인 척하는 늑대라고 하셨습니다. 이런 늑대들로부터 우리를 보호하기 위해서, 예수님은 우리에게 그들의 거짓된 모습을 알아차릴 방법을 가르쳐 주셨습니다. 예수님의 말씀대로라면 그들의 삶을 살펴보면 알 수 있습니다. 정말로 하나님의 보내심을 받은 자들이라면, 그들은 당연히 하나님의 명령을 따르고 하나님을 위해서 살려고 할 겁니다. 그러나 그들이 마치 하나님의 말씀을 대언하는 것처럼 행동하는 거라면, 그들의 삶은 너무나 확연하게 드러나는 죄로 가득할 겁니다. 예수님은 그런 죄들을 나쁜 열매라고 하셨습니다. 그렇기 때문에 어떤 사람이 하나님의 말씀을 전한다고 하면서 삶에서는 나쁜 열매나 혹은 죄가 드러난다면, 우리는 그 사람의 말에 속아서는 안 됩니다. 그 사람은 우리를 타락의 길로 이끌 늑대임이 틀림없습니다.

💬 이야기하기

예수님이 늑대에 비유한 사람은 누구인가요?
(예수님은 거짓 선지자들을 늑대에 비유했습니다.)

예수님이 말씀하신 늑대와 같은 사람들은 썩거나 쓸모없는 열매를 맺는 병든 나무와 어떻게 비슷한가요?
(만약 우리가 병든 나무라면, 당연히 나쁜 열매를 맺을 겁니다. 마찬가지로 우리가 늑대라면, 우리는 하나님의 사람들에게 거짓말을 할 것이고, 살아가면서 많은 죄를 짓고 있을 겁니다.)

만약 어떤 사람에게서 우리를 향한 하나님의 말씀을 전하겠다는 얘기를 듣는다면, 우리가 그 사람의 말을 듣고 따라야 할지 말지를 어떻게 결정할 수 있나요?
(먼저 그 사람의 삶을 살펴봐야 합니다. 그 사람이 하나님의 말씀에 순종하고 그분의 명령을 거역하지 않으려고 노력하며 살고 있는지, 또한 그 사람이 전하는 말이 성경의 진리와 일치하는지, 자세히 확인해야 합니다. 예를 들어, 어떤 사람이 말하기를 사실 예수님은 죽었다 살아나신 것이 아니라고 말한다면, 우리는 그 사람이 거짓 선지자라는 것을 알 수 있습니다. 왜냐하면 성경은 우리에게 예수님은 죽음에서 살아나셨고, 5백 명이 넘는 사람이 그분을 실제로 목격했다고 기록하고 있기 때문입니다[고전 15:6절].)

🙏 기도하기

우리를 하나님에게서 멀어지게 만들려는 거짓 선지자들을 구별하고 경계할 수 있도록 우리에게 성경을 주신 하나님께 감사하세요.

DAY 2

♥ 기억하기

어제 이야기 중에서 무엇을 기억하나요? 오늘은 어떤 이야기가 있을 것으로 생각하나요?

📕 성경 읽기 ㅣ 마태복음 7:21~23절

💬 깊이 생각하기

누군가에게 하겠다고 말해 놓고서는 실제로는 그것을 하지 않았던 경험이 있나요? 아마도 부모님께 방 청소를 깨끗이 하겠다고 약속했던 적이 있을 겁니다. 그러나 얼마 후에 약속하기 전과 달라진 게 없는 방을 바라보시는 부모님을 발견하게 될 겁니다. 누구나 아는 것처럼, 무엇인가를 하겠다고 말만 하는 것은 실천하기보다 훨씬 쉽습니다. 말은 그 자체만으로는 가볍게 여겨집니다. 그러나 행동이 따라오는 말은 매우 가치가 있고 소중합니다. 예수님은 하나님을 주라 부르는 모든 사람이 마음으로 하나님을 믿고 따르는 것은 아니라는 사실을 아셨습니다. 예를 들어, 귀신들은 예수님을 향해 "이스라엘의 거룩한 자"라고 말했습니다. 그러나 그들은 하나님께 순종하지 않았습니다. 자신을 그리스도인이라고 하거나, 그리스도인의 삶이 어떻다는 것을 말하기는 쉽습니다. 그러나 예수님을 따르고 그분의 말씀에 순종하며 사는 것은 정말 어렵고 힘든 일입니다.

💬 이야기하기

무엇인가를 하기로 말해 놓고 하지 않았을 때 어떤 마음이 드나요?
(자녀들이 스스로 고민해 보게 도와주세요. 엄마를 도와서 집안일을 하기로 스스로 약속해 놓고서 결국엔 하지 않았던 경험들을 떠올리게 이끌어 주세요. 방 청소하기, 설거지하기, 빨래 잘 벗어놓기 등. 자녀들이 기억하는, 사소하지만 자주 일어났던 상황들이 있는지 살펴보세요.)

왜 우리는 말로만 예수님을 믿는다고 해서는 안 되고, 예수님을 위해서 행하며 살아야 하나요?
(말로만 믿는 것은 누구나 할 수 있습니다. 그러나 정말로 예수님이 하나님이시고 그분의 말씀이 진리라고 믿는 사람은 생명의 말씀에 순종하기 원하고 그 말씀을 따라 살고자 할 겁니다.)

말하기가 실제로 행동하기보다 더 쉬운 이유는 무엇인가요?
(말하기는 특별한 대가를 지불하지 않습니다. 그래서 말은 값싸게 여겨지곤 합니다. 열심히 할 거라고, 무엇인가를 해낼 거라고 말로만 하기는 매우 쉽습니다. 그러나 실제로 그렇게 하는 것은 정말 어렵고 힘듭니다. 마찬가지로, 예수님을 믿고 그분을 위해서 살겠다고 말하기는 실제로 그분의 말씀에 순종하고 우리의 삶을 다 드려서 하나님을 위해서 살기보다 쉽습니다.)

🙏 기도하기

하나님을 위해 살겠다고 말만 하는 게 아니라, 정말로 하나님을 위해 살 수 있도록 하나님께 도움을 구하세요.

DAY 3

♥ 예수님께 연결하기

오늘은 이번 주 성경 이야기를 복음과 연결해 보는 날입니다. 복음은 우리를 구원하신 예수님의 생명과 죽음, 그리고 부활입니다. 이번 주 성경 이야기가 어떻게 복음과 연결되는지 깊이 생각해보세요.

📖 성경 읽기 | 마태복음 7:24~27절

💬 깊이 생각하기

바위나 돌과 같은 단단한 것 위에 건물을 짓는 것이 모래 위에 집을 짓는 것보다 더 나은 생각이라고 여기는 건 당연한 일입니다. 그러나 예수님은 집을 짓는 방법을 가르치시려고 한 게 아니었습니다. 예수님은 우리의 삶을 하나님의 말씀이라는 반석 위에 세울 것을 말씀하시는 겁니다. 그 말씀은 우리에게 어떻게 사는 것이 예수님을 따르는 삶인지를 가르쳐 줍니다.

시간이 흐른 뒤, 사도 바울은 예수님이 우리가 건물을 지어야 하는 반석이라고 말했습니다. 만약에 우리가 성경에 기록된 예수님의 가르침을 따르고, 그분을 위한 삶을 살려면, 우리는 반드시 그리스도의 반석 위에 건물을 짓고 있어야 합니다. 그러나 우리가 성경의 가르침을 따르지 않고 우리 자신의 방식대로 산다면, 우리는 모래 위에 집을 짓고 있는 겁니다. 우선은 현재의 삶이 반석이신 예수님 위에 건물을 지은 사람처럼 튼튼하고 흔들림 없는지 자기 자신을 스스로 살펴보는 게 필요합니다. 그렇지 않으면 삶에서 고난의 폭풍이 밀려올 때, 두려워하다가 하나님을 원망하면서 떠나갈 수도 있을 겁니다. 그것은 모래 위에 지은 집이 폭풍이 몰아쳐서 무너지는 것처럼 우리의 삶에서도 끔찍한 일일 겁니다.

🗣 이야기하기

강한 비바람이 불고 홍수가 범람했을 때, 반석 위에 지은 집에는 어떤 일이 벌어지나요?
(반석은 어떤 비바람에도 꿈쩍하지 않을 겁니다. 마찬가지로 그 위에 지은 집도 안전합니다.)

정말 애쓰고 노력해서 모래 위에 집을 지었는데 바람이 불고 파도가 몰아쳐서 모래를 다 휩쓸어버린다면, 그 집은 어떻게 될까요? (집은 완전히 무너지고, 비바람에 같이 휩쓸려갈 겁니다.)

예수님은 두 개의 집을 설명하시면서 우리에게 무엇을 가르치려고 하셨나요? (우리의 삶이 모래 위의 집처럼 무너지지 않으려면 하나님의 말씀에 순종하고 그분을 위해서 살아야 한다는 것을 가르치려고 하셨습니다.)

우리가 어떻게 살아야 하는지를 가르쳐 주는 성경 구절 중에 기억하는 게 있나요?
(자녀들이 십계명을 기억하게 도와주세요.)

🙏 기도하기

하나님의 말씀에 순종함으로 오늘 예수님이 가르쳐 주신 이야기에 나온 지혜로운 사람처럼 되게 해 달라고 기도하세요.

DAY 4

♥ 기억하기

이번 주 성경 이야기를 통해서 하나님은 우리에게 무엇을 가르치시나요?

📖 성경 읽기 | 마태복음 7:28~29절

💬 깊이 생각하기

우리가 길을 걷고 있는데, 갑자기 낯선 사람이 소리칩니다. "이봐요, 당신! 당장 거기 서라고!" 그러면 우리는 깜짝 놀라서 순간적으로 멈추겠지만 곧 다시 가던 길을 걸어갈 겁니다. 그러면서 다른 사람으로 착각하고 그렇게 했거나 아니면 괜히 장난친 거로 생각할 겁니다. 하지만 제복을 차려입은 경찰이 만약 그렇게 했다면, 당장 멈추고 무슨 일인지 알아보려고 그 경찰을 기다릴 겁니다. 낯선 사람과는 다르게, 경찰은 누군가를 멈추게 할 권한과 힘을 갖고 있습니다. 그리고 사람들은 경찰이 하는 말을 들어야 합니다. 그렇게 하지 않으면, 체포되거나 어려움을 겪을 수도 있습니다.

예수님 시대의 사람들은 그분의 말씀을 들었습니다. 왜냐하면 사람들이 말하기를 예수님은 권위 있게 가르치셨기 때문입니다. 이 말은 사람들이 예수님의 말씀을 지키고 따라야 할 명령으로 이해했다는 의미입니다. 그 사람들은 올바르게 이해했던 것입니다. 예수님은 명령할 권위와 힘을 가지신 분이었습니다. 예수님은 서기관과 같은 그저 평범한 사람이 아니라 하나님이셨습니다.

💬 이야기하기

부모님은 예수님의 가르침 때문에 삶에 어떤 영향을 받았는지 말해 주세요.
(예수님의 가르침을 따라서 살려고 노력했던 시간을 떠올려보세요.)

경찰처럼 권한과 힘을 가진 사람은 또 누가 있을까요?
(한 나라의 대통령, 어떤 도시의 시장 등은 경찰보다 더 강한 힘과 권한을 가지고 있습니다. 그리고 장군은 군대를 통치하는 권한을 가진 사람입니다. 부모님 역시 자녀들을 양육할 권한을 가지고 있습니다.)

예수님은 어떤 권위를 가지고 계시나요?
(예수님은 모든 사람과 모든 것들을 다스릴 권위를 가지고 계십니다. 그분은 이 세상을 창조하셨습니다. 따라서 온 세상은 그분의 명령을 따라야 합니다.)

🙏 기도하기

예수님의 가르침을 설명하는 단어를 적어도 다섯 개 정도 생각해 보세요. 오늘 성경에서 '권위'라는 단어를 이미 알았습니다. 생각한 그 다섯 개의 단어를 사용해서 우리를 가르치시는 예수님께 감사 기도를 드리세요.

DAY 5

♥ 발견하기

오늘은 다른 성경 본문을 보는 날입니다. 시편이나 예언서에서 예수님 혹은 우리의 구원에 대해 배울 수 있습니다.

📖 성경 읽기 ㅣ 이사야 51:5~8절

💬 깊이 생각하기

오늘 성경 말씀에 기록된 구원은 영원히 지속됩니다. 여기서 '영원히' 란 단어는 절대 끝나지 않는다는 뜻입니다. 이사야가 말한 것처럼 땅은 사라질 것이지만 하나님의 구원은 영원할 겁니다(6절). 우리가 알고 있는 것처럼 이사야는 하나님이 이스라엘을 구원하시는 수많은 사건 가운데 어떤 한 가지를 말할 수는 없었습니다. 왜냐하면 이스라엘은 구원을 받았지만, 반복해서 죄를 짓고 또다시 그분의 구원을 필요로 했기 때문입니다.

그러나 또 다른 구원이 있는데 그것은 영원합니다. 그 구원은 예수님을 통해서 우리에게 옵니다. 예수님은 그분을 믿는 사람들이 모든 죄로부터 영원히 용서받을 수 있게 하시려고 십자가에서 돌아가셨습니다. 과거, 현재, 미래의 모든 죄에 대한 대가를 예수님이 십자가에 오르셔서 다 치르셨습니다.

《● 이야기하기

'영원히' 란 단어는 어떤 뜻인가요?

(이 단어는 절대 사라지지 않고 지속되는 무언가를 설명할 때 사용됩니다.)

무엇이 영원할까요?

(자녀들은 아직 어려서 영원하지 않은 것들을 영원하다고 생각하고 대답할 수도 있습니다. 만약 자녀들이 그렇게 한다면, 하나님의 일과 세상의 일을 비교해서 설명해 주세요.)

7절에서 하나님은 그분의 백성들은 마음에 무엇을 간직하고 있어야 한다고 말씀하셨나요?

(7절을 다시 한번 읽어 주세요. 그리고 자녀들이 정답을 알면 손을 들고 대답하게 해 주세요.)

🙏 기도하기

영원무궁한 구원을 베푸신 하나님께 감사하세요.

네 가지 토양
The Four Soils

이야기 96 – 컬러 스토리 바이블

씨앗이 어떻게 싹을 틔우는지 자녀들에게 이해시키기 위해서 오늘의 활동을 해 보세요. 간단하고 쉽지만, 매우 흥미로운 경험이 될 겁니다. 무 씨앗을 한 봉지 사세요. (만약 준비가 안 되었다면, 콩 씨앗을 사용해도 됩니다.) 은박지에 흙을 담고 자녀들에게 그 위에 씨앗을 뿌리게 하세요. 스프레이로 흙에 물을 뿌려서 축축하게 만드세요. 그러고 나서 그 씨앗들을 따뜻하고 햇볕이 잘 드는 곳에 두고 수분이 유지되게 매일 일정한 양의 물을 뿌려 주세요. 대략 일주일 정도 지나면 싹이 돋기 시작할 겁니다.

이 활동을 진행하고 관찰하면서 자녀들은 작은 씨앗들이 영양분을 공급받으면서 흙을 뚫고 어떻게 싹을 틔우는지 살펴볼 수 있습니다. 이번 주 네 가지 토양의 비유를 나누면서 자녀들에게 이 활동을 다시 언급할 수 있습니다.

DAY 1

♥ 상상하기

한 소년이 과학 실험에 사용하려고 말린 콩 한 봉지를 학교에 가져왔습니다. 그 소년이 가져온 콩을 선생님께 드렸더니, 선생님이 "콩은 살았니? 죽었니?" 라고 물어보셨습니다. "다 죽었어요." 라고 소년이 대답했습니다. 왜냐하면 소년의 눈에 비친 콩은 너무 딱딱했고, 싹이 돋아날 기미가 전혀 보이지 않았기 때문입니다. 그러자 선생님은 미소 지으며 말씀하셨습니다. "조금 전에 재미난 질문을 했던 거란다. 지금 당장은 그 씨앗들은 죽은 것처럼 보이지. 왜냐하면 뿌리도 없고, 싹도 나지 않았으니까. 그런데 그것들을 흙에 심고, 물을 주고, 햇볕을 비춰주면 금세 그것들은 살아날 거란다."

그 소년은 그 콩이 정말로 싹이 돋을지 호기심이 일었습니다. 그 콩들을 흙 속에 파묻고 물을 준 후에, 그것을 창가에 두고 기다렸습니다. 약 일주일이 지난 뒤에, 선생님이 말씀하셨던 대로, 그 콩들은 흙 속에서 솟아나기 시작했고, 곧 초록 싹이 돋아났습니다. 약 3주 정도 흐른 뒤에, 그 콩을 자신의 정원에 옮겨 심었습니다. 여름이 끝날 무렵, 그 콩들은 수십 개의 꼬투리를 맺었는데 그 소년은 그것들을 떼어서 모은 후 말렸습니다. 결국 그 작은 콩 하나에서 수백 개가 넘는 콩꼬투리를 맺었습니다. 오늘, 우리는 여기저기 씨앗을 뿌리는 어떤 사람에 대해서 읽을 겁니다. 그 사람이 뿌린 씨앗들에게 무슨 일이 벌어지는지 살펴봅시다.

📖 성경 읽기 | 마태복음 13:1~9절

💬 깊이 생각하기

예수님께서 그 비유를 들어 설명하신 후에, 이렇게 말씀하셨습니다. "귀 있는 자는 들으라!" 좀 이상한 말처럼 들릴 겁니다. 예수님이 의도하신 것은 "집중해라, 그리고 내가 너희들에게 전한 이 말이 왜 중요한지 고민해 보라"는 뜻이었습니다. 예수님의 말씀을 들은 많은 사람은 그들의 삶을 바꿀 이 중요한 메시지를 전하시는 분이 메시아라는 사실을 몰랐습니다. 그래서 그들은 그분의 말씀에 집중하지 않았고 깊이 생각하지도 않았습니다.

오늘날 어떤 사람들은 성경을 이렇게 읽습니다. 성경에 담긴 이야기를 읽긴 하지만 그것이 무슨 의미인지, 무엇을 전달하고자 하는지 집중하지 않습니다. 성경에는 삶을 바꿀 진리가 담겨 있습니다. 그리고 그 진리들은 우리를 죄로부터 구원합니다. 그러나 만약 우리가 그저 동화책 읽듯 한다면, 그리고 예수님을 단순히 좋은 선생님 정도로만 간주한다면, 성경이 우리에게 전하려는 핵심을 다 놓치고 그것에서 멀어지게 될 것입니다. 네 가지 토양은 우리의 삶과 복음에 반응하는 우리의 마음을 나타냅니다.

🌑 이야기하기

예수님은 왜 "귀 있는 자는 들으라"고 말씀하셨나요?
(예수님은 모든 사람이 그분의 말씀에 집중하기를 원하셨습니다.)

예수님은 왜 사람들이 그분의 말씀에 집중하기를 원하셨나요?
(예수님이 전하신 메시지는 그들의 삶을 바꿀 만한 것이었기 때문입니다. 그분의 이야기는 단순히 농사를 어떻게 지을 것인가에 대한 내용이 아니었습니다. 그 비유는 우리의 마음이 어떤지, 우리가 예수님의 말씀을 들을 준비가 되어 있는지 아닌지를 알려주는 설명이었습니다.)

예수님은 왜 이렇게 말씀하셨나요? (만약 자녀들이 이 비유를 한 번도 들어본 적이 없다면, 답을 못할 수도 있습니다. 예수님의 비유에 등장하는 사람들과 일들은 모두 그 안에 담긴 의미가 있고, 그것들을 통해서 우리에게 교훈을 가르쳐 준다고 설명해 주세요. 그 비유들을 이해할 방법은 예수님이 직접 설명해 주시거나, 그분이 이 땅에 오신 이유를 깨닫는 것밖에 없다는 걸 알려주세요.)

우리 자신의 마음은 어떤 밭과 비슷한 것 같나요?
(자녀들이 스스로 생각하게 도와주세요. 우리의 마음은 처음엔 길가처럼 단단하고, 때론 돌밭이기도 하고, 또 어떤 때는 가시떨기처럼 잡초가 무성하기도 합니다. 오직 하나님만이 우리의 마음을 부드럽게 해주시고 좋은 땅으로 만드실 수 있습니다. 그럴 때 우리도 복음의 열매를 맺게 됩니다.)

🙏 기도하기

우리의 마음을 부드럽게 하시고, 하나님의 말씀이 뿌리내리지 못하게 하는 잡초들을 제거해주셔서 복음의 뿌리가 굳게 내리고 주님 안에서 튼튼하게 자라 열매 맺게 해 달라고 기도하세요.

DAY 2

♥ 기억하기

어제 이야기 중에서 무엇을 기억하나요? 오늘은 어떤 이야기가 있을 것으로 생각하나요?

📖 성경 읽기 | 마태복음 13:10~16절

💬 깊이 생각하기

어둠 속에서 우리는 장님이 됩니다. 그렇죠? 아무리 우리가 멀쩡한 두 눈을 가지고 있을지라도, 빛이 없으면 전혀 볼 수가 없습니다. 우리는 누군가 길에 떨어뜨린 5만 원짜리 지폐를 쉽게 발견할 수 있습니다. 그러나 만약 바깥이 칠흑같이 어둡다면, 바닥에 떨어진 그 지폐 바로 옆을 걸어도 그것이 있는지 모르고 지나칠 겁니다. 하나님에 대해서 배우는 것은 이와 같습니다. 하나님이 우리의 눈과 귀를 열어서 보고 듣게 하시지 않으면, 우리는 그분을 믿지 않을 겁니다.

우리가 앞을 보지 못하는 이유는 우리의 마음과 생각이 죄로 인해서 닫히고 막혔기 때문입니다. 그러나 하나님은 우리의 마음을 부드럽게 하시고 우리의 눈을 열어서 보게 하실 수 있습니다. 누군가 손전등을 들고서 우리가 가는 길을 비춰주고 있다고 생각해 보세요. 그리고 그 불빛이 길에 떨어진 5만 원짜리 지폐를 비췄다면, 우리는 금세 그것을 주울 겁니다. 어떤 사람도 돈이 떨어진 것을 보고는 그것을 두고서 그냥 지나치지 않을 겁니다. 그것이 바로 하나님과 함께 하는 것입니다. 우리가 눈이 열려서 하나님이 얼마나 위대하고 경이로운 분이신지를 안다면 절대로 그분 곁을 떠나지 않을 겁니다.

💭 이야기하기

이사야는 사람의 마음과 눈과 귀에 무슨 일이 벌어졌다고 말했나요(14~15절에서)?
(이사야는 사람들의 마음이 완악해지고, 두 눈은 감았고, 귀는 듣기에 둔하다고 했습니다. 그것은 단지 무엇인가를 볼 수 없다는 뜻이 아니었습니다. 그들은 예수님이 하나님이라는 사실과 그분의 가르침을 듣고도 이해할 수가 없었습니다.)

예수님을 따르는 이들의 눈과 귀는 어떻게 다른가요?
(그 사람들의 눈과 귀는 보고 들을 수 있습니다. 그래서 그들은 예수님을 믿고 그분의 가르침을 이해합니다.)

누가 우리의 눈과 귀를 열어서 예수님을 믿고 그분의 가르침을 이해하게 하나요?
(하나님이 그렇게 하십니다.)

🙏 기도하기

하나님께 우리의 눈과 귀를 열어서 예수님을 믿고 그분을 인생의 주인으로 모시게 해 달라고 간구하세요.

DAY 3

♥ 예수님께 연결하기

오늘은 이번 주 성경 이야기를 복음과 연결해 보는 날입니다. 복음은 우리를 구원하신 예수님의 생명과 죽음, 그리고 부활입니다. 이번 주 성경 이야기가 어떻게 복음과 연결되는지 깊이 생각해보세요.

📖 성경 읽기 | 마태복음 13:17절

💬 깊이 생각하기

특별한 날을 간절히 기다려본 적이 있나요? 여행이나 생일날 등 도저히 가만히 기다릴 수 없었던 날들을 떠올려 보세요. 그럼, 예를 들어서 방학이나 여행 또는 생일 파티 등 너무 고대하기 때문에 정말 기다리기 힘든 그 날이 올 때까지 무엇을 어떻게 하는 게 도움이 되었었는지 생각해보세요. 어쩌면 손꼽아 기다리는 그 날은 수년 동안 기다려야 하는 날일 수도 있습니다.

오늘 성경 말씀에서 예수님이 언급하시는 선지자들은 메시아가 오시는 그날을 고대하며 평생을 기다렸습니다. 왜냐하면 그들은 메시아가 하나님의 백성들을 죄로부터 구원하실 거라는 사실(벧전 1:10~11절)을 알았기 때문입니다. 그러나 구약 시대의 모든 선지자는 예수님이 오시기 전에 다 죽었습니다. 그들은 특별한 그 날을 기다리고 또 기다렸지만 결국 직접 볼 수는 없었습니다. 이것이 우리가 예수님의 모든 가르침에 더 집중하고 감사해야 할 이유입니다. 예수님은 제자들에게 그들이 복을 누리고 있다고 하셨습니다. 왜냐하면 그들은 선지자들이 만나 보기를 간절히 바랐던 바로 그분과 함께 걷고 얘기하고 있기 때문입니다.

💬 이야기하기

너무 흥분되고 설레어서 어떤 사람이나 어떤 날을 기다리기가 매우 힘들었던 경험이 있나요?
(자녀들이 이렇게 반응했던 기억을 떠올리게 도와주세요.)

선지자들이 간절히 바라며 보기를 원했던 것은 무엇인가요? (그들은 백성들을 구원하시는 하나님의 손길을 보고 싶었습니다. 그들은 비록 예수님의 이름은 몰랐으나, 바로 그분을 고대하고 바랐던 것입니다.)

예수님은 왜 제자들에게 선지자들에 대해서 말씀하셨나요? 예수님은 제자들이 무엇을 하기 원하셨나요?
(예수님은 지금 제자들이 그분과 함께 있는 것이 얼마나 놀라운 복인지를 깨닫기를 바라셨습니다. 그리고 예수님의 가르침에 더욱 더 집중하기를 원하셨습니다. 우리는 넘치는 복을 누리고 있습니다. 왜냐하면 우리는 예수님에 대한 이야기를 성경 속에서 전부 다 읽을 수 있기 때문입니다. 우리는 성경이 가르치는 예수님에 대한 모든 것을 집중해서 읽어야 합니다.)

✋ 기도하기

성경을 우리에게 주셔서 예수님이 누구신지를 알고 그분이 하신 모든 일을 알게 해 주신 하나님께 감사하세요. 그러고 나서 예수님을 믿고 그분을 의지하게 도와달라고 기도하세요.

DAY 4

♥ 기억하기

이번 주 성경 이야기를 통해서 하나님은 우리에게 무엇을 가르치시나요?

📖 성경 읽기 | 마태복음 13:18~23절

💬 깊이 생각하기

말씀하신 것을 제자들이 이해하게 도와주시려고 예수님은 씨 뿌리는 자의 비유를 설명하셨습니다. 여기서 씨앗은 하나님 나라의 말씀, 즉 예수님을 전하는 복음입니다. 네 가지 서로 다른 토양은 네 종류의 사람들을 나타냅니다. 오직 한 종류의 사람들만이 그 메시지를 듣고 이해합니다. 예수님은 우리가 모두 비옥한 토양처럼 되기를 원하십니다. 그런 사람은 하나님보다 세상을 더 사랑하지 않습니다. 그리고 삶의 고난 속에서도 하나님을 의지하고 믿습니다. 복음을 들을 때, 그 사람은 그것을 마음에 새겨서 세상에 빼앗기지 않고, 자신 없어 숨거나 움츠러들지 않습니다.

🗨 이야기하기

부모님은 인생을 살아오면서 예수님의 메시지를 감추거나 거절하려고 했던 경험이 있었는지 생각해 보고 자녀들에게 나눠주세요.
(예수님이 말씀하시길 인생의 고난이나 세상을 향한 관심, 특히 돈은 예수님의 메시지를 잊게 만듭니다. 이런 것 중에서 하나님을 향한 사랑을 가장 심하게 방해하고 잊어버리게 했던 것이 무엇이었는지 생각해 보세요.)

예수님이 말씀하시길 무엇 때문에 우리는 예수님에게서 멀어지고 그분을 떠나게 되나요?
(예수님은 사람이 고난이나 시련이 왔을 때 그분에게서 떠나간다고 하셨습니다. 그런 사람들은 주로 삶이 편안하고 잘 될 때만 예수님을 믿는다고 말합니다. 그러나 조금만 어려움이 닥치면, 금세 떠나서 다른 길로 가버립니다.)

우리는 어떤 종류의 토양이 되기를 원하나요?
(자녀들이 이 비유를 잘 이해했는지 살펴보고, 자녀들에게 비옥한 토양이 되고 싶은지 물어보세요. 그리고 나서 "왜?" 라는 질문을 던져서 자녀들이 더 깊이 생각하게 도와주세요. 아이들은 일반적으로 고민 없이 정답을 쉽게 대답합니다. "왜?" 라는 질문을 통해서 자녀들이 자신들의 대답에 대해서 고민해 보는 시간을 가지게 합니다.)

🙏 기도하기

세상의 것들보다 예수님을 더 많이 사랑하게 해 달라고 도움을 구하세요. 그리고 하나님께 좋을 때나 나쁠 때나 믿음을 잃지 않게 해 달라고 기도하세요.

DAY 5

♥ 발견하기

오늘은 다른 성경 본문을 보는 날입니다. 시편이나 예언서에서 예수님 혹은 우리의 구원에 대해 배울 수 있습니다.

📖 성경 읽기 | 시편 14:1~7절

💬 깊이 생각하기

로마서 3:10~12절에서, 바울은 예수님을 전하는 메시지인 오늘 구절을 인용했습니다. 다윗은 우리가 모두 죄인이라고 했지만(3절), 그는 하나님이 시온에서부터 구원을 보내실 거라고 기도했고 예견했습니다. 로마서 3:21~24절에서, 바울이 말하길 우리는 전부 죄에 빠져 있으나 하나님과 함께하면 그 영광에 이를 수 있습니다. 그 근거는 예수님을 믿는 것이고, 그분은 다윗이 말했던 바로 그 구원이셨습니다. 바울이 가르치기를 우리는 모두 다 하나님 앞에서 죄인이지만, 십자가에 오르신 예수님을 믿기만 하면 누구나 용서받을 수 있습니다. 다윗이 우리의 구원이 예루살렘 ― 시온에서 온다고 했을 때, 그는 바로 예수님을 가리키는 것이었습니다.

💭 이야기하기

어떤 사람도, 단 한 사람도 선하지 않다는 3절의 메시지는 왜 우리 모두에게 나쁜 소식인가요?
(그것은 우리가 모두 죄인이기 때문에 구원받을 수 없고 아무도 천국에 갈 수 없으며 하나님과 함께 있을 수 없다는 뜻이기 때문입니다.)

지금까지 살아오면서 죄를 지은 적이 있나요?
(자녀들이 3절의 말씀이 자신에게 비추어 볼 때 사실이라는 것을 깨닫게 도와주세요. 우리가 알아야만 하는 것은 단 한 번이라도 죄를 지었다면, 죄의 문제가 해결되지 않는 한 그 누구도 천국에서 하나님과 함께 지낼 수 없다는 사실입니다.)

로마서 3:21~24절을 읽으세요. 바울은 우리가 무엇을 해야만 한다고 말하나요?
(만약 자녀들이 답을 찾지 못하면, 다시 한번 읽어 주시고, '믿음'이라는 단어를 강조해 주세요. 그리고 나서 무엇을 믿어야 하는지도 질문해 주세요.)

🙏 기도하기

우리 가족 모두가 자신이 죄인이라는 사실을 인정하고 예수님이 우리를 죄로부터 구원해 주셔야만 한다는 사실을 고백하는 기도를 하세요.

숨겨진 보물
The Hidden Treasure

이야기 97 – 컬러 스토리 바이블

자녀들이 자는 동안에 집안 곳곳에 작은 선물들을 숨겨 놓으세요. 금박지로 싼 초콜릿 동전이나 반짝이는 작은 액세서리를 사용하면 좋습니다. 예배하기 위해 자녀들이 모두 모였을 때, 보물을 숨겨 놓았으니 지금부터 찾아보라고 얘기해 주세요. 아이들이 숨겨둔 보물들을 찾아오면, 자리에 앉게 하고 이번 주에는 들판에 숨긴 보물에 대한 비유와 또 다른 예수님의 비유 몇 가지를 배우게 될 거라고 말해 주세요.

DAY 1

♥ 상상하기

옛날 옛적에 다람쥐 한 마리가 떡갈나무 아래에 떨어진 도토리를 열심히 모으고 있었습니다. 하나씩 하나씩, 그 다람쥐는 그것들을 추운 겨울 때에 먹으려고 땅속에 묻어 두었습니다. 봄비가 내리던 어느 날, 그중 몇 개의 도토리가 그 지역의 한 농부가 사는 집 헛간 뒤에서 싹을 틔웠습니다. 그걸 본 농부는 작은 떡갈나무 묘목을 잘 키우기로 마음먹었습니다. 그리고 그 묘목들 주변에 튼튼한 울타리를 쳤습니다.

수년이 흐른 뒤에, 그 나무들은 점점 더 커졌습니다. 완전히 다 자라자, 그 나무의 높이는 무려 30m가 훌쩍 넘었습니다. 아마도 이 어마어마한 나무가 고작 작은 동전 크기의 도토리에서부터 시작했다고 믿는 건 쉽지 않을 겁니다. 오늘 이야기에서, 우리가 배우게 될 한 나무는 아주 작은 씨앗에서 자라기 시작하는데, 그 씨앗의 크기는 좁쌀보다도 작습니다.

📖 **성경 읽기 | 마태복음 13:31~33절**

💬 깊이 생각하기

겨자씨와 누룩의 비유에서, 예수님은 아주 작지만 빠른 속도로 자라서 곧 엄청난 크기가 되는 것에 대해서 가르치셨습니다. 예수님은 이 이야기를 천국은 작게 시작하지만 금세 놀랍게 커진다는 사실을 설명하는 데 사용하셨습니다. 예수님은 천국을 이 땅에 가져오셨고, 제자들을 선택하심으로 확장하셨습니다. 예수님이 떠나신 후부터, 그 왕국은 진실한 신자들 약 100여 명 정도로 확장되었습니다. 그러나 성령님이 그들에게 임하시고 그들이 설교하기 시작하자, 하나님의 나라는 진정한 확장과 성장을 이루기 시작했습니다. 수천 명의 사람이 믿고, 그리스도인이 되었습니다. 그 사람들이 또 다른 사람들에게 전했고, 하나님은 매일 교회에 사람들을 더하셨습니다.

오늘날, 하나님의 나라는 여전히 확장되고 있습니다. 현재 수백만 명의 사람들이 예수님을 믿습니다. 이것은 모두 작은 겨자씨 역할을 하신 예수님으로부터 시작되었습니다. 그리고 오늘날에는 엄청난 나무로 자랐습니다. 그 나무는 바로 교회입니다. 그리고 모든 신자는 그 교회의 일부입니다.

💬 이야기하기

천국은 무엇인가요?
(왕국은 왕의 소유인 땅과 왕이 다스리는 사람들로 이루어져 있습니다. 예수님이 천국에 대해서 말씀하실 때, 그분은 예수님 때문에 구원받고 그분의 가족이 된 모든 사람에 대해서 말씀하신 것입니다.)

천국이 어떻게 확장되는지를 보여주시려고 예수님이 사용하신 두 가지는 무엇인가요?
(겨자씨와 누룩은 둘 다 빠르게 자랍니다. 그래서 천국이 어떻게 확장되는지를 잘 나타냅니다.)

겨자씨나 누룩처럼 아주 작게 시작해서 빠르게 커지는 것이 또 무엇이 있을까요?
(이 질문 때문에 자녀들은 생각해 볼 기회를 얻게 됩니다. 수박은 큰 과일이지만 아주 작은 씨앗에서 시작합니다. 풍선은 바람을 불어 넣기 전까지는 납작하고 부피도 작습니다. 혹시 열기구 풍선이 부풀어지기 전에는 자동차 트렁크에 보관할 수 있다가도, 열이 가해지면 집 한 채 크기만큼 커질 수 있다는 사실을 아셨나요?)

우리는 어떻게 하나님 나라의 일부가 될 수 있나요?
(우리가 하나님 나라의 일부가 되기 위해서 해야 하는 것은 십자가에 오르셔서 죽임 당하시고 다시 살아나심으로 죽음을 이기셔서 우리가 용서받을 수 있게 하신 예수님을 믿는 것뿐입니다.)

🙏 기도하기

우리가 예수님을 믿고, 하나님 나라의 일부가 되게 도와달라고 기도하세요.

DAY 2

♥ 기억하기

어제 이야기 중에서 무엇을 기억하나요? 오늘은 어떤 이야기가 있을 것으로 생각하나요?

📖 성경 읽기 | 마태복음 13:34~35절

💬 깊이 생각하기

오늘 성경 본문에서, 마태는 시편에 기록된 아삽의 노래 가운데 하나를 언급했습니다. 그리고 말하기를 그것이 예수님을 가리키고 있다고 했습니다. 시편 78편에서, 아삽은 언젠가 하나님의 비밀들이 비유로 가르치는 사람에 의해서 드러나게 될 거라고 말했습니다. 오실 메시아에 대해서 선지자들이 말하는 것을 읽었던 유대인들은 누가 메시아일지를 알아내려고 노력했습니다.

예수님이 오셨을 때, 그 비밀은 풀렸습니다. 그리고 만천하에 공개되었습니다. 예수님이 바로 오래 전 선지자들이 외쳤던 메시아였습니다. 하나님의 천사들은 예수님의 탄생을 목자들에게 알렸습니다. 세례 요한이 말하길 예수님은 세상의 모든 죄를 짊어질 하나님의 어린양이셨습니다. 성부 하나님은 예수님이 세례받으실 때 그분이 아들이라는 사실을 선포하셨습니다. 심지어 귀신조차도 예수님을 하나님의 거룩한 분이라고 인정할 수밖에 없었습니다.

💬 이야기하기

혹시 비밀을 지켜야만 했던 순간이 있었나요?
(자녀들이 특별한 깜짝 이벤트를 준비해 놓고 그 비밀을 지키느라고 애쓴 경험, 생일 선물을 이미 준비했지만 말하지 않고 기다려야 했던 경험, 그 밖에 유사한 경험들을 기억하게 도와주세요. 혹시 자녀들의 경험이 없다면, 부모님 자신의 경험을 나눠주세요.)

오늘 성경에 나온 창세부터 감춰진 비밀은 무엇이었나요?
(예수님)

예수님이 태어나시기 전에 살았던 아삽은 어떻게 예수님이 비유로 말씀하실 걸 알았나요?
(비록 아삽은 예수님을 몰랐지만, 그와 다른 선지자들은 하나님이 그분의 백성들을 구원할 메시아를 보내실 날을 고대하고 있었습니다. 성령님은 아삽으로 하여금 그것을 기록하게 하셨습니다.)

🙏 기도하기

가장 소중한 비밀을 알게 해 주신 하나님께 감사하세요. 그 비밀은 예수님이 우리 모두의 구원자란 사실입니다!

DAY 3

♥ 예수님께 연결하기

오늘은 이번 주 성경 이야기를 복음과 연결해 보는 날입니다. 복음은 우리를 구원하신 예수님의 생명과 죽음, 그리고 부활입니다. 이번 주 성경 이야기가 어떻게 복음과 연결되는지 깊이 생각해보세요.

📖 성경 읽기 | 마태복음 13 : 44절

💬 깊이 생각하기

우연히 어떤 밭에서 보물을 발견한다면, 그 보물은 밭 주인의 것입니다. 그러나 만약에 보물을 발견한 사람이 전 재산을 다 주고 그 밭을 산다면, 보물은 그 사람의 것이 됩니다. 그래서 오늘 성경 구절에서 밭에서 보물을 발견한 사람이 그 밭을 산 겁니다. 어쩌면 보물을 발견한 그 사람은 이전에도 그 밭을 수백 번 넘게 지나다녔을지 모르지만 그 밭을 살 생각은 단 한 번도 하지 않았을 겁니다. 그러나 보물을 발견하고 나서는, 그 밭을 사려고 가진 전부를 다 팔았습니다.

그것은 예수님이 얼마나 소중한 보물인지를 처음 깨닫게 되는 것과 같습니다. 많은 사람은 예수님에 대해서 들었지만 그분을 단지 다른 많은 선생 중 한 명 정도로 여겼습니다. 그러나 예수님이 하나님의 아들이시고 십자가에서 돌아가심으로 우리 죄의 대가를 해결하신 분이란 사실을 깨달을 때, 예수님을 귀중한 보물로 여기게 됩니다. 오늘 비유에 나오는 사람처럼, 사람들은 그분이 누군지를 제대로 깨달으면, 예수님을 위해서 자신의 모든 것을 기꺼이 포기할 겁니다.

💬 이야기하기

오늘 이야기에서 사람은 밭에서 무엇을 발견했나요? (보물을 발견했습니다.)

그 사람은 왜 보물을 발견하고 나서 다시 숨겼나요?
(그 사람은 보물을 혼자 가지고 싶었습니다. 그러나 그렇게 하려면 먼저 그 밭을 사야만 했습니다.)

예수님은 왜 우리의 보물인가요? (예수님은 우리를 위해서 자신의 생명을 기꺼이 포기하셨습니다. 그래서 우리 죄는 용서받을 수 있습니다. 아무리 많은 돈을 들여도, 절대로 용서를 살 수는 없습니다. 이 세상 최고의 부자도 용서를 살 수 없습니다. 그러나 하나님은 우리가 아들이신 예수님을 믿기만 하면, 그것을 아무 대가 없이 주십니다.)

🙏 기도하기

예수님을 깊이 사랑해서 예수님을 향한 우리의 관심을 빼앗아가려는 모든 것을 기꺼이 포기하게 해 달라고 기도하세요.

DAY 4

♥ 기억하기

이번 주 성경 이야기를 통해서 하나님은 우리에게 무엇을 가르치시나요?

📖 성경 읽기 │ 마태복음 13:45~46절

💬 깊이 생각하기

어느 정도 크기가 되는 자연산 진주는 극히 드뭅니다. 이제껏 발견된 가장 큰 자연산 진주 가운데 하나는 밝은 오렌지 빛깔의 "일출(Sunrise)"입니다. 그 진주는 거의 탁구공만 한 크기입니다. 어떤 굴이나 조개도 진주를 그만하게 만들 만큼 오래 살지 못합니다. 그 진주가 너무나 희귀하고, 크고 아름다워서 어떤 사람이 무려 80억이라는 엄청난 돈으로 사려고 했습니다. 그러나 그 진주의 주인은 팔기를 거절했습니다.

예수님은 천국을 진주와 같다고 하셨습니다. 그러나 문제가 하나 있는데 우리는 천국으로 갈 방법을 절대 살 수 없다는 사실입니다. 아무리 많은 돈을 쌓아두고 있다 할지라도, 천국에 가는 방법을 절대 살 수 없습니다. 세상의 모든 돈을 다 갖고 있다 할지라도 천국을 살만큼 충분하지 않습니다. 그런데 어떤 한 사람이 우리가 천국에 갈 수 있게 그 대가를 지불했습니다. 바로 예수님이 그렇게 하셨습니다. 그분은 십자가에서 자신의 생명을 대가로 지불하셔서 우리의 죄를 다 가져가셨습니다. 예수님은 우리 대신에 자신의 생명을 포기하신 겁니다. 예수님은 가장 값비싼 진주가 되셨습니다. 그래서 이제 우리는 아무리 큰 대가를 치르더라도 예수님을 기꺼이 따라야만 하는 것입니다.

🗣 이야기하기

부모님은 현재 가진 것 중에서 가장 가치 있는 게 무엇인지 얘기해 주세요. (대체로 다이아몬드나 희귀한 동전, 기타 소중하게 여기는 물건들이 하나 정도는 있을 겁니다. 그것들을 꺼내서 자녀들에게 보여주시고 그것의 가치에 대해서 말해 주세요. 그렇게 함으로 오늘 읽은 성경 구절을 실제 삶에 적용하는 기회가 될 겁니다.)

어떤 사람이 자신이 가진 모든 것을 팔아서 진주 한 개를 사려고 했습니다. 왜 그랬을까요? (그것은 그 사람이 다른 무엇보다도 그 진주를 갖고 싶었기 때문입니다. 즉, 그 사람에게는 그 진주가 가장 소중한 것이었다는 뜻입니다.)

예수님과 오늘 이야기에 나온 진주는 어떤 면이 비슷한가요? (예수님은 천국은 진주와 같다고 말씀하셨습니다. 예수님의 의도는 그분이 천국으로 갈 수 있는 유일한 길이고, 바로 그분 자신이 가장 값비싼 진주라는 사실을 알려주는 것이었습니다. 예수님을 따르는 것은 모든 것을 포기할 만큼 가치가 있습니다. 우리 자신의 힘이나 능력으로는 천국에 가는 방법을 살 수 없습니다. 우리가 할 수 있는 것은 오직 예수님을 따르기 위해서 그분보다 더 소중히 여기는 모든 것들을 포기하는 것뿐입니다. 그리고 그렇게 할 수 있습니다. 예수님이 먼저 그런 삶을 사셨기 때문에 가능합니다.)

🙏 기도하기

비싸고 좋아 보이는 세상의 것들을 버리고 예수님을 따르게 해 달라고 기도하세요.

DAY 5

♥ 발견하기

오늘은 다른 성경 본문을 보는 날입니다. 시편이나 예언서에서 예수님 혹은 우리의 구원에 대해 배울 수 있습니다.

🔖 성경 읽기 ┃ 아모스 9:7~15절

💬 깊이 생각하기

선지자 아모스를 통해서, 하나님은 이스라엘의 그 거대한 성벽을 무너뜨릴 날에 대해 말씀하셨습니다. 11절에서, 아모스가 말하길 하나님은 다윗의 무너진 장막을 일으키시겠다고 하셨습니다. 그 성벽들과 이스라엘의 성읍들은 무너질 것입니다. 그러나 다윗의 집안은 다시 일어서고 회복될 것입니다. 아모스는 하나님이 어떤 사람을 보내서 그 장막을 다시 세우실 거라는 뜻으로 말한 것이 아니었습니다. 다윗의 장막은 다윗의 계보에 대해, 그리고 하나님이 어떻게 그 후손을 통해서 메시아를 보내실지를 말하는 것이었습니다. 그 일이 벌어졌을 때, 모든 나라는 하나님의 복을 받게 될 것입니다. 사도행전 15장에서, 사도 야고보는 오늘 본문을 인용하면서 왜 유대인이 아닌 사람들에게도 복음이 전해졌는지를 설명했습니다(행 15:13~18절).

🗣 이야기하기

다윗의 장막에서 일어날 사람은 누구인가요?
(예수님은 하나님이 다윗의 계보에서 세우실 분으로 그분은 모든 사람의 죄를 다 해결하시고 구원을 완성하십니다.)

아모스의 예언과 하나님이 아브라함과 맺으신 언약은 어떤 면에서 비슷한가요?
(하나님은 아브라함을 통해서 모든 나라에 복을 주겠다고 약속하셨습니다. 아모스를 통해, 하나님은 모든 나라가 "내 이름으로 일컬음을 받게" 될 것이라고 반복해서 말씀하십니다[12절].)

우리는 어느 나라 출신인가요?
(우리 가족에 대해서 잠시 생각하는 시간을 가지세요. 혹시 이스라엘 배경이 있나요? 아니면 오늘 아모스의 예언에 나온 나라들과 관련이 있나요? 우리가 유대인이거나 아니거나, 하나님은 모든 믿는 사람을 그분의 가족으로 맞아주십니다.)

🙏 기도하기

모든 나라 사람들에게 복을 주시고 자녀로 삼아주신 하나님께 감사하세요.

예수님이 폭풍우를 잠잠케 하시다
Jesus Calms the Storm

이야기 98 – 컬러 스토리 바이블

오늘 활동은 이번 주 예배를 시작하기 전이나 아니면 주중에 아무 때나 해도 괜찮습니다. 집에서 온 가족이 함께 모여 대화를 나눠보세요. 그리고 대화가 한창일 때, 모든 가족 가운데 서서 큰소리로 이렇게 외치세요. "조용히 하시오!" 아마 다들 그 단호한 명령에 깜짝 놀라서 대화를 멈추고, 쳐다볼 겁니다. 그러면 미소 지으며 얘기하세요. "잘 되는군!" 가족들이 무슨 말이냐고 물어보면, 오늘 성경 이야기에서 예수님이 말씀으로 폭풍우를 잠잠케 하신 것처럼 아빠의 권위로 가족들을 다 조용하게 할 수 있는지를 시험해 봤다고 설명해 주세요. 이어서 "예수님은 모든 것들을 다스릴 절대적인 권위를 가지신 분이셔서 바람과 파도를 잠잠케 하실 수 있었단다."라고 말해 주세요.

DAY 1

♥ 상상하기

어린아이들은 때때로 어둠을 두려워합니다. 숨소리밖에 들리지 않는 한밤중에 지붕을 때리는 빗줄기 소리와 창문 밖에서 흔들리는 나뭇가지 때문에 아이들은 무서워합니다. 조금 크면서, 자녀들은 부모님의 판단을 믿기 시작합니다. 실제로 바깥에 위험한 상황이 있을지라도, 엄마 아빠와 함께 집에 있다면 안전하고 두려워할 필요가 없다는 사실을 배웁니다. 오늘 성경 이야기에서 제자들은 이와 비슷한 교훈을 배웠습니다. 그들이 비록 위험에 처했을지라도, 예수님을 믿는다면, 두려워할 이유가 전혀 없습니다. 우리를 보호하고 지키시는 예수님과 함께라면, 아무리 위험한 상황들도 무서운 소리를 내며 지붕을 내리치는 빗방울처럼 요란하기만 할 뿐 전혀 해를 끼치지 못합니다.

📖 성경 읽기 | 누가복음 8:22~25절

💬 깊이 생각하기

폭풍이 몰아치기 전 예수님과 함께 배를 탔던 제자들은 그때 이미 그분이 매우 특별한 분이란 사실을 알고 있었습니다. 제자들은 단 한 번도 예수님이 죄를 짓는 것을 본 적이 없었습니다. 그들은 예수님이 병든 사람들을 고치시는 것을 봤고, 그분이 전하시는 놀라운 가르침을 들었습니다. 그러나 오늘 이야기에 와서야 제자들은 그들이 생각하는 것 이상으로 예수님의 능력이 대단하다는 걸 경험했습니다. 그들은 폭풍우가 몰아쳐서 배가 침몰할 수도 있을 거란 생각에 두려웠습니다. 그들은 예수님과 함께 있었지만, 맹렬한 그 폭풍우가 지붕 위에 떨어지는 빗줄기처럼 그들에게 전혀 해를 끼칠 수 없다는 사실을 전혀 생각하지 못했습니다. 예수님이 폭풍우를 잠잠케 하시자, 제자들은 놀랐고 진짜로 예수님이 어떤 분이신지 궁금해 졌습니다.

🔊 이야기하기

우리가 가장 두려워하는 게 무엇인가요?
(자녀들이 스스로 생각해 보게 도와주세요. 혹시 자녀들이 깜깜한 밤이나 침대 밑이나 장롱 속에 뭔가 있는 것 같다는 식의 이야기를 하면서 무서워했던 적이 있었는지 생각해 보시고, 그때를 기억하게 도와주세요.)

제자들은 왜 두려웠나요?
(제자들은 무섭게 몰아치는 폭풍우가 자신들의 배를 침몰시킬까 봐 두려웠습니다. 그들은 예수님이 바람과 파도를 다스리는 능력을 가지신 분이라는 사실을 깨닫지 못했습니다. 그래서 과연 살 수 있을지 두려웠습니다.)

폭풍우가 몰아치는 데 왜 예수님은 제자들에게 두려워하지 말라고 하셨나요?
(예수님은 그들과 함께 배에 계셨습니다. 그리고 그분은 바람과 파도를 다스리셨습니다. 아무리 폭풍우가 무섭게 몰아칠지라도, 제자들이 예수님과 함께 있는 한 아무런 위험도 다가오지 못했습니다.)

🙏 기도하기

우리가 위험이나 어려움에 부닥쳤을 때 하나님을 신뢰하게 해 달라고 기도하세요.

DAY 2

♥ 기억하기

어제 이야기 중에서 무엇을 기억하나요? 오늘은 어떤 이야기가 있을 것으로 생각하나요?

📖 성경 읽기 | 누가복음 8:26~33절

💬 깊이 생각하기

어제 이야기에서, 제자들은 예수님이 폭풍우를 잠잠케 하시는 것을 보고 매우 놀랐습니다. 그리고 그분은 도대체 어떤 분일지에 대해서 궁금해졌습니다. 오늘 이야기에서 귀신들은 예수님이 누구신지를 정확히 알았습니다. 그리고 그들은 그분 때문에 두려웠습니다. 귀신들은 예수님을 가리켜 지극히 높으신 하나님의 아들이라고 했습니다. 그 귀신들이 예수님이 누구신지를 정확히 알았던 이유는 과거에 그들도 천국에서 하나님을 섬기던 천사들이었기 때문입니다. 하지만 그들은 사탄을 따랐고 하나님을 배반하고 대적하는 존재가 되었습니다. 하나님은 그들을 천국에서 내쫓았고 마지막 심판이 있을 때까지 이 땅을 전전하게 하셨습니다(이사야 14:12~14절과 요한계시록 12:9절을 보세요).

🗨 이야기하기

귀신은 예수님을 누구라고 했나요?
(하나님의 아들이라고 했습니다.)

귀신은 예수님이 누구신지를 어떻게 알았나요?
(귀신은 천사로서 하나님을 예배했었습니다. 그래서 그들은 예수님이 누구신지를 알았습니다.)

오늘 이야기에서 우리는 예수님이 귀신들보다 더 능력이 많으신 분이란 사실을 어떻게 알 수 있나요?
(귀신들은 예수님과 싸움을 하려고 시도조차 하지 않았습니다. 그들은 예수님을 두려워했고 심지어 돼지들에게 들어가게 해 달라고 허락을 구했습니다. 그들은 예수님이 자신들을 멸망시킬 수 있는 분이라는 걸 알았습니다.)

🙏 기도하기

그 어떤 존재보다도 강력한 힘을 가지신 하나님을 찬양하세요. 어떤 것도 우리의 하나님보다 강하지 않습니다. 그분은 만유의 주님이십니다.

DAY 3

♥ 예수님께 연결하기

오늘은 이번 주 성경 이야기를 복음과 연결해 보는 날입니다. 복음은 우리를 구원하신 예수님의 생명과 죽음, 그리고 부활입니다. 이번 주 성경 이야기가 어떻게 복음과 연결되는지 깊이 생각해보세요.

📖 성경 읽기 | 누가복음 8:34~39절

💬 깊이 생각하기

돼지를 치던 사람들이 자신들의 돼지에 생긴 일을 보고선 도망쳤습니다. 사람들은 귀신 들렸다가 풀려난 사람을 보자 두려웠습니다. 그 마을 주변 사람들도 무슨 일이 벌어졌는지를 다 들었습니다. 그 사람들도 마찬가지로 매우 두려워했습니다. 그러나 예수님이 구해주신 그 사람만은 전혀 두려워하지 않았습니다. 그는 도망치지도 않았습니다. 왜냐하면 그 사람은 자신을 구원해 주신 예수님과 함께 있고 싶었기 때문입니다. 하나님의 능력과 심판은 죄인인 우리를 반드시 두려워하게 만듭니다. 그러나 예수님이 우리 죄를 해결하셨다는 믿음이 있다면, 우리는 하나님의 심판을 더 이상 두려워할 필요가 없습니다.

🗣 이야기하기

오늘 이야기에 나오는 사람들은 왜 두려워했나요?
(자녀들이 스스로 생각해 보게 해 주세요. 우선, 귀신에 대한 이야기를 듣는 것 자체가 꽤 무서웠을 겁니다. 그러고 나서 돼지 떼가 몰려가서 스스로 물속에 뛰어들어 죽었다는 이야기 또한 무서운 이야기입니다. 그러나 대다수의 사람은 그런 이야기를 듣기만 했습니다. 그들에게는 예수님의 능력이 얼마나 대단한지가 더 두려운 이야기였을 겁니다. 하나님은 전능하신 분이십니다. 그래서 그 능력을 사용하실 때, 그것은 두려울 수밖에 없습니다.)

귀신에게서 벗어난 그 사람은 왜 예수님을 두려워하지 않았나요? (그 사람은 드디어 자유를 얻었습니다. 거기에 그치지 않고 그 사람은 예수님이 귀신에게서 사람을 해방하는 권능을 가지신 분이란 사실을 깨달았습니다.)

그 사람은 무엇을 하기 원했나요? (그 사람은 예수님과 함께 가기를 원했습니다.)

예수님이 그 사람에게 시키신 것은 오늘날 우리에게도 하시는 말씀입니다. 무엇을 하게 하셨나요?
(예수님은 그 사람에게 고향으로 돌아가서 하나님이 그를 위해서 하신 일을 전하라고 시키셨습니다. 그것은 예수님이 제자들을 통해서 오늘날 우리에게 전하신 명령과 같습니다. 우리는 모든 사람에게 가서 예수님을 전해야 합니다.)

🙏 기도하기

예수님의 도움이 필요한 사람들을 기억하고 그들을 위해서 기도하세요.
(그 대상은 아직 예수님을 믿지 않고 하나님을 사랑하지 않는 친구나 친척들이 될 수도 있습니다. 어쩌면 약물이나 알코올에 중독된 사람들이 주위에 있을지도 모릅니다. 하나님께 그 사람들을 해방해 달라고 기도하세요.)

DAY 4

♥ 기억하기

이번 주 성경 이야기를 통해서 하나님은 우리에게 무엇을 가르치시나요?

📖 성경 읽기 | 누가복음 8:40~56절

💬 깊이 생각하기

오늘 본문인 8장을 통해서 우리는 예수님이 어떤 능력과 권위를 가진 분이신지 배우게 됩니다. 이번 주 첫날에, 예수님이 말씀으로 폭풍우를 잠재우시는 걸 보면서 그분에게는 자연을 다스리시는 권위가 있다는 사실을 배웠습니다. 오늘, 우리는 예수님이 병든 자는 물론이고 죽은 자에게도 권위를 행사하시는 분이란 사실을 알게 됩니다. 예수님이 죽은 소녀 주위에 몰려든 사람들에게 그 소녀는 단지 잠자고 있을 뿐이라고 말씀하셨을 때, 사람들은 그분을 비웃었습니다. 왜냐하면 사람들이 보기에 그 소녀는 죽었기 때문입니다. 그러나 예수님은 두 마디 말씀하심으로 그 소녀에게 다시 생명을 불어넣으셨습니다. "아이야, 일어나라." 하나님께는 불가능이 없습니다. 그리고 예수님은 하나님이시기에 죽음에서 살아나는 것도 충분히 가능한 일이었습니다.

🗨 이야기하기

부모님은 예수님이 이루신 일 중에서 어떤 이야기가 자신의 필요와 어려움을 그분께 맡길 수 있다고 믿게 했는지 얘기해 주세요.
(예수님이 죽은 자까지도 살리시는 권능을 가지셨다는 사실을 알게 될 때, 그것과 비교해서 우리의 필요는 작게만 보입니다. 하나님이 죽은 자도 살리시는 분이라면, 분명히 우리도 돌보실 수 있습니다. 하나님이 과거에 우리를 어떻게 보호하셨는지를 기억할 때 지금 현재도 그분은 우리를 돌보신다는 사실을 믿을 수 있습니다.)

오늘 이야기에 나오는 회당장 야이로의 죽은 딸은 몇 살인가요?
(그 아이는 12살이었습니다.)

예수님은 왜 그 부모가 사람들에게 죽었던 딸이 다시 살아났다는 사실을 말하지 말라고 하셨나요?
(다른 장면에서, 예수님이 기적을 행하셨을 때, 사람들은 아직 그분의 때가 이르지 않았음에도 예수님을 억지로 왕으로 세우고자 했습니다[요 6:15절]. 그런 일이 또 벌어지는 것을 예수님은 원하지 않으셨습니다.)

🤲 기도하기

우리가 알고 있는 사람 중에서 아픈 이들을 위해서 기도하세요. 하나님이 그들을 고쳐주시길 간구하세요.

DAY 5

💙 발견하기

오늘은 다른 성경 본문을 보는 날입니다. 시편이나 예언서에서 예수님 혹은 우리의 구원에 대해 배울 수 있습니다.

📖 성경 읽기 | 시편 23편

💬 깊이 생각하기

오늘 시편에서 예수님을 가리키는 방식은 다양합니다. 다윗은 주님을 목자라고 했습니다. 그리고 우리는 예수님이 자신을 선한 목자라고 말씀하셨다는 사실을 이미 알고 있습니다(요 10:11절). 다윗은 주님이 주시는 안식 때문에 그분 안에서 만족했습니다. 예수님은 "수고하고 무거운 짐 진 자들아 다 내게로 오라 내가 너희를 쉬게 하리라"고 말씀하셨습니다.

요한계시록 7:17절에서 어린양이신 예수님은 우리를 생명수 샘으로 인도하시고 우리에게서 눈물을 씻어 주시고 영원히 우리와 함께 계신다고 말하고 있습니다. 이 말씀은 오늘 시편에서 다윗이 기록한 내용과 일치합니다. 비록 이 시편이 예수님에 대한 예언을 나타내는 것은 아니지만, 분명한 것은 오늘 시편은 예수님을 가리키고 있습니다. 우리처럼 죄인이었던 다윗이 의의 길을 걸을 수 있었던 유일한 방법은 하나님이 그의 죄를 해결해 주시는 것뿐입니다. 그것이 바로 예수님이 십자가에서 이루신 일입니다. 그리고 다윗이 여호와의 집에 영원히 거할 수 있는 것은 예수님을 통해서 우리에게 주어지는 하나님의 구원 계획을 믿음으로 가능한 것입니다.

💭 이야기하기

오늘 시편에서 예수님을 나타내는 표현 한 가지는 무엇인가요? (자녀들이 오늘 시편에서 예수님을 나타내는 표현을 기억하지 못한다면, 다시 한번 천천히 읽어주세요. 그리고 자녀들에게 답을 찾으면 손을 들고 말하게 해 주세요. 또한 다시 읽어 주실 때, 정답이 되는 단어를 강조해서 힌트를 줄 수도 있습니다.)

다윗의 이 시편은 오늘을 사는 우리에게 어떻게 위로를 줄 수 있나요?
(다윗이 삶의 어려움 속에서 주님을 신뢰했듯이, 우리도 그렇게 할 수 있습니다. 주님은 우리의 목자십니다.)

왜 이 시편은 다윗보다 우리에게 훨씬 더 특별하게 받아들여져야 하나요?
(다윗이 이 시편을 쓰고 주님을 신뢰했을 때, 그는 예수님을 몰랐습니다. 그는 하나님이 어떻게 그를 구원하실지, 그리고 여호와의 집으로 어떻게 인도하실지 몰랐습니다. 우리는 영광스럽고 놀라운 예수님의 모든 이야기를 압니다. 다윗이 거의 알지 못함에도 불구하고 주님을 믿었다면, 우리는 복음에 대해서 이미 다 알고 있기 때문에 여호와 하나님을 더 분명하게 믿을 수 있어야만 합니다.)

🙏 기도하기

죄에서 우리를 구원하시고 우리가 살아가는데 필요한 것들을 주시는 예수님을 믿게 해 달라고 하나님께 간구하세요.

예수님이 큰 무리를 먹이시다
Jesus Feeds the Multitude

이야기 99 – 컬러 스토리 바이블

오늘 활동을 위해서 작은 빵 다섯 개, 큰 바구니, 그리고 정어리 혹은 꽁치 캔을 준비해 주세요. 예배를 시작하기 전, 자녀들에게 준비한 물건들을 보여주시고 이번 주 어떤 이야기일지 예상할 수 있겠냐고 질문하세요. (자녀들은 정어리나 꽁치 캔이 뭔지 모를 수 있습니다. 그럴 경우는 캔 뚜껑을 열어서 내용물을 보여주세요.) 자녀들이 이번 주 이야기를 대충 알게 되면, 예수님이 사람들을 먹이셨던 음식과 비슷한 이 음식들을 한 번 먹어보겠냐고 물어보세요. 그리고 나서 자녀들에게 생선과 빵을 조금씩 나눠주세요.

DAY 1

♥ 상상하기

보통 사람들은 유명한 사람 주위에 몰려듭니다. 그래서 영화배우나 프로 스포츠 선수, 대통령 같은 사람들은 어딜 가든 항상 군중을 몰고 다닙니다. 그래서 몰려드는 군중을 피하려고, 유명인들은 자신들의 스케줄을 공개하지 않으려고 합니다. 그런데도, 한두 사람이 그들을 알아보면, 금세 소문이 퍼지고, 점점 더 많은 사람이 모여들어서 사인을 요구하기도 합니다. 바로 이런 일이 예수님께 일어났습니다. 몇몇 사람이 그분을 알아보자마자, 말은 퍼져나갔고, 곧 수많은 사람이 몰려들었습니다. 그러나 그 사람들은 예수님의 사인을 원한 게 아니라 자신들의 병을 고쳐 주시기를 원했습니다. 예수님은 어디로 가실지 사람들에게 전혀 알리지 않으셨지만, 사람들은 언제나 그분을 찾아냈습니다.

📖 성경 읽기 | 요한복음 6:1~4절

💬 깊이 생각하기

예수님이 살던 시대에는 병을 치료할 의약품이 다양하지 않았고, 충분한 의학적 지식도 부족했습니다. 그래서 곳곳에 치료받지 못한 채 살아가는 병자들이 많았습니다. 요즘은 한센병, 간질도 치료할 수 있고, 심지어 의족을 끼고 걸을 수도 있습니다. 그러나 그 당시에 의사는 이런 병들을 전혀 치료할 수 없었습니다. 그러니 예수님이 아픈 사람들을 즉시 낫게 하시는 것을 본다는 게 병자들에게 얼마나 놀라운 일이었을지 상상할 수 있을 겁니다.

만약 예수님이 지금 이곳에 계신다면, 우리는 불치병에 걸린 사람들을 예수님께 데려와 치료받게 하려고 수단과 방법을 가리지 않을 겁니다. 다양한 병을 치료할 수 있는 시대에 살고 있음에도 불구하고, 예수님 시대처럼 많은 사람이 몰려들 겁니다. 우리는 아마도 TV 뉴스로 예수님이 어디에 계시는지, 무슨 일을 하셨는지 보고 듣게 될 겁니다. 그리고 관련된 이야기들이 인터넷과 메시지를 통해 순식간에 확산될 겁니다. 예수님이 살던 시대에 군중에게서 멀리 떨어지는 게 힘들다고 예수님이 느끼셨다면, 분명히 오늘날은 훨씬 더 어렵다고 생각하실 겁니다.

💬 이야기하기

유월절은 어떤 절기인가요?

(유월절은 이스라엘 백성이 이집트에 내려진 열 가지 재앙과 노예 생활에서 구출해 내신 하나님을 기념하는 날입니다. 이스라엘 백성은 어린 양의 피를 문설주에 발라 죽음이 그들의 집안을 "넘어가게" 했습니다. 그리고 그것이 첫째 아들을 죽이지 않게 했습니다.)

왜 예수님은 많은 군중이 몰려 왔을 때, 산에 오르거나 배 위에 계셨나요?

(그렇게 하면 군중이 예수님을 보고 그분의 말씀을 듣기에 더 편하고 좋았기 때문이었습니다.)

도대체 왜 사람들은 예수님께 열광하고 그분을 찾아왔을까요?

(사람들은 예수님이 하셨던 일들을 이제껏 본 적이 전혀 없었습니다. 눈먼 사람이 보게 되고, 다리를 저는 사람이 제대로 걷고, 듣지 못하는 사람이 듣게 되었습니다. 사람들은 예수님이 행하신 기적들이 로마에서 자신들을 구원해 내실 하나님의 증거라고 기대했습니다.)

🙏 기도하기

예수님이 행하신 기적을 적어보세요. 그 내용을 보면서 하나님을 찬양하세요. 그리고 그것들이 예수님이 하나님의 아들이라는 사실을 사람들에게 어떻게 나타냈는지 얘기해 보세요.

DAY 2

♥ 기억하기

어제 이야기 중에서 무엇을 기억하나요? 오늘은 어떤 이야기가 있을 것으로 생각하나요?

📖 성경 읽기 | 요한복음 6:5~13절

💬 깊이 생각하기

요한복음을 기록한 사도 요한은 예수님이 오병이어 기적을 행하셨던 그 날에 오천 명의 남자들이 있었다고 했습니다. 그러나 거기에는 여자들과 아이들도 있었습니다. 그 말은 대략 만 명에서 만 오천 명 정도의 사람들이 그 언덕에 있었다는 뜻입니다. 도대체 어떻게 예수님은 그렇게 적은 양의 음식으로 만 오천 명이 넘는 사람들을 배부르게 먹이고 열두 바구니나 남기실 수 있었을까요? 물고기 두 마리와 보리 떡 다섯 개가 갑자기 크기가 엄청나게 커졌을까요? 아니면 예수님이 그것들을 들고 축사하셨을 때, 물고기가 한 이만 마리 정도로 늘어났을까요?
성경에는 예수님이 어떻게 그 많은 사람을 먹게 하셨는지를 기록하고 있진 않습니다. 그러나 거기에서 그 장면을 목격하는 것은 무척 신나고 놀라운 일이었을 겁니다. 어떻게 그 일이 벌어졌든지 간에, 이 기적 때문에 우리는 예수님이 창조의 능력을 가진 분이란 사실을 알게 됩니다. 그리고 바로 그 능력으로 예수님은 이 세상을 창조하셨습니다.

💬 이야기하기

물고기 두 마리와 떡 다섯 개가 어떻게 모든 사람을 다 먹일 만큼 많아졌을까요?
(이 질문은 상상력을 동원해서 대답할 수 있는 재미있는 질문입니다. 어떻게 그렇게 되었는지 정확히 알 수 없습니다. 자녀들 각자만의 생각을 들어보는 흥미로운 기회가 될 겁니다.)

예수님은 어떻게 물고기와 떡의 양을 늘어나게 해서 그 많은 사람을 먹이실 수 있었을까요?
(예수님이 세상을 창조하신 분이라는 사실을 자녀들이 기억하고 이 상황을 이해하게 도와주세요[골 1:16절]. 예수님이 세상을 무[無]에서 창조하실 수 있다면, 물고기와 떡을 그렇게 하는 것은 어려운 일이 아닐 겁니다.)

오늘 이야기는 우리의 믿음을 굳건히 세우는 데 어떤 도움이 될 수 있나요?
(때때로, 우리는 불가능해 보이는 상황에 놓인 자신을 발견하곤 합니다. 전능하신 하나님이 우리의 필요를 채우시며 우리를 돕고 싶어 하신다는 사실을 아는 것은 우리의 믿음을 굳건하게 합니다. 오래전, 하나님은 전능하심으로 그분의 백성들을 도우셨습니다. 이 사실 때문에, 우리는 하나님께 기도하고 우리의 필요를 간구합니다.)

하나님은 오천 명의 남자들과 그 가족들이 다 먹을 수 있게 공급하셨습니다. 이것은 우리가 먹을 것을 위해서 하나님을 신뢰할 때 어떤 도움이 되나요?
(오늘 이야기를 통해서 하나님은 우리의 모든 필요를 채우시고 우리를 도우시는 분이란 사실을 알게 됩니다.)

🙏 기도하기

전능하신 예수님을 찬양하세요. 그 능력으로 이 세상을 창조하시고 물고기와 떡을 많아지게 하셨습니다.

DAY 3

♥ 예수님께 연결하기

오늘은 이번 주 성경 이야기를 복음과 연결해 보는 날입니다. 복음은 우리를 구원하신 예수님의 생명과 죽음, 그리고 부활입니다. 이번 주 성경 이야기가 어떻게 복음과 연결되는지 깊이 생각해보세요.

📖 성경 읽기 ┃ 요한복음 6:14~27절

💬 깊이 생각하기

예수님이 행하신 오병이어 기적을 본 사람들은 이분이야말로 자신들을 로마의 통치로부터 구원해 낼 메시아라고 생각했습니다. 그래서 예수님을 왕으로 세우고자 했습니다. 사람들은 모세가 가르쳤던 선지자를 떠올리면서 예수님을 그 선지자로 여겼습니다. 신명기에서, 모세는 이렇게 말했습니다. "네 하나님 여호와께서 너희 가운데 네 형제 중에서 너를 위하여 나와 같은 선지자 하나를 일으키시리니 너희는 그의 말을 들을지니라. … 내가 그들의 형제 중에서 너와 같은 선지자 하나를 그들을 위하여 일으키고 내 말을 그 입에 두리니 내가 그에게 명령하는 것을 그가 무리에게 다 말하리라" (신 18:15, 18절). 사람들이 옳았습니다. 예수님은 모세가 말한 바로 그 선지자였습니다. 그러나 그분은 유대 민족을 로마 통치에서 구원하려고 오신 게 아니었습니다. 예수님은 그분의 백성들을 더 큰 적들에게서 구원하려고 오셨습니다 — 그 적들은 바로 죄와 사망입니다. 예수님은 그 백성들이 그저 로마의 통치에서 벗어나 이 땅에서만 편안히 살게 하려고 오신 게 아니었습니다. 예수님은 그들에게 천국에서 누릴 영원한 평화를 주셨습니다.

💬 이야기하기

사람들이 예수님이 행하신 기적을 봤을 때, 예수님과 함께 무엇을 하려고 했나요?
(사람들은 그분을 선지자로 여겼고, 왕으로서 자신들을 로마 통치에서 구출해 낼 분으로 생각했습니다.)

예수님은 왜 사람들이 자신을 왕으로 세우는 것을 원치 않으셨나요? (예수님은 단지 이 땅에서 왕이 되어 모든 속박에서 그 백성들을 구원하려고 오신 분이 아니었습니다. 예수님은 영원한 천국에서 왕으로서 통치하시는 분이시고 죄와 사망을 멸망시키려고 오셨습니다. 그리고 그분을 믿는 모든 사람에게 영원한 생명을 주십니다.)

만약 우리가 예수님이 기적을 일으키시는 바로 그 자리에 있었다면 어땠을까요? (우리도 그 사람들처럼 예수님을 왕으로 세우려고 했을 겁니다. 예수님을 왕으로 세우려는 것이 잘못된 반응은 아닙니다. 오히려 당연한 반응이고 어쩌면 옳은 선택이 될 수도 있었습니다. 그러나 중요한 것은 그 사람들이 예수님을 그저 이 땅에서의 편안함과 자유를 주시려고 오신 분 정도로만 생각했다는 겁니다. 그분은 그 정도 수준의 복을 주시려고 오신 분이 아니었습니다. 예수님은 죄에서 우리를 자유롭게 하시고 천국에서 누릴 영원한 보물을 주려고 오셨습니다.)

🙏 기도하기

우리가 예수님을 사랑하고 이 땅에서의 부유함이 아니라 천국에서의 영원한 삶을 더 바라게 해 달라고 기도하세요.

DAY 4

♥ 기억하기

이번 주 성경 이야기를 통해서 하나님은 우리에게 무엇을 가르치시나요?

📖 성경 읽기 | 요한복음 6:28~40절

💬 깊이 생각하기

예수님이 만 오천 명 이상의 사람들을 단지 물고기 두 마리와 떡 다섯 덩어리로 먹이셨다는 건 매우 놀라운 사건입니다. 그러나 그것은 모든 사람을 대신해서 십자가에서 돌아가심으로 그 사람들을 죄에서 구하셨다는 사실에 비하면 그리 놀랄만한 것도 아닙니다. 수많은 사람을 먹이신 기적은 우리에게 더욱 더 특별한 것을 상징하는 사건입니다. 그것은 예수님이 우리의 필요를 다 채워주시는 분이란 뜻입니다. 예수님은 이 땅에서 살아가는 데 필요한 것뿐만 아니라 우리가 영원히 천국에서 살아가는데 필요한 모든 것을 주십니다. 그래서 예수님은 자신을 생명의 떡이라고 하셨습니다. 예수님은 하나님이 구원하기로 계획한 모든 사람들을 단 한 사람도 놓치지 않고 구원하실 겁니다. 그것이 바로 우리에게 주어진 위대한 소망입니다. 우리가 예수님을 믿으면, 그분은 우리를 구원하실 겁니다. 그것이 바로 하나님이 우리와 맺으신 언약입니다.

🗣 이야기하기

부모님은 이제까지 살아오면서 하나님이 필요한 것을 어떻게 채워주셨는지 자녀들에게 얘기해 주세요.
(무엇인가 필요했던 순간에 하나님이 그것을 공급하시고 채워주셨던 경험을 얘기해 주세요.)

"우리가 어떻게 해야 합니까?" 라는 사람들의 질문에 예수님은 뭐라고 대답하셨나요?
(예수님은 하나님을 보내신 이를 믿어야 한다고 말씀하셨습니다.)

예수님은 누가 마지막 날에 다시 살게 될 거라고 말씀하셨나요(40절)?
(만약 자녀들이 어려서 스스로 읽지 못하거나 읽기는 하지만 이해를 잘 못 한다면, 40절을 다시 한 번 읽어주시고, 답을 알면 손을 들고 얘기하라고 말해 주세요. "아들을 보고 믿는 자마다 영생을 얻는다.")

🙏 기도하기

예수님을 믿고 모든 죄를 용서받아 하나님의 자녀가 되게 해 달라고 기도하세요.

DAY 5

♥ 발견하기

오늘은 다른 성경 본문을 보는 날입니다. 시편이나 예언서에서 예수님 혹은 우리의 구원에 대해 배울 수 있습니다.

📖 성경 읽기 | 이사야 29:18~20절

💬 깊이 생각하기

구약의 어떤 예언서들은 그 내용에서 예수님을 어떻게 나타내고 있는지 찾기가 어렵습니다. 그러나 오늘 본문은 예수님을 나타내는 표현을 발견하기 쉽습니다. "이스라엘의 거룩하신 이" 라는 이름은 선지자들이 언젠가 오실 메시아를 가리킬 때 사용했습니다. 예수님이 이 땅에 오셨을 때, 귀신들은 그분을 "하나님의 거룩한 자" 라고 불렀습니다(막 1:24절, 요 6:69절). 그리고 우리는 예수님이 눈먼 사람들과 귀먹은 사람들을 고치셨다는 사실을 알고 있습니다. 예수님은 부자나 통치자들에게 다가가지 않으셨습니다. 오히려 그분은 가난한 사람들과 도움이 필요한 사람들을 먼저 찾아가셨습니다. 예수님이 그런 사람들을 가르치시고 병을 낫게 하셨을 때, 그 사람들은 기뻐했고, 하나님을 찬양했습니다. 언젠가, 이사야 29:20절처럼 이스라엘의 거룩하신 분은 모든 악을 멸망시키실 것입니다. 그 일은 예수님이 다시 오실 때에 일어날 겁니다.

💬 이야기하기

이사야가 오늘 예언에서 사용한 예수님의 이름은 무엇인가요?
(자녀들이 "이스라엘의 거룩한 이" 라는 대답을 하지 못하면, 다시 한 번 본문을 읽어 주세요. 그리고 정답이 있는 부분을 강조해서 읽어 주세요.)

"이스라엘의 거룩한 이" 라는 이름 말고 이사야가 예수님에 대해서 말하는 다른 단서들은 무엇인가요?
(이사야는 귀먹은 사람들이 듣고 눈먼 자들이 보게 된다고 말했습니다.)

예수님은 언제 모든 악을 멸망시키실까요?
(예수님은 다시 오셔서 그분을 믿지 않고 죄에서 돌이키지 않는 모든 죄인을 불과 유황으로 타는 못에 던지실 겁니다[계 21:8절].)

✍ 기도하기

귀를 열어 듣게 하시고 눈을 열어 보게 하시며 언젠가는 모든 악을 멸망시키실 이스라엘의 거룩한 분을 찬양하세요.

week 22

예수님이 물 위를 걸으시다
Jesus Walks on Water

이야기 100 – 컬러 스토리 바이블

유리컵에 물을 채우고 그 위에 가로세로 2.5cm 정도 크기의 휴지조각을 띄우세요. 그 휴지 뗏목 위에 클립이나 핀을 살짝 올려보세요. 그다음에 클립이나 핀을 건드리지 말고 휴지조각만 조심스럽게 눌러서 아래로 잠기게 해 보세요. 제대로 되면, 휴지 조각만 가라앉고 클립이나 핀은 여전히 물 위에 떠 있을 겁니다. 자, 이제 액체 비누를 살짝 떨어뜨려 보세요. 물 표면에 만들어진 막이 깨지면서 클립이나 핀도 가라앉을 겁니다. 이 재미있는 실험을 하면서 이번 주 성경 이야기인 물 위를 걸으신 예수님을 아이들에게 소개할 수 있을 겁니다.

DAY 1

♥ 상상하기

주변이 어수선하고 매우 시끄러운 곳에서 무언가에 집중하고 생각하는 것은 어렵습니다. 그래서 책 읽기에 집중하는 도서관 같은 곳에서는 큰 소리로 말해서는 안 됩니다. 학교에서 시험을 치를 때, 선생님이 말하거나 떠들지 말라고 하는 것도 이런 이유 때문입니다. 그래야만 시험을 보는 학생들이 방해를 받지 않습니다.

어떤 사람들은 성경 공부나 묵상을 아침에 하는데 이때를 "조용한 시간"이라고 합니다. 보통 아침에 묵상하고 싶어 하는 이유는 일상이 시작되면 분주하고 시끄러워서 집중할 수가 없기 때문입니다. 조용한 시간에는 하나님께 기도하고 집중하는 것과 성경을 읽고 깊이 생각하기가 훨씬 쉽고 잘 됩니다. 오늘, 우리는 예수님도 조용한 시간을 즐기셨다는 사실을 배우게 될 겁니다.

148

📖 **성경 읽기** | 마태복음 14 : 22~23절

💬 **깊이 생각하기**

자신을 왕으로 세우려던 사람들을 돌려보내고(요 6:14~15절), 예수님은 기도하시기 위해 사람들한테서 멀리 떨어진 조용한 곳을 찾으셨습니다. 성경에는 예수님이 어떤 기도를 드리셨는지 기록되어 있지는 않습니다. 그러나 우리는 예수님의 다른 기도를 근거로 그분이 하나님 아버지께 드리는 기도를 너무나 소중히 여기고 기뻐하셨다는 사실을 분명히 알 수 있습니다. 아마도 예수님은 사람들이 자신을 왕으로 세우려고 했던 사실에 대해서 기도하셨을 겁니다. 예수님도 우리처럼 매 순간 시험 당하셨다는 걸 기억하세요. 그러나 그분은 한 번도 죄 앞에 굴복하지 않으셨습니다(히 4:15절).

만 명이 넘는 사람들이 나를 왕으로 세우자고 환호하며 외친다고 생각해 보세요. 얼마나 마음이 흔들리고 유혹이 밀려올까요? 그런 사람들을 외면한 채 아무렇지도 않게 지나칠 수 있나요? 왕이 되기는커녕 오히려 곧 체포되어서 재판을 받고 죽임을 당하게 될 거란 사실을 이미 알고 있었다면, 과연 그 요구를 모른 체할 수 있었을까요? 그러나 예수님은 군중의 외침에 호응하는 대신에, 하나님 아버지께 순종하고 자신에게 주어진 임무를 완수하는 기쁨을 잃어버리지 않으려고 그들로부터 멀리 떠나셨습니다. 예수님은 먼 훗날 그분을 믿음으로 구원받은 이들이 하늘 보좌에 앉으신 주님을 찬양하고 큰 기쁨을 가져다 줄 것을 분명히 아셨습니다(히 12:2).

🗨 **이야기하기**

예수님은 왜 사람들을 돌려 보내셨나요?
(사람들이 예수님을 왕으로 세우려 했기 때문입니다.)

예수님은 왜 왕이 되려고 하지 않으셨나요?
(예수님은 이 땅에 왕이 되려고 오신 게 아니었습니다. 그분은 우리 죄 때문에 십자가에서 죽임 당하시려고 오셨습니다. 예수님은 주어진 임무를 완수하신 후에야 비로소 완전한 왕이 되실 겁니다.)

예수님이 홀로 기도하시려고 했던 이유는 무엇인가요?
(예수님은 십자가에 죽으려고 오셨습니다. 그러나 사람들은 그분을 왕으로 세우려 했습니다. 그것 때문에 예수님은 시험을 당하셨을 수도 있습니다. 그러나 예수님은 사람들에게 의지하지 않으시고, 하나님 아버지께 의존하셨습니다.)

기도는 우리가 유혹과 싸울 때 어떤 도움이 되나요?
(하나님은 우리가 기도할 때 유혹으로부터 돌아서서 하나님께로 향하게 도와주실 겁니다. 부모님은 매일 일정한 시간에 기도할 수 있게 제안하거나 유혹을 당할 때 어떻게 기도해야 하는지 알려 주는 것으로 자녀들을 도와줄 수 있습니다.)

🙏 **기도하기**

우리가 매일 정해진 시간에 기도할 수 있게 도와달라고 예수님께 기도하세요.

DAY 2

♥ 기억하기

어제 이야기 중에서 무엇을 기억하나요? 오늘은 어떤 이야기가 있을 것으로 생각하나요?

📖 성경 읽기 | 마태복음 14:24~32절

💬 깊이 생각하기

제자들은 배를 타고 호수를 지나면서 갑자기 강한 바람을 동반한 폭우를 만났고, 더는 빨리 갈 수 없는 상황에 놓였습니다. 그때 저 멀리서 유령처럼 보이는 한 물체가 그들을 향해 오고 있었지만(사실은 예수님이었으나 제자들은 유령으로 생각했습니다), 어디로도 도망칠 수가 없었습니다. 도망치려고 더 빨리 노를 젓지만 그럴수록 유령이 점점 더 가까워질 때 얼마나 무서울까요. 만약 우리도 폭풍우 치는 바다에서 배를 타고 있다가 물 위를 걷는 무엇인가가 배로 점점 다가오는 걸 봤다면, 분명히 두려웠을 겁니다.

예수님은 병든 사람을 고치셨고, 죽은 사람을 살리셨으며, 물고기와 떡을 엄청 많아지게 하셨습니다. 그러나 물 위를 걷는 그분의 모습은 제자들에게 너무나 새롭고 놀라운 것이었습니다. 베드로가 예수님인 것을 알아채자, 그는 자신도 물 위를 걷게 해달라고 요청했습니다. 처음엔 베드로도 물 위를 걸었습니다. 하지만 그의 시선이 예수님이 아닌 폭풍우로 향하자, 곧 물에 빠졌습니다.

베드로가 물에 빠진 모습은 우리에게 좋은 본보기가 됩니다. 어떤 일이 생겼을 때, 우리의 시선이 예수님이 아닌 다른 것으로 향한다면 우리도 그와 같은 일을 겪게 될 겁니다. 예수님이 아니라 벌어진 일과 문제에 초점을 맞출 때, 우리는 두려움 속으로 빠지게 됩니다. 만약 두려움과 염려 속에 빠져 허우적대는 자신을 발견한다면, 그 순간 우리는 베드로의 고백을 기억해야만 합니다. "주여, 나를 구원하소서." 이 말은 성경을 통틀어서 아마도 가장 힘 있고 능력 있는, 그러면서도 가장 짧은 기도일 겁니다.

🗨 이야기하기

물 위를 걸으시는 예수님을 보고 베드로는 어떻게 했나요? (예수님께 자신도 물 위를 걷게 해 달라고 요청했습니다.)

베드로는 왜 물에 빠졌나요?
(처음에 베드로는 예수님처럼 물 위를 걸었습니다. 그러나 그의 시선이 예수님이 아니라 폭풍우와 파도치는 호수로 향하자 물에 빠졌습니다. 베드로가 예수님을 제대로 믿고 시선을 고정했으면 절대 빠지지 않았습니다.)

물에 빠졌을 때 베드로는 예수님께 뭐라고 외쳤나요? ("주님, 나를 구원하소서!")

🙏 기도하기

예수님께 무엇으로부터 우리를 구원해 달라고 요청해야 할지 각자 목록을 만들어 보세요. 그런 후에, 그것들을 놓고 하나님께 기도하세요. 우리는 모두 죄에서 구원받기 위해 예수님이 필요합니다. 그것이 우리 기도의 시작입니다. 하지만, 어떤 병을 치료해 달라고, 필요한 것들을 공급해 달라고 기도해도 좋습니다.

DAY 3

♥ 예수님께 연결하기

오늘은 이번 주 성경 이야기를 복음과 연결해 보는 날입니다. 복음은 우리를 구원하신 예수님의 생명과 죽음, 그리고 부활입니다. 이번 주 성경 이야기가 어떻게 복음과 연결되는지 깊이 생각해보세요.

📖 성경 읽기 | 마태복음 14:33절

💬 깊이 생각하기

예수님이 물 위를 걸어 배 위에 오르시자, 제자들은 예수님께 경배드렸습니다. 성경은 분명하게 오직 하나님만을 경배해야 한다고 가르치고 있습니다. 예수님도 사탄에게 "주 너의 하나님께 경배하고 다만 그를 섬기라"(마 4:10절)고 하셨습니다. 만약 예수님이 진정한 하나님이 아니라면, 자신에게 경배드리는 제자들을 당연히 꾸짖어야만 했습니다. 그러나 예수님은 그들의 행동이나 태도를 고치려 하지 않으셨습니다 ― 왜냐하면 예수님은 정말로 살아계신 하나님이시기 때문입니다. 제자들은 이제야 예수님이 완전한 인간이면서 동시에 진정한 하나님이라는 사실을 깨닫기 시작했습니다. 이 사실은 매우 중요했습니다. 완전한 인간이셨기 때문에, 예수님은 우리 대신에 돌아가실 수 있었습니다. 또한 진정한 하나님이시기 때문에, 예수님은 단 한 번도 죄를 짓지 않고, 다시 살아나심으로 죽음을 이기실 수 있었습니다. 제자들이 예수님께 경배드리고 그분을 하나님의 아들이라고 한 것은 옳은 행동이었습니다.

🗨 이야기하기

예수님이 배로 올라오셨을 때 제자들은 어떻게 했나요?
(그들은 하나님께 하듯이 예수님께 경배드렸습니다.)

제자들은 예수님을 누구라고 했나요?
(제자들은 예수님을 하나님의 아들이라고 했습니다.)

예수님이 인간이면서 동시에 하나님이신 사실이 왜 중요한가요?
(예수님은 우리 죄를 대신해서 죽으셔야 했기에 반드시 완전한 인간이셔야만 했습니다. 그리고 완벽한 삶을 살고 죽음에서 다시 살아나셔야 했기에 진정한 하나님이셔야만 했습니다.)

🙏 기도하기

제자들처럼 진정한 하나님이신 예수님을 경배하는 나만의 찬양 기도를 드리세요.

DAY 4

♥ 기억하기

이번 주 성경 이야기를 통해서 하나님은 우리에게 무엇을 가르치시나요?

📖 성경 읽기 | 마태복음 14:34~36절

💬 깊이 생각하기

의사가 어떤 약을 소개하면서 너무나 강력하고 효과가 좋아서 그 약이 담긴 통을 살짝 건드리기만 해도 모든 병이 다 나을 거라고 말한다면 사람들은 어떻게 생각할까요? 아마도 대부분은 그 말을 믿지 않을 겁니다. 그러나 만약 그 약통을 건드렸더니 실제로 나았다면, 그 약이 정말로 효과가 엄청나다는 사실을 분명히 믿을 겁니다. 오늘 성경 이야기에서, 우리는 예수님 안에 있는 하나님의 능력이 너무 강력해서 모든 병든 사람들을 치료하고 심지어 그분의 옷자락을 살짝 건드리기만 해도 나았다는 사실을 배우게 됩니다.

💬 이야기하기

부모님은 만약 예수님이 오늘날 살아계셔서 병든 사람들을 치료하신다는 소식을 듣는다면 사람들이 그것에 대해서 어떻게 생각할지 얘기해 주세요.
(뉴스에서 그 사건을 어떻게 보도할지, 그리고 어떤 사람들이 예수님을 찾아갈지 생각해 보세요.)

바닷가에 있던 사람들은 왜 예수님이 거기에 계신다는 사실을 널리 전했나요?
(사람들은 예수님이 병든 사람들을 고치신다는 것을 알았습니다. 그래서 그 사람들을 예수님께 오게 해서 치료받게 하려고 소문을 냈습니다.)

병든 사람들이 치료받으려면 무엇이 필요했나요?
(그 사람들은 단지 예수님의 옷자락이 닿을 만큼 가까이 다가오기만 하면 되었습니다. 그들은 예수님의 옷자락을 건드리기만 해도 나았습니다.)

예수님은 천국으로 가셔서 지금 우리 곁에 계시지 않는데, 그렇다면 아픈 사람들을 위해서 어떻게 해야 할까요?
(하나님은 우리의 기도를 들으십니다. 그러니 우리는 계속해서 하나님께 그 사람들을 치료해 달라고 간구해야 합니다.)

🙏 기도하기

우리가 알고 있는 아픈 사람들을 치료해 달라고 하나님께 기도하세요.

DAY 5

♥ 발견하기

오늘은 다른 성경 본문을 보는 날입니다. 시편이나 예언서에서 예수님 혹은 우리의 구원에 대해 배울 수 있습니다.

📖 성경 읽기 | 이사야 53:4절

💬 깊이 생각하기

죄가 슬픔을 일으킨다는 사실을 혹시 알고 있었나요? 만약 우리가 부모님께 불순종하면, 그분들은 슬퍼하십니다. 그리고 우리의 행동 때문에 실망하는 부모님을 볼 때 우리 또한 속상하고 슬퍼집니다. 만약 그런 상태에서 징계를 받는다면, 우리는 무엇인가를 잃어버리는 고통을 겪습니다. 어떤 사람들이 싸우는 장면을 생각해 봅시다. 한 사람이 다른 사람의 얼굴을 때립니다. 그러면 상처가 생기고, 그 상처의 통증은 며칠 동안 지속될 겁니다. 그리고 상처 입은 그 사람은 상처 때문에 아픈 것도 있지만, 주변 사람들이 무슨 일로 얼굴에 상처가 생겼는지 계속 물어봐서 더 고통스러운 마음이 들 겁니다.

하나님이 구원하려고 계획하신 모든 사람의 죄와 그 모든 죄로 인해 생기는 슬픔을 합친다면, 그것이 바로 십자가에 오르실 때 예수님이 짊어지신 슬픔의 크기입니다. 예수님은 죄 때문에 우리가 받아야 할 모든 징계를 대신 감당하셨습니다. 그러나 십자가를 생각할 때 가장 큰 슬픔은 하나님 아버지께서 우리 죄에 대한 진노를 예수님께 쏟으시려고 그분을 향한 사랑을 거두어들이셨다는 사실입니다. 그래서 예수님은 십자가에서 이렇게 소리치셨습니다. "나의 하나님, 나의 하나님, 어찌하여 나를 버리셨나이까?" (마 27:46절). 이때가 예수님이 가장 슬프셨던 순간입니다.

🗣 이야기하기

예수님은 십자가에서 돌아가시면서 우리를 위해서 무엇을 하셨나요?
(예수님은 우리 죄를 대신 짊어지시고 그 대가를 전부 감당하셨습니다.)

예수님은 아무런 잘못도 한 적이 없는데 왜 하나님 아버지는 예수님께 징계를 내리셨나요?
(하나님 아버지는 예수님 자신의 죄 때문에 징계하신 것이 아니라 우리 죄를 대신해서 그분이 징계를 당하게 하셨습니다.)

우리가 무엇을 해야만 우리 죄를 예수님이 다 처리하신 게 되나요?
(우리가 할 일은 예수님을 믿고 이번 주 이야기에서 봤듯이 물에 빠졌을 때 베드로가 한 것처럼 소리치면 됩니다. "주님, 저를 구원해 주세요.")

🙏 기도하기

우리 죄를 직접 다 감당하시고 십자가에서 우리가 받아야 할 징계를 대신 받으신 예수님께 감사하세요.

자신의 십자가를 지라
Take Up Your Cross

이야기 101 – 컬러 스토리 바이블

가장 낡아 보이는 천 원짜리 지폐 한 장을 준비해 주세요. 그 지폐를 자녀들에게 보여주고, 일반적으로 지폐는 18개월 정도 유통하고 폐기한 후 새 돈으로 교환한다고 설명해 주세요. 자녀들이 본 그 지폐는 아마도 머지않아 은행에서 폐기처분 될 겁니다. 하나님 대신에 돈에 목숨을 걸고 사는 우리 인생을 어떻게 생각해 볼 수 있을까요? 천 원짜리 지폐는 18개월 정도 그 가치가 지속됩니다. 그리고 인생에서 누리는 재산의 가치와 부유함은 우리가 죽기 전까지만 이어집니다. 그러나 하나님은 우리의 영원한 보물이십니다. 이렇게 말해 주세요. "이번 주에 우리는, 예수님을 따르려면 대가를 치러야 하지만 그에 따른 보상은 영원하다는 사실을 배우게 될 거야."

DAY **1**

♥ 상상하기

만약 친구나 가족에게 우리 자신을 세 글자나 다섯 글자로 표현해 달라고 한다면, 어떻게 표현할까요? 우리를 정말 싫어하는 사람이 표현한다면 어떻게 말할까요? 오늘 이야기에서 예수님은 제자들에게 이와 비슷한 질문을 하십니다.

📖 성경 읽기 | 누가복음 9:18~20절

💬 깊이 생각하기

예수님이 제자들에게 "사람들이 나를 누구라고 하느냐?"고 물어보셨을 때, 그 사람들이 예수님의 이름을 알고 있는지를 물어보신 것은 아니었습니다. 예수님은 그 사람들이 누구를 믿고 있는지를 알고 싶으셨습니다. 즉, 예수님의 질문은 사람들의 믿음을 확인하는 것이었습니다. 예수님은 기적을 행하셨고, 권위로 가르치셨다는 사실을 기억하세요. 예수님은 평범한 나사렛에 사는 목수가 아니었습니다. 사람들은 예수님이 특별하다고 생각했지만, 그분이 누구인지에 대한 그들의 대답은 틀렸습니다. 그러나 베드로의 대답은 옳았습니다. 베드로는 예수님을 그리스도시라고 했는데, 그 뜻은 기름 부음 받은 자입니다.

하나님이 이스라엘의 왕을 세우실 때, 선지자를 보내서서 왕으로 선택된 이들의 머리에 기름을 붓게 하셨습니다. 그렇게 해서 하나님은 사람들에게 누구를 왕으로 선택하셨는지를 보이셨습니다. 그래서 베드로가 예수님을 그리스도(기름 부음 받은 자)라고 한 것은, 예수님은 하나님이 선택하신 왕이고 그 백성들을 구원할 분이라고 선포한 것이었습니다. 마태가 이 이야기를 기록했을 때, 그는 예수님이 베드로를 칭찬하셨고, 이 대답을 알게 하신 분은 바로 하나님 아버지라고 말씀하셨다고 했습니다. 하나님이 아니었다면 베드로가 예수님이 누구신지를 제대로 알 수 없었을 거라고 했습니다(마 16:17절).

🗨 이야기하기

사람들은 예수님을 누구라고 생각했나요?
(만약 자녀들이 기억하지 못하면, 오늘 구절을 다시 읽어 주시고 대답을 찾으면 손을 들고 대답하게 해 주세요.)

베드로는 예수님을 누구라고 했나요? (그리스도)

그리스도의 뜻은 무엇인가요?
(그 이름은 기름 부음 받은 자란 뜻으로 하나님이 왕으로 선택하셨다는 의미입니다.)

누가 베드로에게 정확한 대답을 알려 주셨나요?
(하나님 아버지가 베드로에게 예수님이 메시아라는 사실을 알려주셨습니다.)

🙏 기도하기

아직 예수님을 모르는 모든 사람을 위해서 기도하세요. 예수님은 죄에서 우리를 구원하시려고 이 땅에 오셨습니다. 어떤 사람들은 예수님을 그저 좋은 선생님 정도로 생각합니다. 그런 사람들을 위해서도 기도해야 합니다. 그래서 예수님은 하나님이 선택하신 분으로 우리를 죄에서 구원할 메시아라는 진리를 그 사람들도 알게 해 달라고 간구하세요.

DAY 2

♥ 기억하기

어제 이야기 중에서 무엇을 기억하나요? 오늘은 어떤 이야기가 있을 것으로 생각하나요?

📕 성경 읽기 ┃ 누가복음 9:22절

💬 깊이 생각하기

부모님이 가족 가운데 한 사람의 생일을 어떻게 준비하실지 예측해 본 적이 있나요? 혹시라도 그것을 정확하게 알아냈다면, 아마도 부모님은 비밀을 지켜야 한다고 말씀하실 겁니다. 이처럼 예수님도 제자들이 그분이 메시아라는 사실을 알게 되자, 그 비밀을 지키게 하셨습니다. 예수님 주변에 있던 사람들은 이미 자기들이 바라는 대로 예수님을 왕으로 세우려고 했습니다. 그런데 제자들에게 예수님이 메시아란 사실까지 듣게 된다면, 그들은 훨씬 더 흥분해서 들떴을 겁니다.

예수님은 그저 이스라엘의 왕이 되어 그들을 로마의 지배에서 해방하려고 오신 게 아니었습니다. 예수님은 모든 나라의 왕으로 오셨고, 그분의 계획은 각 나라의 모든 백성에게 구원을 가져다주는 것이었습니다. 그러나 그렇게 하려면 오직 한 가지 방법밖에 없다는 사실을 예수님은 분명히 아셨습니다. 그 방법은 바로 예수님 자신이 십자가에서 모든 죄를 짊어지시고 대신 돌아가시는 것이었습니다. 그리고 사흘 만에 그 죽음에서 다시 살아나셔서 완전한 승리를 이루시는 것이었습니다. 예수님이 제자들에게 무슨 일이 벌어질지 정확하게 말씀하셨음에도 불구하고, 제자들은 그 의미를 제대로 이해하지 못했습니다. 그러나 예수님의 말씀을 다시 살펴보면, 그분은 십자가에 대해서 이미 알고 계셨고, 그분을 기다리는 고통과 죽음에 대해서도 전부 다 알고 계셨던 게 분명합니다.

🗨 이야기하기

보통은 Day 3에 복음에 연결해서 말하지만, 오늘 성경 구절은 복음의 메시지를 포함하고 있습니다. 어디에서 복음을 발견할 수 있나요? (자녀들이 먼저 복음 — 십자가에서 이루신 예수님의 죽음과 부활 — 을 설명하게 도와주세요. 그리고 나서 자녀들이 오늘 구절에서 이와 관련된 내용을 직접 찾아보게 하세요. 만약 자녀들이 너무 어리다면, 성경 구절을 다시 한 번 읽어 주시고, 답을 찾으면 손을 들고 대답하게 해 주세요.)

예수님은 왜 제자들이 사람들에게 그분이 메시아라는 사실을 알리는 것을 원하지 않으셨나요?
(사람들은 강제로 예수님을 왕으로 세우고자 했습니다. 하나님의 계획은 예수님이 그저 한 나라의 왕이 되는 것이 아니었습니다. 게다가 아직 예수님이 십자가에서 돌아가실 때도 아니었습니다.)

예수님은 고난을 받으실 거라고 말씀하셨습니다. 예수님이 어떻게 고난 받으셨나요?
(예수님은 체포되셨고, 매 맞으셨으며 침 뱉음을 당하셨고, 따귀를 맞으셨습니다. 모욕을 당하셨고, 거짓말로 억울함을 당하셨으며, 머리 위에 가시관을 쓰셨고, 십자가에 못 박히셨습니다.)

🤲 기도하기

우리를 구원하시려고 우리 대신 고난을 받으시고 징계를 당하시며 십자가에서 돌아가신 예수님께 감사하세요.

DAY 3

♥ 예수님께 연결하기

오늘은 이번 주 성경 이야기를 복음과 연결해 보는 날입니다. 복음은 우리를 구원하신 예수님의 생명과 죽음, 그리고 부활입니다. 이번 주 성경 이야기가 어떻게 복음과 연결되는지 깊이 생각해보세요.

📖 성경 읽기 | 누가복음 9:23~25절

💬 깊이 생각하기

어제 성경 구절에서, 예수님은 자신은 죽고, 다시 살아나야만 한다고 말씀하셨습니다. 오늘 구절에서, 예수님은 제자들에게 그들 또한 자신의 십자가를 져야 한다고 하십니다. 그것은 예수님을 따르고자 하는 모든 사람들이 십자가에서 죽어야 한다는 뜻이 아닙니다. 예수님을 따르려면 자신의 욕구와 예수님보다 더 사랑하는 것들을 십자가에 못박아야 한다는 것입니다. 우리는 이 세상과 그것에 속한 것들을 예수님과 동시에 사랑할 수 없습니다. 세상을 사랑하는 마음을 죽이고 예수님만을 사랑해야 합니다. 우리는 가장 소중히 여기는 장난감을 하나님보다 더 사랑할 수 없고, 아무리 내가 번 돈이라도 나만을 위해 그 돈을 사용해선 안 됩니다. 컴퓨터 게임을 하는데 시간을 다 써도 안되고, 성경을 읽지 않고 시간을 보내서도 안 됩니다. 어떻게 보면 우리가 소중히 여기고 즐겁게 생각하는 것들을 포기하는 건 정말 힘들고 불가능해 보입니다. 그러나 예수님은 우리에게 바로 이것을 원하십니다. 예수님은 우리에게 이 세상에서 그 어떤 것보다도 예수님을 사랑하라고 하십니다. 복음 때문에 우리는 지금 이 자리에 있습니다! 바울은 이렇게 말했습니다. "항상 복종하여 두렵고 떨림으로 너희 구원을 이루라. 너희 안에서 행하시는 이는 하나님이시니 자기의 기쁘신 뜻을 위하여 너희에게 소원을 두고 행하게 하시나니" (빌 2:12~13절). 하나님은 우리에게 구원을 이루라고 말씀하셨습니다. 결코 실현 불가능해 보이지만, 하나님은 우리와 함께하시면서 직접 구원을 이루십니다. 그 사실을 알고 믿는 것은 우리에게 큰 위로와 안식이 됩니다.

💬 이야기하기

예수님은 그분을 따르려면 무엇을 포기해야 한다고 말씀하셨나요?
(예수님은 생명을 포기하라고 하셨습니다 — 즉, 우리가 하나님보다 사랑하는 모든 것을 포기해야 합니다.)

예수님은 하나님보다 이 세상을 더 사랑하는 사람에게 어떤 경고를 하셨나요? (만약 하나님보다 세상의 돈이나 권력을 더 사랑한다면, 설령 그것들을 다 가졌을지라도 절대로 천국에 갈 수가 없습니다.)

우리는 무엇을 하나님보다 더 사랑하고 싶어 하나요?
(자녀들이 무엇을 좋아하는지 생각할 시간을 주세요. 그것들이 하나님을 향한 마음과 시선을 어떻게 빼앗아 가는지 깨닫게 도와주세요. 가장 좋은 예는 부모님이 말씀하셨는데 자기가 하던 것을 멈추지 않으려는 경우입니다. 부모님의 말씀에 즉시 순종하지 않고 떼를 쓰거나 고집을 부리며 하던 것을 계속하려는 태도는 하나님의 말씀을 따르지 않는 것입니다. 그렇게 하는 이유는 하나님보다 다른 것을 더 사랑하기 때문입니다.)

🙏 기도하기

하나님을 가장 사랑하게 해 달라고 도움을 구하세요. 그리고 우리가 원하고 좋아하는 것들보다 하나님을 더 사랑하게 해 달라고 간구하세요.

DAY 4

♥ 기억하기

이번 주 성경 이야기를 통해서 하나님은 우리에게 무엇을 가르치시나요?

📖 성경 읽기 | 누가복음 9:26~27절

💬 깊이 생각하기

예수님은 모든 것 중에서 최고의 선물입니다. 그러나 많은 그리스도인이 다른 사람들에게 예수님에 대해서 말하기를 부담스러워하고 내켜 하지 않습니다. 왜냐하면 다른 사람들의 시선 때문입니다. 사도 바울은 디모데에게 예수님에 대해서 말하는 것을 부끄럽게 여겨서는 안 된다고 했습니다(딤후 1:8절). 세상의 모든 사람이 헤매고 있고, 사막에서 끝없이 걸으며 갈증에 죽어가고 있다고 가정해 봅시다. 우리는 그들과 함께 있습니다. 그런데 우리가 우물을 발견했고 원하는 만큼 충분히 마셨다면, 다른 사람들도 목마름 때문에 죽지 않게 그 우물에 대해서 분명하고 자신 있게 말해야 하지 않을까요?

마찬가지로, 우리는 모두 길을 잃은 채 죄의 사막에서 헤매고 있습니다. 그래서 우리는 예수님을 믿어야만 합니다. 그래야만 용서받고, 살아있는 영원한 생명의 물을 마실 수 있습니다. 하나님이 우리 죄를 용서하시는 것은 사막에서 우물을 찾는 것보다 우리에게 훨씬 더 중요하고 필요합니다. 따라서 우리는 항상 다른 사람들에게 이 좋은 소식, 즉 예수님의 이야기를 전해야 합니다. 설령 듣는 사람들이 그 이야기를 거부하고 받아들이지 않을 때라도 말입니다.

🗣 이야기하기

부모님은 다른 사람들에게 예수님을 전했던 경험을 자녀들에게 얘기해 주세요.
(우리의 믿음을 다른 사람과 나누었던 때를 떠올려 보세요. 그 순간은 증인으로서 불신자들에게 증언하는 기회였을 것이고 바로 우리 자녀들을 가르칠 기회입니다.)

우리는 왜 다른 사람들에게 예수님을 전해야만 하나요?
(예수님은 사람들이 죄에서 구원받을 수 있는 유일한 길이기 때문입니다. 예수님은 최고의 선물입니다.)

왜 일부 그리스도인들은 예수님 전하는 걸 창피하게 느끼나요?
(다른 사람들이 자신들에 대해서 어떻게 생각할지를 더 신경 쓰기 때문입니다. 그 사람들은 다른 사람들이 그런 이야기 듣는 것을 불편해하고 자신을 거부할까봐 걱정할 수도 있습니다.)

🙏 기도하기

다른 사람들에게 예수님을 전할 용기를 달라고 기도하세요.

DAY 5

♥ 발견하기

오늘은 다른 성경 본문을 보는 날입니다. 시편이나 예언서에서 예수님 혹은 우리의 구원에 대해 배울 수 있습니다.

📖 성경 읽기 | 이사야 53:1~3절

💬 깊이 생각하기

이사야는 예수님을 가리켜 주 앞에서 연한 순 같이 자라나셨지만, 사람들로부터 버림받았다고 했습니다. 이사야처럼, 예수님도 자신이 고통당하고 버림받고 죽임당해야만 한다고 말씀하셨습니다. 우리는 예수님의 이 말씀을 이번 주 초반에 누가복음 9:22절에서 이미 읽었습니다. 이사야는 예수님이 멸시당하고 거절당하실 거라고 했습니다. 그리고 그 예언은 사람들이 예수님께 침 뱉고 조롱할 때 정확히 성취되었습니다. 이사야는 또 말하기를 예수님은 슬픔을 당하실 거라고 했습니다.

우리는 예수님이 겟세마네 동산에서 체포되시기 전에 기도하실 때 슬픔이 가득하셨다는 것을 압니다. 우리의 모든 죄를 다 짊어지시고 십자가에서 우리 대신에 죽임을 당한다는 것이 예수님께도 말할 수 없는 고통이고 힘든 일이었습니다. 하나님은 이런 모든 것들을 이사야에게 알려 주셨습니다. 그래서 그 일들이 벌어지기 아주 오래전이었지만, 이사야는 정확하게 기록할 수 있었습니다. 그렇기 때문에, 우리는 예수님의 고통과 죽음이 다 하나님의 계획대로 이뤄졌다는 걸 알게 됩니다(행 2:23절). 하나님이 아들이신 예수님을 죽게 하셨다는 사실이 끔찍한 말처럼 들릴 수도 있습니다. 그러나 그렇게 해야만 우리의 죗값을 완전히 치를 수 있었습니다. 그것만이 죄의 문제를 해결할 유일한 방법이었습니다.

🗨 이야기하기

이사야가 기록한 고통 받는 종의 모습 가운데 어떤 부분에서 예수님을 발견하게 되나요?
(자녀들이 대답하지 못한다면 성경 구절을 다시 읽어주세요. 다시 읽을 때 자녀들이 예수님을 나타내는 부분을 발견하면 손을 들고 대답하게 해 주세요.)

대개 왕은 자신의 권위와 위대함을 드러내려고 휘황찬란한 의복과 황금 장식을 하고 왕좌에 앉아 있습니다. 예수님은 왕이셨지만 이사야가 말하기를 그분에게는 어떤 권위도, 위엄도 없었습니다. 어떤 점에서 그 말이 옳은가요?
(예수님은 말구유에서 태어나셨고, 목수의 삶을 사셨으며, 평범한 옷을 입고 다니셨습니다. 예수님이 왕의 의복을 입으셨을 때는 오히려 사람들이 그분을 조롱했을 때였습니다. 그리고 이 땅에서 예수님이 쓰셨던 왕관은 가시면류관이었습니다.)

이사야는 사람들이 예수님에게서 얼굴을 가리고 그분을 쳐다보지도 않았다고 했습니다. 예수님 생애 가운데 이런 일이 언제 벌어졌나요? (예수님이 십자가에 달려서 온몸에 피를 흘리며 죽어 가실 때, 그 누구도 그분에게 관심을 두지 않았습니다. 예수님은 고통당하셨지만, 사람들은 그분을 외면했고, 아무도 도와주지 않았습니다. 예수님이 받으신 최고의 관심은 신 포도즙이었습니다.)

🙏 기도하기

우리를 위해서 기꺼이 고통받으시고 십자가에서 끔찍한 죽임을 당하신 예수님께 감사하는 기도를 하세요.

예수님의 변화된 모습
The Transfiguration

이야기 102 - 컬러 스토리 바이블

성경 공부하는 자리에 작은 손전등을 가져오세요. 손전등을 끄고 아이들에게 전구를 살펴보게 하세요. 그리고 그것에 관해 설명해 보라고 하세요. (자녀들이 설명하는 동안에 계속 손전등을 들고 계세요.) 아이들은 전구가 투명하고 동그란 모양이라고 말할 겁니다. 그러는 동안에, 갑자기, 손전등을 켜서 아이들의 얼굴에 비추세요. 불빛 때문에 아이들은 깜짝 놀랄 겁니다. 그럼 이제 다시 한 번 전구가 어떤지 설명해 보라고 말하세요. 물론 이번에는 손전등이 켜진 상태입니다. 그런데 아까와는 다르게 전구를 제대로 관찰하기가 어려울 겁니다. 왜냐하면 빛이 비치고 있기 때문입니다. 이렇게 얘기해 주세요. "이번 주에 우리는 예수님의 모습이 어떻게 변하는지 배우게 될 거야. 손전등에 들어 있는 저 작은 전구 빛으로도 우리가 깜짝 놀랐는데, 하물며 예수님이 그 영광스러움을 빛으로 드러내셨을 때 제자들은 얼마나 놀랐을까? 그 충격을 한 번 상상해 보렴."

DAY 1

♥ 상상하기

옛날에 한 젊은이가 대학에 진학하면서 집을 떠났습니다. 그리고 평생 처음으로 빨래를 하게 되었습니다. 그런데 세탁기를 어떻게 사용하는지 몰랐습니다. 그래서 대학교 기숙사 세탁기에 자신의 모든 빨래를 한 번에 다 쑤셔 넣었습니다. 세탁기에는 세제가 가득 들어 있는 통이 두 개 있었습니다. 각 통에는 세제를 풀 때 쓰는 숟가락이 들어 있었습니다. 그 젊은이는 어느 세제를 빨래에 넣어야 할지 몰랐습니다. 잠시 고민을 하다가, 왼쪽에 있던 통에서 세제를 세 숟가락 떠서 넣었습니다. 그리고 나서 빨래를 더 깨끗하게 하려는 마음으로 두 숟가락을 더 넣었습니다. 그런 다음 세탁기를 작동시켰고 커피 한 잔을 마시러 갔습니다.

돌아와서 세탁기 뚜껑을 열었을 때, 그 젊은이는 기절초풍했습니다. 청바지가 완전히 하얀 바지가 되었습니다. 그 젊은이는 빨래용 세제가 아니라 표백용 세제를 넣었다는 걸 뒤늦게 깨달았습니다. 표백제는 짙은 색 옷을 하얗게 바꾸고, 흰옷들은 더 하얗게 만듭니다. 하지만 아무리 하얗게 만들어도 산에서 변모하신 예수님의 옷만큼 하얗게 할 수는 없습니다.

📖 성경 읽기 | 마가복음 9:2~4절

💬 깊이 생각하기

한밤중에 구불구불한 길을 운전하고 있다고 가정해 봅시다. 반대쪽에서 달려오던 차가 상향등을 켜면, 순간적으로 우리 눈은 그 불빛 때문에 앞을 보지 못하게 될 겁니다. 그러나 자동차의 상향등 불빛은 예수님이 변하실 때 비추셨던 그 강한 빛과 비교하면 별 것도 아닙니다.

마태는 복음서에서 이렇게 기록하고 있습니다: "그들 앞에서 변형되사 그 얼굴이 해 같이 빛나며 옷이 빛과 같이 희어졌더라."(마 17:2절) 예수님과 함께 산을 오르고 있었는데 갑자기 그분의 얼굴이 해처럼 빛난다고 상상해 보세요! 그 빛 때문에 우리는 분명히 얼굴을 돌릴 수밖에 없을 겁니다. 어쩌면 그 빛만으로는 제자들에게 그리 충격적이지도 않고 크게 깨닫는 바가 없었을 수도 있었습니다. 그래서 예수님은 이미 수백 년 전에 죽은 모세와 엘리야를 그 자리에 함께 있게 하셨습니다. 이유는 간단합니다. 예수님은 제자들에게 그분의 영광을 잠시나마 맛보게 해주고 싶으셨습니다. 율법을 전해준 모세와 가장 위대하고 유능했던 선지자인 엘리야와 더불어 말씀을 나누심으로 예수님 자신은 율법과 선지자들을 폐하러 온 것이 아니라 오히려 그들이 앞서서 했던 그 일들을 완성하러 오셨다는 사실을 보여주셨습니다.

💬 이야기하기

오늘 이야기를 다시 생각해 보세요. '변화/변모'(transfiguration)는 어떤 뜻인가요?
(자녀들은 이 말을 잘 모르거나 이해하지 못할 수 있습니다. 그러나 '변형/변신'(transformed)이라는 말은 알 수도 있습니다. 두 단어는 모두 겉모습이 놀랍게 변하는 것을 말합니다.)

예수님의 변화된 모습은 자녀들에게 무엇을 알게 하나요?
(예수님의 모습은 우리에게 그분이 하나님이시고 전능하신 분이라는 사실을 보여줍니다. 물론 예수님이 사람이 되기 위해서 그 영광스러움을 포기하셨지만, 이 모습은 예수님이 그 영광을 완전히 잃어버리신 게 아니라는 사실을 나타냅니다.)

예수님이 변하시던 그 날에 제자들처럼, 우리도 예수님의 영광을 전부 보게 될까요?
(우리는 천국에 가서 예수님과 함께 그분의 영광을 볼 겁니다. 천국에서는 햇빛이나 전기 불빛이 필요하지 않을 겁니다. 왜냐하면 예수님의 영광이 그곳에서 영원히 빛날 것이기 때문입니다[계 21:23절을 보세요].)

🙏 기도하기

예수님이 우리 대신에 돌아가시려고 그 모든 영광을 포기하시고 인간의 몸을 입으신 것에 감사하세요.

DAY 2

🖤 기억하기

어제 이야기 중에서 무엇을 기억하나요? 오늘은 어떤 이야기가 있을 것으로 생각하나요?

📖 성경 읽기 | 마가복음 9:5~8절

💬 깊이 생각하기

우리는 낯선 물건을 쓰려고 할 때 인터넷에서 사용법을 찾아볼 수 있습니다. 자동차 브레이크를 고치는 방법, 식탁을 멋지게 차리는 방법, 심지어 무서운 동물들에게 공격을 당할 때 대처하는 방법까지도 검색하면 정보를 얻을 수 있습니다. 그러나 예수님의 모습이 변할 때 함께 나타난 모세와 엘리야 앞에서 무엇을, 어떻게 해야 할지에 대한 정보는 아무리 찾아봐도 도지히 발견할 수가 없을 겁니다. 제자들이 그랬습니다. 무엇을, 어떻게 해야 할지 전혀 몰랐습니다. 그들은 자신들 앞에 보이는 세 사람을 위해서 초막 세 개를 짓는 것이 최선이라고 생각했을 뿐이었습니다. 그때, 마치 이제는 더 이상 그 모든 상황을 두려워할 필요가 없는 것처럼, 구름이 하늘에서 내려와 그 자리를 뒤덮었고, 하나님 아버지께서 말씀하셨습니다. 마태는 이 모든 일이 벌어졌을 때, 제자들은 어떤 말도 더 하지 못하고, 그저 땅바닥에 엎드려 두려워했다고 기록했습니다(마 17:6절). 그 자리에 있던 세 명의 제자들은 아마도 곧 자신들이 죽게 될 거라고 생각했을 겁니다.

🗨 이야기하기

예수님의 모습이 변화되는 동안에 누가 그분 곁에 나타났나요? (모세와 엘리야)

모세나 엘리야가 했던 일들을 기억할 수 있나요? (모세가 이스라엘 백성들을 이끌고 홍해를 건넜던 사건에 관한 몇 가지 단서들을 줘서 자녀들이 기억할 수 있게 도와주세요. 엘리야의 경우도, 밀가루와 기름이 떨어지지 않게 과부를 도와주었던 기적에 관한 단서들을 주세요. 그 과부는 자신의 마지막 음식을 엘리야에게 기꺼이 내주었습니다.)

어떻게 해야 할지 몰라서, 베드로는 세 사람을 위해서 초막을 짓겠다고 했습니다. 만약 우리가 그 자리에 있었다면 뭘 했을까요? (정답은 없습니다. 즉, 우리 입장에서는 아무것도 해 드릴 것이 없다는 뜻입니다. 우리가 할 수 있는 것은 단지 놀라는 것과 하나님께 경배를 드리는 것뿐입니다. 아마 우리도 제자들처럼 두려워서 아무것도 못하고 엎드려 있었을 것입니다.)

제자들은 예수님의 변화를 통해 무엇을 깨달았나요?
(제자들은 예수님이 전능하신 분이란 사실을 깨달았습니다. 예수님은 아주 오래전에 살았던 모세와 엘리야를 이미 알고 계셨습니다. 더 중요한 것은 하나님 아버지께서 예수님을 사랑하는 아들이라고 부르셨다는 점입니다.)

🤲 기도하기

오늘 이야기를 통해 우리가 알게 된 예수님께 영광을 올려 드리세요. 우리는 예수님의 전능하심과 영원한 생명, 그리고 우리 죄 때문에 돌아가시려고 기꺼이 모든 영광과 권위를 포기하시고 이 땅에 오셔서 살아내신 완전한 삶을 찬양해야 합니다.

DAY 3

💗 예수님께 연결하기

오늘은 이번 주 성경 이야기를 복음과 연결해 보는 날입니다. 복음은 우리를 구원하신 예수님의 생명과 죽음, 그리고 부활입니다. 이번 주 성경 이야기가 어떻게 복음과 연결되는지 깊이 생각해보세요.

📖 성경 읽기 | 마가복음 9:9~13절

💬 깊이 생각하기

정말 놀랍고 엄청난 것을 봤을 때, 대개는 그 사실을 친구에게 얘기하고 싶어 합니다. 그러나 오늘 이야기에서, 예수님은 베드로, 야고보, 그리고 요한에게 적어도 오늘 본 것을 자신이 죽음에서 다시 살아날 때까지는 아무에게도 말하지 못하게 하셨습니다. 하지만, 그들은 예수님이 죽음에서 다시 살아나실 거라는 말이 도대체 무슨 뜻인지 이해할 수가 없었습니다. 고민 끝에 그들이 내렸어야 할 결론은 예수님이 고난 받으시고 십자가에서 돌아가신다는 것이어야 했습니다. 그러나 제자들은 아마도 예수님이 모습을 변화시키는 능력을 무기로 사용하실 것이라 생각했던 것 같습니다. 예수님이 로마인들을 대항해서 싸우신다면, 분명히 그 능력을 무기로 사용하실 것이었습니다. 제자들은 하나님이 그 분의 백성들을 구원해 내실 거라는 약속을 주셨다는 것을 알고 있었기에 긴장이 되었습니다. 메시아가 그 백성들을 이 땅의 적들로부터 구원해 낼 때, 모습을 바꾸는 능력은 분명 엄청난 비밀 무기가 될 것입니다. 이렇게 추측해보면, 우리는 베드로가 예수님이 잡히시던 날 밤에 왜 그렇게 자신감이 넘쳤는지, 그리고 왜 검을 빼들었는지를 이해할 수 있습니다. 하지만, 그 밤에 예수님은 자신의 모습을 변화시키지 않으셨습니다. 그분은 군사들이 체포하게 자신을 내어주셨습니다. (요한복음 18:6절에서는 예수님이 짧은 한마디, "내가 그니라" 는 말씀으로 군사들을 넘어뜨렸다고 기록하고 있습니다.) 예수님이 그분의 능력으로 반격을 하지 않았던 이유는 그분이 이 땅에 오신 이유 때문이었습니다. 예수님은 이스라엘 백성을 로마의 압제에서만 구하려고 이 땅에 오신 게 아니었습니다. 예수님은 그들을 모든 죄에서 구원하려고 오셨습니다. 그렇게 하려면, 예수님은 십자가에 오르셔야만 했습니다.

🗨 이야기하기

예수님은 베드로, 야고보, 요한에게 그들이 본 것을 누구에게 말하지 못하게 하셨나요?
(어떤 사람에게도 전하지 못하게 하셨습니다. 심지어는 다른 제자들에게도 금하셨습니다.)

제자들은 죽음에서 다시 살아난다는 게 무슨 뜻인지를 이해하지 못했습니다. 예수님은 무슨 말씀을 하시는 것이었나요? (이것은 우리에게 대답이 분명한 질문입니다. 그러나 자녀들에게는 예수님의 죽음과 부활에 대해 반복해서 생각해 볼 수 있는 좋은 기회입니다. 자녀들이 오늘 이야기에서 일어난 일을 잘 설명할 수 있는지 살펴보세요.)

오늘 이야기를 보건대 베드로, 야고보, 그리고 요한은 예수님의 변화되는 모습을 보면서 무슨 생각을 했을까요?
(자녀들이 상상력을 발휘하게 도와주세요. 제자들은 해처럼 빛나는 예수님을 봤습니다. 그리고 구약성경에 기록된 두 사람이 함께 있는 것도 정확히 봤습니다. 그리고 무엇보다 하나님 아버지의 음성을 들었습니다. 그 모든 것들 때문에 제자들은 예수님이 전능하신 분이고 그 누구도 예수님을 이길 수 없을 거라고 생각했을 겁니다.)

🙏 기도하기

예수님의 영광스러운 능력을 찬양하고 우리 대신에 고난당하시고 죽기 위해서 모든 영광을 포기하신 예수님께 감사하세요.

DAY 4

♥ 기억하기

이번 주 성경 이야기를 통해서 하나님은 우리에게 무엇을 가르치시나요?

📖 성경 읽기 | 마가복음 9:14~29절

💬 깊이 생각하기

제자들은 자신들의 힘으로 소년에게서 귀신을 쫓아내려고 노력했으나 불가능했습니다. 그러나 예수님은 그렇게 하시는 데 전혀 문제가 없었습니다. 귀신은 아이에게서 나오라는 예수님의 명령을 그대로 따랐습니다. 그리고 다시는 돌아오지 않았습니다. 제자들이 왜 귀신을 쫓아낼 수 없었냐고 질문했을 때, 예수님은 그들에게 기도가 필요하다고 말씀하셨습니다. 기도는 우리가 하나님께 도움을 구하는 방법입니다. 오늘 이야기에서 예수님은 하나님이 도와주시지 않는다면 이와 같은 일을 할 수 없다고 제자들에게 말씀하셨습니다.

예수님이 제자들에게 귀신을 쫓아낼 수 있는 권위를 주셨지만, 자신들만의 힘으로는 불가능했습니다. 그들은 기도해야만 했습니다. 우리도 예수님의 도움이 필요합니다. 우리의 모든 호흡과 발걸음 하나하나가 오직 하나님의 은혜로만 가능합니다. 가장 중요한 것은 우리 가운데 그 누구도 스스로를 천국에 들어가게 할 수 없다는 사실입니다. 심지어 우리가 예수님을 믿었을지라도, 예수님을 위해 살려면 그분의 도움이 있어야만 합니다.

💬 이야기하기

부모님은 스스로 해결할 수 없어서 하나님께 도와달라고 기도했던 경험을 자녀들에게 얘기해 주세요.

왜 예수님은 제자들에게 귀신을 쫓아낼 때 기도를 해야 한다고 말씀하셨나요?
(제자들 자신이 귀신을 쫓아낼 능력을 가진 게 아닙니다. 그래서 반드시 하나님의 도움을 구해야만 합니다. 기도는 하나님께 우리를 도와달라고 요청하는 방법입니다.)

혼자서는 해결할 수 없어서 하나님께 도움을 구하는 기도를 드렸던 때가 있었나요?
(부모님은 자녀들이 했던 기도를 기억나게 도와주세요. 가족 여행을 준비하면서 좋은 날씨를 위해서 기도하거나, 먼 거리를 자동차로 이동할 때 안전을 위해서 기도했던 적도 있을 겁니다.)

🙏 기도하기

우리의 기도 목록을 만들고, 그것들을 보면서 하나님께 도움을 구하는 기도를 하세요.

DAY 5

♥ 발견하기

오늘은 다른 성경 본문을 보는 날입니다. 시편이나 예언서에서 예수님 혹은 우리의 구원에 대해 배울 수 있습니다.

📖 성경 읽기 | 시편 72:11~13절

💬 깊이 생각하기

솔로몬 왕이 쓴 시편 72편은 온 세상을 통치할 왕에 대한 내용을 담고 있습니다. 그 시편의 일부분을 오늘 우리가 읽었습니다. 솔로몬은 다른 모든 왕이 그 위대한 왕 앞에 엎드려 절한다고 썼습니다. 이 위대한 왕의 묘사가 딱 들어맞는 왕은 오직 예수님뿐입니다. 예수님은 온 땅을 다스리시는 만주의 주, 만왕의 왕이십니다(계 17:14절). 세례 요한이 예수님께 제자들을 보내 메시아인지를 물어봤을 때, 예수님은 이렇게 말씀하셨습니다. "맹인이 보며 못 걷는 사람이 걸으며 나병환자가 깨끗함을 받으며 못 듣는 자가 들으며 죽은 자가 살아나며 가난한 자에게 복음이 전파된다."(마 11:5절) 오늘 72편에서 왕을 설명한 내용과 매우 흡사합니다!

🗣 이야기하기

솔로몬 왕은 무엇으로 유명했나요?
(많은 사람이 솔로몬을 지혜의 왕으로 기억합니다.)

오늘 시편에 기록된 왕의 묘사와 예수님은 어떤 면에서 비슷한가요?
(오직 예수님만이 모든 왕 중에서 궁핍한 사람이 부르짖을 때 듣고 구원하시는 왕입니다.)

예수님은 살아계셨을 때 궁핍한 사람과 가난한 사람을 어떻게 도와주셨나요?
(예수님은 병든 사람들을 고치시고 가난한 사람들에게 복음을 전하셨습니다.)

🙏 기도하기

가난한 사람을 돌보시고 병든 사람을 고치시며 그들에게 복음을 전파하신 예수님을 찬양하세요.

예수님이 열명의 나병환자들을 고치시다
Jesus Cleanses Ten Lepers

이야기 103 – 컬러 스토리 바이블

연필이나 볼펜, 그리고 메모지를 자녀들에게 하나씩 나눠주세요. 그리고 자녀들이 글을 쓸 수 있을 정도의 나이가 된다면, 오늘 성경 이야기의 내용을 간략하게 적어보게 해 주세요. 자녀들에게 그것들을 나눠주면서, 부모님이 알려주지 않아도 먼저 감사하다는 말을 표현하는지 살펴보세요. 만약 그렇게 하면, 자녀들을 칭찬해 주세요. 그렇지 않으면, 부모님에게 감사의 말을 한 적이 있었는지 물어보세요. 그리고 나서 이번 한 주간 동안 자녀들이 스스로 감사의 말을 얼마나 잘하는지 살펴볼 거라고 말해 주세요. 실제로 매일 자녀들에게 이것을 일깨워주세요. 그리고 이렇게 말하세요. "이번 주에 우리는 예수님이 열 명의 나병 환자들을 고치셨지만, 그중에서 오직 단 한 명만이 되돌아와서 감사를 표현했다는 사실에 대해서 배우게 될 거야."

DAY 1

♥ 상상하기

동생에게 손전등을 빌려줬는데 불을 켜 놓고 끄지 않아서 배터리가 다 닳았다고 가정해 봅시다. 그런 동생을 용서하고, 나중에 다시 빌려줄 수 있나요? 대부분의 사람은 용서하고 또다시 빌려줄 겁니다. 그런데 또 똑같이 행동한다면 어떨까요? 그리고 세 번째도, 네 번째도 그런다면? 동생이 일곱 번이나 빌려 가고 일곱 번 모두 배터리를 다 닳아버리게 한다면 어떻게 할 건가요? 그때도 동생을 용서해 줄 수 있나요? 오늘 성경 이야기에서, 예수님은 비록 어떤 사람이 하루에 일곱 번 죄를 짓더라도 용서해 주어야 한다고 제자들에게 말씀하셨습니다.

📖 성경 읽기 | 누가복음 17:3~10절

💬 깊이 생각하기

제자들은 똑같은 죄를 짓는 사람을 일곱 번씩이나 용서해야 한다는 예수님의 말씀에 매우 충격을 받았습니다. 누군가를 한 번 용서하는 것도 어려운데, 일곱 번씩이나 용서해야 한다는 것은 너무 힘들고 불가능해 보이는 일이었습니다. 그래서 제자들은 예수님께 자신들의 믿음을 더 굳건히 해 달라고 요청합니다. 예수님은 만약 어떤 사람이 겨자씨 한 알만한 믿음이 있다면 나무에 명령을 내릴 수 있고, 그 나무는 명령에 순종할 거라는 말씀을 하심으로 믿음이 얼마나 강한 힘을 가졌는지 가르쳐 주셨습니다. 그러나 예수님은 제자들에게 어떻게 그 나무를 옮겨 심을 수 있는지에 대한 구체적인 방법을 알려주시지는 않았습니다. 예수님은 오직 제자들이 그들의 믿음을 하나님께만 두기를 원하셨습니다.

하나님이 모세에게 홍해 위로 손을 뻗어서 길을 열고 그곳을 통과하라고 말씀하셨을 때, 모세는 하나님의 의중을 알아보려고 멈추지 않았습니다. 모세는 하나님의 말씀을 믿었습니다. 비록 그 말씀이 실현 불가능해 보였지만, 그는 믿었습니다. 마찬가지로 만약 하나님이 우리에게 나무에게 명령해서 바다로 뛰어들게 하라고 말씀하시고, 우리가 하나님께 순종한다면, 그 말씀에 확신을 가질 수 있습니다. 그리고 그 나무는 분명 바다로 뛰어들 겁니다. 하나님이 우리에게 일곱 번씩 죄 짓는 사람을 용서해야 한다고 말씀하셨기 때문에, 우리가 그 말씀을 믿으려고 엄청난 믿음을 가질 필요는 없습니다 ─ 그저 우리는 하나님이 말씀하신 것을 그대로 믿으면 됩니다.

💬 이야기하기

예수님은 제자들에게 몇 번씩 용서해야 한다고 말씀하셨나요? (일곱 번)

만약에 어떤 사람이 우리에게 여덟 번씩이나 죄를 지었다면 어떻게 해야 하나요?
(예수님은 우리가 용서하는 데 있어서 횟수를 제한하신 게 아닙니다. 예수님은 제자들에게 끊임없이 용서해야 한다는 사실을 가르치려고 애쓰셨습니다. 우리는 어떤 사람이 아무리 여러 번 우리에게 죄를 지을지라도 용서해야만 합니다.)

누군가를 용서한다는 것은 어떤 뜻인가요?
(어떤 사람이 우리에게 해를 입히거나 죄를 지었을 때, 우리는 그 사람을 용서할 수 있습니다. 그리고 그것은 우리가 당한 대로 복수하지 않는다는 뜻입니다. 그리고 마치 그 일이 벌어지지 않았던 것처럼 그 사람을 대하는 것입니다.)

🙏 기도하기

우리에게 죄짓는 사람들을 용서하게 해 달라고 하나님께 도움을 구하세요.

DAY 2

♥ 기억하기

어제 이야기 중에서 무엇을 기억하나요? 오늘은 어떤 이야기가 있을 것으로 생각하나요?

📖 성경 읽기 | 누가복음 17:11~14절

💬 깊이 생각하기

예수님 시대에, 나병은 가장 끔찍한 병 가운데 하나였고 치료법도 없었습니다. 많은 사람이 나병은 하나님의 징계라고 생각했습니다. 나병은 얼굴과 몸에 보기 흉한 종기나 부스럼을 일으키고 감염성이 있기 때문에 사람들은 그병에 걸린 사람 곁에 가려고 하지 않았고 나병환자들은 도시 밖으로 쫓겨나서 같은 병에 걸린 사람들끼리 모여 살았습니다. 혹시라도 누군가 가까이 다가오면, 그들은 "부정하다, 부정하다"고 소리쳐서 사람들이 자신들과 일정한 거리를 두게 합니다. 만약 나병 환자가 치료를 받고 낫게 되면, 오직 제사장만이 그 사람이 깨끗해졌다고 선언하고 가족들에게 돌아가도록 허락해 줄 수 있습니다. 나병 환자들은 성안으로 예수님을 만나러 들어갈 수 없었기에, 예수님이 자신들이 있는 곳에서 가까운 데를 지나가시지 않는 한 치료받을 희망이 거의 없었습니다. 그래서 열 명의 나병 환자들은 예수님이 오신다는 소식을 듣고선 가능한 그분 가까이에서, 큰 소리로 도움을 구했습니다. "부정하다, 부정하다"고 외치는 대신에, 그들은 예수님께 도와달라고 간청했습니다. 그리고 예수님이 자신들을 고치실 수 있다는 믿음을 드러냈습니다.

🗣 이야기하기

열 명의 나병 환자들은 왜 함께 있었을까요?
(나병 환자들은 건강한 사람과 함께 살 수 없었고 같은 병에 걸린 사람들끼리 모여 살아야 했습니다.)

왜 예수님은 그 나병 환자들에게 가서 제사장에게 그들 자신을 보이라고 말씀하셨나요? (제사장은 나병 환자들이 병에서 깨끗이 나았고, 가족들에게 돌아갈 수 있다고 선언할 수 있는 유일한 사람이었습니다.)

만약 우리가 오늘 이야기에 등장한 열 명의 나병 환자 가운데 한 명이었다면, 그리고 갑자기 그 병이 나았다면, 가장 먼저 무엇을 하고 싶을까요? (이 나병 환자들은 아무리 오랜 시간이 지나도 병이 낫지 않는 한 자신들의 가족을 만나거나 만질 수가 없었습니다. 그 열 명의 사람들은 한시라도 빨리 제사장에게 가고 싶었을 것입니다. 그래야만 가족들에게 돌아갈 수 있기 때문입니다. 자녀들이 이런 감정을 이해하게 도와주세요.)

오늘날에도 나병은 여전히 있나요?
(네. 사람들은 아직도 나병에 걸립니다. 그러나 오늘날에는 치료할 약이 있어서 이 끔찍한 병에서 나을 수 있습니다.)

🤲 기도하기

예수님이 살던 시대에 병자들을 고치신 하나님을 찬양하세요. 그리고 오늘날 우리에게는 치료할 약을 주셔서 이 끔찍한 병에 대해서 염려하지 않게 해 주신 것을 감사하세요.

DAY 3

♥ 예수님께 연결하기

오늘은 이번 주 성경 이야기를 복음과 연결해 보는 날입니다. 복음은 우리를 구원하신 예수님의 생명과 죽음, 그리고 부활입니다. 이번 주 성경 이야기가 어떻게 복음과 연결되는지 깊이 생각해보세요.

📖 성경 읽기 ┃ 누가복음 17:15～16절

💬 깊이 생각하기

예수님은 도움을 구하는 열 명의 나병 환자들을 모두 고쳐주셨고 그들을 제사장에게 보내 다 나았다는 사실을 확인받게 하셨습니다. 그래야만 그 나병 환자들은 다시 다른 사람들과 함께 어울려져 살아갈 수 있기 때문입니다. 열 명의 나병 환자들은 모두 떠나갔지만 그들 중 한 명, 사마리아 사람만이 예수님께 돌아와 감사를 표했습니다. 원래 사마리아 사람과 유대 사람은 함께 어울리지 않기 때문에 사마리아 사람이 감사의 말을 전하려고 돌아올 거라고는 전혀 예상할 수 없었습니다. 사마리아 사람들 역시 하나님의 백성들 가운데 일부입니다. 그러나 그들은 자신들만의 세상을 원해서 떠났고 우상을 숭배했으며, 예루살렘 성전에서 하나님을 경배하는 대신 그 땅에 세운 우상들을 섬겼습니다. 그래서 사마리아 사람들은 유대 사람들에게 배척당했습니다. 그러나 예수님은 다른 유대 사람들과 달리 사마리아 사람들을 기꺼이 용서하셨습니다. 예수님은 유대인만을 구원하시려고 이 땅에 오신 게 아니라 모든 나라와 족속들을 용서하시고 생명을 주시려고 오셨습니다. 비록 사마리아 사람들이 우상을 숭배하려고 떠났지만, 그들도 예수님을 믿는다면, 다시 하나님의 백성이 될 수 있습니다.

《💬 이야기하기

예수님께 다시 돌아온 나병 환자는 무엇을 했나요? (하나님께 영광을 돌리고 감사하려고 예수님께 돌아왔습니다.)

그 나병 환자는 어느 지역에서 온 사람이었나요? (사마리아)

왜 유대 사람과 사마리아 사람은 함께 다니지 않나요?
(사마리아 사람은 자신들이 원하는 대로 살려고 이스라엘을 떠났습니다. 성전에서 하나님을 경배하지 않고 우상을 만들어서 하나님 대신 섬겼습니다. 그래서 유대 사람들은 그들을 경멸하고 배척했습니다.)

모든 나라와 온 백성에게 복을 주시겠다는 아브라함과 맺은 하나님의 약속은 고침 받은 사마리아 사람에게 어떻게 이루어졌나요? (하나님은 아브라함의 먼 후손을 통해서 모든 나라와 온 백성을 구원하시겠다는 계획을 세우셨습니다. 예수님이 바로 그 먼 후손입니다. 사마리아 사람을 고치심으로, 예수님은 이스라엘이 아닌 다른 사람들에게도 하나님의 복을 전해주셨습니다. 그것이 하나님이 아브라함과 맺으신 언약을 이뤄 가시는 첫 시작이었습니다.)

🤲 기도하기

모든 사람에게 치유와 용서를 베푸시는 하나님께 영광을 올려드리세요. 어느 나라 출신이든, 심지어 우상을 숭배했을 지라도 하나님은 구원하시고 백성으로 받아들여 주십니다.

DAY 4

♥ 기억하기

이번 주 성경 이야기를 통해서 하나님은 우리에게 무엇을 가르치시나요?

📖 성경 읽기 ┃ 누가복음 17:17~19절

💬 깊이 생각하기

예수님은 나머지 9명의 나병 환자들이 왜 감사하러 돌아오지 않았는지 궁금하셨습니다. 우리는 그 나머지 사람들이 유대 사람이라는 것을 알 수 있습니다. 예수님은 돌아온 그 사람을 가리켜 이방인, 즉 사마리아 사람이라고 말씀하셨습니다. 만약 그들 가운데 예수님을 기억하지 않고 그분께 감사를 표현하지 않을 것 같은 한 사람을 꼽는다면, 아마도 하나님의 백성인 유대 사람들이 아니라 사마리아 사람을 생각할 것입니다. 그러나 안타깝게도 그분의 백성들은 예수님을 잊었습니다. 나병 환자들 가운데 유대 사람들은 아무도 돌아오지 않았습니다. 예수님은 유대 사람들에게 거절당하고, 체포당하며, 결국에는 죽임당할 것입니다.

🗣 이야기하기

부모님은 하나님께 가장 감사한 것이 무엇인지 얘기해 주세요.
(하나님이 우리 죄를 용서해주신 것에서 출발해야 합니다. 그리고 나서 하나님이 우리 인생에서 이루신 것들을 하나씩 자녀들에게 얘기해 주세요.)

몇 명의 나병 환자들이 치료받았나요?
(예수님은 열 명 모두를 치료하셨습니다.)

몇 명의 나병 환자들이 돌아와서 예수님께 감사드렸나요?
(오직 한 명뿐이었습니다.)

예수님은 그 사마리아 사람이 치료받은 이유가 무엇이라고 말씀하셨나요?
(그 사람은 예수님을 믿어서 치료받았습니다.)

🤲 기도하기

하나님께 감사할 제목을 적어도 다섯 가지 정도 찾아서 목록을 만들어 보세요. 그런 다음 감사 기도를 드리세요.

DAY 5

♥ 발견하기

오늘은 다른 성경 본문을 보는 날입니다. 시편이나 예언서에서 예수님 혹은 우리의 구원에 대해 배울 수 있습니다.

✝ 성경 읽기 | 스가랴 13:1절

💬 깊이 생각하기

이 예언을 읽으면서 상상해봅시다. 무덥고 흙먼지가 휘날리는 어느 날, 그 먼지 속을 다녀서 온통 더러운 상태인 여행자들이 있습니다. 그 사람들은 마을 광장에 모여들었고, 마을 시장은 광장 중앙에 있는 분수대를 개방해서 모든 사람이 씻을 수 있게 했습니다. 만약 우리가 그 여행자들 가운데 하나라면, 분수대에서 쏟아지는 깨끗하고 시원한 물줄기에 더럽고 뜨거워진 발과 온몸을 씻을 때 얼마나 기분이 상쾌하고 좋을까요? 스가랴는 다윗의 후손들이 그들의 모든 죄와 더러움을 씻는 샘이 터져 나올 그날을 말하고 있습니다.

예수님은 샘입니다. 그분은 나병을 씻어 내셨습니다. 그러나 스가랴의 예언이 담고 있는 더욱 더 중요한 의미는 예수님이 단순히 나병을 치료하신 게 아니라 그들의 죄를 씻어 주셨다는 것이었습니다. 예수님이 나병 환자에게 "네 믿음이 너를 낫게 했다"고 말씀하실 때, 그것은 단순히 병이 아니라 바로 죄에 대해서 깨끗함을 입었다는 의미로 말씀하신 것이었습니다. 예수님은 샘이고 그분에게서 흘러나오는 물은 우리의 모든 죄와 더러움을 깨끗하게 합니다. 예수님이 나병 환자를 낫게 하셨을 때, 아주 오래전 스가랴에게 주셨던 예언을 성취하신 것이었습니다.

🗨 이야기하기

어떤 사람을 죄에서 깨끗하게 한다는 말은 어떤 뜻인가요? 시편 51편을 읽으면서 단서들을 찾아보세요.
(시편 51:2절에서 우리는 단서를 얻게 됩니다. "나의 죄악을 말갛게 씻으시며 나의 죄를 깨끗이 제하소서!" 깨끗게 한다는 의미는 씻어 내거나 없애버린다는 의미입니다. 우리의 죄는 예수님의 샘에서 완전히 씻겨 내려갈 것입니다.)

우리의 죄를 깨끗하게 하시려고 예수님은 무엇을 하셨나요? (예수님은 우리가 받아야 할 죄의 징계를 대신 받으시려고 십자가에서 돌아가셨습니다. 예수님은 죄 없는 삶을 사셨습니다. 그리고 우리에게 그 완전한 삶, 즉 그분의 의로움을 주셨습니다. 우리는 그 의로움을 우리의 죄와 바꿨습니다. 그래서 하나님의 진노가, 우리 죄에 대한 그 진노가 예수님에게 쏟아졌습니다. 우리 죄 때문에 예수님이 징계당하셨습니다.)

죄와 가장 치열하게 싸우고 있는 삶의 부분은 어디인가요? (자녀들이 어떤 경우에 죄의 유혹을 받고 자주 넘어지는지, 적어도 세 가지 정도 생각하고 적어보게 해 주세요. 그리고 부모님 자신의 싸움을 자녀들에게 솔직히 나눠주세요.)

🤲 기도하기

우리가 예수님께 간구하던 기도 제목을 떠올리시고 그분께 용서를 구하는 기도를 드리세요.

26

예수님이 하나님이심을 드러내시다
Jesus Claims to Be God

이야기 104 - 컬러 스토리 바이블

다음 문장을 녹음하세요. 빈칸에 자녀들의 이름을 넣으세요. "안녕, _____, 너는 내가 누군지 알겠니? 하나님이 너를 내게 주셔서 너무 기뻐." 만약 이 활동을 정말 재밌게 하려면, 자녀들이 잘 모르는 사람의 목소리로 똑같은 메시지를 녹음해서 아빠나 엄마의 목소리를 들려주기 전에 들려주면 됩니다. 첫 번째 녹음된 목소리가 누구의 목소리인지 자녀들에게 물어보세요. 그리고 나서 아빠나 엄마의 목소리로 녹음된 똑같은 메시지를 들려주세요. 그리고 이렇게 얘기해 주세요. "이번 주 우리는 하나님의 자녀가 된 사람들이 어떻게 주님의 목소리를 알아차릴 수 있는지 배우게 될 거야."

DAY 1

♥ 상상하기

제1차 세계대전 중에, 연합군과 독일은 전쟁 지역에서 통신을 주고받을 때, 라디오와 전화기를 사용했습니다. 자신들의 무전을 적군이 알아듣지 못하게 하려고, 연합군은 암호를 사용했습니다. 그러나 독일군은 그 암호를 분석해 냈습니다. 그러자 연합군은 라디오에서 미국 본토 말로 암호를 이야기하는 새로운 방법을 사용하였고 그 이후 독일군은 라디오에서 들리는 말이 도대체 무슨 뜻인지 전혀 알아차리지 못했습니다.

제2차 세계대전 중에도 대규모 공습이 있기 전에 독일군을 혼란스럽게 하려고 또다시 미국인들을 활용했습니다. 그 사람들이 사용한 암호는 전쟁에서 필요한 정보를 전달하기 위해서 일상 언어로 대화를 나누는 것이었습니다. 예를 들어, 탱크(tank)는 거북이(turtles)로, 기관총(machine gun)은 재봉틀(sewing machine)로, 그리고 바주카포(bazookas)는 연통(stovepipe)으로 표현했습니다. 탱크들이 줄지어 다가오고 있는 모습을 봤다면, 이렇게 메시지를 보내는 겁니다. "난로 연통이 빠졌어. 재봉틀로는 충분히 붙들어둘 수가 없거든. 그러니 우리는 거북이를 들여봐야겠어." 당연히 그 사람들은 본토 말로 이렇게 했습니다. 이런 대화는 매번 독일군을 혼란에 빠트렸고, 확실하게 속였습니다.

오늘 이야기에서, 예수님은 복음을 전하려고 비유를 사용해서 말씀하셨습니다. 바로 이 비유가 암호입니다. 그래서 제자들은 이해하기 어려웠고, 혼란스러웠습니다. 자, 그럼, 우리가 예수님의 비유를 얼마나 제대로 이해할 수 있는지 한 번 살펴봅시다.

📖 성경 읽기 | 요한복음 10:1~6절

💬 깊이 생각하기

오늘 이야기에서 하나님과 그 백성들에 대한 암호를 찾았나요? 양 떼는 하나님의 백성들이고 목자는 예수님입니다. 우리가 이 암호를 이해하기는 쉽습니다. 왜냐하면 우리는 성경을 읽으면서 예수님의 삶에 대해 이미 다 알고 있기 때문입니다. 일단 암호의 의미를 알았다면, 목자이신 하나님의 모습 때문에 우리는 그분이 어떻게 돌보시는 지를 이해하게 됩니다. 목자가 자신의 양 떼를 돌보는 것처럼, 하나님도 그렇게 우리를 돌보십니다. 예수님이 살던 시대의 사람들은 목자와 양 떼의 관계에 대해 누구나 다 알고 있었습니다. 그래서 하나님에 대해 더욱 쉽게 이해하고 다른 사람들에게 전할 수도 있었습니다. 그러나 하나님을 대적하고 믿기를 거부한 사람들은 그 암호가 말도 안 되는 것처럼 들렸습니다.

💬 이야기하기

목자와 양 떼는 누구를 상징하나요?
(우리는 내일 암호에 대해 좀 더 많이 다룰 것입니다. 오늘 이야기에서 자녀들이 예수님이 목자이시고 그분을 믿고 따르는 사람들이 양 떼라는 사실을 이해하고 찾아내는지 살펴보세요.)

예수님은 왜 양 떼가 낯선 사람을 따라가지 않을 거라고 말씀하셨나요?
(예수님은 양 떼가 낯선 사람의 목소리는 알아듣지 못하기 때문에 따라가지 않을 거라고 말씀하셨습니다.)

예수님은 왜 원하는 바를 정확하게 알려주시지 않고 비유로 말씀하셨나요?
(예수님은 그분을 믿고 따르기 원하는 사람들만을 도와주시려고 비유로 말씀하셨습니다. 그러나 예수님이 비유로 말씀하신 또 다른 이유는 예수님을 믿지 않고 거부하는 사람들이 깨닫지 못하게 하시려는 것이었습니다(마 13:13~15절을 읽어보세요).)

🙏 기도하기

우리가 마음과 생각을 열어 복음을 잘 이해하고 믿을 수 있게 해 달라고 기도하세요.

DAY 2

♥ 기억하기

어제 이야기 중에서 무엇을 기억하나요? 오늘은 어떤 이야기가 있을 것으로 생각하나요?

📖 성경 읽기 | 요한복음 10:7~10절

💬 깊이 생각하기

오늘 성경 이야기에서, 예수님은 몇 가지 암호를 설명하십니다. 그러나 예수님은 양을 치는 울타리가 있는 들판(요 10:16절 sheepfold)이 무엇을 뜻하는지는 말씀하시지 않았습니다. 그것이 무엇인지 알아낼 수 있는지 살펴봅시다. 예수님이 하신 말씀을 기초로 볼 때 그 들판(sheepfold)은 양 떼를 풀어 놓고 키우는 장소로 그 안에서 안전하게 보호받습니다. 이것은 우리의 구원이 예수님과 함께 천국에서 보장된다는 것과 매우 흡사합니다. 천국에서 우리는 죄 때문에 받아야 할 징계로부터 안전합니다. 또한 우리가 천국에 가고 거기서 하나님과 함께 하는 그날을 가리킵니다. 도둑과 강도들은 거짓 선지자들이고 자신들의 노력으로 천국에 가려는 사람들은 바리새인 같은 사람들입니다.

《● 이야기하기

우리는 목자가 예수님을 나타내는 암호라는 것을 압니다. 예수님이 자신을 나타내는 데 사용한 다른 암호는 무엇이 있나요?
(예수님은 문입니다.)

양을 치는 울타리가 있는 들판(sheepfold)은 무엇을 상징하나요?
(그것은 우리의 구원 혹은 하나님과 함께 살아갈 천국입니다.)

양을 치는 울타리가 있는 들판(sheepfold)에는 얼마나 많은 문이 있나요?
(오직 한 개뿐입니다. 그것은 예수님만이 우리가 하나님의 자녀가 될 수 있는 유일한 길이라는 뜻입니다.)

🙏 기도하기

우리에게 암호를 풀 수 있는 비밀로 성경을 주신 하나님께 감사하세요. 그래서 우리가 그 암호들을 이해하고 예수님을 믿을 수 있게 되었습니다.

DAY 3

♥ 예수님께 연결하기

오늘은 이번 주 성경 이야기를 복음과 연결해 보는 날입니다. 복음은 우리를 구원하신 예수님의 생명과 죽음, 그리고 부활입니다. 이번 주 성경 이야기가 어떻게 복음과 연결되는지 깊이 생각해보세요.

📖 성경 읽기 ｜ 요한복음 10:11～18절

💬 깊이 생각하기

예수님이 "나는 양을 위하여 목숨을 버리노라"고 말씀하셨을 때, 그분은 사람들에게 복음을 가르치려고 목자의 이미지를 사용하셨습니다. 모든 사람이 이 암호를 이해했던 것은 아니었지만, 우리는 이 암호를 해독하고 예수님이 말씀하셨던 것을 이해하는데 성경 전체를 사용할 수 있는 이점을 가지고 있습니다.

여기 우리가 배운 것이 있습니다: 예수님은 목자이시고 그분을 믿는 우리는 그분의 목소리를 따르는 양떼입니다. 목자가 양 떼를 위해서 목숨을 내놓는 모습은 예수님이 우리 죄 때문에 십자가에서 돌아가신 바로 그 모습입니다. 우리는 또한 예수님이 억지로 십자가에 오르셔서 우리 대신에 죽으신 게 아니라 우리를 위해서 그분의 목숨을 기꺼이 내어주셨다는 사실을 알게 됩니다. 예수님이 끝으로 목숨을 다시 얻을 것이라고 말씀하셨을 때, 그것은 복음의 마지막 부분을 나타내는 암호입니다. 즉, 죽음에서 다시 살아나는 것, 부활을 의미합니다.

💬 이야기하기

예수님은 목자가 양떼를 위해서 무엇을 할 것이라고 말씀하셨나요?
(오늘 본문에는 몇 가지 답이 있습니다. 예를 들어, 양 떼를 이끌고 보호합니다. 그러나 가장 중요한 목자의 역할은 바로 양 떼를 위해서 자신의 목숨을 내어놓는다는 점입니다.)

예수님은 양 떼를 위해서 목숨을 내놓으려고 어떻게 하셨나요? (예수님은 우리 대신 십자가에서 돌아가셨습니다. 그래서 우리 죄가 용서받았고 천국에서 하나님과 함께 살 수 있게 되었습니다.)

예수님은 두 무리의 양 떼를 말씀하셨습니다. 그 두 양 떼가 누구를 나타내는지 아나요?
(이것은 어려운 질문입니다. 자녀들이 양 떼는 사람들을 나타낸다는 것을 기억하게 도움을 주세요. 그것은 예수님이 두 그룹의 사람들을 위해 죽으려고 오셨다는 뜻입니다. 한 그룹은 하나님의 백성으로 선택된 유대인이고, 또 한 그룹은 유대인이 아닌 이방인들입니다.)

🤲 기도하기

우리를 사랑하셔서 기꺼이 목숨을 내어주신 예수님을 찬양하세요. 예수님은 스스로 선택해서 이렇게 하셨습니다. 예수님은 억지로 우리 대신 돌아가신 게 아니었습니다.

DAY 4

♥ 기억하기

이번 주 성경 이야기를 통해서 하나님은 우리에게 무엇을 가르치시나요?

📖 성경 읽기 ㅣ 요한복음 10:19~42절

💬 깊이 생각하기

예수님이 비유로 설명하시고 유대인들에게 자신에 대해서 더 자세히 말씀하셨지만, 그 사람들은 믿지 않았습니다. 심지어 어떤 사람들은 예수님이 귀신 들렸다고 했고, 또 어떤 사람들은 미쳤다고 했습니다. 그래서 예수님은 "나와 아버지는 하나이다(30절)." 라고 말씀하시면서, 자신이 바로 하나님이라는 사실을 드러내셨던 것입니다. 그러나 사람들은 그분의 말씀을 믿지 않고, 예수님을 돌로 쳐서 죽이려고 했습니다. 예수님이 자신이 보이셨던 기적을 떠올리게 해서 그 사람들의 마음을 바꾸려고 하셨지만, 사람들은 듣지 않았고, 예수님을 체포하려고 했습니다. 그러나 아직 예수님이 십자가에서 돌아가실 때가 아니었습니다. 그래서 그분은 그 사람들에게서 피하셨습니다. 우리가 알다시피, 하나님의 원수들은 그 암호를 절대 해독하지 못합니다. 오늘날에도, 하나님의 은혜 때문에 마음이 열린 사람들만이 성경에 기록된 복음의 메시지를 이해할 수 있습니다. 나머지 사람들은 복음을 말도 안 되는 소리라고 생각합니다.

💬 이야기하기

부모님은 복음을 듣고도 거절했던 사람들을 알고 있다면 그 사람들에 관해 얘기해 주세요.
(주위 사람 중에서 복음의 메시지를 들었지만 그것을 거부했던 사람들을 떠올려 보세요. 이 이야기를 진지하게 나누고 자녀들과 함께 그 사람들을 위해 기도하는 시간을 가지세요.)

왜 유대인들은 돌을 들어서 예수님을 죽이려고 했나요?
(그들은 예수님이 하나님이라는 사실을 절대 믿지 않았습니다. 유대 사회에서는 어떤 사람이 자신을 하나님이라고 주장한다면, 그 사람은 죽음으로 징계를 받아야 하는 죄를 지은 것이었습니다. 유대인들은 예수님을 믿지 않았기 때문에, 그분이 하나님이라고 말씀하셨을 때 그분을 증오했고, 죽이려고 했습니다.)

예수님을 돌로 쳐서 죽이려고 했던 유대인들은 그분이 돌보시는 양 떼가 아니라는 사실을 어떻게 알 수 있나요?
(예수님은 그분의 양 떼는 주인의 목소리를 알아듣는다고 말씀하셨습니다 – 양 떼는 듣고 따릅니다. 그러나 유대인들은 예수님의 말씀을 들으려고 하지 않았고, 좋게 생각하지도 않았습니다. 이것은 오늘날도 마찬가지입니다. 많은 사람이 성경을 읽지만, 모두가 다 믿지는 않습니다. 그분의 목소리를 듣는 사람들은 하나님의 음성을 듣는 사람들입니다. 그리고 그런 사람들은 그분의 말씀에 순종합니다. 하나님의 말씀은 모든 믿는 자들의 마음에 감동을 줍니다. 그러나 믿지 않는 자들은 하나님의 말씀에 전혀 반응하지 않고 감동도 없으며 믿지도 않습니다.)

🙏 기도하기

우리의 귀를 열어 주셔서 비유 속 양 떼처럼 우리도 예수님의 음성을 듣고 그 말씀에 순종하게 해 달라고 기도하세요.

DAY 5

♥ 발견하기

오늘은 다른 성경 본문을 보는 날입니다. 시편이나 예언서에서 예수님 혹은 우리의 구원에 대해 배울 수 있습니다.

📖 성경 읽기 ㅣ 이사야 45:17절

💬 깊이 생각하기

이사야는 이스라엘이 끝없이 이어지는 영원한 구원을 얻을 것이라고 말했습니다. 이것이 뜻하는 바는 이스라엘이 영원토록 구원받는다는 것입니다. 예수님은 양 떼에 대해서 말씀하실 때 이와 매우 비슷한 말씀을 하셨습니다. 요한복음 10:27~28절에서 예수님은 이렇게 말씀하셨습니다. "내 양은 내 음성을 들으며 나는 그들을 알며 그들은 나를 따르느니라. 내가 그들에게 영생을 주노니 영원히 멸망하지 아니할 것이요. 또 그들을 내 손에서 빼앗을 자가 없느니라." 예수님이 태어나시기 오래전, 이사야가 예언한 구원은 그분을 통해서 이뤄질 것이었습니다.

💬 이야기하기

'영원히' (everlasting)란 단어는 무슨 뜻인가요?
(이 단어는 무엇인가 계속 이어진다는 뜻입니다. "everlasting" 이라는 영어 단어는 "ever" 와 "lasting" 으로 나뉘는데 이는 "끝없이 지속된다" 는 뜻입니다.)

영원한 구원을 얻을 방법은 오직 한 가지입니다. 예수님이 양 떼를 키우는 울타리가 쳐진 들판에 대해 말씀하시면서 어떻게 가르치셨는지 기억하나요?
(예수님은 자신이 그 들판으로 들어가는 유일한 문이라고 말씀하셨습니다. 그 말은 예수님 외에는 영원한 구원으로 가는 길이 없다는 뜻입니다.)

이사야는 이스라엘이 여호와께 구원을 받을 거라고 말했습니다. 여호와께서는 이스라엘을 구원하시려고 무엇을 하셨나요?
(예수님은 죄가 없는 완벽한 삶을 사셨습니다. 그리고 우리 대신에 십자가에서 돌아가셨습니다.)

🙏 기도하기

우리를 영원히 구원하시는 하나님께 감사하세요.

바리새인과 세리
The Pharisee & the Tax Collector

이야기 105 – 컬러 스토리 바이블

투명한 유리컵 안쪽에 중탕으로 녹인 초콜릿을 약간 바르세요. 바깥쪽에는 묻지 않게 조심하세요. 또 다른 컵을 가져와서 이번엔 바깥쪽에 바르세요. 확인할 것은 안쪽이 투명하고 깨끗해야 합니다. 자녀들에게 이 컵 두 개를 보여주고 어떤 차이가 있는지 설명해 달라고 하세요. (초콜릿을 바른 거라고 알려주지 마세요. 아이들이 컵이 이상한 것으로 더럽혀졌다고 생각하게 내버려 두세요.) 그리고 나서 둘 중 어떤 컵으로 마시고 싶은지, 그리고 왜 그런지 물어보세요. 아마도 바깥쪽이 더러운 컵으로 마시는 게 낫겠다고 대답할 겁니다. 예수님은 바리새인들을 겉만 깨끗하게 하고 속은 더러운 채 내버려 두는 사람들로 설명하셨다고 자녀들에게 얘기해 주세요. 이렇게 말해 주세요. "이번 주에 우리는 깨끗한 마음이 아니라 좋아 보이는 겉만 보고 자랑스럽게 기도하던 바리새인들의 기도에 대해서 배우게 될 거야."

DAY **1**

♥ 상상하기

혹시 신호 위반으로 경찰에 단속되어 도로 옆으로 차를 세워본 경험이 있나요? 그 순간 '좀 천천히 가지 그랬어.'라는 말은 별 도움이 되지 않았을 겁니다. 아무리 제한 속도를 준수했을지라도, 정지 신호를 무시하고 운행을 계속한다면 분명히 법규를 위반한 것입니다. 운전면허가 있고, 차량 점검도 성실히 했고, 그밖에 다른 도로교통법을 다 준수했을지라도, 정지 신호를 위반했다면 어떤 변명의 여지도 없습니다. 아무리 다른 법규를 완벽하게 지켰어도, 신호 위반을 그냥 눈감아 줄 수는 없습니다. 마찬가지로, 우리가 설령 살인이나 강도와 같은 범죄를 저지르지 않았을지라도, 우리 죄에 대해선 변명의 여지가 없습니다. 오늘 이야기에 나오는 바리새인은 자신의 죄에 대해서는 일체 아무 말도 하지 않고, 자신이 저지르지 않은 죄만 말하면서 자신을 그럴싸하게 보이려고 했습니다.

📖 성경 읽기 | 누가복음 18:9~12절

💬 깊이 생각하기

심판자이신 하나님은 우리의 인생을 다른 사람들과 비교하지 않으십니다. 하나님은 그저 우리를 그분 자신과 비교하십니다. 하나님은 완전하시고 전혀 죄가 없으십니다. 따라서 하나님의 기준으로 볼 때 우리는 모두 부족하고, 자격 미달입니다. 우리 자신을 하나님과 비교해 보면 얼마나 큰 죄인인지를 쉽게 알 수 있습니다. 그렇기 때문에 우리는 하나님께 용서를 구할 수밖에 없게 됩니다. 그러나 만약 우리가 주위의 다른 사람들과 비교하려 한다면, 우리는 언제나 우리 자신을 더 잘나 보이게 하려고 다른 사람들의 죄가 훨씬 크다는 사실을 찾아내려 할 겁니다. 바리새인이 바로 그런 사람이었습니다. 바리새인은 자신을 세리와 비교했기 때문에, 용서가 필요하다고 생각하지 않았습니다. 그 결과 바리새인은 하나님의 은혜를 놓쳐버렸습니다.

💭 이야기하기

바리새인은 자신을 누구와 비교했나요? 하나님인가요? 다른 사람들인가요?
(바리새인은 자신을 다른 사람들과 비교했습니다.)

바리새인은 자신에 대해서 어떻게 생각했나요?
(그 사람은 자신보다 더 큰 죄를 지었다고 생각하는 사람과 자신을 비교했기 때문에 상대적으로 자신을 선하다고 생각했습니다.)

만약 바리새인이 자신을 하나님과 비교했다면, 어떻게 생각했을까요?
(하나님은 죄가 전혀 없으신 완전한 분이십니다. 따라서 바리새인은 자신이 죄인이라고 생각했을 겁니다.)

왜 우리는 자기 자신을 하나님과 비교해야 하나요?
(하나님과 우리 자신을 비교할 때, 죄를 분명히 깨닫게 되고 하나님의 용서를 구해야 한다는 것을 분명하게 알게 되기 때문입니다.)

🙏 기도하기

전혀 죄가 없으시고 한 점 흠도 없으신, 완전하신 하나님을 찬양하세요.

DAY 2

♥ 기억하기

어제 이야기 중에서 무엇을 기억하나요? 오늘은 어떤 이야기가 있을 것으로 생각하나요?

📖 성경 읽기 ㅣ 누가복음 18:13절

💬 깊이 생각하기

어제 우리는 바리새인에 대해서 배웠습니다. 그러나 오늘은 전혀 다른 모습으로 기도하는 사람을 만납니다 ─ 바로 세리입니다. 예수님이 사시던 시대에 대부분의 세리는 유대인들에게서 돈을 빼앗았습니다. 그들의 역할은 돈을 거둬서 로마인들에게 갖다 바치는 것이었습니다. 그런데 세리들이 조금만 거짓말을 해도 실제 내야 할 금액보다 더 많은 세금을 거둬들여서 자신들의 배를 채울 수 있었습니다. 실제로 많은 세리는 이렇게 해서 부자가 되었습니다. 그래서 유대인들로부터 배반자와 거짓말쟁이라는 소리를 들었습니다. 오늘 이야기에 나오는 세리는 하나님 앞에서 자신이 죄인이라는 사실을 깨닫고 모든 죄를 하나님 앞에 자백하고 용서를 구했습니다. 그 세리는 자신의 죄를 알았기에, 하나님의 용서가 간절히 필요했습니다.

🗣 이야기하기

세리의 기도는 바리새인의 기도와 어떻게 다른가요?
(자녀들이 차이점을 찾아보게 도와주세요. 바리새인은 자기 자신을 다른 사람들과 비교했지만, 세리는 자신을 하나님과 비교했습니다. 그래서 자신의 죄가 얼마나 큰지를 깨달았고, 용서받고 죄 씻음 받기를 원했습니다.)

기도하는 세리의 자세를 보면서 우리는 무엇을 배울 수 있나요?
(세리는 고개를 들어 하늘을 쳐다보기에 너무 창피했고 수치스러웠습니다. 이 모습은 세리가 거룩하신 하나님 앞에서 얼마나 쓸모없고, 가치 없는 존재인지를 깨달았다는 뜻입니다. 이것은 매우 겸손한 자세입니다.)

우리는 누구와 더 비슷한가요? 세리인가요? 바리새인인가요?
(자녀들이 우리는 모두 죄인이라는 사실을 이해하게 도와주세요. 종종 우리는 다른 사람들보다는 괜찮다고 생각하는 경향이 있는데, 이런 태도는 바로 바리새인들의 태도였다는 사실을 알려주세요.)

🙏 기도하기

돌아가면서 죄를 고백하고 하나님의 자비를 구하는 기도를 하세요.
(부모님이 먼저 죄를 고백하는 모습을 보여주세요. 그러고 나서 자녀들이 구체적으로 자신들의 죄를 고백하게 도와주세요.)

DAY 3

♥ 예수님께 연결하기

오늘은 이번 주 성경 이야기를 복음과 연결해 보는 날입니다. 복음은 우리를 구원하신 예수님의 생명과 죽음, 그리고 부활입니다. 이번 주 성경 이야기가 어떻게 복음과 연결되는지 깊이 생각해보세요.

📖 성경 읽기 | 누가복음 18:14절

💬 깊이 생각하기

예수님은 세리가 의롭게 여김을 받고 집으로 돌아갔다고 말씀하셨습니다. 의롭게 여김을 받는다는 말은 하나님이 그 사람의 죄를 용서하셨다는 뜻입니다. 이 말의 뜻을 가장 기억하기 좋은 방법은 재판정에 앉아 있는 판사의 이미지를 떠올리는 것입니다. 우리의 죄를 심판하며, "유죄" 라고 말하지 않고, 그 판사는 우리를 위해 완전한 삶을 사시고 우리 죄의 대가로 십자가에서 돌아가신 예수님을 봅니다. 그 판사는 예수님 때문에 우리에게 "유죄"를 선고하지 않습니다. 우리가 마땅히 유죄를 선고받고 대가를 치러야 함에도, 우리는 예수님 때문에 의롭다고 여겨집니다. 이 이야기에 나오는 바리새인은 많은 선행을 하고 살았습니다. 그러나 어떤 선한 것도 그 사람을 구원할 수는 없습니다. 바리새인은 세리처럼 구원받기 위해 하나님께로 향해야만 했습니다. 아무리 많은 선행을 할지라도 그것들이 우리를 천국으로 인도하지 못합니다. 그것은 오직 예수님을 믿을 때 가능합니다. 예수님이 우리를 위해 십자가에서 이루신 일을 믿어야 합니다. 그분만이 우리를 하나님 앞에서 의로워지게 하십니다. 우리가 구원이 오직 예수님께만 있다는 사실을 믿을 때, 우리의 죄는 해결되고, 우리는 의롭게 여김을 받게 됩니다. 그래야만 하나님 앞에서도 그렇게 인정받게 됩니다.
바리새인은 겉으로는 선한 것처럼 보였습니다. 그러나 실제로 그 사람은 세리와 마찬가지로 죄인이고 복음이 필요했습니다. 예수님께 자신의 삶을 드린 사람들조차도 바리새인과 같은 태도가 없는지 자신을 살펴봐야 합니다. 그리고 다른 사람들을 비교해서 함부로 여기고 판단하지 않게 주의해야만 합니다.

💭 이야기하기

"의롭게 하다" 는 말은 어떤 뜻인가요? (유죄가 아니라고 말하는 판사의 이미지를 자녀들이 떠올리게 도와주세요.)

왜 바리새인의 선행이 그 사람을 천국에 들어가게 할 수 없었나요?
(비록 바리새인이 선했을지라도, 그 사람은 여전히 죄인이고 예수님을 믿어야만 하나님이 베푸시는 구원을 얻을 수 있습니다. 선행은 절대로 그 사람의 죄를 해결할 수 없습니다.)

바리새인은 무엇을 믿었나요?
(바리새인은 하나님이 아니라 자기 자신을 믿었고 하나님이 도와주셔서 할 수 있었던 선행을 의지했습니다.)

🙏 기도하기

우리도 세리처럼 항상 죄를 하나님께 고백해야 한다는 것을 깨닫게 해 달라고 기도하세요. 그렇게 해야만 하나님께 용서받을 수 있습니다.

DAY 4

♥ 기억하기

이번 주 성경 이야기를 통해서 하나님은 우리에게 무엇을 가르치시나요?

📖 성경 읽기 | 누가복음 18:15~17절

💬 깊이 생각하기

어떤 사람들은 아이들이 시끄럽고 문제만 일으킨다고 생각합니다. 반면에 어떤 사람들은 아이들과 어울려 시끄럽게 떠들면서 함께 웃고 놀아주는 것을 즐거워합니다. 예수님은 아이들을 사랑하셨습니다. 이 사실이 대단하지 않나요? 기독교와 교회를 단지 부모들, 어른들의 소유로만 생각해서는 안 됩니다. 예수님은 하나님의 나라가 어린이들을 위한 것이라고 분명히 하셨습니다. 제자들은 아이들을 별로 중요한 존재로 생각하지 않았습니다. 그러나 하나님은 항상 어린이들을 사랑하셨습니다.

🔊 이야기하기

누가 어린아이처럼 하나님께 나왔나요? 세리인가요? 바리새인인가요?

(세리가 어린아이처럼 나왔습니다. 세리는 하나님을 믿었기 때문에 자비를 구했습니다. 반대로, 바리새인은 하나님을 믿지 않았습니다. 바리새인은 자기 자신을 믿었고 자신의 선행만을 의지했습니다. 그래서 하나님이 필요하다고 생각하지 않았습니다. 기도하면서 자신의 행위를 자랑했습니다.)

어린아이처럼 하나님의 나라를 받아들여야 한다는 말씀은 어떤 뜻인가요?

(하나님의 나라를 받아들인다는 것은 우리가 어떤 선한 행위가 아니라 하나님과 그분의 말씀, 그리고 이 땅에 오신 예수님을 믿는다는 뜻입니다. 이 말씀은 어린아이가 선물을 받는 것처럼 복음을 듣고 그것을 받아들인다는 말입니다.)

🙏 기도하기

마치 어린아이가 자기 부모님을 믿고 의지하는 것처럼 모든 상황에서 하나님을 믿게 해 달라고 도움을 구하세요.

DAY 5

♥ 발견하기

오늘은 다른 성경 본문을 보는 날입니다. 시편이나 예언서에서 예수님 혹은 우리의 구원에 대해 배울 수 있습니다.

✝ 성경 읽기 | 이사야 53:11절

💬 깊이 생각하기

오늘 이 구절에서, 이사야는 하나님의 의로운 종이 모든 부당한 것들을 견딤으로 사람들을 의롭게 하는 날에 대해 말하고 있습니다. 이것을 쉽게 말하면, 언젠가 하나님의 종이 그 백성의 모든 죄를 다 씻어낼 것이라는 의미입니다. 그렇게 해서 하나님의 백성은 죄에서 자유롭게 되고 하나님 보시기에 의롭게 됩니다. 예수님이 바로 이 모든 일을 이루신 종입니다. 예수님은 십자가에서 우리의 모든 죄를 가져가셨고, 우리가 받아야 할 징계를 대신 받으셨습니다. 그래서 우리는 용서받게 되었습니다. 우리가 그런 예수님을 믿는다면, 그분은 우리를 의롭다고 선언하십니다.

🗨 이야기하기

"부당한 것들"이란 무슨 뜻인가요?
(그것은 죄에 대한 또 다른 표현입니다. 아니면 하나님의 율법에 대항하고 그것을 어기는 모든 것을 말합니다.)

오늘 이사야의 구절 어디에서 예수님을 발견하게 되나요?
(예수님은 종으로서 많은 사람의 죄를 감당하셨습니다. 예수님은 우리 죄 때문에 십자가에서 돌아가심으로 그렇게 하셨습니다.)

어떻게 우리는 이 한 구절만으로 하나님이 그분의 백성을 죄에서 구원하시려고 예수님을 십자가에서 죽게 하실 계획을 갖고 계셨다는 걸 알 수 있나요?
(이사야는 예언자로서 예수님이 태어나시기 수백 년 전에 하나님의 말씀을 전했습니다. 하나님은 이사야 선지자를 통해 그분의 백성에게 하나님의 구원 계획을 알게 하시려고 몇 가지 단서들을 알려 주셨습니다. 이 말씀을 잘 살펴보면 우리는 하나님이 모든 것을 다스리신다는 진리에 감사하게 됩니다.)

🤲 기도하기

아들이신 예수님을 통해 모든 죄를 해결하시고 우리를 향한 구원 계획을 이루신 하나님을 찬양하세요.

나사로
Lazarus

이야기 106 – 컬러 스토리 바이블

오늘 활동에는 바람 빠진 풍선이 필요합니다. 가족들 앞에서 바람 빠진 풍선을 보여주시고 이제 풍선에 명령을 내려서 어떤 일이 벌어지게 할 거라고 말해 주세요. 풍선을 향해 "공기를 불어 넣어 부풀어 올라라!" 라고 말하고 풍선을 부세요. 그리고 "이제 네 안에 들어 있는 공기를 잡아 두기 위해 매듭을 묶어라!" 라고 말하고 매듭을 묶으세요. 그리고 자녀들에게 질문하세요. "놀랍지 않니?" 아마 자녀들은 아빠(엄마)가 풍신을 부는 걸 봤기 때문에 별로 놀랍지 않다는 식으로 말할 겁니다.

아빠(엄마)에게는 풍선에 공기를 불어 넣을 힘이 있고, 그렇게 되게 할 권위가 있다고 설명해 주세요. 그리고 나서 자녀들에게 개구리가 과연 풍선을 불어서 부풀릴 수 있겠는지 질문하세요. 아이들은 "못해요"라고 대답할 겁니다. 이렇게 말하면서 마무리하세요. "개구리는 풍선에 바람을 불어 넣을 힘도, 권위도 없지. 이번 주에 우리는 예수님이 그분의 힘과 능력, 그리고 권위를 어떻게 보이시는지 배우게 될 거야. 아빠(엄마)처럼 풍선이 아니라 죽음에 대해서 말이야."

DAY 1

♥ 상상하기

1912년, 뉴욕 시의 동쪽 강에 떠 있는 한 예인선 갑판에 어떤 남자가 서 있었습니다. 그의 옆에서 한 사람이 쇠사슬로 그 남자의 온몸을 단단히 묶었습니다. 꽁꽁 묶인 그는 스스로 상자 안으로 들어갔고 그 상자는 천천히 강물 속으로 내려졌습니다. 많은 사람이 그 장면을 지켜보고 있었는데 그가 곧 죽을 것 같아 보였습니다. 그러나 몇 분 후에, 그 남자는 탈출했고, 모두를 놀라게 했습니다. 알고보니 그는 바로 세계 최고의 탈출 마술사인 해리 후디니였습니다. 후디니는 가장 끔찍해 보이는 장치들을 총동원해서 자신을 묶거나 가두게 했습니다. 그리고 그런 과정을 통해 최고의 결말을 만들고자 했습니다. 그런 악조건에서 탈출해 내는 후디니를 보면서 군중들은 경악을 금치 못했고 환호성을 질렀습니다. 오늘 성경 이야기에서, 예수님 역시 끔찍한 일이 벌어지게 하셨습니다. 그래야만 그분이 놀라운 일을 행하실 수 있고, 많은 백성이 그분을 하나님의 아들이라고 믿게 되기 때문이었습니다. 그렇다고 예수님이 마술을 부리신 것은 아니었습니다. 그분의 능력은 눈속임이 아니었습니다. 예수님은 놀랄만한 일을 이루시려고 그분의 능력을 사용하셨습니다. 예수님은 죽은 사람을 살리셨습니다.

📖 성경 읽기 | 요한복음 11:1~16절

💬 깊이 생각하기

낯선 사람들이 병든 친구들과 친척들을 예수님께 데리고 왔을 때, 예수님은 그들을 고쳐주셨습니다. 그러니 마리아와 마르다가 병든 오빠인 나사로를 예수님께 데려왔다가 거절당했을 때 마음이 얼마나 불편하고 힘들었을지 우리는 충분히 짐작할 수 있습니다. 예수님은 나사로가 병 때문에 죽지는 않을 거라고 말씀하셨지만 며칠 후에, 나사로는 죽었습니다. 예수님은 제자들에게 나사로가 죽던 때에 그 자리에 있지 않았던 것을 기쁘게 생각한다는 이해하기 어려운 말씀을 하셨습니다 – 그렇게 되어서 제자들이 예수님을 믿고 그분께 더 큰 영광을 드리는 데 도움이 될 것이기 때문입니다.

제자들은 예수님이 병든 사람들을 고치시고, 물고기와 떡을 많아지게 하시고, 물 위를 걸으시고, 바람과 파도를 잠잠케 하시는 것을 본 적이 있었지만, 여전히 그분이 하나님이라는 것을 완전히 믿기에는 왠지 모를 의구심을 가지고 있었습니다. 그러나 나사로를 통해서, 예수님은 제자들에게 훨씬 더 놀라운 증거를 보이실 계획을 가지고 있었습니다. 그 증거는 생명 그 자체에 대한 예수님의 능력과 권위를 보여줄 것이었습니다. 또한 그 증거는 예수님이 하나님이라는 사실을 드러내는 것이었습니다.

🗨 이야기하기

오늘 이야기에서 죽은, 예수님의 친구 이름은 무엇인가요?
(나사로)

왜 예수님은 나사로를 낫게 하지 않으셨나요?
(어린아이들은 아마도 예수님이 나사로를 죽음에서 살리시려고 그렇게 했다고 대답할지도 모릅니다. 그렇게 대답한다면, 왜 그렇게 생각하는지 질문해 주세요. 자녀들에게 오늘 성경 말씀을 다시 한번 읽게 해 주세요. 만약 너무 어리다면 읽어 주세요. 그리고 들으면서 정답을 찾게 되면 손을 들어 대답하게 해 주세요. 예수님은 자신의 영광과 제자들을 위해, 즉 제자들이 그분을 믿게 하시려고 그렇게 하셨습니다.)

제자들은 왜 예수님이 나사로가 있던 예루살렘으로 가시려는 것을 막았나요?
(유대 사람들이 예수님을 돌로 치려고 했었습니다. 제자들은 예수님이 예루살렘으로 다시 가셨다가, 유대 사람들에게 죽임을 당하실까봐 걱정스러웠습니다.)

🙏 기도하기

모든 것을 통치하시는, 심지어 삶과 죽음까지도 다스리시는 하나님께 감사하세요.

DAY 2

♥ 기억하기

어제 이야기 중에서 무엇을 기억하나요? 오늘은 어떤 이야기가 있을 것으로 생각하나요?

📖 성경 읽기 ┃ 요한복음 11:17~24절

💬 깊이 생각하기

예수님이 오고 계신다는 소식을 들었을 때, 마르다는 그분을 맞이하러 달려나갔습니다. 물론 예수님이 너무 늦게 오신 것 때문에 속상했습니다. 예수님을 보자마자, 마르다는 불평했습니다. 그러나 곧 마르다는 목소리를 낮추고 이렇게 말했습니다. "무엇이든지 주님이 하나님께 구하시면, 하나님이 주실 줄을 아나이다." 마르다는 예수님이 하나님이라는 사실을 전혀 몰랐습니다.

예수님은 마르다에게 오빠 나사로가 다시 살아날 것을 믿으라고 하시면서 안심시키셨습니다. 마르다는 예수님이 나사로가 마지막 날에, 즉 하나님을 믿고 죽었던 이들이 부활하는 그 날에 다시 살아날 것을 말씀하시는 거라고 생각했습니다. 마르다가 이해한 것은 옳았습니다. 그러나 예수님은 말씀하신 바로 그 날에 나사로를 살려내실 생각이었습니다. 왜냐하면 예수님은 생명과 죽음을 다스릴 권위와 능력을 가지신 분이었기 때문입니다.

💬 이야기하기

마르다는 왜 속상했나요?

(예수님이 오빠인 나사로를 낫게 할 시간 안에 오시지 않기 때문에 속상하고 화가 났습니다.)

예수님은 마르다를 안심시키시려고 무슨 말씀을 하셨나요?

(오빠인 나사로가 죽음에서 다시 살아날 것이라고 하셨습니다.)

예수님이 나사로가 다시 살아날 것이라고 말씀하셨을 때, 마르다는 그 말씀을 어떻게 이해했나요?

(자녀들이 어리면, 24절을 한 번 더 읽어 주시되 "마지막 날 부활"이라는 문장을 강조해 주세요. 마르다는 예수님의 말씀이 바로 오늘이 아니라 모든 신자가 부활하는 마지막 그 날에 나사로도 살아나게 될 것이라고 생각했습니다.)

🤲 기도하기

우리가 하나님께 원망하고 속상한 마음을 드러낼 때도 우리를 돌보시고 보호하시는 하나님을 찬양하세요.

DAY 3

♥ 예수님께 연결하기

오늘은 이번 주 성경 이야기를 복음과 연결해 보는 날입니다. 복음은 우리를 구원하신 예수님의 생명과 죽음, 그리고 부활입니다. 이번 주 성경 이야기가 어떻게 복음과 연결되는지 깊이 생각해보세요.

📖 성경 읽기 | 요한복음 11:25~27절

💬 깊이 생각하기

마르다는 나사로가 마지막 부활의 날에 다시 살아날 거라고 생각했습니다. 그러나 예수님은 "나는 부활이요 생명이니"라고 말씀하시면서, 마르다에게 자신이 하나님이며 생명과 죽음에 대한 권위를 가진 분이라는 것을 보이셨습니다. 그러고 나서 예수님은 마르다에게 우리의 인생 가운데 가장 중요한 질문을 던지셨습니다: "네가 이것을 믿느냐?"

이것은 오늘을 사는 우리 모두에게도 하나님이 동일하게 물어보시는 질문입니다. 우리는 예수님을 직접 대면할 수는 없습니다. 그러나 우리는 성경을 읽음으로 그분이 누구신지를 알 수 있습니다. 그래서 하나님은 우리에게도 같은 질문을 던지십니다: "네가 믿느냐?" 마르다는 "네, 믿습니다."고 대답했을 뿐만 아니라 예수님은 그리스도시고 하나님의 아들이라는 대답까지 합니다. 예수님이 나사로를 살리시기도 전에, 마르다는 믿음을 선물로 받은 것입니다. 오늘 이야기 때문에 우리는 스스로 이렇게 물어봐야 합니다: "우리는 믿는가?"

💬 이야기하기

예수님은 자신을 누구라고 했나요?
(예수님은 자신을 부활이요 생명이라고 하셨습니다. 만약 자녀들이 어리다면, 오늘 말씀을 한 번 더 읽어주세요. 그리고 그 구절이 나올 때 자녀들이 손을 들고 대답하게 해 주세요.)

예수님이 마르다에게 하신 중요한 질문은 무엇이었나요?
(예수님은 이렇게 물으셨습니다. "네가 믿느냐?")

그 질문은 왜 오늘을 사는 우리에게도 중요한가요?
(우리는 마르다의 대답처럼 예수님과 그분의 가르침을 믿고 따라야 합니다. 그래야만 우리가 죄에서 구원받을 수 있습니다. 사도행전 16:31절과 로마서 10:9절을 보세요.)

🙏 기도하기

마르다가 예수님을 믿게 하신 하나님을 찬양하세요. 그리고 우리에게도 그런 믿음을 달라고 간구하세요.

DAY 4

♥ 기억하기

이번 주 성경 이야기를 통해서 하나님은 우리에게 무엇을 가르치시나요?

📖 성경 읽기 | 요한복음 11:28~53절

💬 깊이 생각하기

예수님이 나사로에게 무덤에서 나오라고 명령하셨을 때, 그분은 모든 능력 중에 최고의 능력을 보여주신 것이었습니다. 예수님은 죽음보다 더 강한 힘을 가지신 분이십니다. 예수님은 하나님이십니다. 예수님은 나사로가 죽을 때까지 기다리셨습니다. 그리고 그를 죽음에서 살리는 것이 그분의 영광을 드러내고, 사람들의 믿음을 더 굳건히 하는데 도움이 될 거라고 확신하셨습니다. 우선, 예수님은 마르다의 믿음에 대한 보상으로 오빠인 나사로를 살리셨습니다. 그리고 그분이 메시아라는 사실을 믿지 못하던 많은 사람이 믿음을 갖게 하셨습니다.

이 놀라운 기적을 통해 예수님이 행하신 또 다른 일이 있습니다. 예수님을 시기하고 음해하려던 많은 적을 더욱 화나게 한 것입니다. 처음에, 제자들은 예수님이 예루살렘으로 돌아가면 유대 사람들이 돌로 쳐서 그분을 죽이려 하지 않을까 염려했습니다. 제자들의 생각이 옳았습니다. 유대 종교지도자들이 나사로에 대한 소식을 들었을 때, 그들은 예수님을 죽일 계획을 세웠습니다. 심지어 나사로까지도 죽이려 했습니다. 유대 종교지도자들은 이 기적이 일어나서 모든 사람이 예수님을 따르고 로마에 저항할까봐 걱정스러웠습니다. 그러면 백성을 향한 자신들의 권위와 힘을 잃게 되는 것입니다. 종교지도자들이 눈앞에 보이는 자신들의 힘과 지위를 지키려고 예수님이 주시는 보물을 포기하는 것을 보는 게 얼마나 슬프고 안타까운 일인가요. 그것은 정말 끔찍한 실수였습니다.

🗣 이야기하기

부모님은 나사로가 다시 살아난 것을 목격한 사람들이 어떤 영향을 받았을지 자녀들에게 얘기해 주세요.
(많은 유대 사람이 예수님의 말씀대로 믿음을 가지게 되었습니다. 오늘날에도 예수님이 살아계셔서 죽은 사람을 살리셨다면 어땠을지 계속 대화를 나눠 보세요.)

나사로가 다시 살아난 기적은 바리새인들에게 어떤 영향을 미쳤나요? (바리새인들은 화가 났습니다. 그들은 많은 사람이 예수님을 믿고 로마에 대항할까봐 걱정스러웠습니다. 그래서 예수님을 죽일 계획을 세웠습니다.)

예수님이 죽은 나사로를 살린 이야기는 우리에게 어떤 영향을 주나요? (아이들이 스스로 생각해 보게 도와주세요.)

🙏 기도하기

죽은 나사로를 살리는 놀라운 기적을 행하셔서 죽음을 다스리는 권능을 보이신 하나님을 찬양하세요. 우리가 알고 있는 불신자들을 위해서 기도하세요. 하나님이 그 사람들에게도 예수님을 믿는 믿음을 주시기를 간구하세요.

DAY 5

♥ 발견하기

오늘은 다른 성경 본문을 보는 날입니다. 시편이나 예언서에서 예수님 혹은 우리의 구원에 대해 배울 수 있습니다.

📖 성경 읽기 ┃ 호세아 13:14절

💬 깊이 생각하기

사도 바울은 호세아의 이 구절을 고린도교회에 보내는 편지에서 인용했습니다(고전 15:55절). 이 구절은 죽음을 이기신 예수님을 나타냅니다. 예수님은 우리를 스올(죽음)의 권세에서 건지신 분이십니다. 예수님은 야이로의 딸을 죽음에서 살려내셨습니다(눅 8:49~56절). 그리고 이번 주 우리가 살펴본 이야기에서 죽은 나사로도 살리셨습니다. 그러나 무엇보다도 최고의 부활은 바로 예수님 자신이셨습니다. 예수님이 마르다에게 하신 "나는 부활이요 생명이니"(요 11:25절)라는 말씀은 사실이었습니다.

이제 우리는 죽음에 대한 두려움이 사라졌습니다. 징계 대신에, 예수님을 믿는 모든 신자는 영원한 생명을 받습니다. 그래서 신자들에게, 죽음은 예수님과 함께 천국에서 사는 새로운 인생으로 들어가는 관문에 불과합니다. 이미 사라져버린 죽음에 대한 두려움으로 걱정할 필요가 전혀 없습니다.

💭 이야기하기

호세아의 예언이 말하는 대상이 예수님 외에 또 누가 있을까요?

(예수님 말고 그 누구도 그 예언을 가능하게 할 수 없습니다. 오직 예수님만이 죽음을 이기셨습니다. 왜냐하면 예수님만이 우리 죄의 대가를 대신 치르실 수 있고, 우리의 모든 죄를 속량하실 수 있기 때문입니다.)

어떤 사람을 죽음에서 건지려고 '대가를 대신 치르다', 혹은 죽음에서 '속량하다'는 말은 무슨 뜻인가요? (대가를 대신 치르다, 속량한다는 말은 잡혀 있거나 감옥에 갇혀 있는 누군가를 구해내려면 값을 치러야만 한다는 뜻입니다. 예수님은 우리를 죽음에서 구하셨습니다. 그리고 우리가 받아야 할 징계를 대신 당하셨습니다. 그분은 자신의 생명으로 그 값을 치르셨습니다. 그래서 우리는 용서받았고, 우리가 받아야 할 어떤 징계도 감당하지 않게 되었습니다.)

예수님이 그분을 믿는 모든 신자를 위해 해결하신 죽음에 대한 두려움은 무엇인가요?

(신자들이 죽었을 때, 그 영혼은 예수님과 함께 천국에서 살아가게 됩니다. 신자들은 영원한 징계와 심판을 두려워할 필요가 없습니다. 그것은 불신자들이 겪게 되는 것입니다. 그래서 죽음에 대한 두려움이 사라졌습니다. 신자들에게 있어서, 오히려 죽음은 이제부터 예수님과 함께 살게 된다는 기쁨입니다.)

🙏 기도하기

죽음에 대한 두려움을 제거해 주신 예수님을 찬양하세요. 그래서 우리는 더 이상 죽음을 걱정하거나 염려할 필요가 없습니다. 우리가 죽을 때, 우리는 천국에서 예수님과 함께 살아가게 됩니다.

예수님과 삭개오
Jesus & Zacchaeous

이야기 107 – 컬러 스토리 바이블

10원 짜리 혹은 100원짜리 동전 100개(역자: 바둑알이나 작은 블록, 콩 같은 것을 사용해도 괜찮습니다.)를 테이블에 올려놓으세요. 그리고 자녀들에게 예수님이 살던 시대에, 세리들은 세금을 기준보다 더 부과해서 초과한 금액을 챙기는 것으로 쉽게 부자가 되었다고 설명해 주세요. 이런 관행은 잘못된 것이었습니다. 그러나 어쨌건 세리들은 그렇게 했습니다. 삭개오도 세리였는데 마찬가지로 다른 사람들을 속여서 부자가 되었습니다. 세리들이 벌어들인 돈이 예를 들어 100만 원 이었다면, 그중 적어도 10만 원은 다른 사람들을 속여서 번 것이었습니다.

그러나 예수님을 만난 후에, 삭개오는 변했고 재산의 절반을 가난한 사람들을 위해서 내어놓겠다고 말했습니다. (테이블에 놓여 있는 100개의 동전 가운데 50개를 한쪽으로 옮겨서 "환원" 묶음을 만드세요.) 삭개오는 또한 사람들에게서 훔친 돈을 네 배로 갚겠다고 말했습니다. 이 말은 만약 10을 훔쳤다면, 40으로 갚는다는 뜻입니다. (동전 40개를 환원 묶음으로 옮기세요.) 그러나 아마도 삭개오는 훨씬 더 많이 속여서 훔쳤을 겁니다. (나머지 10개 중에서 아홉 개를 또 옮기세요.) 남은 동전 한 개를 들고 이렇게 얘기해 주세요. "이번 주에 우리는 예수님이 언제, 어떻게 사람의 마음을 움직이시는지 배우게 될 거야. 예수님이 사람의 마음을 움직이시면 그 사람은 세상을 사랑하던 마음에서 영원한 천국의 보물을 사랑하는 마음으로 바뀌게 된단다."

DAY 1

♥ 상상하기

대부분 사람은 시력에 큰 문제가 없기 때문에 시각 장애가 얼마나 불편하고 힘든지를 잘 모릅니다. 사람의 모든 감각 중에서 시각에 장애가 있어 앞을 볼 수 없다면, 아마도 가장 살기 힘들고 어려울 겁니다. 앞을 보지 못해서 할 수 없는 것들을 상상해 보세요. 시각 장애를 입고 태어난 사람은 하나님이 만드신 이 세상을 충분히 누릴 수 없습니다. 물론, 나무를 만지거나, 강아지의 부드러운 털을 느낄 수는 있습니다. 그러나 무지개는 만질 수 없고, 바람을 타고 날아다니는 나비를 잡을 수는 없습니다. 볼 수 없는 사람은 운전할 수 없고, 운동하면서 공을 서로 주고받을 수도 없으며, 함께 영화를 보러 갈 수도 없습니다. 그래서 시각 장애를 가진 사람이 볼 기회가 생긴다는 게 얼마나 흥분되고 놀랄만한 일일지 짐작해 볼 수 있습니다.

몇 몇 연구원들이 시각 장애를 가진 사람들도 볼 수 있는 방법을 찾으려고 열심히 연구하고 있습니다. 그들은 인공망막을 사람의 눈동자 뒤에 심어서 카메라와 같은 기능을 할 수 있는지 실험을 진행하고 있습니다. 아직은 성공하진 못했지만, 일부 사람들이 빛과 모양을 어렴풋이 인식하기 시작했습니다. 오늘 성경 이야기에서, 한 사람이 시력을 회복할 방법을 발견했습니다. 그 사람은 예수님을 소리쳐 불렀습니다.

🔲 성경 읽기 | 누가복음 18:35~43절

💬 깊이 생각하기

예수님은 예루살렘으로 향하시던 중에, 여리고 성에 들르셨습니다. 그리고 눈먼 사람으로부터 인사를 받으셨습니다. 그 사람은 한 번도 예수님을 만난 적이 없었지만, 그분이 누구신지는 이미 들어서 알고 있었던 게 분명합니다. 예수님이 자기 근처에 계신다는 말을 듣자마자, 예수님께 큰 소리로 도움을 요청했습니다. 그 사람은 예수님의 이름만 외친 게 아니었습니다. 이렇게 소리쳤습니다. "예수님, 다윗의 자손이신 예수님!" 그 사람이 이렇게 예수님을 불렀다는 건, 그분을 메시아, 즉 하나님의 백성을 구하러 이 땅에 오신 다윗의 머나먼 후손으로 믿었다는 뜻이었습니다.

예수님이 그 사람의 목소리를 들으시고는, 가시던 길을 멈추고 즉시 고쳐 주셨습니다. 그러나 예수님이 하신 일은 단순히 그 사람의 시력을 회복시키신 것만이 아니었습니다. 예수님은 그 사람의 눈을 낫게 해 주시고 곧이어 이렇게 말씀하셨습니다. "네 믿음이 너를 구원하였느니라." 그 눈먼 사람은 믿음으로 눈을 떴을 뿐만 아니라 구원까지 받았습니다. 예수님 주변에 모여 있던 사람들은 그들 눈앞에서 벌어진 일을 보고선 모두 다 하나님을 찬양했습니다.

🗣 이야기하기

눈먼 사람이 예수님을 부를 때, 그분의 이름만 부른 게 아니었습니다. 그 사람은 예수님을 또 누구라고 불렀나요?
(그 사람은 예수님을 "다윗의 자손 예수님"이라고 불렀습니다. 그 말은 그분이 메시아라는 사실을 믿는다는 의미였습니다.)

우리는 오늘 이야기에서 눈먼 사람이 예수님을 믿었다는 것을 어떻게 알 수 있나요?
(예수님이 근처에 계신다는 말을 듣자마자, 그 사람은 자비를 구했고, 다윗의 자손이라고 예수님을 불렀습니다. 이 이름 때문에 우리는 그 사람이 예수님을 구약 시대에 예언자들을 통해 전해졌던 메시아로 믿었다는 걸 알 수 있습니다. 심지어 사람들이 소리치는 것을 멈추라고 했을 때도, 그는 더 큰 소리로 그분을 불렀습니다.)

그 사람을 치유하시고 나서 예수님이 말씀하신 두 가지는 무엇인가요?
(어린 자녀들을 위해서 42절을 다시 살펴볼 필요가 있을 겁니다. 다시 읽을 때 자녀들이 손을 들고 대답하게 해 주세요. 예수님은 "보라", "네 믿음이 너를 구원하였느니라"고 말씀하셨습니다.)

🤲 기도하기

눈먼 사람이 말한 것처럼, 다윗의 자손, 예수님이라는 말로 예수님께 자비를 베풀어 달라고, 우리 모든 가족이 예수님을 믿게 해 달라고 기도하세요.

DAY 2

♥ 기억하기

어제 이야기 중에서 무엇을 기억하나요? 오늘은 어떤 이야기가 있을 것으로 생각하나요?

📖 성경 읽기 ┃ 누가복음 19:1~8절

💬 깊이 생각하기

예수님을 따라다니던 사람들은 예수님이 여리고 성에 들어가실 때 분명히 이렇게 외쳤을 겁니다. "예수님이 오신다. 이분은 눈먼 사람을 고쳐서 앞을 보게 하신 분이다!" 삭개오는 이미 예수님에 대해서 다 듣고 있었던 게 분명합니다. 그는 예수님을 간절히 만나고 싶어 했습니다. 예수님이 나사로를 살리신 후, 모든 사람이 이 새로운 예언자에 대해 전하고 다녔습니다. 아마 삭개오도 그 놀라운 기적에 대해서 들었을 겁니다. 삭개오는 예수님을 너무나 보고 싶었습니다. 하지만 수많은 군중이 모여들었고, 키가 작았던 삭개오는 그분을 제대로 볼 수가 없었습니다. 그래서 삭개오는 나무 위로 올라갔습니다.

그래서 삭개오는 나무 위로 올라갔습니다. 부자인 세리가 성경을 가르치는 사람을 보려고 나무를 올라탄다는 것은 분명히 적절한 행동은 아니었습니다. 그러나 삭개오는 그렇게 했습니다. 그런 삭개오를 향해 예수님은 내려오라 하시고 예수님이 먼저 그의 집에 머물겠다고 말씀하셨습니다. 세리였지만, 삭개오는 많은 재산과 권력을 가진 사람이었을 겁니다. 하지만 그날에 예수님은 분명한 권위와 강력한 말씀으로 삭개오를 부르셨고, 그 부르심 때문에 삭개오의 삶은 변했습니다. 삭개오는 예수님의 부르심을 들었고, 즉시 순종했으며, 바로 태도를 바꿨습니다.

변화의 증거로서, 삭개오는 돈에만 집착하던 삶에서 돌이켜 자기 재산의 절반을 가난한 사람들에게 나눠주었습니다. 그리고 속여서 벌어들인 모든 돈에 대해서 배상했습니다. 예수님이 한 번 부르시자, 어부였던 사람이 물고기를 낚는데 필요한 모든 도구를 다 버리고 예수님을 따랐습니다. 예수님의 강력한 명령에 병든 사람이 낫고, 눈먼 사람이 눈을 떴습니다. 그리고 예수님의 그 부르심 때문에 강퍅하고 이기적인 마음이 부드럽고 베푸는 마음으로 변했습니다.

🗣 이야기하기

예수님은 어떻게 한 번도 만난 적이 없는 삭개오의 이름을 아셨나요?
(예수님은 하나님이십니다. 그분은 모든 것을 다 아십니다.)

세리인 삭개오가 예수님 때문에 마음을 바꾸는데 얼마나 시간이 걸렸나요?
(삭개오는 예수님이 자신의 이름을 부르자마자 즉시 바뀌었습니다.)

세리가 가난한 사람들에게 돈을 나눠주고, 자기가 속였던 사람들에게 배상하는 것이 왜 엄청나게 놀라운 일이었나요? (세리는 세금을 징수하고 거둬들였지, 돈을 나눠주고 배상하는 사람들이 아니었습니다. 그 사람들은 다른 사람들을 속여서 부자가 되었습니다. 즉, 거둬야 할 세금보다 더 많은 돈을 내게 해서 자신들의 재산을 늘렸습니다. 자신의 재산을 내놓음으로써, 삭개오는 자신이 진정으로 변했다는 사실을 나타냈습니다.)

🙏 기도하기

삭개오를 구원하시고 회개할 수 있게 인도하신 하나님을 찬양하세요. 그리고 하나님보다 돈을 더 사랑하고, 장난감을 더 사랑하고, 다른 것들을 더 사랑한 우리가 회개하고 돌이키게 해 달라고 기도하세요.

DAY 3

♥ 예수님께 연결하기

오늘은 이번 주 성경 이야기를 복음과 연결해 보는 날입니다. 복음은 우리를 구원하신 예수님의 생명과 죽음, 그리고 부활입니다. 이번 주 성경 이야기가 어떻게 복음과 연결되는지 깊이 생각해보세요.

📖 성경 읽기 | 누가복음 19:9~10절

💬 깊이 생각하기

예수님은 "오늘 구원이 이 집에 이르렀으니"라고 말씀하시면서 삭개오 이야기를 복음과 연결하셨습니다. 여기서 구원은 세리인 삭개오가 비록 가난한 사람들에게서 돈을 착취해 부자가 된 악한 사람이었지만, 하나님은 그 죄 때문에 받아야 할 징계에서 삭개오를 구하시고, 하나님의 자녀로 삼아주신 것입니다.

삭개오가 몰랐던 것은 예수님이 여리고 성을 거쳐 예루살렘으로 향하고 계셨고, 거기서 그분은 체포되어 억울하게 죄인이 되시고, 유죄 판결을 받아서 매 맞고 십자가에 못 박히게 되실 것인데, 그 십자가에 달리신 예수님에게 삭개오의 죄를 향한 하나님의 거룩한 진노가 모두 쏟아져야만 한다는 사실이었습니다.

바로 오늘, 예수님이 우리를 부르십니다. 그분은 삭개오에게 하셨던 것처럼 우리 집에 저녁을 드시러 오고 싶으신 것이 아닙니다. 예수님은 우리 마음에 들어오셔서 우리를 변화시키심으로 우리도 삭개오처럼 삶을 변화시키는 하나님의 영광을 경험하기를 원하십니다.

🗣 이야기하기

예수님은 삭개오의 집에 무엇이 왔다고 말씀하셨나요?
(자녀들이 어리면, 9절을 다시 한번 읽어주세요. 읽을 때 '구원'을 더 강조해서 읽어주세요.)

'구원'은 어떤 뜻인가요? (어떤 것으로부터 건져졌다는 뜻입니다. 구원의 유익을 자녀들과 나눠보세요.)

왜 예수님은 삭개오를 아브라함의 자손이라고 말씀하셨나요?
(삭개오는 유대인으로 태어난 이스라엘 사람이었지만 예수님은 유대인이라고 해서 누구나 다 아브라함의 자손이라고 하지는 않으셨습니다. 신약성경에서는 예수님을 믿는 사람들, 즉 하나님이 부르신 모든 사람을 아브라함의 자손이라고 합니다대갈3:29절. 아브라함에게 그의 자손을 하늘의 별만큼 많아지게 하겠다고 하셨을 때, 하나님은 아브라함의 먼 후손인 예수님을 통해 모든 나라의 사람들을 부르시게 되는 그 날을 말씀하신 것이었습니다.)

예수님을 믿게 되자, 삭개오는 가난한 사람들에게 다가갔습니다. 우리는 어떤가요? 우리가 예수님을 믿는다면, 하나님은 우리가 누구를 돌보고 돕기를 원하실까요? (하나님이 우리 가족들, 특히 자녀들을 그분의 나라에서 어떻게 사용하기 원하실지 생각해 보는 시간을 갖게 도와주세요.)

🙏 기도하기

삭개오를 구원하신 하나님을 찬양하세요. 그 하나님이 우리 또한 구원하셨습니다.
(구원이 우리에게 주는 유익이 무엇인지 나눠보고 그것에 대해 감사하는 시간을 가지세요. 구원은 죄를 용서받게 하고, 우리로 하나님의 자녀가 되게 하며, 천국에서 하나님과 더불어 살아가는 복을 허락합니다.)

DAY 4

💙 기억하기

이번 주 성경 이야기를 통해서 하나님은 우리에게 무엇을 가르치시나요?

📖 성경 읽기 ┃ 누가복음 19:11~27절

💬 깊이 생각하기

삭개오가 자신의 죄에서 돌이켜 재산의 절반을 가난한 사람들에게 나눠주는 것을 본 사람들은 매우 놀랐습니다. 예수님은 죽은 나사로를 살리시고, 눈먼 사람을 고치셨습니다. 그리고 이제 세리인 삭개오가 자신이 속였던 모든 사람에게 무려 네 배로 배상하고 있습니다. 이제껏 그 누구도 이런 일들을 목격한 적이 없었습니다. 이 모든 사건은 예수님을 다윗의 후손으로, 예루살렘을 구원할 약속의 왕이신 메시아로 인정하도록 사람들에게 확신을 주었습니다.

사람들은 예수님 이전의 영웅들처럼 예수님도 무엇인가 해주시기를 기대했습니다. 이스라엘 백성들은 예수님이 사람들을 끌어모아 군대를 조직하고 자신들을 압제하던 로마에 대항해서 싸우기를 원했습니다. 그리고 유대 종교 지도자들은 사람들의 그런 기대감을 가장 두려워하고 있었습니다. 하지만 예수님은 예루살렘에서 군대를 조직해 로마에 대항할 생각이 전혀 없으셨습니다. 예수님은 자신을 죽기까지 내어줄 마음으로 예루살렘을 향해 가시는 것이었습니다. 예수님은 은화 열 므나 비유를 들어서 이런 계획에 대한 단서를 사람들에게 전했습니다. 그 비유의 메시지는 예수님(귀인)은 이 땅에 두 번째로 다시 오기 전까지는 하나님의 나라를 완전히 드러내시지 않을 것이라는 뜻이었습니다. 그러나 사람들은 이 말씀을 이해하지 못했습니다.

💬 이야기하기

부모님은 그리스도인이 된 후, 어떤 점이 달라졌는지 자녀들에게 얘기해 주세요.
(예수님을 처음 믿었을 때, 어떤 변화가 있었는지 생각해 보세요.)

예수님은 여리고 성에 있던 삭개오의 집을 떠나 어디로 향하셨나요?
(예수님은 예루살렘을 향해 가셨는데, 거기서 십자가에 죽임을 당하실 것이었습니다.)

사람들은 예수님이 무엇 때문에 예루살렘으로 가신다고 생각했나요?
(사람들은 예수님이 군대를 조직해 로마와 싸워서 하나님의 나라를 이 땅에 불러올 것이라고 생각했습니다.)

오늘 비유는 하나님의 나라가 이 땅에 곧 임할 거라 생각했던 사람들에게 무엇을 가르쳐 주었나요? (그 비유는 예수님이 다시 오시기까지 하나님의 나라는 완전히 이 땅에 임하지 않을 것이라는 사실을 알려주었습니다. 예수님은 하나님의 나라를 전했지만, 죄에 대한 심판과 모든 악을 멸망시키러 다시 오실 때까지는 아니었습니다.)

🙏 기도하기

지금은 예수님이 천국으로 가셨기 때문에, 우리는 이 세상을 심판하고 모든 죄를 끝내시러 예수님이 다시 오시길 기도할 수 있습니다. 이것이 성경의 맨 마지막 기도입니다(계 22:20절).

DAY 5

♥ 발견하기

오늘은 다른 성경 본문을 보는 날입니다. 시편이나 예언서에서 예수님 혹은 우리의 구원에 대해 배울 수 있습니다.

📖 성경 읽기 ┃ 이사야 11:10~16절

💬 깊이 생각하기

사도 바울은 이사야가 이새의 뿌리에 대해 말했을 때, 그것은 예수님에 대해 말하고 있는 것이었다고 했습니다(롬 15:8~12절). 그 뿌리는 이새의 먼 후손 가운데 한 사람을 묘사하는 것이었습니다. 그것은 나무가 자라는 모습에서 기인합니다. 보통 나무는 길을 따라서 그 뿌리를 뻗쳐서 새로운 싹을 돋아나게 합니다. 이새는 나무고, 그 뿌리는 이후에 태어난 후손들입니다. 그리고 예수님은 그 뿌리에서 돋아나 새로운 나무가 되는 싹입니다. 이사야는 모든 열방과 나라들을 위해 예수님이 기치를 세우실 것이라고 말했습니다. 여기서 주목해야 할 것은 예수님은 단지 이스라엘만을 위해서가 아니라 모든 나라를 위해 그렇게 하신다는 사실입니다. 그것은 하나님의 구원 계획에 이방 사람까지도 포함된다는 단서가 됩니다.

💭 이야기하기

이사야가 예수님을 이새의 뿌리라고 했을 때, 그것은 어떤 뜻이었나요?
(그것은 예수님이 이새의 먼 후손으로 이 땅에 오시며 그분이 바로 구약에 기록된 메시아라는 뜻이었습니다.)

이새의 뿌리가 뻗어 나올 것이라고 이사야가 말한 두 그룹의 사람들은 누구인가요?
(첫 번째 그룹은 이스라엘의 추방당한 사람들과 유다에서 쫓겨난 사람들, 즉 유대 사람들입니다. 두 번째 그룹은 다른 모든 나라, 즉 이방 사람들입니다.)

우리 가족은 어떤 그룹에 속하나요? 유대 사람인가요? 이방 사람인가요?
(부모님은 우리가 어느 그룹이든, 자녀들이 어떻게 우리 가족이 하나님의 구원 계획의 일부에 속하는지를 이해하게 도와주세요.)

🤲 기도하기

모든 나라 사람들에게 구원을 허락하신 하나님께 감사하세요.

승리의 입성
The Triumphal Entry

이야기 108 - 컬러 스토리 바이블

종이 위에, 다음에 말하는 것을 그리세요 : 왕관, 종려나무 가지, 십자가, 그리고 전구. 그림을 썩 잘 그리지 못하더라도 신경 쓰지 마세요. 자녀들에게 말해 주세요. "이번 주에, 우리는 요한복음 12장을 읽을 거야. 예수님이 예루살렘 성으로 들어가시는 이야기야. 그 이야기는 승리의 이야기란다." 그러고 나서 종이를 보여주면서, 무엇을 그린 것 같은지 생각해 보라고 얘기해 주세요. 바로 이번 주 읽게 될 성경 이야기에 나오는 것들인데, 다 예수님과 관련이 있다고 말해 주세요. 정답은 이렇습니다: 왕관(예수님은 왕이십니다[15절]); 종려나무 가지(군중들은 종려나무 가지를 흔들며 예수님을 맞이했습니다[13절]); 십자가(예수님은 땅에서 들리실 겁니다[십자가에 오르심; 32절]); 전구(예수님은 세상의 빛이십니다[35절]).

"이번 주 우리는 예수님이 예루살렘에 들어가시던 그 날에 사람들로부터 어떻게 환영받으셨는지 배우게 될 거야, 그런데 예수님을 환영했던 그 사람들은 얼마 후에 그분을 십자가에 못 박으라고 고함치는 사람들로 변하게 된단다."고 말해 주세요.

DAY 1

♥ 상상하기

국가적인 큰 행사에서 하늘로 쏘아 올리는 아주 멋지고 화려한 폭죽은 대략 10~15분 정도 시간이 걸리는데, 상당히 많은 돈이 듭니다. 하지만 대다수의 사람은 이런 멋진 장관을 볼 수 있다면 그 정도의 비용은 쓸 만하다고 생각합니다. 왜냐하면 그 모습을 구경하려고 수천 명의 사람이 모이기 때문입니다. 그런데 만약 이런 행사에 오직 단 한 사람만 온다면, 어떻게 될까요? 아마도 그 한 사람이 매우 특별한 사람, 예를 들면 대통령과 같은 그런 사람이 아니라면 굳이 그렇게 큰 비용을 들여서 이런 행사를 개최하지 않을 겁니다.

오늘 이야기에서, 마리아라는 한 여인은 일 년 치 월급 정도의 값어치가 있는 아주 비싼 향유를 가져와서 예수님 발에 부었습니다. 그것은 폭죽 행사에 드는 비용보다 훨씬 더 비싼 향유였습니다. 게다가 오직 한 사람만을 위해 그렇게 했습니다. 그 이유는 예수님이 그만큼 매우 특별한 분이셨기 때문이었습니다.

📖 성경 읽기 | 요한복음 12:1~8절

💬 깊이 생각하기

나중에 예수님을 배반한 제자, 유다는 예수님을 사랑하는 것처럼 보였습니다. 그러나 실제로 그 사람은 자신만을 위해 살았습니다. 오늘 이야기에서, 유다가 사실은 예수님과 제자들 모르게 돈을 조금씩 훔치고 있었던 도둑이라는 사실을 알게 됩니다. 한편, 유다와는 다르게 일 년 치 월급만큼 가치 있는 값비싼 향유를 예수님의 발에 쏟아부은 마리아에 대해서도 알게 됩니다. 일 년 치 월급의 가치는 오늘날로 말하면, 평균적으로 3,000만 원 이상의 금액입니다. 마리아는 이렇게 값비싼 향유를 아낌없이 예수님께 드렸습니다. 반면에, 유다는 불평했는데 그 이유는 유다가 생각하기에 예수님은 그 비싼 향유만큼의 가치가 없었던 것입니다. 그래서 유다는 향유가 아깝다고 생각한 것입니다.

마리아는 예수님이 최고의 존경을 받을 만한 분이라는 사실을 알았습니다. 그러나 유다는 예수님이 얼마나 특별한 분이신지 전혀 깨닫지 못했습니다. 그 사실에 대해서는 눈이 가려진 상태였습니다. 우리가 세상을 쫓던 마음에서 돌이켜 예수님께 우리의 삶을 드릴 때, 마리아처럼 선택하고 행동하게 됩니다. 우리가 예수님을 믿고 따르기로 할 때, 마리아가 예수님 발에 쏟아 부은 값비싼 향유보다 더 소중한 것, 곧 우리의 삶을 그분께 드리는 것입니다.

💬 이야기하기

유다의 삶은 무엇이 잘못되었나요?

(유다는 겉으로는 예수님을 따르는 제자의 삶을 살았습니다. 그러나 실제로는 자신이 맡고 있던 돈을 조금씩 훔치고 있었습니다.)

오늘 이야기에서 마리아가 보인 어떤 행동 때문에 유다는 화가 났나요?

(마리아는 매우 비싼 향유를 예수님 발에 쏟아 붓고 자신의 머리카락으로 그 발을 닦았습니다.)

마리아처럼 우리는 예수님께 무엇을 드릴 수 있을까요?

(마리아와 똑같이 향유를 부을 수는 없습니다. 그러나 우리는 세상을 쫓던 마음에서 돌이키고 예수님이 우리를 구원하신 사실을 믿어서 우리의 삶을 그분께 드릴 수 있습니다.)

🙏 기도하기

우리에게 성령님을 보내셔서 우리가 자신만을 위해 살던 삶을 포기하고 오직 예수님께만 순종하고 그분을 섬김으로 온전히 따르는 삶을 살게 해 달라고 기도하세요.

DAY 2

♥ 기억하기

어제 이야기 중에서 무엇을 기억하나요? 오늘은 어떤 이야기가 있을 것으로 생각하나요?

📖 성경 읽기 | 요한복음 12:9~19절

💬 깊이 생각하기

놀이 공원이나 길가에서 벌어지는 행진을 보거나 참가해 본 적이 있다면, 예수님이 어린 나귀를 타시고 예루살렘으로 들어가시는 장면이 어땠을지 충분히 상상할 수 있을 겁니다. 예수님이 죽은 나사로를 살리시는 장면을 목격한 많은 사람은 예루살렘까지 그분을 따라왔습니다. 사람들은 예수님을 자신들의 새로운 왕으로 칭송하고 환호했습니다. 그곳에 모인 사람들은 이스라엘의 왕위가 다윗의 후손들을 통해 영원히 지속될 것이라는 선조들의 예언을 알고 있었습니다(렘 33:17절). 마태는 사람들이 예수님을 다윗의 자손이라고 불렀다고 기록했습니다(마 21:9절). 사람들은 예수님을 자신들이 오랫동안 들었던 예언 속의 인물이라고 믿었기 때문에 그렇게 부르며 따랐습니다.

흥분의 도가니에 빠져든 모든 사람은 종려나무 가지를 흔들었습니다. 물론 유대 종교지도자들은 그러지 않았습니다. 그 지도자들은 지금 벌어지고 있는 모든 상황이 마음에 들지 않았습니다. 그들의 눈에 비친 이 모습은 마치 온 이스라엘 백성이 예수님을 추종하는 것 같았습니다. 만약 로마 관리들이 예수님을 새로운 왕으로 세우려는 이런 반응을 알았다면, 군대를 보낼 것이고 그나마 조금 있던 종교지도자들의 권한도 빼앗고 말 것입니다. 결국 종교지도자들은 자신들의 지위와 힘을 잃게 될 겁니다. 그렇게 되면 군중들은 그들을 죽이려고 할지도 모릅니다. 유다처럼, 종교지도자들 역시 예수님이 누구신지를 몰랐고, 알려고 하지도 않았습니다. 그저 자신들의 안전과 권력을 지키려고만 했습니다.

🗣 이야기하기

왜 사람들은 예수님을 보려고 모여들었나요? (사람들은 누가 죽은 나사로를 살렸는지 보고 싶었고, 진짜로 나사로가 살았는지 확인하고 싶었습니다. 죽었던 나사로와 얘기를 나눈다는 사실은 분명히 매우 흥미로운 일입니다. 죽었다 살아난 느낌이 어떤지 직접 들어보고 싶었습니다.)

대제사장들은 예수님과 나사로를 어떻게 할 계획을 세웠나요?
(그들은 예수님과 나사로를 죽일 계획을 세웠습니다.)

그곳에 모인 사람들은 왜 예수님을 이스라엘의 왕이라고 했나요?
(하나님은 선지자들을 통해서 그분의 백성들을 구원하고 그들을 통치할 영원한 왕이 올 거라고 약속하셨습니다. 사람들은 예수님이 바로 그 약속의 왕이라고 믿었습니다.)

🙏 기도하기

호산나라는 가사가 들어 있거나 예수님을 왕으로 표현한 가사의 노래를 안다면, 예루살렘에서 예수님을 환영하던 사람들 가운데 일부라고 생각하고 온 가족이 다 함께 그 노래를 부르세요. 예수님은 과거나 현재나 왕이십니다.

DAY 3

♥ 예수님께 연결하기

오늘은 이번 주 성경 이야기를 복음과 연결해 보는 날입니다. 복음은 우리를 구원하신 예수님의 생명과 죽음, 그리고 부활입니다. 이번 주 성경 이야기가 어떻게 복음과 연결되는지 깊이 생각해보세요.

📖 성경 읽기 ┃ 요한복음 12:20~33절

💬 깊이 생각하기

예수님은 사역의 첫 시작으로 물을 포도주로 바꾸셨는데, 그 때 어머니 마리아에게 자신의 시간이 아직 이르지 않았다고 말씀하셨습니다. 그러나 바로 지금, 예루살렘에 들어가시면서 예수님은 매우 다른 이야기를 하셨습니다. "이제 때가 왔도다." 예수님은 곧 자신이 십자가에서 죽게 될 거란 사실을 아셨습니다. 그 십자가에서 예수님은 모든 죄에 대한 징벌을 감당하시게 될 겁니다. 예수님이 어린 나귀를 타고 오실 때 종려나무 가지를 흔들며 환호했던 사람들이 얼마 후에는 이렇게 소리를 지를 겁니다. "그 사람을 십자가에 못 박아라!" 한 때 사람들은 예수님을 왕으로 세우고 싶었습니다. 그러나 그분이 체포되고, 아무런 저항도 하지 않자, 그분을 버리고 배신했습니다.

💬 이야기하기

예수님은 자신이 어떻게 돌아가실 지에 대해 사람들에게 어떤 단서를 주셨나요?
(예수님은 자신이 땅에서 들릴 것이라고 말씀하셨습니다. 자녀들에게 32, 33절을 반복해서 읽어 주세요.)

하늘에서 누구의 목소리가 들렸나요?
(하나님 아버지의 목소리가 들렸습니다.)

예수님은 "자기의 생명을 사랑하는 자는 잃어버릴 것이요 이 세상에서 자기의 생명을 미워하는 자는 영생하도록 보전하리라"(25절)고 말씀하셨습니다. 이것은 어떤 뜻인가요?
(예수님은 중요한 메시지를 전하시려고 강하게 말씀하셨습니다. 자신의 생명을 사랑하는 것은 하나님보다 그것을 더 소중히 여긴다는 말입니다. 자기 생명을 미워하는 것은 하나님을 따르고 그분께 순종하려고 모든 것을 기꺼이 포기한다는 말입니다. 그렇게 할 수 있는 이유는 하나님을 가장 사랑하기 때문입니다.)

🤲 기도하기

세상의 그 무엇보다도 하나님을 사랑할 수 있게 도와달라고 간구하세요.

DAY 4

♥ 기억하기

이번 주 성경 이야기를 통해서 하나님은 우리에게 무엇을 가르치시나요?

📕 성경 읽기 | 요한복음 12:34~50절

💬 깊이 생각하기

예수님이 땅에서 들려야 한다고 말씀하셨을 때, 사람들은 혼란스러웠습니다. 왜냐하면 사람들은 예수님을 영원히 살아계실 메시아로 믿었기 때문입니다. 예수님은 사람들에게 이 진리를 이해시키려고 애쓰셨습니다. 그러나 사람들은 믿지 못했습니다. 그리고 그 진리를 믿었던 소수의 사람은 다른 사람들에게 이 사실을 전하기가 두려웠습니다. 그 이유는 혹시라도 종교지도자들이 이런 말을 전한다는 사실을 알게 되면, 그들을 출교시킬 수 있기 때문이었습니다. 소수의 믿음을 가진 사람들은 예수님이 아니라 종교지도자들을 선택했던 것입니다. 마리아는 사람들의 시선이나 말을 전혀 신경 쓰지 않았기에, 예수님의 발에 값비싼 향유를 아낌없이 쏟아부을 수 있었습니다. 그러나 다른 사람을 의식했던 이들은 결코 예수님을 온전히 따를 수가 없었습니다. 그러고 나서 종교지도자들이 예수님을 십자가에 못 박게 했을 때, 그것에 동조했습니다.

🗨 이야기하기

부모님은 예수님 믿기를 거부했던 적이 있었는지 생각해 보고 자녀들에게 얘기해 주세요.
(회개하고 예수님을 믿기 전을 생각해 보세요. 그리고 그때 어떻게 거부했었는지, 마음이 얼마나 강팍했었는지 자녀들에게 얘기해 주세요.)

요한복음 12:47절에 보면, 예수님은 무엇을 하시려고 이 땅에 오셨나요?
(자녀가 어리면, 47절을 다시 한번 읽어 주세요. 그리고 자녀들이 잘 듣다가 답을 찾으면 손을 들고 대답하게 해 주세요. 예수님이 세상을 구원하시려고 이 땅에 오셨다는 답을 찾아내는지 살펴보세요.)

오늘 성경 구절에서, 예수님은 자신을 무엇에 비유하셨나요?
(예수님은 자신을 세상의 빛으로 비유하셨습니다. 그 빛은 예수님을 믿는 사람은 누구라도 더 이상 어둠에 거하지 않게 합니다. 혹시 자녀들이 어려서 이 내용을 기억하지 못하면, 46절을 다시 읽어 주세요.)

왜 예수님을 믿었던 사람들이 다른 사람들에게 그 진리를 전하지 않았나요?
(그들은 비록 예수님을 믿었지만, 하나님보다 다른 사람들이 어떻게 생각하고 말하는지를 더 신경 썼습니다. 무엇보다 예수님을 믿는다는 이유로 출교 당할까봐 두려웠습니다.)

🤲 기도하기

우리가 예수님을 제대로 믿고 사람들에게 예수님을 증거하는 것을 두려워하지 않게 도와달라고 기도하세요.

DAY 5

♥ 발견하기

오늘은 다른 성경 본문을 보는 날입니다. 시편이나 예언서에서 예수님 혹은 우리의 구원에 대해 배울 수 있습니다.

📖 성경 읽기 | 이사야 6:9~10절

💬 깊이 생각하기

요한은 이사야에 기록된 이 구절을 인용해 복음서에 기록했습니다. 요한은 이사야가 언젠가 하나님께서 구원자로 메시아를 보내실 것을 알고 있었다고 말했습니다(요 12:41절). 이사야는 복음의 메시지가 거부당하고 심지어 일부 사람들의 마음을 더 강퍅하게 만들 거라고 기록했습니다. 만약 하나님이 우리에게 믿음을 주시지 않는다면, 그 믿음을 받아들일 부드러운 마음을 주시지 않는다면, 우리는 모두 예수님을 거부했던 사람들처럼 행동할 것이고, 결코 그분을 믿을 수 없을 겁니다.

🗣 이야기하기

이사야는 사람들의 마음과 눈에 어떤 일이 벌어질 거라고 했나요?
(이사야는 사람들의 마음이 강퍅하고 눈이 가려질 거라고 했습니다. 이 말은 사람들이 예수님을 믿지 않고, 그분을 하나님이 구원자로 보내셨다는 사실을 알 수도 없을 거란 뜻입니다.)

예수님이 이 땅에 오셨을 때 모든 사람이 그분을 다 믿은 건 아니었습니다. 현재는 어떤가요? 복음의 메시지를 들은 사람마다 예수님을 다 믿나요?
(예수님 시대처럼, 그분에 대한 이야기를 듣는다고 해서 누구나 다 믿는 건 아닙니다. 많은 사람이 마음을 강퍅하게 하고, 믿으려 하지 않습니다.)

눈이 가려지고 마음이 강퍅해진다는 이사야의 설명은 그 당시 종교지도자들의 삶과 어떻게 일치하나요?
(종교지도자들은 예수님 믿기를 거부했습니다. 그들은 예수님을 하나님이 보내신 메시아로 받아들일 수가 없었습니다. 그래서 예수님을 죽일 계획을 세웠던 것입니다.)

🙏 기도하기

빛 되신 예수님을 볼 수 있는 눈과 그분을 믿을 수 있는 마음을 달라고 하나님께 간구하세요.

가난한 과부의 헌금
The Widow's Offering

이야기 109 – 컬러 스토리 바이블

중간 크기의 유리병 두 개를 준비하세요. 한 개에는 동전과 지폐를 담고 다른 하나는 빈 채로 두세요. 두 개의 병을 성경 공부하는 테이블에 나란히 두세요. 그리고 천이나 수건 등으로 가려서 볼 수 없게 하세요. 빈 병 앞에는 10원 짜리 동전 두 개를 두세요. 동전과 지폐를 담아 둔 병 앞에는 100원짜리 동전 6개를 두세요. 자녀들에게 어느 쪽이 더 가치가 있는지 질문해 주세요. 아이들은 100원짜리 동전들이 더 가치가 있다고 말할 겁니다.

이 동전들은 두 사람이 저축한 돈에서 가져온 거라고 설명해 주세요. (가려둔 유리병을 보여줍니다.) 돈으로 가득 한 유리병을 가진 사람은 그 중에 일부를 주었고, 빈 병을 가진 사람은 가진 것 전부를 주었다고 아이들에게 말해 주세요. "너희들이 생각하기에 어느 쪽 동전이 하나님 보시기에 더 가치 있을까? 동전 두 개일까 아니면 전부 다일 까?"라고 물어보세요. 이어서 이렇게 말해 주세요. "가치는 단지 그 선물이 얼마나 쓸모 있고, 값어치가 있느냐로 결정되는 게 아니라 무엇을 포기했느냐로 결정된단다. 이번 주에 우리는 자신의 모든 것을 포기하고 내어놓은 한 여인에 대해서 배우게 될 거야."

DAY **1**

♥ 상상하기

옛날에 수박을 재배하는 한 농부가 수박을 그냥 버려두고 오랜 시간을 보냈습니다. 겉으로 보기에 그 수박들은 탐 스러웠습니다. 그러나 사실 일부는 곯았고, 심지어 썩기 시작했습니다. 농부는 수박을 따서, 일일이 손으로 깨끗하 게 씻었습니다. 그리고 겉을 윤기 나게 와스로 발랐습니다. 시장에서, 농부는 썩어가는 일부 수박들을 앞쪽에 두고 서 이런 푯말을 세웠습니다. "태양의 열기로 익은 수박!" 그 수박들을 제외하고 나머지 것들은 썩지 않았는데 거 기에는 그냥 "수박"이라고만 쓴 푯말을 세웠습니다.

시장 손님들은 수박을 사려고 두 종류를 비교하고 나서, 대부분 썩을 정도로 익은 쪽을 골랐습니다. 왜냐하면 더 먹음직스러워 보였고, 푯말에 적힌 문구에 더 끌렸기 때문입니다. 그 썩어가는 수박을 산 사람들이 집에서 그것을 잘랐을 때, 속이 썩었다는 걸 알게 됩니다. 하지만 그 농부는 이미 어디론가 사라져버렸습니다.

오늘 이야기에서, 예수님은 사람들에게 바리새인들을 조심하라고 경고하셨습니다. 수박처럼, 바리새인들은 겉모습은 좋아 보이지만, 실제는 사악한 자들이었습니다.

📖 성경 읽기 | 누가복음 20:45~47절

💬 깊이 생각하기

하나님은 우리가 다른 사람들에게 좋게 보이려고 겉으로 드러내는 선행보다 우리의 마음이 어떤지에 더 관심을 가지십니다. 바리새인들은 긴 옷을 입고 다니며 주위 사람들에게 따뜻하게 인사했습니다. 그러나 사실 그들은 과부의 재산을 빼앗았습니다. 눈에 보이는 그들의 기도는 거룩했고, 간절했습니다. 하지만 그들은 하나님이 아니라 사람들이 듣기에 좋은 기도만 했습니다. 그들이 아무리 속이고 포장해도 예수님은 속지 않으셨습니다. 예수님은 바리새인들의 마음이 어떤지 다 아셨고, 그들에게 경고의 말씀을 전하셨습니다. 그래서 바리새인들은 예수님을 싫어했고, 그분을 죽이려고 했던 것입니다.

💬 이야기하기

바리새인들은 무슨 잘못을 했나요?

(그들은 하나님을 사랑해서 선행을 한 게 아니라 주위 사람들에게 그저 좋게 보이려는 의도로 했습니다. 게다가 몰래 과부들의 재산을 빼앗고 있었습니다.)

예수님은 바리새인들의 죄를 어떻게 아셨나요?

(어떤 것도 하나님께 감출 수 없습니다. 그분은 우리의 모든 죄를 다 아십니다. 예수님은 바리새인들을 미행하거나 조사하지 않으셨습니다. 예수님은 그냥 다 아셨습니다.)

우리는 바리새인처럼 행동한 적이 있나요? 내가 지은 죄를 숨기기 위해, 혹은 주위 사람들에게 잘 보이려고 행동했던 경험이 있을 겁니다.

(자녀들이 자신을 돌아보고 솔직히 얘기할 수 있게 도와주세요.)

🙏 기도하기

죄가 다른 사람들에게 우리 자신을 나쁘게, 혹은 안 좋아 보이게 할지라도 숨기지 않고 고백할 수 있도록 하나님께 도움을 구하세요.

DAY 2

♥ 기억하기

어제 이야기 중에서 무엇을 기억하나요? 오늘은 어떤 이야기가 있을 것으로 생각하나요?

📖 성경 읽기 | 누가복음 21:1~4절

💬 깊이 생각하기

만약 어떤 사람이 실수로 500원이나 100원짜리 동전을 길에 떨어뜨렸다면 즉시 그 동전을 주울 겁니다. 그런데 혹시 10원짜리를 떨어뜨렸다면, 굳이 주우려고 하지 않을 수도 있습니다. 10원짜리는 무엇을 사기에는 턱없이 부족한 금액이기 때문에 별로 소중하게 여기지 않습니다. 과부가 헌금한 두 렙돈은 오늘날로 치면 10원짜리 동전 정도의 취급을 받는 금액이었습니다. 그런데 예수님은 과부의 그 두 렙돈이 하나님께는 부자들이 내는 헌금보다 훨씬 더 가치가 있다고 말씀하셨습니다. 하나님은 사무엘에게 "사람은 외모를 보거니와 나 여호와는 중심을 보느니라"(삼상16:7절)라고 하셨습니다. 그 과부의 헌금은 하나님을 믿는 믿음으로 헌금했기 때문에 가장 큰 가치가 있었습니다. 하나님은 겉으로 드러난 양이나 크기, 모양을 보지 않으시고 그것을 드리는 마음을 보십니다. 만약 우리가 부자라면, 많은 돈을 헌금으로 내는 게 그리 어렵지 않을 수도 있습니다. 그러나 오늘 말씀에 나온 과부는 자신이 가진 전부를 하나님께 기꺼이 드렸습니다. 그 과부는 하나님께 믿음을 드린 것이었습니다. 그렇기 때문에 사람 눈에는 하찮아 보이는 금액이었지만 하나님께는 가장 가치 있게 여겨진 것입니다.

💬 이야기하기

헌금함에 돈을 가장 많이 넣은 사람은 누구인가요? (부자들이 많은 돈을 헌금함에 넣었습니다.)

과부는 얼마를 헌금했나요? (과부는 두 렙돈을 헌금했습니다. 그것은 과부가 가진 전부였습니다.)

헌금을 낸 다른 사람들과 과부는 어떻게 달랐나요?
(과부는 자신이 가진 전부를 헌금했습니다. 반면에 다른 사람들의 경우, 주로 부자들은 자신들의 재산에서 일부를 냈습니다. 물론 부자들은 많은 금액을 바쳤지만, 그들에게는 큰 금액은 아니었습니다.)

과부의 모습은 우리에게 어떤 본보기가 되나요?
(과부의 모습은 우리도 가진 걸 전부 바쳐야만 한다는 의미가 아닙니다. 그것은 우리가 기꺼이 희생하고 내가 소중히 여기는 것들을 드릴 수 있어야 한다는 뜻입니다. 하나님은 우리에게 날마다 복을 주십니다. 그래서 우리도 하나님과 이웃들에게 내 것을 나눌 수 있습니다.)

🙏 기도하기

자신이 가진 것보다 하나님을 더 사랑하며 살았던 과부처럼 살게 해 달라고 기도하세요. 그리고 그 과부를 돌보신 하나님을 믿게 해 달라고 기도하세요.

DAY 3

♥ 예수님께 연결하기

오늘은 이번 주 성경 이야기를 복음과 연결해 보는 날입니다. 복음은 우리를 구원하신 예수님의 생명과 죽음, 그리고 부활입니다. 이번 주 성경 이야기가 어떻게 복음과 연결되는지 깊이 생각해보세요.

📖 성경 읽기 | 마가복음 12:41~44절

💬 깊이 생각하기

과부의 이야기를 통해서 우리는 스스로 선택을 해야 한다는 것을 깨닫습니다. 자신의 모든 삶을 하나님께 맡긴 과부처럼 살 건가요? 아니면 자신의 재산을 믿고 살았던 부자처럼 살 건가요? 기억하세요, 예수님은 우리의 속마음을 정확히 아시는 분입니다. 또한 그분은 우리의 죄를 없애고 싶어 하십니다. 예수님이 십자가에서 돌아가심으로 우리는 죄에서 자유롭게 되고 그분을 믿게 되었습니다. 하나님은 우리를 구원하실 때, 성령님을 보내주셔서 변화시키십니다. 그래서 우리는 하나님을 믿고 그분 말씀에 순종할 수 있게 됩니다. 성령님은 우리가 세상의 부유함이 아니라 하나님을 믿게 도우십니다. 자신이 가진 전부를 헌금함에 넣음으로써, 과부는 자신의 삶을 하나님께 의탁했고, 자신을 향한 하나님의 계획을 신뢰했습니다. 예수님은 과부의 그런 믿음을 보셨고, 사람들 앞에서 그 믿음을 칭찬해 주셨습니다. 결국, 과부는 엄청난 보상을 받습니다. 비록 보잘것없는 적은 돈(두 렙돈)을 헌금했으나, 그 대가로 예수님을 얻었습니다.

《♥ 이야기하기

과부의 헌금은 얼마 정도였나요?
(그 과부의 헌금은 1,000원 정도에 불과했습니다.)

마가는 누가복음에는 기록되지 않은 어떤 이야기를 다루었나요?
(두 복음서를 다 읽어주세요. 누가복음 21:1~4절을 먼저 읽고 나서 오늘 본문과 비교해 보세요. 마가는 예수님이 그날 누가 얼마나 헌금하는지를 보려고 헌금함 앞에 의도적으로 앉으셨다고 기록했습니다. 그리고 두 렙돈은 한 고드란트 정도의 금액이라고 알려줍니다.)

예수님은 과부 이야기를 통해 무엇을 가르치려고 하셨나요?
(예수님은 얼마를 헌금했는지가 아니라 어떤 마음으로 했는지가 중요하다는 사실을 가르치려고 하셨습니다. 과부의 헌금은 자신이 가진 전부였습니다. 그렇기 때문에 그 헌금은 하나님께 자신의 삶을 의탁한다는 믿음의 표시였습니다. 예수님은 과부의 이런 믿음을 칭찬하셨습니다.)

🤲 기도하기

과부처럼 하나님을 더 신뢰하고 의지하게 해 달라고 기도하세요. 우리의 삶을 온전히 하나님께 맡기는 믿음을 갖게 해 달라고 기도하세요.

DAY 4

♥ 기억하기

이번 주 성경 이야기를 통해서 하나님은 우리에게 무엇을 가르치시나요?

📖 성경 읽기 | 마가복음 13:1~2절

💬 깊이 생각하기

혹시 어떤 아이가 선물 상자를 뜯어서 그 안에 있는 선물보다는 상자를 가지고 더 즐겁게 노는 모습을 본 적이 있나요? 오늘 이야기에서 제자들은 그런 아이처럼 행동했습니다. 영광의 왕이신 예수님이 제자들과 함께 성전을 거닐고 계셨습니다. 제자들은 그런 예수님을 경배하고 찬양하기 보다는 눈에 보이는 건물들의 화려하고 멋진 모습에만 감탄하고 있었습니다. 제자들은 이 땅에 세워진 성전이 바로 그들과 함께 사셨고 하나님이 임재하셨던 진정한 성전인 예수님을 상징하고 있다는 것을 깨닫지 못했습니다(요 2:21절).

예수님은 건물로서의 성전은 영원하지 않다는 사실을 아셨습니다. 비록 성전을 건축하는 데 사용된 돌들이 거대하고 튼튼했지만, 예수님은 제자들에게 그 건물들은 무너지게 될 거라고 말씀하셨습니다. 대략 40년 후에, 그 성전은 로마 사람들에 의해 예수님 말씀대로 파괴되었습니다. 오늘날 우리는 새로운 성전을 가지고 있습니다. 그러나 그 성전은 돌로 지어졌거나 사람들이 세운 것이 아닙니다. 하나님의 새로운 성전은 예수님을 믿고 성령님이 그 마음 안에 거하시는 모든 사람으로 이루어져 있습니다(고후 6:16절).

🗣 이야기하기

부모님은 어떤 부분에서 세상의 유혹을 가장 많이 받는지 얘기해 주세요.
(우리는 누구나 특별히 약한 부분이 있습니다. 그 영역에서 종종 세상의 것들에 쉽게 마음을 빼앗깁니다. 우리의 관심을 예수님에게서 가장 많이 빼앗아가는 게 무엇인지 나눠주세요.)

제자들 가운데 한 사람이 성전과 건물들에 대해서 무슨 말을 했나요?
(그 제자는 성전의 돌과 건물이 얼마나 크고 대단한지에 대해서 말했습니다.)

왜 예수님이 진정한 성전이신가요? (성전은 하나님이 임재하시는 곳입니다. 예수님은 제자들과 더불어 사신 하나님이십니다. 그래서 어디든지 예수님과 동행한다면, 하나님의 임재가 제자들과 함께했습니다.)

예수님은 성전에 무슨 일이 일어날 거라고 말씀하셨나요? (성전이 무너질 거라고 하셨습니다.)

오늘날 하나님의 성전은 어디에 있나요?
(오늘날 하나님의 성전은 예수님을 믿는 모든 사람의 삶과 그분의 거룩한 영으로 충만한 사람들의 삶으로 이뤄집니다. 그렇게 사는 사람들은 모두 다 하나님의 영이 임재하는 살아 있는 성전이 됩니다(고후 6:16절).

🙏 기도하기

제자들은 건물로서의 성전이 아니라 살아있는 성전이신 예수님을 찬양할 기회를 놓쳤습니다. 자녀들에게 하나님께 감사하고 찬양할 모든 것들을 생각해 보고, 말해 보라고 하세요. 잠시 시간을 가진 후에, 그 감사와 찬양의 내용으로 예수님께 기도하세요.

DAY 5

♥ 발견하기

오늘은 다른 성경 본문을 보는 날입니다. 시편이나 예언서에서 예수님 혹은 우리의 구원에 대해 배울 수 있습니다.

📖 성경 읽기 | 이사야 29:13~14절

💬 깊이 생각하기

예수님은 이사야에 기록된 이 구절을 인용해 바리새인들의 위선에 대해 말씀하셨습니다(마 15:8~9절). 위선은 비록 마음속으로는 죄를 짓고 있지만, 겉으로는 좋게 보이려고 애쓰는 것입니다. 바리새인들은 자신들이 하나님을 사랑한다고 말했습니다. 그러나 실제로 마음속으로는 그분을 사랑하지 않았습니다. 그들의 그런 태도는 서기관들이 아름답고 화려한 옷을 입고, 길거리에서 사람들을 환대하며, 입술로만 멋진 기도를 드리는 모습으로 나타났습니다. 그러나 보이지 않는 곳에서 그들은 과부들의 돈을 훔치고 있었습니다. 바리새인들은 자신들이 지혜롭고 하나님의 말씀에 순종한다고 생각했습니다. 하지만 예수님이 그들 눈앞에서 기적을 행하실 때, 그분을 하나님이 보내시기로 약속하신 구원자로 알아차린 사람은 거의 없었습니다. 그들의 죄와 불신 때문에, 예수님이 그들에게 제대로 드러나지 않았습니다(마 11:25절).

💬 이야기하기

마음은 떠나 있으면서 입술로만 주님을 경외한다는 말은 무슨 뜻인가요?
(자녀들에게 이 질문의 각 부분을 설명해 주세요. 우선, 입술로 경외함은 좋게, 멋지게 말한다는 의미입니다. 그러나 마음이 누군가에게서 떠나 있는데, 그렇게 하는 것은 사실은 별로 관심이 없다는 뜻입니다. 예수님은 이 구절을 사용하셔서 바리새인들이 실제로는 하나님을 사랑하지 않는다는 것을 보여 주셨습니다.)

누가복음 20:45~47절을 읽으세요. 왜 이사야의 예언이 누가복음에 나타난 서기관들과 정확히 들어맞나요?
(서기관들의 기도는 이사야가 말한 "입술로는 나를 공경하나" 라는 표현과 똑같습니다. 그러나 우리는 그들의 마음이 하나님에게서 멀어졌다는 걸 분명히 알 수 있는데 그 이유는 그들이 과부들을 속여 자신들의 이익을 챙겼기 때문입니다.)

두 렙돈을 헌금함에 넣은 그 과부는 서기관들과 어떻게 달랐나요?
(그 과부는 마음을 다해 하나님을 믿었고 자신이 가진 전부를 드렸습니다. 그 과부는 누군가에게 자신을 드러내거나 사람들의 관심을 끌려고 하지 않았습니다. 그 과부에게 주목한 분은 바로 예수님이셨습니다.)

🙏 기도하기

우리가 온 마음과 영혼과 정신을 다해, 그리고 입술로 하나님을 사랑하게 해 달라고 도움을 구하세요.

예수님이 제자들의 발을 씻기시다
Jesus Washes the Disciples' Feet

이야기 110 – 컬러 스토리 바이블

우리 집에서 누가 가장 대단한 사람인지 알아보려 한다고 자녀들에게 말하세요. 자녀들이 벽을 바라보고 서 있게 하고, 한 번에 한 명씩 점프해서 누가 가장 높이 뛸 수 있는지 보세요. 가장 높이 뛴 지점을 표시하세요. 자녀가 한 명뿐이라면, 부모님이 함께하세요. 가장 높이 뛴 자녀가 누군지 살펴보고, 우리 집에서 가장 대단한 사람이라고 칭찬하며 축하해 주세요. (혹시 자녀가 어리거나 한 명이라면, 부모님 중 한 명이 될 겁니다.) 그리고 나서 자녀들에게 이 시합이 공평하다고 생각하는지 질문해 보세요. 이런 경쟁은 별로 좋은 게 아니라는 걸 자녀들이 이해하게 도와주세요. 그리고 이번 주에 우리는 예수님이 가르치시는 가장 대단한 사람은 섬기는 사람이라는 사실을 배우게 될 거라고 설명해 주세요. 이번 한 주, 자녀들이 자신의 생활 속에서 진정한 위대함, 즉 섬김을 배우고 실천할 수 있게 시간을 내어 도와주세요.

DAY 1

♥ 상상하기

만약 모든 사람이 다 일등만 하고 높은 자리에만 있고 아무도 섬기거나 양보하는 자리에 있지 않으려 한다면 세상이 어떻게 될지 생각해 보세요. 모든 사람이 주장만 내세우고 실제로 그 의견을 실천해 나갈 사람은 아무도 없을 겁니다. 한 가지 가정을 해 봅시다. 어떤 회사 사장이 담당 부서 부장에게 업무를 지시합니다. 부장은 과장에게 그 업무를 전달합니다. 그러자 그 과장은 차장에게 주저 없이 일을 맡깁니다. 그 차장은 마침 외근을 나가려는 대리에게 일을 떠넘깁니다. 그런데 그 대리는 사장을 대동해서 외부로 나가려던 참이었습니다. 결국 그 일은 다시 사장 손으로 넘어온 것입니다.

이 모습에서 문제는 분명합니다. 만약 누군가 맡겨진 일을 기꺼이 수행하기로 마음먹지 않는다면, 어떤 일도 마무리되지 않을 겁니다. 오늘 성경 이야기에서, 우리가 어떻게 살아야 할지를 가르치시려고 왕 중의 왕이신 예수님이 직접 종으로 살아가셨다는 사실을 보게 될 것입니다.

📖 성경 읽기 | 마가복음 10:32~45절

💬 깊이 생각하기

이제 곧 고난받고 죽임을 당할 거라는 예수님의 말씀을 듣고 나서도 제자들은 그분께 마음을 쏟기보다 오히려 자기 자신들의 유익과 명예, 그리고 누가 가장 잘난 사람일지에 대해서만 생각하고 계산했습니다. 야고보와 요한은 자신들이 사람들로부터 칭송받는 가장 높은 자리인 예수님 바로 옆에 앉을 수 있는지 무척 궁금해 했습니다. 제자들은 하나님의 나라에서 가장 큰 자가 되고, 존경을 받으려면 다른 사람을 섬겨야 한다는 이 진리를 조금도 이해하지 못했습니다. 야고보와 요한의 태도에 다른 제자들이 화를 냈지만, 그들도 다를 바가 없었습니다. 왜냐하면 나머지 제자들도 누가 가장 나은지를 놓고 다툼이 있었기 때문입니다(막 9:34절).

🗣 이야기하기

예수님은 최고가 되려면 어떻게 해야 한다고 말씀하셨나요?
(모든 사람의 종이 되어야 한다고 하셨습니다.)

예수님은 종으로 이 땅에서 사셨습니다. 그것을 어떻게 보이셨나요?
(예수님은 하나님 아버지 말씀대로 사셨습니다. 예수님은 하나님 아버지를 섬겼습니다. 그리고 예수님이 보이신 가장 위대한 섬김은 바로 우리 죄 때문에 십자가에서 죽임을 당하신 것이었습니다.)

예수님의 말씀은 우리 삶에 어떤 영향을 미치나요?
(어린 자녀들을 위해 더 쉽게 질문해 주세요. "오직 나 자신만을 생각해야 하니, 아니면 다른 사람들을 어떻게 돕고 무엇을 나누어야 할지 생각해야 하니?" 자녀들의 대답을 듣고 왜 그렇게 생각하는지 물어보세요.)

🙏 기도하기

기꺼이 종이 되시고 우리 죄 때문에 십자가에서 죽임을 당하신 예수님께 감사 기도를 드리세요.

DAY 2

♥ 기억하기

어제 이야기 중에서 무엇을 기억하나요? 오늘은 어떤 이야기가 있을 것으로 생각하나요?

📖 성경 읽기 | 요한복음 13:1~5절

💬 깊이 생각하기

예수님이 살던 시대는 대부분 도로가 흙바닥이어서 먼지가 가득했습니다. 깨끗하게 포장된 도로는 전혀 없었습니다. 그래서 사람들의 발은 정말 더러웠습니다. 어떤 사람이 식사하려고 집 안으로 들어갈 때, 그 집의 종은 대개 그 사람의 발을 씻어 주었습니다. 그러나 오늘 이야기에서, 발을 씻어 주는 하인은 없었습니다. 제자들이 집으로 들어갔을 때, 바닥에 놓여 있는 대야를 봤습니다. 그러나 어떤 제자도 먼저 발을 씻어 주려 하지 않았습니다. 그래서 제자들이 식사하려고 자리에 앉을 때 그들의 발은 상당히 더러운 상태였습니다. 제자들 가운데 아무도 섬기려 하지 않을 것이 확실해진 바로 그 순간에, 예수님이 자리에서 일어나 직접 대야를 들고 오셨습니다. 예수님은 예루살렘으로 오시는 동안에 제자들에게 가장 큰 자가 되고 싶다면, 먼저 섬기는 종의 자리에 있어야 한다고 가르치셨습니다. 그러나 제자들은 여전히 그 말을 제대로 이해하지 못했습니다.

서로 섬기지 않으려는 제자들을 보면서 손가락질하는 것은 쉽습니다. 하지만 우리 중 얼마나 많은 사람이 먼저 나서서 더럽고 힘든 집안일 하기를 좋아할까요? 누가 하라고 말하기 전에 스스로 화장실이나 욕조를 청소한 게 언제였나요? 그렇게 해 본 적이 있나요?

🗣 이야기하기

유월절 식사 도중에 누가 더러운 발을 씻어주었나요? (예수님이 제자들의 발을 씻어주셨습니다.)

누가 발을 씻어 주어야 했나요? (제자들이 서로서로 발을 씻어야 했습니다. 아니면 최소한 예수님의 발은 제자 중에 누군가가 씻겨드려야 했습니다.)

예수님의 모습을 통해 우리는 무엇을 배울 수 있나요?
(예수님은 왕 중의 왕이고 가장 위대한 분이시지만, 유월절 식사 자리에서 기꺼이 모든 사람을 섬기셨습니다. 예수님이 이렇게 섬기셨다면, 우리도 당연히 서로를 섬겨야만 합니다.)

집에서 우리는 어떻게 섬길 수 있을까요? (자녀들이 스스로 생각해 보게 하고 그것을 실천하게 도와주세요.)

🤲 기도하기

우리가 우리 자신만을 생각하는 이기적인 삶을 살지 않고 섬기며 살 수 있게 해 달라고 하나님께 도움을 구하세요. 그러고 나서 부모님과 함께 생각했던 섬기는 방법들을 실천할 수 있게 해 달라고 기도하세요.

DAY 3

♥ 예수님께 연결하기

오늘은 이번 주 성경 이야기를 복음과 연결해 보는 날입니다. 복음은 우리를 구원하신 예수님의 생명과 죽음, 그리고 부활입니다. 이번 주 성경 이야기가 어떻게 복음과 연결되는지 깊이 생각해보세요.

⌂ 성경 읽기 | 요한복음 13:6~11절

💬 깊이 생각하기

예수님이 베드로에게 "내가 너를 씻어 주지 아니하면 네가 나와 상관이 없느니라"(8절)고 하셨을 때, 예수님은 단순히 베드로의 더러운 발에 대해서만 말씀하시는 게 아니었습니다. 예수님은 바로 죄로 가득한 베드로의 삶에 대해서 말씀하시는 것이었습니다. 예수님은 베드로의 발을 씻기셨을 뿐만 아니라 베드로의 죄를 해결하기 위해 십자가에서 죽기까지 하실 것이었습니다. 바울은 빌립보서 2:7~8절에서 예수님이 자기를 비워 종의 형체를 가지신 것은 우리를 위하여 십자가에서 죽기 위해서였다고 말합니다. 그것은 이제껏 우리가 알고 있는 위대한 섬김 가운데 최고였습니다.

💬 이야기하기

예수님이 발을 씻겨주실 차례가 오자 베드로는 어떤 말을 했나요?
(베드로는 '내 발을 절대 씻지 못하시리이다' 고 했습니다.)

베드로는 왜 예수님이 자신의 발을 씻기시지 못하게 했나요?
(베드로는 아마도 선생님이신 예수님이 발을 씻기시게 해서는 안 된다고 생각한 것 같습니다.)

예수님이 제자들의 발을 씻기시는 것은 무엇을 상징하나요?
(그것은 예수님이 십자가에서 돌아가심으로 제자들의 죄를 씻어내시는 것을 나타냅니다.)

우리 각자에게 있어서 예수님이 씻어 주셔야만 하는 죄는 무엇인가요?
(자녀들이 자신들의 죄에 대해 생각하게 해 주시고, 예수님만이 그 죄 문제를 해결해 주시는 유일한 분이라는 사실을 깨닫게 도와주세요.)

🤲 기도하기

우리 죄 때문에 이 땅에 오시고 십자가에서 돌아가신 예수님께 감사하세요. 그분께 용서를 구하고 우리 죄를 완전히 씻어 달라고 기도하세요.

DAY 4

♥ 기억하기

이번 주 성경 이야기를 통해서 하나님은 우리에게 무엇을 가르치시나요?

📖 성경 읽기 | 요한복음 13:12~17절

💬 깊이 생각하기

제자들의 발을 씻기신 후에, 예수님은 자신이 하신 대로 따르라고 제자들에게 말씀하셨습니다. 그러나 예수님은 식사하기 전에 단순히 서로의 발을 씻겨주는 것만을 요구하신 게 아니었습니다. 예수님은 제자들이 보다 더 큰 그림을 기억하기를 원하셨습니다 — 하나님 나라에서 가장 큰 사람은 바로 모든 사람을 섬기는 종입니다. 만약 하나님이신 예수님이 죄인들의 발을 씻기셨다면, 우리 또한 기꺼이 서로를 그렇게 섬겨야만 할 것입니다. 오늘 예수님의 섬김을 볼 때, 단지 예수님이 제자들의 발을 어떻게 씻기셨는지에 대해서만 생각해서는 안 됩니다. 우리는 예수님이 우리 죄 때문에 십자가에서 어떻게 돌아가셨는지를 반드시 기억해야만 합니다. 예수님이 우리를 위해 무엇을 하셨는지 생각한다면, 우리가 서로를 섬기지 않는 것은 어리석은 태도입니다.

🗨 이야기하기

부모님은 예수님이 제자들의 발을 씻기심으로 무엇을 가르치려고 하셨는지 얘기해 주세요.
(예수님은 제자들에게 섬기지 않으면 누구도 큰 사람이 될 수 없다는 것을 가르치려고 하셨습니다. 선생님이신 예수님이 섬기셨다면, 제자들도 당연히 서로 섬길 수 있고 그래야만 합니다.)

각자 유독하기 싫은 집안일이 있는지, 왜 그런지 나눠보세요.
(화장실 청소하기나 설거지하기 등의 일을 생각해 보세요. 그리고 가족들의 반응이 어떤지 살펴보세요. 그러고 나서 그런 일들과 제자들을 깨닫게 하시려고 예수님이 그들의 더러운 발을 씻기셨던 일과 비교해 보세요. 예수님이 그렇게 섬기셨다면, 우리 또한 당연히 섬겨야 합니다.)

다른 사람들을 섬기는 가족들을 보면서 어떻게 생각했었는지, 그리고 그렇게 한 가족들에게 감사했었는지 생각해 보세요.
(부모님은 온 가족이 서로 어떻게 섬겼는지 생각해 보게 도와주세요. 그러고 나서 가족 모두가 서로의 섬김에 대해서 감사하고 격려하는 시간을 가지세요.)

🤲 기도하기

성령으로 충만하게 하셔서 예수님처럼 다른 사람들을 돌보고 섬기게 해 달라고 기도하세요.

DAY 5

♥ 발견하기

오늘은 다른 성경 본문을 보는 날입니다. 시편이나 예언서에서 예수님 혹은 우리의 구원에 대해 배울 수 있습니다.

📖 성경 읽기 | 시편 40:4~10절

💬 깊이 생각하기

히브리서 기자는 시편 40편을 인용했는데 이 시편이 예수님에 대해 말하고 있다고 기록했습니다. 예수님은 하나님의 뜻을 따라 우리 죄의 대가를 치르는 마지막 희생 제물로 십자가에서 돌아가시려고 이 땅에 오셨습니다(히 10:5~7절). 다윗 왕(다윗 왕이 오늘 이 시편을 기록했습니다) 시대에, 어떤 사람이 자신의 죄를 속죄하려면 어린 양을 제물로 바쳐야 했습니다(사실은 자기 목숨을 바쳐야 했지만 그 대신에 희생 제물을 드리는 것입니다). 그러나 오늘 성경 본문을 통해서, 우리는 하나님이 그런 제물을 기뻐하거나 즐거워하시지 않았다는 것을 배웁니다. 왜냐하면 그것들이 실제로는 죄의 문제를 해결할 수 없기 때문입니다. 그러나 그 희생 제물은 예수님이 완전한 제물로 오실 그 날을 가리켰습니다(히 10:10절). 다윗 왕 시대에 수천 마리의 어린 양들이 속죄를 위한 희생 제물로 죽임을 당했습니다. 그리고 그것 중 단 한 마리도 죄의 문제를 완전히 해결할 수가 없었습니다.

💭 이야기하기

다윗 왕 시대의 어린 양은 누구를 상징했나요?
(그 어린 양은 하나님의 어린 양이신 예수님을 가리켰습니다. 그리고 그분은 완전한 희생 제물이 되셨습니다. 예수님은 그분을 믿는 모든 사람의 죄를 해결하시려고 십자가에서 돌아가셨습니다.)

하나님의 종은 그 마음에 무엇을 담고 있나요(시편 40:8절을 보세요)?
(하나님의 종은 그 마음에 하나님의 율법을 간직하고 있습니다.)

종은 어떻게 살아야 하는지 오늘의 시편 어디에서 알 수 있나요?
(어린 자녀들에게는 몇 가지 단서들을 주어야만 합니다. 종은 주인의 뜻을 따른다는 사실을 자녀들에게 말해 주세요. 그러고 나서 오늘 시편을 다시 읽으세요. 8절을 읽을 때 강조해 주세요. "나의 하나님이여 내가 주의 뜻 행하기를 즐기오니" 히브리서 기자는 우리에게 예수님은 우리 죄 때문에 십자가에서 죽어야 한다는 하나님의 뜻을 이루셨다고 말합니다. 우리 마음에 임재하시는 하나님의 영이 우리로 하여금 하나님의 뜻을 기쁘게 따르면서 살아가게 하신다는 것을 자녀들에게 설명해 주세요.)

🙏 기도하기

하나님의 뜻대로 행하면서 기뻐하셨던 예수님처럼 종의 삶을 살게 해 달라고 성령님께 도움을 구하세요. 하나님의 율법을 마음에 새기게 해 달라고 간구하세요.

최후의 만찬
The Last Supper

이야기 111 - 컬러 스토리 바이블

누가복음에서는 유다가 얼마의 돈을 받고 예수님을 배신했는지는 말하고 있지 않습니다. 그러나 대략 은화 약 30세겔 정도였을 거로 추정합니다. 은화 1세겔은 그 당시로 대략 3~4일 치 임금 정도였고, 오늘로 치면 약 45만 원 정도입니다. 즉, 유다가 대가로 받은 은화는 약 1,360만 원 정도란 의미입니다. 예수님을 판 금액이 그 정도란 추측은 어느 정도 맞는 것 같습니다. 왜냐하면 유다가 받은 돈을 되돌려주었을 때, 종교지도자들은 그 돈으로 밭을 샀다고 하니 적은 금액은 아니었을 겁니다. 오늘날 이 정도 돈이라면 무엇을 살 수 있을지, 그리고 유다가 이 정도의 돈을 구원자를 배신한 대가로 받았다는 사실에 대해서 자녀들과 함께 잠시 생각해 보는 시간을 가지세요. "이번 주에 우리는 예수님이 제자들과 함께하신 마지막 유월절 식사에 대해서 배울 거란다. 유다는 예수님을 배신하려고 이 식사 자리에서 몰래 나갔지." 라고 얘기해 주세요.

DAY 1

♥ 상상하기

잠시 우리가 도둑이라고 생각해 봅시다. 누군가의 집에 몰래 들어가 물건을 훔치기에 가장 좋은 시간 때는 언제일까요? 낮에 모든 사람이 깨어 있고 몰래 들어온 사람을 쉽게 발견할 수 있을 때, 아니면 밤에 다 잠들어 있을 때, 어느 때가 몸을 숨기기에 좋을까요? 성경은 대부분 범죄가 밤에 발생하는 이유를 우리에게 설명합니다: 죄는 어둠을 사랑합니다. 성경은 또한 모든 악인은 빛을 싫어하고, 빛으로 나아오기를 두려워한다고 말합니다. 왜냐하면 자신의 죄가 드러날 것이기 때문입니다(요 3:20절). 오늘 이야기에서, 유다는 예수님을 배신할 계획을 세웠습니다. 유다는 언제 배신하기로 생각했을까요? 낮? 아니면 밤?

📖 성경 읽기 | 누가복음 22:1~6절

💬 깊이 생각하기

종교지도자들은 예수님을 죽이고 싶었습니다. 그러나 그들은 예수님을 둘러싸고 따라다니는 사람들이 두려웠습니다. 게다가 예수님은 집이 없으셨기 때문에 여기저기를 떠돌아다니셨습니다. 그래서 그들은 예수님이 어디에 계실지 예측할 수도 없었습니다. 그들은 아마도 예수님이 대낮에 어떻게 위기 상황에서 빠져나가셨는지를 이미 들어서 알고 있었을 겁니다(눅 4:28~30절과 요 5:13절을 보세요). 이런 이유로 종교지도자들은 예수님을 붙잡을 기회를 얻는 대가로 예수님이 신뢰하셨던 제자들 가운데 한 명인 유다에게 돈을 지불하는 게 전혀 아깝지 않고 오히려 다행이라고 생각했습니다. 무엇보다도 많은 사람의 눈을 피해 그렇게 할 수 있었다는 사실에 안도했습니다.

🗣 이야기하기

종교지도자들은 예수님을 배신한 유다에게 무엇을 주었나요?
(그들은 유다에게 돈을 주었습니다. 마태복음 26:15절을 통해서 이 사실을 알 수 있습니다. 그들은 은화 30개를 주었습니다.)

누군가를 배신한다는 건 어떤 뜻인가요?
(이 말의 정의를 아이들이 잘 이해할 수 있게 도와주세요. 배신한다는 건 "누군가를 넘겨준다"는 뜻입니다. 오늘 이야기에서, 종교지도자들은 유다에게 돈을 주고 그 대가로 언제 어디서 예수님을 붙잡을 수 있는지 정보를 넘겨받습니다. 예수님을 보호하지 않고, 유다는 그분을 넘겨주었습니다. 바로 이것이 배신입니다. 유다는 예수님을 대제사장들에게 넘겼습니다.)

종교지도자들은 왜 예수님을 낮에 붙잡으려고 하지 않았나요?
(예수님은 아무런 잘못이 없었습니다. 그들은 거짓 음모를 계획했습니다. 그렇기 때문에 예수님을 따르던 많은 사람 몰래 그것을 실행해야만 했습니다. 사람들은 예수님을 왕으로 세우고 싶어 했다는 사실을 기억하세요.)

🙏 기도하기

항상 예수님을 따르고 다른 길로 가지 않게 해 달라고 하나님께 간구하세요.

DAY 2

♥ 기억하기

어제 이야기 중에서 무엇을 기억하나요? 오늘은 어떤 이야기가 있을 것으로 생각하나요?

📖 성경 읽기 ㅣ 누가복음 22:7~13절

💬 깊이 생각하기

여러분이 만약 사람들로 붐비는 도시에서 물동이를 들고 가는 사람을 만나러 가라는 예수님의 말씀을 듣는다면 어떨 것 같나요? 한 번 생각해 보세요. 예수님은 '짧은 머리에 물동이를 가진 사람이 길 가 의자에 앉아서 너를 기다리고 있을 거다.' 라거나 '백발 수염이 있는 조슈아라는 이름을 가진 사람이 나무 옆에서 기다리고 있을 거다.' 라고 말씀하시지 않았습니다. 그 도시에는 수천 명의 사람이 오가고 있었습니다. 거의 대다수 사람이 항상 물동이를 가지고 다녔습니다. 그러나 제자들은 예수님의 명령을 꺼리지 않는 것 같았습니다. 왜냐하면 그들은 예수님을 믿었기 때문입니다. 제자들은 예수님이 병든 자를 고치고, 죽은 자를 살리며, 물 위를 걷거나 파도를 잠잠케 하시는 것을 직접 목격했습니다. 그런 예수님이 물동이를 가지고 있는 사람을 만나게 될 거라고 말씀하셨다면, 말씀하신 그대로 그런 사람을 만날 거라고 믿었습니다. 더 이상 질문하지 않고서, 제자들은 말씀하신 그 사람을 만나러 떠났고, 유월절을 준비했습니다.

첫 번째 유월절 식사는 마지막 재앙인 장자의 죽음이 애굽에 내려진 그 날 밤에 있었습니다. 그때 어린 양이 장자들 대신 희생되었습니다. 그리고 그 피를 문설주에 발랐습니다. 첫 유월절 이후로 마치 오늘날 부활절을 기념하는 것처럼 이스라엘 백성은 일 년에 한 번씩 봄이 오면 이날을 기념했습니다.

🗨 이야기하기

제자들은 왜 더 많은 사실을 알기 위해 질문하지 않았나요?

(제자들은 예수님이 말씀하신 대로 모든 게 이뤄진다고 믿었습니다. 예수님은 제자들에게 물동이를 가진 사람을 찾으라고 말씀하시지 않고, 만날 거라고 하셨습니다. 그래서 제자들이 할 일은 단지 도시로 가는 것뿐이었습니다. 나머지는 하나님이 다 이루셨습니다.)

제자들은 어떤 음식을 준비하고 있었나요? (제자들은 유월절 식사 때 먹을 음식을 준비하고 있었습니다.)

유월절 식사는 무엇을 생각하게 하며, 어린 양은 무엇을 위한 것이었나요? (유월절 식사는 하나님이 모세를 사용해서 애굽으로부터 이스라엘 백성을 구원하신 것을 기념했습니다. 죽음의 사자가 그 나라를 지나갈 때, 문설주에 어린 양의 피를 바른 집안의 모든 장자는 하나님의 심판으로 내려진 죽음을 피할 수 있었습니다.)

🙏 기도하기

모든 것을 다스리시는 하나님께 찬양의 기도를 드리세요. 하나님은 오늘 이야기에서처럼 물 한 동이를 갖고 가는 사람까지도 다스리십니다.

DAY 3

♥ 예수님께 연결하기

오늘은 이번 주 성경 이야기를 복음과 연결해 보는 날입니다. 복음은 우리를 구원하신 예수님의 생명과 죽음, 그리고 부활입니다. 이번 주 성경 이야기가 어떻게 복음과 연결되는지 깊이 생각해보세요.

📖 성경 읽기 | 누가복음 22:14~22절

💬 깊이 생각하기

수백 년 동안, 이스라엘 백성은 똑같은 유월절 식사 전통을 지켜왔습니다. 모세가 살던 시대에, 하나님은 그 백성에게 애굽과 죽음의 사자로부터 구원받은 사실을 기억하게 유월절을 준수하라고 말씀하셨습니다. 그러나 유월절 음식 또한 하나님의 어린 양이신 예수님을 나타냈습니다. 제자들과 함께한 마지막 식사에서, 예수님은 유월절 식사 전통을 바꾸셨습니다. 하나님이 애굽에서 구원해내신 때를 기억하는 대신에, 예수님은 십자가에서 돌아가심으로 그 백성들을 죄에서 구원해 내시는 미래를 제자들에게 나타내셨습니다.

예수님은 떼어주는 떡으로 그분의 몸에 대해 말씀하셨고, 그것은 제자들을 위해 내어주는 것이라고 하셨습니다. 그러고 나서 포도주 잔을 돌리시면서 이 잔은 새 언약으로써 쏟으신 그분의 피라고 하셨습니다. 비록 제자들은 아직 몰랐지만, 예수님은 그들과 우리를 위해 곧 십자가에 달리시게 될 것이었습니다. 십자가에서, 예수님은 우리 죄 때문에 징계를 당하셨습니다. 그래서 하나님의 심판이 그것을 믿는 모든 사람을 비껴가게 되었습니다. 오늘날, 주일에 우리가 성찬(주의 만찬)을 나눌 때마다 이 새로운 유월절을 기념하는 것입니다.

🗨 이야기하기

예수님은 제자들에게 떡을 건네주시며 그것을 무엇이라고 하셨나요?
(제자들에게 주시는 예수님의 몸이라고 하셨습니다.)

예수님은 제자들에게 포도주를 돌리시며 그것을 무엇이라고 하셨나요?
(제자들을 위해 쏟으신 예수님의 피라고 하셨습니다.)

유월절 밤에 예수님이 행하신 것들을 지켜 기억하라는 그분의 명령에 우리는 어떻게 순종하나요?
(우리가 성찬에 참여할 때, 예수님이 우리 죄 때문에 십자가에서 돌아가시고 쏟으신 그 피를 기념하는 것입니다.)

🙏 기도하기

우리 죄를 대신 짊어지신 예수님의 순종에 감사하세요. 그래서 우리가 용서받았습니다.

DAY 4

♥ 기억하기

이번 주 성경 이야기를 통해서 하나님은 우리에게 무엇을 가르치시나요?

📖 성경 읽기 | 누가복음 22:24~34절

💬 깊이 생각하기

죄가 얼마나 파괴적이고 절망적인지 경험해 본 적이 있나요? 그리스도인 가족이 교회에 가면서 심하게 싸우거나 모두가 신나게 즐기려고 놀러 온 놀이 공원에서 줄을 서서 티격태격하며 서로에게 계속 화를 내는 모습이 낯설지 않을 겁니다. 오늘 이야기에서, 예수님은 떡을 떼서 제자들에게 나눠주시고 그들의 발을 씻기는 것으로 종으로서 섬기는 삶이 무엇인지를 직접 보이셨습니다. 그리고 제자들에게 그들을 위해 생명을 내어주실 거라고 말씀하셨습니다. 그러나 제자들은 예수님과 함께 있는 것을 즐거워하고 그분의 가르침을 알아가려고 노력하지 않고, 서로 누가 더 크냐며 다투기 시작했습니다. 그때 예수님은 베드로에게 경고하셨는데, 오히려 베드로는 자신을 더 과시하려고 허풍을 떨었습니다.

🗣 이야기하기

부모님은 죄 때문에 모두가 행복해야 할 때를 완전히 망쳐버린 적이 있었는지 생각해 보고 자녀들에게 얘기해 주세요.(교회에 오면서 생겼던 일, 배우자와 다퉜던 일 등을 생각해 보세요. 온 가족이 다 함께 죄가 삶에 어떤 영향을 미쳤고, 우리가 예수님께 집중하지 못하게 했던 경우를 생각해 보는 좋은 시간이 될 겁니다.)

예수님은 누가 가장 큰 사람이라고 말씀하셨나요? (예수님은 섬기는 사람이 가장 큰 사람이라고 하셨습니다.)

혹시 우리 중에 가족이나 친구 사이에서 누가 제일 잘났는지에 대해 서로 자랑하며 다툰 경험이 있나요?
(아이들은 누가 달리기를 제일 잘하는지, 누가 가장 좋은 장난감을 가졌는지를 놓고 자주 다툽니다. 자녀들이 제자들과 자신들을 동일시하게 도와주세요. 만약 자녀들이 지금 당장 적절한 예를 생각하지 못한다 해도 분명 나중에 자녀들 사이에서, 또는 친구들 사이에서 서로 잘났다고 다투는 일이 발생할거에요. 바로 그 순간에 오늘 성경이야기를 생각하게 해주세요.)

베드로는 왜 자신이 예수님을 절대 배신하지 않을 거라고 그렇게 확신했나요?
(베드로는 예수님의 능력으로 전쟁에서 승리할 거라고 확신하고 자신이 해야 할 일은 승리하신 예수님과 멋지게 행진하는 것뿐이라고 생각했습니다. 왜냐하면 그는 예수님의 겉모습이 변화되는 것을 직접 봤기 때문입니다. 베드로는 예수님이 싸움에는 조금도 관심이 없을 거라는 생각은 전혀 하지 못했을 겁니다.)

🙏 기도하기

나 자신보다 예수님께 더 집중하게 해 달라고 간구하세요. 그리고 큰 자가 아니라 종으로서 살아가게 해 달라고 기도하세요.

DAY 5

♥ 발견하기

오늘은 다른 성경 본문을 보는 날입니다. 시편이나 예언서에서 예수님 혹은 우리의 구원에 대해 배울 수 있습니다.

📖 성경 읽기 | 스가랴 11:12~13절

💬 깊이 생각하기

스가랴의 예언에는 예수님을 배신한 대가에 대한 단서가 숨겨져 있는데 마태는 자신의 복음서에서 이 말씀을 인용했습니다(마 27:9~10절). 비록 유다는 종교지도자들을 비밀리에 만났지만, 하나님은 그 일이 벌어지기 수백 년 전에 이미 그렇게 될 것을 아셨다는 뜻입니다. 심지어 하나님은 그 배신의 대가가 은화 삼십 개라는 것까지 아셨습니다.

다른 제자들처럼 유다도 예수님이 이 땅에서 왕이 되실 것을 기대했습니다. 그것은 곧 예수님을 가까이서 모셨던 사람들이 부와 권력을 얻게 된다는 뜻이었습니다. 그런 기대를 하고 있는데 예수님이 자신의 죽음에 대해서 말씀하시자, 유다는 다른 제자들보다 더 집중해서 들었을 것입니다. 예수님이 죽게 되면, 유다는 부와 권력을 얻을 수가 없게 됩니다 – 그렇게 되기 전에 그는 스승을 배신해서 돈이라도 챙겨야 했습니다. 예수님은 스가랴의 예언에 대해 이미 다 알고 계셨습니다. 그리고 예수님은 유다가 어떤 생각을 품고 있는지도 아셨습니다. 그래서 이렇게 말씀하셨습니다. "인자는 자기에 대하여 기록된 대로 가거니와 인자를 파는 그 사람에게는 화가 있으리로다 그 사람은 차라리 나지 아니하였더라면 자기에게 좋을 뻔하였느니라 하시니라" (막 14:21절).

💬 이야기하기

스가랴는 유다가 은화를 얼마나 받았다고 기록했나요? (30개)

하나님은 왜 예수님의 죽음에 대해, 예를 들면 유다가 배신의 대가로 은화 30개를 받는다는 것과 같은 세부적인 사항들을 예언자들에게 알려 주셨나요?
(하나님은 예수님의 죽음이 결코 우연히 일어난 사건이 아니라는 것을 우리가 알기 원하셨습니다. 그 사건은 우리의 구원을 위해 이뤄진 하나님의 계획이었습니다. 그래서 예수님은 인자가 예언서에 기록된 대로 죽어야만 한다고 말씀하셨습니다.)

하나님이 모든 것을 다스리신다는 사실을 알려주는 다른 성경 구절을 아는 게 있나요?
(대체로 자녀들은 잘 대답하지 못할 겁니다. 이럴 경우에는, 하나님은 모든 것을 다스리신다는 사실을 말씀해 주시고 다음의 구절들을 읽어주세요. 에베소서 1:11절, 로마서 8:28절, 마태복음 10:29~31절)

🙏 기도하기

이미 오래전 우리를 구원하시려는 계획을 세워 그대로 성취하신 하나님을 찬양하세요. 예수님은 우연히 돌아가신 게 아니었습니다. 하나님은 그분을 보내서 우리 대신 죽게 하셨습니다. 왜냐하면 우리를 사랑하셨기 때문입니다.

예수님이 성령님을 보내기로 약속하시다
Jesus Promises to Send the Holy Spirit

이야기 112 - 컬러 스토리 바이블

실내용 화초를 하나 가져오세요. 자녀들에게 잎사귀 하나를 가리키며 무엇 때문에 이 잎사귀는 마르지 않고, 시들지 않는지 물어보세요. 그 잎사귀는 줄기와 연결되어 있고, 그것은 영양소와 수분을 공급해 주기 때문에 잎사귀가 살아있게 합니다. 만약 그 잎사귀를 줄기에서 잘라내면 어떻게 될 것 같은지 물어보세요. (그 잎사귀는 얼마 지나지 않아서 시들 겁니다.) 실제로 잎사귀 몇 개를 잘라서 한 곳에 두고 몇 주 동안 어떻게 변하는지 살펴보세요.

이 잎사귀들을 한 예로 사용해서 우리가 포도나무(예수님)에 어떻게 붙어 있어야 하는지 설명해 주세요. 그리고 이렇게 말하세요. "만약 우리가 예수님을 거부하면, 그것은 마치 포도 넝쿨에서 잘리는 것과 같단다. 우리는 식물의 줄기에서 떨어진 잎사귀가 마르는 것처럼 곧 시들어버릴 거야. 이번 주 우리는 예수님이 우리의 필요를 어떻게 채우시는지 배우게 될 거란다."

DAY 1

♥ 상상하기

옛날에 한 남자가 자연의 경이로움을 탐험하려고 산속을 걸어서 여행하고 있었는데, 갑자기 눈보라가 몰아쳤습니다. 그 사람은 이렇게 계속 걸어가면 분명히 얼어 죽을 거로 생각했습니다. 그래서 어딘가에 멈추거나 캠프를 차리는 대신에, 왔던 길로 되돌아가기로 했습니다. 그러나 그 길도 결코 쉽지 않았습니다. 이미 날은 너무 어두워졌고, 계속 휘몰아친 눈발 때문에 길도 사라지고 변했습니다.

그런데도 그 사람은 절망하거나 혼란스러워하지 않았습니다. 왜냐하면 그는 집으로 돌아가는 길을 찾는 데 도움이 되는 세 가지 물건이 있었기 때문입니다. 우선, 어두운 길에서 갈 길을 비춰주는 손전등을 가지고 있었습니다. 두 번째로, 나침반을 가지고 있었는데 그것은 돌아가야 할 올바른 방향을 알려줬습니다. 마지막으로, 돌아갈 때까지 필요한 음식과 마실 물이 있었습니다. 이 세 가지 물건 때문에 그 사람은 매서운 눈보라 속에서도 무사히 돌아올 수 있었습니다.

우리도 이 사람처럼 죄로 물든 세상에서 길을 잃고 헤매는 우리 자신을 보게 됩니다. 오늘 성경 본문을 보면, 예수님은 탐험하던 그 사람이 가진 세 가지 물건과 같은 분이라는 것을 알게 될 겁니다. 예수님은 (우리가 가는 길을 비춰주는) 길이시고, (우리가 천국으로 갈 수 있게 안내해 주는 나침반 같은) 진리이시며, (우리가 살기 위해 필요한 떡과 물이 되시는) 생명이십니다. 만약 우리가 죄에서 돌이켜 예수님을 따른다면, 그분은 우리를 본향인 천국으로 안전하게 인도하실 겁니다.

📖 성경 읽기 | 요한복음 14:1~14절

💬 깊이 생각하기

잉글랜드에 있는 윈저성에는 대략 천여 개의 방이 있습니다. 그래서 사람들은 그 성을 세상에서 가장 큰 집이라고 합니다. 그곳에 거주한 첫 번째 왕은 헨리 1세였습니다. 이 성은 현재도 사람이 거주하고 있는 가장 큰 성입니다. 그러나 윈저성은 예수님이 말씀하신, 모든 하나님의 자녀들을 위해 예비하고 계신 그 집에 비할 바가 전혀 못 됩니다. 그러니 천국이 그런 거대한 저택 정도 일 거라고 상상하지 말아야 합니다. 예수님은 우리의 이해를 도와주시려고 집이라는 개념을 사용하셨는데, 일단 우리가 죽고 예수님이 다시 이 땅에 오시면(3절), 그때 우리는 예수님과 함께 천국에 있는 새로운 집에 거할 것입니다. 한 가지 기억해야 하는데, 천국에 들어갈 수 있는 유일한 방법은 오직 예수님을 믿고 그분의 말씀을 신뢰하는 것뿐입니다.

🗨 이야기하기

예수님은 성부 하나님께 나아갈 방법이 얼마나 많다고 말씀하셨나요?
(하나님께 나아가는 방법은 오직 한 가지뿐입니다. 바로 예수님만이 유일한 방법입니다.)

예수님은 천국이 무엇과 같다고 말씀하셨나요?
(천국은 하나님의 자녀들이 거할 방이 아주 많은 집이라고 하셨습니다.)

성부 하나님과 성자 예수님은 어떻게 같은 분이신가요?
(비록 그 두 분은 서로 다른 인격을 가지고 계시지만, 동시에 한 분 하나님이십니다. 예수님은 이렇게 말씀하셨습니다. "너희가 나를 보았다면, 아버지도 알았을 것이다." 또한 "내가 아버지 안에 거하고 아버지는 내 안에 계시다." 이 신학 사상을 이해시키기 위해서 신학자들은 '삼위일체'라는 말을 사용합니다. 이 말은 세 분 하나님이지만 곧 한 분이라는 뜻입니다. 한 분 하나님 안에 계시는 서로 다른 세 분의 인격체입니다.

🤲 기도하기

우리 같은 죄인들이 아픔도, 죽음도 없이 하나님과 함께 살아갈 수 있도록 우리를 위한 자리를 천국에 준비해 주신 예수님께 감사하세요.

DAY 2

♥ 기억하기

어제 이야기 중에서 무엇을 기억하나요? 오늘은 어떤 이야기가 있을 것으로 생각하나요?

📖 성경 읽기 ǀ 요한복음 14:15～20절

💬 깊이 생각하기

우리는 어제 성자 예수님과 성부 하나님이 어떻게 한 분이신지를 배웠습니다. 오늘 본문에서, 예수님은 자신이 성령님과도 한 분이라고 가르쳐 주십니다. 먼저, 예수님은 제자들에게 성령님이 그들 안에 거하실 거라고 알려주십니다. 그러고 나서 예수님 자신도 그들과 함께하실 거라고 말씀하십니다. 그렇기 때문에 성부 하나님과 성자 예수님이 한 분이시고, 성자 예수님과 성령 하나님이 한 분이시라면, 결국 세 분 하나님은 한 분 하나님이신 겁니다. 그래서 우리는 하나님이 누구신지를 설명할 때 '삼위일체' 라는 단어를 사용합니다.

💬 이야기하기

예수님이 성령님을 설명하기 위해 사용한 두 가지 이름은 무엇인가요?
(자녀들이 어린 경우, 오늘 본문을 다시 한번 읽어 주세요. 듣다가 성령님의 이름인 '보혜사' 와 '진리의 영' 이 나오면 손을 들게 하세요.)

15절에서, 예수님이 말씀하신 우리에게 필요한 두 가지는 무엇인가요?
(예수님은 그분을 사랑하고 그 계명을 지켜야 한다고 하셨습니다.)

예수님이 제자들에게 약속하신 성령 하나님을 지금 우리도 받을 수 있나요?
(네, 누구나 언제든지 거듭나고 예수님을 믿으면, 성령님이 그 안에 임재하십니다.)

🙏 기도하기

우리를 돕는 분으로 영원히 함께하실 성령님을 보내 주신 예수님께 감사하세요.

DAY 3

💙 예수님께 연결하기

오늘은 이번 주 성경 이야기를 복음과 연결해 보는 날입니다. 복음은 우리를 구원하신 예수님의 생명과 죽음, 그리고 부활입니다. 이번 주 성경 이야기가 어떻게 복음과 연결되는지 깊이 생각해보세요.

📖 성경 읽기 ┃ 요한복음 14:21~24절

💬 깊이 생각하기

오늘 성경 본문에서 예수님은 다시 한번 삼위일체(세 분 하나님은 한 분이시다)에 대해 말씀하셨습니다. 23절에서, 예수님은 자신과 아버지께서 예수님을 사랑하고 그 말씀을 따르는 사람들의 삶에 함께 거하신다고 하셨습니다. 어제 읽은 말씀에서, 예수님은 성령님이 신자들과 함께 거하신다고 하셨습니다(17절). 다시 말해 세 분 하나님, 즉 성부, 성자 그리고 성령 하나님은 신자들의 삶에 함께하십니다.

거룩하신 하나님이 죄인의 몸에 거처를 두실 방법은 오직 한 가지뿐입니다. 그 사람의 죄가 완전히 해결되어야만 합니다. 하나님은 우리가 예수님을 믿고 의지할 때, 우리의 모든 죄를 용서하시고, 우리 안에 함께 거하십니다. 그래서 예수님은 자신을 길이라고 말씀하셨습니다. 아무도 그 길을 통하지 않고는 아버지께로 나아올 수가 없습니다(요 14:6절).

🗣 이야기하기

고아는 무엇인가요?
(고아는 부모가 없는 아이입니다.)

하나님은 제자들(그리고 우리 모두)이 고아가 되지 않도록 무엇을 하시기로 약속해 주셨나요?
(하나님은 우리 마음에 오셔서 우리와 함께 하신다고 약속하셨습니다. 단, 우리가 그분을 사랑하고 그분의 계명을 지킬 때 그렇게 하십니다.)

신자들과 함께 거하겠다고 말씀하신 삼위일체 세 분 하나님은 누구신가요?
(만약 이 질문이 자녀들에게 너무 어렵다고 생각되신다면, 세 분 하나님 가운데 첫 번째에 해당하는 분의 이름을 알려 주세요 — 성부 하나님. 그리고 나서 나머지 두 분의 이름은 자녀들에게 말해보라고 하세요.)

🙏 기도하기

예수님을 믿기만 하면 우리에게 찾아오셔서 함께 거하시고 우리를 결코 홀로 두지 않겠다고 약속하신 하나님을 찬양하세요.

DAY 4

♥ 기억하기

이번 주 성경 이야기를 통해서 하나님은 우리에게 무엇을 가르치시나요?

📖 성경 읽기 ┃ 요한복음 14:25~31절

💬 깊이 생각하기

혹시 집을 짓고 싶은데 건축하는 방법을 모른다면, 건축 전문가를 찾아 도움을 받아야 합니다. 건축 전문가는 집을 지을 때 반드시 도움이 되는 사람입니다. 오늘 성경 말씀에서, 예수님은 성령님을 우리의 보혜사, 즉 돕는 분이라고 하셨습니다. 건축 전문가가 집을 짓는 데 꼭 필요한 것처럼, 성령님은 우리가 삶에서 올바른 길을 걷고 하나님이 원하시는 대로 살게 도와주십니다. 성령님은 우리에게 어떻게 살아야 하는지 하나님의 뜻이 기억나게 해주시고, 우리의 삶을 그분의 뜻에 따라 세워가게 하십니다. 우리가 죄를 지을 때도 성령님은 예수님의 가르침을 생각나게 하셔서 우리로 죄를 깨닫게 하십니다. 최고의 도움은 성령님 역시 우리 안에서 일하신다는 것입니다. 그것은 마치 우리가 잠들거나 다른 일을 하는 동안에도 건축 전문가는 우리의 집을 짓고 있는 것과 같습니다. 히브리서 기자는 우리가 하나님의 뜻을 따르려고 노력하는 동안에도, 예수님은 "그분 앞에 즐거운 것을 우리 안에서 이루신다"(히13:21)고 말했습니다. 예수님은 성령님을 통해 그렇게 하십니다.

예수님은 죽음에서 부활하시고 천국으로 가셨지만, 우리는 결코 혼자가 아닙니다. 하나님은 모든 신자에게 성령님을 주셔서 삶에서 하나님의 말씀을 떠올리고 예수님을 따라 살게 하십니다. 이번 한 주, 예수님을 믿는다는 게 성령님이 우리 마음에 계셔서 우리가 예수님처럼 살아가게 하신다는 뜻이라는 걸 기억하세요. 우리는 살면서 이 문제로 어려움을 겪을 때 성령님께 도움을 구할 수 있습니다.

💬 이야기하기

부모님은 누군가의 도움 덕분에 어떤 일을 훨씬 쉽게 해결했던 적이 있었는지 생각해 보고 자녀들에게 얘기해 주세요. (운전을 배웠던 대부분 사람은 어디로 가고 어떻게 해야 하는지 도움을 받아 본 경험이 있을 겁니다. 그 외의 다른 경험이 있다면 생각해 보고 아이들에게 얘기해 주세요.)

성령님은 우리를 어떻게 도와주시나요?
(성령님은 우리에게 성경 말씀을 기억나게 하시고 우리가 하나님의 뜻을 따라 살아가게 인도하십니다.)

예수님을 닮아가기 위해 성령님의 도움이 필요한 삶의 영역은 어디인가요?
(이 질문은 자녀들이 현재 어떤 문제로 고민하고 있는지, 그 영역이 무엇인지 알아볼 좋은 기회입니다.)

하나님의 뜻대로 살기 위해 우리가 기억해야 할 말씀은 무엇이 있을까요? (부모님은 이 질문으로 자녀들을 도와주세요. 자녀들은 에베소서 6:1절과 같은 말씀을 기억해야만 합니다. "자녀들아 주 안에서 너희 부모에게 순종하라")

🙏 기도하기

하나님의 말씀을 따라 살아가고 우리의 삶을 인도하는 성경 말씀을 기억나게 해 달라고 성령님께 도움을 구하세요.

DAY 5

♥ 발견하기

오늘은 다른 성경 본문을 보는 날입니다. 시편이나 예언서에서 예수님 혹은 우리의 구원에 대해 배울 수 있습니다.

📖 성경 읽기 | 요엘 2:28~32절

💬 깊이 생각하기

요엘 선지자는 예수님이 태어나시기 오래전, 하나님이 그분의 영을 만민에게 부어주실 그날을 예언했습니다. 구약 시대를 보면, 하나님은 그분의 영을 각 개인에게 부어주셨습니다. 예를 들어, 성막 기구를 제작하는 기술 장인인 브살렐(출 31:2~3절), 에스겔과 같은 선지자들(겔 3:24절), 삼손과 같은 사사들(삿 14:6절)이 그렇습니다. 그러나 요엘은 믿음으로 주님의 이름을 부르는 모든 사람 위에 하나님의 영이 임할 그날을 미리 봤습니다. 성령님이 임재하신 오순절에, 예수님은 요엘이 예언한 약속을 완성하셨습니다. 바로 그날에 성령님이 모든 그리스도인에게 오셨습니다(행 2장).

💬 이야기하기

요엘 선지자에 따르면, 누가 성령님으로 충만하게 되나요?
(요엘은 자녀들, 젊은이들, 노인들, 그리고 남종과 여종 모두가 하나님의 영으로 충만하게 될 것이라고 말했습니다.)

요엘은 누가 구원 받게 될 거라고 말했나요?
(만약 자녀들이 어리다면, 질문한 후, 32절을 읽어주세요. 그 구절을 잘 듣다가 답을 발견하면 손을 들어 말하게 하세요.)

"여호와의 이름을 부른다"는 말은 무슨 뜻인가요?
(여호와의 이름을 부른다는 것은 자신이 죄인임을 알고, 예수님이 자신의 죄 때문에 돌아가셨다는 사실을 믿으며, 하나님을 구원의 반석으로 받아들인 사람이 이 모든 진리를 인정하고 고백하는 방법입니다.)

🙏 기도하기

우리에게 성령님을 보내주시고, 죄에서 구원하시려고 예수님의 이름을 부를 수 있는 은혜를 주신 하나님께 감사하세요. 또한 우리가 알고 있는 불신자들을 위해서도 같은 은혜를 베풀어 달라고 기도하세요.

예수님께서 체포당하시다
Jesus Is Arrested

이야기 113 – 컬러 스토리 바이블

오늘 활동을 위해서는 유리컵이 필요합니다. 성경 공부를 시작하면서 가족들에게 지금부터 우리 가족이 전부 다 돌아가면서 유리컵을 한 번씩 건네받을 텐데, 컵을 받게 되면 지금까지 자기가 마셔야만 했던 것 중에서 가장 끔찍 했던 게 무엇이었는지 설명해 달라고 얘기하세요. 어떤 아이는 감기약이라고 말할 수도 있고, 또 어떤 아이는 당근 주스나 토마토 주스, 혹은 신맛이 강한 포도 주스라고 말할지도 모릅니다.

모든 가족이 유리컵을 받고 얘기를 다 한 후, 다시 성경 공부를 인도하는 아빠(엄마)에게 차례가 돌아왔을 때, 가족 에게 자신의 경험을 나눠 주세요. 그다음에 "이번 주에 우리는 이제까지 사람들이 마셨던 것 중에서 가장 끔찍한 게 무엇인지를 배우게 될 거란다. 그것은 바로 하나님의 진노였단다. 예수님은 그것을 전부 다 마셔야만 했어. 예 수님은 겟세마네 동산에서, 이렇게 기도하셨지. '아빠 아버지, 이 잔을 내게서 옮기시옵소서.' 예수님이 말씀하신 이 잔은 그냥 물이 담긴 흔한 잔이 아니었단다. 예수님이 마셨던 그 잔에는 하나님의 진노가 가득했고, 그 진노는 우리 죄를 향한 하나님의 거룩한 분노였단다." 라고 말해 주세요.

DAY 1

♥ 상상하기

평소 자는 시간을 넘겨보려고 버티면서 애쓴 적이 있나요? 종종 사람들은 새해 첫 시간을 맞이하려고 한 해의 마지 막 날 자정이 넘을 때까지 기다리곤 합니다. 미리 낮잠을 자두면 훨씬 쉽게 그 시간까지 기다릴 수가 있습니다. 그 러나 온종일 너무 바빴고, 마지막 날이라서 맛있는 저녁을 배부르게 먹었다면, 아마도 졸음을 참으면서 깨어 있기 가 얼마나 어려운지 알게 될 겁니다. 오늘 이야기에서 제자들에게 바로 그 일이 벌어졌습니다. 먼저, 제자들은 배 부르게 먹었습니다. 그러고 나서 예수님의 말씀을 들었습니다. 그 후에 다 함께 겟세마네 동산으로 향했습니다. 평 소에 자던 시간을 훌쩍 지나서 그들은 동산에 다다랐습니다. 그러다 보니 졸린 눈을 견딜 수가 없었습니다.

성경 읽기 | 마가복음 14:32~42절

💬 깊이 생각하기

예수님이 겟세마네 동산에서 기도하실 때, 그분은 "때(時)"에 대해 말씀하셨습니다. 예수님이 말씀하신 '때'는 그분이 당하실 '죽음의 시간' 이었습니다. '이때' 대신에 '내 죽음의 시간' 이란 문장을 넣어서 35절을 다시 읽어 보세요. 이렇게 읽어 보면 우리는 왜 예수님이 그토록 슬퍼하시고 제자들이 깨어서 자신을 위해 함께 기도해 주기를 원하셨는지 알 수 있습니다. 하지만 제자들은 배부르게 유월절 저녁을 먹은 직후였고, 동산까지 올라오느라 매우 지쳐 있었습니다. 그들은 무슨 일이 벌어졌는지 고민하거나 알아볼 기력이 없었습니다.

🗨 이야기하기

예수님은 왜 그렇게 슬퍼하셨나요?

(예수님은 자신이 죽어야 할 때가 곧 다가올 것을 아셨기 때문에 슬프셨습니다. 예수님은 고통당하시고 십자가에서 죽게 될 것을 아셨습니다. 그리고 하나님 아버지께서 우리 죄에 대한 징계를 자신에게 쏟아부으실 것도 이미 알고 계셨습니다.)

예수님은 아버지께 무엇을 해달라고 요청하셨나요?

(예수님은 가능하시다면 이 진노의 잔을 거둬달라고 하나님 아버지께 요청하셨습니다. 그러나 또한 자신이 원하는 대로 이 잔이 거둬지는 것은 원하지 않으셨습니다. 오직 모든 것이 하나님 아버지의 원대로 되기를 바라셨습니다.)

예수님은 베드로에게 무엇을 하라고 말씀하셨나요?

(만약 자녀들이 어리다면, 37~38절을 다시 한번 읽어 주시고 답을 찾으면 손을 들고 대답하게 해 주세요. 예수님은 베드로에게 시험에 들지 않게 깨어 기도하라고 주의를 주셨습니다.)

🤲 기도하기

맡겨진 임무를 소홀히 하지 않고 완수하신 예수님께 감사하세요. 비록 고통스럽고 힘들었지만, 예수님은 우리 죄 때문에 받아야 할 징계를 순순히 다 감당하셨습니다. 우리 대신에!

DAY 2

♥ 기억하기

어제 이야기 중에서 무엇을 기억하나요? 오늘은 어떤 이야기가 있을 것으로 생각하나요?

📖 성경 읽기 ㅣ 마가복음 14:43~50절

💬 깊이 생각하기

입맞춤은 누군가를 향한 특별한 사랑의 표시입니다. 그러나 오늘 이야기에서, 유다의 입맞춤은 정반대였습니다 ― 그것은 바로 배신의 신호였습니다. 입맞춤하는 유다 뒤에 있던 무리가 예수님을 체포하려는 걸 봤을 때, 베드로는 자신의 칼을 꺼내서 싸우려 했습니다. 무기를 휘둘러 대제사장의 종을 쳐서 귀를 베었습니다(요 18:10절). 그러나 예수님은 베드로에게 칼을 거두라고 말씀하셨고, 그 종의 귀를 낫게 하셨습니다(눅 22:51절). 이어서 순순히 체포당하셨습니다. 예수님이 체포당하시자 제자들은 모두 충격과 혼란에 빠졌습니다. 제자들에게 있어서 예수님은 이스라엘을 인도하실 왕이셨습니다. 그런데 그 왕이 어떤 저항도 없이 체포되다니, 새로운 나라를 꿈꾸던 그들의 모든 희망이 산산조각이 나버렸습니다(눅 24:21절). 그들은 곧 자신들도 위험할 수 있다는 것을 깨달았고, 주저하지 않고 어둠 속으로 흩어져 달아났습니다. 구약의 스가랴 선지자는 이 일이 벌어질 것을 이미 예언했습니다: "목자를 치면 양이 흩어지려니와" (슥 13:7절).

🗨 이야기하기

유다의 입맞춤에는 어떤 악의가 담겨 있었나요?
(유다는 예수님을 배신하려고 사랑과 애정의 표현인 입맞춤을 사용했습니다.)

베드로는 왜 그 종의 귀를 베었나요?
(베드로는 예수님도 저항하실 거로 생각했습니다. 그러나 예수님이 그 행동을 제지하시자, 베드로는 두려워서 도망쳤습니다.)

예수님은 왜 그 상황에서 벗어날 능력이 있으셨음에도 불구하고 순순히 체포당하셨나요?
(이제 예수님이 돌아가실 때가 왔던 것입니다. 예수님은 우리를 용서받게 하려고 자기 자신을 기꺼이 포기하고 죽음에 내어주셨습니다. 하지만, 히브리서 12:2절은 예수님이 십자가의 모든 고통 중에도 그분을 믿어 하나님의 가족이 된 자들이 완전히 구원받는 그날을 기쁨으로 기대하고 계셨다고 말합니다.)

🙏 기도하기

우리를 구원하려고 순순히 체포당하셔서 하나님의 계획대로 죽음을 받아들이신 예수님께 감사하세요.

DAY 3

♥ 예수님께 연결하기

오늘은 이번 주 성경 이야기를 복음과 연결해 보는 날입니다. 복음은 우리를 구원하신 예수님의 생명과 죽음, 그리고 부활입니다. 이번 주 성경 이야기가 어떻게 복음과 연결되는지 깊이 생각해보세요.

📖 성경 읽기 | 요한복음 18:1~11절

💬 깊이 생각하기

마태, 마가, 누가 그리고 요한 이 네 명의 각 복음서 기자들은 조금씩 서로 다르게 예수님의 체포를 말합니다. 요한복음에서 우리는 체포되시기 전에 예수님이 자신의 능력을 마지막으로 보이셨다는 사실을 찾아볼 수 있습니다. 종교지도자들과 군인들이 체포하러 왔을 때, 예수님은 "내가 그니라." 고 말씀하시면서 자신을 드러내셨습니다. "나" 라는 이름은 모세가 시내 산에서 하나님으로부터 받았던 이름이었습니다. 예수님의 말씀을 들었을 때 군인들은 뒤로 물러섰고 땅에 엎드러졌습니다. 하나님의 권능이 아니라면, 그들이 그렇게 물러서고 엎드러질 이유가 전혀 없었습니다.

마태복음도 자신을 위해서 싸울 군대를 보내달라고 하나님께 요청할 수 있다고 말씀하신 예수님을 기록하고 있습니다. 그러나 예수님은 구약의 예언들과 하나님의 언약을 성취하시기 위해 그렇게 하지 않으셨습니다(마 26:53~56절). 이사야는 예수님을 죽임 당하는 어린 양에 비유했습니다. 그분은 저항하지 않으셨습니다. 그리고 하나님의 백성들이 지은 모든 죄 때문에 죽임당하셨습니다(사 53:7~8절).

💬 이야기하기

예수님은 왜 체포당하실 때 저항하지 않으셨나요?
(만약 예수님이 저항하셨다면, 쉽게 이기셨을 겁니다. 그러나 그랬다면, 우리는 죄를 용서받을 방법이 전혀 없게 되었을 겁니다.)

예수님이 하나님이라는 사실을 보이시려고 행하신 두 가지는 무엇이었나요? 이 두 가지는 예수님을 체포하려던 유다와 군인들이 놓쳤던 것들입니다.
(첫째, 예수님은 그분을 체포하려던 자들에게 이름을 말하는 것만으로 그들을 땅에 엎드러지게 했습니다. 둘째, 예수님은 베드로의 공격으로 부상당한 대제사장의 종을 깨끗이 낫게 해 주셨습니다.)

예수님은 왜 베드로에게 칼을 집어넣으라고 하셨나요?
(왜냐하면 그분은 우리 죄를 향한 하나님의 진노의 잔을 받으셔야만 했기 때문이었습니다.)

🙏 기도하기

체포당하지 않으려고 천사들을 부르지 않으신 예수님께 감사하세요. 그렇게 하심으로 고통과 죽임을 당하셨습니다. 우리를 위해 기꺼이 고통과 죽임을 당하신 예수님을 믿게 해 달라고 도움을 구하세요.

DAY 4

♥ 기억하기

이번 주 성경 이야기를 통해서 하나님은 우리에게 무엇을 가르치시나요?

📖 성경 읽기 | 마가복음 14:53~65절

💬 깊이 생각하기

예수님은 어떤 잘못도 저지른 적이 없었기에, 종교지도자들은 그분을 고발할 근거를 전혀 찾을 수 없었습니다. 그들은 결국 사람들에게 거짓 증언을 하게 해야만 했습니다. 그러나 사람들의 거짓말은 앞뒤가 맞지 않았습니다. 그래서 대제사장은 예수님께 직접 질문했습니다. 예수님이 자신은 그리스도이고 스스로를 하나님의 아들이라고 인정하는 순간, 하나님이신 자신의 신분을 드러내신 것이었습니다. 그러자 제사장들은 자기들의 옷을 찢고 신성모독으로 예수님을 고발했습니다.

제사장들에게 예수님은 그저 평범한 사람에 불과했습니다. 예수님이 자신을 인자라고 했을 때, 그분은 다니엘서 7:13~14절과 시편 8:4절에 기록된 이름을 사용한 것이었습니다. 대제사장은 다니엘서에 나온 인자가 권위와 영광을 얻고, 모든 나라가 경배할 대상이라는 걸 알았습니다. 대제사장은 예수님을 그저 평범한 사람들 가운데 한 명이라고 여겼고, 예수님은 자신을 하나님이라고 주장하고 있다고 생각했기 때문에, 오직 죽음으로만 그 대가를 치러야 하는 신성모독으로 고발했습니다.

🗨 이야기하기

부모님은 만약 예수님이 살던 시대에 그분의 재판을 참관하고 있다면 어떤 생각을 했을지 자녀들에게 얘기해 주세요. (우리는 멋지고, 정의롭게 행동했을 거라고 생각할 수 있습니다. 하지만 아마도 실제로는 종교지도자들의 편에서서 예수님을 고발하거나 아니면 제자들처럼 무서워서 그분을 버리고 도망치거나 둘 중 하나였을 겁니다. 그러니 오늘 이야기에 나온 종교지도자들이나 제자들을 무조건 비난하거나 손가락질 할 수는 없을 겁니다. 그들도 우리처럼 죄인이고, 구원자가 필요한 사람들이기 때문입니다.)

대제사장은 무엇 때문에 매우 화가 났을까요? (예수님은 자신을 하나님과 동등하다고 주장하셨습니다. 자신을 그리스도이고 인자라고 하면서, 하나님과 같다고 말씀하셨습니다.)

종교지도자들은 예수님이 받을 심판이 무엇이라고 했나요? (그들은 예수님이 죽어야만 한다고 했습니다.)

혹시 주변에 예수님을 하나님으로 믿지 못하는 사람들이 있나요?
(부모님은 자녀들이 친척들이나 친구 중에 예수님을 믿지 않는 사람들이 있는지 생각해 보게 도와주세요.)

🙏 기도하기

예수님이 하나님이라는 진리를 믿지 않는 우리 주변 사람들에게 하나님께서 믿음 주시기를 기도하세요.

DAY 5

♥ 발견하기

오늘은 다른 성경 본문을 보는 날입니다. 시편이나 예언서에서 예수님 혹은 우리의 구원에 대해 배울 수 있습니다.

📖 성경 읽기 ┃ 시편 41편

💬 깊이 생각하기

유다는 예수님을 배신하려는 자신의 계획을 아무도 모를 거라 생각했습니다. 그러나 예수님은 무슨 일이 일어날지 줄곧 알고 계셨습니다. 사실, 다윗 왕의 시대에, 하나님은 계속해서 예수님이 그분과 함께 떡을 먹었던 친한 사람한테 배신을 당할 것이라는 예언을 주셨습니다(시 41:9절). 예수님은 다윗 왕의 말을 인용해서 제자들에게 그들 중 한 사람이 배신할 것이라는 사실을 알려주셨습니다. 사탄은 마지막 식사를 마친 직후에 유다에게 들어갔습니다. 그 때 예수님은 이렇게 말씀하셨습니다. "네가 하는 일을 속히 하라"(요 13:27절). 예수님의 체포, 죽음 그리고 부활과 관련된 모든 부분은 하나님을 통해 드러났습니다. 어떤 것도 우연히 일어난 것이 아니었습니다. 유다가 자신의 나쁜 계획을 감추려 했지만 불가능했습니다.

💬 이야기하기

우리는 유다가 예수님을 배신한 것이 비밀이 아니었다는 걸 어떻게 알게 되나요?
(마지막 식사 자리에서, 예수님은 시편 41편을 인용하셨는데 거기에는 예수님이 친한 사람에게서 배신을 당한다는 예언이 기록되어 있었습니다. 예수님은 게다가 유다에게 이렇게 말씀하셨습니다. "네가 하는 일을 속히 하라," 즉, 예수님은 유다가 자신을 배신할거란 사실을 이미 알고 계셨습니다.)

우리는 시편 41:9절이 예수님에 대해 말하고 있다는 것을 압니다. 그렇다면, "그러하오나 주 여호와여 내게 은혜를 베푸시고 나를 일으키사" 라고 말했을 때, 이 말은 무엇을 뜻하는 걸까요?
(이것은 죽음에서 살아나신 예수님의 부활에 대해 말하는 것입니다.)

오늘 읽은 시편에서 예수님에 대해 말하는 것처럼 보이는 다른 구절은 또 어떤 것인가요?
(10~13절을 함께 읽으시고 어떤 구절들이 결국에는 이기지 못하는 적들과 예수님의 완전함을 설명하는지 물어보세요.)

🙏 기도하기

아들이신 예수님을 의도적으로 버려서 우리를 자녀 삼아주신 하나님께 감사하세요. 하나님은 이 모든 구원의 과정을 우리를 위해서 계획하시고 완성하셨습니다.

베드로가 예수님을 부인하다
Peter Denies Jesus

이야기 114 - 컬러 스토리 바이블

오늘 활동을 하려면 비치볼 같은 크지만 가벼운 공이 있어야 합니다. 그 공을 자녀들에게 주세요. 그리고 그 공을 보이지 않게 숨겨보라고 말하세요(공을 손에 들고 있는 채로). 준비한 공은 숨길 수 없을 만큼 어느 정도 커야 합니다. 어떤 아이는 셔츠 속에 넣을 수도 있습니다. 그러나 공은 절대 숨겨지지 않을 겁니다. 자녀들에게 반복해서 이렇게 말하세요. "여전히 공이 보이네." 그 공은 바로 우리의 죄와 같다고 말해 주세요. 절대로 하나님 앞에서 죄를 숨길 수 없다는 걸 설명해 주세요. 그리고 이렇게 얘기해 주세요. "이번 주에 우리는 베드로가 가장 가까이서 예수님을 열심히 따른 제자였지만 어떻게 죄를 짓고 넘어졌는지 배우게 될 거란다."

DAY 1

♥ 상상하기

1시간 후에 저녁 식사를 해야 하는데 갑자기 너무 배가 고파졌다고 해 봅시다. 행여나 간식을 먹고 싶어도 부모님이 허락해 주시지 않을 겁니다. 그래서 부모님께 여쭤보지 않고 몰래 부엌에 가서 과자를 먹는 게 낫겠다고 생각해서 그렇게 했습니다. 그러나 과자를 채 삼키기도 전에 여동생이 그 모습을 보고 물어봤습니다. "과자 먹어?" 자, 지금 우리 자신이 바로 이 상황에 부닥쳤습니다. 어떻게 말할 건가요? 사실대로 말할 건가요? 대체로 사람들은 그럴 때, 거짓말부터 하는 자신을 발견하게 될 겁니다. 어려움을 맞닥뜨리는 걸 걱정스럽고 불편하게 느낄 때, 우리는 아주 쉽게 거짓말을 합니다. 이런 태도가 오늘 이야기에서 베드로가 겪은 일입니다.

📖 **성경 읽기** | 요한복음 18:12~18절

💬 **깊이 생각하기**

베드로는 예수님이 체포될 거라고 조금도 생각하지 않았습니다. 이제까지, 종교지도자들이 예수님을 잡으려고 할 때마다, 그분은 전혀 해를 입지도 않았고, 잡히지도 않았습니다. 베드로는 예수님의 모습이 변화되는 것을 직접 목격했고, 그분의 권능이 얼마나 크고 놀라운지도 경험을 통해 알고 있었습니다. 누구도 그분만큼 뛰어난 능력을 갖지 못했습니다. 그래서 예수님을 체포하려고 경비병들이 다가왔을 때, 베드로는 재빨리 칼을 꺼내서 싸울 태세를 갖췄습니다. 그리고 대제사장 종의 귀를 베었습니다. 그러나 베드로는 당황스러웠습니다. 예수님은 전혀 대항하지 않으셨고, 그분의 놀라운 능력을 선보이지도, 심지어 사소한 말싸움조차도 하지 않으셨습니다. 대신에, 예수님은 베드로를 꾸짖고, 귀를 베인 그 종을 치료해 주셨습니다. 그리고 자신을 내어주셨습니다.

예수님이 체포당하실 때, 베드로와 나머지 제자들은 무서워서 뿔뿔이 도망쳤습니다. 일단 도망친 후에, 베드로는 다시 돌아와서 예수님을 체포해서 끌고 가는 이들을 멀리서 몰래 뒤따라갔습니다. 어떤 일이 벌어질지 궁금했기 때문이었습니다. 아마도 베드로는 수많은 질문과 혼란스러움으로 마음이 복잡했던 게 분명합니다: 도대체 왜 유다가 배신한 거지? 왜 예수님은 저항하지 않으셨지? 이제 나는 무얼, 어떻게 해야 하지? 베드로는 두려웠습니다. 왜냐하면 자신도 예수님처럼 체포될 수 있기 때문입니다 ─ 무엇보다도, 베드로 자신은 대제사장의 종을 공격해서 귀를 베었습니다. 베드로가 예수님이 심문을 받고 계시던 건물 밖 뜰에 들어갔을 때, 그는 한 여종에게서 예수님의 제자들 가운데 한 명이 아니냐는 질문을 받았습니다. 바로 몇 시간 전에, 베드로는 설령 모든 제자가 도망쳐도, 자신은 절대로 그러지 않을 거라고 호언장담했습니다(막 14:29). 그러나 지금 이 순간, 베드로는 자신이 절대 하지 않을 거라고 했던 바로 그 일을 하고 있었습니다. 그는 예수님을 부인했습니다.

💬 **이야기하기**

베드로는 왜 예수님을 부인하고 그분을 모른다고 거짓말했나요?
(베드로는 자신도 예수님처럼 체포될까봐 두려웠던 것 같습니다.)

만약 우리가 바로 그날 밤 베드로였다면, 어떻게 행동했을까요?
(그날 밤, 그 자리에 있었다면, 아마도 베드로처럼 거짓말을 했을 가능성이 높을 겁니다.)

거짓말 때문에 어려움을 겪었던 때를 떠올릴 수 있나요?
(자녀들이 베드로와 자신들이 같다는 생각을 하게 도와주세요. 자신의 행동에 대해 가볍게 생각하기는 매우 쉽습니다. 그러나 실제로 우리의 행동은 상당히 심각하고 베드로와 다를 바가 없습니다.)

🙏 **기도하기**

어떤 상황에서도, 설령 어려움에 부닥칠지라도 언제나 정직할 수 있게 도와달라고 하나님께 기도하세요.

DAY 2

♥ 기억하기

어제 이야기 중에서 무엇을 기억하나요? 오늘은 어떤 이야기가 있을 것으로 생각하나요?

📖 성경 읽기 | 요한복음 18:19~24절

💬 깊이 생각하기

우리가 예수님의 체포와 종교지도자들이 그분을 어떻게 범죄자 취급했는지, 그리고 그분이 군사들에게 어떻게 폭행당했는지를 읽을 때, 그분이 평범한 사람이 아니라는 사실을 절대 잊어서는 안 됩니다. 예수님은 하나님이십니다. 예수님은 말씀으로 이 세상을 창조하신 창조주이십니다. 바람과 파도가 그분께 순종했습니다. 예수님은 병든 사람을 고치시고, 죽은 사람을 살리시며, 귀신에게 명령을 내리시는 분이셨습니다. 예수님은 자신을 때리는 군사를 가볍게 물리치실 수 있었습니다. 그러나 그분은 묵묵히 맞았고, 반격하지 않았습니다. 예수님은 우리를 너무나 사랑하셨습니다. 그래서 그 끔찍하고 모욕적인 취급에 저항하지 않고 그것들을 전부 다 받아내셨습니다.

🗣 이야기하기

대제사장의 아랫사람 가운데 한 명은 왜 예수님을 때렸나요?
(그 사람은 예수님이 무례하게 말을 한다고 생각했습니다. 그러나 예수님은 진실하게 말씀하셨습니다.)

예수님은 자신을 의도적으로 때리는 그 사람을 어떻게 멈추실 수 있었을까요?
(자녀들이 예수님의 전능하심에 근거해서 스스로 추측하게 도와주세요. 우리는 예수님이 천사들을 불러내실 수 있고, 여러 가지 기적을 일으키셔서 그 사람에게 직접 명령을 내릴 수 있는 분이라는 것을 성경을 통해 이미 알고 있습니다.)

오늘 이야기에서 예수님은 우리를 향한 그분의 사랑을 어떻게 보여주셨나요?
(예수님은 자신을 지키지 않는 것으로 그 사랑을 보여 주셨습니다. 예수님은 우리가 당해야 할 모든 죄의 징계를 기꺼이 체포당하심으로 자신에게 완전히 옮기셨습니다.)

🙏 기도하기

체포하러 온 자들을 쉽게 물리치실 수 있었지만, 그렇게 하지 않으신 예수님께 감사하세요.

DAY 3

♥ 예수님께 연결하기

오늘은 이번 주 성경 이야기를 복음과 연결해 보는 날입니다. 복음은 우리를 구원하신 예수님의 생명과 죽음, 그리고 부활입니다. 이번 주 성경 이야기가 어떻게 복음과 연결되는지 깊이 생각해보세요.

✚ 성경 읽기 | 마태복음 26:69~75절

💬 깊이 생각하기

예수님이 체포되시던 날 밤, 베드로는 칼을 차고 있었습니다. 그는 예수님을 위해 싸우다 죽을 각오가 되어 있다고 장담했습니다. 그러나 예수님이 체포되시자, 베드로의 그 호언장담은 두려움과 혼란으로 뒤바뀌었습니다. 그는 예수님을 알고 그분을 따라 다녔다는 사실을 세 번이나 부인했습니다. 심지어 저주를 퍼붓고 맹세하며 그 사실을 증명하려 했습니다. 수탉이 울고 나서야 베드로는 비로소 자신이 무슨 짓을 했는지 깨달았습니다. 베드로는 자신이 얼마나 나약한 존재인지를 알았습니다. 수탉이 울었을 때, 베드로는 자신이 어떤 사람인지를 제대로 인정할 수밖에 없었고, 쓰디쓴 후회와 통곡의 눈물을 흘렸습니다. 베드로는 구원자가 필요한 죄인이었습니다. 그런 베드로에게 기쁜 소식이있는데 예수님이 그런 베드로를 위해 십자가에서 돌아가셨다는 것이었습니다. 그 십자가에서 예수님은 베드로의 죗값을 대신 치르심으로 구원자가 되셨습니다.

🗨 이야기하기

베드로는 몇 번이나 예수님을 부인했나요? (세 번)

무엇 때문에 베드로는 예수님이 하신 말씀이 기억났나요?
(수탉의 울음소리)

어떤 면에서 우리는 베드로와 비슷한가요?
(어린 자녀들에게는 좀 어려운 질문일 수 있습니다. 천천히 질문을 생각하고 답을 떠올릴 수 있게 도와주세요. 예수님을 믿고 따르게 하시는 하나님의 은혜가 베드로에게 필요했습니다. 우리도 마찬가지로 그와 같은 죄인입니다. 우리는 자신의 힘으로 예수님께 순종할 수 없습니다. 만약 우리가 그렇게 하려고 노력을 기울인다면, 그것이 얼마나 불가능한지를 깨달을 때 낙담해서 포기하게 될 겁니다. 베드로가 예수님을 부인했던 것처럼.)

🙏 기도하기

우리가 예수님을 믿고 절대로 그분에게서 돌아서지 않게 은혜를 베풀어 달라고 하나님께 기도하세요.

DAY 4

♥ 기억하기

이번 주 성경 이야기를 통해서 하나님은 우리에게 무엇을 가르치시나요?

📖 성경 읽기 | 요한복음 18:25~27절

💬 깊이 생각하기

대제사장 종의 귀를 베어버린 것은 베드로를 체포할 만한 범죄였습니다. 예수님이 심문을 당하시던 그 건물 밖 뜰에서 그분을 체포하러 왔던 사람들 가운데 한 사람이 베드로가 누군지 알아챘습니다. 베드로는 그 순간 자신에게도 문제가 생겼다고 느꼈습니다. 아마도 베드로는 대제사장 종의 귀를 베었던 그 순간부터 이미 그렇게 생각하고 있었을 겁니다. 만약 베드로가 "그렇다, 내가 그분과 함께 있었다!"고 말했다면, 그 사람은 좀 더 가까이 와서 베드로를 자세히 살펴봤을 겁니다. 그러나 베드로는 사실대로 말하지 않고, 거짓말을 했습니다. 심지어 예수님을 또다시 부인했습니다.

《● 이야기하기

부모님은 예수님을 믿는다는 사실을 말하기가 어려웠던 적이 있었는지 생각해 보고 자녀들에게 그때의 상황을 얘기해 주세요.
(베드로와 같은 상황이 되어야만 예수님을 믿는다는 사실을 드러내는 게 어려운 것이 아닙니다. 어른들 대부분은 주위 사람들에 대한 두려움 때문에 신앙을 나누고 드러내기를 고민하며 갈등합니다. 우리는 예수님이 잡히시던 날 밤의 베드로처럼 위기 상황이 아닐 수도 있습니다. 그러나 우리도 얼마든지 사람들의 시선과 평가에 대해 신경 쓰며 염려할 수 있습니다. 그래서 결국 주위 사람들에게 내가 어떤 믿음을 가진 사람인지를 드러내지 못합니다.)

베드로는 왜 계속해서 예수님을 부인했을까요?
(보통 한 번의 거짓말은 또 다른 거짓말을 하게 만듭니다. 일단 거짓말을 하게 되면, 첫 번째 거짓말을 감추기 위해 또 다른 거짓말을 할 수밖에 없습니다.)

잠언 16:18절을 읽으세요. "교만은 패망의 선봉이요"라는 말씀이 오늘 이야기와 어떤 관계가 있나요?
(베드로는 죽어도 예수님을 버리지 않겠다고 장담하며 교만으로 가득한 죄 된 본성을 드러냈습니다. 베드로는 예수님의 말씀처럼 모두가 다 그분을 버려도 자신은 그러지 않을 거라고 했습니다. 베드로의 이런 자만은 자신은 다른 제자들과 근본적으로 다르다는 생각에서 출발했습니다. 그러나 실제로 위기가 닥쳐왔을 때, 베드로는 실패했고 예수님을 부인했습니다.)

🙏 기도하기

우리가 사람들에게 거절당하고 버림받게 될지라도 예수님을 부인하지 않고 언제나 복음을 증거하게 도와 달라고 기도하세요.

DAY 5

♥ 발견하기

오늘은 다른 성경 본문을 보는 날입니다. 시편이나 예언서에서 예수님 혹은 우리의 구원에 대해 배울 수 있습니다.

✚ 성경 읽기 ┃ 이사야 53:7절

💬 깊이 생각하기

이사야 선지자는 하나님의 어린양이신 예수님이 조금도 저항하지 않고 체포되신 모습을 설명하려고 양의 이미지를 사용했습니다. 농부들이 양털을 깎을 때, 양들은 버티거나 날뛰면서 도망치려고 하지 않습니다. 양들은 그저 털 깎는 손길에 몸을 내어 맡긴 채 가만히 있습니다. 이렇게 예수님은 전혀 저항하지 않고 적들에게 자신의 생명을 내어 주셨습니다. 비록 고통당했지만, 상처 입고 괴로웠지만, 자신을 폭행하며 거칠게 다루는 사람들의 손길을 멈추려 하지 않았습니다. 희생 제물로 잡혀 오는 양들도 이렇습니다. 어떤 저항도 하지 않습니다. 예수님이 저항하지 않으신 이유는 하나님의 구원 계획이 바로 그분이 십자가에서 죽는 것이었고, 그렇게 해야만 우리가 받아야 할 모든 징계를 예수님이 대신 감당할 수 있게 되기 때문이었습니다.

💭 이야기하기

예수님이 체포되시던 날에 군사들에게 보이신 예수님의 반응을 이사야의 예언은 어떻게 설명하고 있나요?
(예수님은 체포당하실 때 전혀 저항하지 않으셨습니다. 그분은 단 한 마디의 거친 말도 하지 않으셨습니다.)

예수님은 어떤 학대와 폭력을 당하셨나요?
(예수님은 조롱당하셨고, 맞으셨고, 거짓 고소를 당하셨고, 가시 면류관을 쓰셨고, 십자가에 못 박히셨습니다.)

희생 제물로 끌려가는 어린양의 모습은 예수님이 당하신 일과 어떤 면에서 비슷한가요?
(희생 제물로 끌려가는 어린양은 저항하며 버티지 않습니다. 예수님은 하나님의 어린양이셨습니다. 희생 제물로 죽임을 당하는 모든 어린양은 예수님을 상징하는데, 그분은 우리가 죄 때문에 받아야만 하는 모든 징계를 대신 감당하시려고 십자가에서 돌아가셨습니다.)

🙏 기도하기

우리 죄 때문에 죽임당하셔서 우리가 용서받게 해 주신 예수님께 감사하세요.

십자가 사건과 강도들
The Crucifixion & the Criminals

이야기 115 – 컬러 스토리 바이블

테이블에 유리컵 두 개를 올려놓으세요. 그중 하나는 테이블 중앙에 안전하게 두고, 나머지 하나는 바닥에 떨어질 수도 있겠다는 생각이 들게 모서리나 끝부분에 두세요. 아이들에게 어떤 유리컵이 더 위험해 보이냐고 질문하세요. 그러면 아이들은 아마도 가장자리에 놓인 유리잔이 떨어져서 깨질 수 있으니 더 위험하다고 말할 겁니다. 두 개의 유리잔을 한 손에 하나씩 나눠 듭니다. 그리고 나서 우리가 어디에서, 어떻게 살아가더라도 하나님은 보호하시고 구원하실 수 있다고 설명해 주세요: 안전한 삶을 살거나(테이블 중앙에 놓여 있던 유리잔) 매우 위험한 사망의 골짜기에 가까운 삶을 살거나(가장자리에 놓여 있던 유리잔). 어떤 사람도 하나님의 구원 손길에서 멀어지지 않습니다. 이렇게 말하세요. "이번 주에 우리는 죽기 직전이었으나 하나님이 구원하신 어떤 사람에 대해서 배울 거란다."

DAY 1

♥ 상상하기

직업을 잃어서 음식을 사 먹을 돈도, 집을 구할 돈도 전혀 없는 한 사람이 있었습니다. 그 사람은 친구에게 100만 원을 빌려 달라고 부탁했습니다. 그러면서 한 해가 끝나기 전에 반드시 갚겠다고 약속했습니다. 친구는 그에게 돈을 빌려주었습니다. 그러나 한 해가 끝날 무렵이 되었지만, 그 사람은 여전히 돈을 갚을 처지가 아니었습니다. 그 사람이 친구에게 자신의 어려움을 호소했을 때, 친구가 모든 빚을 면제해 주었습니다. 친구는 그렇게 함으로 손해를 입었습니다. 100만 원이 사라졌습니다. 우리가 누군가를 용서할 때마다, 우리는 용서의 대가를 감당하는 것입니다. 죄 때문에, 우리는 하나님께 엄청난 빚을 지고 있습니다. 그러나 예수님이 그분의 생명으로 우리 대신에 그 빚을 전부 갚으셨습니다. 그래서 이제 우리는 용서받을 자격이 생겼습니다. 우리는 더 이상 하나님께 빚진 자가 아닙니다.

📖 성경 읽기 | 누가복음 23:32~34절

💬 깊이 생각하기

누군가를 용서할 때는 항상 대가가 뒤따릅니다. 어떤 사람이 우리에게 돈을 빌렸고 우리가 그 빌린 돈을 탕감해 준다면, 우리 입장에서는 그 돈을 잃어버린 것입니다. 어떤 사람이 우리를 때린다면, 우리도 반격할 수 있습니다. 그러나 만약 우리가 그렇게 하지 않고, 그 사람을 용서한다면, 우리는 다치고 그 사람은 전혀 해를 입지 않게 됩니다. 예수님은 자신을 십자가에 매달려고 양손에 못을 박은 군인들에게 더 잔혹하고 아프게 복수하실 수 있었습니다. 그러나 그분은 자신이 피 흘리고 죽어가면서도 그들을 용서하셨습니다.

적어도 그곳에 있던 군인들 가운데 한 명은 예수님의 십자가 사건을 믿음으로 받아들였다는 사실을 우리는 압니다. 예수님이 숨이 끊어지시는 순간을 목격한 백부장은 이렇게 말했습니다. "이 사람은 진실로 하나님의 아들이었도다!" (막 15:39절). 예수님의 십자가 처형을 집행하던 군인조차도 그분을 믿으면 용서받을 수 있다는 건 정말 놀라운 일이고 기적입니다. 마태복음 18:21~22절에서, 예수님은 베드로에게 설령 어떤 사람이 우리에게 죄를 짓더라도 그 사람을 일곱 번씩 일흔 번까지 용서하라고 말씀하셨습니다. 예수님은 십자가에 매달리신 채 자신에게 못질한 군인들을 용서해 달라고 하나님께 간구하심으로 진정한 용서가 무엇인지를 직접 보이셨습니다.

🗨 이야기하기

누가 예수님과 함께 십자가에 못 박혔나요? (두 명의 강도들)

우리를 용서하시려고 예수님이 지불하신 대가는 무엇이었나요?
(그 대가는 바로 예수님의 생명이었습니다. 예수님은 죄 때문에 우리가 받아야 할 모든 징계를 직접 다 감당하셨습니다.)

예수님은 자신을 십자가에 못 박는 군인들에 대해 무슨 말을 하셨나요?
(예수님은 이렇게 간구하셨습니다. "아버지 저들을 사하여 주옵소서 자기들이 하는 것을 알지 못함이니이다" [눅 23:34절].)

예수님을 보면서 우리는 무엇을 배울 수 있나요?
(예수님이 우리 죄 때문에 십자가에서 돌아가셨다는 사실을 기억할 때, 우리에게 죄를 짓는 다른 사람들을 기꺼이 용서할 수 있습니다.)

✍ 기도하기

우리에게 죄 짓는 사람들을 용서하게 도와달라고 하나님께 기도하세요. 그리고 그 사람들에게 죄의 대가를 치르게 하려는 태도를 갖지 않게 해 달라고 도움을 구하세요.

DAY 2

♥ 기억하기

어제 이야기 중에서 무엇을 기억하나요? 오늘은 어떤 이야기가 있을 것으로 생각하나요?

📖 성경 읽기 | 누가복음 23:35~38절

💬 깊이 생각하기

예수님은 나사로를 살리신 후에, 유월절을 지내시려고 예루살렘으로 향하셨습니다. 예루살렘 백성들은 소리쳤습니다. "호산나!" 예수님을 그들의 왕으로 믿었습니다(요 12:13절). 백성들은 흥분했고 열광했습니다. 그들은 하나님이 자신들을 위해 새로운 왕을 세우셔서 로마에 맞서 싸우게 하셨다고 생각했습니다. 스가랴는 의로우신 왕이 "바다에서 바다까지" 그리고 "땅 끝까지" 통치하실 거라고 했습니다(슥 9:10절).

오늘 이야기는 모든 것이 그 날의 흥분과 열광적이었던 모습과는 매우 달랐습니다. 백성들은 십자가에 달리신 예수님을 보고 있습니다. 그분의 머리 위에는 왕 되심을 조롱하는 푯말이 걸려 있습니다. 종교지도자들과 군인들은 심지어 예수님께 진짜 구원자, 메시아라면 십자가에서 내려와 자신을 구원해 보라고까지 말했습니다. 그 모습을 본 제자들에게는 어떤 희망도 남지 않았습니다. 제자들은 예수님을 메시아라고 믿었습니다. 그랬는데 그 메시아가 십자가에 매달려 죽어가고 있습니다. 그들의 희망은 완전히 사라져버렸습니다(눅 24:21절). 사람들이 십자가에서 내려와 보라면서 예수님을 조롱했지만, 그분은 십자가에 매달린 채 죽어갔습니다. 그 모습을 보면 예수님은 실패했고 패배자인 것 같았습니다. 그렇지만 사실 그분의 죽음은 압도적인 승리였습니다 — 그 승리는 로마에 대한 것이 아니라 사탄에 대한, 죽음에 대한 승리였습니다.

💬 이야기하기

누가 예수님을 조롱했나요? (군인들과 종교지도자들이 조롱했습니다.)

그들은 왜 예수님을 조롱했나요?
(예수님은 많은 기적을 행하셨습니다. 자신을 하나님이라고 선포하셨습니다. 그런데 지금 다른 죄인들처럼 십자가에 매달려 피를 흘리고 있습니다. 그들이 보기에 예수님은 끝까지 거짓말을 하고 있었습니다.)

왜 아무도 예수님을 변호하려 하지 않았나요? (사람들은 실망스러웠습니다. 그들은 예수님이 결국은 거짓말쟁이였거나 무엇인가 큰 잘못을 한 게 분명하다고 생각했습니다. 그들은 예수님이 자신들을 위해 세워진 왕이라고 믿었습니다. 그들은 예수님이 행하신 기적을 목격했고, 다른 사람들을 구원하는 모습을 봤습니다. 하지만 지금 눈앞의 예수님은 양옆에 매달려 있는 강도들과 다를 바가 없어 보였습니다.)

🙏 기도하기

십자가에서 우리를 위해 기꺼이 모욕과 조롱을 당하신 예수님의 순종과 헌신에 감사하세요.

DAY 3

♥ 예수님께 연결하기

오늘은 이번 주 성경 이야기를 복음과 연결해 보는 날입니다. 복음은 우리를 구원하신 예수님의 생명과 죽음, 그리고 부활입니다. 이번 주 성경 이야기가 어떻게 복음과 연결되는지 깊이 생각해보세요.

📖 성경 읽기 ︱ 마가복음 15 : 25 ～ 32절

💬 깊이 생각하기

마가는 군인들과 종교지도자들처럼, 지나가던 사람들까지도 예수님을 조롱했다고 말합니다. 그 사람들은 십자가에서 내려와 보라고 하면서, 성전을 헐고 사흘 만에 다시 짓겠다는 예수님의 말씀을 반복하며 비웃었습니다. 그 사람들이 깨닫지 못했던 것은 예수님이 말씀하신 성전은 건물이 아니라 바로 예수님 자신의 몸이라는 사실입니다. 그분은 사흘 만에 죽음에서 다시 살아나심으로 말씀하신 대로 행하셨습니다. 만약 예수님이 조롱하는 자들의 말에 반응해 십자가에서 내려와 그들에게 무언가를 보여 주려고 하셨다면, 우리 가운데 그 누구도 하나님께 용서받을 수 없었을 겁니다. 그분의 죽음을 생각할 때 지독하게 슬프지만, 예수님이 십자가에서 내려오시지 않았다는 것이 우리에게는 복된 소식입니다. 온갖 조롱과 모욕을 견디며 십자가에서 죽기까지 계셨으므로 우리에게 구원의 길이 열렸습니다. 우리는 당해야 할 죽음에서 살아났습니다. 심지어 그분을 조롱했던 사람들에게도 구원이 허락되었습니다.

🗨 이야기하기

예수님의 머리 위에 있던 푯말에는 무엇이라고 적혀 있었나요? (유대인의 왕)

사람들은 그들이 믿기 전에 예수님이 무엇부터 해야 한다고 말했나요?
(그들은 먼저 예수님이 자신을 구원하기 위해 십자가에서 내려와야 한다고 했습니다.)

예수님은 도대체 왜 십자가에서 내려와 모욕하던 그 사람들에게 그분의 능력을 나타내시지 않았을까요?
(예수님은 우리 죄 때문에 십자가에 달리셨습니다. 그래서 그곳에 머물러야만 하셨습니다. 십자가에서 죽기까지 계심으로, 예수님은 우리가 죄를 용서받을 수 있는 길을 여셨고, 우리의 마음이 변해서 그분을 믿게 하셨습니다. 기억하세요. 그 당시 많은 사람은 예수님이 사람들을 어떻게 치료하시고 죽음에서 살리셨는지 들었습니다. 심지어 어떤 사람은 직접 목격까지 했습니다. 그런데도 그들은 예수님을 믿지 않았습니다.)

🙏 기도하기

십자가에 달리신 예수님을 조롱했던 사람들처럼 의심하지 않고, 믿게 해 달라고 기도하세요.

DAY 4

♥ 기억하기

이번 주 성경 이야기를 통해서 하나님은 우리에게 무엇을 가르치시나요?

📖 성경 읽기 | 누가복음 23:39~43절

💬 깊이 생각하기

스카이다이버가 낙하산을 매고 비행기에서 뛰어내릴 때, 보통 충분한 시간적 여유를 가지고 낙하산 띠를 잡아당깁니다. 그러나 혹시라도 스카이다이버가 그 띠를 제 때에 잡아당기지 못하고 땅에 거의 다다랐을 때 한다면, 낙하산은 완전히 펼쳐지지 못할 것이고 그 스카이다이버의 안전은 보장할 수 없게 됩니다. 자칫 잘못하면 죽을 수도 있습니다. 비록 스카이다이버가 공중에서 떨어지면서 낙하산 띠를 잡아당겼을지라도, 그 순간이 너무 늦었다면, 낙하산은 그 사람에게 전혀 도움이 되지 못할 것입니다.

하나님은 낙하산 같은 분이 아닙니다. 하나님은 사람을 구하실 때 조금도 늦지 않으십니다. 오늘 이야기에서, 예수님과 함께 십자가 처형을 당한 강도들 가운데 한 명은 죽기 바로 직전에 예수님께 간청했습니다. 그런데 그 사람의 간청은 전혀 늦은 게 아니었습니다. 그 강도는 구원을 받았습니다.

🗨 이야기하기

부모님은 오늘 이야기의 강도처럼 인생 마지막에 구원 받은 사람을 아는지 생각해 보고 자녀들에게 얘기해 주세요. 그리고 아주 어린 나이에 예수님을 믿은 사람을 안다면 그 사람에 관해서도 얘기해 주세요. 자녀들에게 부모님의 구원 간증을 해 주세요.

(우리가 알고 있는 그리스도인들의 구원 이야기를 자녀들에게 해 줄 수 있는 아주 좋은 기회입니다. 만약 예수님을 믿기까지 아주 오랜 시간이 필요했던 사람을 알고 있다면, 혹시라도 그 사람이 예수님을 믿지 않고 죽었다면 어떤 일이 벌어졌을지 자녀들의 생각을 물어봐 주세요.)

오늘 이야기에 나오는 두 강도의 차이점은 무엇이었나요?

(한 강도는 예수님을 다른 사람들처럼 조롱했지만, 또 다른 강도는 예수님께 도움을 구했습니다.)

바로 지금이 왜 누군가가 예수님을 믿기에 가장 좋은 시간인가요?

(우리는 자신이 얼마나 더 살게 될지 모릅니다. 우리는 70 혹은 80년을 살 거라 생각할 수도 있습니다. 그러나 누구에게도 그 시간은 보장되지 않습니다. 오직 하나님만이 한 사람의 인생을 아십니다. 만약 어떤 사람이 우리에게 아주 값어치 있는 보물을 주려 한다면, 아마도 그것을 받으러 당장 달려 갈 겁니다. 몇 년씩 기다리다가 가지러 가지 않을 겁니다. 예수님은 어떤 보물보다도 소중하고 감히 비교할 수 없는 분이십니다. 그런데 왜 우리는 그분을 당장 믿지 않고 자꾸 미루려 하는 건가요?)

🤲 기도하기

우리가 아는 불신자들이 예수님을 믿게 도와 달라고 기도하세요.

DAY 5

♥ 발견하기

오늘은 다른 성경 본문을 보는 날입니다. 시편이나 예언서에서 예수님 혹은 우리의 구원에 대해 배울 수 있습니다.

📖 성경 읽기 ┃ 시편 22:17~18절

💬 깊이 생각하기

다윗이 쓴 오늘 시편은 실제로 일어난 일이었습니다. 군인들은 예수님의 옷을 제비뽑기하고 사람들은 십자가에 매달려 있는 예수님을 쳐다보고 있습니다. 아주 오래전, 하나님은 예수님이 어떤 일을 당하실지를 다윗에게 미리 드러내셨습니다. 정확히 말해서, 시편 22편 전체는 하나님의 종이신 예수님이 어떻게 고통당하시고 죽음을 맞이하게 될지를 예언적인 시선으로 바라보며 기록한 것입니다. 그 당시 종교지도자들, 제자들, 그리고 수많은 사람이 시편 22편을 읽었음에도 불구하고, 예수님과 그 내용을 전혀 연결하지 못했습니다. 그래서 그들은 예수님이 고통당하시고 죽임당하실 거라고 조금도 예상하지 못했습니다. 하지만 예수님 자신은 그렇게 될 것을 분명히 알고 계셨습니다. 그랬기 때문에 십자가에서 시편 22편으로 기도하셨습니다(마 27:46절).

🗣 이야기하기

제비뽑기를 한다는 게 무슨 뜻인가요?
(제비뽑기란 짚이나 나무젓가락, 표시된 종이쪽지 등을 정해진 상황과 조건에 따라 선택함으로 어떤 행동이나 대가를 얻을 수 있는 순서를 결정하는 과정입니다. 예를 들어 여러 사람 중에서 가장 짧은 짚을 고른 사람이 승자 혹은 패자가 되는 것입니다. 그 사람을 가리켜 제비뽑기로 선택되었다고 합니다.)

왜 군사들은 예수님을 두고서 제비뽑기를 했나요?
(군사들은 예수님이 입으셨던 옷을 찢어서 나누었습니다. 그러나 요한복음 19:23~24절을 보면, 우리는 군사들이 예수님의 옷을 누가 가질지 왜 제비뽑기 했는지 알게 됩니다. 예수님의 옷은 찢기 어려운 통으로 된 옷이었습니다.)

오늘 시편은 십자가 주변에서 벌어졌던 세세한 일들까지도 하나님의 계획이었다는 사실을 우리에게 어떻게 알려주나요?
(이 시편을 기록한 다윗이 예수님의 옷을 제비뽑기로 나누어 가질 거란 사실을 전혀 알 길이 없었습니다. 그런 다윗이 그것을 기록할 수 있었던 유일한 방법은 그 전부를 하나님이 계획하시고, 다윗이 이 모든 내용을 쓰게 하시는 것뿐이었습니다.)

🙏 기도하기

온 우주를 다스리시고, 우리를 구원하시려고 아들이신 예수님을 통해 그 사랑을 확증하신 하나님을 찬양하세요.

그리스도의 죽음
The Death of Christ

이야기 116 – 컬러 스토리 바이블

예수님은 우리 대신에 십자가에서 돌아가셨습니다 – 우리의 대속물이 되신 겁니다. 자녀들이 이 개념을 더 잘 이해하도록 돕기 위해, 다음 문장이 적혀 있는 카드를 하나씩 나눠 주세요: "나는 지금 이 일을 하고 싶지 않아서 카드를 사용합니다." 자녀들에게 이 카드를 잘 챙겨 두었다가 가장 필요한 순간에 부모님께 제시할 수 있다고 설명해 주세요. 자녀들이 이 카드를 사용하면, 부모인 여러분은 그 일이 무엇이든 자녀들 대신해야만 합니다. 자녀들이 그 카드를 사용할 때, 예수님이 우리 대신 십자가에서 돌아가셨다는 사실을 기억하게 도와주세요. 바로 우리를 구원하시려고 그렇게 하셨습니다. 그러므로 우리가 용서받았습니다. 이제 이렇게 말해 주세요. "이번 주에 우리는 주님의 십자가 처형에 대해서 읽게 될 거란다."

DAY 1

♥ 상상하기

장미 가시나 다른 뾰족한 것에 찔려 본 적이 있나요? 그랬다면, 그게 얼마나 아프고 얼마나 깊은 상처를 입힐 수 있는지 알 겁니다. 혹시 들판이나 숲속을 걷다가 가시넝쿨에 들어간 적이 있다면, 넝쿨 가시에 찔리는 통증이 너무 아파서 더는 움직이거나 이동하기가 힘들다고 느낀 적이 있었을 겁니다. 자, 이제 예수님처럼 우리가 머리에 가시면류관을 쓰고 있고, 그것을 누군가 깊숙이 눌렀다고 생각해 봅시다. 예수님이 쓰신 가시면류관을 그분이 당하신 가장 작은 징계로 여길 때, 우리를 구원하시려고 감당하신 그 모든 고통이 얼마나 큰지 깨닫습니다.

📖 성경 읽기 | 마태복음 27:27~31절

💬 깊이 생각하기

예수님이 자신을 왕이라고 했다는 죄목으로 사형을 선고받으셨을 때, 죄수들을 채찍질하던 군인들은 모두가 모인 자리에서 예수님을 비웃고 조롱했습니다. 왕관 대신에 가시관을 씌웠습니다. 왕의 홀 대신에, 갈대를 손에 들렸습니다. 그리고 예수님의 머리를 치며 그분을 모욕했습니다. 그들 가운데 아무도 예수님이 왕이라는 사실을 몰랐습니다 – 그저 수많은 왕 중 한 명이 아니라 그분은 만왕의 왕이시고 만주의 주이십니다(계 17:14절). 군인들이 예수님을 조롱하고 모욕한 단 한 가지 이유는 그분이 그들에게 저항하거나 맞서 싸우지 않았기 때문이었습니다. 예수님은 바로 그 군인들 대신 그 자리에서 고통당하셨습니다. 그들과 우리가 당해야 할 모든 징벌을 대신 받으시면서 그 자리를 지키셨습니다.

이사야는 예수님의 고통을 예견했습니다: "그는 멸시를 받아 사람들에게 버림받았으며 간고를 많이 겪었으며 질고를 아는 자라 마치 사람들이 그에게서 얼굴을 가리는 것 같이 멸시를 당하였고 우리도 그를 귀히 여기지 아니하였도다 그는 실로 우리의 질고를 지고 우리의 슬픔을 당하였거늘 우리는 생각하기를 그는 징벌을 받아 하나님께 맞으며 고난을 당한다 하였노라" (사 53:3~4절).

🗣 이야기하기

군인들은 왜 예수님을 비웃고 모욕했나요?
(그들은 예수님을 마치 왕처럼 가시면류관, 갈대, 홍포로 차려 입혔습니다. 그런 후에 군인들이 다 모인 자리에서 예수님을 조롱했습니다. 자녀들이 너무 어리다면, 다음과 같은 단서를 주실 수 있습니다. "면류관인데 무슨 면류관? 왕이 드는 긴 막대기 대신에 어떤 막대기? 왕들이 입는 긴 망토를 뭐라고 하지?")

만약 예수님을 조롱하는 군사들 사이에 우리가 있었다면 어떻게 했을까요?
(우리도 그들 편에 서서 예수님을 조롱하고 모욕했을 겁니다. 예수님을 조롱했던 군사들처럼 우리도 죄인입니다. 예수님이 바로 우리 죄를 위해 고통받고 돌아가셨다는 사실을 기억하는 게 중요합니다.)

베드로전서 2:23~24절을 읽으세요. 예수님은 왜 저항하지 않으셨나요?
(예수님이 저항하지 않으신 이유는 자신을 심판자이신 하나님께 내어맡겼기 때문입니다. 그리고 우리를 위해 그 고통을 기꺼이 견디셨습니다.)

🙏 기도하기

우리가 죄인이라는 사실을 인정하고 하나님께 고백하는 시간을 가지세요. 그 후에 우리를 위해 기꺼이 조롱당하시고 우리가 받아야 할 모든 고통을 대신 받으심으로 우리를 죄에서 건져내신 예수님께 감사하세요.

DAY 2

♥ 기억하기

어제 이야기 중에서 무엇을 기억하나요? 오늘은 어떤 이야기가 있을 것으로 생각하나요?

📖 성경 읽기 | 마태복음 27:32~44절

💬 깊이 생각하기

오늘 성경 본문은 마태가 예수님의 십자가 처형에 관해 설명한 것입니다. 비록 우리가 이미 마가복음에서 같은 이야기를 읽었지만, 각 복음서 기자들이 그 이야기를 어떻게 말하는지 살펴보는 것은 여러 면에서 도움이 됩니다. 왜냐하면 각 기자마다 서로 다른 관점으로 그 사건을 전하기 때문입니다. 예를 들어, 오직 마태만이 군인들이 쓸개를 탄 포도주(진통제 역할을 함)를 예수님께 먹였고, 그분을 조롱하던 사람들이 예수님을 하나님의 아들라고 했다는 사실을 전하고 있습니다. 그래서 예수님의 죽음에 대해 기록하고 있는 복음서를 전부 읽을 때, 우리는 그 날에 있었던 모든 일을 정확히 알 수 있게 됩니다.

💬 이야기하기

군인들은 예수님이 지고 가시던 십자가를 어떤 사람에게 대신 지게 했습니다. 그 사람의 이름은 무엇인가요?
(자녀들이 어려서 스스로 성경을 읽을 수 없다면, 답을 말하지 못할 수도 있습니다. 그런 경우에는, 오늘 성경 본문을 다시 한번 읽어 주시고, 손을 들어 대답하게 해 주세요.)

구레네 시몬은 왜 예수님의 십자가를 대신 지게 되었을까요?
(성경은 그 이유를 정확하게 말하지 않습니다. 그러나 예수님은 심한 고문을 당해서, 혼자 힘으로는 도저히 십자가를 처형 장소까지 옮길 수가 없었을 겁니다. 게다가 군인들은 예수님이 십자가에 못 박혀 죽임을 당하기 전에 죽는 것을 바라지 않았습니다.)

예수님이 십자가에 매달려 계실 때 조롱하던 사람들은 어떤 말로 예수님을 모욕했나요?
("성전을 헐고 사흘에 짓는 자여 네가 만일 하나님의 아들이어든 자기를 구원하고 십자가에서 내려오라" [40절]. "그가 남은 구원하였으되 자기는 구원할 수 없도다 그가 이스라엘의 왕이로다 지금 십자가에서 내려올지어다 그리하면 우리가 믿겠노라" [42절].)

🙏 기도하기

모든 사람이 예수님을 조롱했습니다. 그러나 우리는 그들이 조롱했던 것과 같은 이유로 그분을 찬양할 수 있습니다. 우리를 구원하시려고 돌아가시고 다시 사신 하나님의 아들, 예수님을 찬양하세요.

DAY 3

♥ 예수님께 연결하기

오늘은 이번 주 성경 이야기를 복음과 연결해 보는 날입니다. 복음은 우리를 구원하신 예수님의 생명과 죽음, 그리고 부활입니다. 이번 주 성경 이야기가 어떻게 복음과 연결되는지 깊이 생각해보세요.

✝ 성경 읽기 ㅣ 누가복음 23:44~49절

💬 깊이 생각하기

예수님이 죽어가자 온 땅은 어두워졌습니다. 그리고 결국 숨을 거두시자, 성전 휘장이 위로부터 아래까지 찢어졌습니다(마 27:51절). 성전 휘장은 성소와 지성소를 구분했는데, 지성소는 하나님의 임재가 내리는 곳이었습니다. 휘장 때문에 백성들은 아무 때나 함부로 지성소에 들어갈 수 없었습니다. 그러나 예수님이 십자가에서 돌아가시고 휘장이 찢어지자, 지성소로 들어가는 길이 열렸습니다. 그것은 예수님이 십자가에서 완성하신 일을 믿고 의지하면, 누구나 하나님의 임재 안으로 들어갈 수 있게 되었다는 사실을 보이는 상징이었습니다. 예수님의 죽음은 복음의 핵심입니다. 히브리서 기자는 만약 예수님이 우리를 위해 그 피를 흘리지 않으셨다면, 우리 죄는 절대 용서받을 수 없다고 했습니다(히 9:22절).

🗨 이야기하기

예수님이 돌아가시자 성전 휘장에는 어떤 일이 벌어졌나요?
(휘장이 위로부터 아래까지 찢어졌습니다.)

성전 내부를 왜 휘장으로 구분 지어 나누었나요?
(휘장은 하나님의 임재로부터 제사장들을 보호하려고 있었습니다. 오직 일 년에 한 번 대제사장만이 하나님이 임재하시는 지성소에 들어갈 수 있었습니다. 나머지 기간에는 차단되어 있었습니다. 아무도 하나님의 임재 안으로 들어갈 수 없었습니다.)

예수님이 돌아가실 때 하나님은 왜 성전 휘장을 찢으셨을까요?
(예수님이 우리 죄 때문에 돌아가심으로 이제는 하나님의 임재로 누구나 들어올 수 있게 되었다는 걸 보여주고 싶으셨습니다. 이제는 일 년에 한 번 오직 대제사장만이 하나님의 임재 앞으로 나아올 수 있는 게 아니라, 신자인 우리 마음속에 계시는 하나님께 매일 나아가 그분과 함께 즐거워할 수 있게 되었습니다. 우리가 예수님을 믿고 의지할 때, 성령 하나님이 오셔서 우리 안에 거하십니다. 예수님이 그 길을 여셨습니다.)

🤲 기도하기

하나님의 임재를 가로막고 있던 휘장을 찢으시고 길을 여신 예수님께 감사하세요. 우리를 위해서 모든 일을 이루신 하나님을 찬양하세요.

DAY 4

♥ 기억하기

이번 주 성경 이야기를 통해서 하나님은 우리에게 무엇을 가르치시나요?

📖 성경 읽기 ┃ 마태복음 27:45~56절

💬 깊이 생각하기

예수님은 십자가에 달려 계시면서 이렇게 외치셨습니다. "나의 하나님, 나의 하나님 어찌하여 나를 버리셨나이까?" 예수님이 이렇게 말씀하신 이유는 아버지이신 하나님이 그분을 외면하셨고, 마치 죄인처럼 징계하셨기 때문입니다. 하나님은 우리 죄를 향한 모든 진노를 그분에게 쏟아내셨습니다. 그래서 예수님을 십자가에서 죽게 내버려 두셨습니다. 우리가 감당해야 할 모든 죄의 대가를 다 치르신 후에 예수님은 곧 숨을 거두셨습니다. 예수님은 십자가에 못 박히시기 전에 이미 아주 심한 고문을 당하셨습니다. 그래서 그분의 몸은 더 이상 오래 견딜 수가 없었습니다. 예수님의 죽음 이후에 지진이 일어나고, 성전의 휘장이 찢어지고, 죽은 자들이 부활했습니다. 예수님을 바라보던 사람들은 경외심을 갖게 되었고, 일부 사람들은 그 순간 예수님이 진정으로 하나님의 아들이었다는 사실을 깨달았습니다.

🗣 이야기하기

부모님은 예수님의 죽음 이야기에서 가장 감동적인 게 무엇인지 얘기해 주세요.
(먼저 이 질문에 대해 잠시 생각하고 마음에 떠오르는 대로 짧게 대답해 주세요.)

예수님이 돌아가셨을 때, 무슨 일이 일어났나요?
(어린 자녀들에게는 그 내용을 기록할 수 있게 단서를 주세요. 성전 휘장이 둘로 찢어졌고, 지진이 일어났으며, 바위가 갈라지고, 무덤이 열렸습니다. 그리고 죽은 자들이 살아났습니다.)

땅이 흔들리고 죽은 사람들이 살아나는 걸 목격했을 때 백부장은 무슨 말을 했나요?
(부모님은 어린 자녀들을 위해 오늘 본문을 다시 한번 읽어 주세요. 그리고 손을 들어서 대답하게 해 주세요. "진실로 하나님의 아들이었도다" [54절].)

예수님은 왜 하나님이 자신을 버렸다고 말씀하셨나요?
(하나님은 예수님을 외면하셨고 죄 때문에 우리가 받아야 할 모든 진노를 예수님께 대신 쏟으셨습니다.)

🙏 기도하기

십자가에서 돌아가심으로 우리가 용서받게 하신 예수님께 감사하세요 ─ 예수님은 우리가 받아야 할 모든 징계를 대신 받으시고 견디셨습니다. 그분은 그 징계를 멈춰달라고 구하지도 않으셨습니다.

DAY 5

♥ 발견하기

오늘은 다른 성경 본문을 보는 날입니다. 시편이나 예언서에서 예수님 혹은 우리의 구원에 대해 배울 수 있습니다.

📖 성경 읽기 | 이사야 53:5절

💬 깊이 생각하기

오늘 구절에 있는 '잘못'과 '부정'은 죄를 설명하는 단어입니다. '징계'라는 단어는 벌을 받는다는 의미입니다. 그래서 이사야는 예수님이 우리 죄 때문에 찔리셨고, 상함을 입으셨으며, 그분이 징계를 당하심으로 우리가 하나님과 화평하게 되었다고 말합니다. 이사야의 예언이 얼마나 정확한지 생각하면 정말 놀랍습니다. 특히 군인들이 예수님을 어떻게 조롱했고, 그분께 어떻게 폭력을 가했으며, 얼마나 잔인하게 채찍질을 했는지, 무엇보다 하나님이 예수님을 어떻게 외면하고 버리셨는지를 생각할 때 더욱 그렇습니다.

💭 이야기하기

'잘못'과 '부정'은 무슨 의미인가요?
(그것은 죄를 나타내는 단어입니다.)

예수님이 당하신 고통이 우리를 향한 그분의 사랑을 어떻게 보여주나요?
(예수님은 우리와 같은 평범한 사람이 아니었습니다 — 예수님은 하나님이십니다. 창조주이신 하나님이 우리 죄의 대가로 고통당하시고 죽임당하셨다는 사실 자체가 얼마나 큰 사랑을 베푸셨는지를 보여주는 것입니다.)

예수님은 우리의 어떤 죄 때문에 돌아가셨나요?
(자녀들에게 부모님 자신의 죄를 고백할 기회입니다. 부모님이 먼저 죄를 고백함으로 자녀들은 자신의 죄를 돌아볼 기회를 얻게 됩니다. 그런 후에 우리가 죄를 멀리하고 예수님을 믿는다면 예수님은 우리의 대속물이 되어 주셔서 우리가 용서받고 의롭게 될 수 있다고 설명해 주세요.)

🙏 기도하기

우리 죄를 용서해 주신 하나님께 감사하세요.

그리스도의 부활
The Resurrection

이야기 117 – 컬러 스토리 바이블

이번 주 내용을 다루는데 작은 활동이 필요합니다. 날달걀 한 개와 핀을 준비해 주세요. 달걀 양쪽 끝에 작은 구멍을 냅니다. 빈 껍질만 남게 달걀 속을 비웁니다. 그런 다음, 부활절 달걀을 만드는 것처럼 껍질을 색칠하세요. 구멍을 아래로 해서 안쪽까지 다 마르게 두세요. 작은 종이쪽지에 이렇게 적으세요. "무덤은 비었다, 예수님이 살아나셨다." 종이쪽지를 잘 말아서 뚫어 놓은 구멍을 통해 껍질 속으로 밀어 넣으세요.

성경 공부를 시작할 때, 자녀들에게 그 달걀을 보여 주면서 "이게 뭘까?"라고 질문하세요. 아마도 자녀들은 부활절 달걀로 생각할 겁니다. 그러면 흔히 보는 부활절 달걀과는 매우 다른, 특별한 부활절 달걀이라고 말해 주세요. 테이블 한쪽에서 껍데기를 깨어 아이들에게 안을 보여주세요. 안에 담겨 있던 종이를 펼쳐서 읽어주세요. 달걀 안이 비어 있고, 종이쪽지가 들어 있다는 사실에 아이들은 매우 놀랄 겁니다. 그때 이렇게 말해 주세요. "이번 주에 우리는 예수님의 부활과 그분의 빈 무덤을 보고 제자들이 얼마나 놀랐는지에 대해 배우게 될 거란다. 이것이 바로 우리가 부활절을 매년 기념해야 하는 이유란다."

DAY 1

♥ 상상하기

만약 어느 날 길거리에서 테니스공을 토끼로 바꿀 수 있다고 말하는 마술사를 만났다면, 절대 쉽게 그 말을 믿지 못할 겁니다. 그러나 그 마술사가 실제로 바꾸는 걸 본다면, 믿을 수밖에 없을 겁니다. 그 마술사가 남아서 자신의 마술을 더 자세히 살펴보라고 한다면, 제일 먼저 도대체 어디에 그 토끼를 숨겼을지 궁금해할 겁니다. 그 사람이 서 있는 테이블 주변이나 옷소매 속을 뒤지면서 찾아볼 겁니다. 오늘 이야기에서, 대제사장들과 바리새인들은 예수님이 죽음에서 살아나셨다는 사실을 믿지 않았고, 제자들이 마치 예수님이 부활하신 것처럼 꾸몄다고 의심했습니다. 그들이 이 진실을 막으려고 어떻게 했는지 지금부터 살펴봅시다.

📖 성경 읽기 | 마태복음 27:57~66절

💬 깊이 생각하기

예수님이 돌아가시고 무덤에 묻힌 후에, 바리새인들은 예수님이 제 삼일에 다시 살아날 거라고 하신 말씀을 떠올렸습니다. 바리새인들은 제자들이 그 말을 사실처럼 꾸미려고 예수님의 시체를 훔치러 올 거라 생각했습니다. 그들은 이 사실을 빌라도에게 전했고, 빌라도는 그들에게 군인들을 내어 주고 무덤을 지키게 했습니다. 예수님이 살아계시던 때에, 바리새인들은 일하는 것이 금지된 안식일에 사람들을 낫게 하는 것은 잘못이라고 지적하며 그분을 공격했습니다. 그랬던 그들이 아무 일도 해서는 안 되는 바로 그 안식일에 빌라도를 찾아갔고, 즉시 군인들을 보내 무덤을 막고 철통같은 경비를 해야 한다고 요구했습니다.

결국 하나님은 그들의 악한 계획을 사용하셔서 선함을 이루셨습니다. 다음 날 아침, 예수님이 죽음에서 다시 살아나셨을 때, 아무도 제자들이 무덤에서 예수님의 시체를 훔쳐 갔다고 말할 수가 없었습니다. 무덤을 봉인하고, 군인들이 보초를 서게 해서 오늘날 성경을 읽는 사람들 그 누구도 이 놀라운 일을 제자들이 조작했다고 생각하지 못하게 했습니다.

🗨 이야기하기

아무도 예수님의 시체를 훔쳐 가지 못하게 바리새인들이 취했던 두 가지 조치는 무엇이었나요?
(무덤을 봉인했고, 경비병을 세웠습니다.)

바리새인들은 무엇을 걱정했나요?
(자녀들이 어리다면, 성경 본문을 다시 한번 읽어 주세요. 그래서 바리새인들은 제자들이 예수님의 시체를 훔쳐서 그분이 부활하셨다고 주장할까봐 걱정했다는 답을 찾을 수 있게 도와주세요.)

우리가 예수님이 죽음에서 다시 살아나신 걸 사실로 믿는 데 있어 바리새인들은 어떤 도움이 되었나요?
(경비병을 세움으로써, 바리새인들은 예수님의 부활이 속임수가 아니라는 걸 확인시켜줬습니다. 모든 상황을 살펴보면, 하나님은 바리새인들의 불신앙까지도 예수님의 부활을 믿게 하는 도구로 사용하셨다는 걸 알 수 있습니다.)

🙏 기도하기

위대한 계획을 완성하기 위해 우리의 악함까지도 사용하시는 하나님께 감사하세요.

DAY 2

♥ 기억하기

어제 이야기 중에서 무엇을 기억하나요? 오늘은 어떤 이야기가 있을 것으로 생각하나요?

📖 성경 읽기 ┃ 마태복음 28:1~10절

💬 깊이 생각하기

예수님의 무덤을 지키고 있던 군인들은 시체를 훔치러 제자들이 올 수 있으니 철저히 경계하라는 명령을 받았습니다. 그러나 그들에게 강력한 힘을 가진 천사가 하늘에서 내려오고 지진이 일어날 거라고 말한 사람은 아무도 없었습니다. 그것은 군인들이 예상했던 것 이상이었습니다. 너무 두려워서 보초를 서던 군인들은 벌벌 떨며 마치 죽은 사람처럼 바닥에 쓰러졌습니다. 그 모습은 성경 전체를 통틀어서 가장 유명한 선포 가운데 하나인 다음 구절을 주님의 천사가 그들에게 전할 때 일어났습니다. "그가 말씀 하시던 대로 살아나셨느니라!"

우리가 사는 오늘날, 전 세계의 모든 그리스도인은 천사가 선포한 이 말씀을 매년 부활절 주일마다 예수님의 부활을 기념하려고 소리 내어 고백합니다. 아무리 무덤을 봉인하고 군인들이 철저하게 지켰어도 예수님의 부활을 막을 수는 없었습니다. 솔직히 말해서, 설령 로마 군대 전체가 지켰을지라도, 예수님은 똑같이 부활하셨을 겁니다.

🗨 이야기하기

예수님이 부활하셨을 때, 무덤을 지키고 있었던 군인들에게 무슨 일이 일어났나요?
(그들은 무서워서 마치 죽은 사람처럼 땅바닥에 쓰러졌습니다.)

새벽에 예수님의 무덤을 보려고 왔던 여자들이 그분을 만났을 때 어떻게 했나요?
(자녀들이 어리다면 본문을 다시 한번 읽어 주세요. 그리고 답을 찾으면 손을 들어서 대답하게 해 주세요. 여자들은 예수님을 경배했습니다.)

천사는 여자들이 제자들에게 어떤 말을 전하게 했나요?
(천사는 빨리 제자들에게 가서 예수님이 죽음에서 다시 살아나셨다고 알리라고 말했습니다.)

🤲 기도하기

여자들은 예수님을 만났을 때 그분을 경배했습니다. 예수님에 대한 노래 가운데 가장 좋아하는 곡을 함께 부르거나 죽음에서 살아나신 예수님을 향한 찬양을 올려 드리세요.

DAY 3

♥ 예수님께 연결하기

오늘은 이번 주 성경 이야기를 복음과 연결해 보는 날입니다. 복음은 우리를 구원하신 예수님의 생명과 죽음, 그리고 부활입니다. 이번 주 성경 이야기가 어떻게 복음과 연결되는지 깊이 생각해보세요.

📖 성경 읽기 | 누가복음 24:1~12절

💬 깊이 생각하기

부활은 복음을 말하는 데 있어서 가장 중요한 부분 가운데 하나입니다. 사도 바울이 말하기를 부활은 정말 중요해서 만약 예수님이 다시 살아나지 않으셨고, 그래서 자신이 전하는 모든 설교가 무가치해지면, 우리의 믿음은 헛된 것이고 여전히 죄에 갇힌 신세가 된다고 했습니다(고전 15:13~17절). 죽음에서 살아나심으로, 예수님의 가르침은 진리가 되었고, 가장 위대한 승리가 되었습니다. 예수님은 죄와 죽음과 치른 싸움에서 완전한 승리를 하셨습니다. 이제 예수님을 믿는 모든 사람도 먼 훗날 죽음에서 다시 살아날 것입니다. 그리고 예수님과 함께 천국에서 영원히 살 것입니다.

💬 이야기하기

무덤에 다녀온 여자들이 예수님의 부활을 알렸을 때, 제자들의 반응은 어땠나요?
(여자들의 말을 믿지 않았습니다. 그들은 여자들의 모든 말을 억지로 만들어 낸 이야기, "거짓 이야기"로 생각했습니다.)

제자들 가운데 누가 무덤으로 달려갔나요?
(베드로였습니다. 베드로는 예수님의 시체가 무덤에 없는 것을 보고 여자들이 전한 말을 놀랍게 여겼습니다.)

부활이 왜 그렇게 중요한가요?
(예수님은 부활하심으로 죄와 죽음을 패배시키셨습니다. 그리고 그분이 가르치며 전하셨던 모든 것이 진리임을 증명하셨습니다. 만약 예수님이 다시 살아나지 않으셨다면, 그분은 하나님이실 수가 없습니다.)

🙏 기도하기

죽음을 이기고 승리하신 예수님께 기쁨의 환호를 올려 드리세요.
(하나님께 기쁨의 함성을 올려 드린 경험이 없을 수도 있습니다. 그러나 응원하는 스포츠팀이 승리하거나 좋아하는 연예인이 나오면 환호하며 소리 지른다는 걸 기억하세요. 혹시라도 기쁨의 환호를 올리는 게 여전히 미심쩍다면 시편 20:5절; 47:1절; 66:1절을 살펴보세요.)

DAY 4

♥ 기억하기

이번 주 성경 이야기를 통해서 하나님은 우리에게 무엇을 가르치시나요?

📖 성경 읽기 | 마태복음 28:11~15절

💬 깊이 생각하기

종교지도자들이 무덤 앞에 군인들을 세워 두었기 때문에 아무도 예수님의 시체를 몰래 훔쳐갈 수가 없었습니다. 그런 와중에 예수님이 다시 살아나셨다는 소문이 돌기 시작했습니다. 게다가 무덤을 지키던 군인들은 종교지도자들에게 지진과 천사, 그리고 무덤에서 일어났던 모든 일에 대해 말했습니다. 결국 그들에게 문제가 생길 겁니다. 만약 그 모든 일이 사람들에게 알려진다면, 수많은 사람이 예수님을 믿게 될 겁니다. 이런 일을 막으려고, 종교지도자들은 그 군인들에게 돈을 줘서 더 이상 아무 말도 하지 못하게 했습니다. 오히려 거짓말을 하게 했습니다. 그러나 예수님이 살아나신 후 예루살렘의 많은 사람에게 모습을 나타내자, 종교지도자들의 거짓말은 낱낱이 드러났습니다. 시간이 흐른 후, 예수님은 천국으로 돌아가셨습니다. 예수님은 적어도 500명 이상의 사람들에게 모습을 나타내셨습니다(고전 15:6절).

💬 이야기하기

종교지도자들은 왜 군인들에게 돈을 줬을까요?
(종교지도자들은 자신들의 권력을 붙들려고 필사적이었습니다. 그들은 겉으로는 선하게 보였습니다. 그러나 실제로는 자신들이 원하는 것을 얻기 위해 거짓말을 밥 먹듯이 했습니다.)

무덤을 지키던 군인들은 대제사장들에게 무슨 말을 했나요? (그곳에서 일어난 모든 일을 전했습니다.)

예수님의 부활을 사람들이 믿지 못하게 하려고 대제사장들은 어떻게 했나요?
(그들은 군인들에게 예수님의 제자들이 시체를 훔쳤다고 거짓말하게 시켰습니다.)

대제사장들은 왜 예수님의 부활을 믿지 않았나요?
(정확한 이유는 모릅니다. 그러나 군인들한테서 모든 얘기를 다 들었음에도 불구하고 대제사장들은 믿으려 하지 않았습니다. 예수님에 대해 모두가 다 믿는 것은 아닙니다. 따라서 우리는 하나님께 믿을 수 있게 도와달라고 기도해야 합니다.)

🤲 기도하기

우리가 아는 불신자들이 예수님이 그들의 죄 때문에 십자가에서 돌아가셨고, 그 죽음에서 다시 살아나셨다는 진리를 믿을 수 있도록 하나님이 도와주시기를 간구하세요.

DAY 5

♥ 발견하기

오늘은 다른 성경 본문을 보는 날입니다. 시편이나 예언서에서 예수님 혹은 우리의 구원에 대해 배울 수 있습니다.

✚ 성경 읽기 | 시편 34:19~20절

💬 깊이 생각하기

십자가 처형은 죄수를 가장 고통스럽게 죽게 하는 방법입니다. 매우 처참하게 들리겠지만, 로마 군인들은 십자가에 달려 죽어가는 죄수들이 더 빨리 죽게 하려고 다리를 부러뜨렸습니다. 이처럼 다리를 부러뜨리려고 군인들이 다가왔지만, 예수님은 이미 숨이 끊어지신 후였습니다. 그래서 군인들은 예수님의 다리를 부러뜨리지 않았습니다. 대신 예수님의 양 옆구리를 창으로 찔렀습니다. 사도 요한이 말하길 우리가 오늘 읽은 시편 34편의 구절들은 아무도 그분의 다리를 부러뜨릴 수 없다는 예수님에 대한 예언이라고 했습니다(요 19:36절).

《● 이야기하기

군인들은 왜 예수님이 십자가에 달려 있으실 때 그분의 다리를 부러뜨리지 않았나요?
(예수님이 이미 돌아가셨기 때문입니다.)

요한복음 19:31~37절을 읽으세요. 예수님의 다리를 부러뜨리는 대신 군인들은 무엇을 했나요?
(예수님의 옆구리를 창으로 찔렀습니다.)

하나님은 어떻게 예수님이 태어나시기 훨씬 이전에 군인들이 그분의 다리를 부러뜨리지 않을 거란 사실을 아셨을까요?
(하나님은 모든 것을 다스리시고 어떤 일이 벌어질지도 전부 아십니다. 무엇보다도 모든 것이 협력해서 그분의 계획을 완성하는 데 사용되게 하십니다.)

🤲 기도하기

모든 것을 다스리시고 계획대로 이루시는 하나님을 찬양하세요.

의심하는 도마
Doubting Thomas

이야기 118 – 컬러 스토리 바이블

성경 공부 자리에 바나나와 오렌지를 한 개씩 가져오세요. 그리고 자녀들에게 지금 이 자리에서 바나나를 오렌지로 바꿀 수 있다고 믿는지 물어보세요. 이것은 아주 강력한 힘이 있어야 하는 마술이라고 말해 주세요. 실제로 바꾸는 걸 보지 않고 그 말을 듣기만 해서 믿을 수 있겠냐고 질문하세요. 아마도 자녀들은 믿지 못할 거라고 대답할 겁니다. 예수님이 사시던 당시 사람들도 마찬가지로 보지 않으면 믿지 않겠다는 생각을 하고 있었다고 얘기해 주세요. 그리고 이렇게 말해 주세요. "이번 주에 우리는 도마에 대해서 배우게 될 거란다. 도마는 예수님이 죽음을 이기고 다시 살아나셨다는 얘기를 믿지 않았지. 그는 자신의 두 눈으로 직접 보지 않으면 절대 믿을 수 없다고 말했단다." 이어서 이제 바나나를 오렌지로 바꾸겠다고 아이들 앞에서 선언하세요. 적당한 주문을 외우면서 아주 극적이면서도 재빠르게 바나나를 오렌지와 부딪쳐서 바꿔치기하세요. 일어서서 박수갈채를 유도하며 마술이 멋지게 성공한 것을 축하하세요.

DAY 1

♥ 상상하기

어떤 가족이 휴가를 보낼 계획을 세웠습니다. 그런데 아빠가 직장 업무가 다 끝나지 않아서 휴가의 절반 정도를 같이 있을 수 없다고 가족들에게 말했습니다. 그런데 나머지 가족들이 먼저 차로 출발한 후, 아빠는 몰래 비행기를 타고 숙소에 먼저 도착해서 가족들을 기다리고 있었습니다. 가족들이 도착할 때쯤, 아빠는 엄마에게 전화를 걸어서 어디쯤 있는지 정확한 위치를 알려 달라고 했습니다,

아빠의 계획은 숙소로 오는 바로 그 길목에서 가족들의 차를 얻어 타는 것이었습니다. 가족들이 숙소를 향해 오는 도중에 길 위에 있던 누군가를 봤지만, 그 사람이 아빠일 거라고는 전혀 생각하지 못했습니다. 아빠를 알아보지 못하고 지나쳐간 가족들을 뒤따라오면서 아빠는 손을 흔들고 소리를 질렀습니다. 그러나 가족들은 배고프고 지친 사람이 차를 태워주지 않고 지나쳤다고 화를 내며 쫓아온다고 생각했습니다. 결국 아빠는 숙소까지 가족들의 이름을 부르며 뛰어올 수밖에 없었습니다. 가족들은 자신들의 이름을 부르는 소리를 듣고 나서야 비로소 뒤따라오는 사람이 누구인지를 알았습니다. 길 위에 서 있던 사람이 아빠라고는 전혀 눈치채지 못했습니다. 왜냐하면 전혀 예상하거나 기대하지 않았기 때문입니다.

오늘 이야기에서, 예수님이 부활하신 직후에 엠마오로 향하던 두 명의 제자들은 길 위에서 이와 비슷한 경험을 했습니다.

📖 성경 읽기 | 누가복음 24:13~35절

💬 깊이 생각하기

우리가 엠마오로 가는 길을 걷고 있고 예수님이 우리에게 구약 성경이 어떻게 예수님 자신을 가리키고 있는지를 알려주셨다면 정말 멋지지 않을까요? 비록 예수님이 하셨던 말씀을 들으려고 그 당시로 돌아갈 순 없지만, 우리는 제자들이 예수님에 대해 기록한 책과 편지로 그분의 말씀을 대신 만날 수 있습니다. 이번 주 후반부에서 우리는 예수님을 가리키는 구약 성경 말씀 가운데 하나를 보게 될 겁니다. 매주 마지막 날에 배우는 내용을 떠올려 보세요. 우리는 엠마오로 가는 제자들처럼 개인적으로 길 위에서 그분을 만나는 경험을 하는 것입니다.

🗨 이야기하기

두 제자는 왜 예수님을 알아보지 못했나요?
(그 제자들은 예수님의 시체가 무덤에서 사라졌다는 소식을 들었지만, 그분이 다시 살아나셨다는 사실은 믿을 수가 없었습니다. 누가는 16절에 이렇게 기록합니다. "그들의 눈이 가리어져서 그인 줄 알아보지 못하거늘." 예수님은 제자들에게 "나다, 내가 살아 돌아왔어"라고 말씀하실 수 있었겠지만, 그렇게 하시지 않았습니다.)

예수님은 길 위에서 두 명의 제자들과 대화하시면서 무엇을 설명하셨나요?
(예수님은 모세로부터 시작해서 모든 예언자를 통해 기록된 성경이 어떻게 자신을 가리키고 있는지를 설명하셨습니다.)

구약 성경에 기록된 말씀들이 예수님을 가리키고 있다고 생각하나요?
(우리는 한 주의 마지막 날에 구약 성경 가운데 한 구절을 배우고 있습니다. 한 예로, 구약에 기록된 대속물은 예수님을 가리킵니다이삭 대신 산에서 잡힌 숫양이나 첫 유월절에 첫 번째 아들 대신에 바쳐진 어린양 등이 있습니다.)

🙏 기도하기

성경 전체가 복음을 가르치고 있다는 사실을 찬양하세요. 성경의 첫 번째 부분(예수님의 십자가 사건까지)은 예수님을 통해 우리에게 주어지는 구원을 나타냅니다. 예수님의 부활 이후에 읽게 되는 부분은 예수님이 우리를 위해 이미 행하신 일들을 나타냅니다.

DAY 2

♥ 기억하기

어제 이야기 중에서 무엇을 기억하나요? 오늘은 어떤 이야기가 있을 것으로 생각하나요?

📖 성경 읽기 | 요한복음 20:19~23절

💬 깊이 생각하기

군인들은 예수님의 제자들이 시체를 훔쳐 갔다고 소문을 퍼뜨렸습니다. 그 소문이 퍼지자, 제자들은 두려워서 방문을 걸어 잠그고 숨어있었습니다. 아마도 이런 얘기를 나눴을 겁니다: "소문 들었지? 큰일 났네. 이제 어떡하지? 대제 사장들은 분명히 우리를 노리고 있을 거야. 군인들은 우리가 예수님의 시체를 훔쳤다고 소문을 퍼뜨리고 있단 말이야. 그 사람들이 우리가 시체를 훔치는 걸 봤다는 가짜 증인을 만들기는 식은 죽 먹기라고. 그러면 체포되고 감옥에 갇히게 될 거야."

제자들이 그렇게 모여서 얘기하고 있을 때, 예수님이 닫힌 문을 여시고 그 자리로 들어오셔서 제자들을 화들짝 놀라게 하셨습니다. 누가가 기록하길 제자들은 예수님을 어떤 영이나 귀신 정도로 생각했습니다(눅 24:37절). 그러나 예수님이 그분의 두 손과 옆구리를 보이고 만지게 하자, 제자들은 예수님이 실제로 살아나셨다는 사실을 확실히 알게 되었고 기뻐했습니다. 그런 후에, 예수님은 제자들에게 복음을 온 세상에 전하라는 명령을 내리십니다.

💬 이야기하기

누군가 갑자기 방으로 들어와서 깜짝 놀랐던 경험이 있나요? 그때 어떤 기분이었나요?
(아이들이 이런 경험을 떠올릴 수 있게 도와주세요. 이것을 통해 아이들은 제자들이 놀랐던 상황을 보다 실제처럼 느낄 수 있을 겁니다.)

예수님은 왜 제자들에게 두 손과 옆구리를 보여주셨나요?
(제자들 눈앞에 있는 예수님이 영이나 귀신이 아니라 실제로 다시 살아나신 분이라 걸 믿게 하려고 그렇게 하셨습니다. 누가복음 24:41~43절에는 제자들에게 그곳을 만져보게 하셨고, 그들과 더불어 아침 식사를 하셨다고 기록되어 있습니다.)

하나님은 왜 예수님의 상처 난 몸에 흉터를 남겨두셨을까요?
(부모님은 자녀들이 생각해 보고 어떤 대답이라도 하게 도와주세요. 예수님은 이미 그 못 자국을 사용해서 제자들이 그분의 부활을 믿게 하셨습니다. 우리가 먼 훗날 천국에서 예수님을 만났을 때, 그분의 못 자국과 창 자국 때문에 우리는 예수님이 우리를 위해 십자가에서 이루신 일을 기억하게 될 겁니다.)

✋ 기도하기

예수님의 몸에 흉터를 남기심으로 그분이 하신 일을 우리가 떠올리고 기억하게 하신 하나님을 찬양하세요. 찬송가 25장 "면류관 벗어서"를 함께 부르세요. 2절 가사에서 예수님의 상처를 어떻게 말하고 있는지 찾아보세요.

DAY 3

♥ 예수님께 연결하기

오늘은 이번 주 성경 이야기를 복음과 연결해 보는 날입니다. 복음은 우리를 구원하신 예수님의 생명과 죽음, 그리고 부활입니다. 이번 주 성경 이야기가 어떻게 복음과 연결되는지 깊이 생각해보세요.

📖 성경 읽기 | 요한복음 20 : 24 ~ 29절

💬 깊이 생각하기

사람들은 볼 수 없어서 의심이 들 때, "보는 것이 믿는 것이다" 라는 유명한 말을 합니다. 예를 들어, 친구가 집으로 오는 길에 10만 원짜리 수표를 주웠다고 한다면, 아마도 이럴 겁니다. "봐야 믿지, 실제로 줍는 걸 못 봤잖아, 지금 그 수표를 보여 주면 믿을게." 그러나 꼬깃꼬깃해진 10만 원짜리 수표를 주머니에서 꺼내 눈앞에 내민다면, 그 말을 바로 믿을 겁니다. 이런 일이 도마에게 벌어졌습니다. 도마는 자신의 두 눈으로 예수님을 직접 보지 않으면 절대로 그분이 다시 살아나셨다는 사실을 믿을 수 없다고 했습니다. 하지만 예수님은 도마 앞에 자신의 모습을 보이심으로, "보는 것이 믿는 것이다" 는 생각을 흔드셨습니다. 예수님은 이렇게 말씀하셨습니다. "너는 나를 본 고로 믿느냐 보지 못하고 믿는 자들은 복되도다" (29절).

예수님은 이제 더 이상 이 땅에서 우리와 함께 계시지 않습니다. 그분은 아버지가 계신 천국으로 올라가셨습니다. 현재를 사는 우리는 모두 예수님이 필요하고 그분을 믿어야 합니다. 믿음이란 볼 수 없는 것을 의지하며 신뢰하는 마음 혹은 태도입니다. 우리가 예수님을 직접 눈으로 볼 수는 없지만 그분을 믿는다면, 예수님의 말씀처럼, 우리에게는 복이 있을 겁니다. 성경을 통해 믿음은 오직 하나님만이 주실 수 있는 선물이라는 걸 알고 있습니다(엡 2:8절). 그렇기 때문에 하나님께 날마다 믿음을 달라고 기도하는 것이 우리가 구해야 할 매일의 기도 제목 가운데 하나가 되어야만 합니다.

💭 이야기하기

도마는 왜 믿지 않았나요?
(도마는 예수님이 제자들과 만나던 그 때 그 자리에 없었습니다. 도마는 직접 예수님을 보지 못했기 때문에 믿을 수가 없다고 말했습니다.)

주님이 도마 앞에 나타나셨을 때, 도마에게는 어떤 일이 벌어졌나요? (도마는 믿었습니다.)

도마는 예수님을 어떻게 불렀나요? (도마는 예수님을 나의 주님이시요 나의 하나님이라고 했습니다. 이 장면은 예수님을 하나님이라고 불렀던 몇 안 되는 장면들 가운데 하나입니다. 만약 도마의 이 고백이 사실이 아니었다면, 예수님은 도마를 꾸짖어야만 했습니다. 그러나 예수님은 그렇게 하지 않으시고 오히려 도마를 칭찬하셨습니다.)

🙏 기도하기

우리 가족 모두가 예수님을 믿고 그분을 따르게 해 달라고 하나님께 간구하세요.

259

DAY 4

♥ 기억하기

이번 주 성경 이야기를 통해서 하나님은 우리에게 무엇을 가르치시나요?

📖 성경 읽기 | 요한복음 20:30~31절

💬 깊이 생각하기

예수님이 도마에게 하신 마지막 말씀은 "너는 나를 본 고로 믿느냐 보지 못하고 믿는 자들은 복되도다" 였습니다 (요 20:29절). 오늘을 사는 우리에게 가장 슬픈 소식은 천국에 올라가 예수님과 함께 거할 때까지는 그분을 직접 볼 수 없다는 것입니다. 그러나 기쁜 소식은 하나님이 그분의 모든 이야기를 우리가 읽고 믿을 수 있게 기록으로 남겨 두셨다는 것입니다.

하나님의 살아계신 말씀이신 예수님은 그분의 못 자국 난 손을 보여주셔서 도마가 믿게 하셨습니다. 비록 우리 곁에는 그 손을 보여줄 예수님이 계시지 않지만, 어떤 일이 벌어졌는지에 대해 설명해 줄 수 있는 놀라운 증인들이 분명히 있습니다. 예수님이 보내신 성령님은 우리에게 예수님이 자신을 누구라고 말씀하셨는지를 이해하게 도와주시는 분입니다(요 15:26절). 사도 바울은 성경에 기록된 복음 이야기가 "모든 믿는 자에게 구원을 주시는 하나님의 능력" 이라고 했습니다(롬 1:16절). 히브리서 기자가 말하길 성경은 살아 있는 책으로써 우리의 마음을 쪼개고 우리의 죄를 드러내며 우리로 하여금 믿게 한다고 했습니다(히 4:12절).

🗣 이야기하기

부모님은 하나님께서 어떻게 성경을 사용하셔서 부모님의 믿음이 자라도록 도움을 주셨는지 얘기해 주세요.
(하나님의 말씀을 공부하거나 설교 등을 통해 어떤 영향을 받았었는지 생각해 보세요. 먼 과거를 떠올릴 필요도 없이 지난 두 주간 동안 자녀들과 함께 예수님의 죽음과 부활에 대해 성경을 읽고 예배를 드렸던 시간을 생각해 보는 것만으로도 충분할 겁니다.)

요한은 왜 하나님이 우리에게 성경을 주셨다고 말했나요?
(요한은 성경이 쓰인 이유를 우리가 예수님은 그리스도시고 하나님의 아들이라는 사실을 믿는데 도움을 주기 위해서라고 했습니다.)

요한은 믿는 사람들은 무엇을 갖게 될 거라고 말했나요?
(필요하다면 오늘 본문을 다시 한번 읽으세요. 그리고 아이들이 답을 찾으면 손을 들어서 맞추게 해 주세요. 요한은 예수님의 이름을 힘입어 생명을 얻게 될 거라고 했습니다. 그것은 하나님과 함께 천국에서 영원히 사는 것을 말합니다.)

🙏 기도하기

성경을 사용해서 우리가 믿음을 가지고 예수님의 이름을 힘입어 생명을 얻게 해 달라고 하나님께 간구하세요.

DAY 5

♥ 발견하기

오늘은 다른 성경 본문을 보는 날입니다. 시편이나 예언서에서 예수님 혹은 우리의 구원에 대해 배울 수 있습니다.

📖 성경 읽기 ｜ 시편 80편

💬 깊이 생각하기

예수님은 구약 성경이 어떻게 자신을 가리키고 있는지 설명하셨습니다. 다음 설명을 읽기 전에, 오늘 시편에서 우리 가족이 예수님을 찾을 수 있는지 살펴보세요.

시편 80편에서 말하는 우리를 구하러 오는 목자는 예수님을 나타냅니다. 예수님은 자신이 양 떼를 지키기 위해 기꺼이 목숨을 바치는 선한 목자라고 하셨습니다(요 10:11~15절). 예수님은 또한 자신을 인자라고 하셨는데 그와 동일한 이름을 아삽이 17절에서 사용했습니다. 오늘 시편에서 아삽은 세 번이나 하나님의 얼굴빛을 그분의 백성들에게 비춰달라고 간구했습니다. 우리는 하나님이 그분의 아들이신 예수님을 이 땅에 보내심으로 아삽의 기도에 응답하셨다는 것을 압니다. 예수님은 말씀하셨습니다. "나는 세상의 빛이니" (요 8:12절). 언젠가 우리가 천국에 갔을 때, 우리에게는 어떤 빛도 필요하지 않을 겁니다. 왜냐하면 예수님이 우리의 빛이 되시고 그 빛은 우리를 비출 것이기 때문입니다(계 21:23절).

💭 이야기하기

구원하시는 목자로 하나님을 묘사할 때, 우리는 그 시편이 예수님에 대해서 말하고 있다는 걸 어떻게 아나요?
(예수님은 우리에게 자신을 선한 목자라고 말씀하셨습니다.)

이스라엘을 구원해 달라는 아삽의 기도에 하나님은 어떻게 응답하셨나요?
(하나님 아버지는 우리를 구원하시려고 그분의 아들 예수님을 보내셨습니다.)

오늘 시편에서 아삽이 세 번이나 반복했던 구절은 무엇이었나요?
(아삽은 "주의 얼굴빛을 비추사 우리가 구원을 얻게 하소서" 라는 문구를 세 번 반복했습니다.)

🙏 기도하기

이 세상과 천국의 빛이신 예수님을 찬양하세요. 그리고 아삽의 기도에 응답하셔서 우리를 구원하신 하나님께 감사하세요.

또 한 번 기적으로 물고기를 낚게 하시다
Another Miraculous Catch

이야기 119 – 컬러 스토리 바이블

오늘 활동을 하려면 곰 인형과 약간의 쿠키가 필요합니다. 곰 인형과 쿠키를 아이들 앞에 두시고 아이들에게 곰 인형이 쿠키를 먹을 수 있겠냐고 질문해 주세요. 아이들은 아마도 못 먹는다고 대답할 겁니다. 그러면 왜 그렇겠냐고 다시 물어보세요. 아이들은 곰 인형은 진짜로 살아 있는 게 아니기 때문에 먹을 수가 없다고 대답할 겁니다. 마지막으로, 곰 인형이 손을 뻗어서 쿠키를 집어 먹는다면 어떻겠냐고 물어보세요. 아이들의 대답을 들은 후에, 예수님이 죽음에서 살아나신 후에, 유령이나 귀신이 아니라 진짜로 살아나셨다는 것을 확인시켜 주시려고 제자들과 함께 식사하셨다고 설명해 주세요.

DAY **1**

♥ 상상하기

어부들이 어떻게 일하는지 상상해 봅시다 — 매일 새벽마다 배에 그물을 싣고, 바다(호수) 한가운데로 노를 저어 갑니다. 도착한 지점에 그물을 던져 넣고 기다립니다. 그리고 물고기가 잡히면 온 힘을 다해서 그물을 끌어 올려 잡은 물고기를 배에 싣습니다. 만선을 이룬 배를 부두에 댄 다음, 잡아 온 물고기를 분류하고 그물을 말려야 합니다. 그렇게 한 후에야 허기를 달래고 잘 수 있습니다. 어부들은 학교에 다니거나 다른 일을 할 틈이 없습니다. 예수님이 죽은 후에, 어부였던 제자들은 고기잡이를 다시 할 수밖에 없었습니다. 고기잡이는 그들이 할 줄 아는 유일한 일이고 전부였습니다.

📖 성경 읽기 | 요한복음 21:1~4절

💬 깊이 생각하기

부활하신 후에 예수님은 제자들에게 모습을 드러내셨습니다. 그러나 이전처럼 제자들과 함께 생활하거나 머물지는 않으셨습니다. 제자들과 잠시 만나시곤 곧 어딘가로 다시 사라지셨습니다. 제자들이 왜 그런 예수님을 믿기가 어려웠는지 충분히 이해가 될 겁니다. 제자들은 혼란스러웠고, 의문투성이였던 게 분명합니다. "정말 예수님이야?" 그들은 뭘 어떻게 해야 할지 몰랐습니다. 그래서 원래 자기들이 하던 일터로, 삶의 자리인 고기잡이배로 돌아갈 수밖에 없었습니다. 그물을 던지는 게 그들에게는 가장 익숙하고 잘할 수 있는 일이었습니다. 예수님이 바닷가에서 모습을 다시 드러내셨을 때, 제자들은 처음엔 그분을 알아보지 못했고, 그들이 사람을 낚는 어부가 될 거라는 말씀은 전혀 기억하지 못 하고 있었습니다.

💭 이야기하기

몇 명의 제자들이 고기잡이하러 갔나요?
(베드로, 도마, 나다나엘, 야고보와 세배대의 아들 요한 그리고 이름을 알 수 없는 두 명의 제자들, 총 7명이었습니다.)

제자들은 왜 처음엔 예수님을 알아보지 못했나요?
(제자들은 그 바닷가에 예수님이 계실 거라고는 눈곱만큼도 생각하지 못했습니다. 예수님이 돌아가신 후 그들은 그분을 거의 잊었던 것 같습니다. 게다가 제자들 가운데 일부는 그분이 정말로 살아나셨다고 여전히 믿지 못하고 있었을 겁니다.)

밤새도록 고기잡이를 했으나 아무 소득이 없었던 제자들의 기분은 어땠을까요?
(가장 능숙하고, 오래 해 왔던 일에서 아무런 소득 없이 헛수고했을 때, 그들은 무력해지고, 되는 게 하나도 없다는 생각을 했을 겁니다. 그들의 삶은 예수님과 함께하면서 완전히 달라졌습니다. 그런데 예수님은 지금 그들 곁에 계시지 않습니다. 예수님의 부활을 알았지만, 제자들은 그게 무슨 의미인지 제대로 알지 못했습니다.)

🙏 기도하기

우리가 예수님을 찾지 않았음에도 불구하고 우리를 먼저 찾아주신 예수님께 감사하세요.

DAY 2

♥ 기억하기

어제 이야기 중에서 무엇을 기억하나요? 오늘은 어떤 이야기가 있을 것으로 생각하나요?

📖 성경 읽기 ㅣ 요한복음 21:5~14절

💬 깊이 생각하기

제자들은 밤새 고기잡이를 했으나 실패했습니다. 그들은 너무나 낙심해서 바닷가에 계신 예수님을 보고도 그분이 누구신지를 알아차리지 못했습니다. 제자들은 예수님이 "얘들아" 하고 부르셨을 때도 그분이 누구신지 몰랐습니다. 그리고 예전에도 그물을 배 오른편으로 던지라는 말을 들은 적이 있었지만, 그렇게 말씀하시는 예수님을 의심하며 불신했습니다. 하지만 말씀대로 그물을 던지고, 그물이 물고기로 가득해지자 그때야 비로소 그분이 누구신지를 깨달았습니다. 누구나 그물을 던지라고 말할 수는 있습니다. 그러나 오직 예수님만이 그물을 물고기로 가득 채우실 수 있습니다!

🗨 이야기하기

제자들 가운데 누가 제일 먼저 예수님을 알아봤나요?
(자신을 "예수님께서 사랑하시는 제자"[7절] 라고 했던 요한이 가장 먼저 예수님을 알아봤습니다.)

왜 제자들은 물고기를 그물이 찢어지도록 잡고 나서야 예수님을 알아볼 수 있었나요?
(우선, 이전에도 예수님은 같은 일을 하신 적이 있습니다. 제자들이 물고기를 낚지 못하고 완전히 실패했을 때 그물을 다시 한번 던지라고 하셨습니다. 그리고 밤새도록 그물을 던졌으나 물고기를 한 마리도 잡지 못했던 어부들에게 말 한마디로 그물이 찢어지도록 물고기를 낚게 했다는 건 기적이었습니다. 물고기들을 그물로 들어가게 하실 수 있는 분은 하나님 말고는 없습니다. 그래서 제자들은 바닷가에 계신 분이 예수님이란 걸 깨달았습니다.)

예수님이 음식 드시는 모습을 보면서 제자들은 그분의 부활을 어떻게 확신하게 되었나요?
(우리가 아는 누군가가 죽었다가 눈앞에 다시 나타났다면, 아마도 귀신이나 헛것을 본 거로 생각할 겁니다. 그런데 그 사람이 눈앞에서 음식을 먹는 걸 본다면, 죽은 게 아니라 진짜로 살아있다고 확신하게 될 겁니다.)

🤲 기도하기

제자들의 고기잡이에서 기적을 일으키시고 곁에서 그들을 돌보신 하나님을 찬양하세요. 우리를 홀로 두지 않으시는 예수님을 찬양하세요. 우리와 함께 식사하시는 건 아니지만, 예수님은 언제나 우리와 동행하시고 함께 하십니다.

DAY 3

♥ 예수님께 연결하기

오늘은 이번 주 성경 이야기를 복음과 연결해 보는 날입니다. 복음은 우리를 구원하신 예수님의 생명과 죽음, 그리고 부활입니다. 이번 주 성경 이야기가 어떻게 복음과 연결되는지 깊이 생각해보세요.

✝ 성경 읽기 ┃ 요한복음 21:15~23절

💬 깊이 생각하기

예수님이 체포되시기 몇 시간 전에, 베드로는 모든 사람이 다 예수님을 배신해도 자신은 죽기까지 그분 곁을 지킬 거라고 호언장담했습니다(눅 22:33절). 그러나 예수님이 체포되시자, 베드로는 도망쳤습니다. 우리처럼, 베드로도 자신의 죄 때문에 징계를 받아야만 했습니다. 하나님은 그런 베드로를 꾸짖거나 심판하지 않으시고, 베드로 대신 예수님께 그렇게 하셨습니다. 그래서 베드로는 완전히 용서받을 수 있었습니다. 오늘 이야기에서, 예수님은 베드로를 그분의 사역으로 초대하시면서 하나님의 어린 양을 먹이라고 말씀하셨습니다. 예수님을 세 번 부인했던 베드로에게 주님은 그분의 어린 양을 먹이라고 똑같이 세 번 명령하셨습니다. 우리가 이 이야기를 읽을 때, 우리 자신을 베드로라고 생각해야 합니다. 예수님은 우리에게 질문하십니다. "네가 나를 사랑하느냐?" 우리가 "네"라고 대답하고 정말로 그분을 사랑하며 믿고 따른다면, 우리도 베드로처럼 모든 죄를 용서받을 겁니다.

💬 이야기하기

베드로는 예수님이 체포되시던 밤에 그분을 몇 번이나 부인했나요? (세 번)

예수님은 베드로에게 그분의 어린 양을 먹이고 돌보라고 몇 번 말씀하셨나요?
(베드로가 세 번 부인했던 것처럼, 예수님도 세 번 반복해서 명령하셨습니다. 아마도 예수님은 베드로가 주님의 사역에 동참하라고 초청받았다는 사실을 깨닫기 원하셨던 것 같습니다.)

베드로는 세 번의 같은 질문에 대답하면서 자신의 믿음을 어떻게 보였나요? (베드로는 예수님이 하나님이시고 모든 것을 아신다는 사실을 깨달았습니다. 그래서 이렇게 말했습니다. "주님 모든 것을 아시오매 내가 주님을 사랑하는 줄을 주님께서 아시나이다" 예수님은 그가 진심으로 그분을 사랑하는 것을 아셨기에 "내 양을 먹이라"고 말씀하셨습니다.)

죄인인 우리에게 오늘 이야기는 어떤 희망을 주나요? (베드로는 분명히 예수님을 부인했습니다. 심지어 저주하며 맹세까지 했습니다[막 14:71절]. 그런 베드로에게 예수님은 그분의 어린 양을 맡기셨습니다. 예수님이 베드로를 용서하시고 그분의 소중한 어린 양을 돌보게 하실 정도로 신뢰해 주셨다면, 우리 또한 그분의 용서와 신뢰를 받았다는 확신을 가질 수 있습니다. 그리고 우리에게 그분의 소중한 교회를 맡겨 주셨다는 걸 알 수 있습니다.)

🤚 기도하기

우리가 지은 모든 죄를 용서해 달라고 기도하세요. 그리고 하나님의 교회를 세우고 돌보는 데 우리를 사용해 달라고 간구하세요.

DAY 4

♥ 기억하기

이번 주 성경 이야기를 통해서 하나님은 우리에게 무엇을 가르치시나요?

📖 성경 읽기 ┃ 요한복음 21:24~25절

💬 깊이 생각하기

우리가 모르는 예수님에 대한 이야기가 수백, 심지어 수천 개나 있다는 사실을 알고 있나요? 요한이 전해주는 이야기는 예수님이 이 땅에서 살아가시면서 행하신 일들 가운데 극히 일부분에 지나지 않습니다. 우리가 천국에 가는 날, 예수님이 하신 모든 일에 대해 듣게 될 겁니다. 어떤 사람들은 천국을 아무것도 하지 않고 그냥 둥둥 떠다니는 공간이나 장소로 생각합니다. 그러나 천국에는 우리가 해야 할 일이 넘쳐날 것이고, 들어야 할 놀라운 이야기가 셀 수 없이 많을 겁니다. 예수님은 수천 명의 사람을 고치셨고 우리는 그들 각 사람의 이야기를 전부 다 듣게 될 겁니다. 게다가 그 사람들 대부분을 만나게 될 겁니다. 그러고 나서 예수님께 돌아와 그분이 하신 엄청난 일들 때문에 경배하고 찬양할 겁니다.

🗨 이야기하기

부모님은 자녀들에게 이제까지 한 번도 들려준 적이 없는 어릴 적 이야기를 들려주세요.
(자녀들에게 해 준 적이 없는 어릴 적의 매우 재밌었던 이야기를 생각해 보세요. 그러면서 우리가 전혀 들어본 적 없는 예수님에 대한 이야기를 천국에서 전부 다 듣게 될 거라고 다시 한번 얘기해 주세요.)

요한이 말하길 자신이 기록한 모든 것들이 사실임을 알게 될 건데, 그 이유는 바로 자기 자신이 증인이기 때문이라고 했습니다. 증인은 무엇인가요? (증인은 어떤 사건이나 일을 직접 목격한 사람입니다. 예를 들면, 어떤 범죄가 발생했을 때, 경찰은 그 사건을 목격한 증인이 있는지 없는지를 가장 먼저 찾습니다.)

요한은 예수님이 하신 일들을 기록하려면 몇 권의 책을 써야 한다고 했나요?
(자녀들이 어리다면, 오늘 성경 구절을 다시 한번 읽어 주시고, 듣다가 답을 찾으면 손을 들어 대답하게 해 주세요: 요한은 이렇게 말했습니다. "낱낱이 기록된다면 이 세상이라도 이 기록된 책을 두기에 부족할 줄 아노라")

만약 예수님이 우리를 위해서 하신 일들을 기록으로 남긴다면, 무엇을 쓰고 싶은가요?
(자녀들이 예수님이 하신 일들을 기억하게 도와주세요. 자녀들 한 명 한 명을 위해서 돌아가셨고, 성경을 주셔서 그분을 알게 하셨으며, 우리를 둘러싼 아름다운 세상을 주셨습니다. 게다가 예수님은 하나님이시기에, 우리가 가진 모든 좋은 것들을 선물로 주셨습니다.)

🙏 기도하기

마지막 질문의 대답을 생각하면서 예수님이 베풀어 주신 것들에 감사하는 시간을 가지세요.

DAY 5

♥ 발견하기

오늘은 다른 성경 본문을 보는 날입니다. 시편이나 예언서에서 예수님 혹은 우리의 구원에 대해 배울 수 있습니다.

📖 성경 읽기 | 이사야 32:1~4절

💬 깊이 생각하기

평범한 사람은 도저히 할 수 없는 일들을 담고 있는 예언서를 읽을 때, 저자들은 대개 예수님에 대해 말하고 있는 겁니다. 예를 들어, 오늘 구절은 공의로 다스리는 왕에 대한 내용입니다. 그런데 오직 예수님만이 완전한 선함과 공의로 통치하실 수 있는 왕이십니다. 다른 모든 왕은 우리와 마찬가지로 죄인입니다. 그래서 이사야가 말하는 완전하고 전혀 흠이 없는 왕은 예수님밖에 없다는 걸 알 수 있습니다.

💭 이야기하기

예수님은 무엇 때문에 하나님의 백성을 다스렸던 다른 모든 왕과 구별되나요?
(예수님만이 공의로 통치하십니다. 즉 그분만이 전혀 죄가 없습니다. 다른 모든 왕은 죄인이고 심지어 일부는 매우 사악했습니다.)

이사야는 공의로운 왕이 다스리는 시대에 눈이 가려져, 깨닫지 못하는 사람들을 위해 하나님이 무엇을 하실 거라고 말했나요?
(이사야는 그날에, 눈이 열려서 보고 깨닫게 될 거라고 했습니다.)

사람들이 보고 듣고 깨닫는 데 있어서 가장 중요한 것은 무엇인가요?
(부모님은 자녀들이 "복음"을 답으로 찾을 수 있게 도와주세요. 예수님이 십자가에서 돌아가시고 모든 믿는 사람들이 죄에서 용서받게 되었습니다. 죄 때문에, 우리는 하나님의 공의로우신 왕에 대해 눈이 가려지고, 그분의 진리를 깨닫지 못하게 되었습니다. 그러나 하나님의 영이 말씀으로 우리의 눈을 뜨게 하셔서 우리가 예수님을 알게 되고, 그분이 우리를 위해서 완성하신 일들을 깨닫게 하셨습니다.)

🤲 기도하기

공의의 왕으로서 모든 일을 완전하게 이루신 예수님을 찬양하세요. 혹시 아직도 예수님을 믿지 않아서 진리를 모르는 가족이나 친구가 있다면, 하나님께서 그들의 눈을 열어서 예수님을 만나고 믿을 수 있게 해 달라고 기도하세요.

지상명령
The Great Commission

이야기 120 – 컬러 스토리 바이블

지구본이나 세계 지도를 준비하세요. 그리고 자녀들이 너무 어리다면 예루살렘이 어디인지 찾아주시고 아니면 직접 찾아보게 해 주세요. 그런 다음 이집트를 찾아보고 예루살렘과 약 320km 떨어진 곳이라고 설명해 주세요. 그 거리는 모세가 살던 시대에 이스라엘 민족이 이집트를 탈출하면서 걸었던 거리입니다. 이제 지도에서 우리가 어디에 있는지 찾아보세요. 그리고 예수님이 전하신 메시지가 얼마나 먼 거리를 지나서 오늘 우리에게 전해졌는지를 자녀들에게 확인시켜 주세요. 이번 주에, 우리는 온 세상에 복음을 전하라는 예수님의 명령에 대해서 배울 겁니다.

DAY 1

♥ 상상하기

기네스북은 어떤 특이한 것들에 대한 세계 최고의 기록을 열거해 놓은 책입니다. 예를 들어, 작은 자동차 위에 머리로 중심을 잡고 서 있는 사람, 살아 있는 방울뱀 열 마리의 꼬리를 붙잡고 있는 사람, 28개의 농구공을 동시에 돌리는 남자 등이 그 목록에 있습니다. 사람들이 이런 모습을 사진으로 볼 때, 이렇게 말하곤 합니다. "도저히 믿을 수 없어!" 그런데 기네스북에 올라간 그 어떤 기록보다 가장 놀라운 것은 바로 예수님이 무덤에서 다시 살아나신 사건이었습니다. 아무도 그 이전에는 절대 하지 못했고, 그 이후로도 결코 할 수 없었습니다. 그래서 사람들이 그 사건을 믿지 못하는 겁니다. 심지어 제자들 가운데 일부는 자신들 앞에 예수님이 여러 번 나타나셨지만, 그 부활을 믿지 못했습니다.

📖 성경 읽기 | 마태복음 28:16～17절

💬 깊이 생각하기

부활하신 후에 적어도 두 번, 예수님이 모든 제자 앞에 나타나셨지만, 그들 가운데 일부는 여전히 그 사실을 믿기 어려웠습니다. 제자들은 예수님이 왕이 되실 거로 생각했었다는 걸 기억하세요. 그런데 체포되실 때, 전혀 저항도 하지 않으시고, 일개 죄인으로 처형당하시자, 제자들은 혼란스러웠습니다. 그들은 예수님이 과거 이스라엘의 영광을 복원하실 거란 희망을 품고 있었습니다.

예수님은 사역하시면서, 병든 자를 고치시고 물 위를 걸으셨으며 오병이어의 기적을 일으키셨습니다. 그런데 체포되는 순간에는 아무것도 하지 않으셨습니다. 예수님 자신이 고통받고 죽임당해야만 한다는 그분의 말씀을 제자들은 이해하지 못했습니다. 또한 우리 대신 십자가에서 돌아가심으로 우리를 죄의 대가에서 구원하시려는 하나님의 계획도 도저히 깨달을 수가 없었습니다. 그렇기 때문에 제자들이 왜 그렇게 믿지 못하고 계속 의심했는지 그 이유를 조금은 알 수가 있습니다.

🗣 이야기하기

도저히 믿기 어려운 이야기를 들어본 적이 있나요?

(자녀들이 너무 어리거나 알맞은 대답을 하지 못한다면 도와주시는 게 좋습니다. 예를 들어, 자녀들이 갓 태어나거나 아주 어렸을 적에 얼마나 작았는지를 알 수 있는 자료나 기록을 보여줄 수 있습니다. 또한 부모님 어린 시절에는 상상도 못했던, 그러나 지금은 너무 흔하고 당연하게 여겨지는 놀라운 발명품들을 생각해서 알려주세요.)

몇몇 제자들은 왜 예수님의 부활을 믿기가 어려웠을까요?

(이제껏 사람이 죽었다가 살아났다는 이야기를 들어본 적이 없었고, 예수님이 부활하셨을 때에는 못 자국을 제외한 모든 상처가 나은 상태였기 때문입니다. 그것은 무작정 믿기에는 너무 놀랍고 그냥 받아들이기가 힘들었을 것입니다.)

제자들은 왜 예수님을 경배했나요?

(제자들은 예수님이 하나님이심을 깨달았습니다. 오직 하나님 외에는 그 어떤 대상도 경배해서는 안 됩니다.)

🙏 기도하기

우리 가족 모두가 예수님이 우리 죄를 해결하시려고 십자가에서 돌아가시고 부활하셨다는 사실을 믿게 해 달라고 하나님께 기도하세요. 그리고 우리가 오직 예수님을 믿고 따르게 해 달라고 도움을 구하세요.

DAY 2

♥ 기억하기

어제 이야기 중에서 무엇을 기억하나요? 오늘은 어떤 이야기가 있을 것으로 생각하나요?

📖 성경 읽기 | 마태복음 28:18~20절

💬 깊이 생각하기

십자가에서 돌아가시고 부활하심으로 죄와 사망을 이기신 예수님은 이 위대한 승리의 메시지를 전하기 위해 제자들을 세상에 보낼 준비를 하셨습니다. 보통 오늘 읽은 성경구절을 예수님의 지상명령이라고 합니다. "명령"이란 말은 중요한 역할이나 임무를 부여한다는 뜻입니다. 이 명령(중요한 임무)은 위대했습니다. 왜냐하면 이제까지 하나님이 사람에게 부여하셨던 가장 중요한 역할들 가운데 하나였기 때문입니다. 예수님은 제자들에게 온 세상에 그분의 이야기를 전하고, 그 이야기를 믿는 사람들을 제자 삼으라고 하셨습니다. 예수님의 복음이 예루살렘에서 시작되어 세상으로 전해졌지만, 여전히 예수님에 대해 전혀 들어본 적이 없는 수십억 명의 사람들이 살고 있습니다.
예수님의 지상명령은 아직 완성되지 않았습니다. 복음을 한 번도 들어보지 못한 수많은 사람이 있습니다. 그리고 어떤 사람들은 자신들의 언어로 된 성경을 갖고 있지 않습니다. 이런 사람들에 대해 좀 더 알고 싶다면, 인터넷에서 "미전도 종족(unreached people groups)"이란 말로 검색해 보세요. 지상명령은 지금도 진행 중이고, 해야 할 일들이 정말 많다는 사실을 알게 될 겁니다.

🗣 이야기하기

예수님은 제자들에게 어떤 임무를 주셨나요?
(예수님은 세상에 복음을 전하고 믿는 사람들을 제자 삼으라고 하셨습니다.)

제자들은 그들이 전한 소식을 믿는 사람들에게 무엇을 해야 했나요?
(예수님은 믿고 제자가 된 사람들에게 세례[침례]를 베풀고 그분의 말씀과 명령을 가르치라고 하셨습니다.)

예수님은 누가 그들과 함께 할 거라고 말씀하셨나요?
(예수님이 마지막 날까지 함께 하겠다고 하셨습니다. 이 말은 우리가 사람들에게 예수님을 전하고 복음을 전할 때 그 자리에 함께하신다는 뜻입니다.)

우리는 지상명령에 어떻게 동참할 수 있을까요?
(주변 사람들에게 복음을 전하고 하나님의 말씀을 듣는 기회를 얻도록 교회로 초대할 때, 우리도 지상명령에 동참하는 것입니다. 또한 우리가 각 사람에게 예수님을 가르치고, 복음이 전해지는 일에 돈과 힘을 아끼지 않을 때도 그렇습니다.)

🙏 기도하기

우리가 자신만을 위해 살지 않고 지상명령을 수행하며 복음을 전하는 삶을 살게 해 달라고 기도하세요.

DAY 3

♥ 예수님께 연결하기

오늘은 이번 주 성경 이야기를 복음과 연결해 보는 날입니다. 복음은 우리를 구원하신 예수님의 생명과 죽음, 그리고 부활입니다. 이번 주 성경 이야기가 어떻게 복음과 연결되는지 깊이 생각해보세요.

📖 성경 읽기 ┃ 누가복음 24:46~49절

💬 깊이 생각하기

정말 새롭고 신기한 진리를 배웠을 때, 혹은 대통령이나 유명인과 악수한 후 너무 흥분되고 가슴이 두근거렸을 때처럼 복음을 듣고 제대로 이해하게 되면, 우리는 그것을 다른 사람들에게도 전하고 싶어집니다. 그러나 전부 통틀어서 가장 흥분되는 소식은 예수님이 우리를 죄에서 자유롭게 하시려고 십자가에서 돌아가시고 사흘 만에 무덤에서 다시 살아나심으로 승리를 이루신 것입니다. 복음이 얼마나 놀라운 이야기인지를 알게 되면, 다른 사람들에게 그 소식을 전할 수밖에 없을 정도로 도저히 혼자만 알고 있을 수는 없습니다.

이번 주 초에 우리는 마태복음에서 지상명령을 읽었고, 오늘 그것을 누가복음에서도 읽었습니다. 오늘 구절에서, 예수님은 제자들을 모든 족속에게 보내지만 먼저 성령님이 오셔서 능력을 주실 때까지 기다려야 한다고 말씀하셨습니다. 그렇게 성령의 능력을 입은 후에야 제자들은 두려움 없이 세상에 복음을 전할 수 있었습니다.

《💬 이야기하기

예수님은 제자들에게 세상에 무엇을 전하라고 하셨나요?
(예수님은 제자들에게 그분의 죽음과 부활, 그리고 그것 때문에 우리 죄가 모두 용서받았다는 소식을 세상 사람들에게 전하라고 하셨습니다.)

예수님은 제자들을 누구에게 보내겠다고 하셨나요?
(예수님은 복음이 모든 족속에게 전해져야 한다고 하셨습니다.)

예수님은 제자들이 무엇을 기다려야 한다고 하셨나요?
(하나님이 약속하신 것을 기다려야 하는데, 그것은 하늘로부터 내려오는 능력이었습니다. 예수님은 성령님을 기다리라고 하신 것이었습니다.)

🙏 기도하기

아직 예수님을 모르고 믿지 않는 사람들에게 복음을 전할 용기와 능력을 달라고 하나님께 간구하세요.

DAY 4

♥ 기억하기

이번 주 성경 이야기를 통해서 하나님은 우리에게 무엇을 가르치시나요?

📖 성경 읽기 | 창세기 18:17~19절

💬 깊이 생각하기

우리는 예수님에 대한 이야기를 주로 신약 성경에서 읽었습니다. 그런데 오늘 읽은 구절이 창세기에 나오고 있어서 조금 놀랐을 수도 있을 겁니다. 그러나 지상명령의 시작은 하나님이 아브라함과 맺으신 언약부터였습니다. 하나님은 만민이 아브라함을 통해 복을 받게 될 거라고 하셨습니다. 예수님이 이 땅에 태어나시기 오래전에, 하나님은 아들이신 예수님을 이 땅에 보내서 십자가에 죽게 하심으로 모든 나라, 모든 사람의 죄를 용서하실 것을 계획하고 있었습니다. 하나님은 아브라함의 후손으로 예수님을 보내서 세우신 언약을 지키셨습니다. 아브라함은 먼 후손인 구원자 예수님을 통해 만민의 복이 되었습니다.

《🔊 이야기하기

부모님은 가족 중에서 복음을 전할 사람이 있는지 생각해 보고 자녀들에게 얘기해 주세요.
(가족 중에 예수님을 믿지 않는 분들이 있는지 생각해 보세요. 만약 모든 가족이 예수님을 믿는다면, 가까운 이웃이나 친척들을 소개해 주세요. 그들을 집이나 교회로 초대해서 함께 시간을 보내는 계획을 세워보는 것도 좋습니다.)

하나님은 아브라함을 통해 누가 축복받기를 원한다고 하셨나요?
(모든 만민이 축복받기를 원하셨습니다.)

하나님은 아브라함을 복의 근원이 되게 하겠다고 약속하셨습니다. 그 약속을 성취한 아브라함의 먼 후손은 누구인가요? (예수님)

하나님이 예수님을 통해 우리와 모든 사람에게 허락하신 축복은 무엇인가요?
(예수님이 우리에게 주신 복은 우리 죄가 용서받았고, 하나님과의 관계가 회복된 것입니다. 예수님은 이것을 이루시려고 죄인인 우리 대신 십자가에서 돌아가셨습니다. 예수님을 믿기만 하면, 누구나 하나님이 아브라함과 맺으신 언약대로 용서받고 그분의 자녀가 되는 은혜를 누리게 됩니다.)

🙏 기도하기

우리를 죄에서 구원하셔서 모든 나라와 모든 사람이 축복을 받게 하신 하나님의 놀라운 계획에 감사하고 그분을 찬양하세요.

DAY 5

♥ 발견하기

오늘은 다른 성경 본문을 보는 날입니다. 시편이나 예언서에서 예수님 혹은 우리의 구원에 대해 배울 수 있습니다.

📖 성경 읽기 ┃ 미가 5:4∼5절

💬 깊이 생각하기

미가의 예언은 예수님을 말하고 있습니다. 미가는 예수님이 베들레헴에서 태어나실 거라고 했습니다(2절). 오늘 읽은 구절에서 미가는 예수님을 가리켜 우리의 평강이 되시는 분이라고 말하고 있습니다. 예수님은 제자들에게 이렇게 말씀하셨습니다. "평안을 너희에게 끼치노니 곧 나의 평안을 너희에게 주노라 내가 너희에게 주는 것은 세상이 주는 것과 같지 아니하니라 너희는 마음에 근심하지도 말고 두려워하지도 말라" (요 14:27절).

예수님은 또한 자신을 선한 목자라고 하셨습니다(요 10:11절). 선한 목자이신 예수님은 우리에게 가장 위대한 평화, 즉 하나님과 화목하게 되는 평화를 가져다주셨습니다. 우리는 죄 때문에 하나님과 원수였습니다. 그러나 우리가 받아야 할 모든 징계를 예수님이 십자가에서 대신 받으시자, 우리의 모든 죄가 용서받게 되었습니다. 그래서 우리는 이제 더 이상 하나님의 원수가 아닙니다. 우리가 예수님을 믿으면, 하나님의 원수였던 우리가 그분의 자녀가 되고 천국에서 영원히 그분과 더불어 평화를 누리며 살아갈 수 있습니다. 하나님은 성령님을 우리에게 보내셔서 우리의 삶을 바꾸십니다. 그리고 그분의 말씀을 우리 마음에 새겨주십니다(렘 31:33절). 그렇게 하심으로 우리가 예수님을 닮아가게 하십니다(고후 3:18절).

🗨 이야기하기

미가는 예수님이 우리에게 무엇을 주실 거라고 했나요?
(미가는 베들레헴에서 태어날 이스라엘의 통치자가 평강을 가져다 줄 거라고 했습니다. 자녀들이 어리다면, 이 내용이 포함된 성경 본문을 다시 한번 읽다가 "평강" 이라는 단어가 나올 때 목소리를 바꿔서 자녀들이 정답을 찾을 수 있게 해 주시면 좋습니다.)

우리는 왜 하나님과 평화를 이루어야 하나요?
(우리는 죄인이기 때문에 하나님의 원수였습니다. 우리가 받아야 할 징계를 예수님이 십자가에서 대신 받으심으로 하나님과 우리의 관계를 회복시키셨습니다. 그래서 이제는 더 이상 하나님의 원수가 아닙니다.)

미가는 자신의 예언에서 이스라엘의 통치자를 목자로 표현합니다. 그것 때문에 우리는 그가 예수님에 대해서 말하고 있다고 생각할 수 있습니다. 왜 그럴까요?
(예수님은 자신을 선한 목자로, 우리를 그분의 보호와 인도를 받을 양 떼라고 하셨습니다.)

🙏 기도하기

예수님이 이 땅에 오시기도 전에 예수님을 통해서 우리를 구원하시고 우리와 평화를 이루실 놀라운 계획을 세우신 하나님을 찬양하세요.

승천
The Ascension

이야기 121 – 컬러 스토리 바이블

오늘 활동을 위해서 헬륨 풍선을 준비하세요. 우편엽서에 집 주소를 적고 투명한 비닐봉지나 케이스에 담아서 풍선에 붙이세요. 그리고 이 엽서를 발견한 사람에게 어디서 발견했는지 표시해서 적힌 주소로 다시 발송해 달라는 부탁의 메시지를 남기세요. 흥미로운 실험이 될 겁니다. 또한 거기에 우리 교회로 초청하는 메시지를 적을 수도 있습니다. (참고: 반드시 풍선 매듭은 손으로 꼭 묶어야 합니다. 리본이나 끈으로 묶어 꼬리가 길게 생기지 않게 하세요.) 라텍스 풍선은 자연 분해되지만, 꼬리에 묶인 리본이나 끈은 그렇지 않습니다. 게다가 끈이 치렁치렁 매달려 있으면 나무나 전선에 걸리기 쉽습니다.

아이들을 밖으로 데려가서 풍선을 날리게 하세요. 풍선이 하늘 높이 올라가 구름 사이로 사라질 때까지 바라보면서 예수님이 저렇게 승천하셨을 수도 있겠다고 얘기해 주세요. 어느 정도 시간이 흐른 뒤에, 혹시 누군가로부터 우편엽서를 받게 된다면, 풍선을 날렸을 때 함께 나눴던 대화와 예배를 아이들이 기억하는지 이야기 나누세요. 이번 주에 우리는 예수님이 제자들을 떠나 하나님 아버지가 계신 천국으로 올라가시는 것에 대해서 배울 겁니다.

DAY 1

♥ 상상하기

혹시 1, 2편으로 나뉜 영화를 본 적이 있나요? 대체로 2편은 다음 날이나 나중에 보는 편입니다. 두 편을 모두 보기에는 너무 많은 시간이 걸리기 때문입니다. 어떤 영화는 1편을 보고 나서 2편을 보기까지 일 년 혹은 그 이상이 걸리기도 합니다. 시리즈로 출간되는 책들도 그렇습니다. 다음에 어떤 일이 벌어질지 궁금해서 1편을 다 보자마자, 즉시 2편이 보고 싶어집니다. 그런데 2편이 출간되지 않으면, 그저 하염없이 기다려야만 합니다.

누가복음서와 사도행전이 그렇습니다. 누가는 데오빌로라는 사람을 위해서 자신의 첫 번째 책인 복음서를 썼습니다. 그리고 데오빌로는 누가의 두 번째 책인 사도행전을 하염없이 기다려야만 했습니다. 그리고 마침내 두 번째 책이 나왔을 때, 데오빌로는 예수님의 나머지 이야기를 읽게 되어서 매우 기대되고 설레였을 겁니다. 오늘 사도행전을 시작하면서, 그 책을 최초로 읽는 사람이 된 데오빌로가 어떻게 느꼈을지 한 번 상상해 보면 좋겠습니다.

📖 성경 읽기 | 사도행전 1:1~5절

💬 깊이 생각하기

어떤 사람들은 예수님이 다시 살아나셨다는 사실을 믿지 않았습니다. 누가는 예수님이 다시 살아나신 후에, 무려 40일 동안 사람들과 함께 다니심으로 그분의 부활이 실제라는 것을 증명하셨다고 우리에게 전합니다. 예수님은 제자들에게 자신의 손과 옆구리를 보여 주셨습니다. 그래서 그들은 그분의 상처를 두 눈으로 직접 볼 수 있었습니다. 게다가 일곱 명의 제자들에게는 또 한 번 물고기를 낚는 기적을 겪게 하시고 그들과 함께 얘기하며 음식을 드셨습니다. 예수님은 이 땅을 떠나시기 직전에, 제자들에게 성령님을 보내시겠다는 약속을 떠올리게 하셨습니다. 당장이라도 제자들을 세상에 보내 증인으로서 예수님을 전하게 하고 싶었으나, 제자들에게는 기다림이 필요했습니다. 그들이 증인으로 살아가려면 성령님이 주시는 능력이 필요했고, 그러려면 성령님으로 충만해져야 했습니다. 그래서 기다려야만 했습니다(눅 24:49절).

💬 이야기하기

예수님은 어떤 방법으로 자신의 부활을 증명하셨나요?
(가장 확실한 방법은 사람들에게 살아계신 예수님 자신의 모습을 직접 보여주시는 것이었습니다. 그분은 제자들과 더불어 음식을 드셨고, 상처 난 몸을 만져보게 하셨습니다.)

예수님은 제자들이 예루살렘에서 무엇을 기다리기를 바라셨나요?
(예수님은 제자들이 성령 세례 받기를 원하셨습니다.)

예수님은 성령님이 제자들을 어떻게 도우실 거라고 말씀하셨나요?
(부모님은 자녀들에게 누가복음서 24:29절, 요한복음서 14:26절을 직접 읽어보게 하거나, 너무 어리다면 다시 한 번 읽어 주시고 손을 들어서 대답하게 해 주세요.)

🙏 기도하기

제자들과 우리에게 성령님을 보내서서 도우시고 가르치시며 복음을 증언할 수 있게 해 주신 예수께 감사하세요.

DAY 2

♥ 기억하기

어제 이야기 중에서 무엇을 기억하나요? 오늘은 어떤 이야기가 있을 것으로 생각하나요?

✝ 성경 읽기 | 사도행전 1:6~8절

💬 깊이 생각하기

부모님과 함께 차량으로 장거리 이동을 하는 어린아이들 대부분은 출발한 지 얼마 안 돼서 이런 질문을 합니다. "아직 멀었어요?" 부모님이 최소 세 시간 이상은 걸릴 거라고 미리 얘기해 줬음에도 불구하고, 한 시간도 채 지나지 않았는데 똑같은 질문을 합니다. "아직 멀었어요?" 예수님과 함께 있던 제자들도 마찬가지였습니다. 단지 그들은 차를 타고 있는 게 아니었을 뿐입니다: 그들은 예수님이 이스라엘 왕국을 복원하실 때가 언제인지 궁금했습니다. 제자들은 예수님이 돌아가시기 전에 분명히 로마 제국을 무너뜨리고 승리를 쟁취하실 거로 생각했습니다. 그러나 그런 일은 벌어지지 않았습니다. 예수님이 다시 살아나시자, 그들의 희망도 덩달아 다시 꿈틀거리기 시작했고 이렇게 생각했습니다. "아마도 이번에는 분명히 예수님이 우리 왕국을 재건하시고 로마 제국을 물리치실 거야!"
제자들은 여전히 깨닫지 못했습니다. 오직 이스라엘 왕국이 가능한 한 빨리 재건되기만을 간절히 기대했습니다. 그러나 하나님은 전혀 다른 계획을 가지고 계셨습니다. 하나님은 그들을 통해 세상 모든 사람에게 복음을 전하고 새 생명을 전파하실 계획이셨습니다. 그 계획은 단순히 로마 제국을 무너뜨리고 이스라엘을 구하는 정도가 아니었습니다. 하나님은 제자들을 통해 온 세상에 복음이 전해지기를 원하셨습니다.

🗨 이야기하기

예수님은 성령님이 임재하시면 제자들이 무엇을 받을 거라고 말씀하셨나요?
(예수님의 증인으로서 능력을 받을 거라고 하셨습니다.)

증인은 무엇인가요?
(증인은 벌어진 어떤 일을 직접 본 사람입니다. 그래서 본대로 다른 사람들에게 전할 수 있는 사람입니다. 제자들은 예수님의 사역, 죽음 그리고 부활에 대해 전할 수 있는 증인이었습니다.)

예수님은 제자들이 그분의 증인으로서 어디로 가게 될 거라고 하셨나요?
(제자들은 지금 그들이 있는 예루살렘과 예루살렘 주변 지역인 유대와 사마리아로 갈 겁니다. 그리고 땅끝까지 이르러 증인이 될 겁니다. 즉, 제자들은 증인으로서 세상 모든 곳으로 가게 될 겁니다. 예수님은 세상 모든 사람이 그분을 알고 구원받기를 원하셨습니다. 그래서 유대와 사마리아 지역을 넘어선 곳에 사는 우리도 복음을 듣고 예수님을 믿게 되었습니다.)

🙏 기도하기

온 세상에 복음이 전해지기를 원하셔서 바다 건너 우리도 복음을 듣게 하신 예수님을 찬양하세요.

DAY 3

♥ 예수님께 연결하기

오늘은 이번 주 성경 이야기를 복음과 연결해 보는 날입니다. 복음은 우리를 구원하신 예수님의 생명과 죽음, 그리고 부활입니다. 이번 주 성경 이야기가 어떻게 복음과 연결되는지 깊이 생각해보세요.

📖 성경 읽기 | 사도행전 1:9~11절

💬 깊이 생각하기

3년 동안 제자들은 예수님과 함께 지냈습니다. 제자들은 예수님이 행하신 기적들을 목격했습니다. 예수님은 눈먼 사람을 보게 하셨고, 죽은 사람을 살리셨으며, 수천 명의 사람에게 하나님을 가르치셨습니다. 예수님이 체포되실 때, 제자들은 두려워서 도망쳤습니다. 예수님이 십자가에서 돌아가셨을 때는 절규했습니다. 그리고 예수님이 부활하시자, 감격하며 기뻐했습니다. 오늘 이야기에서, 우리가 첫날에 헬륨 풍선을 하늘로 날려 보냈던 것처럼, 제자들은 예수님이 하늘로 올려지시고 구름에 가려 보이지 않게 되는 것을 목격했습니다. 그러나 예수님은 제자들을 그리 오래 홀로 두지 않으실 거였습니다. 성령님이 곧 오셔서 제자들에게 임하실 것입니다. 성령님과 예수님은 한 분이시기에, 예수님은 다시 그들과 함께 거하시게 되는 겁니다.

예수님은 제자들에게 그들을 고아처럼 내버려두지 않고, 오히려 그들 안에 계시려고 오실 거라고 하셨습니다(요 14:20절). 오늘을 사는 우리와도 성령님은 함께 하십니다. 예수님이 돌아가실 때 성전 휘장이 찢어지면서 약속되었듯이, 성령님을 통해 모든 그리스도인은 어떤 주저함이나 방해물 없이, 즉시 하나님께 나아가 그분을 만날 수 있게 되었습니다. 그렇지만, 우리는 천사들의 약속대로 예수님이 이 땅에 다시 오실 그날을 여전히 기다립니다. 예수님은 온 세상에 복음이 전해지는 그 일이 완성될 때에 다시 오실 겁니다. 아무도 그날이 언제인지는 모릅니다. 그러나 사도 바울은 우리가 희망을 품고 서로 격려하며 말씀대로 예수님이 하나님의 나팔 소리와 함께 이 땅에 다시 오실 날을 기다려야 한다고 했습니다(살전 4:16~18절).

🗨 이야기하기

예수님은 어디로 가셨나요? (예수님은 분명히 하늘로 올라가셨습니다. 그러나 단순한 하늘이 아니라 하나님 아버지가 계신 천국으로 가신 것입니다. 원래 계셨던 곳으로.)

두 명의 천사들은 제자들에게 용기를 주려고 어떤 말을 했나요?
(예수님이 하늘로 올라가신 모습 그대로 다시 오실 거라고 했습니다.)

누가복음서 24:50~53절을 다시 읽으세요. 이 구절을 보면 예수님이 떠나신 후 제자들은 어떻게 했나요?
(예수님이 하늘로 떠나신 후, 제자들은 그분을 경배하고 크게 기뻐했습니다. 그리고 모여서 함께 밤낮으로 기도하며 하나님을 찬양했습니다.)

🙏 기도하기

예수님이 승천하신 후의 제자들처럼 우리도 하나님을 찬양하고 경배하는 시간을 갖습니다.
(자녀들과 함께 하나님을 찬양하세요. 시편 9, 19, 30편 등을 사용해서 찬양해도 좋습니다.)

DAY 4

♥ 기억하기

이번 주 성경 이야기를 통해서 하나님은 우리에게 무엇을 가르치시나요?

📖 성경 읽기 | 사도행전 1:12~14절

💬 깊이 생각하기

크게 기뻐하며 감람산에서 돌아온(눅 24:52절) 제자들은 다락방에 함께 모였습니다. 거기에는 예수님의 가족인 어머니 마리아와 형제들이 함께 있었습니다. (이 장면을 끝으로 예수님의 어머니 마리아는 더 이상 성경에 나타나지 않습니다.) 예수님의 어머니와 형제들이 믿음을 지키고 제자들과 함께 곧 오실 성령님을 기다리는 모습을 떠올리는 것은 매우 감격스럽습니다. 언젠가 우리가 천국에 가면, 제자들과 함께 다락방에 모여 있었던 그들과 얘기를 나눌 수 있을 겁니다.

🗣 이야기하기

부모님은 자녀들에게 천국에 가면 누구를 제일 먼저 만나고 싶은지 물어보세요.
(가장 좋아하는 성경 인물을 서로가 나눠보고 그들이 어떻게 예수님을 믿었는지 얘기하는 시간을 가지세요.)

제자들과 예수님의 가족들은 왜 다락방에 모여 있었나요?
(예수님이 그들에게 곧 오실 성령님을 기다리라고 했습니다.)

제자들과 예수님의 가족들은 어떻게 하면서 성령님을 기다렸나요?
(그들은 기도하는 데 전념했습니다.)

🙏 기도하기

오랜 시간 기도하는 것이 익숙하지 않고 힘들 수 있습니다. 하지만 우리도 다락방에 있던 그들처럼 기도에 전념할 수 있습니다. 기도 제목을 적어보고 타이머를 사용해서 15분 정도 기도하는 시간을 가지세요. 그 시간에 예수님이 속히 다시 오시기를 바라는 기도를 포함하세요.

DAY 5

♥ 발견하기

오늘은 다른 성경 본문을 보는 날입니다. 시편이나 예언서에서 예수님 혹은 우리의 구원에 대해 배울 수 있습니다.

✝ 성경 읽기 | 스가랴 12:10~11절

💬 깊이 생각하기

사도 요한은 군인들이 어떻게 예수님의 옆구리를 찔렀는지를 기록했습니다. 요한은 스가랴의 예언을 자신의 복음서에 연결했습니다(요 19:37절). 그 예언서를 통해, 예수님이 돌아가시기 전에 이미 하나님은 그분의 아들이 어떻게 창에 찔려서 상처를 입게 될지 아셨다는 걸 우리는 확인할 수 있습니다. 스가랴의 예언은 또한, 비록 사람들이 예수님을 죽이겠지만, 그 순간에도 하나님은 은혜를 드러내심으로 예수님을 죽인 바로 그 사람들의 마음을 변화시키시고 그들에게 자비를 베푸실 계획을 가지고 계시다는 것을 우리에게 알려줍니다. 오늘 구절에서, 스가랴는 구원에 대해서 말하고 있습니다. 예수님은 우리 죄 때문에 징계를 받으시고 죽임당하셨습니다. 그러니 상식적으로 우리도 그분의 죽음에 대해서 책임이 있는 게 분명합니다. 예수님은 우리가 죄인이기 때문에 죽임을 당하신 것입니다. 성령님이 우리의 마음을 열고 믿게 하시면, 우리도 스가랴의 예언에서 예수님의 죽음을 슬퍼하고 하나님께 자비를 구했던 그 사람들과 함께 하게 됩니다. 복음은 하나님을 찾고 구하는 사람은 누구라도 용서받는다는 약속, 즉 하나님의 언약입니다.

💭 이야기하기

스가랴의 예언에 나오는 사람들은 왜 슬펐나요?
(그 사람들이 슬펐던 이유는 그들이 예수님을 죽였기 때문입니다.)

아이들 가운데 한 명에게 요한복음서 19:37절을 읽게 하세요. 이 구절과 스가랴의 예언과 어떻게 비슷한가요?
(자녀들이 어리다면, 스가랴 12:10절과 비교해서 읽어주세요. 두 구절이 거의 같다는 걸 알게 될 겁니다.)

하나님은 그 백성들에게 무엇을 부어 주시겠다고 하셨나요?
(필요하면, 10절을 다시 읽어주시고 정답을 찾으면 손을 들고 답하게 해주세요. 하나님은 그들에게 "은총과 간구하는 심령"을 부어주시겠다고 하셨습니다. 즉, 사람들이 자신의 죄를 깨닫게 하신다는 뜻입니다.)

왜 우리도 하나님의 은혜가 필요할까요? (우리도 죄인이기 때문입니다. 하나님은 아들이신 예수님을 우리 죄 때문에 죽게 하시려고 이 땅에 보내셨습니다. 문제는 하나님이 우리 눈을 뜨게 하셔서 죄를 보게 하지 않으시면, 우리는 스스로가 꽤 괜찮은 사람이라고 생각한다는 것입니다. 하나님이 우리 눈을 열어주셔서 자신이 죄인이라는 걸 깨달으면, 그분께 자비와 용서를 구할 수 밖에 없습니다.)

🫱 기도하기

우리 죄를 용서해 달라고 하나님께 간구하세요. 예수님은 우리 죄 때문에 돌아가셨습니다. 잊지 마세요.

오순절 성령 강림
Pentecost

이야기 122 – 컬러 스토리 바이블

이 활동을 위해 가족의 수만큼 빨대가 필요합니다. 성경 공부를 시작하기 전에 그중 하나만 약 2cm 정도 미리 자릅니다. 빨대의 한쪽 끝을 주먹으로 쥔 채로 나머지 끝은 나란히 맞춰 아이들에게 보여주고 뽑게 하세요. 모든 사람이 빨대를 하나씩 뽑고 누가 짧은 걸 뽑았는지 확인합니다. 이것은 나머지 제자들이 예수님을 배신한 유다 대신 다른 제자를 선택하기 위해 어떻게 제비뽑기 했는지 생각해 보는 기회가 됩니다. 이렇게 말하세요. "이번 주에 우리는 유다를 대신할 사람을 선택하려고 제자들이 어떻게 제비뽑기를 했는지 배우게 될 거야. 새로운 제자가 선택된 후에, 성령님이 그들에게 임하셨단다."

DAY 1 ———

♥ 상상하기

야구 경기 중에 한 선수가 상처를 입어 더 이상 뛸 수 없게 되면, 시합에 필요한 선수 구성을 위해 교체 선수를 투입할 겁니다. 예를 들어, 투수가 다쳤다면 누가 공을 던질까요? 우익수 자리가 비었다면, 상대편 타자들은 모두 수비수가 비어 있는 곳으로 공을 쳐서 보내려고 할 겁니다. 오늘 이야기에서, 제자들에게도 그들의 빈자리를 채우는 것은 매우 중요했습니다.

우선 제자들은 "12명"으로 사람들에게 알려졌습니다. 하지만 예수님을 배신한 유다가 죽자, 그들의 숫자는 11명으로 줄었습니다. 이것은 더 이상 그들을 12명의 제자라고 부를 수 없게 만들었습니다. 또한 12명의 제자들이 교회를 이끌었다는 말의 이면에는 여러 가지 뜻이 담겨 있었습니다. 역사적으로, 이스라엘은 12지파로 나누어져 있었습니다. 우리는 요한계시록 21:12~14절에서 12사도의 이름이 거룩한 도시인 새 예루살렘 성벽의 기초 위에 기록되어 있다는 걸 배웁니다.

📖 성경 읽기 | 사도행전 1:15~26절

💬 깊이 생각하기

제자들이 유다의 자리를 대신할 사람으로 누구를 선택해야 할지 고심하고 있었을 때, 베드로는 새로운 제자가 지녀야 할 두 가지 자격 요건이 있다고 말했습니다. 첫째, 예수님이 사역을 시작하던 그 시점부터 함께 있던 사람이어야만 했습니다. 예수님이 세례를 받으실 때부터 천국으로 올라가실 때까지 모든 시간을 함께 보내야만 했습니다. 둘째, 부활의 증인이어야만 했습니다. 즉, 다시 살아나신 예수님을 본 사람이어야만 했다는 뜻입니다. 이 조건들을 충족시키는 사람으로 두 사람이 추천되었습니다. 사도들은 그 두 사람 가운데 그들이 누구를 더 원하는지 투표로 결정할 수 있었습니다. 그러나 제자들은 투표가 아니라 제비뽑기로 하나님이 원하시는 사람을 선택하기로 했습니다. 예수님은 살아계실 때, 모든 제자를 직접 선택하시고 부르셨습니다. 그렇기 때문에 제비뽑기로 하나님의 뜻을 따르는 것이 합당해 보였습니다.

🗨 이야기하기

유다 대신 누가 선택되었나요? (맛디아)

새롭게 세워지는 사도의 자격으로 베드로가 말한 두 가지는 무엇이었나요?
(자녀들이 어리다면 21, 22절을 다시 한번 읽어 주시고 정답을 찾으면 손을 들고 대답하게 해 주세요. 사도의 요건은 예수님의 사역 초기부터 승천까지 함께 해야 했고, 부활하신 예수님을 만난 사람이어야 했습니다.)

베드로는 하나님이 우리의 무엇을 다 아신다고 말했나요?
(하나님은 우리의 마음을 전부 다 아십니다. 그래서 두 사람 가운데 누가 더 적합한지를 아셨습니다.)

우리가 하나님이 모든 사람의 마음을 다 아신다는 사실을 기억하는 것이 하나님께 헌신하는 데 어떤 도움이 되나요?
(우리가 무엇을 했는지 사람들은 절대 모를 거라 생각한다면 쉽게 죄를 지을 겁니다. 하지만 하나님이 우리 마음과 행동을 전부 다 아신다는 사실을 기억하면 함부로 죄를 짓지 못할 겁니다.)

🤲 기도하기

하나님은 우리 마음과 모든 행동을 다 아신다는 사실을 기억함으로 그 앞에서 죄를 짓지 않게 도와달라고 기도하세요.

DAY 2

♥ 기억하기

어제 이야기 중에서 무엇을 기억하나요? 오늘은 어떤 이야기가 있을 것으로 생각하나요?

📖 성경 읽기 | 사도행전 2:1~6절

💬 깊이 생각하기

토네이도를 가까이서 겪었던 사람들은 바람이 너무 강해서 마치 화물열차가 바로 옆으로 지나가는 것 같은 소리가 들렸다고 합니다. 아마도 그런 소리는 성령님이 사람들에게 임재하시던 날에도 분명히 들렸을 겁니다. 왜냐하면 성경에 급하고 강한 바람 같은 소리가 있다고 묘사되었기 때문입니다. 다락방 바깥에 있던 사람들은 그 소리를 들었던 게 확실합니다. 조금 뒤에 다루겠지만, 베드로가 무슨 일이 벌어졌는지를 설명할 때, 바깥에는 수많은 사람이 모여 있었습니다.

만약 강한 바람 소리가 사람들의 이목을 집중시키지 못했다면, 아마도 불의 혀처럼 갈라지는 것들이 제자들 머리 위에 임하는 모습이 그렇게 했을 겁니다. 하나님은 많은 사람이 성령님의 임재를 목격하기를 원하셨던 것 같습니다. 처음에는 강한 바람 소리가 들리고 이어서 혀처럼 생긴 불꽃이 일어나며 수많은 사람이 일상적인 말이 아닌 서로 다른 언어로 하나님을 찬양하는 소리를 듣는다면 어떨지 한 번 상상해 보세요.

💬 이야기하기

성령님이 임재하실 때 어떤 일이 벌어졌나요?
(강한 바람이 불고 혀처럼 생긴 불꽃이 일어나 제자들에게 임하자 제자들은 각각 서로 다른 언어로 말하기 시작했습니다.)

오순절을 지키려고 예루살렘에 모인 유대인들은 왜 자신들에게 들리는 소리 때문에 놀랐나요?
(유대인들은 제자들이 갈릴리 출신이고 다른 지역 언어를 도저히 알 수가 없는데 자신들이 모두 알아들을 수 있는 말로 기도하는 것을 듣고 놀랐습니다.)

우리는 어떻게 성령 충만할 수 있나요?
(우리가 죄에서 돌이키고 예수님을 믿을 때, 성령님은 우리 안에 임재하십니다. 그래서 우리가 천국에서 예수님과 함께 살아갈 수 있게 보증이 됩니다.)

🙏 기도하기

우리를 도우실 분으로 성령님을 보내시겠다는 약속을 지키신 예수님께 감사하세요.

DAY 3

♥ 예수님께 연결하기

오늘은 이번 주 성경 이야기를 복음과 연결해 보는 날입니다. 복음은 우리를 구원하신 예수님의 생명과 죽음, 그리고 부활입니다. 이번 주 성경 이야기가 어떻게 복음과 연결되는지 깊이 생각해보세요.

📖 성경 읽기 | 민수기 28:26 ~ 31절

💬 깊이 생각하기

성령님은 오순절에 제자들에게 임하셨습니다. 그 절기는 모세가 살던 시대부터 이어져 왔는데, 그 당시에는 처음 익은 열매를 드리는 날이라고 했습니다. 그때, 하나님은 사람들의 죄를 덮을 제물을 바치라고 모세에게 말씀하셨습니다. 그러나 오순절에 성령님이 제자들에게 임하셨고, 이제는 더 이상 희생 제물을 바칠 필요가 없어졌습니다. 그 이유는 하나님의 어린양이신 예수님이 마지막 제물로 십자가에서 드려졌기 때문입니다. 예수님은 십자가에서 죄 때문에 지불해야 할 모든 대가를 한 번에, 전부 다 치르셨습니다. 예수님의 죽음 이후에, 더 이상 어떤 수소도, 숫양이나 어린양 한 마리도 죽일 필요가 없게 되었습니다. 여호와 하나님께 동물을 희생 제물로 바치던 시대는 완전히 끝났습니다.

🗣 이야기하기

하나님은 처음 익은 열매를 드리는 날에 어떤 동물을 죽여야 한다고 모세에게 말씀하셨나요?
(자녀들이 어려서 기억하지 못한다면, 오늘 본문을 다시 한번 읽어 주시고 정답을 찾으면 손을 들고 대답하게 해 주세요. 하나님은 수송아지 두 마리와 숫양 한 마리와 일 년 된 숫양 일곱 마리를 제물로 바쳐야 한다고 모세에게 말씀하셨습니다.)

하나님은 제물로 바쳐지는 동물들은 다 흠이 없어야 한다고 하셨습니다. 왜 흠 없는 제물을 바치라고 하셨을까요?
(희생 제물이 되는 동물들은 아들이신 예수님을 나타냅니다. 그런데 그분은 이 땅에서 완전한 삶을 사셨고 우리 대신 제물이 되셨습니다.)

우리는 이제 모세처럼 일 년에 한 번씩 희생 제물을 바치지 않아도 됩니다. 왜 그런가요?
(우리는 더 이상 죄로 인해 희생 제물을 바칠 필요가 없습니다. 예수님이 십자가에서 돌아가심으로 단번에, 그리고 우리 죄의 대가를 전부 다 치르셨기 때문입니다. 예수님은 완벽한 희생 제물이셨고, 그분을 믿는 모든 사람의 죄를 완전하게 해결하셨습니다. 희생 제물로 바쳐진 동물들은 예수님을 가리킵니다. 그러나 예수님이 직접 이 땅에 오시자, 더 이상은 그런 희생 제물이 필요 없게 되었습니다.)

🙏 기도하기

우리를 위해 완벽한 희생 제물이 되신 예수님께 감사하세요. 우리 죄를 위한 예수님의 희생을 받아들이신 하나님을 찬양하세요. 그래서 이제는 더 이상 희생 제물이 필요 없습니다.

DAY 4

♥ 기억하기

이번 주 성경 이야기를 통해서 하나님은 우리에게 무엇을 가르치시나요?

📖 성경 읽기 ┃ 사도행전 2 : 7~12절

💬 깊이 생각하기

성령님이 제자들에게 임하시고 그들이 서로 다른 언어로 말할 때, 그들 주위에 있던 사람들은 제자들의 말을 각자 자기들의 언어로 들었습니다. 그날, 적어도 12개국 사람들이 예루살렘을 방문 중이었습니다. 하지만 그 사람들 모두 제자들이 하는 말을 이해할 수 있었습니다. 바벨탑 사건을 떠올려보면, 사람들이 지은 죄 때문에, 하나님은 사람들이 힘을 합쳐 일하지 못하게 언어를 혼란케 하셨고, 서로 다른 말을 해서 곳곳으로 흩어지게 하셨습니다. 오순절에 하나님은 흩으셨던 사람들을 다시 모이게 하셨고, 그분의 일을 시작하셨습니다. 하나님은 아브라함의 자손으로 온 나라가 복을 받게 하겠다는 언약을 맺으셨습니다. 오순절은 하나님이 그 언약을 직접 성취하시는 시작이었습니다.

🗣 이야기하기

부모님은 성령님이 함께 하시는 삶, 그분의 임재를 느끼며 사는 삶이 어떤지를 얘기해 주세요.
(우리 삶을 그리스도께 드리고, 그분이 우리 마음을 바꾸셨다면, 성령님은 우리 안에 계십니다. 그것이 어떤지를 설명하는 게 상당히 어려울 수 있습니다. 그러나 예수님을 믿고, 그분이 누구신지를 아는 기쁨이 어떤 것인지를 잘 생각하고 정리해서 설명해 주세요. 우리가 하나님의 자녀라는 것을 깨달을 때 느끼는 평안, 위로, 자신감, 확신 등을 말해 주세요.)

성령님이 제자들에게 임하셨을 때 어떤 일이 벌어졌나요? 제자들은 무엇을 했나요?
(제자들은 서로 다른 언어로 말하기 시작했습니다.)

하나님은 바벨탑에서 사람들을 흩으시고 그들의 언어를 혼란스럽게 만드셨습니다. 오순절에 하나님은 그때와는 어떻게 다르게 하셨나요?
(오순절에 하나님은 서로 다른 언어를 쓰는 사람들을 다시 한 자리로 모으셨습니다.)

🙏 기도하기

모든 나라 사람을 그분의 가족으로 모이게 하신 하나님을 찬양하세요.

DAY 5

♥ 발견하기

오늘은 다른 성경 본문을 보는 날입니다. 시편이나 예언서에서 예수님 혹은 우리의 구원에 대해 배울 수 있습니다.

📖 성경 읽기 | 에스겔 36 : 24 ~ 28절

💬 깊이 생각하기

오순절 성령 강림이 있기 오래전에, 에스겔 선지자는 각 나라에 흩어진 그분의 백성들을 모이게 하는 날이 올 거라고 했습니다. 에스겔이 말하길 하나님은 그 사람들을 정결하게 하시는데 그 말은 하나님이 그들의 죄를 없애 주신다는 뜻입니다. 또한 하나님은 그 사람들의 굳은 마음을 제거하고 부드러운 마음을 주시며, 그들의 삶에 성령님을 두어 말씀을 따라 살게 하실 것입니다. 이것은 오순절에 모였던 제자들에게 어떤 일이 벌어졌는지를 설명하는 놀라운 예언입니다.

🗣 이야기하기

죄 때문에 우리는 하나님 보시기에 더럽습니다. 하나님이 그런 우리를 위해서 무엇을 하신다고 에스겔은 말했나요?
(에스겔이 말하길 하나님은 우리를 깨끗하게 씻기시고 우리가 섬기는 우상들을 제거하십니다. 이것은 예수님을 통해 이루시는 하나님의 용서를 나타냅니다.)

에스겔은 하나님이 죄인들의 냉담하고 굳은 마음을 어떻게 하실 거라고 말했나요?
(하나님은 그 마음을 제거하시고 새롭고 부드러운 마음을 주신다고 했습니다.)

굳은 마음과 새롭고 부드러운 마음의 차이를 설명해 보세요.
(굳은 마음은 하나님과 그분의 율법을 거부합니다. 그러나 부드러운 마음은 하나님께 순종하고 율법을 따르려고 합니다. 딱딱하게 마르고 굳은 점토와 촉촉하고 부드러운 점토를 떠올려 보세요. 딱딱하게 굳어버린 점토는 원하는 대로 모양을 만들거나 어떤 흔적을 쉽게 남길 수 없습니다. 하지만 촉촉하고 부드러운 점토는 원하는 대로 얼마든지 할 수 있고, 무엇이든지 새길 수 있습니다. 하나님을 향한 부드러운 마음은 그분의 말씀이 새겨지기가 매우 쉽고 원하는 대로 흔적을 남길 수가 있습니다.)

🙏 기도하기

우리의 굳은 마음을 부드럽게 바꿔 달라고 하나님께 간구하세요. 그래야만 우리는 하나님께 순종하고 그분의 말씀을 따라 살 수 있습니다.

베드로와 요엘 선지자
Peter & the Prophet Joel

이야기 123 – 컬러 스토리 바이블

요엘 선지자는 예수님이 태어나시기 500년 전에 살았습니다. 그런데 그 선지자는 하나님이 언젠가 그분의 영을 모든 사람에게 부어주실 거라고 예언했습니다. 이 예언이 얼마나 놀라운지를 알아보기 위해서, 자녀들에게 3일 뒤에 저녁 식사 메뉴가 무엇일지, 5일 뒤에 날씨가 어떨지, 오늘 아빠나 엄마가 받을 이메일이 몇 통이나 될지 맞혀보라고 하세요. 그리고 나서 이렇게 얘기하세요. "이번 주에 우리는 오순절 성령님의 임재를 통해 하나님이 어떻게 요엘 선지자의 예언을 성취하셨는지를 배우게 될 거란다."

DAY 1

♥ 상상하기

어느 날 아침에 일어났는데 온 가족이 전혀 알아들을 수 없는 언어로 내게 말을 한다면 어떨 것 같나요? 엄마가 이렇게 말합니다. "God morgon. Vill du ha frukost?" "Vill du leka utomhus med mig?" 뭐라고 대답할 건가요? (자녀들이 처음 듣는 이 말의 뜻을 추측해 내는지 살펴보세요. 첫 번째 말은 스웨덴어로 "잘 잤니. 아침 먹을래?"입니다. 그리고 두 번째 말은 "우리 밖에 나가서 놀래?"입니다.) 오늘 이야기에서, 모든 사람이 오순절에 제자들이 하는 말을 이해한 것은 아니었습니다. 그들 가운데 어떤 사람들은 제자들이 술 취했다고 생각했습니다.

🔲 성경 읽기 | 사도행전 2:13~20절

💬 깊이 생각하기

그곳에 모여 있던 사람들 대부분은 제자들이 자신들의 언어로 말하는 것을 듣고 놀랐지만, 지금 벌어지고 있는 일이 무엇인지를 전부 다 제대로 이해한 건 아니었습니다. 일부 사람들은 제자들이 술 취했다고 생각했습니다. 당황하거나 조롱하는 사람들을 보면서 베드로는 담대하게 큰소리로 외쳤습니다. 하나님의 영이 도우심으로 베드로는 성경에 기록된 요엘 선지자의 예언을 따라 무슨 일이 벌어지고 있는지를 설명했습니다. 과거에 하나님은 소수의 사람에게만 그분의 영을 부어주셨습니다. 예를 들어 하나님의 백성을 기근에서 구한 요셉(창 41:38절)이나 성막 건축에 필요한 것을 만들어낸 브살렐(출 31:2~3절) 같은 사람들이 있습니다. 그러나 이제 예수님을 통해 모든 사람이 구원받았고, 하나님은 그 사람들에게 그분의 영을 부어주셨습니다.

이것은 오늘을 사는 우리에게도 마찬가지입니다. 하나님은 그분의 영을 우리 모두에게 부어주기를 원하십니다. 누구든지 예수님을 믿고 의지하면, 하나님의 영은 그 사람들 안에 임재하십니다. 이전에 하나님의 영은 돌로 지어진 성전에 거하셨습니다. 그러나 이제는 그분을 믿는 사람들 안에 거하십니다. 그 사람들이 모여 교회를 이룸으로 하나님의 새로운 성전이 되었습니다.

🗨 이야기하기

제자들을 조롱하던 사람들은 무슨 일이 벌어졌다고 생각했나요?

(제자들이 술 취했다고 생각했습니다.)

요엘 선지자는 하나님이 그분의 영을 누구에게 부어주신다고 했나요?

(모든 나라, 젊은 사람, 늙은 사람, 남자와 여자 가릴 것 없이 모든 사람에게 부어주신다고 했습니다.)

과거에, 하나님의 영은 돌로 지어진 성전에 거했습니다. 오늘날에, 하나님의 영은 어떤 성전에 거하시나요?

(그분을 믿고 따르는 신자들의 마음에 거하십니다. 베드로는 그런 사람들을 가리켜 "산 돌"이라고 했습니다[벧전 2:5절].)

🙏 기도하기

예수님을 믿지 않는 가족이나 친구들이 복음을 듣고 믿어서 그들도 성령님이 거하시는 성전이 되게 해 달라고 기도하세요.

DAY 2

♥ 기억하기

어제 이야기 중에서 무엇을 기억하나요? 오늘은 어떤 이야기가 있을 것으로 생각하나요?

📖 성경 읽기 | 사도행전 2:21절

💬 깊이 생각하기

성경의 어떤 구절은 너무 간단해서 어린아이들도 쉽게 이해할 수 있습니다. 또 어떤 구절은 너무 중요해서 그 구절 자체만으로 깊이 생각하고 고민해야 합니다. 오늘 성경 말씀도 이런 구절 중 하나입니다. 오늘 구절에서 우리는 예수님께 구원을 간구하는 사람마다 그렇게 될 거라는 사실을 알게 됩니다. 이 말씀을 이해하고 따르는 건 어렵지 않습니다. 우리가 할 일은 단지 예수님께 간구하고 죄에서 돌이키면 됩니다. 그러면 새 생명을 얻습니다. 우리가 죄인이고, 구원이 필요하다는 것을 깨달을 때, 예수님을 간절히 찾게 됩니다.

남녀노소를 불문하고 모두 예수님께 도움을 구할 수 있습니다. 힘들고 어려운 방법으로 구하는 게 아닙니다. 매우 간단합니다. "예수님, 저는 죄인입니다. 제발 저를 구원해 주세요." 이렇게 하면 됩니다. 우리가 예수님을 찾고 구할 때, 하나님은 반드시 그런 우리를 구원하실 거라 확신할 수 있습니다. 하나님이 예수님을 구하는 모든 사람은 구원받을 거라고 하셨기 때문입니다. 그분은 결코 거짓말하거나 말씀을 번복하시는 분이 아닙니다. 그렇기 때문에 우리에겐 구원이 보장되어 있습니다. 예수님을 부르고 찾으면 됩니다.

🗣 이야기하기

우리가 죄에서 구원받으려면 무엇이 필요한가요?
(예수님을 찾고 그분께 구원을 간구해야 합니다.)

우리는 우리가 하는 말 때문에 구원받나요? 아니면 예수님을 믿는 믿음 때문에 구원받나요?
(우리가 읽은 성경 구절은 마법의 주문이 아닙니다. "우리를 구원해 주세요."를 반복한다고 해서 구원받는 게 아닙니다. 사도 바울은 우리가 입으로 시인하고 고백할 필요가 있지만 또한 마음으로 그 말씀을 믿어야 한다고 말합니다[롬 10:9절].)

우리가 진심으로 예수님을 믿는지 어떻게 알 수 있나요?
(하나님은 진정으로 믿는 모든 신자의 마음에 성령님을 보내셨습니다. 성령님은 우리가 순종하고 날마다 예수님과 그분의 말씀을 더 사랑하게 도와주십니다.)

🙏 기도하기

우리가 하나님의 영을 믿고 그분을 마음에 모심으로 변화를 받아 예수님을 닮아가게 해 달라고 하나님께 간구하세요.

DAY 3

♥ 예수님께 연결하기

오늘은 이번 주 성경 이야기를 복음과 연결해 보는 날입니다. 복음은 우리를 구원하신 예수님의 생명과 죽음, 그리고 부활입니다. 이번 주 성경 이야기가 어떻게 복음과 연결되는지 깊이 생각해보세요.

📖 성경 읽기 | 사도행전 2:22~24절

💬 깊이 생각하기

베드로는 예수님과 관계된 매우 중요한 것을 사람들에게 전했습니다. 예수님이 십자가에 못 박히시기 오래전에, 하나님은 우리 죄의 대가로 예수님을 죽게 하실 계획이었습니다. 예수님이 돌아가실 때 심한 모욕과 조롱까지 당하셨지만, 하나님은 우리가 받아 마땅한 징계를 그분의 죽음 위에 쏟으실 마음을 가지고 계셨습니다. 심지어 예수님이 어떻게 돌아가시게 될지도 이미 정해 놓으셨습니다. 즉, 하나님은 예수님을 십자가에서 죽게 하실 계획을 세우셨던 것입니다. 그렇기 때문에 아무리 사람들이 예수님을 죽이려고 했어도 다른 방법으로는 도저히 그렇게 할 수 없었습니다. 사람들이 예수님을 절벽으로 밀쳐 떨어뜨리려 했을 때, 그분은 그 무리 가운데를 유유히 지나쳐가셨습니다(눅 4:29~30절). 그리고 돌로 쳐 죽이려 했을 때도, 예수님은 그 위기를 쉽게 피할 수 있었습니다(요 8:59절).

《🗣 이야기하기

예수님을 십자가에서 죽게 하실 계획을 누가 세웠나요?
(베드로는 하나님의 정하신 계획에 따라 예수님이 죽임을 당했다고 했습니다.)

어떤 사람들이 예수님을 못 박았나요?
(만약 자녀들이 어리다면 오늘 구절을 다시 읽어 주시고, 질문의 답인 "법 없는 자들"을 읽을 때는 억양을 바꿔 주세요. 그리고 이 말은 법을 지키지 않는 사람들을 설명할 때 사용되는 표현이라고 설명해 주세요. 오늘 말씀에서는, 사람들이 살인하지 말라는 하나님의 명령에 불순종했습니다. 예수님은 어떤 잘못도 하신 적이 없으셨고 죽임 당할 죄를 짓지도 않으셨습니다. 예수님을 죽인 사람들은 살인죄를 저지른 것이었습니다.)

예수님이 돌아가신 후에 어떤 일이 벌어졌나요?
(예수님은 죽음에서 다시 살아나셨습니다. 예수님은 하나님이시기 때문에, 죽음이 그분께 어떤 영향도 끼칠 수가 없었습니다. 하나님은 생명을 주시기도 하고 가져가시기도 하는 분입니다. 예수님은 자신의 생명을 포기할 능력도, 그리고 그것을 다시 가져올 권세도 가진 분이십니다(요 10:17~18절).)

🙏 기도하기

십자가 죽음을 기꺼이 받아들이시고 우리 죄 때문에 쏟아진 하나님의 진노를 다 감당하신 예수님께 감사하세요. 그래서 우리가 용서받을 수 있게 되었습니다.

DAY 4

♥ 기억하기

이번 주 성경 이야기를 통해서 하나님은 우리에게 무엇을 가르치시나요?

📖 성경 읽기 | 사도행전 2:25~32절

💬 깊이 생각하기

예수님은 성령님을 보내시겠다고 제자들에게 약속하시면서 성령님이 그들을 모든 진리로 이끄시고(요 16:13절), 예수님이 가르치셨던 전부를 기억나게 하실 것(요 14:26절)이라고 말씀하셨습니다. 오늘 성경 구절에서, 성령님은 베드로가 구약 성경이 어떻게 예수님을 드러내고 있는지 설명할 수 있게 도와주셨습니다. 성령으로 충만해진 베드로는 시편 16편을 기억하고 인용했습니다. 그리고 이것이 어떻게 죽음에서 다시 살아나신 예수님을 가리키는지 설명했습니다. 베드로는 담대하게, 마치 오랜 시간 그분을 전하고 다녔던 것처럼 모여 있는 사람들에게 선포했습니다. 그러나 실제로는 그렇지 않았습니다. 베드로는 이제껏 단 한 번도 예수님을 전하거나 그분에 대해서 가르친 적이 없었습니다. 즉, 베드로는 성령님이 도와주셨기 때문에 그렇게 할 수 있었던 것입니다.

이제 우리는 그리스도 안에 거하는 것 말고는 아무것도 할 수 없습니다(요 15:5절). 그리고 하나님은 계획하신 대로, 성령님을 보내서 우리 안에서 일하게 하셨습니다. 이것이 오늘 말씀에서 베드로에게 벌어지고 있는 일입니다. 성령님은 베드로에게 능력을 주셨습니다. 그러나 동시에 베드로는 자신의 입을 열고, 증인이 되라는 예수님의 명령에 순종해야만 했습니다(마 28:19~20절).

🗨 이야기하기

부모님은 삶 속에서 성령님이 무엇을 어떻게 도와주셨는지를 자녀들에게 얘기해 주세요.
(하나님은 예수님을 믿는 모든 사람에게 그분의 영을 부어주셨습니다. 성령이 계시지 않았다면, 우리 가운데 누구도 복음의 진리를 믿을 수가 없었습니다. 성령님 덕분에 우리는 성경을 이해할 수 있고 그 진리를 나누고 전할 용기를 얻습니다. 성령님이 어떻게 우리를 변화시키셨는지 자녀들과 나눠보세요.)

예수님이 체포되시던 날 밤에 그분을 부인했던 베드로와 오늘 말씀의 베드로는 어떻게 다른가요?
(이전의 베드로는 예수님을 안다는 사실 자체를 부인했지만, 오늘 말씀의 베드로는 사람들에게 예수님을 전하는 것을 전혀 두려워하지 않습니다.)

담대하게 선포할 수 있게 하는 것 외에 성령님은 베드로를 또 어떻게 도와주셨나요?
(성령님은 베드로가 시편 16편이 어떻게 예수님을 가리키는지 이해하게 도와주셨고, 그 안에 담긴 복음의 메시지를 사람들에게 전하게 하셨습니다.)

성령님은 우리를 어떻게 도와주시나요? (예수님을 전할 때, 그리고 성경을 이해할 때 성령님의 도움이 필요합니다. 하나님은 지금도 도움이 필요한 신자들에게, 베드로에게 하셨던 것처럼 성령님을 부어주십니다.)

🙏 기도하기

우리에게 믿음을 주시고 성령님을 보내서서 담대하게 예수님을 전할 수 있게 해 달라고 하나님께 간구하세요.

DAY 5

♥ 발견하기

오늘은 다른 성경 본문을 보는 날입니다. 시편이나 예언서에서 예수님 혹은 우리의 구원에 대해 배울 수 있습니다.

📖 성경 읽기 | 이사야 49:7~13절

💬 깊이 생각하기

베드로는 자신의 설교에서 다윗이 시편 16편에서 말한 주의 거룩한 자는 예수님을 가리킨다고 말했습니다. 주의 거룩한 자가 예수님의 또 다른 이름이라는 것을 이미 알기 때문에, 그 이름이 기록된 성경의 다른 부분을 이해하는 데 도움이 됩니다. 오늘 성경 구절에서, 선지자 이사야도 그 이름을 사용합니다. 이사야는 거룩하신 이가 그 백성들을 구하고, 잡혀 있는 자를 자유롭게 하고, 사람들을 먹이고, 위험으로부터 보호하며 구원을 가져다줄 거라고 말했습니다. 이사야는 분명히 예수님에 대해 말하고 있는 것이었습니다.

💬 이야기하기

이사야가 말한 거룩하신 분은 누구인가요?
(예수님)

13절을 다시 읽으세요. 우리가 어떻게 해야 한다고 말하나요?
(우리를 위해 모든 것을 하신 하나님을 찬양하고 기뻐 노래해야만 합니다.)

하나님은 우리를 위해 무엇을 하셨나요?
(자녀들이 이것에 대해 생각할 수 있게 도와주세요. 하나님은 우리에게 그분의 말씀을 주셔서 우리가 그분이 누구신지를 알게 하셨습니다. 예수님은 십자가에서 돌아가심으로 우리가 그분을 믿기만 하면 모든 죄를 용서받고 하나님과 더불어 천국에서 기뻐하며 화평을 누리게 하셨습니다.)

🙏 기도하기

자녀들과 함께 예수님을 찬양하는 노래를 부르세요.

새 신자들
New Believers

이야기 124 - 컬러 스토리 바이블

성경 공부를 시작하기 전에, 배우자와 함께 우리 가정에서 누군가를 돕기 위해 돈을 얼마나 기부하고 나눠줄 수 있는지 상의하세요. 그리고 성경 공부에 온 가족이 모여서 누구를 도울 것인지 의견을 나누세요. 그 도움의 대상을 제한하거나 단정 짓지 마세요. 큰 도움이 필요하건, 작고 소소해 보이는 도움이 필요하건 도움의 대상이 될 수 있습니다. 우리가 한 사람, 한 가정에 국한 지어 도움을 줄 수도 있지만, 그 이상으로 확대해서 조금씩 여러 사람을 도울 수도 있습니다. 한 가족으로서 진정한 마음을 담은 카드를 사랑의 선물과 함께 보내세요. 자녀들에게 이렇게 얘기해 주세요. "이번 주에 우리는 초대 교회 사람들이 그들의 소유를 다른 사람들과 어떻게 나눴는지 배우게 될 거야."

DAY 1

♥ 상상하기

어느 날 아침 낯선 여성으로부터 한 통의 전화를 받았다고 가정해 봅시다. 그 여성은 우리가 어떤 억만장자의 먼 친척인데 그 사람의 유산을 상속받게 되었다고 말하면서 우리에게 남겨진 유산은 100조원이 들어 있는 은행 계좌이고, 매년 11억 원씩 찾아서 쓸 수 있으며, 그 계좌의 돈이 전부 소진될 일은 절대 없을 거라고 합니다. 이 말은 우리 자신은 물론이고 자녀와 손자 손녀, 그 후손과 후손의 후손들까지, 즉 대대손손 모두가 엄청난 돈을 물려받게 되었다는 뜻입니다.

아마도 이런 전화를 받을 일은 절대 없을 거라 생각할 수도 있습니다. 물론 그럴 겁니다. 그러나 하나님은 우리에게 훨씬 더 가치 있는 유산을 주셨습니다. 오늘 성경 이야기에서, 우리는 하나님의 유산이 우리 자신과 자녀, 그리고 손자 손녀, 그 후손과 후손의 후손들, 모든 대대손손에까지 얼마나 가치 있고 큰 기쁨이 되는지를 발견하게 될 겁니다.

📖 **성경 읽기** | 사도행전 2:36~39절

💬 **깊이 생각하기**

예수님이 십자가에서 돌아가셨기 때문에 우리에게는 역사상 가장 가치 있는 유산이 주어졌습니다. 그것은 모든 죄의 용서와 신자들 안에 거하시는 성령님의 임재입니다. 설령 세상의 모든 돈을 다 가지고 있다 할지라도, 예수님 덕분에 얻게 된 유산 가운데 어떤 것 하나도 살 수가 없습니다. 또한 세상의 모든 금으로도 죄의 대가를 지불할 수가 없습니다. 따라서 우리는 결코 용서받을 수 없습니다. 그러나 예수님이 그분의 생명을 대가로 내주셨습니다. 그래서 그분을 믿는 모든 사람은 용서받게 되었고 성령님을 선물로 받게 되었습니다. 베드로는 이 약속이 단지 제자들과 그 후손들만을 위한 것이 아니라 그리스도인으로 부름을 받은 모든 사람을 위한 것이라고 했습니다.

이 놀라운 약속을 들은 사람들은 자신들의 죄 때문에 너무 슬펐고, 무엇을 해야만 하는지 알고 싶었습니다. 베드로는 즉시 죄에서 돌이켜서 예수님을 믿고 용서 받아야 한다고 대답했습니다. 그러면 성령님을 마음에 모시게 되고 예수님의 제자로서 세례를 받을 수 있었습니다.

🗣 **이야기하기**

유산은 무엇인가요?
(유산은 누군가 죽은 후에 받게 되는 선물과 같은 것입니다. 대개 자신이 죽으면 누가 자신의 모든 재산을 받게 될지 기록으로 남기는데 그것을 유서라고 합니다. 그 사람이 죽은 후에, 유서가 공개되면 누가 유산을 받게 되는지 알 수 있습니다. 그러나 예수님은 유서가 필요하지 않으셨습니다. 그분은 다시 사셨고 제자들에게 직접 말씀해 주실 수 있었기 때문입니다.)

베드로는 우리가 죄에서 돌이키고 예수님을 믿으면 무엇을 받을 수 있다고 말했나요?
(베드로는 회개하고 돌이켜서 예수님을 믿으면, 죄 용서를 받고 성령님을 선물로 받게 된다고 했습니다.)

이 약속이 우리에게도 주어진 것인지 어떻게 알 수 있나요?
(베드로는 약속이 이곳에 모인 모든 사람과 그 자손들에게 주어졌고, 또한 주님이 부르셔서 그리스도인이 되게 하신 모든 사람에게도 주어진 것이라고 했습니다. 그렇기 때문에 하나님이 부르셔서 믿게 하셨다면, 그 약속은 우리를 위한 것이기도 합니다.)

🙏 **기도하기**

모든 죄의 용서와 성령님의 임재라는 가장 소중한 유산을 주셔서 우리가 예수님을 위해 살게 해 주신 것을 감사하세요.

DAY 2

♥ 기억하기

어제 이야기 중에서 무엇을 기억하나요? 오늘은 어떤 이야기가 있을 것으로 생각하나요?

📖 성경 읽기 ┃ 사도행전 2:40~41절

💬 깊이 생각하기

예수님은 천국으로 돌아가시기 전에 그 당시로는 믿기 힘든 말씀을 제자들에게 하셨습니다. 예수님은 자신이 천국으로 돌아가면 남겨진 제자들은 이전에 예수님이 했던 것보다 훨씬 더 크고 위대한 일을 할 거라고 하셨습니다(요 14:12절). 제자들은 그들 안에 계신 성령님의 일하심으로, 예수님이 살아계실 때 하셨던 것보다 훨씬 더 많은 사람을 인도할 것입니다. 예수님은 수많은 사람에게 설교하시고 그들을 고치셨지만 단지 120명의 제자만이 다락방에서 약속된 성령님을 기다렸습니다. 그에 비해 성령님이 베드로에게 임하셨을 때, 그의 첫 설교에서 무려 3,000명의 사람이 믿었습니다.

🗣 이야기하기

베드로는 사람들이 무엇으로부터 구원받아야 한다고 말했나요?
(자녀들이 어리다면 40절을 다시 읽어주세요. 그리고 손을 들고 대답하게 해 주세요. 여기서 사용된 '패역한'이란 단어는 죄를 뜻하고, '세대'란 말은 현재를 의미한다고 설명해 주세요. 베드로는 그 당시의 끔찍한 죄에서 구원받아야 한다고 말한 것입니다.)

베드로의 말을 듣고 예수님을 믿은 사람들에게 무슨 일이 벌어졌나요?
(그들은 세례[침례]를 받고, 모이기를 힘쓰고, 자신의 소유를 나누며, 기도했습니다.)

만약 이번 주일에 3,000명의 새 신자들이 우리 교회로 찾아온다면 어떨 것 같나요?
(이런 상상을 해 보는 건 즐거운 일이 될 겁니다. 제자들에게는 그만큼의 사람들이 다 같이 모여 예배할 공간이 없었습니다. 이런 사실을 자녀들에게 알려주고 어떻게 하면 좋을지 함께 방법을 찾아보세요. 나중에 알겠지만, 제자들은 각자의 집으로 흩어져 모였습니다.)

🙏 기도하기

우리 주위 사람들 가운데 불신자들을 구원해 달라고 하나님께 기도하세요. 그리고 그 사람들을 교회로 인도할 수 있게 도와달라고 간구하세요. 우리가 불신자들에게 복음을 전할 담대한 마음을 주시고, 그들과 함께 신자로서 살아갈 수 있게 해 달라고 기도하세요.

DAY 3

♥ 예수님께 연결하기

오늘은 이번 주 성경 이야기를 복음과 연결해 보는 날입니다. 복음은 우리를 구원하신 예수님의 생명과 죽음, 그리고 부활입니다. 이번 주 성경 이야기가 어떻게 복음과 연결되는지 깊이 생각해보세요.

📖 성경 읽기 | 사도행전 2:42~45절

💬 깊이 생각하기

성령님이 복음으로 한 사람의 삶에 감동을 주시면, 그 사람은 즉시 변화됩니다. 복음을 전한 후에, 베드로는 사람들에게 즉각적인 회개를 촉구했습니다. 즉, 주저하지 말고 죄에서 돌이키고 벗어나라고 한 것입니다. 그리고 사람들은 그대로 했습니다. 예수님을 믿기 전에 사람들은 이기적이고 탐욕스러웠습니다. 그러나 복음을 듣고 믿음을 갖게 되자, 즉시 회개했고 당연하게 주위를 둘러보기 시작했으며, 자신이 가진 모든 것을 나누고 소망을 품으며 예수님을 의지했습니다. 누구나 믿는다고 쉽게 말할 수 있습니다. 그러나 삶이 바뀌지 않았다면, 정말로 믿었다고 확신할 수가 없습니다. 하지만 어떤 사람이 복음을 듣고 오늘 이야기에서 본 사람들처럼 삶을 바꾼다면, 성령님이 그 사람 안에서 일하고 계시고 예수님을 위해 살아가게 이끄신다는 사실을 확인할 충분한 증거가 있는 것입니다.

💬 이야기하기

사람들이 예수님을 믿고 성령으로 충만해지자 그들의 삶에서 어떤 변화가 일어났나요?
(사람들은 사도들의 가르침을 따라 모이기를 힘쓰고 자신들의 소유를 서로 나누었습니다. 심지어 재산을 팔아 돈이 필요한 사람들에게 주었습니다.)

사도들은 무엇을 가르쳤나요? (그 당시에는 신약 성경이 아직 쓰이지 않았던 때입니다. 따라서 예수님에 대해 배우고 알 수 있는 방법은 사도들이 기억하는 그분의 말씀과 사역을 듣는 것뿐이었습니다. 그 내용이 오늘날 복음서라는 이름으로 기록되어 있습니다.)

우리도 예수님을 믿으면, 모든 재산과 소유를 팔아 도움이 필요한 사람들에게 줘야만 하나요?
(그리스도인은 그 무엇이든 하나님보다 더 사랑해서는 안 됩니다. 또한 기꺼이 자신의 소유를 내어줄 수 있어야 합니다. 지금 우리가 가진 모든 것이 전부 하나님이 은혜로 주신 선물이라는 걸 안다면, 누군가 도움이 필요한 사람이 있을 때 어떻게 도울지 기도하면서 방법을 찾아야 합니다. 그리고 그 방법 가운데 하나가 우리의 소유를 팔아서 돕는 게 될 수도 있습니다.)

🙏 기도하기

세상 그 무엇보다 하나님을 사랑해서 누군가 도움이 필요할 때 기꺼이 나누고 도울 수 있게 해 달라고 기도하세요.

DAY 4

♥ 기억하기

이번 주 성경 이야기를 통해서 하나님은 우리에게 무엇을 가르치시나요?

📖 성경 읽기 | 사도행전 2:46~47절

💬 깊이 생각하기

예수님은 이 땅에 오신 목적대로 사시면서, 제자들에게 만약 그들이 서로 사랑하면 그들이 예수님의 제자라는 걸 세상이 알게 될 거라고 말씀하셨습니다(요 13:35절). 예수님은 우리가 서로 사랑하는 것이 복음이 어떻게 사람을 변하게 하는지를 드러내는 가장 확실한 방법이라고 하셨습니다. 사람들이 세상과 다른 신자들의 삶을 볼 때, 그 이유가 무엇인지 궁금해서 묻게 되고, 신자인 우리는 복음을 말하고 예수님을 증언할 수 있습니다. 그것이 교회가 성장하는 방법의 하나입니다. 모든 사람이 자신의 소유를 나누고 서로의 집을 방문하며 음식을 먹고 즐깁니다. 주위 사람들은 그들을 볼 때 무엇 때문에 저렇게 살 수 있는지 궁금해하면서, 동시에 그런 삶을 살고 싶은 바람을 갖게 됩니다. 그러면 찾아와서 묻고 왜 다른지 알아보려고 할 겁니다. 그런 자리는 복음을 전하는 통로가 됩니다. 초대 교회 신자들의 이런 모습 때문에 다른 많은 사람이 예수님을 믿었고, 또한 교회를 이루며 살아갔습니다.

💭 이야기하기

부모님은 처음 예수님을 믿었을 때, 먼저 교회를 이루며 살던 신자들을 보면서 어떤 영향을 받았었는지 얘기해 주세요.
(부모님은 먼저 예수님을 믿고 교회를 이루며 살던 그리스도인들에게서 어떤 영향을 받았었는지 기억을 떠올려 보세요.)

오늘 이야기에 나오는 새로운 신자들의 삶을 어떻게 설명할 수 있나요?
(자녀들이 신자들의 삶은 기쁨으로 가득했고, 자신들의 소유와 재산을 기꺼이 나누었다는 걸 깨닫게 도와주세요.)

앞으로 3주 동안 교회나 집으로 누군가를 초대해서 함께 예배하고 음식을 먹으며 대화를 나누는 시간을 가져보세요. 자녀들과 함께 누구를 초대하면 좋을지 상의해 보세요.
(아마도 삶의 분주함 때문에 다른 신자들과 함께 하는 시간을 뒤로 미루거나 늦추려고 할 겁니다. 교회나 집으로 누구를 초대할지 생각하는 시간을 가지세요. 한 번도 초대해 본 적이 없는 사람을 떠올려 보세요. 이런 교제와 나눔을 통해 한 사람을 더 깊이 알아가게 될 겁니다. 함께 기도하고 찬양하는 시간을 가지세요. 우리 집에서 같은 믿음을 가진 신자와 예수님 이야기를 나누며 시간을 보내는 것이 얼마나 놀라운 일인지 경험하게 될 겁니다.)

🙏 기도하기

우리가 교회 안에서 만나고 나누며 함께 살아가는 관계 위에 복을 내려 달라고 하나님께 기도하세요.

DAY 5

♥ 발견하기

오늘은 다른 성경 본문을 보는 날입니다. 시편이나 예언서에서 예수님 혹은 우리의 구원에 대해 배울 수 있습니다.

📖 성경 읽기 | 이사야 35:4~7절

💬 깊이 생각하기

예수님이 태어나시기 전에, 이사야는 하나님이 오셔서 그 백성을 구하시고 눈먼 사람들은 눈을 뜨게 될 거라고 말하면서, 예수님의 사역을 설명했습니다. 우리는 예수님이 눈먼 사람을 보게 하시고 듣지 못하는 사람을 듣게 하셨으며 저는 사람을 사슴처럼 뛰게 하셨다는 것을 이미 알고 있습니다. 또한 예수님은 우리 죄를 용서해 주셨고 그분의 영을 모든 믿는 사람에게 부어주셨습니다. 이사야의 예언은 예수님이 다시 오실 날을 가리킵니다. 그날에 믿음을 가진 눈멀고 병든 모든 사람이 회복될 겁니다. 예수님이 이 땅에 처음 오셨을 때, 우리에게 천국의 소망을 품게 하셨습니다. 그러나 다시 오시는 날에는 그분을 믿는 사람들은 누구나 완전히 고침 받고 나아질 겁니다. 그때 예수님은 이 땅을 새롭게 창조하시고 이곳에서 우리와 함께 살아가실 겁니다(계 21:1~3절).

💬 이야기하기

오늘 이사야의 예언 때문에 우리는 예수님이 하셨던 어떤 일을 떠올리게 되나요?
(예수님은 눈먼 사람을 보게 하시고 저는 사람을 걷게 하셨습니다.)

아프고 병들었으나 믿음을 지킨 사람들이 모두 회복되는 날은 언제인가요?
(예수님이 이 땅에 다시 오실 때, 모든 그리스도인은 천국에 들어갈 겁니다. 그곳에는 아픔도, 고통도, 질병도 전혀 없습니다. 모든 그리스도인은 새로운 몸을 입게 될 겁니다. 빌립보서 3:21절을 보세요.)

"하나님이 오사 너희를 구하시리라"(4절)는 이사야의 선포를 하나님은 어떻게 이루셨나요?
(하나님 아버지는 그분의 아들 예수님을 이 땅에 보내시고 십자가에서 죽게 하심으로 모든 죄를 용서하셨습니다. 그래서 우리가 회개하고 돌이켜서 예수님을 믿으면, 우리가 받아야 할 모든 징계를 면하게 되고 완전한 용서를 받습니다.)

🙏 기도하기

예수님을 보내셔서 우리 죄를 대신해 십자가에서 죽게 하신 하나님을 찬양하세요. 그렇게 하심으로 "하나님이 오사 너희를 구하시리라"는 이사야의 선포를 성취하셨습니다.

절름발이 거지가 일어나 걷다
The Lame Beggar Walks

이야기 125 – 컬러 스토리 바이블

이 활동을 위해서 화이트보드와 빨강 보드 마커펜이 필요합니다. 자녀들에게 지난 한 주 동안 어떤 죄를 지었는지 나눠보자고 얘기하세요. 부모님이 먼저 죄를 고백하면 자녀들도 진지하게 자기 자신을 돌아볼 것입니다. 자녀들을 키우면서 인내하지 못하고 화를 냈던 때가 떠오를 수도 있습니다. 기억나는 죄들을 화이트보드에 적습니다. 그리고 천국에 가려면 절대 죄를 짓지 않고 완벽하게 살아야 하는데, 우리는 이미 너무 많은 죄를 지은 죄인이라고 말하세요.

아마 자녀들은 고민할 겁니다. 그때 이렇게 얘기해 주세요. "우리가 예수님을 믿으면, 하나님은 우리 죄를 예수님의 피로 완전히 가려주셔서 더 이상 드러나지 않게 하신단다. 이사야가 말하길, '너희의 죄가 주홍 같을지라도 눈과 같이 희어질 것이요 진홍같이 붉을지라도 양털 같이 희게 되리라' (사 1:18절)." 이 내용을 말하면서, 화이트보드에 적었던 죄 목록을 전부 지웁니다. 그리고 말합니다. "이번 주 우리는 베드로가 절름발이 거지를 어떻게 고쳤고, 백성들에게 죄 사함을 받기 위해 죄에서 돌이켜야 한다는 설교를 어떻게 했는지 배울 거란다."

DAY **1**

♥ 상상하기

감기에 걸려서 심하게 열이 나거나 목이 너무 아파 아무것도 할 수 없었던 때를 떠올려 봅니다. 그렇게 아프면, 목이 자주 따끔거리고 심지어 속이 메스껍기까지 합니다. 열이 너무 심하면 몸이 떨리고 어지럽기도 합니다. 그러면 이제 열이 내리고 더 이상 아프지 않았을 때는 어땠는지 잘 한번 생각해 보세요.

병이 다 나은 다음 날 아침, 여느 때처럼 기분 좋게 일어나 하루를 활기차게 시작할 수 있다고 생각할 겁니다. 뭐든지 해 보고 싶고, 해낼 수 있다는 자신감마저 들 수도 있습니다. 밖에 나가 동네를 한 바퀴 뛰고 땀 흘리며 운동도 하면서 움츠렸던 몸과 마음을 새롭게 할 겁니다. 오늘 우리가 볼 이야기에서, 하나님은 베드로와 요한을 사용하셔서 평생을 절름발이로 살아왔던 한 사람을 고치십니다. 고침 받은 그 사람이 어떤 반응을 했는지 살펴보겠습니다.

📖 성경 읽기 | 사도행전 3:1~8절

💬 깊이 생각하기

나면서부터 걷지 못했던 한 남자는 스스로 일을 할 수 없었기 때문에 평생을 성전 입구에서 구걸하며 살았습니다. 베드로와 요한이 근처를 지나갈 때, 그 사람은 돈을 구걸했습니다. 성령으로 충만했던 베드로는 그 사람이 전혀 기대하지 않았던 일을 했습니다. 돈을 주는 대신에, 베드로는 일어나 걸으라고 말하면서 그 사람의 오른손을 잡아 일으켰습니다. 하나님의 전능하심으로 그 사람은 일어섰고, 주위를 걷고 뛰었습니다.

예수님은 천국으로 올라가셨습니다. 그러나 그분의 영과 그 이름으로 치유하는 권능은 지속되었습니다. 성문 앞에서 평생 구걸하던 절름발이 거지가 벌떡 일어나 뛰어다니는 모습을 본 사람들이 얼마나 놀랐을지 생각해 보세요. 바리새인들은 예수님을 죽이면 다 끝난다고 생각했습니다. 그러나 그들은 완전히 틀렸습니다. 예수님은 죽음에서 살아나셨고, 천국으로 올라가셨으며, 그분의 영을 보내서 수천 명의 사람을 감동하게 하고 움직이셨습니다. 성령님의 임재 가운데, 복음은 멈추지 않고 퍼져나갔습니다. 바리새인들과 제사장들이 밖에 무슨 일이 벌어졌는지 보려고 나왔다가 어떤 말을 들었을지 상상해 보세요. 아마도 여기저기서 사람들이 웅성거리며 이렇게 말하는 걸 들었을 겁니다. "봤어? 저 사람이 예수 이름으로 절름발이를 일으켜 세웠어!" "오, 이런!" 분명히 이렇게 말하는 사람들도 있었을 겁니다. "예수가 돌아왔어, 그 제자들이 저렇게 사람을 고치잖아!"

💬 이야기하기

고침 받은 절름발이 거지는 무엇을 했나요?
(그 사람은 일어서서 걷고 뛰면서 하나님을 찬송했습니다.)

누가복음 5:23~26절을 읽으세요. 오늘 이야기와 어떤 면에서 비슷한가요?
(베드로가 예수님처럼 사람을 고쳤습니다.)

유대인 종교지도자들은 예수님의 이름으로 나은 이 사람을 어떻게 생각했을까요?
(그들은 사람들에게서 예수님의 기억을 지우려고 노력해왔습니다. 예수님의 이름으로 누군가 고침 받고 낫는 것은 가장 원하지 않았던 일이었습니다.)

🙏 기도하기

고침 받은 그 사람이 했던 것처럼 하나님을 찬양하세요.
(자녀들이 어리다면, 정말 절름발이가 나은 것처럼 행동해 보라고 해 주세요. 평생 처음 일어나 걷고 뛴다면 얼마나 흥분되었을까요? 그 감격을 다 뿜어내면서 하나님을 찬양하게 도와주세요)

DAY 2

♥ 기억하기

어제 이야기 중에서 무엇을 기억하나요? 오늘은 어떤 이야기가 있을 것으로 생각하나요?

📖 성경 읽기 | 사도행전 3:9~16절

💬 깊이 생각하기

절름발이 거지가 고침 받았을 때, 베드로는 이 일을 이루신 분이 바로 예수님이라는 사실을 모든 사람에게 알리려고 그 자리에서 확실히 선포했습니다. 베드로는 자신의 능력으로 그렇게 했다고 사람들 사이에서 소문이 나는 것을 원하지 않았습니다. 베드로는 사람들이 자신들의 손으로 죽였으나 다시 살아나신 예수님이 바로 이 일을 이루신 분이라는 걸 알게 하고 싶었습니다. 그리고 더욱 깨닫게 하고 싶었던 사실은 예수님의 이름을 믿음으로 이 장면을 목격한 모든 사람도 똑같이 고침 받고 나을 수 있다는 것이었습니다! 예수님은 떠나시기 전에, 제자들에게 "오직 성령이 너희에게 임하시면 너희가 권능을 받고 예루살렘과 온 유대와 사마리아와 땅 끝까지 이르러 내 증인이 되리라" (행 1:8절)고 말씀하셨습니다. 절름발이 거지를 고치는 모습을 보면서, 우리는 예수님이 약속하셨던 권능이 말씀하신 그대로 제자들에게 임했다는 것을 확인할 수 있습니다.

🗨 이야기하기

성전에 있던 사람들은 절름발이 거지가 고침 받는 것을 분명히 보면서, 무슨 생각을 했을까요?
(그들은 매우 충격적이었을 겁니다. 그리고 베드로가 그의 능력으로 그 사람을 고쳤다고 생각했을 겁니다.)

베드로는 고치는 능력이 자신에게서 나온 것이라고 사람들이 잘못 생각할까봐 어떻게 했나요?
(베드로는 모여 있던 백성에게 예수님의 이름을 믿는 이 사람의 믿음이 스스로를 고쳤다고 말했습니다. 이 일은 베드로의 능력으로 이뤄진 것이 아니었습니다.)

16절을 다시 한 번 읽으세요. 고침 받은 사람을 통해 베드로는 우리에게 무엇을 알려주나요?
(베드로는 이 구절을 통해 하나님이 그 사람에게 예수님의 이름을 믿을 수 있는 믿음을 주셨고, 예수님을 믿는 그 믿음 때문에 그 사람이 고침 받았다고 알려줍니다.)

🙏 기도하기

우리도 믿음을 가질 수 있게 이 놀라운 일을 일으키시고 그 이야기가 우리한테까지 전달되게 하신 예수님께 감사하세요.

DAY 3

♥ 예수님께 연결하기

오늘은 이번 주 성경 이야기를 복음과 연결해 보는 날입니다. 복음은 우리를 구원하신 예수님의 생명과 죽음, 그리고 부활입니다. 이번 주 성경 이야기가 어떻게 복음과 연결되는지 깊이 생각해보세요.

🔖 성경 읽기 | 사도행전 3:17~26절

💬 깊이 생각하기

절름발이 거지는 평생을 성전 앞에서 구걸하며 살았기 때문에 사람들이 자기 앞을 지나다니며 하는 이야기를 다 들었을 것이고 예수님에 대해서도 이미 알고 있었을 겁니다. 또한 예수님이 병든 사람들을 어떻게 고치셨는지도 분명히 들었을 테니 그 거지는 자신도 예수님을 만나 치료받고 낫기를 바라고 있었을 겁니다. 그런데 예수님이 십자가 처형을 받아 돌아가셨다는 소식을 들었으니 얼마나 실망했을까요. 그것은 성전 입구를 지나쳐 가는 사람들의 입에서 입으로 끊임없이 전해지는 큰 사건이었습니다. 예수님이 돌아가셨을 때 얼마나 많은 일이 벌어졌는지를 기억해 보세요. 예를 들어, 성전 휘장이 위에서 아래로 찢어지며 둘로 나뉘었고, 죽은 자들이 무덤에서 살아났습니다(마 27:51~53). 그러니 모든 사람이 다 그 일에 대해서 얘기할 수밖에 없었을 겁니다.

그 절름발이 거지는 사람들이 전해주는 예수님 이야기를 수없이 들었기 때문에 예수님에 대해 어느 정도 알고 있었습니다. 베드로가 "나사렛 예수 그리스도의 이름으로 일어나 걸으라"고 말했을 때, 그 사람은 확신이 있었고, 자신이 완전히 나을 거라고 분명히 믿었습니다. 그 사람은 "근데 예수가 누구요?"라고 결코 묻지 않았습니다. 그저 믿었을 뿐입니다. 베드로는 그 치유의 순간에 모여 있던 사람들에게 복음을 선포했고 믿음의 자리로 초청했습니다.

🗨 이야기하기

베드로는 사람들에게 죄에서 돌이키고 회개하며 예수님을 믿으면 무슨 일이 생긴다고 말했나요?
(모든 죄가 씻어지고 용서받게 되며, 주님의 임재가 그들에게 내릴 거라고 했습니다.)

베드로는 왜 선지자들에 대해 그렇게 많이 말했나요?
(베드로가 살던 당시에는 신약 성경이 아직 쓰이지 않았다는 사실을 기억해야 합니다. 베드로는 자신이 선포하는 말씀의 권위를 성경에 두고 있었습니다. 그렇기 때문에 사람들의 믿음이 단지 베드로의 증언만으로 생긴 건 아니었습니다. 그 믿음은 구약 시대 선지자들의 예언 속에 담겨 있는 하나님의 가르침에 근거하고 있었습니다.)

베드로의 메시지 내용 가운데 어디에서 복음을 발견할 수 있나요? (오늘 이야기에서 복음이 어디서 전해지고 있는지 아이들이 직접 찾아보게 하세요. 자녀들이 성경 이야기에서 복음을 발견하는 노력을 결코 포기하거나 지치지 않게 도와주세요. 성경 이야기 속에는 명확한 복음의 메시지가 담겨 있습니다.)

🙏 기도하기

아브라함의 후손을 통해 모든 나라와 민족이 복을 누리게 될 것이라고 언약을 맺으시고 그것을 완벽하게 성취하신 하나님께 감사하세요. 예수님은 그 축복의 전부이십니다.

DAY 4

♥ 기억하기

이번 주 성경 이야기를 통해서 하나님은 우리에게 무엇을 가르치시나요?

📖 성경 읽기 | 사도행전 4:1~22절

💬 깊이 생각하기

유대인 종교지도자들이 성전 입구에서 소동이 일어났고, 베드로와 요한이 그곳에 모인 사람들에게 예수님의 부활을 전한다는 사실을 알기까지는 그리 오래 걸리지 않았습니다. 종교지도자들은 그 상황이 매우 불편했습니다. 그래서 베드로와 요한을 즉시 체포하라는 명령을 내렸습니다. 하지만 그 명령 때문에 복음을 전할 또 다른 기회가 생겼습니다. 베드로는 너 이상 예수님이 체포되시던 밤에 두려워 떨며 도망쳤던 베드로가 아니었습니다. 과거에는 대제사장 뒤뜰에서 사람들의 시선을 두려워하며 세 번이나 예수님을 부인했던 베드로였지만, 이제는 성령으로 충만해서 예수님은 다시 살아나셨다고 담대하게 전하고 있습니다. 베드로는 예수님을 죽인 종교지도자들의 잘못을 지적하고 오직 예수님을 믿는 것만이 구원받을 수 있는 유일한 길이라고 가르쳤습니다.

종교지도자들은 그들의 두 눈으로 절름발이 거지가 일어나 걷고 뛰는 것을 보고도 여전히 예수님을 거부했습니다. 그들은 복음을 받아들이지 않았습니다. 자신들의 권위와 명예만을 지키는 데 급급해서 베드로와 요한에게 다시는 예수님의 이름을 전하지 말라고 경고했습니다.

🗨 이야기하기

부모님은 복음을 거절하고 믿기를 원하지 않았던 때가 있었는지 생각해 보고 얘기해 주세요. (복음을 거절했던 때나, 예수님을 믿는다고 하면서도 성경 말씀이나 복음을 믿지 않았던 때가 있었다면, 그 경험을 자녀들에게 솔직하게 나눠주시고 하나님이 어떻게 기다려주시고 인내하시며 용서해 주셨는지 고백하고 함께 찬양하세요.)

유대인 종교지도자들은 왜 베드로와 요한에게 벌을 내리지 않았나요?
(종교지도자들은 백성들이 자신들을 어떻게 생각할지를 가장 신경 쓰는 사람들이었습니다. 한편으로는, 예수님에 대한 이야기가 확대되는 것을 꺼렸고, 또 다른 한편으로는, 이 순간을 이용해 사람들에게 자신들을 좋게 보일 기회로 삼고 싶었습니다. 즉, 종교지도자들은 하나님보다 사람들을 만족시키고 그들의 호응을 더 원했던 것입니다.)

베드로는 유대인 종교지도자들과 장로들 앞에서 담대히 말할 용기를 어디서 얻었나요?
(베드로는 성령으로 충만했는데, 그분이 도우시고 담대하게 하셨습니다[행 4:8절].)

왜 복음은 과거나 현재나, 누구에게나 똑같은 결과를 가져올까요?
(복음은 모든 믿는 자에게 구원을 주시는 하나님의 능력입니다. 로마서 1:16절을 보세요.)

🙏 기도하기

우리가 절름발이 거지처럼 믿음을 갖고 유대인 종교지도자들처럼 예수님을 거부하지 않게 해 달라고 기도하세요.

DAY 5

♥ 발견하기

오늘은 다른 성경 본문을 보는 날입니다. 시편이나 예언서에서 예수님 혹은 우리의 구원에 대해 배울 수 있습니다.

📖 성경 읽기 | 시편 49:7~15절

💬 깊이 생각하기

이 시편은 그 누구도 다른 사람의 생명을 대신할 대가를 지불할 수 없다고 말합니다. 아무리 돈이 많고 원하는 것은 무엇이든 할 수 있는 능력이 있을지라도, 한 사람의 죗값을 치르는 것은 절대 불가능합니다. 그 대가를 치를 방법은 오직 한 가지뿐입니다. 단 한 번도 죄를 지은 적이 없어서 하나님 보시기에 온전한 어떤 사람이 죄의 대가로 피 흘려 죽어야 합니다. 우리는 모두 죄인이기에, 그렇게 죽을 수 있는 사람은 단 한 명도 없습니다. 그래서 오늘 시편 기자는 말하기를 지혜 있는 자도 죽고, 어리석고 무지한 자도 함께 망한다고 했습니다. 살아있는 모든 사람은 다 죽을 겁니다. 그러나 우리는 결코 죄가 없고 완벽한 삶을 살아낸 어떤 분이 계시다는걸 압니다. 그분은 예수님이십니다. 예수님은 완전한 삶을 사셨습니다. 그렇기 때문에 우리 죄의 대가를 지불할 수 있으셨습니다.

디모데에게 쓴 편지에서, 바울은 예수님이 그분의 생명을 "대속물"로 주셨다고 말하고 있습니다(딤전 2:6절). 예수님은 자신뿐만 아니라 그분을 믿는 모든 사람을 위한 대가를 충분히 지불하실 수 있는 분이었습니다. 베드로는 종교 지도자들에게 이렇게 말했습니다. "다른 이로써는 구원을 받을 수 없나니 천하 사람 중에 구원을 받을 만한 다른 이름을 우리에게 주신 일이 없음이라" (행 4:12절). 오늘 시편에서도 우리에게 희망을 전하고 있습니다. 15절을 보면, 하나님은 우리 영혼을 스올에서 친히 건져내실 것입니다. 이 말은 우리 죄의 대가를 직접 지불하신다는 뜻입니다. 하나님은 아들이신 예수님을 보내셔서 이 말씀을 성취하셨습니다. 예수님은 이 땅에 오셔서 우리 대신 십자가에서 피 흘려 돌아가셨습니다.

🗨 이야기하기

우리가 천국에 들어갈 수 있게 모든 죄의 대가를 지불할 수 있는 유일한 분은 누구인가요? (예수님)

다른 사람은 그 누구도 대가를 지불할 수 없는데 예수님은 무엇이 달라서 그것이 가능한가요?
(예수님은 죄가 전혀 없으십니다. 오직 완전한 사람만이 죄를 대속할 수 있습니다. 그래서 예수님은 단 한 번도 죄를 짓지 않고 사셨습니다.)

예수님이 우리 죄를 대속하시려면 우리는 무엇을 해야 하나요? (우리가 할 일은 오직 그분을 믿는 것뿐입니다. 예수님이 우리 죄 때문에 죽으셨고, 다시 살아나셨다는 걸 믿고 그분에게 모든 소망과 신뢰를 드리는 것입니다. 실제로 천국에 들어갈 수 있는 다른 길은 없습니다. 오직 예수님만이 유일한 희망입니다.)

🙏 기도하기

이 땅에 오셔서 죄가 없는 삶을 사시고 우리 죄 때문에 십자가에서 죽으심으로 그 대가를 치르신 예수님께 감사하세요. 그리고 우리 주위 사람들도 이 사실을 듣고 믿어서 오직 예수님만을 의지하며 살게 해 달라고 간구하세요.

아나니아와 삽비라
Ananias & Sapphira

이야기 126 – 컬러 스토리

이 활동을 위해 음식을 담는 투명한 용기와 아이들에게 두 개 이상씩 나눠줄 수 있을 만큼의 쿠키가 필요합니다. 성경 공부를 시작하기 전에, 이 용기에는 보다시피 쿠키가 담겨 있고 지금부터 여기 담긴 쿠키를 전부 나눠줄 거라고 얘기해 주세요.

그리고 용기를 열어서 아이들에게 쿠키를 한 개씩만 나눠주시고, 이제 전부 다 나눠줘서 더 이상 쿠키가 없다고 말하세요. 아이들은 전부 다 준 게 아니니까 더 달라고 말할 겁니다. 그러면 어떻게 그걸 알았냐고 물어보세요. 아이들은 용기 안에 쿠키가 더 있는 걸 볼 수 있다고 대답할 겁니다. 아이들에게 우리의 삶은 하나님 보시기에는 안이 훤히 들여다보이는 이 용기와 같다고 설명하세요. 우리는 무엇인가를 잘못하면 그걸 하나님도 모르게 숨길 수 있을 거로 생각합니다. 그러나 하나님은 모든 것을 다 아시는 분이십니다. "이번 주 우리는 자신들의 죄를 숨기고 하나님을 속이려던 사람들에 대해서 배울 거란다." 라고 얘기하세요.

DAY 1

♥ 상상하기

우리 집 자동차가 사고로 파손되었고, 새 차를 살 돈이 없다면 어떨지 아이들과 상상해보세요. 이제부터는 물건을 사러 마트에 걸어가야 하고 산 물건들은 직접 들고 와야 하며 교회나 친척 집을 방문하거나 여행을 하기도 어렵게 된다면, 얼마나 불편하고 힘들까요? 그런데 교회 가족 중에 한 분이 우리 상황을 알고 차 한 대를 그냥 주기로 했다고 가정해 봅시다. 그분은 직접 차를 몰고 우리 집 앞까지 와서 초인종을 누르고 우리 가족 모두에게 이렇게 말합니다. "저보다는 여러분에게 이 차가 더 필요할 것 같아서 가져 왔어요. 이제부터 이 차는 여러분 것입니다." 놀랍지 않나요? 그것은 너무나 큰 베풂이고 섬김입니다. 초대 교회 신자들이 바로 그런 삶을 살았습니다.

📖 성경 읽기 | 사도행전 4:32~37절

💬 깊이 생각하기

우리가 예수님 안에 얼마나 놀라운 보물이 있는지를 제대로 알게 된다면, 우리에게는 더 이상 세상의 모든 소유물이 소중하지도, 특별하지도 않을 겁니다. 성경은 세상의 보물은 모두 사라지고 도둑질당할 거라고 말씀합니다(마 6:19~20절). 그러나 그 누구도 우리에게서 예수님을 빼앗아갈 수는 없습니다. 이것을 기억하면 도움이 필요한 사람에게 우리 재산을 훨씬 쉽게 나눠줄 수 있습니다. 하나님이 그분의 영을 예루살렘에 있는 초대 교회에 부어주시자, 성령님 때문에 초대 교회 신자들은 기꺼이 자신의 물건을 어려운 사람들에게 나눠주었습니다.

초기 그리스도인들은 그저 남는 재산을 조금 나누는 정도가 아니었습니다. 어떤 사람은 심지어 땅을 팔아 생긴 돈을 사도들에게 맡기고 필요한 사람들에게 나눠주게 했습니다. 매우 많은 돈이었지만, 예수님이 그들에게 하셨던 것처럼 어떤 대가도 바라지 않고 기꺼이 내어주었습니다. 우리가 그리스도인이 되면, 성령님은 이렇게 일하십니다. 우리가 기쁜 마음으로 하나님의 말씀에 순종하게 하십니다. 하나님께 순종하는 것이 쉬울 수 있는 이유는 그분의 말씀과 율법이 우리 마음에 새겨졌기 때문입니다.

🗨 이야기하기

초대 교회 신자들에게 임한 두 가지는 무엇이었나요?
(만약 자녀들이 어려서 답을 찾지 못한다면, 33절을 다시 읽어주세요. 그리고 손을 들고 답을 말하게 하세요. 성령님이 큰 권능으로 임하셨고, 그 사람들은 큰 은혜를 받아 기뻐하며 자발적으로 서로서로 필요에 따라 재산을 나누었습니다.)

땅을 팔아 맡긴 돈으로 사도들은 무엇을 했나요?
(사도들은 그 돈을 도움이 필요한 사람들에게 주었습니다. 결국, 모든 사람이 가난하지 않게 나눠 쓸 만큼 돈이 많아졌습니다.)

우리는 다른 사람을 돕기 위해 무엇을 나눌 수 있나요?
(자녀들이 무엇으로 다른 사람을 도울 수 있을지 스스로 생각해 보게 도와주세요.)

🙏 기도하기

우리가 이 세상이 아니라 예수님을 사랑하고 그분을 위해 살아갈 수 있게 은혜를 내려 달라고 하나님께 간구하세요.

DAY 2

♥ 기억하기

어제 이야기 중에서 무엇을 기억하나요? 오늘은 어떤 이야기가 있을 것으로 생각하나요?

📖 성경 읽기 | 사도행전 5:1~6절

💬 깊이 생각하기

어제 우리는 자신의 땅을 팔아 그 돈을 사도들에게 맡겨 가난한 사람들을 돕는데 쓰게 했던 바나바란 사람에 대해서 배웠습니다. 오늘 이야기에 등장하는 아나니아 역시 자신의 땅을 판 돈을 모두 가난한 사람들에게 나누겠다고 했습니다. 그러나 아나니아는 그 돈의 일부를 아무도 모르게 숨겨서 자신이 갖기로 마음먹었습니다. 그렇게 한 후에 돈을 전부 나누는 것처럼 거짓말했습니다. 아나니아는 아무도 자신이 그렇게 하는 걸 모를 거로 생각했습니다. 어쩌면 사람들은 아나니아도 바나바처럼 자신의 재산을 기꺼이 가난한 사람들에게 나누는 마음 좋은 사람이라고 여겼을 겁니다. 그러나 아나니아는 한 가지 중요한 사실을 잊었습니다 — 하나님은 모든 걸 아시는 분이십니다. 게다가 하나님은 정직하지 못한 마음 때문에 교회가 성장하는 데 해를 입게 내버려 두실 분이 절대 아닙니다. 만약 아나니아가 솔직하게 전부가 아닌 일부만 나누겠다고 하고 그렇게 행했다면 하나님은 그것을 기쁘게 받으셨을 겁니다.

《💬 이야기하기

아나니아는 무슨 잘못을 했나요?
(아나니아는 베드로에게 자신의 재산을 팔아 생긴 돈을 전부 나누겠다고 했습니다. 그러나 그것은 거짓말이었습니다. 아나니아는 그 돈의 일부를 아무도 모르게 자기 몫으로 숨겼습니다.)

베드로는 아나니아가 거짓말을 하고 있다는 걸 어떻게 알았나요?
(성경에 정확히 기록되어 있진 않습니다. 그러나 성령님이 진실을 알게 하셨을 겁니다.)

베드로는 아나니아가 누구를 속였다고 말했나요?
(베드로는 아나니아가 성령님을 속였다고 했습니다. 우리가 거짓말할 때, 비록 사람에게 하는 것이지만, 그것은 우선적으로 하나님을 속이는 것입니다.)

🙏 기도하기

우리가 정직하고 솔직하게 살게 해 달라고 주님께 도움을 구하세요.

DAY 3

♥ 예수님께 연결하기

오늘은 이번 주 성경 이야기를 복음과 연결해 보는 날입니다. 복음은 우리를 구원하신 예수님의 생명과 죽음, 그리고 부활입니다. 이번 주 성경 이야기가 어떻게 복음과 연결되는지 깊이 생각해보세요.

📖 성경 읽기 ∣ 사도행전 5:7~11절

💬 깊이 생각하기

예수님은 그분의 교회를 세울 것이고 그 어떤 것도, 심지어 죽음의 문들조차도 그것을 가로막을 수 없을 거라고 말씀하셨습니다. 새롭게 세워지는 그 교회는 신자들이 예수님의 사랑을 서로에게 나누면서 성장할 것입니다. 그들은 서로 돕고 베풀며 자신의 것을 기꺼이 내어줍니다. 아나니아의 죄는 교회와 복음의 선하고 의로운 증인들을 위협하는 것이었습니다. 아나니아와 삽비라는 돈을 전부 나누었다고 계속 거짓말하면 이 상황에서 벗어날 수 있고, 결국 자신들은 돈 일부를 챙길 수 있을 거로 생각했습니다. 그러나 하나님은 어떤 것도 교회의 성장을 방해하게 그냥 내버려 두지 않으셨습니다. 거짓말로 상황을 모면하게 두시지 않았고, 아나니아와 삽비라는 둘 다 죽임을 당했습니다. 무슨 일이 벌어졌는지를 들었을 때, 사람들은 새 교회를 보다 건강하게 세우시려는 하나님 앞에서 죄를 짓는 게 얼마나 두려운 일인지 알았습니다.

🗣 이야기하기

삽비라는 무슨 잘못을 했나요? (남편인 아나니아처럼, 땅을 팔아 번 돈의 일부를 자기 몫으로 남겨 놓고 끝까지 전부 다 나누었다고 거짓말했습니다.)

하나님은 왜 아나니아와 삽비라를 죽이셨나요?
(하나님이 아나니아와 삽비라를 죽이셨다는 말이 매우 가혹하게 들릴 수도 있습니다. 그러나 우리가 반드시 기억해야 하는 게 있는데 하나님은 생명을 다스리시는 주님이시라는 사실입니다. 오직 그분만이 한 사람이 얼마나 오래 살지를 결정하십니다. 하나님은 어떤 사람을 오래 살게 하실 수도 있고, 어렸을 때 죽게 하실 수도 있습니다. 하나님은 아나니아와 삽비라의 거짓말이 교회의 명성을 망가뜨리게 그냥 두지 않으셨습니다.)

11절은 우리에게 온 교회에 큰 두려움이 임했다는 걸 알려 줍니다. 사람들은 무엇을 두려워했던 걸까요?
(사람들은 자신들의 죄 때문에 하나님을 크게 두려워했습니다. 하나님은 반드시 죄를 징계하시고, 교회를 보호하는 분이시라는 걸 깨달았습니다.)

우리 또한 하나님 앞에서 지은 죄 때문에 두려워해야 하나요? (네, 성경은 우리에게 이렇게 말합니다. "여호와를 경외하는 것이 지혜의 근본이요" (잠 9:10절). 이 말씀을 보면 하나님께 나아가 기도하는 것을 두려워하라는 뜻이 아닙니다. 우리는 의도적으로 하나님을 대적하는 죄를 짓는 것을 두려워해야만 합니다. 하나님은 우리 죄를 대속하시려고 엄청난 대가를 지불하셨습니다. 바로 그분의 아들 예수님의 생명이 그 대가였습니다.)

🙏 기도하기

우리가 주님을 경외하게 해 달라고 기도하세요. 우리가 죄를 멀리함으로 그분을 경배하고 존중해 드릴 수 있게 도와달라고 간구하세요.

DAY 4

♥ 기억하기

이번 주 성경 이야기를 통해서 하나님은 우리에게 무엇을 가르치시나요?

📖 성경 읽기 | 사도행전 5:12~16절

💬 깊이 생각하기

아나니아와 삽비라의 거짓말은 사소한 실수가 아니라 심각한 죄였습니다. 왜냐하면 성장하고 있던 초대 교회를 흔들고 심지어는 무너뜨릴 수도 있었기 때문입니다. 그래서 하나님은 그들을 지체하지 않으시고 벌하셨습니다. 아나니아와 삽비라는 사람의 눈길과 칭찬, 존경을 갈망했지만 자신들의 전 재산을 다 바칠 만큼은 아니었습니다. 게다가 그들은 하나님보다 돈을 더 많이 사랑했고 소중하게 여겼습니다. 결국, 하나님의 은혜를 누리고 그분의 전 능하심을 목격하는 기쁨을 잃어버렸습니다. 그들이 죽고 얼마 후에, 하나님은 교회를 보호하고 회복시키시는 데 그분의 전능하심을 나타내셨습니다. 14절은 믿고 주께로 나아오는 자가 더 많아졌다는 사실을 알려줍니다. 단지 몇 주밖에 안 된 교회가 만여 명의 사람들로 채워지기 시작했습니다. 교회 밖 사람들은 초대 교회 신자들이 서로를 향해 베푸는 진정한 사랑을 보았습니다. 사악하고 탐욕스러웠던 사람들이 그리스도인이 된 후 너그럽고 기꺼이 나누는 사람들로 변하는 걸 직접 목격했습니다. 그런 변화 때문에 예수님은 사람의 인생을 변화시키는 능력을 가진 분이시라는 걸 깨닫게 되었습니다.

💭 이야기하기

부모님은 하나님이 어떻게 사람을 구원하셔서 그리스도인이 되게 하시고, 교회를 이루게 하시는지 얘기해 주세요. (평범한 이야기를 통해 아이들은 지식을 매우 유용하게 쌓을 수 있습니다. 우리 교회에서, 혹은 가족 가운데 예수님을 믿은 사람의 이야기를 해 주세요. 그리고 그 간증을 기억해서 아이들에게 들려주세요.)

얼마나 많은 사람이 나음을 얻었나요? (자녀들이 어리면, 성경 본문을 다시 읽어 주시고 정답을 찾으면 손을 들고 대답하게 해 주세요. 모든 사람이 다 나았습니다.)

사람들이 다 낫는다는 소식을 들은 종교지도자들은 어땠을까요? (이것에 대해 성경에는 자세한 기록이 없습니다. 그러나 아마도 그들은 매우 불쾌하고 화가 났을 겁니다. 어떻게 해서든 사람들이 모여드는 걸 방해하고 막으려고 했습니다. 그들은 예수님을 믿고 따르는 사람들이 늘어나는 것을 원하지 않았습니다.)

사람들은 왜 베드로의 그림자라도 그들에게 덮이기를 원했나요? (병에서 낫고 싶었기 때문입니다. 사람을 고치시는 하나님의 능력은 너무나 강력해서 믿기만 한다면 베드로의 그림자가 스치기만 해도 나았습니다.)

🙏 기도하기

초대 교회에 능력을 쏟으셔서 사람들이 나음을 입게 하는 기적을 행사하신 하나님을 찬양하세요.

DAY 5

♥ 발견하기

오늘은 다른 성경 본문을 보는 날입니다. 시편이나 예언서에서 예수님 혹은 우리의 구원에 대해 배울 수 있습니다.

📖 성경 읽기 ┃ 이사야 56 : 7절

💬 깊이 생각하기

마태복음 21:13절에서 예수님은 이사야서에 기록된 오늘 구절을 성전에서 돈을 교환하던 상인들을 꾸짖고 그 책상을 둘러 엎으실 때 인용하셨습니다. 그 당시 성전은 하나님이 그 백성과 함께 거하시는 곳으로 여겨졌습니다. 예수님은 성전이 기도하는 집으로 있어야지 물건을 사고파는 시장이 되어서는 안 된다고 하셨습니다. 그러나 예수님이 돌아가신 후, 성령님은 신자들의 마음에 임재하십니다. 신자들이 곧 성전인 것입니다. 따라서 아나니아와 삽비라가 거짓말을 하는 순간, 그들은 하나님의 거룩한 성전을 망가뜨리고 강도의 소굴로 바꿔버린 것이었습니다. 하나님이 아나니아와 삽비라를 죽이신 것은 그분의 새로운 성전을 깨끗게 하시고 교회를 파괴할 수 있는 죄에서 벗어나게 하신 것이었습니다.

《● 이야기하기

예수님은 왜 돈을 교환하던 사람들과 제사에 쓸 동물을 파는 사람들을 성전에서 쫓아내셨나요?
(성전은 시장이 아니라 하나님께 기도하는 곳이기 때문입니다.)

예수님이 성전을 깨끗게 하신 것과 하나님이 아나니아와 삽비라를 죽이신 것은 어떤 점에서 비슷한가요?
(그 누구도 거룩한 성전을 망가뜨려서는 안 됩니다.)

하나님은 왜 죄를 심판하시나요?
(하나님은 완전히 선하시고 죄는 완전히 악합니다. 죄는 하나님을 대적하는 존재이기에 그것을 심판하셔야만 합니다.)

🤲 기도하기

완전히 선하시고 예수님을 보내셔서 우리의 모든 죄를 처리하신 하나님께 감사하세요. 그래서 우리는 아나니아와 삽비라처럼 죽임을 당하지 않게 되었습니다.

스데반의 죽음
The Death of Stephen

이야기 127 - 컬러 스토리 바이블

오늘 활동에는 물이나 쌀을 가득 채운 작은 컵이 필요합니다. (활동이 끝난 후 청소하기에 더 편한 것으로 둘 중 하나를 고르면 됩니다.) 아이 중 한 명에게 컵을 주면서 이것은 그 컵을 받는 아이의 생명이고, 그 안에 담겨 있는 것들은 복음이라고 설명하세요. 그리고 컵을 받은 아이에게 움직이지 말고 가만히 서 있으라고 하세요. 이때, 복음(물이나 쌀)은 거의 쏟아지거나 흩어지지 않았다는 사실을 아이들에게 확인시켜 주세요. 이제 셋을 세고 나서 그 아이를 잡으러 쫓아갈 거라고 말해주시고 정말 셋을 센 후에 아이를 쫓아가세요. 아이가 도망치면서 물이나 쌀을 바닥에 흘리기 시작할 겁니다. 도망치던 아이를 잡은 후에, 뒤를 돌아보고 복음을 든 아이를 쫓아다닌 결과 복음이 어떻게 흩어지고 퍼졌는지를 아이들이 직접 볼 수 있게 도와주세요. 이것이 초대 교회 그리스도인들이 박해를 받을 때 일어난 일이라고 설명해 주세요. 그리고 이렇게 말하세요. "이번 주 우리는 스데반과 초대 교회 박해에 대해서 배우게 될 거란다."

DAY 1

♥ 상상하기

그리스도인이 되는 것을 금지하는 마을에 산다면 어떨지 한 번 상상해 보세요. 그 마을에서는 그리스도인들은 감옥에 갇히거나 예수님에 대해 말하면 죽임을 당할 수도 있을 겁니다. 만약 우리 부모님이나 형제자매가 복음을 전하다가 감옥에 갇힌다면 얼마나 슬프고 힘들지 생각해 보세요. 그런 희생은 지금도 세계 곳곳에서 많은 사람에게 실제로 일어나고 있습니다. 어떤 사람들은 이웃에게 예수님에 대해 말했다는 이유로 죽임을 당하기도 합니다. 이제 우리가 읽을 이야기에서, 스데반이 복음 때문에 어떻게 자신의 생명을 바쳤는지 배우게 될 겁니다.

📖 성경 읽기 ┃ 사도행전 6 : 8∼15절

💬 깊이 생각하기

제자들과 함께 계시면서, 예수님은 "사람들이 나를 박해하였은즉 너희도 박해할 것이요" (요 15:20절)라고 제자들에게 주의를 주셨습니다. 그분의 말씀은 사실이었습니다. 왜냐하면 실제로 베드로와 요한이 성전 문 앞에서 구걸하던 절름발이 거지를 일으켜 세운 뒤에 체포되었기 때문입니다. 유대인 종교지도자들은 절름발이를 일으켜 세운 걸 목격하고 기뻐하던 사람들 때문에 할 수 없이 베드로와 요한을 석방했습니다. 그러나 더 이상 예수님에 대해 전하거나 가르치지 말라고 경고했습니다. 어떤 유대인들은 그리스도인들을 매우 싫어했습니다. 그래서 스데반이 복음을 전하자, 그를 체포해서 끌고 갔습니다. 예수님이 체포되실 때처럼, 사람들은 스데반이 문제를 일으킨다고 거짓 증언을 했습니다.

우리 생각에는 스데반이 체포될 게 두려워서 더 이상 아무 말도 하지 않았을 것 같지만, 스데반은 그렇지 않았습니다. 성령님의 능력으로 하나님을 더 깊이 신뢰했습니다. 스데반은 두렵지 않았고, 오히려 그 얼굴이 천사의 얼굴과 같았습니다. 우리가 예수님께 우리의 생명을 드릴 때, 성령님은 우리와 함께하시고 우리에게 담대한 마음을 주십니다(엡 3:12절).

🗨 이야기하기

스데반의 사역은 예수님의 사역과 어떻게 비슷한가요?
(스데반은 큰 기사와 표적을 사람들에게 일으켰습니다. 예수님처럼, 스데반은 어떤 지도자들도 논쟁할 수 없을 만한 지혜로 복음을 전했습니다. 그리고 예수님께 그랬듯이, 그 지도자들은 스데반을 죽이고 싶어 했습니다.)

스데반이 자신을 스스로 변호할 수 있게 누가 도왔나요?
(성령님이 스데반을 도와서서 그는 놀라운 지혜로 말할 수 있었습니다. 그래서 스데반과 논쟁하던 사람들은 이길 수가 없었습니다.)

스데반과 논쟁에서 이기지 못한 지도자들은 스데반을 곤경에 빠뜨리려고 어떻게 했나요?
(그 사람들은 거짓 증인을 세워서 스데반이 모세와 하나님을 모독하는 말을 했다고 증언하게 했습니다.)

🙏 기도하기

예수님을 믿기 때문에 박해받고 상처 입는 사람들을 위해 기도하세요.
(자녀가 좀 크다면, 인터넷에서 실제로 박해받는 교회와 고난받는 사람들에 대한 정보를 찾아보게 하세요. 그리고 그 교회와 사람들을 위해 기도하는 시간을 가지세요.)

DAY 2

♥ 기억하기

어제 이야기 중에서 무엇을 기억하나요? 오늘은 어떤 이야기가 있을 것으로 생각하나요?

📖 성경 읽기 | 사도행전 7:1~50절

(본문 전체를 다 읽는데, 시간이 좀 걸리겠지만, 스데반이 정리해서 전하는 이스라엘 역사를 아이들에게 들려주는 건 충분히 가치 있는 일입니다.)

💬 깊이 생각하기

거짓 증인들은 스데반이 하나님의 율법에 반대하는 말을 했다고 증언했습니다. 스데반은 자신이 말할 차례가 되자, 이스라엘의 역사를 설명하면서 자신이 얼마나 하나님의 율법을 사랑하고 소중하게 여기는지 항변했습니다. 그렇게 최대한 예의를 갖춰서, 그리고 정확하게 자신의 견해를 전함으로써, 스데반은 결코 자신을 고발한 유대인들을 대적하는 게 아니라는 것을 보여줬습니다. 그는 유대인들을 자신의 형제로, 아브라함을 조상으로 간주했습니다 (2절). 스데반은 유대인들에게 예수님을 따르는 것이 새로운 종교를 만드는 게 아님을 깨닫게 하고 싶었습니다. 예수님은 하나님이 아브라함과 맺으셨던 언약을 성취하려고 이 땅에 오셨습니다. 과거에, 유대인들은 자신들의 죄를 가리기 위해 계속 어린 양을 희생 제물로 바쳐야 했습니다. 그러나 예수님이 하나님의 마지막 어린 양으로 오셔서 단번에 그 모든 죄를 덮으시고 해결하셨습니다. 하지만 유대인들은 예수님을 거부했습니다.

🗣 이야기하기

하나님은 아브라함과 어떤 언약을 맺으셨나요?
(하나님은 아브라함에게 그의 자손들이 하늘에 별처럼, 바닷가의 모래처럼 셀 수 없이 많아질 거라고 하셨습니다. 그리고 그의 자손들을 통해 모든 나라가 복을 누릴 거라고 하셨습니다. 예수님은 그 언약을 성취하셨습니다. 예수님은 아브라함의 먼 후손이었고, 모든 나라에 구원의 복을 가져다주는 분이셨습니다. 이제 예수님을 믿는 사람은 누구든지 아브라함의 후손이 되고, 하나님이 세우신 언약의 일부가 됩니다.)

37절에서, 스데반은 모세를 언급하면서 이렇게 말합니다. "하나님이 너희 형제 가운데서 나와 같은 선지자를 세우리라." 모세는 누구에 대해 말하는 것이었나요?
(모세는 예수님에 대해 말하는 것이었습니다. 예수님은 심지어 모세가 자신에 대해 기록했다고 말씀하셨습니다. 요한복음 5:46절을 보세요.)

🙏 기도하기

예수님을 보내셔서 우리와 모든 나라를 구원하심으로 아브라함과 맺으셨던 언약을 지키신 하나님께 감사하세요.

DAY 3

♥ 예수님께 연결하기

오늘은 이번 주 성경 이야기를 복음과 연결해 보는 날입니다. 복음은 우리를 구원하신 예수님의 생명과 죽음, 그리고 부활입니다. 이번 주 성경 이야기가 어떻게 복음과 연결되는지 깊이 생각해보세요.

✝ 성경 읽기 | 사도행전 7:51~60절

💬 깊이 생각하기

스데반은 이스라엘 역사에 대해 말하기를 마치며, 자신을 체포했던 사람들을 향해 그들도 그들의 조상과 전혀 다르지 않다고 경고했습니다. 그들의 조상은 하나님의 예언자들을 죽였고, 그들 역시 이스라엘의 구원자이신 예수님을 경배하지 않고 그분을 죽였습니다. 그것이 스데반이 전한 메시지의 핵심이었습니다. 스데반을 잡았던 사람들 가운데 일부는 예수님께도 똑같이 했던 사람일 수 있었습니다. 스데반의 주장에, 유대인들은 매우 분노하며 죄에서 돌이키기는커녕 오히려 분에 차서 스데반에게 달려들었습니다. 그러나 스데반은 두려워하지 않았습니다. 하나님은 하늘을 여시고 스데반에게 하나님의 영광과 그 우편에 서 계신 예수님을 보여주셨습니다. 스데반은 죽어가면서도 자신을 공격하던 사람들의 용서를 구했습니다. 그것은 예수님이 십자가에 못 박은 자들을 용서하셨던 것과 매우 비슷했습니다. 예수님은 이렇게 말씀하셨습니다. "아버지 저들을 사하여 주옵소서 자기들이 하는 것을 알지 못함이니이다" (눅 23:34절). 예수님의 이 마지막 말씀은 복음을 통해 우리에게 주어지는 은혜와 용서를 보여줍니다. 예수님이 우리를 용서하셨기 때문에, 우리도 다른 사람들을 용서하는 은혜를 누리게 되었습니다. 우리가 서로 용서하라는 명령을 들었으나(골 3:13절), 진정한 그리스도인의 용서는 우리를 구원하신 분을 향한 영적인 사랑과 순종에서 비롯됩니다.

🗨 이야기하기

스데반은 사람들이 하나님의 율법을 지키지 않는다고 했습니다. 그들은 어떤 명령을 어겼나요?
(그들은 살인하지 말라는 명령을 어겼습니다. 그들은 아무 죄가 없는 예수님을 죽였습니다.)

스데반은 종교지도자들을 목이 곧은 사람들이라고 했습니다. 그것은 무슨 뜻일까요? (그 말은 종교지도자들이 예수님 믿기를 완강히 거부했다는 뜻입니다. 그 단어는 농사짓는 것과 관계가 있는데 황소가 쟁기를 끌기 위해 써야 하는 멍에를 고집스럽게 거부하는 모습을 나타냅니다. 그러나 결국 황소는 강제로 멍에를 쓰게 되어 있습니다.)

하나님은 스데반을 어떻게 도와주셨나요?
(하나님은 스데반에게 환상을 통해 천국에서 그 우편에 서 계신 예수님을 보게 하셨습니다.)

스데반을 죽이던 사람들의 겉옷을 누가 맡았나요? (그 겉옷들은 사울의 발 앞에 놓였습니다. 사울은 바리새인으로 훗날 하나님께서 이방인에게 복음을 전하는 사도로 부르셨습니다. 우리는 사울을 다른 이름으로 훨씬 더 잘 알고 있습니다. 그 이름은 바울입니다. 바울은 신약 성경의 많은 책과 서신들을 썼습니다.)

🙏 기도하기

오늘 이야기에 나오는 유대인같이 예수님을 거부하지 않고 스데반처럼 진정으로 사랑하게 도와달라고 하나님께 기도하세요.

DAY 4

♥ 기억하기

이번 주 성경 이야기를 통해서 하나님은 우리에게 무엇을 가르치시나요?

📖 성경 읽기 | 사도행전 8:1~8절

💬 깊이 생각하기

유대인 종교지도자들이 스데반을 죽인 후, 그 분노는 또 다른 그리스도인들에게로 향했습니다. 사울은 누구보다 그 일에 앞장섰고 집마다 다니면서 신자들을 잡아들였습니다. 이 박해 때문에, 그리스도인들은 예루살렘을 탈출해서 주변 다른 도시로 도망치고 흩어질 수밖에 없었습니다. 그 박해에 동조했던 유대인들은 그리스도인들을 다 잡아들여서 자신들의 종교를 보호해야만 한다고 생각했습니다. 그러나 하나님은 오히려 이 박해를 사용하셔서 그분의 계획을 이뤄가셨습니다. 박해받아 흩어진 그리스도인들은 주변 도시의 많은 사람에게 자신들이 보고 듣고 경험한 예수님을 전했습니다. 그 결과 수많은 사람이 복음을 듣고 구원받았습니다(행 11:19~21절).

🔊 이야기하기

부모님은 좋지 않거나 심지어 악한 일을 통해 선하고 복된 일을 이루신 하나님을 경험한 적이 있다면 얘기해 주세요. (어떤 사람들은 몸이 좀 이상해서 의사에게 갔다가 초기에 암을 발견하고 치료할 기회를 얻었을 수도 있습니다. 어느 날 회사 출근 시간에 늦었는데 늘 같은 시간에 타던 버스가 큰 교통사고를 당한 걸 뒤늦게 알고 늦은 게 오히려 다행이었던 경험을 했을 수도 있습니다.)

하나님은 초대 교회 그리스도인들이 당한 박해를 어떻게 선한 결과로 바꾸셨나요?
(박해받은 그리스도인들이 흩어졌을 때, 그들은 자신들이 만나는 사람들에게 복음을 전할 수 있었습니다. 그 결과 많은 새로운 신자들이 생겨났습니다.)

많은 유대인은 왜 그리스도인들을 좋아하지 않았나요?
(예수님이 돌아가실 때, 성전 휘장은 둘로 찢어졌고, 이제는 누구든지 하나님의 임재 앞에 나아올 수 있게 되었다는 것을 보여주셨습니다. 하나님은 더 이상 성전 건물에 거하시지 않습니다. 그분은 성령님을 통해 그리스도인의 마음에 거하십니다. 그러나 유대인들은 예수님을 믿지 않았고 이 새로운 가르침을 거부했습니다. 그들은 이제까지 자신들이 알고 지켜왔던 희생 제사와 율법을 버리고 싶지 않았습니다. 그래서 그리스도인들을 박해하기 시작했습니다.)

🙏 기도하기

악을 사용해 선을 이루시고 이 세상의 모든 일을 다스리시는 하나님을 찬양하세요. 그분은 사악한 사울 같은 사람도 선택하시고 구원하셔서 완전한 선을 위해 그 인생을 바치게 하셨습니다.

DAY 5

♥ 발견하기

오늘은 다른 성경 본문을 보는 날입니다. 시편이나 예언서에서 예수님 혹은 우리의 구원에 대해 배울 수 있습니다.

📖 성경 읽기 | 이사야 24:10~16절

💬 깊이 생각하기

이사야는 이 본문에서 서로 다른 두 그룹에 대해 말했습니다. 첫 번째는 지나치게 많은 포도주로 자신들의 생명을 낭비했던 죄인들이고, 두 번째는 의로운 자에게 영광을 돌리는 사람들입니다. 이번 주 우리가 읽은 이야기에서, 스데반은 예수님을 "의인"이라고 했습니다(행 7:52절). 그리고 그렇게 말해서 돌에 맞아 죽었습니다. 이사야의 예언에 나오는 의로운 자는 경배와 영광을 받으실 분이었습니다. 예수님을 의인이라고 함으로써, 스데반은 예수님이 경배와 영광을 받으실 분이라는 사실을 말하고 있었습니다. 그것 때문에 유대인들은 스데반을 돌로 쳐 죽일 만큼 분노했던 것입니다. 유대인들은 예수님을 하나님으로 믿지 않았습니다. 그들은 그 말을 절대 받아들일 수가 없었습니다.

🗨 이야기하기

오늘 구절에서 이사야가 말한 의로운 자는 누구입니까? (예수님)

왜 예수님을 의로운 자라고 했나요?
(예수님은 단 한 번도 죄를 지으신 적이 없었습니다. 예수님은 모든 율법을 완벽하게 지키셨습니다.)

예수님이 전혀 죄가 없는 분이란 사실이 왜 그렇게 중요했나요?
(하나님은 그분 기준에 합당한 완전한 의로움과 선함을 우리 모두에게 요구하셨습니다. 그러나 우리는 모두 하나님의 심판 아래 놓인 죄인들입니다. 그런 우리가 용서받을 수 있는 유일한 방법은 예수님이 우리 대신에 이 땅에서 완벽한, 죄가 전혀 없는 삶을 사시는 것이었습니다. 그런 완벽한 삶을 사신 그분이 우리 죄를 짊어지시고 우리가 당해야 할 모든 심판과 징계를 대신 받는 희생 제물이 되셨습니다. 예수님은 그분을 믿는 모든 사람에게 용서와 완전한 의를 전부 주셨습니다. 사실 예수님은 하나님이시기에 이미 완전히 의로우시고 선하셨습니다. 하나님이신 분이 인간의 몸을 입고 이 땅에서 율법을 지키시고 죄를 짓지 않는 완벽한 삶을 살아내셨다는 건, 자신을 위해서가 아니라 바로 우리 모두를 위해 그렇게 하신 것이었습니다.)

🙏 기도하기

우리를 위해 예수님이 하신 두 가지에 감사하세요. 첫째, 우리를 위해 완벽한 삶을 사셨습니다. 둘째, 우리가 당해야 할 모든 징계를 대신 받으시려고 십자가에서 돌아가셨습니다.

사울이 바닥에 고꾸라지다

Saul Is Knocked to the Ground

이야기 128 – 컬러 스토리 바이블

아이 중 한 명의 눈을 가리고, 몇 바퀴 돌게 한 다음 소파 쪽으로 걸어가거나 책상 위에 있는 책을 집어 보라고 말하세요. 그 일을 하려면 지금 자신이 어디에 있는지를 먼저 분명히 알아야만 할 겁니다. 그 순간 이렇게 말하세요. "지금 이 모습은 하나님 없이 죄에 빠져서 헤매는 우리 모습과 같단다. 또한 하나님이 사울의 눈을 가리셨을 때 그에게 어떤 일이 벌어졌는지를 이해할 수 있게 해 주지. 자세한 이야기는 이번 주에 우리가 함께 알아보게 될 거야." 이제는 두 번째로 아이의 눈을 가리지 않고 할 겁니다. 이렇게 말하세요. "이제는 볼 수 있으니 무엇이든 훨씬 쉽게 할 수 있을 거야. 하나님이 우리에게 새로운 삶을 주시면, 가려졌던 우리의 눈이 열리고 우리 죄가 얼마나 큰지를 발견하게 되지. 그래서 회개할 수밖에 없단다. 그때부터는 예수님을 위해 살아가는 게 한결 수월해지지. 성령님이 우리 마음의 눈을 뜨게 하시면, 우리는 그리스도의 아름다움을 보게 되고, 기꺼이 그분을 따라 살 마음과 의지를 갖게 된단다. 따라서 우리는 이제 옳은 길을 걸으며 살고 싶어지지. 이것이 바로 사울에게 일어난 일이었어."

DAY 1

♥ 상상하기

천사를 만났는데 그 천사가 우리에게 어떤 장소로 가라고 말한다면 어떨지 상상해 보세요. 오늘 이야기에 등장하는 빌립에게 일어난 상황입니다. 한 천사가 나타나 빌립에게 어떤 길을 따라가라고 말합니다. 빌립은 그 길에서 무언가 특별한 일이 벌어질 거로 생각했던 게 틀림없습니다. 만약 자려고 누웠는데 천사가 갑자기 나타나 "바깥으로 나가서 길 건너편 큰 나무 아래에 서 있어라"고 한다면 어떨 것 같나요? 아마도 밖으로 나가면서 무슨 일이 벌어질지, 혹시 누구를 만나게 되는 건지 기대할 겁니다. 오늘 이야기에서, 주님의 천사가 빌립을 정해진 장소로 보냈습니다. 이제 빌립이 거기서 누굴 만났는지 살펴보겠습니다.

📖 성경 읽기 ┃ 사도행전 8:26~40절

💬 깊이 생각하기

사울이 예루살렘에서 그리스도인들을 잡아들이기 시작하자, 그 위협을 피해서 수많은 그리스도인이 다른 도시로 도망치고 흩어졌습니다. 그들은 예루살렘을 벗어나 다른 곳으로 피신하면서 만나는 사람들에게 예수님 이야기를 하게 되었습니다. 그들 중 한 명인 빌립은 예루살렘을 떠나 사마리아로 갔습니다. 사마리아에 있는 동안에, 빌립은 그 지역 사람들에게 예수님을 전했고, 병든 사람들을 고쳤습니다. 그러자 그곳에서도 많은 사람이 예수님을 믿게 되었습니다.

그런 일이 있고 난 뒤에, 주님의 천사가 빌립에게 나타나 그를 다른 곳으로 보냈는데 이번에는 허허벌판 광야에 난 길이었습니다. 빌립은 아마도 왜 이런 곳으로 자신을 보냈는지 궁금했을 겁니다. 그때 에티오피아 내시가 이사야 53장을 읽고 있는 것을 봤습니다. 빌립이 무엇을 해야 할지를 생각하기도 전에, 하나님의 영이 그 사람에게로 다가가라고 알려주셨습니다. 그 예언이 예수님에 대한 것이라고 빌립이 설명하자, 그 에티오피아 내시는 즉시 믿었고, 세례(침례)받기를 원했습니다. 만약 예루살렘에서 박해가 없었다면, 빌립은 절대로 그 에티오피아 내시를 만날 수 없었을 겁니다.

💭 이야기하기

빌립이 에티오피아 내시를 봤을 때, 그 사람은 무엇을 하고 있었나요?
(그 에티오피아 사람은 구약 성경 중에 이사야서를 읽고 있었습니다. 그 내용은 하나님의 백성을 위해 죽게 될 하나님의 어린 양에 대한 것이었습니다.)

에티오피아 사람은 이사야가 기록한 내용이 십자가에서 돌아가신 예수님에 대한 것이라는 설명을 들은 후에 어떻게 했나요?
(즉시 믿었고, 세례[침례]받기를 요청했습니다.)

에티오피아 사람에게 세례(침례)를 준 후 빌립은 어떻게 되었나요?
(하나님이 빌립을 다른 지역으로 데려가 복음을 전하게 하셨습니다. 하나님이 어떻게 그렇게 하셨는지는 모릅니다. 그러나 빌립은 눈 깜짝할 사이에 사라진 것 같습니다!)

에티오피아 사람은 어떻게 되었을까요?
(자기 나라로 돌아가서, 주변 사람들에게 예수님에 대해서 말했을 겁니다. 아마도 아프리카에서 최초로 구원받은 사람이었을 겁니다.)

🙏 기도하기

예루살렘에서 일어난 박해를 통해 더 많은 사람에게 복음이 전해지게 하신 하나님을 찬양하세요. 그 복음을 들은 수많은 사람은 예수님을 믿고 죄에서 용서받을 기회를 얻었습니다.

DAY 2

♥ 기억하기

어제 이야기 중에서 무엇을 기억하나요? 오늘은 어떤 이야기가 있을 것으로 생각하나요?

✝ 성경 읽기 | 사도행전 9:1~9절

💬 깊이 생각하기

그리스도인들이 예루살렘에서 도망쳤다는 사실을 사울이 알기까지 그리 오랜 시간이 걸리지 않았습니다. 사울은 그들을 추격하기로 마음먹었습니다. 흩어진 그리스도인들은 온 유대 지역에서 예수님에 대한 이야기를 전할 것이 분명했기에 사울은 그런 일이 벌어지게 해서는 안 되고 반드시 막아야만 한다고 생각했습니다. 그리스도인들을 찾기는 쉬웠습니다. 사울이 할 일은 다른 도시로 가서 누가 예수님에 대해 말하고 다니는지 물어보고 체포해서 예루살렘 재판정에 세우는 것이었습니다. 바리새인으로서, 사울은 그리스도인을 체포하고 죽이는 게 하나님의 말씀을 보호하는 것이라고 믿었습니다. 그러나 사실 사울은 하나님을 대적하고 있는 것이었습니다. 사울이 도망친 그리스도인들을 추격하려고 예루살렘을 떠나자, 하나님은 그의 행동을 막으려고 개입하셨습니다. 그 영광의 빛으로, 하나님은 사울을 말에서 떨어지게 하시고 눈이 멀게 하셨습니다. 예수님은 사울에게 그리스도인들을 박해했다고 말씀하지 않으시고 예수님 자신을 박해했다고 말씀하셨습니다.

《🗣 이야기하기

사울은 왜 예루살렘을 떠났나요?
(예루살렘에서 피신한 그리스도인들을 찾으려고 떠났습니다. 사울은 그들을 모두 체포해서 예루살렘 법정에 세우려고 했습니다.)

누가 사울을 막았나요?
(예수님이 직접 그렇게 하셨습니다. 그 영광의 빛으로, 사울을 땅에 엎드러지게 하시고, 눈이 멀게 하셨습니다.)

예수님은 사울이 누구를 박해한다고 하셨나요?
(자녀들이 어리다면 4, 5절을 다시 한번 읽어 주세요. 그리고 정답을 찾으면 손을 들고 대답하게 해 주세요. 사울은 예수님을 박해하고 있었습니다.)

🤲 기도하기

교회를 보호하시고 복음을 지키신 예수님께 감사하세요. 그래서 오늘날 우리가 복음을 듣고 예수님을 믿게 되었습니다.

DAY 3

♥ 예수님께 연결하기

오늘은 이번 주 성경 이야기를 복음과 연결해 보는 날입니다. 복음은 우리를 구원하신 예수님의 생명과 죽음, 그리고 부활입니다. 이번 주 성경 이야기가 어떻게 복음과 연결되는지 깊이 생각해보세요.

📖 성경 읽기 | 사도행전 9:10~22절

💬 깊이 생각하기

예수님은 사울이 그리스도인들에게 했던 모든 박해를 근거로 그를 당장 죽이실 수도 있었습니다. 그러나 그분은 그렇게 하지 않으셨습니다. 대신에 아무도 예상하지 못한 일을 하셨습니다. 그 일은 수천 년 동안 사람들이 얘기해 온 것이었습니다. 예수님은 사울을 그 죄에서 구원하셨습니다. 예수님은 십자가에서 사울의 죄 때문에 돌아가셨습니다. 그리고 언젠가 사울이 가장 잘 알려진 사도 가운데 한 사람이 될 거라는 사실을 예수님은 아셨습니다. 예수님은 사울과 대면하셨습니다. 그러나 그를 죽이지 않으시고 오히려 죄에서 구원하셨습니다. 그리고 이방인에게 복음을 전할 사람으로 사울을 선택하셨습니다.

하나님이 사울의 눈을 여시자, 그는 그리스도인을 향한 박해를 멈추고 복음을 전하기 시작했습니다. 전에는 그리스도인들을 박해하느라고 곳곳을 다녔던 사울이 이제는 이방인들에게 복음을 전하러 다닙니다. 하나님은 심지어 사울이 바리새인으로 받은 훈련까지 사용하셨고, 그의 성경 지식을 사용하셔서 유대인들에게 예수님이 약속된 메시아라는 사실을 증명하셨습니다.

🗣 이야기하기

예수님을 믿고 그리스도인이 된 후 사울의 삶은 어떻게 바뀌었나요? (그리스도인을 박해함으로써 예수님께 대적했던 사울이 복음을 전하면서 예수님을 위해 살게 되었습니다. 이는 실로 기적처럼 놀라운 변화입니다.)

만약 예수님이 사울을 직접 대면하지 않으셨다면, 그는 그리스도인이 되었을까요?
(예수님을 직접 만나지 않았다면, 아마도 사울은 절대로 그분을 믿지 않았을 겁니다. 사울은 오직 그리스도인들이 예수님을 전하지 못하게 하려는 생각뿐이었습니다.)

우리는 어떤 점에서 사울을 닮았나요? (우리도 죄에서 구원받아야만 합니다. 만약 예수님이 사람들을 보내서서 복음을 전하게 하지 않으셨다면, 우리는 여전히 죄인으로 살아가고 있었을 겁니다. 하나님이 아나니아를 사울에게 보내셨듯이, 우리에게 복음을 전할 사람을 보내셨습니다. 하나님은 목사님, 교회 학교 선생님, 부모님, 형제자매, 그리고 심지어는 우리가 모르는 사람들을 통해 우리에게 복음을 전하셨습니다. 그래서 우리 역시 사울처럼 구원받았고, 삶이 변했습니다. 우리가 예수님을 믿을 때, 성령님은 돌 같은 우리의 마음을 부드럽게 바꾸고 하나님의 율법을 우리 마음에 새겨 기꺼이 그것에 순종하게 하십니다. 사실 많은 새 신자들이 사울처럼 놀라운 삶의 변화를 경험합니다. 과거에는 끔찍한 죄인이었지만 이제는 예수님을 섬기는 자로 살아가기 시작합니다.)

🙏 기도하기

사울을 구원하시고 사람들을 보내 우리에게 복음을 전하게 하신 하나님께 감사하세요. 우리가 아는 불신자들도 예수님을 믿고 그분을 따르는 삶을 살게 해 달라고 간구하세요.

DAY 4

♥ 기억하기

이번 주 성경 이야기를 통해서 하나님은 우리에게 무엇을 가르치시나요?

📖 성경 읽기 | 사도행전 9:23~31절

💬 깊이 생각하기

우리가 초대 교회 신자인데 사울이 우리 교회로 온다는 소식을 들었다면 어떨지 상상해 보세요. 사울은 그리스도인을 잡으러 다녔던 인물이었다는 걸 명심하세요. 아마도 사람들은 사울이 그리스도인이 된 것처럼 위장해 어디서 만나고 모이는지를 파악한 후 마지막 순간에 모두를 잡아 예루살렘 감옥에 가두려 할 거로 생각했을 겁니다. 그런 이유로 그리스도인들은 두려웠고, 사울이 진짜로 변했다고 믿지 않았습니다. 그러나 유대인들이 사울에게 적대감을 갖게 되는데 그리 오랜 시간이 걸리진 않았습니다. 사울이 예수님을 믿었다는 소식을 듣자, 유대인들은 그를 죽일 계획을 세웠습니다. 하나님은 그런 상황을 통해 초대 교회 신자들에게 사울이 진정으로 회심했다는 걸 믿고 받아들이게 하셨습니다.

🌐 이야기하기

부모님은 놀라운 회심 이야기를 알고 계신다면 자녀들에게 들려주세요. 특히 교회를 비난하고 공격하던 사람이 변하여 예수님을 위해 살아가게 된 이야기라면 더 좋습니다.
(교회 가족들 가운데 그런 경우가 있는지 생각해 보세요. 보통 교회에는 한때는 강경하게 교회를 공격하고 반대하다가 복음의 능력으로 변화되어 신실하게 예수님을 위해 살아가는 신자들이 있습니다. 그런 사람을 알고 있다면, 함께 저녁 식사할 수 있는 자리를 마련해서 자녀들이 직접 이야기를 들을 기회를 가져보는 것도 좋습니다.)

초대 교회 신자들은 사울이 예수님을 믿었다는 것을 믿기가 왜 어려웠나요? (사울은 그리스도인들을 잡아들이는데 누구보다 앞장섰던 인물이었습니다. 그래서 그가 속임수를 쓴다고 생각할 수밖에 없었습니다.)

유대인들은 왜 사울을 죽이려고 했나요? (유대인들은 그리스도인들을 매우 싫어했습니다. 사울은 잘 훈련된 바리새인으로 성경에 대해 해박한 지식을 가지고 있었습니다. 그래서 논쟁을 해서는 그를 이길 수가 없었습니다. 그런 사울이 이제는 그리스도인을 돕고 있었습니다. 사울이 합류하면서, 점점 더 많은 사람이 예수님을 알아가게 되었습니다.)

하나님은 사울을 어떻게 사용하셨나요? (사울이 곧 사도 바울인데, 그는 신약 성경의 많은 책을 썼고, 수천 명의 사람에게 복음을 전해서 그리스도인이 되게 했습니다.)

🙏 기도하기

복음으로 우리의 마음을 놀랍게 변화시키시는 하나님을 찬양하세요. 이전에는 우리 자신을 위해서만 살았으나, 이후에는 예수님을 위해서만 살아가고 싶습니다. 성령님이 변화시키시면, 우리는 죄를 떠나 하나님을 위해 살아갈 수 있습니다.

DAY 5

♥ 발견하기

오늘은 다른 성경 본문을 보는 날입니다. 시편이나 예언서에서 예수님 혹은 우리의 구원에 대해 배울 수 있습니다.

📖 성경 읽기 ∣ 시편 130편

💬 깊이 생각하기

밤에 도시 성곽을 순찰하던 파수꾼은 밝아오는 아침 해를 바라보자 매우 기뻤습니다. 새벽은 자신의 임무가 끝났다는 뜻이고 이제 집에 가서 편히 쉴 수 있었기 때문입니다. 그때에는 시계가 없어서, 파수꾼은 하늘 저편 수평선 근처에 떠오르는 새벽별을 쳐다봐야 했습니다. 새벽별(금성)은 밤이 지났다는 신호였습니다. 그래서 파수꾼은 간절한 마음으로 그 별을 보기 원했습니다. 오늘 시편 기자는 아침을 기다리는 파수꾼의 마음과 하나님이 자신의 죄를 용서해주시기를 갈망하는 마음을 비교했습니다. 자신이 죄인임을 고백하면서, 그는 자기를 포함한 온 이스라엘의 유일한 소망은 하나님이 그들을 용서하시고 죄에서 구원해 주시기를 기다리는 것밖에 없다는 것을 깨달았습니다.

돌이켜보면, 우리는 하나님이 오늘 시편 기자의 기도에 예수님을 보내심으로 응답하셨다는 것을 알 수 있습니다. 예수님은 자신을 광명한 새벽별이라고 하셨습니다(계 22:16절). 예수님은 이 땅에서 죄와 싸우는 치열한 전투에서 우리에게도 곧 쉼이 주어질 거라는 희망이십니다. 베드로는 말했습니다. "또 우리에게는 더 확실한 예언이 있어 어두운 데를 비추는 등불과 같으니 날이 새어 샛별이 너희 마음에 떠오르기까지 너희가 이것을 주의하는 것이 옳으니라"(벧후 1:19절).

💬 이야기하기

시편 기자는 하나님께 무엇을 구했나요?
(자녀가 어리다면 오늘 시편을 다시 읽어 주시고, 정답을 찾으면 손을 들고 대답하게 해 주세요. 시편 기자는 하나님께 자신의 죄를 용서해 달라고 간구했습니다.)

시편 기자는 왜 하나님이 자신을 죄에서 구원해 주시길 구했나요?
(왜냐하면 구원받을 다른 방법이 없기 때문입니다. 그는 만약 하나님이 모든 사람을 심판해야만 한다면, 이 세상 모든 사람은 다 죄인이기에 그 누구도 온전히 살아남을 수 없다는 것을 알았습니다.)

시편 기자는 파수꾼이 새벽별을 기다리듯이 자신은 하나님의 용서를 기다리고 있다고 말합니다. 파수꾼은 왜 새벽별을 보고 마음이 설레였나요?
(파수꾼은 밤을 새워 성곽을 돌며 경비를 서는 사람입니다. 그가 아침이 오기를 기다리는 이유는 자신의 임무를 끝내고 이제는 쉴 수 있기 때문입니다.)

🙏 기도하기

오늘 읽은 시편 130편으로 기도하세요. 하나님께 우리의 죄를 용서해 주시고, 우리가 오직 주님께만 모든 소망을 두게 해 달라고 기도하세요.

이방인이 변화되다
The Gentiles Are Converted

이야기 129 - 컬러 스토리 바이블

베드로가 부정한 음식에 대해 어떻게 느꼈는지를 아이들이 이해할 방법으로 활동해 봅니다. 아이들을 부엌에 모이게 하고 이제부터 이 세상에 없던 아주 새로운 샌드위치를 만들 거라고 얘기하세요.

접시에 빵 한 쪽을 놓고 그 위에 젤리를 바릅니다. 지금까지 봤을 때 어떤 생각이 드는지 물어보세요. 그런 다음, 냉장고에서 겨자 소스를 꺼내 젤리 위에 뿌립니다. 자화자찬하면서 이제껏 단 한 번도 본 적 없는 샌드위치를 계속해서 만듭니다. 몇 가지 소스를 더 첨가합니다. 아무거나 손에 잡히는 대로 바르고 뿌려 주세요. 그러고 나서 마지막으로 빵 위에 날달걀을 깨뜨려 얹습니다. 이제 빵에 발라진 전부를 섞어서 다시 한번 펼쳐 바르고 나머지 빵 조각으로 덮습니다. 빵이 담긴 접시를 들어 아이들 얼굴 앞으로 내밉니다. 아마 아이들은 역겨워하거나 손사래 치며 도망갈 겁니다.

이번 주 아이들은 하나님이 베드로에게 도저히 먹을 수 없을 것 같은 음식을 먹으라는 말씀을 어떻게 하셨는지, 그리고 그 상황을 통해 베드로에게 이방인들에게도 복음이 전해져야 한다는 걸 어떻게 가르쳐 주셨는지 배우게 될 거라고 설명하세요.

DAY 1

♥ 상상하기

어느 날, 과학 시간에 브라이언의 선생님이 밀폐 용기 안에서 두꺼비를 꺼내 교실로 가져오라고 하셨습니다. "전절대 못 해요!" 브라이언이 대답했습니다. "우리 형이 말하길, 두꺼비를 만지면 피부에 사마귀가 생긴다고 했어요." 선생님은 미소 지으며 비록 두꺼비가 온몸에 사마귀가 있어 보이지만, 두꺼비를 만져도 안전하고 절대 사마귀가 생기지 않는다고 설명하셨습니다. 하지만 브라이언은 겁이 났습니다. 그가 두꺼비를 만질 용기를 내기까지 선생님은 세 번이나 반복해서 얘기하셨습니다. 결국, 그는 선생님 말씀을 믿기로 했습니다. 나중에 학교 도서관에서 두꺼비에 관한 책을 읽었는데 거기서 선생님 말씀이 옳다는 걸 확인할 수 있었습니다. "두꺼비 때문에 당신에게 사마귀가 생길 순 없습니다."

오늘 성경 이야기에서, 하나님은 베드로에게 그가 이제껏 잘못 알고 있었던 특별한 사실에 대해 보여주셨습니다. 지금까지 베드로는 이방인 - 유대인이 아닌 사람들 - 들과 함께 먹거나, 심지어 접촉해서도 안 된다고 알았습니다. 왜냐하면 그렇게 했다가는 자신의 몸이 부정해진다고 생각했기 때문입니다. 그러나 하나님은 단 한 번도 이방인들이 부정하다고 말씀하신 적이 없었습니다. 단지 음식 가운데 일부가 그것을 먹는 사람을 부정하게 만들 수 있다고 하셨을 뿐이었습니다. 하나님은 이방인들을 사랑하신다는 사실을 베드로에게 확인시키시려고, 이방인들이 먹었던 부정한 동물 가운데 일부를 환상으로 보여주셨고 그것들을 먹으라고 하셨습니다. 지금부터 베드로가 어떻게 반응했는지 함께 보겠습니다.

📖 성경 읽기 ┃ 사도행전 10:1~23절

💬 깊이 생각하기

하나님이 모세에게 율법을 주셨던 때로 돌아가서 살펴보면, 하나님은 그분의 백성이 먹거나 만져서는 안 되는 음식의 목록을 주셨습니다 — 예를 들어, 도마뱀, 돼지 그리고 갈매기나 매 같은 특정한 동물들이었습니다. 하나님은 이런 동물들을 부정하다고 하셨습니다. 그런 동물들의 전체 목록은 레위기 11장에서 확인할 수 있습니다. 유대인 종교지도자들은 하나님의 율법이 말하는 범위를 보다 확대해서 이방인들이 먹었던 음식들뿐만 아니라 이방인들 자체가 부정하다고 주장했습니다. 그래서 유대인들은 이방인들의 집에 들어가지도 않았습니다. 그러나 하나님은 그렇게 말씀하신 적이 없었습니다. 사실 하나님은 모든 나라와 모든 사람에게 다가갈 계획을 갖고 계셨습니다.

이방인들에게도 복음이 전해져야 한다는 것을 베드로에게 가르치시려고, 하나님은 환상 중에 부정한 동물을 보게 하셨고, 그것들을 잡아먹으라고 말씀하셨습니다. 그렇게 하는 것은 베드로에게 매우 어려운 일이었습니다. 왜냐하면 어린 시절부터 그런 것들은 부정해서 먹어서는 안 된다고 배워왔기 때문입니다. 그래서 하나님은 모든 율법은 하나님에게서 나왔고, 만약 하나님이 깨끗하게 하시면 무엇이든 깨끗하다는 것을 베드로가 깨닫게 하셨습니다. 베드로가 이 메시지를 제대로 이해하게 하시려고, 하나님은 그 환상을 세 번이나 반복하셨습니다. 하나님은 베드로가 유대인이 부정하다고 여기는 이방인을 포함한 모든 사람에게도 복음 전하기를 바라셨습니다.

💬 이야기하기

고넬료는 왜 베드로를 찾으려고 사람을 보냈나요?
(하나님이 그렇게 하라고 말씀하셨기 때문입니다.)

베드로는 환상 중에 본 동물을 잡아먹으라는 하나님의 말씀에 왜 순종할 수 없었나요?
(그 보자기에 담긴 동물들은 모두 부정한 것들이었습니다. 그 동물들은 하나님이 먹어선 안 된다고 말씀하신 것들이었습니다.)

환상을 통해 하나님은 베드로에게 무엇을 가르치려고 하셨나요?
(하나님은 베드로가 하나님이 깨끗하다 하신 것은 그게 무엇이든 깨끗하다는 사실을 깨닫기를 원하셨습니다. 하나님은 환상을 사용해서 이방인들도 하나님이 구원하기 원하신다는 사실을 베드로가 받아들이게 하셨습니다.)

베드로는 왜 고넬료의 집으로 갔나요? (하나님이 가라고 말씀하셨습니다.)

🙏 기도하기

고넬료의 기도에 베드로를 보내서 복음을 듣게 하심으로 응답하신 하나님께 감사하세요.

DAY 2

♥ 기억하기

어제 이야기 중에서 무엇을 기억하나요? 오늘은 어떤 이야기가 있을 것으로 생각하나요?

📖 성경 읽기 | 사도행전 10:24~35절

💬 깊이 생각하기

이스라엘 백성이 하나님의 모든 율법을 확실히 지키게 하려고 바리새인들은 그것을 보다 엄격하게 적용했습니다. 그래서 안식일에 일해서는 안 된다는 하나님의 말씀에 덧붙여, 바리새인들은 심지어 어떤 물건을 만지거나 옮겨서도 안 된다는 규칙을 추가했습니다. 그렇게 함으로써, 한 사람이 안식일에 하나님의 율법을 어길 가능성을 애초에 차단했습니다. 바리새인들이 만든 또 하나의 규칙은 바로 유대인은 이방인의 집에 들어가서는 안 된다는 것이었습니다. 이방인은 부정한 음식을 먹는 사람들이기 때문에, 그들 자체가 부정하다고 여겼습니다. 그래서 유대인들이 예수님을 빌라도에게 고발하려고 갔을 때, 빌라도가 집 밖으로 나와 그들에게 말해야만 했던 것입니다(요 18:28절). 그러나 하나님은 결코 이방인들이 부정하다고 말씀하신 적이 없었습니다. 예수님은 모든 사람을 위해 돌아가셨는데 그것은 이방인을 위해서도 복음은 전해져야 한다는 뜻입니다.

💬 이야기하기

하나님은 베드로에게 무엇을 가르치셨나요?
(자녀들이 어리다면, 28절을 다시 읽어 주세요. 그리고 정답을 찾으면 손을 들고 대답하게 해 주세요. 하나님은 베드로에게 아무도 함부로 부정하다고 해서는 안 된다는 걸 보여주셨습니다.)

하나님은 왜 고넬료에게 베드로를 보내셨나요?
(하나님은 베드로로 하여금 고넬료에게 예수님 이야기를 하게 하셨습니다. 그래서 고넬료는 베드로에게 주님이 하신 모든 말씀을 들려 달라고 요청했습니다. 마태복음 28:19절에서 예수님은 제자들에게 가서 모든 사람을 제자 삼으라고 하셨습니다.)

우리 가족은 유대인인가요, 이방인인가요?
(우리가 유대인이 아니라 이방인이라면, 자녀들에게 하나님이 베드로의 생각을 고쳐주지 않으셨다면, 우리 가족 또한 복음이 우리를 위한 것이었다는 사실을 깨닫지 못했을 거라고 설명해 주세요.)

🙏 기도하기

모든 나라와 모든 사람이 하나님의 자녀가 될 수 있는 길을 열어주신 하나님께 감사하세요. 예수님이 우리 가족을 어떻게 구원하셨는지 알게 하신 하나님께 감사하세요.

DAY 3

♥ 예수님께 연결하기

오늘은 이번 주 성경 이야기를 복음과 연결해 보는 날입니다. 복음은 우리를 구원하신 예수님의 생명과 죽음, 그리고 부활입니다. 이번 주 성경 이야기가 어떻게 복음과 연결되는지 깊이 생각해보세요.

📖 성경 읽기 | 사도행전 10:36~44절

💬 깊이 생각하기

하나님이 이방인들에게도 복음이 전해지기를 원하신다는 사실을 깨닫자, 베드로는 고넬료와 그 가족들에게 예수님이 돌아가시고 부활하셔서 우리를 구원하셨다는 복음을 전합니다. 아마도 베드로는 복음을 전하긴 하지만 이방인들이 그 메시지를 거부할 거로 생각했을 겁니다. 그러나 하나님은 이방인들의 마음에 감동을 주시고, 유대인들에게 하셨듯이 그들에게도 성령을 부어주셨습니다. 그렇게 함으로써 하나님은 모든 나라와 모든 사람을 구원하기 원하신다는 사실을 보이셨습니다. 이방인들은 복음을 받아들이고 믿었습니다. 사도 바울은 이렇게 기록했습니다. "내가 복음을 부끄러워하지 아니하노니 이 복음은 모든 믿는 자에게 구원을 주시는 하나님의 능력이 됨이라 먼저는 유대인에게요 그리고 헬라인에게로다" (롬 1:16절).

🗨 이야기하기

베드로는 고넬료와 그 가족들에게 무엇을 전했나요?
(베드로는 예수님 이야기, 즉 복음을 전했습니다.)

베드로는 하나님이 예수님을 믿는 모든 사람에게 무엇을 주셨다고 했나요?
(예수님을 믿는 모든 사람에게 죄 사함을 주신다고 했습니다.)

베드로가 고넬료에게 한 말을 다시 읽으세요. 그 말은 우리가 무엇을 믿어야 하는지를 아는데 어떤 도움이 되나요?
(우리는 베드로가 고넬료에게 말한 것과 같은 것을 믿어야 합니다. 우리는 예수님이 돌아가시고 그 죽음에서 다시 살아나셔서 우리 모든 죄가 용서받았다는 사실을 믿어야 합니다.)

🤲 기도하기

모든 나라와 모든 사람을 위해 십자가에서 돌아가시고 부활하신 예수님께 감사하세요.

DAY 4

♥ 기억하기

이번 주 성경 이야기를 통해서 하나님은 우리에게 무엇을 가르치시나요?

📖 성경 읽기 ㅣ 사도행전 10:45~11:18절

💬 깊이 생각하기

베드로가 예루살렘으로 돌아왔을 때, 일부 유대인 신자들은 베드로가 이방인과 함께 먹었다는 사실 때문에 불쾌했습니다. 그 사람들은 베드로가 율법을 어겼다고 생각했습니다. 그러나 이방인들에게 성령님이 임하자 그들도 예수님을 믿고 방언으로 말하게 되었다고 베드로가 설명하자, 그들도 같이 기뻐하며 하나님을 경배했습니다. 유대인 신자들은 하나님이 하신 일에 대해 이의를 제기하지 않았습니다.

유대인들이 이방인들과 한 교회에서 지내는데 적응하는 시간이 필요했습니다. 어떤 유대인들은 이방인들이 구원받았다는 걸 증명하려면 유대인의 율법을 따라야 한다고 요구하기도 했습니다. 그러나 사도 바울은 그것을 "복음에 다른 것을 추가하는 것"이라고 했습니다. 그러면서 이방인들에게 유대인의 율법을 강요하는 것을 강하게 반대했습니다(갈 2:15~21절).

선행을 구원의 필수조건처럼 간주할 때마다, 우리는 복음의 은혜를 훼손하는 것입니다. 사도 바울은 이렇게 말했습니다. "너희는 그 은혜에 의하여 믿음으로 말미암아 구원을 받았으니 이것은 너희에게서 난 것이 아니요 하나님의 선물이라. 행위에서 난 것이 아니니 이는 누구든지 자랑하지 못하게 함이라" (엡 2:8~9절).

🗨 이야기하기

부모님은 뜻밖의 어떤 사람이 예수님을 믿고 구원받았다는 사실을 알고 매우 놀랐던 적이 있다면, 그 이야기를 들려주세요. (절대로 예수님을 믿지 않을 것 같았던 사람인데 하나님이 일하셔서 구원받은 경우가 있었나 생각해 보세요. 확실하게 떠오르는 사람이 없다면, 예수님과 함께 십자가 처형을 당했던 강도 이야기를 해 주세요. 복음의 능력이 미치지 않는 사람은 없습니다.)

베드로가 설교했을 때, 이방인들에게 무슨 일이 벌어졌나요?
(하나님이 그들에게 새 생명을 주셨고 성령으로 충만하게 하셨습니다. 그러자 이방인들도 방언으로 말하기 시작했습니다. [방언을 설명하려면, 고린도전서 14:2절을 보세요.])

이방인들에게도 성령님이 임하셨다는 얘기를 듣고 유대인 신자들은 왜 놀랐나요? (유대인들은 이방인들이 부정하다고 배워왔습니다. 그래서 하나님이 그런 부정한 사람들을 구원하셨다는 소식을 듣고 매우 놀랐던 것입니다.)

성령님이 이방인들에게 임하셨을 때, 베드로는 무엇을 하겠다고 말했나요?
(베드로는 세례[침례]를 베풀겠다고 말했습니다.)

🙏 기도하기

복음에 대해서는 아무런 제한도, 한계도 없으신 하나님을 찬양하세요. 모든 사람을 위해 십자가에서 돌아가시고, 어떤 사람이건 그 사실을 믿으면 성령님을 선물로 주신 하나님께 감사하세요.

DAY 5

♥ 발견하기

오늘은 다른 성경 본문을 보는 날입니다. 시편이나 예언서에서 예수님 혹은 우리의 구원에 대해 배울 수 있습니다.

📖 성경 읽기 | 스가랴 9:10~11절

💬 깊이 생각하기

9절에서 스가랴는 왕이 나귀를 타고 예루살렘에 들어가신다고 말했습니다. 우리는 그 예언이 예수님을 말하고 있다는 걸 알고 있습니다. 오늘 구절에서, 스가랴는 그 왕이 이방인들에게 화평을 가져올 것이라고 설명했습니다. 유대인들이 이 구절을 읽었을 때, 스가랴의 예언에서 말하는 왕이 예루살렘을 둘러싼 적들과의 싸움에서 위대한 승리를 거두고 화평을 이룰 거로 생각했습니다. 그러나 예수님은 유대인들을 위해 이 땅에서 전쟁을 치르고 승리를 쟁취하러 오신 게 아니었습니다. 예수님은 우리가 받아야 할 죄의 징계를 대신 받으심으로 죄와 죽음에 대한 승리를 거두시고 우리가 하나님과 화평을 이루게 하시려고 이 땅에 오셨습니다.

스가랴가 "네 언약의 피"를 언급할 때, 그는 모든 나라와 모든 사람이 구원을 받을 수 있게 예수님이 십자가에서 그분의 피를 쏟으시게 될 그 날을 가리키는 것이었습니다. 스가랴가 살던 그때에도, 하나님은 유대인과 이방인 모두를 구원하려는 계획을 가지고 계셨습니다.

🗣 이야기하기

스가랴는 그 왕이 누구에게 화평을 이룰 거라고 말했나요?
(자녀들이 어리다면, 오늘 구절을 다시 한번 읽어주세요. 그리고 '이방 사람'이란 단어를 말할 때 강조하는 것으로 정답을 찾을 수 있게 도와주세요. 하나님은 이방 사람에게 화평을 전하고 그 통치가 땅끝까지 이르게 하실 것입니다.)

오늘 성경 구절은 하나님이 유대인뿐만 아니라 이방인까지도 구원하기를 원하신다고 배운 내용과 어떤 부분에서 일치하나요?
(이스라엘은 한 국가입니다. 만약 하나님이 모든 나라에 화평을 전하실 거라면, 이스라엘, 즉 유대인들만이 아니라 이방인들도 구원하실 것입니다.)

스가랴는 "네 언약의 피"에 대해서 말합니다. "네 언약의 피"는 무엇에 관한 것인가요?
("네 언약의 피"는 예수님이 십자가에서 그분의 피를 쏟으시는 날을 가리킵니다.)

🙏 기도하기

모든 나라와 모든 사람을 구원하실 계획을 세우신 하나님을 찬양하세요.

성령의 열매
The Fruit of the Spirit

이야기 130 – 컬러 스토리 바이블

참고: 이번 주에는 할례에 대한 내용이 나옵니다. 성경에서 '할례'는 매우 중요한 내용이기 때문에, 초등학생 아이들에게도 그 의미를 이해하기 쉽게 적절한 방법과 수준으로 설명하는 게 좋습니다. 글을 읽을 수 있는 아이들이라면, 성경에서 할례를 직접 찾아보고 확인하는 것도 좋습니다.

먼저, 나무에서 따는 과일을 적어도 세 가지 종류를 준비하세요(사과, 배, 오렌지 등). 아이들을 모이게 하고 그 과일을 하나씩 보여주세요. 과일을 손에 들고 이것은 어떤 나무에서 자라는지 말해 달라고 얘기하세요. 그러고 나서 어떻게 과일나무를 구별할 수 있는지 물어보세요. 자녀들이 그 나무의 열매를 보고 구별할 수 있다는 대답을 할 수 있게 도와주세요. 예를 들어, 오렌지 나무에서는 절대로 사과를 딸 수 없습니다. 그리고 이것은 우리의 삶에서도 마찬가지라고 설명해 주세요. 이어서 이렇게 말해 주세요. "우리는 어떤 사람의 삶에서 드러나는 성령의 열매를 통해 그 사람 안에 하나님의 영이 계시는지를 구별할 수 있지. 이번 주에 우리는 성령의 열매를 알아보는 방법을 배울 거란다."

DAY 1

♥ 상상하기

미국 남북 전쟁 중에, 에이브러햄 링컨과 연합군은 남부 지역의 노예들을 해방했습니다. 수만 명의 노예가 자유를 얻었지만, 이제껏 살아왔던 그들의 삶에서 완전히 벗어나진 못했습니다. 그들 중 대다수는 노예로 사는 것 말고는 어떻게 살아야 하는지 방법을 몰랐습니다. 그들은 진짜 자유가 무엇인지, 그리고 진정한 자유인으로 어떻게 살아가야 하는지를 배워야만 했습니다. 선행을 해야만 천국에 갈 수 있다고 믿으면서 율법의 노예로 살았던 그리스도인들도 마찬가지입니다. 오늘 성경 구절에서, 바울은 갈라디아교회 신자들에게 예수님이 우리를 율법에서 자유롭게 하셨다는 은혜를 가르치려고 했습니다.

📖 성경 읽기 | 갈라디아서 5:1~15절

💬 깊이 생각하기

일부 유대인들은 예수님을 믿는 것만으로는 충분하지 않다고 말하면서 새롭게 신자가 된 이방인들을 혼란스럽게 했습니다. 그 유대인들은 하나님의 자녀가 되려면 반드시 미리 할례를 받아야만 한다고 했습니다. 그러나 바울은 그 주장이 틀렸다는 걸 알았습니다. 예수님이 행하신 것에 할례를 반드시 추가할 필요가 없었습니다 ─ 예수님의 죽음은 구원에 필요한 전부였습니다. 이런 거짓 교사들과 싸우려고, 바울은 새 신자들에게 예수님은 율법의 노예였던 그들을 해방하셨는데, 그들이 할례를 받으면 예수님이 주신 자유를 스스로 포기하고 다시 노예의 삶으로 돌아가는 것이라고 했습니다.

💬 이야기하기

할례는 무엇인가요?

(이 질문을 다루기에 자녀들이 너무 어리다면, 건너뛰어도 괜찮습니다. 그러나 성경을 읽다 보면, 할례에 대한 내용을 계속 볼 수밖에 없습니다. 따라서 적절한 수준으로 설명해 주는 게 더 좋습니다. 할례는 남자의 피부 일부를 잘라내서 그 사람이 하나님 가족이라는 걸 보여주는 행위라고 설명해 줄 수 있습니다. 대체로 유아기에 할례를 받지만, 흔적은 평생 남습니다. 좀 더 큰 자녀들에게는 부모님이 생각하는 수준에서 더 상세히 알려주는 것도 괜찮습니다.)

일부 유대인 신자들은 예수님의 죽음만으로는 충분하지 않다고 말했습니다. 즉 율법이 필요하다는 뜻이었습니다. 왜 이 말이 잘못됐나요?

(만약 예수님이 하신 일에 율법을 추가해야 한다면, 그것은 예수님이 완전한 속죄를 이루지 못하셨다는 뜻이 됩니다.)

바울은 할례가 더 이상 중요하지 않은데 그 이유는 그것이 우리를 구원할 수 없기 때문이라고 했습니다. 그렇다면 무엇이 우리를 구원하나요?

(자녀들이 어리다면 6절을 다시 읽어주세요. 그리고 답을 찾으면 손을 들고 말하게 해 주세요. 사랑과 은혜로 주어지는 믿음이 우리를 구원합니다. 여기서 믿음은 예수님을 신뢰하고 의존하는 것이라고 설명해 주세요.)

🙏 기도하기

율법을 완벽히 지키시고 십자가 죽음과 부활로 승리하셔서 우리를 율법에서 해방하신 예수님께 감사하세요.

DAY 2

♥ 기억하기

어제 이야기 중에서 무엇을 기억하나요? 오늘은 어떤 이야기가 있을 것으로 생각하나요?

📖 성경 읽기 ┃ 갈라디아서 5:16~23절

💬 깊이 생각하기

사과나무에 사과가 맺히듯이, 성령으로 충만한 그리스도인들은 삶에서 성령의 열매를 맺습니다. 그러나 우리는 여전히 죄인이기에, 자주 성령님을 무시하고 우리 멋대로 살려고 합니다. 우리가 그렇게 살면, 결국 죄의 열매를 맺게 됩니다. 그것은 마치 사과나무에 썩은 사과 열매가 맺히는 것과 같습니다. 성령님은 우리가 선한 열매를 맺게 도우십니다. 반면에 우리의 죄성(바울은 이것을 육체라고 했습니다)은 우리가 하나님을 떠나 세상이 주는 만족과 기쁨을 추구하게 만듭니다. 우리가 죄의 본성을 따라 살게 되면, 우리 삶에서 분노, 시기, 우상 숭배 등 온갖 죄의 열매를 맺게 됩니다. 그래서 바울은 새 신자들에게 성령을 따라 행하라고 가르치고 있습니다. 그러면 그들은 성령의 열매를 보게 될 것입니다.

💭 이야기하기

성령의 열매는 무엇인가요?
(이것은 자녀들이 암송해두면 좋겠습니다. 만약 자녀들이 어리다면 22~23절을 다시 읽어주시고 그 구절에 나온 성령의 열매 가운데 몇 가지를 기억할 수 있는지 물어보세요. 성령의 열매는 사랑과 희락과 화평과 오래 참음과 자비와 양선과 충성과 온유와 절제입니다.)

바울이 말한 육체의 소욕, 즉 우리 삶에 나타나는 죄의 열매 가운데 한 가지 정도를 말해 볼 수 있나요?
(죄의 목록은 너무 많아서 자녀들에게, 특히 어린 자녀들에게 완전히 설명하기는 어려울 수 있습니다. 분노, 질투, 혹은 우상 숭배[어떤 것을 하나님보다 더 소중하게 여기고 사랑하기]에 초점을 맞춰서 설명해 주세요.)

성령의 열매 가운데 우리에게 가장 필요한 것은 무엇인가요? 성령님께 어떤 열매가 우리 안에서 자라게 해 달라고 기도하고 싶은가요?
(자녀들이 각자의 삶을 진지하게 돌아보고 생각하도록 도와주세요.)

🤎 기도하기

우리가 하나님을 사랑하고 그분의 명령에 순종하며 살 수 있게 성령님이 도와주셔서 성령의 열매를 맺게 해 달라고 하나님께 기도하세요.

DAY 3

♥ 예수님께 연결하기

오늘은 이번 주 성경 이야기를 복음과 연결해 보는 날입니다. 복음은 우리를 구원하신 예수님의 생명과 죽음, 그리고 부활입니다. 이번 주 성경 이야기가 어떻게 복음과 연결되는지 깊이 생각해보세요.

🔼 성경 읽기 | 갈라디아서 5:24절

💬 깊이 생각하기

모든 사람은 서로 사랑하고 즐거워하고 인내심이 있기를 원하기 때문에 성령의 열매를 맺는 일이 그리 어려울 것 같지는 않습니다. 그러나 문제는 우리가 모두 죄인이라는 사실입니다. 죄는 사과 열매가 썩거나 벌레 먹은 것처럼 우리가 맺으려는 열매를 망가뜨립니다. 그래서 자신이 먼저 사랑하기보다는 사랑을 받길 원합니다. 그렇지 않으면 화를 내기도 합니다. 우리가 바라는 사랑은 이기적이기 때문입니다. 그래서 우리는 성령님의 도움이 필요합니다.

성령님은 예수님이 우리를 위해 그분의 삶을 포기하셨다는 사실을 기억나게 도와주십니다(요 14:26절). 그리고 우리로 하여금 우리가 태어나기도 전에 하나님이 계획해 놓으신 대로 선한 일을 하며 살게 인도하십니다(엡 2:10절). 또한 죄가 우리를 어떻게 파멸시키는지 알게 도와주십니다(갈 6:8절). 일단 죄가 어떤 것인지를 깨달으면, 우리는 하나님을 향해 나아갈 수 있고, 죄를 멀리하게 됩니다. 우리가 죄에서 돌이켜 믿음으로 인생을 걸 때, 성령님은 우리 마음에 그분의 열매를 맺게 하시고, 하나님의 계획대로 선한 일을 할 수 있게 이끄십니다. 이렇게 사는 것이 바울이 말한 "그리스도 예수의 사람들은 육체와 함께 그 정욕과 탐심을 십자가에 못 박았느니라"의 진정한 뜻이었습니다. 베드로는 "그러므로 너희가 더욱 힘써 너희 믿음에 덕을, 덕에 지식을, 지식에 절제를, 절제에 인내를, 인내에 경건을, 경건에 형제 우애를, 형제 우애에 사랑을 더하라"고 말했습니다(벧후 1:5~7절). 여기서 주목할 것은 베드로가 언급했던 성령의 열매는 우리가 하나님을 위해 살아가는 데 필요한 것들이라는 사실입니다.

💬 이야기하기

바울은 죄를 죽이기 위해 우리가 누구에게 속해야 한다고 말했나요?
(예수님께 속해야 한다고 했습니다. 그 말은 우리가 그분께 삶을 드리고, 우리가 죄를 직면할 수 있게 도우실 것을 믿어야 하며, 우리가 회개할 은혜를 주실 것을 구하고, 우리가 믿음으로 그 길을 걷게 하신다는 뜻입니다.)

바울은 우리가 정욕과 탐심을 십자가에 못 박아야 한다고 했습니다. 우리의 죄성을 십자가에 못 박는다는 말은 무슨 뜻인가요? (예수님이 십자가에 못 박히셨을 때, 무슨 일이 벌어졌는지를 자녀들이 기억하게 도와주세요. 그 말은 우리가 죄를 죽여야 한다는 뜻입니다.)

우리가 죄를 죽일 수 있게 도우시는 분은 누구신가요?
(성령님이 도우십니다. 성령님의 도움 없이, 우리는 삶에서 선한 열매를 맺을 수 없습니다. 그러나 우리가 예수님을 믿고 그분께 의존할 때, 예수님은 우리 안에 성령님을 보내주십니다. 우리의 욕구를 선하게 바꾸시는 하나님의 영이 우리로 하여금 하나님을 세상보다 더 사랑하게 하시고 우리 자신보다 하나님을 위해 살도록 인도하십니다.)

🙏 기도하기

우리가 죄를 죽이고 예수님을 위해 살게 해 달라고 성령님께 도움을 구하세요.

DAY 4

♥ 기억하기

이번 주 성경 이야기를 통해서 하나님은 우리에게 무엇을 가르치시나요?

📖 성경 읽기 ㅣ 갈라디아서 5:25~6:1절

💬 깊이 생각하기

우리가 모두 죄인이란 사실을 기억한다면, 다른 사람과 비교하면서 자신이 좀 더 낫다는 생각을 하지 않게 될 겁니다. 우리가 다른 사람의 죄를 보게 될 때도 그 죄에 대해 조심스럽게 말해야 합니다. 지금은 아니라도 나중에 우리 자신이 그런 얘기를 듣는 당사자가 될 수도 있습니다. 다른 사람의 잘못을 혹독하게 다루고 지적하는 건 안타깝게도 매우 쉽습니다. 그래서 바울은 우리에게 자신의 삶을 잘 살펴 우리 자신도 같은 죄에 빠지지 않게 조심하라고 경고했습니다.

🗨 이야기하기

부모님은 치열하게 죄와 싸울 때 하나님이 누구를 사용해서 도우셨는지 자녀들에게 얘기해 주세요.
(하나님이 죄를 다루시기 위해 우리의 삶에 누구를 두셨는지 생각해 보세요. 교만은 자녀들에게 우리의 약함을 드러내지 못하게 합니다. 그러나 자녀들에게 부모도 누군가의 도움이 필요한 죄인이라는 걸 알게 하는 건 매우 큰 유익이 됩니다.)

부드럽게 누군가의 잘못을 얘기하고 고쳐주는 건 어떻게 하는 건가요?
(자녀들이 스스로 생각해 볼 수 있게 도와주세요. 단순히 설명하기보다는 실제로 해 보는 게 더 도움이 될 겁니다. 형제자매나 친구들이 장난감을 아무고도 나누지 않고 혼자서만 독차지하며 이기적으로 행동한다고 가정하고, 그럴 때 어떻게 얘기하는 게 좋을지 자녀들이 직접 해 보게 하세요.)

누군가 우리의 잘못을 거칠고 심하게 지적한다면 기분이 어떨까요?
(그런 대우를 받으면 기분이 매우 상하고 위축되며 슬프기까지 할 겁니다. 그렇게 말하는 건 격려가 절대 아닙니다. 따라서 우리도 다른 누군가의 잘못을 얘기할 때, 매우 조심스럽고 부드럽게 해야 합니다.)

어떤 경우에 혹독하고 심하게 잘못을 지적하고 싶은 마음이 드나요?
(이 질문의 대답은 부모님이 먼저 해 주세요. 그런 다음 자녀들의 얘기를 들어주세요.)

🤲 기도하기

우리가 누군가의 잘못에 대해 말할 때 부드럽고 예의 바르게 할 수 있게 도와달라고 하나님께 기도하세요.

DAY 5

♥ 발견하기

오늘은 다른 성경 본문을 보는 날입니다. 시편이나 예언서에서 예수님 혹은 우리의 구원에 대해 배울 수 있습니다.

📖 성경 읽기 | 예레미야 9:23~26절

💬 깊이 생각하기

하나님이 아브람의 이름을 아브라함으로 바꾸시면서 말씀하시길, 앞으로 아브라함의 모든 자손은 태어난 지 팔 일 만에 할례를 받아야 한다고 하셨습니다(창 17:12절). 아브라함은 그 말씀에 순종했고, 수백 년 동안 이스라엘 민족은 그들이 하나님의 백성이라는 증표로 아들들에게 할례를 행했습니다. 그러나 예레미야는 이제 할례만으로는 충분하지 않은 때가 오고 있다고 말했습니다.

예레미야가 말하길 하나님의 백성은 그들의 마음에 할례를 받아야 합니다. 로마서 2:29절에서, 사도 바울은 이스라엘의 할례는 예수님이 그들을 구원하시고 성령님을 그들 안에 임재하게 하심으로 마음에 할례를 받게 하는 날을 상징하는 것이라고 했습니다. 예레미야는 겉으로 보이는 몸에 새긴 표시가 그들의 내면을 바꾸기에는 충분하지 않다는 사실을 이스라엘에 전하려고 했습니다.

🗨 이야기하기

"자랑하다"는 무슨 뜻인가요?

(아직 어린 자녀들은 이 말에 대해 이해가 부족할 수 있습니다. 아이들에게 보여줄 수 있는 가장 좋은 방법은 "나는 세상에서 최고야! 그 누구도 나보다 착할 순 없어. 나는 모든 걸 가장 잘하지. 나는 좋은 집, 멋진 차가 있고 돈도 아주 많지. 그리고 내가 제일 똑똑하다니까."라고 하면서 실제로 자랑하는 걸 보여주는 것입니다. 자랑한다는 말의 뜻을 더욱 쉽게 이해하도록 "허풍", "과시", "거만" 등의 단어를 사용할 수도 있습니다.)

예레미야는 우리가 하나님을 자랑할 수 있다면서 몇 가지를 말했습니다. 그것은 무엇이었나요?

(자녀들이 어리면, 24절을 다시 읽어주시고, 정답을 찾으면 손을 들고 말하게 해 주세요. 예레미야는 하나님이 사랑과 정의와 공의를 땅에 행하시는 분이라는 사실을 자랑할 수 있다고 했습니다.)

우리가 자랑할 하나님이 하신 일 가운데 가장 놀라운 것은 무엇인가요?

(그것은 바로 예수님이 십자가에서 돌아가심으로 우리 모든 죄가 용서받았고, 우리가 예수님을 위해 살 수 있게 성령님을 보내주셨다는 사실입니다.)

🙏 기도하기

하나님이 베푸시는 사랑과 정의, 그리고 공의를 찬양하세요. 그분의 사랑은 끝이 없고, 그분의 정의는 언제나 선하며, 그분은 완전히 공의로우십니다.

그리스도의 몸
The Body of Christ

이야기 131 - 컬러 스토리 바이블

자녀들에게 다음 이야기를 해 주세요. "옛날에 아무도 외야수로 뛰기를 원하지 않는 야구팀이 있었어. 그 팀 선수들은 모두 내야수나 투수만 하려고 했지. 코치가 선수들의 태도를 고치려고 하자 선수들은 코치가 필요 없다며 쫓아냈단다. 그 후 그 팀은 1루수가 세 명, 투수가 두 명, 외야수는 한 명도 없이 몇 경기를 치렀지. 두 명의 투수는 번갈아 가며 공을 던져야 했고 서로 먼저 하겠다고 다퉜어. 1루수들은 '1루 베이스는 내 자리야, 넌 여기 있을 필요 없어' 라며 서로 밀치고 싸웠지. 그런 와중에 상대 팀이 공을 쳐서 외야로 보냈고, 내야에만 몰려 있던 그 팀 선수들은 아무도 공을 잡으러 가지 않았어. 결국 선수들의 어리석음과 이기심 때문에 그 팀은 단 한 경기도 이길 수가 없었단다. 도대체 이 팀은 뭐가 잘못되었을까? 이번 주에 우리는 그리스도인들이 어떻게 한 팀으로 각자의 역할을 감당해야 하는지 배울 거야."

DAY 1

♥ 상상하기

벌집은 교회와 약간 비슷합니다. 하나님은 각 벌에게 벌집을 잘 관리할 수 있도록 서로 다른 재능과 역할을 맡기셨습니다. 여왕벌은 알을 낳고, 수벌은 여왕벌을 돌봅니다. 보모 벌은 알들을 먹이고 일벌은 밖에 나가 먹을 것을 찾습니다. 어떤 벌들은 벌집을 지키고, 벌집 내부 공기를 청정하게 유지하려고 입구에서 날갯짓해서 신선한 공기를 유입시킵니다. 하나님은 모든 벌에게 벌집을 유지하고 관리할 때 이런 식으로 하게 명령하셨습니다. 벌들은 서로 다른 역할과 재능으로 벌집에 필요한 것들을 채웁니다. 그리고 서로가 함께 잘 살아갈 수 있게 돕습니다. 오늘 우리는 하나님이 이처럼 그분의 영으로 교회 안에서 어떻게 일하시는지를 배울 겁니다. 성령님은 각 사람에게 서로 다른 은사를 주십니다. 그렇게 성령님이 임재하신 각 개인이 모두 협력해서 일할 때, 교회는 하나님의 뜻대로 자라 갑니다.

📖 성경 읽기 ｜ 고린도전서 12:1～11절

💬 깊이 생각하기

사도 바울이 고린도 교회에 편지를 보낸 이유는 교회 내부에 수많은 논쟁과 갈등이 있었기 때문입니다(고린도전서 1:11~12; 3:1~4; 6:1~11절을 보세요). 고린도 교회는 서로 격려하며 협력하지 않고 자기 자신만을 내세우며 자랑하기에 바빴습니다. 아마도 바울은 그런 교회의 상황 때문에 각 사람의 은사는 다 성령님이 주셨다는 걸 생각나게 하려 했던 것 같습니다. 하나님이 원하시는 대로 각 사람에게 은사를 주신 거라면, 그 은사를 가진 사람들은 자신이 특별해서 은사를 받았다고 자만해서는 안 됩니다. 그리고 그 은사 때문에 다른 사람을 깔보거나 함부로 대해서도 안 됩니다.

🗨 이야기하기

바울은 교회를 이루는 신자들에게 은사를 주시는 분이 누구라고 했나요?
(성령님이 은사를 주십니다.)

바울은 하나님이 왜 영적인 은사를 교회에 주셨다고 했나요?
(자녀들이 어리면, 7절을 다시 읽어주세요. "유익"이라는 말이 나올 때, 강조해서 자녀들이 정답을 찾을 수 있게 도와주세요. 그런 다음, 하나님은 교회에 은사를 주셔서 모두가 복을 누리게 하신 거지, 은사를 가진 특정한 사람이 그것을 자랑하고 잘난 척하라고 주신 게 아니라는 걸 설명해 주세요.)

하나님이 교회의 유익을 위해 영적인 은사를 주셨다는 사실을 기억하는 게 왜 중요한가요?
(어떤 사람이 재능 때문에 남들보다 자신을 더 낫게 여기기는 참 쉽습니다. 사람들은 그리스도가 아니라 자기를 과시하는 데 가진 재능을 자주 사용합니다. 이런 문제가 고린도 교회에서 벌어지고 있었습니다. 고린도 교회 사람들은 자기들의 은사가 다른 사람들보다 더 낫다고 여기며 서로 자랑했습니다.)

어떤 경우에 우리가 가진 재능이나 성공을 자랑하거나 과시하고 싶어지나요?
(자녀들이 좋은 장난감, 잘하는 활동이나 운동, 학교 성적 등을 자랑하고 싶어 했던 경우를 생각나게 도와주세요. 그렇게 함으로써 고린도 교회 사람들이 자신을 자랑하던 모습과 어떻게 비슷한지 자녀들이 직접 생각해 볼 기회가 될 겁니다.)

🙏 기도하기

우리에게 주어진 은사와 재능은 우리 자신이 아니라 교회를 섬기고 하나님께 영광을 돌리게 하려고 주어진 선물이라는 걸 항상 기억할 수 있도록 하나님께 기도하세요.

DAY 2

♥ 기억하기

어제 이야기 중에서 무엇을 기억하나요? 오늘은 어떤 이야기가 있을 것으로 생각하나요?

📖 성경 읽기 | 고린도전서 12:12~26절

💬 깊이 생각하기

바울이 교회를 몸으로 설명한 것은 우리에게 서로 어떻게 도와야 하는지를 깨닫게 합니다. 만약 주일에 20여 명의 사람이 설교만 하려 하고, 아무도 음향 기기나 다른 준비에 신경을 쓰지 않는다면 어떨까요? 아무도 찬양 대원은 하지 않고 전부 지휘자가 되려 한다면 어떨까요? 자발적으로 서로를 섬기지 않으면 교회는 제 기능을 할 수 없을 겁니다.

그래서 바울은 하나님이 서로를 섬기도록 각 사람에게 교회 안에서 할 수 있는 역할을 맡기셨다는 사실을 고린도 교회 신자들에게 전했습니다. 중요한 자리만을 바라거나 덜 중요해 보이는 역할을 맡은 사람을 하찮게 여기지 않고, 우리는 한 몸을 이루고 있는 지체로서 서로를 섬기고 협력해 교회가 하나님의 뜻대로 자라나가게 해야 할 부르심을 입었다는 걸 기억해야만 합니다. 서로 자랑하고 경쟁하는 게 아니라, 서로를 높이고 섬기려고 해야만 합니다.

💬 이야기하기

교회를 몸으로 비유한 것은 우리가 교회로서 서로를 필요로 한다는 것을 이해하는 데 어떤 도움이 되나요?

(몸에 붙어 있지 않고 혼자서 걸어 다니는 다리가 있다거나, 보이는 대로 뭐든지 잡아 보려는 눈이 있다고 상상해 보세요. 몸이 제 기능을 할 수 있는 유일한 방법은 각 부분이 함께 움직일 때입니다.)

바울은 한 몸을 이룰 때 나타나는 두 가지 문제에 대해 말합니다. 그것이 무엇인지 찾을 수 있나요?

(자녀들이 어리면 답을 찾을 수 있게 힌트를 충분히 주세요. 첫 번째 문제는 몸의 각 부분이 주어진 기능에 만족하지 않고 다른 부분이 되고 싶어 하는 것입니다. 이것은 몸의 다른 부분에 대한 시기심이나 그것만큼 중요하지 않다는 자기 연민에 빠진 경우입니다. 두 번째는 몸의 다른 부분에 대해 그리 중요하거나 필요하지 않다고 여기는 것입니다. 이것은 자기는 다른 도움이 필요 없다는 자만심에 빠진 경우입니다.)

하나님은 한 몸으로서 우리가 어떻게 행동하기를 원하시나요?

(자녀들이 이 질문에 대해 스스로 생각하게 도와주세요. 바울은 24~26절에 이 질문의 정답을 기록해 놓았습니다. 자녀들이 잘 기억하지 못하면, 다시 읽어 주시고 정답을 찾으면 손을 들고 말하게 하세요. 하나님은 우리가 교회 안에서 서로 협력하며 돌보기를 바라십니다.)

🙏 기도하기

우리가 교회를 섬길 수 있는 자리를 찾아서 한 몸으로써 서로 협력하고 돌보며 살아가게 해 달라고 하나님께 간구하세요.

DAY 3

♥ 예수님께 연결하기

오늘은 이번 주 성경 이야기를 복음과 연결해 보는 날입니다. 복음은 우리를 구원하신 예수님의 생명과 죽음, 그리고 부활입니다. 이번 주 성경 이야기가 어떻게 복음과 연결되는지 깊이 생각해보세요.

📖 성경 읽기 | 고린도전서 12 : 27절

💬 깊이 생각하기

사도 바울은 고린도 교회 신자들을 가리켜 눈은 보고, 귀는 듣고, 발은 걸어서 이곳저곳으로 다니게 하듯이 서로 다른 방법으로 교회를 돌보고 세우는 몸의 지체라고 했습니다. 몸이 제대로 기능하려면 각 지체가 전부 필요합니다. 우리가 오늘 읽은 구절에서 바울은 교회가 곧 예수 그리스도의 몸이라는 놀라운 신비를 말합니다. 어떤 사람은 예수님의 발이고, 또 다른 사람은 예수님의 팔꿈치라는 말이 아닙니다. 우리가 실제로 물리적인 몸을 이룰 수는 없습니다. 우리 안에 거하시는 예수님 때문에 우리는 영적으로 한 몸을 이루는 것입니다. 신자인 우리가 세상을 섬기고 돌볼 때, 우리의 삶을 통해 예수님이 드러납니다. 우리가 세상에 복음의 메시지를 전하고, 세상과 더불어 살아갈 때, 세상은 우리 안에 거하시는 그리스도를 볼 수 있습니다. 프로스포츠 구단은 댈러스 카우보이스, 피츠버그 스틸러스처럼 특정 지역을 연고지로 정해 자신들의 정체성을 표현합니다. 그러나 신자인 우리는 예수 그리스도를 통해 우리의 정체성을 알립니다. 예수님은 우리 죄의 대가로 자신의 목숨을 내어주셨고, 이제는 그분의 거룩한 영을 보내셔서 우리 안에 거하게 하셨습니다. 그래서 우리를 그리스도인이라고 하는 것입니다.

💬 이야기하기

바울은 그리스도인이 어떤 몸의 일부라고 했나요?
(신자는 그리스도의 몸입니다.)

신자는 그리스도의 몸으로써 언제 함께 일하고, 무엇을 할 수 있나요?
(신자는 손이 몸을 닦듯이 서로를 돌봅니다. 그리고 입을 열어 따뜻하고 배려 깊은 격려의 말을 건네면서 하나님의 말씀을 전할 수 있습니다.)

우리 가족은 그리스도의 몸으로써 어떤 역할을 감당할 수 있을까요?
(자녀들에게 우리 가족이 교회 사역과 어떻게 관련되어 있는지 설명해 주세요.)

🙏 기도하기

그리스도의 몸으로써, 우리 가족이 어떻게 다른 사람을 돕고 섬기며 불신자들에게 다가갈 수 있을지 알게 해 달라고 하나님께 기도하세요.

DAY 4

💙 기억하기

이번 주 성경 이야기를 통해서 하나님은 우리에게 무엇을 가르치시나요?

📖 성경 읽기 │ 고린도전서 12:27~31절

💬 깊이 생각하기

그리스도의 몸인 교회에는 많은 은사가 있어야 합니다. 교회는 가르칠 목사, 운영할 행정가, 그리고 아픈 사람을 위해 함께 기도할 중보자가 필요합니다. 이 모든 은사는 중요합니다. 모든 선수가 다 투수를 하면 시합에서 경기를 제대로 할 수 없는 것처럼, 교회도 모든 사람이 다 가르치기만 한다면 제대로 그 기능과 역할을 감당할 수가 없을 겁니다. 또한 모두가 섬기기보다 섬김을 받기만 바란다면 교회는 점점 빈곤해지고 오류와 허점투성이가 되어 힘없는 모임으로 전락해 버릴 것입니다. 바울은 신자로서 교회를 보다 건강하고 튼튼하게 성장시킬 수 있게 은사를 구하고, 더욱더 많은 사람에게 예수님을 전할 수 있게 복을 달라고 하나님께 기도해야 한다고 했습니다.

💬 이야기하기

부모님은 하나님이 각 자녀에게 주신 은사가 무엇인지 생각해 보고, 교회에서 그것을 어떻게 사용하면 좋을지 자녀들과 상의해 보세요.
(잠시 자녀들의 좋은 점을 칭찬하고 격려해 주세요. 그리고 자녀들이 스스로 생각하기에 하나님은 나를 어떻게 사용하고 싶어 하시는지 생각해 보자고 하세요. 우리 자녀들이 교회에서 섬기고, 가르치며, 친구들이나 교회 가족들을 도울 방법은 많을 겁니다.)

한 몸을 이룬 교회에서 모든 신자가 같은 은사를 가지고 있는 게 왜 그다지 좋은 게 아닐까요?
(교회에는 해야 할 일들이 참 많습니다. 바울은 만약 몸 전체가 눈이라면 제대로 들을 수 없을 거라고 했습니다. 모든 사람이 다 설교만 하려 든다면, 누가 섬기고 돌볼까요? 온통 섬기는 사람만 가득하다면, 누가 가르치고 설교할까요?)

하나님이 우리에게 어떤 은사를 주시기를 바라나요?
(자녀들이 성령님의 은사를 구하도록 이끌어주세요. 어쩌면 하나님이 자녀들을 어떻게 사용하고 싶어 하시는지 어느 정도 방향을 가늠했을 수도 있습니다. 혹시 그렇다면, 부모로서 확인한 자녀들의 은사에 대해 알려주시고 그것을 잘 사용할 수 있게 격려해 주세요.)

🙏 기도하기

우리 가족에게 하나님의 은사를 부어달라고 기도하세요.

DAY 5

♥ 발견하기

오늘은 다른 성경 본문을 보는 날입니다. 시편이나 예언서에서 예수님 혹은 우리의 구원에 대해 배울 수 있습니다.

📖 성경 읽기 | 호세아 2:14～20절

💬 깊이 생각하기

그리스도의 몸인 교회가 그리스도의 신부라는 사실을 알고 있었나요? 요한 계시록 21:2절에서 하나님은 그렇게 설명하고 계십니다. 호세아는 "약혼시키다" 는 단어를 사용했는데 그것은 한 남자가 한 여자와 결혼을 약속했다는 뜻입니다. 하나님은 그분의 백성과 영원히 결혼하겠다고 약속하셨습니다. 호세아는 또한 말하기를 결혼하는 그 날이 오면, 하나님은 그분의 백성이 우상 숭배에서 돌이키고, 주 여호와께로 향해 그분을 남편이라고 부르게 될 것이라고 했습니다. 그날에, 우리의 모든 죄는 사라질 것이고 우리는 신실함과 의로움 속에서 영원히 하나님을 사랑할 수 있습니다. 그리고 하나님은 모든 싸움을 끝내실 것입니다. 그러면 우리는 모두 영원히 하나님과 더불어 화평을 이루고 서로가 돌보고 섬기며 살 수 있습니다.

《● 이야기하기

오늘 성경 구절에서 남편은 누구인가요?
(하나님)

그 남편과 결혼한 신부는 누구인가요?
(하나님의 백성)

하나님은 우리를 향한 그분의 사랑을 설명하시려고 왜 결혼을 예시로 드셨나요?
(결혼은 일회성이 아니라 평생 지속하는 관계입니다. 그래서 하나님이 우리를 영원히 사랑하신다는 것을 알려줍니다. 결혼은 사랑과 관련이 있습니다. 그래서 하나님이 우리를 너무 사랑하셔서 그분의 신부로 삼고 싶어 하신다는 것을 알려줍니다.)

🙏 기도하기

우리를 천국에서 영원히 함께 살아갈 신부로 삼을 만큼 사랑하시는 하나님께 감사하세요.

사랑
Love

이야기 132- 컬러 스토리 바이블

큰 냄비 뚜껑 서너 개와 나무 숟가락 두 개정도를 준비하세요. 배우자가 도울 수 있으면, 양손에 뚜껑을 하나씩 잡고 심벌즈처럼 칠 준비를 합니다. 이제 성경 공부할 시간이라고 알린 후, 냄비 뚜껑을 맞부딪히고, 나무 숟가락으로 치면서 최대한 시끄럽게 만듭니다. 거기에 가족이 함께 부를만한 노래를 한 곡 선정해 부르면서 아까보다 훨씬 더 큰 소리를 냅니다. 아주 시끄럽게 한 후, 연주를 멈추고 아이들에게 이제까지 들은 연주가 어땠는지 물어보세요. 일단 아이들의 반응을 보면서, 사도 바울은 사랑 없는 사람을 울리는 징과 요란한 꽹과리에 비유하셨다고 설명하세요. 그리고 이렇게 얘기해 주세요. "이번 주 우리는 사랑에 관해 얘기하는 바울의 유명한 편지를 읽고 공부하게 될 거야."

DAY 1

♥ 상상하기

발명가인 우리가 어떤 정보를 입력만 하면 엄청난 결과를 만드는 강력한 로봇을 개발했다고 상상해 보세요. 그 로봇에게 자동차를 들게 하는 명령어를 입력하면, 다른 장비 없이 손쉽게 타이어를 바꿀 수 있을 겁니다. 무거운 짐을 들게 하는 명령어를 입력하면, 집으로 그것들을 가지고 오는 것도 간단한 일이 될 겁니다.

그런데 단 한 가지, 그 로봇이 할 수 없는 일이 있습니다. 그것은 바로 진정한 사랑과 관심을 가진 친구가 되는 것입니다. 물론 "당신을 사랑해요"라는 말을 할 수 있게 명령어를 입력할 수는 있습니다. 악수하고 어깨동무를 하라는 명령어도 입력할 수 있습니다. 그러면 로봇은 그대로 할 겁니다. 하지만 한 가지는 입력할 수 없습니다. 진심으로 사랑하고 그것을 표현하며 주고받을 수 있는 감정은 입력이 되지 않습니다. 그 감정이 없다면, 로봇은 단지 기계에 불과하고 진정한 친구가 될 수 없습니다. 이번 주 우리는 진심으로 사랑하는 것이 얼마나 중요한지를 배울 겁니다.

📖 **성경 읽기 | 고린도전서 13:1~3절**

💬 **깊이 생각하기**

하나님은 고린도 교회에 방언과 예언의 은사를 주셨습니다. 그런데 고린도 교회 사람들은 이런 은사를 섬기는 마음으로 겸손히 사용하기보다는 자기를 자랑하고 다른 사람들보다 얼마나 자기가 특별한지를 과시하려고 사용했습니다. 바울은 그런 그들의 모습을 울리는 징과 요란한 꽹과리에 빗대어 말했습니다. 그것들이 제 때 사용되면 듣기 좋은 소리이고 음악이 될 수 있지만, 상황에 맞지 않으면 그저 소음에 불과하고 아름다운 노래를 망칠 뿐입니다. 고린도 교회가 이런 일을 겪고 있었습니다. 다른 신자들을 섬기고 돌보는 데 그 은사를 사용하지 않고, 자신을 높이고 자랑하려고 사용했습니다.

🗣 **이야기하기**

왜 사랑이 모든 것 중에 가장 중요한가요?
(자녀들이 스스로 생각하게 도와주세요. 이 질문에 정답은 없습니다. 사랑은 모든 은사와 함께 사용될 수 있고, 그렇게 되어야만 합니다.)

바울은 왜 사랑이 없는 사람을 울리는 징과 요란한 꽹과리에 빗대어 설명했나요?
(징과 꽹과리는 알맞은 상황에 사용되지 않으면 매우 시끄러운 소리를 만들어 냅니다. 만약 사랑이 없으면, 다른 사람들과 더불어 살아가기가 힘들 겁니다. 그 사람은 주위 사람들을 성가신 존재로 여기고 함부로 대하며 해를 끼칠 겁니다.)

우리 가족 각자에게 주어진 은사를 적어도 세 개 정도 찾아보세요. 그리고 나서 그 은사들을 어떻게 하면 사랑하는 마음으로 사용할 수 있을지 얘기해 보세요.
(성경에서 말하는 지혜, 환대, 리더십 그 외 다른 영적인 은사뿐만 아니라 빨리 달리기, 높이뛰기, 노래 부르기 등도 은사가 될 수 있습니다. 모든 은사는 사랑하는 마음으로 사용해야 하지만, 그런 마음 없이 사용할 수도 있습니다.)

🙏 **기도하기**

우리가 받은 은사를 사랑하는 마음으로 사용할 수 있게 해 달라고 하나님께 간구하세요.

DAY 2

♥ 기억하기

어제 이야기 중에서 무엇을 기억하나요? 오늘은 어떤 이야기가 있을 것으로 생각하나요?

📖 성경 읽기 ｜ 고린도전서 13:4~7절

💬 깊이 생각하기

요즘은 사랑(love)이란 단어가 너무 쉽고 가볍게 사용됩니다. 우리는 피자, 장난감, 스포츠 등 다른 수많은 것들을 사랑한다고 말합니다. 그러나 바울은 우리가 흔히 사용하는 것과는 다른 뜻으로 사랑을 설명합니다. 바울은 사랑을 그저 가장 좋아하는 아이스크림, 혹은 한 겨울에 실내수영장이 있는 고급스러운 곳으로 떠나는 여행 등에 느끼는 특별한 감정이라고 말하지 않았습니다. 또한 사랑을 멋지고, 기쁘고, 열정적인 것이라고 하지도 않았습니다. 바울은 성경에서 말하는 진정한 사랑이 섬김, 용서, 자기희생이라는 것을 우리에게 알려주기를 원했습니다. 오늘 성경 구절에 기록된 사랑을 정의한 바울의 목록을 살펴본다면, 우리는 사랑이 받는 게 아니라 전부 내어주는 것이라고 말해야만 할 겁니다.

🗨 이야기하기

오늘 성경 구절에서, 바울이 말한 사랑의 방식은 무엇인가요?
(자녀들이 어려서 기억하지 못한다면, 오늘 구절을 다시 한번 읽어주세요. 그리고 정답을 찾으면 손을 들고 대답하게 해 주세요.)

우리는 왜 성경에 기록된 사랑을 아이스크림이나 장난감처럼 우리가 정말 소중히 여기는 것들에 사용할 수 없을까요? (우리가 아무리 그런 것들을 좋아하고 소중히 여긴다 할지라도, 바울이 말한 것처럼 아이스크림에 인내하거나 친절하게 대할 수는 없습니다. 하나님의 사랑은 물건이나 음식 같은 사물이 아니라 오직 사람에게만 적용할 수 있습니다.)

바울이 기록한 목록 중에서, 가족에게 실천하기 가장 힘든 사랑의 방식은 무엇인가요?
(오늘 구절을 다시 한번 살펴보고 자녀들에게 설명해 주세요. 예를 들어, 대부분 아이는 하고 싶은 대로만 하고 인내하며 견디지 못합니다. 자녀들이 자신들의 약점을 스스로 찾아내어 말할 수 있게 이끌어 주세요. 그런 다음 이번 한 주 자신들의 약점대로 행동하지 않고 하나님의 말씀대로 가족을 사랑할 수 있게 도와달라고 성령님께 기도하며 보내자고 제안해 주세요.)

🙏 기도하기

우리 가족을 하나님의 방식으로 사랑하게 도와달라고 기도하세요.

DAY 3

♥ 예수님께 연결하기

오늘은 이번 주 성경 이야기를 복음과 연결해 보는 날입니다. 복음은 우리를 구원하신 예수님의 생명과 죽음, 그리고 부활입니다. 이번 주 성경 이야기가 어떻게 복음과 연결되는지 깊이 생각해보세요.

📖 성경 읽기 | 요한1서 4:10~20절

💬 깊이 생각하기

무엇인가를 배울 때 가장 좋은 방법은 나보다 그것을 더 잘하는 사람을 관찰하는 것입니다. 요한은 우리가 서로 사랑하는 방법을 잘 배우려면, 먼저 하나님이 우리를 어떻게 사랑하셨는지를 살펴보면 된다는 것을 알았습니다. 하나님은 우리를 매우 사랑하셔서 하나뿐인 아들 예수님을 보내셨고, 우리 대신 죄의 대가로 십자가에서 죽게 하셨습니다 (요 3:16절).

요한은 하나님이 그분의 아들을 보내셨고, 우리 죄를 씻을 속죄물이 되게 하셨다고 했습니다. 그것은 예수님이 우리 대신 모든 징계를 감당하셨고, 그 덕분에 우리가 하나님 앞에서 의로운 자가 되었다는 뜻입니다. 하나님이 그분의 외아들을 포기하심으로 우리가 의롭게 되었다는 사실을 기억하는 것은 우리가 좀 더 쉽게 다른 사람들을 용서할 수 있게 해 줍니다. 그래서 요한은 "하나님이 이같이 우리를 사랑하셨은즉 우리도 서로 사랑하는 것이 마땅하도다"고 했습니다(요일 4:11절). 이것은 우리가 그리스도와 연합해서 그분과 더불어 살아갈 때만 가능합니다(요일 4:13절).

💭 이야기하기

하나님은 우리에게 그분의 사랑을 보이시려고 어떻게 하셨나요?
(외아들이신 예수님을 십자가에서 죽게 내버려 두심으로 그 사랑을 보여 주셨습니다.)

요한은 자기 형제를 사랑하지 않으면서 하나님을 사랑한다고 말하는 사람을 가리켜 무엇이라고 했나요?
(자녀들이 어리다면, 20절을 다시 한번 읽어주세요. 요한은 그런 사람을 거짓말하는 자라고 했습니다. 하나님을 진정으로 사랑하는 사람은 그분을 닮고 싶고, 그러면 당연히 다른 사람들을 사랑하게 됩니다.)

하나님이 우리를 사랑하셨는데, 우리는 어떻게 다른 사람들을 사랑할 수 있을까요?
(어떤 사람이 우리에게 죄를 지을지라도 하나님이 우리를 용서하시고 사랑해 주신 것처럼 기꺼이 용서하고 사랑할 수 있습니다.)

🙏 기도하기

가장 사랑하시는 외아들 예수님을 포기하심으로 우리를 향한 사랑을 보여주신 하나님께 감사하세요. 그리고 우리도 하나님처럼 우리에게 죄를 짓는 사람들을 기꺼이 용서할 수 있게 도와달라고 기도하세요.

DAY 4

♥ 기억하기

이번 주 성경 이야기를 통해서 하나님은 우리에게 무엇을 가르치시나요?

📖 성경 읽기 ┃ 고린도전서 13:8~13절

💬 깊이 생각하기

사랑은 성경에서 절대 사라지지 않을 유일한 은사입니다. 바울은 예수님이 다시 오실 때, 우리는 예언이나 방언과 같은 다른 은사들이 필요하지 않을 거라고 했습니다. 왜냐하면 예수님이 직접 우리를 가르치시고 진리로 인도하시기 때문입니다. 그러나 사랑은 다릅니다. 예수님의 손과 발에 새겨진 못 자국을 볼 때마다, 우리는 그분의 사랑을 기억하게 됩니다. 그러면 그분을 경배하며, 사랑하고 싶어집니다. 그래서 바울은 고린도 교회 신자들에게 오직 한 가지 은사만을 구할 수 있다면, 그 은사는 영원히 끝나지 않을 사랑이어야 한다는 것을 명확히 전달하려고 했습니다.

🗣 이야기하기

부모님은 이제까지 보거나 들었던 사랑 이야기 중에서 가장 위대한 것이 무엇이었는지 얘기해 주세요.
(자녀들을 위해 아주 특별하고 소중한 것을 포기한 아버지나 다른 사람이 행한 모든 잘못을 전부 용서해 준 어떤 사람의 이야기처럼 복음과 매우 흡사한 이야기를 곰곰이 생각해 보세요. 그 이야기와 복음의 연결점을 찾아보세요. 하나님이 먼저 우리를 사랑하셨기 때문에 우리도 그분을 사랑할 수 있다는 사실을 자녀들이 마음에 새기게 도와주세요. 요한일서 4:19절을 보세요.)

하나님이 말씀하신 영원히 지속될 은사는 무엇인가요? (사랑)

바울은 예언과 방언과 지식의 은사는 어떻게 될 거라고 했나요?
(자녀들이 어리다면, 8절을 다시 읽어주세요. 그리고 예언, 방언, 지식이라는 말이 나올 때 강조해서 정답을 찾도록 도와주세요. 자녀들이 반복해서 다시 말할 수 있는지 확인해 보세요.)

🙏 기도하기

우리에게 영원한 사랑을 은사로 주신 하나님께 감사하세요.

DAY 5

♥ 발견하기

오늘은 다른 성경 본문을 보는 날입니다. 시편이나 예언서에서 예수님 혹은 우리의 구원에 대해 배울 수 있습니다.

📖 성경 읽기 | 시편 31:1~8절

💬 깊이 생각하기

예수님은 숨을 거두시기 직전에, 이렇게 말씀하셨습니다. "아버지 내 영혼을 아버지 손에 부탁하나이다"(눅 23:46절). 이 말씀을 들은 백부장은 "이 사람은 정녕 의인이었도다"라고 했습니다(눅 23:47절). 예수님의 십자가 죽음은 역사상 가장 위대한 사랑의 표현이었습니다. 오늘 시편의 기자인 다윗은 예수님이 어떤 일을 하실지 전혀 몰랐지만, 하나님의 사랑은 변함없고, 절대 포기하지 않으며, 결코 실패하지 않는다는 사실만큼은 분명히 알았습니다.

영원한 그 사랑 때문에, 다윗은 하나님이 자신을 결코 적들에게 넘겨주시지 않을 것을 확신했습니다. 다윗은 하나님이 자신을 돌보실 거라고 믿었습니다. 다윗은 하나님의 구원을 흔들림 없이 신뢰하고 의지했습니다. 하나님이 예수님을 통해 어떻게 구원하실지 정확히 알지는 못했지만, 그럼에도 불구하고 다윗은 하나님의 계획을 믿고 신뢰했습니다.

🗣 이야기하기

십자가에서 돌아가실 때도 예수님은 어떻게 하셨나요?
(예수님은 변함없이 사랑하셨고, 기꺼이 용서하셨습니다.)

성경에서 말하는 "하나님의 사랑이 변함없다"는 무슨 뜻인가요?
("변함없는"이란 하나님의 사랑은 효능이 떨어지거나 끝나지 않는다는 뜻입니다. 하나님의 변함없는 사랑을 가장 잘 알려주는 시편은 136편입니다. 거기에 "그 인자하심이 영원함이로다"는 문구가 무려 26회나 사용되고 있는데 구절마다 한 번씩 나오는 격입니다.)

누가복음 23:46~47절에서 예수님은 오늘 시편을 인용하셨습니다. 예수님의 그 말씀은 백부장에게 어떤 영향을 주었나요?
(백부장은 예수님의 마지막 호흡을 가까운 거리에서 직접 목격했습니다. 그 순간에도 예수님은 저주의 말이나, 분노, 혹은 원망이나 거친 말을 전혀 내뱉지 않았습니다. 백부장은 예수님이 평범한 사람이 아니고 전혀 죄가 없다는 사실을 바로 그때 깨달았습니다.)

🙏 기도하기

우리를 향한 예수님의 사랑이 결코 끝나지 않은 것에 감사하세요. 그리고 우리도 예수님이 우리를 사랑하셨듯이 다른 사람들을 사랑하게 해 달라고 간구하세요.

바울의 에베소 사역
Paul's Work in Ephesus

이야기 133 - 컬러 스토리 바이블

오늘 활동을 위해 팝콘 옥수수, 해바라기 씨 중에서 한 종류를 골라 그 씨앗을 여러 개 준비하세요. 자녀들에게 이 씨앗들을 자세히 관찰할 시간을 주세요. 그리고 관찰한 내용을 말해보라고 하세요. 아이들이 팝콘 옥수수나 해바라기 씨가 씨앗이라는 걸 아는지 살펴보세요. 모르고 있었다면 씨앗을 관찰하면서 알게 도와주세요. 그런 다음 이렇게 질문하세요, "그 씨앗들을 싹트게 하려면 어떻게 해야 할까?" 심고 물을 주어야 합니다.

이어서 이렇게 질문하세요, "누가 씨앗을 자라게 할까?" 하나님만이 그것을 자라게 할 수 있습니다. "바울은 교회가 어떻게 성장하는지 설명하려고 이와 같은 예를 들었단다. 바울은 복음을 전하는 것으로 씨앗을 심었고, 아볼로와 같은 사람들은 바울이 떠난 후에 성경을 가르치는 사역으로 교회를 돌보면서 물을 주었지. 그러나 오직 하나님만이 교회가 자라게 하시지. 하나님만이 사람들의 마음에 복음의 씨앗이 뿌리를 내릴 수 있게 믿음을 주신단다." 라고 말하세요(고전 3:6절을 보세요).

DAY 1

♥ 상상하기

한 여자아이가 아빠에게서 나무 모형 비행기 세트를 선물로 받았습니다. 다음 날, 아이는 그 세트를 열고 비행기를 조립하려고 했습니다. 그런데 아직 글을 읽을 줄 몰라서, 조립하는 방법을 제대로 따라 할 수가 없었습니다. 결국 아이는 모든 부품을 꺼내 놓고, 상자 겉면에 붙어 있는 그림을 보면서 엉성하게 조립했습니다. 그러다가 고무 밴드를 하나 빠뜨렸는데, 그것은 프로펠러에 동력을 전달하는 중요한 부품이었습니다. 그래서 비행기를 날리려면 손으로 직접 던져야 했고, 비행기는 얼마 날지 못하고 떨어졌습니다.

아빠가 집에 돌아와서 비행기를 살펴본 후에 고무 밴드는 어디 있는지 물었습니다. 아이는 표지 그림을 보니까 고무 밴드가 없기에, 그냥 상자에 두었다고 말했습니다. 아빠는 웃으며 아이에게 고무 밴드가 있어야 비행기가 더 멀리, 오래 날 수 있다고 설명해 주면서 도와주었습니다. 잠시 후에 고무 밴드가 제 자리를 찾았고, 비행기는 프로펠러를 힘차게 돌리면서 하늘 높이 솟구쳐 올라 날기 시작했습니다. 아이는 들뜬 채 그것을 보면서 소리쳤습니다. 동력을 가진 비행기는 모든 면에서 이전과는 완전히 달랐습니다.

오늘 이야기에서 우리는 에베소라는 도시에 사는 사람들에 대해 읽을 겁니다. 그들은 세례 요한과 예수님의 사역에 대해 들었습니다. 그러나 복음에 대해서, 그리고 성령님의 능력에 대해서는 충분히 듣지 못했습니다. 이제 하나님의 능력으로 그들이 어떻게 바뀌었는지 살펴보겠습니다.

📖 성경 읽기 | 사도행전 18:24~19:7절

💬 깊이 생각하기

아볼로는 사람들에게 예수님을 가르쳤지만, 그분에 대해 전부 다 아는 건 아니었습니다. 아볼로의 메시지는 마치 동력을 전달하는 고무 밴드가 빠진 비행기와 같았습니다. 그는 복음을 완전히 가르치지 못했습니다. 우리를 구원하는 능력의 핵심인 예수님의 죽음과 부활이 빠져 있었습니다. 마찬가지로 바울이 에베소에서 만났던 제자들도 예수님에 대해 배웠지만, 복음의 능력을 전부 아는 것은 아니었습니다. 게다가 성령님에 대해서는 전혀 아는 바가 없었습니다. 바울이 그들에게 복음을 설명하자마자, 모두 믿었고 성령으로 충만해졌습니다. 그리고 방언으로 말하고 예언도 하기 시작했습니다.

🗨 이야기하기

아볼로와 에베소에 있던 제자들은 오직 세례 요한과 예수님의 초창기 사역에 대해서만 알았습니다. 그들은 무엇을 모르고 있었나요?
(그들은 복음의 가장 핵심 요소인 예수님의 죽음과 부활, 그리고 믿는 자들에게 보내신 성령님에 대해서 전혀 몰랐습니다.)

에베소 제자들이 복음을 이해하자 그들에게 무슨 일이 벌어졌나요?
(그들은 세례를 받고 성령으로 충만해져서 방언으로 말하고 예언도 했습니다.)

예수님이 행하신 일들 가운데 어떤 것이 우리를 구원하는 능력을 가지고 있나요?
(예수님은 위대한 스승이시고 기적을 행하시는 분이었지만, 그것이 우리를 구원하지는 않았습니다. 우리를 구원하는 능력은 바로 예수님이 우리 죄 때문에 돌아가셨고 승리 가운데 다시 살아나셨다는 사실을 믿는 것입니다. 그 승리는 성령님을 통해 우리 마음을 변화시키는 능력을 가지고 있습니다.)

🙏 기도하기

복음의 능력을 보여 주시고 그것을 믿는 사람 모두가 죄에서 구원받게 하신 예수님께 감사하세요.

DAY 2

♥ 기억하기

어제 이야기 중에서 무엇을 기억하나요? 오늘은 어떤 이야기가 있을 것으로 생각하나요?

📖 성경 읽기 | 사도행전 19:8~12절

💬 깊이 생각하기

바울은 에베소 유대인들을 인내하며 기다렸습니다. 왜냐하면 그는 유대인들을 소중하게 여겼고, 그들이 믿음을 갖고 죄 용서받기를 간절히 원했기 때문입니다. 훗날 바울은 예수님을 거부한 이스라엘 사람들에 대한 안타까움을 로마서에 기록했습니다. 바울은 자신이 저주 받아 구원받지 못할지라도, 자신의 형제인 유대인들이 구원받을 수 있다면 그렇게 할 것이라고 했습니다(롬 9:2~4절). 그렇게 석 달 동안 강론하고 권면했지만, 유대인들은 끝까지 믿기를 거부했습니다. 그래서 바울은 자신의 제자들을 따로 세웠고, 유대인이 아닌 이방인들에게 가르치기 시작했습니다. 하나님은 바울의 사역에 복을 주셔서 그를 통해 놀라운 능력을 보이셨고, 많은 이들을 복음으로 감동하게 하셨습니다.

🗨 이야기하기

바울은 왜 회당에서 유대인과 강론하며 권면하기를 중단했나요?
(유대인들이 끝까지 믿기를 거부했고, 심지어 그리스도인들을 비방했기 때문입니다.)

하나님은 어떻게 유대인들의 불신앙을 이방인들에게는 축복이 되도록 바꾸셨나요?
(바울이 회당을 떠나 복음을 가르치자, 아시아에 사는 모든 사람이 복음을 듣고 믿었습니다.)

회당을 떠난 바울은 복음을 가르치며 얼마 동안 에베소에 머물렀나요?
(어린 자녀들을 위해 오늘 구절을 한 번 더 읽어주세요. 그리고 정답을 찾으면 손을 들고 말하게 해 주세요. 바울은 2년 동안 에베소에 있었습니다.)

누가 바울을 통해 기적을 행했나요?
(하나님이 하셨습니다. 우리는 성경에 기록된 모든 기적이 하나님의 능력으로 이뤄진 것이라는 사실을 언제나 기억해야 합니다. 오늘 구절은 바울의 사역 뒤에서 하나님이 어떻게 일하셨는지를 우리에게 분명히 알려줍니다.)

🤎 기도하기

평범한 사람을 통해 특별한 일을 이루신 하나님을 찬양하세요.

DAY 3

♥ 예수님께 연결하기

오늘은 이번 주 성경 이야기를 복음과 연결해 보는 날입니다. 복음은 우리를 구원하신 예수님의 생명과 죽음, 그리고 부활입니다. 이번 주 성경 이야기가 어떻게 복음과 연결되는지 깊이 생각해보세요.

📖 성경 읽기 | 사도행전 20:17～27절

💬 깊이 생각하기

바울은 마게도냐에 복음을 전하려고 에베소를 떠났다가 예루살렘으로 돌아가는 길에 에베소교회 사역자들을 만나려고 마지막으로 다시 방문했습니다. 교회 사역자들이 도착했을 때, 바울은 그 교회가 처음에 어떻게 시작되었는지를 되돌아보고 있었습니다. 바울은 자신이 유대인과 이방인들에게 어떻게 복음을 전하고 가르쳤는지 그들에게 다시 떠올려 보게 했습니다. 바울은 기회가 생길 때마다, 복음은 사람을 변화시킬 수 있다는 사실을 모든 사람이 기억하도록 힘썼습니다. 바울은 누구나 회개하고 죄에서 돌이켜 예수 그리스도를 믿어야 한다고 가르쳤습니다. 복음의 메시지는 매우 단순하고 명료했기에 결코 변질되거나 왜곡되지 않았습니다. 그리고 그 메시지는 오늘 우리에게도 같습니다.

💬 이야기하기

우리는 21절에서 바울이 에베소교회 사람들에게 두 가지를 가르쳤다고 배웠습니다. 그 두 가지는 무엇이었나요?
(자녀들이 어리다면, 그 구절을 다시 읽어 주시고 정답을 찾으면 손을 들고 말하게 하세요. 바울은 하나님을 거역한 죄를 회개하고, 예수 그리스도를 믿어야 한다고 가르쳤습니다.)

성령님은 예루살렘에서 바울이 어떤 일을 당하게 될 거라고 말씀하셨나요?
(성령님은 예루살렘에서 결박과 환난이 바울을 기다리고 있다고 하셨습니다.)

바울은 예루살렘에 가면 위험하다는 것을 알면서도 왜 그곳으로 가려고 했나요?
(바울은 자신이 위험을 당하는 것보다 복음을 전하는 것이 더 중요하다고 했습니다.)

🤲 기도하기

우리가 만나는 사람들이 무슨 말을 할지, 우리를 어떻게 여길지 두려워하지 말고 복음을 전할 수 있게 용기를 달라고 하나님께 간구하세요.

DAY 4

♥ 기억하기

이번 주 성경 이야기를 통해서 하나님은 우리에게 무엇을 가르치시나요?

📖 성경 읽기 | 사도행전 20:28~32절

💬 깊이 생각하기

새 자전거는 수십만 원이고, 새 자동차는 수천만 원이고, 새 집은 수억에서 수십억 원이며, 새 비행기는 수천억 원에 달합니다. 그러나 예수님은 죄의 저주와 마땅히 당해야 할 징계에서 하나님의 백성인 교회를 구원하시려고 값으로 매길 수 없는 그분의 생명을 대가로 지불하셨습니다. 이 세상의 모든 금과 돈을 다 끌어 모은다 해도 단 한 사람도 구원할 수 없습니다. 우리 죄 때문에 십자가에서 돌아가심으로, 예수님은 그분을 믿는 모든 사람이 다 용서받을 수 있게 대가를 치르셨습니다. 그래서 바울은 에베소교회 사역자들이 하나님의 백성인 교회를 특별히 돌보기를 원했습니다.

💬 이야기하기

부모님은 집에서 가장 소중한 물건이 무엇인지 얘기해 주시고, 그것이 왜 그렇게 가치가 있는지 설명해 주세요.
(집에 있는 고가의 가구나 물건이 무엇인지 생각해 보세요. 그리고 자녀들에게 왜 그것이 그만큼의 값어치가 있는지를 말해 주세요.)

바울이 교회가 매우 소중하다고 말한 이유는 무엇인가요?
(교회는 예수님의 생명으로 세워졌기 때문입니다. 예수님은 십자가에서 피 흘리심으로 모든 신자가 구원받을 수 있게 대가를 치르셨습니다.)

바울은 에베소교회 사역자들이 교회를 보호하려면 어떻게 해야 한다고 말했나요?
(바울은 자신을 잘 살피고 어그러진 말을 하는 사람들을 주의해야 한다고 했습니다. 바울은 이런 거짓 가르침을 전하는 자들을 사나운 이리라고 했습니다. 그들은 하나님의 말씀을 왜곡해서 신자들을 진리에서 멀어지게 합니다.)

🙏 기도하기

값으로 매길 수 없이 소중한 생명을 기꺼이 포기하심으로 우리를 죄에서 건지시고 하나님의 자녀가 되게 하신 예수님께 감사하세요.

DAY 5

♥ 발견하기

오늘은 다른 성경 본문을 보는 날입니다. 시편이나 예언서에서 예수님 혹은 우리의 구원에 대해 배울 수 있습니다.

📖 성경 읽기 ┃ 이사야 45 : 21∼22절

💬 깊이 생각하기

오직 예수님만이 구원자이십니다. 예수님은 "내가 곧 길이요 진리요 생명이니 나로 말미암지 않고는 아버지께로 올 자가 없느니라"고 말씀하셨습니다(요 14:6절). 오늘 이사야서의 말씀과 누가가 사도행전 4:12절에 기록한 말씀을 비교해 보세요. "다른 이로써는 구원을 받을 수 없나니 천하 사람 중에 구원을 받을 만한 다른 이름을 우리에게 주신 일이 없음이라" 이사야의 예언은 예수님을 가리키는 게 분명합니다.

💬 이야기하기

이사야는 우리가 구원받을 수 있는 유일한 방법이 무엇이라고 했나요?
(이사야가 말하길 이스라엘의 하나님만이 우리를 구원하실 수 있습니다.)

우리는 오늘 말씀이 예수님을 가리킨다는 걸 어떻게 알 수 있나요?
(신약 성경에서 예수 그리스도를 구원자로 말하고 있습니다. 천사가 아기 예수님의 탄생을 목자들에게 알릴 때 이 단어를 사용했습니다[눅 2:11절]. 예수님은 또한 "잃어버린 자를 찾아 구원하려"고 이 땅에 오셨다고 말씀하셨습니다[눅 19:10절].)

이사야서에 기록된 말씀은 붓다, 알라, 비슈누(힌두교의 최고신 ─ 역자주)와 같은 신들을 섬기는 세상의 다른 종교들에 대해 우리에게 무엇을 알려주나요?
(모든 다른 신들은 거짓이고 우상이라는 것을 알게 해 줍니다. 오직 예수님만이 우리를 구원하실 수 있는 분입니다.)

우리가 하나님께로 돌아가고 구원받으려면 무엇을 해야 하나요?
(바울이 에베소교회에 했던 설교를 자녀들이 떠올리게 도와주세요 ─ 우리는 죄를 회개하고 예수님을 믿어야 합니다. 자녀들이 어리다면 사도행전 20:21절을 다시 읽어주시고, 바울이 구원받기 위해 해야만 한다고 말한 두 가지를 찾아낼 수 있는지 살펴보세요.)

🙏 기도하기

우리가 아는 불신자들이 죄를 회개하고 돌이켜서 예수님을 믿게 해 달라고 하나님께 간구하세요.

새로운 피조물
A New Creation

이야기 134 - 컬러 스토리 바이블

집에 있는 동전을 모아 낡은 것과 새것으로 구분해 놓으세요. 자녀들에게 낡은 동전을 살펴보고 그것에 관해 설명해 보라고 하세요. 이 동전도 새것일 때는 반짝이고 깨끗했겠지만, 지금은 이렇게 지저분하고 낡아졌다고 말해 주세요. 아담과 하와가 죄를 지었을 때, 이와 같은 일이 모든 사람에게 벌어졌다고 설명해 주세요. 그리고 하나님이 우리 죄를 용서해 주시고 성령님을 보내주셨을 때, 우리는 이 동전처럼 깨끗하고 새로워졌다고 말해 주세요. 이 말을 하면서 새 동전을 자녀들에게 보여주세요. "이번 주 우리는 하나님이 우리를 구원하셨을 때 우리가 새롭게 되었다는 것을 배우게 될 거야." 라고 얘기해 주세요.

DAY 1

♥ 상상하기

운전석에 앉아서 자동차를 운전할 때, 운전자는 어디로 가야 할지를 결정해야 합니다. 왼쪽으로 가고 싶다면, 운전대를 왼쪽으로, 오른쪽으로 가고 싶다면, 오른쪽으로 돌리면 됩니다. 우리 삶은 죄로 가득한 본성을 따라 욕망대로 움직이거나, 반대로 하나님을 사랑해서 그분의 뜻대로 움직이는 자동차에 비유될 수 있습니다. 만약 죄의 본성에 이끌려 욕망대로 운전대를 잡는다면, 우리가 원하는 대로 급히 죄를 좇게 됩니다. 그러나 그리스도의 사랑이 그 운전대를 잡으면, 우리는 하나님을 경배하는 일과 사랑하는 곳을 향해 가게 됩니다.

📖 성경 읽기 | 고린도후서 5:11~15절

💬 깊이 생각하기

우리에게 생일마다 정말 좋은 선물을 주시는 분이 있다면, 아마도 그분을 만날 때마다 우리는 매우 반갑고 설렐 겁니다. 마찬가지로, 하나님이 우리에게 가장 좋은 선물로 그분의 아들 예수님을 주셨다는 것을 깨닫는다면, 우리는 그분을 기쁘게 해드리고 싶어집니다. 바울이 그리스도의 사랑이 우리를 강권하신다고 말할 때 의미했던 것이 바로 그것입니다(14절). 하나님이 우리의 눈을 열어 우리가 어떤 선물을 받았는지 깨닫게 하시고, 그분의 영으로 우리를 충만하게 하실 때, 그분을 기쁘게 해 드리려는 마음이 우리 안에서 자라게 됩니다. 여전히 우리는 죄를 짓지만, 우리를 위해 그 아들을 보내신 하나님의 사랑이 우리를 그분을 위해 살게 이끄십니다. 그리고 날마다 우리 안에서 그분을 향한 사랑이 자라고 더 순종하려는 마음이 깊어집니다.

🗨 이야기하기

바울은 무엇이 자신을 다스린다고 말했나요?
(그리스도의 사랑)

바울은 그리스도의 죽음이 우리를 어떻게 변화시킨다고 했나요(15절)?
(바울이 말하길 예수님의 죽음은 우리가 자신들을 위해서가 아니라 예수님을 위해 살도록 변화시킨다고 했습니다.)

자신의 겉모습만을 자랑하려는 사람들에게 없는 것은 무엇이었나요?
(어린 자녀들에게는 12절을 다시 읽어 주시고, 초등생 자녀들에게는 12절에 힌트가 있으니 찾아보라고 얘기해 주시는 게 좋습니다. 자신들의 겉모습만을 자랑하려는 사람들은 하나님을 사랑하려는 변화된 마음이 없었습니다.)

🙏 기도하기

우리의 눈을 열어 하나님이 놀라운 선물로 주신 예수님을 알아보게 해 달라고 기도하세요. 그리고 우리 자신이 아니라 하나님을 위해 살아가도록 인도해 달라고 도움을 구하세요.

DAY 2

♥ 기억하기

어제 이야기 중에서 무엇을 기억하나요? 오늘은 어떤 이야기가 있을 것으로 생각하나요?

📖 성경 읽기 | 고린도후서 5:16~17절

💬 깊이 생각하기

어제 우리는 하나님의 사랑이 너무나 놀라워서 우리가 살아가는 방식에 영향을 준다고 배웠습니다. 오늘, 바울은 한 사람이 그리스도인이 될 때 하나님은 그 사람을 완전히 바꾸시고 새로운 피조물이라고 부르신다고 말합니다. 이렇게 생각해 보세요: 진흙 한 덩어리가 있습니다. 우리는 그것의 모양을 원하는 대로 바꿀 수 있습니다. 그릇이나 뱀을 만들 수도, 얼굴을 만들고 눈, 코, 입을 붙일 수도 있습니다. 혹시나 누가 망가뜨려도, 다시 새것으로 만들면 됩니다.

성경은 우리가 하나님이 빚으시는 진흙이고 하나님이 우리를 만드셨다고 합니다. 그러나 우리의 삶은 죄로 인해 망가졌습니다. 하나님이 우리를 용서하시면, 우리는 성령님의 도움으로 완전히 다른 삶을 살게 되고, 새롭게 태어납니다. 그래서 바울은 "그런즉 누구든지 그리스도 안에 있으면 새로운 피조물이라 이전 것은 지나갔으니 보라 새 것이 되었도다" 라고 했습니다.

🗨 이야기하기

바울은 예수님을 믿는 모든 사람을 무엇이라고 했나요?
(새로운 피조물)

하나님이 우리를 새로운 피조물로 만드실 때, 옛사람에게는 어떤 일이 생기나요?
(자녀들이 어리다면, 17절을 다시 읽어 주시고 정답을 찾으면 손을 들고 대답하게 해 주세요. 이전 것은 모두 지나갑니다. 하나님이 그것을 다 가져가시기 때문에 모든 것이 사라집니다.)

예수님을 믿는 모든 사람이 새로운 피조물로서 변화된 삶을 살게 하려고 하나님은 그 마음에 누구를 보내시나요?
(성령님)

혹시 예수님을 믿고 새로운 피조물로 거듭나서 완전히 삶이 바뀐 사람을 알고 있나요? 자기 욕심과 죄를 따라 살다가 하나님의 말씀과 그분의 영광을 위해 살게 된 사람이 주변에 있나요?
(자녀들이 스스로 생각해 보게 도와주세요. 적합한 사람을 찾아내지 못하면, 부모님이 그 대상이 될 수 있다는 걸 알려주세요. 그리고 어떻게 삶이 달라졌는지 아이들에게 얘기해 주세요.)

🙏 기도하기

우리 가족 모두가 새로운 피조물로서 살아가게 해 달라고 하나님께 간구하세요.

DAY 3

♥ 예수님께 연결하기

오늘은 이번 주 성경 이야기를 복음과 연결해 보는 날입니다. 복음은 우리를 구원하신 예수님의 생명과 죽음, 그리고 부활입니다. 이번 주 성경 이야기가 어떻게 복음과 연결되는지 깊이 생각해보세요.

📖 성경 읽기 | 고린도후서 5:18~20절

💬 깊이 생각하기

사도 바울은 오늘 성경 구절에서 "화목"이란 단어를 다섯 번이나 사용했습니다. 어떤 두 사람이 싸운 후에 서로 화를 풀고 악수를 하면, 우리는 그 두 사람이 화해했다고 말할 수 있습니다. "화목"은 쉽게 말해 서로 대립하고 갈라섰던 두 사람이 다시 하나가 된다는 뜻입니다.

죄는 악합니다. 그래서 하나님은 당연히 그것을 심판하시고, 멸망시키십니다. 그런데 우리는 모두 죄인이고 하나님의 원수입니다. 따라서 하나님의 징계를 받아 마땅한 존재입니다. 하지만 예수님이 우리를 대신해 그 심판과 징계를 받으셨습니다. 죽음으로 우리 죄의 대가를 모두 치르셨습니다. 예수님의 그 죽음이 우리를 하나님과 화목하게 했습니다. 이제 우리는 하나님의 원수가 아니라 자녀가 되었습니다. 이것이 바로 복음을 믿는 모든 사람에게 주어진 은혜입니다. 믿기만 하면 누구나 그 은혜를 누리게 됩니다.

구원받은 후에, 우리는 그리스도의 대사가 됩니다(고후 5:20절) ─ 우리는 이 복음의 메시지를 다른 사람들에게 전해야만 할 의무가 있습니다. 그렇게 함으로써 하나님의 왕국은 완성되어 갑니다.

🗣 이야기하기

"화목"이란 말은 무슨 뜻인가요?
(서로 다투고 갈라섰던 두 사람이 다시 하나가 된다는 뜻입니다.)

우리는 왜 하나님과 화목해야 하나요?
(하나님은 선하시고 거룩하시며 완전히 의로우십니다. 우리의 죄는 그분을 향한 도전이고 공격입니다. 하나님은 악한 죄를 심판하시고 멸망시키십니다. 따라서 우리는 하나님의 진노와 징계를 피할 수가 없습니다. 그렇기 때문에 우리의 신분을 원수에서 자녀로 바꿔줄 도움이 필요합니다.)

우리를 하나님과 화목하게 할 수 있는 분은 누구인가요?
(예수님이 그렇게 하십니다. 십자가에서 우리가 당해야 할 모든 죄의 대가를 대신 감당하셔서 우리를 구원하셨습니다. 그래서 우리는 하나님과 화목하게 되었습니다.)

🙏 기도하기

우리가 하나님의 원수에서 자녀가 될 수 있게 해 주신 예수님께 감사하세요.

DAY 4

♥ 기억하기

이번 주 성경 이야기를 통해서 하나님은 우리에게 무엇을 가르치시나요?

📖 성경 읽기 | 고린도후서 5:20~6:2절

💬 깊이 생각하기

오늘날 전 세계에는 대략 175개국이 있습니다. 한 나라의 대통령이나 왕이 일일이 만나서 대화를 나누고 협상을 하며 업무를 수행하기에는 너무 많은 숫자입니다. 그래서 한 나라의 지도자는 다른 나라와 공식적인 업무를 진행하기 위해 대사를 임명합니다. 그런 대사들의 임무는 그 나라 지도자를 대변하는 것입니다. 만약 대통령이 다른 나라에 어떤 메시지를 보내려 한다면, 그 나라에 파견된 대사에게 그 내용을 알립니다. 그러면 대사는 그 메시지를 자신이 파견된 나라의 지도자들에게 전달합니다.

오늘 성경 구절에서, 바울은 신자들이 그리스도를 대신하는 대사(사신)라고 우리에게 말합니다. 하나님에게는 모든 사람에게 들려주고 싶으신 메시지가 있습니다. 그것이 바로 복음입니다. 바로 예수님 이야기입니다. 아무 죄가 없으셨던 예수님은 그분의 완전한 의와 우리의 죄를 맞바꾸셨습니다. 그래서 우리가 용서받을 수 있게 되었습니다. 하나님은 그렇게 용서받은 우리를 자녀 삼으시고 천국에 들어갈 수 있게 하셨습니다. 의로움과 죄를 맞바꾼 것은 이 세상에서 일어난 그 어떤 거래보다도 가장 위대하고 놀라운 거래였습니다. 그런데 세상 사람들이 이 복된 소식을 들을 수 있는 유일한 방법은 신자 된 우리가 전하는 것뿐입니다.

🗣 이야기하기

부모님은 그리스도의 대사로서 복음을 전한 경험을 자녀들에게 해 주세요.
(예수님을 모르는 사람들에게 복음을 전했던 경험을 떠올려 보세요. 가족이나 친구, 직장 동료들에게 구원 간증을 했던 경험도 포함될 수 있습니다.)

대사는 무슨 일을 하는 사람인가요? (대사는 다른 사람의 입장을 대변하는 일을 합니다. 한 나라의 대사는 대통령이 임명하는데 파견된 나라에서 대통령을 대신해 필요한 메시지를 전달합니다.)

바울은 왜 그리스도인들이 하나님의 대사라고 했나요? (바울은 신자 된 우리를 그리스도의 대사라고 했습니다. 왜냐하면 우리는 모든 나라와 사람에게 복음을 전하기 위해 하나님께 선택받았기 때문입니다.)

우리가 예수님을 믿을 때 얻게 되는 가장 놀라운 거래는 무엇인가요?
(우리는 우리의 죄와 예수님의 의로움을 교환하게 됩니다.)

🙏 기도하기

우리를 세상에 복음을 전하는 대사로 사용해 달라고 하나님께 간구하세요. 또한 우리에게 복음을 들어야 할 사람을 만나게 해 주셔서 우리가 아는 복음을 전할 수 있게 해 달라고 기도하세요.

DAY 5

♥ 발견하기

오늘은 다른 성경 본문을 보는 날입니다. 시편이나 예언서에서 예수님 혹은 우리의 구원에 대해 배울 수 있습니다.

📖 성경 읽기 | 시편 31:9~16절

💬 깊이 생각하기

우리는 지난주에 예수님이 돌아가시기 직전에 오늘 시편을 인용했다는 것을 배웠습니다. 그렇기 때문에 오늘 이 시편을 읽을 때, 예수님을 가리키는 또 다른 단서들은 무엇인지 찾아보는 게 중요합니다. 다윗은 예수님이 어떤 고통을 당하실지 몰랐지만, 다윗 왕의 이 시편은 예수님의 고통을 설명하고 있습니다. 십자가 처형을 당하러 가시는 예수님은 말할 수 없는 슬픔과 아픔으로 고통당하셨고, 더 이상 한 발자국도 내디딜 수 없을 정도로 지치셨습니다. 그래서 군인들은 구레네 사람 시몬에게 그분의 십자가를 대신 지게 했습니다(막 15:21절). 예수님의 제자들은 모두 도망쳤고, 다른 한 편에서는 유대인들이 그분을 조롱하고 비난했습니다.

예수님이 태어나시기 오래전에, 하나님은 다윗과 같은 예언자들에게 예수님이 어떻게 우리를 죄에서 구원하실지에 대해 암시하셨습니다. 오늘을 사는 우리는 성경을 살펴보면서 그 모든 단서가 어떻게 예수님을 가리키고 있는지를 알 수 있습니다.

💭 이야기하기

예수님은 십자가 처형을 당하러 가시는 동안 어떤 고통을 당하셨나요?
(사람들은 예수님을 때리고, 침 뱉고, 가시면류관을 쓰게 한 후 깊게 눌렀습니다. 그분은 채찍질 당하시고, 조롱과 멸시를 받으셨으며 십자가에 올라 못 박히셨습니다.)

14절 "나는 주께 의지하고"에서 하나님을 의지한다는 것은 무슨 뜻인가요?
("의지한다"는 자녀들에게 자세히 설명해 줄 필요가 있는 중요한 말입니다. 그 말은 누군가를 책임지고 돌본다는 뜻입니다. 예를 들어, 오랜 시간 집을 비우고 휴가를 가게 될 때, 키우던 애완동물을 그냥 두지 않고, 믿을 만한 사람에게 맡깁니다. 안전하게 돌봐줄 거로 생각하기 때문입니다. 온 가족이 자동차를 타고 어디를 갈 때 별 두려움 없이 함께 탈 수 있는 이유는 운전하는 아빠나 엄마를 신뢰하기 때문입니다. 오늘 시편을 쓴 다윗은 하나님이 그를 모든 죄에서 구원하실 거라고 신뢰했습니다. 예수님은 우리 죄 때문에 십자가에서 돌아가셔야 한다는 하나님의 계획을 신뢰했습니다. 그리고 결국 그분은 죽음을 이기시고 다시 살아나셨습니다.)

우리는 왜 하나님을 의지해야만 하나요?
(우리는 모두 죄인이라서 결코 천국에 들어갈 수 없습니다. 그러나 하나님은 만약 우리가 예수님을 믿고 의지하면, 그분이 우리 죄 때문에 십자가에서 돌아가시면서 모든 대가를 치르셨기에, 누구든지 구원받을 수 있다고 약속하셨습니다. 그렇기 때문에 하나님의 말씀을 의지해야 합니다.)

🙏 기도하기

우리 가족 각 사람이 예수님을 믿고 의지하게 해 달라고 하나님께 간구하세요. 예수님은 우리 대신 십자가에 오르시고 고통 당하시며 돌아가셨습니다. 그래서 우리가 하나님의 자녀가 될 수 있게 하셨습니다.

하나님은 즐겨 내는 사람을 사랑하신다
God Loves a Cheerful Giver

이야기 135 – 컬러 스토리 바이블

과자 한 봉지를 준비하세요. 아이들을 모이게 하고 과자 봉지를 테이블에 올려놓으면서 불만스러운 표정과 투덜거리는 목소리로 이렇게 말하세요. "내 생각에 아무도 내가 가진 것에 관심이 없어. 도대체 왜 내가 이 과자를 너희들에게 사 줘야 하는지 모르겠어. 이건 순전히 돈 낭비야. 어서들 먹기나 해라. 다 먹으면 각자 방으로 가버리고. 왜 내 돈으로 이 간식을 사야하지? 아, 모르겠다. 어서들 먹어라. 어서!"

그리고 말투를 즉시 바꿔서 아이들에게 지금 보여준 태도가 잘못되었다는 걸 말하고 용서를 구하세요. 내가 가진 것을 나누는 것이 중요하지만, 그에 못지않게 좋은 태도로 하는 것도 중요하다는 걸 아이들이 이해하게 도와주세요. 이렇게 말하세요. "이번 주 우리는 하나님은 기쁘게 내는 사람을 사랑하신다는 것을 배울 거야."

DAY 1

♥ 상상하기

친구들에게서 생일 선물 두 개를 받았다고 가정해 보세요. 첫 번째 선물 상자를 열고 그 안에 있는 카드를 읽습니다. "생일 축하해, 이 선물을 좋아하길 바라! 너를 생각하며 직접 골랐어." 그런데 두 번째 카드는 전혀 다른 내용이 담겨 있습니다. "생일 축하해, 엄마가 이 선물 너 갖다 주래. 엄마가 말씀하시지 않았으면, 난 네 생일 선물을 준비하지 않았을 거야. 어쨌든 행복하길 바라." 실제로 생일 카드를 이렇게 쓰는 사람은 없을 겁니다. 그런데 사람들은 종종 마음속으로는 이런 식으로 느끼거나 말하곤 합니다. 우리는 하나님이 우리의 마음을 다 아신다는 사실을 반드시 기억해야만 합니다.

📖 성경 읽기 | 고린도후서 9:1∼9절

💬 깊이 생각하기

복음이 이방인들에게 전해지던 때에, 예루살렘으로 돌아온 그리스도인들은 어려움을 겪고 있었습니다. 예루살렘의 유대인들이 돌아온 그들을 박해했기 때문에 그들 대부분은 가난했고, 도움이 필요했습니다. 그래서 사도 바울은 아시아, 마케도니아, 그리고 로마에 있는 이방 교회들에서 헌금을 모아야겠다고 생각했습니다. 바울은 고린도 교회에 보낸 편지에서, 예배로 모일 때마다 일정 금액을 따로 떼어놓아서 자신이 그곳을 방문했을 때 예루살렘의 그리스도인들에게 보낼 헌금을 바로 내어줄 수 있게 준비하라고 했습니다. 그러나 얼마나 준비해야 하는지 구체적으로 말하진 않았습니다. 바울은 각 교회가 억지로 헌금하기를 바라지 않았습니다. 하나님이 그들에게 베푸신 은혜에 대한 반응으로 기쁘게, 자발적으로 내어주기를 원했습니다.

💬 이야기하기

하나님은 우리에게 무엇을 주셨나요?

(우리에게 주어진 모든 것이 하나님의 선물이라는 걸 자녀들이 이해할 수 있도록, 하나님이 주셨다는 걸 인정할 수밖에 없을 때까지 우리가 가진 것들을 자녀들에게 하나씩 알려주세요. 성경은 모든 좋은 것과 온전한 선물이 다 하나님에게서 온 것이라고 말합니다[약 1:17절].)

하나님이 모든 것을 주셨다는 걸 기억하는 것이 우리가 다른 사람들을 돕고 가진 것을 나누는데 어떻게 도움이 되나요?

(우리에게 있는 모든 것이 다 하나님의 선물이라는 걸 기억한다면, 내가 가진 것이 내 것이라고 주장할 수 없고 기꺼이 나누며 양보할 수 있습니다.)

가족으로서 우리는 누구를 도울 수 있을까요?

(우리 주위에 도움이 필요한 사람이 누구인지, 무엇을 나누고 어떤 도움을 줄 수 있을지 자녀들과 함께 생각해 보세요.)

🙏 기도하기

도움이 필요하다고 생각한 사람들을 위해 기도하세요. 그리고 기쁜 마음으로 그들에게 필요한 것들을 나눌 수 있게 도와달라고 간구하세요.

DAY 2

♥ 기억하기

어제 이야기 중에서 무엇을 기억하나요? 오늘은 어떤 이야기가 있을 것으로 생각하나요?

📖 성경 읽기 | 고린도후서 9:10~12절

💬 깊이 생각하기

농부는 작물을 심을 때 자신이 필요한 양보다 더 많은 씨앗을 뿌립니다. 이렇게 하는 이유는 내년에 심을 곡물의 씨앗까지 수확해 두어야 하기 때문입니다. 그런데 그해 농사가 실패해서 적은 양밖에 수확하지 못했다면, 농부는 내년에 뿌릴 씨앗까지 다 먹고 올해를 보낼지 아니면 내년을 대비해서 씨앗을 저장해 놓고 올 한해는 좀 힘들고 배고프게 보낼지 둘 중 하나의 선택을 해야만 합니다. 정말 먹을 게 없는 해라면, 아마도 수확한 곡물을 다 먹어야 할지도 모릅니다. 그렇게 되면 내년에 심을 씨앗을 돈을 주고 사는 방법밖에는 없습니다. 그런 상황에서 그 농부가 자기보다 더 가난해서 정말 먹고 살기 힘든 사람들에게 재산 일부를 나눠준다면, 필요한 씨앗을 살 돈마저 부족할 수도 있습니다.

바울은 이와 같은 염려가 고린도 교회 사람들을 짓누르고 있다는 걸 알았습니다. 그래서 농부에게 복을 주셔서 작물을 충분히 수확할 수 있게 해 주시고 또한 내년에 심을 씨앗도 충분히 얻게 하시는 분은 바로 하나님이라는 것을 떠올리게 했습니다. 고린도 교회 사람들은 두려워하거나 염려할 필요가 없었습니다. 왜냐하면 그들을 돌보시는 분이 바로 주님이시기 때문입니다.

💬 이야기하기

농부는 왜 내년을 대비해 씨앗을 미리 준비해야만 하나요?
(내년에 작물을 심기 위해서 뿌릴 씨앗이 필요하기 때문입니다.)

바울은 하나님이 그 농부에게 무엇을 주신다고 했나요?
(농부가 먹을 양식과 내년에 뿌릴 씨앗을 주신다고 했습니다.)

12절에서, 바울은 가난한 사람들을 위해 드려진 고린도 교회의 헌금이 두 가지 복을 가져온다고 했습니다. 그 복은 어떤 것인가요? (자녀들이 어리다면, 12절을 다시 읽어주시고 정답을 찾으면 손을 들고 대답하게 해 주세요. 그 두 가지 복은 가난한 사람들의 필요를 채우고, 하나님이 감사와 영광을 받으시게 되는 것입니다.)

우리가 하나님께 구해야 할 필요는 무엇인가요? (하나님께 구할 우리 가족의 필요를 자녀들과 함께 생각해 보세요. 하나님은 우리가 원한다고 해서 전부 다 주시진 않습니다. 그러나 우리 가족의 필요를 구하는 기도 때문에 하나님이 우리를 위해 어떻게 일하시는지를 목격할 많은 기회를 얻게 됩니다.)

🙏 기도하기

우리 가족의 필요를 채워달라고 하나님께 기도하세요.

DAY 3

♥ 예수님께 연결하기

오늘은 이번 주 성경 이야기를 복음과 연결해 보는 날입니다. 복음은 우리를 구원하신 예수님의 생명과 죽음, 그리고 부활입니다. 이번 주 성경 이야기가 어떻게 복음과 연결되는지 깊이 생각해보세요.

📖 성경 읽기 | 로마서 6 : 23절

💬 깊이 생각하기

예수님이 십자가에서 돌아가시므로 주어진 영원한 생명은 우리가 받을 수 있는 가장 좋은 선물입니다. 영원한 생명을 얻었다는 것은 하나님의 자녀로서 천국에서 그분과 함께 영원히 살 수 있다는 뜻입니다. 우리의 모든 죄는 용서받았고, 하나님은 죄, 고통, 질병 등 모든 악한 것들을 우리에게서 제거해 주셨습니다. 영원한 생명이 얼마나 놀라운 선물인지를 깨닫는다면, 도움이 필요한 사람들을 위해 우리 돈을 내어 주는 게 훨씬 쉬워집니다. 이 세상의 모든 보물은 언젠가 사라질 겁니다. 그러나 천국에서 누릴 우리의 기쁨은 영원합니다.

🗨 이야기하기

바울이 말한 하나님이 우리에 주신 가장 좋은 선물은 무엇인가요?
(하나님은 예수님과 함께 천국에서 살아갈 수 있는 영원한 생명을 우리에겐 아무런 대가도 받지 않고 선물로 주셨습니다.)

죄의 삯은 사망이라고 말한 바울은 어떤 의도로 그런 말을 했나요?
(죄인은 죽어서 지옥에 갑니다. 이 말이 바로 죄의 삯은 사망이라는 뜻입니다. 그 반대 또한 사실입니다. 즉, 예수님을 믿는 사람은 누구나 영원한 생명을 얻습니다.)

바울이 말한 선물보다 더 좋은 선물은 무엇인가요?
(천국에서 예수님과 함께 있는 것보다 더 좋은 선물은 이 세상에 없다는 것을 아이들이 깨닫게 도와주세요. 예를 들어, 새 자전거하고 예수님과 영원히 함께 사는 것하고 어떤 게 더 좋니? 라고 물어보면 아이들은 더 쉽게 이해할 겁니다.)

예수님이 하신 일 때문에 우리가 받게 된 복은 무엇인가요?
(우리의 모든 죄가 용서받고, 원수였던 우리가 하나님의 자녀가 됩니다. 예수님의 완전한 삶이 우리에게 주어집니다. 자격 없는 우리가 천국에서 영원히 삽니다. 하나님을 직접 봅니다. 예수님이 우리의 형제가 됩니다. 하나님의 영이 우리 안에 임재하십니다. 하나님이 우리에게 죄를 거부할 수 있는 능력을 주십니다.)

🙏 기도하기

외아들이신 예수님의 희생과 헌신을 통해 우리에게 복을 주신 하나님께 감사하세요.

DAY 4

♥ 기억하기

이번 주 성경 이야기를 통해서 하나님은 우리에게 무엇을 가르치시나요?

📖 성경 읽기 | 고린도후서 9:13~15절

💬 깊이 생각하기

식수를 얻기 위해 산에서 흐르는 물을 둑으로 막아 호수를 만들곤 합니다. 비가 내리지 않는 가뭄이 오면, 그 호수는 아랫마을 사람들에게 매우 귀중한 식수원이 됩니다. 마을 사람들은 매우 감사한 마음으로 그 물을 사용합니다. 바울은 고린도 교회의 나눔과 베풂이 이 호수처럼 사람들에게 큰 도움을 주는 것이라고 말하고 있습니다. 고린도 교회의 섬김은 호수처럼 마실 물을 공급하는 정도가 아니라 복음을 흘려보내는 것이라고 말합니다. 자기의 것을 기꺼이 내어주고 다른 사람을 섬기는 것이 하나님의 선물이라는 사실을 알고 있었나요?

예수님을 믿음으로, 그리고 성령님이 우리가 받은 모든 것을 기억나게 하심으로, 산에서 흐르는 물을 둑을 쌓아 호수로 만든 것처럼 다른 사람을 섬기고 나누려는 마음이 우리 안에 가득해집니다. 그러면 호수가 흘러 그 아래에 사는 사람들에게 식수를 공급해 주는 것과 같이 복음을 사랑하고 예수님이 행하신 모든 일을 아는 우리도 다른 사람을 돕는데 우리가 할 수 있는 전부를 다 하게 됩니다.

🗨 이야기하기

부모님은 하나님이 다른 사람의 나눔과 베풂을 통해 필요를 채워주셨던 경험을 자녀들에게 얘기해 주세요.
(교회 가족들이나 다른 사람들을 통해 재정이나 직면한 문제, 자녀에 대한 고민, 이사, 병원 등 도움을 받았던 기억들을 떠올려 보세요. 아니면 부모님이 도움을 주었던 경험을 나누는 것도 좋습니다.)

고린도 교회는 하나님께 받은 어떤 좋은 선물 때문에 자신들의 것을 기꺼이 나누고 베풀 수 있었나요?
(하나님은 그들에게 외아들이신 예수님을 보내셔서 그들의 모든 죄를 해결해주셨습니다. 바로 그 놀라운 선물 때문에 고린도 교회 사람들은 다른 사람에게 자신들의 소유를 주저하지 않고 나눌 수 있었습니다.)

바울은 예루살렘의 가난한 그리스도인들이 고린도 교회의 풍성한 섬김과 나눔을 받았을 때 어떻게 할 거라고 말했나요? (필요하다면 성경 구절을 다시 읽어주시면서 "하나님께 영광을 돌리고" 부분을 강조하세요.)

예루살렘의 신자들은 왜 고린도 교회 사람들이 보낸 헌금 때문에 하나님께 감사할까요?
(하나님은 우리에게 필요한 모든 것을 공급해 주십니다. 고린도 교회 사람들에게 나눌 수 있는 돈과 물질을 주신 분도, 그들이 기꺼이 나누고 베풀 수 있도록 복음을 듣게 하신 분도 하나님이셨습니다. 그래서 우리는 고린도 교회 사람들을 통해 예루살렘의 가난한 그리스도인들을 돕게 하신 분이 하나님이라고 말할 수 있습니다.)

🤲 기도하기

우리에게 모든 것을 베풀어 주신 하나님을 찬양하세요. 우리는 다른 사람에게 하나님의 복을 흘려보낼 호수입니다.

DAY 5

♥ 발견하기

오늘은 다른 성경 본문을 보는 날입니다. 시편이나 예언서에서 예수님 혹은 우리의 구원에 대해 배울 수 있습니다.

📖 성경 읽기 | 이사야 53:9절

💬 깊이 생각하기

예수님이 태어나시기 오래전에, 하나님은 이사야를 통해 예수님이 어떤 부자의 무덤에 묻힐 거라고 말씀하셨습니다. 예수님이 돌아가신 후에, 아리마대의 요셉이라는 부자가 자기 가족무덤에 예수님을 장사지냈습니다(마 27:57~60절). 그 무덤은 바위 속에 판 것이라 매우 비쌌지만, 요셉은 예수님이 자신을 위해 하신 일이 무엇인지를 분명히 알았기에 전혀 아까워하지 않고 기쁘게 사용했습니다. 요셉은 예수님을 따르던 몇 안 되는 부자 가운데 한 명이었습니다. 요셉은 또한 빌라도에게 찾아가 예수님의 시신을 거둬들이는 용기를 발휘했습니다. 많은 사람이 예수님을 외면하고 버렸지만, 예수님의 제자였던 부자 요셉은 우리의 구주이신 그분의 시신을 잘 수습해서 장사지냈습니다.

🗣 이야기하기

요셉은 예수님께 무엇을 드렸나요?
(그는 예수님께 바위 속에 판 무덤을 드렸습니다.)

이사야는 예수님은 강포를 행하지 않았고, 그 입에는 거짓이 없었으나 악인들과 함께 무덤에 묻히셨다고 했습니다. 예수님이 전혀 죄가 없다는 사실이 왜 중요한가요?
(만약 예수님이 죄를 지으셨다면, 그분은 자신의 죗값을 치러야만 했습니다. 그러면 예수님은 우리를 위해 대신 죽을 수가 없었고, 완전한 삶도 주실 수 없었습니다. 하지만 예수님은 하나님이셨기 때문에, 모든 죄의 유혹 앞에서 단호히 거부할 수 있었고, 결코 죄를 짓지 않으셨습니다.)

예수님은 부자가 천국에 들어가는 게 매우 어렵다고 말씀하셨습니다. 아리마대의 요셉은 성경에서 말하는 다른 부자들과 어떤 점이 달랐나요?
(요셉은 자신의 부유함보다 예수님을 더 사랑하고 소중하게 여겼습니다. 요셉은 자신도 잡힐 수 있지만, 용기 내어 빌라도를 찾아갔습니다. 또한 자기 가족을 위해 준비한 비싼 무덤을 예수님께 기꺼이 드렸습니다. 이 모든 게 요셉이 돈보다 예수님을 더 사랑하고 따랐다는 걸 보여줍니다.)

🙏 기도하기

이 세상 그 무엇보다 예수님을 더 사랑하게 해 달라고 기도하세요.

의의 선물
A Gift of Righteousness

이야기 136 - 컬러 스토리 바이블

마커펜으로 낙서를 한 색인 카드 다섯 장을 준비해 주세요. 성경 공부를 시작하면서, 색인 카드를 한 장씩 보여주고, 정말 멋진 그림을 그렸다고 과장하며 설명하세요. 첫 번째 카드를 보여주기 전에, 아이들에게 이 카드엔 아름다운 공주 그림이 그려져 있다고 말하세요. 그런 다음 카드를 보여주세요. 이 과정을 반복합니다. 다만, 두 번째 카드부터는 공주 그림이 아니라 다른 그림이 그려 있다고 말하세요. 예쁜 꽃, 귀여운 고양이, 웅장한 석양, 말 탄 멋진 기사 등 무엇이든 좋습니다.

카드를 다 보여준 다음, 어떤 그림이 가장 마음에 드는지 알려달라고 얘기하세요. 아마도 아이들은 도대체 무슨 말인지 이해하지 못하고 혼란스러워할 겁니다. 아이들이 다섯 장 모두 제대로 그린 그림이 아니어서 전혀 마음에 드는 게 없다는 말을 정직하게 할 수 있게 도와주세요. 그리고 이렇게 말하세요. "이번 주에 우리는 지금 본 카드에 그려진 낙서처럼 죄 때문에 우리 자신이 엉망진창인 상태라는 것을 배울 거야. 우리 가운데 그 누구도 절대 선하거나 의로울 수가 없단다."

DAY 1

♥ 상상하기

지금까지 살면서 봤던 것 중에 가장 끔찍한 것은 무엇이었나요? 성경 공부 시간에 이런 이야기를 꺼내는 게 이상하게 들릴 수도 있겠지만, 우리가 오늘 읽을 성경 구절은 매우 끔찍한 이야기를 하고 있다는 걸 알게 될 겁니다. 예를 들어, 바울은 온갖 거짓말, 저주, 그리고 모욕하는 말을 일삼는 입을 가리켜 열린 무덤이라고 했습니다.

어떤 사람이 죽으면 그 시신을 땅속에 묻는 이유가 있습니다. 죽은 사람의 몸에서는 나쁜 균(박테리아)들이 생겨나서 악취가 나고 온갖 벌레들이 들끓기 시작합니다. 바울이 그런 예를 든 것은 죄가 얼마나 끔찍하고 역겨운 것인지를 깨닫게 하려는 의도 때문이었습니다. 하나님의 은혜를 떠나서는 그 끔찍함에서 아무도 벗어날 수 없다는 것을 알려주려고 했던 것입니다.

📖 성경 읽기 ㅣ 로마서 3:9~20절

💬 깊이 생각하기

사도 바울은 세상의 모든 사람은 죄인이고 구원이 필요하다는 매우 단순한 진리를 전하려고 했습니다. 오늘 성경 구절에서 "없다"라는 표현을 몇 번이나 사용했는지 살펴보세요. 하나님이 우리가 집중하기를 바라셨을 때, 그분은 자신의 이름을 반복하셨습니다. 오늘 말씀을 보면, 하나님은 우리가 그분의 도움 없이는 절대로 천국에 들어갈 수 없다는 사실을 정확히 이해하기를 원하신다는 걸 알 수 있습니다.

이렇게 생각해 보면 하나님의 마음을 이해하는 데 도움이 될 겁니다: 우리가 새로 산 흰색 운동화를 신고서 진흙탕에서 놀려고 하는데, 아빠가 말씀하십니다. "안돼! 절대, 결코, 무슨 일이 있어도, 아무리 떼를 써도 허락할 수 없어!" 어떤 사람들은 선행하는 것으로 천국에 갈 수 있는지 없는지 알고 싶어 합니다. 바울은 그런 질문에 새로 산 운동화를 신고 진흙탕에서 놀려는 아들에게 말하는 아빠처럼 대답합니다. "절대, 절대, 절대, 절대 행위로는 천국에 들어갈 수 없다." 그 이유는 유대인이건, 이방인이건 모든 사람은 다 죄인으로서 하나님의 심판을 받아야만 하기 때문입니다. 하나님의 은혜가 없다면, 우리는 심판을 받아 영원한 죽음에 이르는 비극적인 결말을 맞이할 수밖에 없는 존재입니다.

💬 이야기하기

천국에 들어갈 만큼 선한 사람은 누구인가요? (아무도 자신의 착함이나 선행으로 천국에 들어갈 수 없습니다.)

우리는 이제까지 어떤 죄를 지었었나요?
(아이들 각자에게 생각할 시간을 주셔서 모두가 죄인이라는 사실을 인정할 수 있게 도와주세요. 그리고 나서 부모님부터 죄인이란 사실을 고백하는 시간을 가지세요. 이렇게 말하면 좋습니다. "바울의 말이 하나도 틀린 게 없네. 우리는 모두 죄인이고 구원이 필요한 존재들이야. 아무도 선하지 않고 의로울 수가 없지.")

우리가 죄인이고 어떤 선행을 통해서도 천국에 들어갈 수 없다는 사실을 이해했는지 확인하려고 바울은 어떤 말을 했나요? (바울은 "없다"는 표현을 수차례 사용해서 예외 없이 모든 사람은 죄인이라는 점을 강조했습니다. 모든 사람은 죄인이고 하나님의 도움 없이는 결코 천국에 들어갈 수 없습니다.)

우리가 아무리 착하게 살고 친절을 베풀며 살아도 천국에 들어갈 수 없다면, 어떻게 천국에 갈 수 있나요?
(우리는 절대로 천국에 들어갈 수 없다는 사실을 이해하는 것은 복음을 통해 듣게 되는 "슬픈 소식"입니다. 하지만 우리는 그 슬픈 소식 때문에 복음이 들려주는 기쁜 소식을 더 간절히 바라게 됩니다. 그 기쁜 소식은 예수님이 우리 대신 완전한 삶을 사셨고, 우리가 받아야 할 징계를 대신 다 받으셨다는 사실입니다. 우리가 예수님을 믿기만 하면, 예수님은 그분의 의로움을 우리의 죄와 맞바꾸십니다. 그러면 우리는 그 순간 완전히 의로워지는 것입니다.)

🙏 기도하기

돌아가며 각자의 죄를 고백하는 시간을 가지세요. 그리고 하나님께 용서를 구하세요.

DAY 2

♥ 기억하기

어제 이야기 중에서 무엇을 기억하나요? 오늘은 어떤 이야기가 있을 것으로 생각하나요?

📖 성경 읽기 | 로마서 3:21~24절

💬 깊이 생각하기

우리는 어제 그 누구도 의롭지 않다는 슬픈 소식을 들었습니다. 모든 사람은 죄인입니다. 단 한 사람도 하나님 앞에서 "전 착하니까 천국에 들어갈 자격이 충분합니다."라고 말할 수 없습니다. 그런데 오늘 우리는 기쁜 소식을 듣게 됩니다. 우리가 비록 의롭지 못하지만, 예수님은 그분의 완전한 순종과 의로움을 대가로 우리 죄를 없애주셨습니다. 그래서 이제 우리는 하나님 앞에 설 수 있고, 그분의 징계를 받지 않게 되었습니다. 우리가 예수님을 믿고 의지하면, 그분은 우리 죄를 없애주시고, 그분의 하신 일 때문에 우리가 의롭게 되었다고 선언하십니다.

우리는 그 선언을 "칭의"라고 합니다. 칭의는 예수님이 하신 일 때문에 그분을 믿는 모든 사람은 더 이상 죄가 없다는 하나님의 선포입니다. 우리의 죄가 아니라 하나님은 예수님의 의로움을 보시고 우리를 용서해 주십니다. 그래서 의롭게 되었다고 하는 겁니다.

💬 이야기하기

오늘 성경 구절에서 바울이 전한 기쁜 소식은 무엇인가요?
(바울이 말하는 기쁜 소식은 우리가 비록 죄인이나, 예수님을 믿음으로 천국에 들어갈 수 있다는 것입니다. 예수님은 단 한 번도 죄를 짓지 않은 완전한 삶을 사셨습니다.)

"칭의"는 무슨 뜻인가요?
("칭의"는 우리의 죄가 아니라 예수님의 의로움을 보시고 하나님이 우리에게 "죄가 없다"고 선언하시는 것입니다.)

"의로움"이 무슨 뜻인지 기억하나요?
("의로움"은 죄가 없고 완전히 선하다는 뜻입니다. 이것은 성경에 나오는 수많은 단어 가운데 매우 중요한 것입니다. 그 뜻을 이해하기 쉬운 방법은 "하나님이 보시기에 의롭다"입니다. 우리가 하나님 보시기에 의로울 수 있고 완전히 선하다 인정받을 수 있는 유일한 길은 예수님의 의로움이 우리 것이 될 때뿐입니다.)

🙏 기도하기

우리 대신 죄가 없는 완전한 삶을 사시고 자격 없는 우리에게 그 의로움을 주셔서 하나님 앞에서 의롭다 인정받게 하신 예수님께 감사하세요.

DAY 3

♥ 예수님께 연결하기

오늘은 이번 주 성경 이야기를 복음과 연결해 보는 날입니다. 복음은 우리를 구원하신 예수님의 생명과 죽음, 그리고 부활입니다. 이번 주 성경 이야기가 어떻게 복음과 연결되는지 깊이 생각해보세요.

📖 성경 읽기 | 로마서 3:25~26절

💬 깊이 생각하기

어제 우리는 매우 중요한 두 가지 단어를 배웠습니다. "의로움"과 "의롭게 하다"입니다. 오늘, 바울은 우리에게 또 다른 중요한 단어를 말합니다. 바로 "화목제물"입니다. (성경에서는 화목제물을 또 다른 표현으로 속죄나 속량이라고 말하기도 합니다. 화목제물이나 속죄, 속량은 아이들이 이해하기엔 어려울 수 있습니다. 그러나 그 뜻을 이해하면, 단어 자체가 주는 어려움은 큰 문제가 되지 않을 겁니다.)

화목제물이란 단어를 성경에서 볼 때, 우리가 기억할 것은 예수님이 십자가에서 하신 말씀입니다: "다 이루었다"(요 19:30절). 예수님이 십자가에서 겪으신 가장 끔찍한 고통은 머리에 쓴 가시면류관이나 손발에 박힌 못이 아닙니다. 예수님의 가장 큰 고통은 아버지이신 하나님이 우리가 받아야 할 징계를 자신에게 쏟아내시며 그분을 철저히 외면하신 것입니다. 화목제물은 모든 징계가 다 끝날 때까지 그 고통을 감당하신 예수님을 나타내는 말입니다. 예수님이 "다 이루었다"고 말씀하셨을 때, 더 이상 하나님의 진노는 없었습니다. 우리 죄를 위한 화목제물로 그 모든 대가를 완전히 치르셨습니다. 우리가 받아야 했던 징계가 예수님께로 전부 쏟아졌습니다. 우리를 향한 하나님의 진노가 다 사라진 것입니다!

💬 이야기하기

"화목제물"은 무슨 뜻인가요? (오늘 배웠던 이 단어의 정의를 아이들이 기억하게 도와주세요. 이 단어는 예수님이 십자가에서 하나님의 모든 진노가 다 사라질 때까지 우리 대신 그것을 감당하셨다는 뜻입니다. 아이들이 "다 이루었다"는 예수님의 마지막 말씀은 하나님의 진노가 더 이상 남아 있지 않다는 걸 알려준다는 사실을 기억하게 도와주세요.)

바울이 말하길 우리는 하나님의 화목제물(그 진노가 끝날 때까지 다 감당하신 예수님)을 믿음으로 대가 없이 구원을 받습니다. 믿음은 무엇인가요?
(믿음은 보거나 확인할 수 없는 어떤 사실을 진실로 받아들이는 것입니다. 예수님은 오늘을 사는 우리가 태어나기 전에 사셨고, 죽임당하셨지만, 우리는 기록된 하나님의 말씀대로 그분을 믿고 신뢰합니다.)

예수님이 태어나시기 전에 그분을 믿다가 죽은 사람들을 위해 하나님은 무엇을 하셨나요?
(하나님은 그들의 죄까지도 예수님이 대가를 다 치르실 것을 아셨기에 그들의 죄를 용서하셨습니다. 예수님이 태어나시기 전에도, 하나님은 그분을 믿는 사람들의 믿음에 근거해 그들에게 구원의 증거를 주셨습니다[롬 4:5절].)

🙏 기도하기

예수님이 우리를 위한 화목제물이 되셨다는 사실을 믿게 해 달라고 기도하세요. 예수님이 화목제물로 우리가 받아야 할 모든 징계를 대신 받으셨기에 우리가 용서받았습니다.

DAY 4

♥ 기억하기

이번 주 성경 이야기를 통해서 하나님은 우리에게 무엇을 가르치시나요?

📖 성경 읽기 | 로마서 3:27~31절

💬 깊이 생각하기

어제 우리는 화목제물이 우리 대신 하나님의 진노를 받으신 예수님을 가리키는 말이라고 배웠습니다. 그래서 바울은 오늘 성경 구절에서 아무도 자신의 선행을 자랑할 수 없다고 말합니다. 우리 가운데 그 누구도 선하지 않다는 사실을 기억해야 합니다. 예수님이 없다면, 우리는 죄 밖에는 내세울 게 전혀 없는 존재입니다. 예수님은 우리를 위해 완전한 삶을 사셨고, 우리 대신 십자가에서 죽임당하셨고, 우리가 받을 징계를 대신 당하셨습니다. 그리고 우리에게 그분의 의로움을 주셔서 하나님 보시기에 의롭게 하셨습니다. 그래서 하나님은 예수님의 의로움이 우리 것이라고 선포하십니다. 예수님이 이 모든 일을 하셨기 때문에, 우리 자신을 자랑할 근거는 전혀 없는 것입니다. 우리가 할 일은 오직 예수님을 믿는 것뿐입니다. 그분만을 자랑하는 게 우리가 해야 할 전부입니다.

《● 이야기하기

부모님은 자랑한다는 말이 무슨 뜻인지 설명해 주시고 무엇인가를 자랑하고 싶었던 경험을 아이들에게 얘기해 주세요. (자랑하는 것은 어떤 사람이 자신이 잘하는 것을 다른 사람에게 말하는 것으로 일종의 자부심입니다. 만약 어떤 사람이 달리기 시합에서 우승했다면, 그 사람은 자신이 얼마나 빠르고 어떻게 다른 경쟁자들을 이겼는지 자랑하면서 그 시합에 대해 계속 말할 겁니다.)

우리가 착하고 올바른 일을 많이 해서 천국에 들어갈 거라고, 자랑하듯이 말하는 것은 왜 옳지 않은가요?
(우리는 어떤 행위나 결과로 천국에 들어갈 거라고 말할 수 없습니다. 왜냐하면 예수님이 우리 대신 십자가에서 죽임당하지 않으셨다면, 우리는 절대로 천국에 들어갈 수 없기 때문입니다. 우리의 어떤 행동도 우리를 그곳으로 데려다줄 수 없습니다.)

예수님을 자랑한다는 건 무슨 뜻인가요?
(우리가 예수님이 하신 일을 기념하거나 다른 사람에게 말할 때, 우리는 그분 안에서 자랑하는 것입니다. 예수님 없이 우리는 연약하고 그분의 십자가가 없다면 영원한 죽음에 거할 수밖에 없다고 사람들에게 말할 때, 우리는 그분에 대해 자랑하는 것입니다.)

🙏 기도하기

천국과 관련해서 우리가 할 수 있는 것은 전혀 없고, 오직 예수님만이 모든 것을 하실 수 있다는 사실을 기억하게 도와달라고 하나님께 간구하세요. 예수님이 하신 일을 믿을 수 있게 도움을 구하세요. 그리고 우리에게 믿음을 선물로 달라고 기도하세요.

DAY 5

💙 발견하기

오늘은 다른 성경 본문을 보는 날입니다. 시편이나 예언서에서 예수님 혹은 우리의 구원에 대해 배울 수 있습니다.

📖 성경 읽기 | 이사야 52:14~15절

💬 깊이 생각하기

이번 주 우리는 매우 중요한 단어인 "화목제물"에 대해 배웠습니다. 화목제물은 예수님이 징계를 당하셨다는 뜻입니다. 예수님이 태어나시기 전인 구약 시대에는, 어린 양을 죄에 대한 속죄물로 바쳤습니다. 그 어린 양의 피는 원래 죽어야 할 죄인 대신에 희생 제물로 바쳐졌다는 사실을 나타내려고 제단에 뿌려졌습니다. 우리가 오늘 읽은 성경 구절은 예수님과 그분이 당하신 끔찍한 고통에 대한 것입니다. 성경은 그가 나라들을 놀라게 할 것이라고 말합니다. 이 말은 이스라엘 민족의 죄를 대신해 희생 제물로 바쳐진 어린 양의 피가 뿌려진다는 것을 뜻합니다.

이사야는 우리에게 예수님의 모습이 망가질 거라고 말합니다. 이 말은 그분의 몸이 아주 심하게 상처 입고 찢겨서 사람처럼 보이지 않을 거라는 뜻입니다. 상처 난 그 몸에서 흐르는 피는 우리를 위해 쏟으신 피입니다. 그분의 피가 우리를 위한 화목제물로 뿌려졌기 때문에, 그것은 우리 마음에도 뿌려져(히 10:22절) 우리를 깨끗하게 하고 하나님께 가까이 나아갈 수 있게 했습니다. 그래서 우리는 우리 죄를 씻으신 예수님의 피를 나타내는 노래를 부릅니다.

🔊 이야기하기

예수님은 왜 그렇게 끔찍한 죽임을 당하셔야만 했나요?
(하나님 앞에서 우리 죄가 그렇게 끔찍했기 때문입니다.)

출애굽기 29:15~16절을 읽으세요. 하나님은 모세에게 제물로 바친 숫양의 피로 어떻게 하라고 말씀하셨나요?
(숫양을 잡고 제단 위 주위에 뿌리라고 하셨습니다.)

우리를 위해 쏟아진 피는 누구의 것인가요?
(예수님이 우리를 위해 그분의 피를 쏟으셨습니다. 하나님이 말씀하시길 예수님의 피는 우리의 죄를 덮습니다. 왜냐하면 예수님이 십자가에서 우리가 받아야 할 징계를 대신 감당하셨기 때문입니다.)

🙏 기도하기

우리 대신 십자가에서 돌아가시고 피를 흘리셔서 우리 죄를 덮으신 예수님께 감사하세요. 그래서 우리가 하나님 앞에서 의롭게 되었습니다. 이제 하나님은 예수님의 피를 통해 우리를 보십니다.

믿음의 조상 아브라함
Abraham : Father to All by Faith

이야기 137 - 컬러 스토리 바이블

아이들에게 선물로 줄 아이스크림 쿠폰을 미리 준비하세요. 쿠폰을 손에 숨긴 채 막내에게 다가가서 이렇게 말하세요. "내 손에는 네가 먹을 맛있는 아이스크림이 숨겨져 있지." 그러고 나서 지금 한 말을 믿을 수 있겠냐고 물어보세요. 아이스크림이 눈에 보이지도 않고, 그것은 손안에 숨길 수 있는 게 아니라는 걸 알기 때문에 그냥 무작정 믿는 것 말고는 그 말을 이해해서 받아들일 수 없다고 설명해 주세요. 믿음은 눈으로 보고 확인할 수는 없지만, 무엇인가를 사실이라고 받아들이는 것이라고 얘기해 주세요. 그런 다음, 쿠폰을 깜짝 선물로 주세요.

각 아이에게 이 활동을 진행해 주세요. 두 번째 아이부터는 손안에 쿠폰이 있다는 걸 알기 때문에 훨씬 쉽게 믿고 받아들일 겁니다. 이렇게 말해 주세요. "이 모습은 우리가 살면서 하나님을 믿는 것과 비슷하단다. 과거에 하나님이 하신 일들을 성경에서 읽음으로 우리는 미래에 대한 믿음을 갖게 되는 거야. 이번 주 우리는 하나님이 말씀하신 것을 직접 확인할 수 없었지만, 그 말씀을 믿고 따랐던 아브라함의 모습을 배우게 될 거야."

DAY 1

♥ 상상하기

매트와 팀이 거실에 앉아 있는데 아빠가 원하는 걸 사줄 테니 마당에 떨어진 낙엽을 치워 주겠냐고 물어보셨습니다. 당연히 두 아이는 그러겠다고 했고, 바로 나가서 일을 시작했습니다. 세 살밖에 안 된 막냇동생 제이슨도 덩달아 따라 나와서 함께 하려고 했습니다. 하지만 도움이 되기보다는 더 난장판을 만들 뿐이었습니다. 형들이 낙엽을 모아 한 곳에 쌓아두면 제이슨은 그것을 흩어버리고 그 위에 뛰어들었습니다. 그러자 형들은 제이슨을 쫓아내고, 일을 망치는 걸 나무랐습니다. 야단법석이었지만, 어쨌건 일은 마무리되었습니다.

아빠가 돌아오셔서 일이 다 끝난 걸 보시고, 매트와 팀에게 원하는 걸 사러 가게 차에 타라고 하셨습니다. 제이슨은 아빠를 쳐다보며 자기에게도 같은 말을 해 주시길 기다리고 있었습니다. 그때 아빠가 말씀하셨습니다. "너는 일을 한 대가로 원하는 걸 얻을 수는 없어. 그러나 네가 우리와 함께 가는 걸 허락해 줄 거란다. 특별히 주는 선물이야." 물건을 사러 가자, 매트와 팀은 기대감에 마음이 들떴습니다. 아빠는 그런 두 아이에게 비록 우리는 자신을 스스로 구원해서 천국에 들어갈 수 없지만, 예수님이 그분을 믿고 신뢰하는 사람은 누구나, 아무 조건이나 대가 없이 천국에 들어가게 하셨다고 설명했습니다.

📖 성경 읽기 | 로마서 4:1~5절

💬 깊이 생각하기

아브라함은 하나님이 그에게 주신 의로움을 스스로 얻은 게 아니었습니다. 아브라함은 죄인이었고, 의로움을 얻기 위해 자기 힘으로 할 수 있는 게 전혀 없었습니다. 그러나 하나님이 아브라함에게 고향 집을 떠나라고 말씀하셨을 때, 그는 하나님을 믿었고 그분의 계획을 신뢰했습니다. 아브라함이 그때는 몰랐지만, 하나님의 구원 계획에 있어서 가장 중요한 순간이 다가오고 있었습니다. 바로 그분의 아들이신 예수님이 십자가에서 돌아가심으로 모든 죄를 없애시고 완전한 승리를 얻으시는 순간입니다. 아브라함이 하나님의 구원 계획을 일평생 믿었던 것은 사실 그가 예수님을 믿었던 것입니다. 그래서 하나님은 아브라함의 믿음을 보시고, 예수님의 의로움으로 그를 의롭게 여기셨습니다.

🗨 이야기하기

하나님이 아브라함에게 주신 선물은 무엇인가요?

(아이들은 하나님이 아브라함을 구원하셨다고 정확히 말할 수도 있을 겁니다. 그러나 "의로움"과 "의롭게 되다"라는 말을 떠올릴 수 있게 도와주세요. 하나님은 아브라함에게 하나님 앞에 설 수 있는 의로움을 주셨고, 그를 예수님의 의로움으로 의롭게 여기셨습니다.)

하나님의 선물을 받기 위해 아브라함은 무엇을 했나요?

(아브라함은 아무것도 하지 않았습니다. 아니 아무것도 할 수 없었습니다. 아브라함이 받은 선물은 어떤 대가나 조건도 없이 주어진 것이었습니다. 아브라함은 자신을 위해 완전한 삶을 사시고 십자가에서 돌아가신 예수님을 몰랐습니다. 왜냐하면 그것은 미래에 일어날 일이었기 때문입니다. 아브라함은 단지 하나님의 구원 계획을 믿었을 뿐이었습니다. 하나님은 그 믿음을 보셨고, 그것 때문에 하나님은 기쁘게 아브라함에게 예수님의 의로움을 주셨습니다.)

하나님의 선물을 받기 위해 우리는 무엇을 할 수 있나요?

(우리가 할 수 있는 것 또한 아무것도 없습니다. 그러나 예수님의 죽음을 통해 우리를 구원하시려는 하나님의 계획을 믿으면, 하나님은 약속대로 우리를 의롭게 여기시고 자녀 삼아 주십니다.)

🙏 기도하기

예수님을 믿고 그분을 통해 우리를 구원하시려는 그 계획을 신뢰하는 모든 사람에게 어떤 대가나 조건 없이 의로움을 선물로 주신 하나님께 감사하세요.

DAY 2

♥ 기억하기

어제 이야기 중에서 무엇을 기억하나요? 오늘은 어떤 이야기가 있을 것으로 생각하나요?

📖 성경 읽기 | 로마서 4:6～12절

💬 깊이 생각하기

유대인들은 자신들을 아브라함의 자손이라고 했습니다. 왜냐하면 그들은 아브라함의 먼 후손들이기 때문입니다. 그러나 하나님이 아브라함에게 하신 약속은 단지 이스라엘뿐만 아니라 모든 나라 사람들을 구원하시는 것이었습니다. 하나님은 할례나 율법보다 아브라함의 믿음을 의로움으로 여기셨습니다. 아브라함은 율법을 지켜서가 아니라 하나님의 구원 계획을 믿었기 때문에 의롭게 여김을 받았습니다. 그래서 바울은 아브라함이 유대인의 조상이지만 또한 모든 사람의 조상이 되었다고 했습니다. 즉 예수님을 믿는 모든 믿는 자들의 조상인 것입니다.
아브라함이 우리의 조상이 될 수 있는 건 우리가 비록 유대인은 아니지만, 믿음으로 그와 연결되었기 때문입니다. 그렇기 때문에 우리가 예수님을 믿으면 우리는 아브라함의 후손이 되는 것입니다.

🗣 이야기하기

유대인들은 왜 아브라함을 자기 조상이라고 하나요? (아브라함은 유대인의 혈통을 가졌습니다. 그래서 유대인들은 아브라함과 혈육 관계입니다. 즉, 유대인들은 아브라함의 먼 자손입니다.)

하나님은 아브라함의 무엇을 의로움으로 여기셨나요? 그가 율법을 잘 지켜서인가요? 아니면 하나님의 구원 계획을 신뢰했기 때문인가요? (만약 아이들이 율법이라고 대답한다면, 아브라함이 살던 당시에는 아직 율법이 없었다는 걸 알려 주시고, 다시 생각하게 도와주세요.)

무엇 때문에 아브라함은 모든 믿는 자들의 조상이 되었나요? 그가 율법을 잘 지켜서인가요? 아니면 하나님의 구원 계획을 신뢰했기 때문인가요? (바로 앞의 질문과 비슷하지만, 아브라함이 하나님의 구원 계획을 신뢰한 것은 예수님을 믿은 것과 같다는 점을 아이들에게 정확히 설명해 주세요. 아브라함이 믿는 자들의 조상이 된 것은 혈연관계 때문이 아니라 그의 믿음 때문입니다.)

아브라함의 후손이자 하나님의 자녀가 되려면 우리는 무엇을 해야 하나요?
(예수님의 피로 구원하시려는 그 계획을 믿는 모든 사람은 하나님의 자녀가 됩니다. 그리고 이렇게 말할 수 있습니다. "아브라함은 우리의 믿음의 조상이다.")

🙏 기도하기

자녀들이 어리면 "Father Abraham(유튜브에서 "Father Abraham"이라고 검색하면 쉽게 볼 수 있습니다. 매우 익숙한 노래입니다.)"이라는 노래를 함께 불러 보세요. 오늘 우리가 배운 내용을 기억하는 데 도움이 됩니다. 자녀들이 청소년기라면, 믿는 모든 사람에게 아브라함의 후손이자 하나님의 자녀가 될 수 있게 해 주신 하나님께 감사 기도하는 시간을 가지세요.

DAY 3

♥ 예수님께 연결하기

오늘은 이번 주 성경 이야기를 복음과 연결해 보는 날입니다. 복음은 우리를 구원하신 예수님의 생명과 죽음, 그리고 부활입니다. 이번 주 성경 이야기가 어떻게 복음과 연결되는지 깊이 생각해보세요.

📖 성경 읽기 | 로마서 4:13~17절

💬 깊이 생각하기

복음은 오늘 성경 구절에 있는 아주 익숙하고 쉬운 단어를 통해 전달됩니다. 바로 "믿음"입니다. 하나님을 믿는 것은 하나님을 신뢰하고 우리를 향한 그분의 구원 계획을 확신하는 것입니다. 오늘을 사는 우리는 하나님이 그분의 아들 예수님을 우리 죄 때문에 십자가 위에서 죽게 하셨다는 사실을 알고 있습니다. 아브라함은 예수님이라는 존재 자체를 몰랐지만, 하나님의 구원 계획을 완전히 신뢰했습니다. 하나님 보시기에 그것만으로도 충분했습니다. 그래서 하나님은 아브라함의 믿음을 의로운 것으로 여기셨습니다. 더 이상 아브라함의 죄는 문제가 되지 않았습니다. 하나님은 아브라함이 도저히 예수님을 알 수 없다는 걸 아셨습니다. 하나님이 아브라함에게 원하셨고, 오늘을 사는 우리에게도 동일하게 요구하시는 것은 죄에서 구원받을 수 있는 유일한 길이 바로 하나님의 구원계획을 신뢰하는 것이라는 사실을 믿는 것입니다.

우리에게 필요한 믿음은 하나님의 자녀가 된다는 정도가 아니라 그리스도인으로서 일평생 그분을 의지하며 살아가야 한다는 것입니다. 바울은 우리에게 천국을 소망하지만, "우리가 항상 담대하여 몸으로 있을 때에는 주와 따로 있는 줄을 아노니 이는 우리가 믿음으로 행하고 보는 것으로 행하지 아니함이로라" (고후 5:6~7절)고 말했습니다. 우리에게는 우선 하나님의 구원 계획을 신뢰하는 믿음이 필요합니다. 그리고 예수님을 따라 살아가려는 믿음이 이어져야만 합니다.

💬 이야기하기

성경에 기록된 "믿음"이라는 단어를 볼 때, 우리는 무엇을 기억해야만 하나요?
(우리는 십자가에서 죽임당하신 예수님을 기억해야 합니다. 예수님의 이야기가 바로 우리를 구원하는 복음이기 때문입니다. 믿음으로 우리는 그 이야기를 받아들입니다.)

아브라함은 왜 모든 사람의 조상이 되었나요?
(예수님을 믿는 사람들은 꼭 유대인만이 아니라 모든 나라 사람들이 될 수도 있습니다. 그렇기 때문에 예수님을 믿는 사람들은 믿음으로 의롭게 된 아브라함의 후손이 됩니다. 유대인들은 자신들만이 아브라함의 진짜 후손이라고 하지만 하나님은 아브라함을 통해 모든 나라에 복을 주시겠다고 약속하셨습니다.)

아브라함은 어떻게 우리의 조상이 되었나요? (우리가 우리를 위해 십자가에서 죽임당하신 예수님을 믿고 의지하면 아브라함은 우리의 조상이 되고, 더 이상 죄는 우리에게 영향을 줄 수가 없습니다. 무엇보다도 예수님의 완전한 의로움이 우리의 것이 되어서 우리는 하나님 앞에서 의롭게 여겨집니다.)

🙏 기도하기

아브라함이 예수님을 믿음으로 우리의 조상이 되게 하신 하나님께 감사하세요.

DAY 4

♥ 기억하기

이번 주 성경 이야기를 통해서 하나님은 우리에게 무엇을 가르치시나요?

📖 성경 읽기 | 로마서 4:18~25절

💬 깊이 생각하기

이번 한 주 동안 우리는 바울이 믿음을 얼마나 중요하게 여기는지를 배우고 있습니다. 그것을 이해할 수 있는 가장 좋은 방법은 스포츠 경기에서 득점이 얼마나 중요한지를 생각해 보면 됩니다. 야구 경기에서 주자가 2루에 있을 때, 홈런을 쳤다면, 우리 팀은 2점을 얻게 됩니다. 축구 경기에서 상대편보다 더 많은 득점을 하면 승리합니다. 혹여나 우리 팀 선수의 실수로 상대편이 점수를 얻었다면, 그 경기는 쉽게 이길 수 없을 겁니다. 얼마나 집중해서 득점할 수 있었느냐가 승패를 좌우합니다. 설령 내가 득점하지 못하더라도 우리 편 누군가가 성공한다면, 우리 팀은 이길 수 있습니다.

죄와 믿음과 관련해서, 우리 스스로는 득점을 할 수 없습니다. 우리는 죄와 그리스도인의 의로운 삶 둘 중 하나를 선택해서 어느 쪽으로건 득점을 올리게 됩니다. 우리가 예수님을 믿는다면, 하나님은 우리의 그런 믿음을 의로움으로 간주하시고, 더 이상 죄는 우리에게 영향을 줄 수 없게 됩니다. 그 말은 예수님과 우리가 한 팀이 되었다는 뜻입니다. 비록 우리는 죄인이어서 득점을 낼 순 없지만, 예수님이 결승 득점을 성공시켜서 우리도 같이 승리를 만끽할 수 있습니다. 예수님의 결승 득점은 바로 그분의 십자가 죽음과 부활입니다. 우리가 예수님이 하신 일을 믿으면, 하나님은 예수님을 우리 편 선수로 투입하십니다. 죄를 이기신 예수님을 믿음으로, 그분은 우리 팀의 공격수로서 승리를 가져오는 득점을 이뤄내십니다. 예수님 때문에 우리는 승리합니다.

🗨 이야기하기

부모님은 어떤 중요한 스포츠 경기에서 승리했거나 패배했던 경험을 얘기해 주세요.
(스포츠 경기에서 승패를 좌우하는 득점을 했던 상황을 기억해 보시고, 득점이 얼마나 중요한지에 초점을 맞춰서 얘기해 주세요. 우리 팀이 득점하면 승리하는 것이고 상대 팀이 득점하면 패배한다는 사실을 강조해 주세요.)

바울은 무엇 때문에 아브라함이 의롭게 여김을 받았다고 했나요?
(자녀들이 어리다면, 20~22절을 다시 읽어 주시고 "믿음"이라는 단어를 강조해 주세요.)

바울은 우리가 예수님의 무엇을 믿어야 한다고 했나요?
(자녀들에게 24~25절을 다시 읽어 주시고 정답을 찾으면 손을 들고 대답하게 해 주세요. 이 질문의 정답은 세 가지로 볼 수 있습니다. 첫째, 예수님을 죽음에서 살리신 하나님을 믿습니다. 둘째, 예수님이 우리 죄 때문에 돌아가셨다는 것을 믿어야 합니다. 셋째, 예수님이 죽음에서 다시 살아나셨다는 것을 믿어야 합니다. 그렇게 할 때 우리는 하나님께 의롭다 여김을 받게 됩니다. 그 근거는 예수님이 우리를 위해 하신 일입니다.)

🙏 기도하기

오늘 마지막 질문의 정답을 기억하고 그 사실을 믿을 수 있게 해 달라고 간구하세요. 하나님이 예수님을 보내셨다는 것, 예수님이 우리 죄 때문에 돌아가셨다는 것, 그리고 죽음에서 다시 살아나심으로 영원한 승리를 이루셨다는 것. 이것을 믿을 때 우리 모든 죄는 사라지고 의롭게 여김을 받게 됩니다.

DAY 5

♥ 발견하기

오늘은 다른 성경 본문을 보는 날입니다. 시편이나 예언서에서 예수님 혹은 우리의 구원에 대해 배울 수 있습니다.

📖 성경 읽기 ┃ 이사야서 53 : 10절

💬 깊이 생각하기

이사야 53장은 전부 십자가에서 죽임당하신 예수님에 대한 기록입니다. 그중에서 10절은 예수님이 그런 참혹한 죽음과 끔찍한 고통을 당하면서 희생 제물이 된 것은 우리 죄 때문이며 하나님의 계획이었다고 말하고 있습니다. 구약 성경에서, 어린 양은 사람들의 죄를 씻어줄 제물로 죽임을 당했습니다. 죄를 지은 사람 대신 피를 흘리며 죽임을 당한 것입니다. 아무런 흠이 없는 동물이 사람의 죄를 뒤집어쓴 것입니다. 마찬가지로, 하나님의 어린 양이신 예수님은 우리를 위한 대속물이 되셨습니다. 그래서 우리 대신 십자가에서 죽임당하신 것입니다. 그분은 우리 죄를 대신할 속죄물이셨던 것입니다. 예수님이 십자가에서 죽임당하시기 오래전, 하나님은 우리 죄를 씻어내려고 예수님의 죽음을 미리 계획해 두셨습니다. 우리가 오늘 구절을 자세히 살펴보면, 이사야의 예언에는 예수님의 부활도 말하고 있음을 발견할 수 있습니다. 하나님이 예수님을 상하게 하시고 질고를 당하게 하셨지만, 또한 후손에 대한 말씀도 하고 계십니다. 오늘 구절은 죽임당하시고 다시 살아나실 예수님을 말하고 있습니다. 그분은 승리 가운데 부활하셨습니다.

《● 이야기하기

하나님은 왜 그분의 아들을 죽게 내버려 두셨나요?
(자녀들이 어리다면 오늘 구절을 다시 한번 읽어 주시고 "속건제물"이란 단어를 강조해 주세요. 그런 다음 다시 질문해 주세요. 이사야는 하나님이 우리 죄 때문에 예수님을 제물로 쓰셨다고 말하고 있습니다.)

속건제물은 무엇인가요?
(그것은 죄를 지은 사람을 대신해 하나님께 바쳐지는 제물입니다. 예수님은 우리 죄 때문에 우리를 대신해 제물로 바쳐진 것입니다.)

오늘 이 구절은 이번 주 우리가 배운 믿음으로 의롭게 여김을 받는다는 내용과 어떻게 연결되나요?
(우리를 의롭게 여김 받게 하는 믿음은 예수님이 우리 죄 때문에 죽임당하시고 다시 살아나셨다는 것을 믿는 믿음입니다.)

🙏 기도하기

우리 죄를 씻을 희생 제물로 예수님을 보내신 하나님께 감사하세요. 그 죽음 때문에 우리가 의롭게 여김 받게 되었습니다.

믿고 고백하라
Believe and Confess

이야기 138 – 컬러 스토리 바이블

뚜껑이 있는 불투명 플라스틱 용기 세 개를 준비하세요. 각 플라스틱 용기에 강낭콩, 작은 나사, 구슬을 넣고 뚜껑을 닫으세요. 그리고 뚜껑에는 세 종류의 사탕 이름을 써서 붙이세요. 아이들이 성경 공부 자리에 모이면, 각 용기를 흔들어서 무엇이 들어 있는지 추측할 수 있게 힌트를 주시고, 안에 무엇이 있을지 맞혀 보라고 하세요.

용기별로 이름표를 확인하고 이렇게 말하면서 내용물을 확인시켜 주세요. "이건 젤리 빈이네. 한 번 볼까?" 각 용기를 열고 안을 확인할 때마다 아이들은 이름표와 내용물이 달라서 소리를 지를 겁니다. 그러면 아이들에게 겉과 속이 항상 같은 건 아니고, 보이는 게 전부 사실이 아닐 수도 있다고 설명해 주세요. 그리고 말하세요. "이건 사람들에게도 마찬가지란다. 어떤 사람들은 예수님을 사랑한다고 말하지만, 사실은 세상을 더 사랑하지. 이번 주 우리는 말로만 예수님을 사랑한다고 하는 게 아니라 실제로 무엇을, 어떻게 해야 하는지 배울 거란다."

DAY **1**

♥ 상상하기

크리스마스 아침, 존은 매우 큰 선물 포장을 뜯고 있었습니다. 그 안에는 강렬한 붉은 색 소방차가 있었습니다. 그런데 존은 그 소방차를 갖고 놀지 않고, 그것을 들고 부모님께 갔습니다. 그리고 부모님께 그 선물에 대한 보상을 한 후에 가지고 놀겠다고 말했습니다. 존의 부모님은 당황하며 존에게 그것은 아무런 대가나 조건이 필요 없는 선물이라고 설명했습니다. 존은 그 선물에 대해 대가를 지불하거나 어떤 조건을 채우려고 할 필요가 전혀 없었습니다. 그저 선물을 받고 기뻐하면 되는 것이었습니다. 그러나 존은 자기 생각을 굽히지 않았습니다. 그는 선물을 그냥 받지 않겠다고 고집을 부렸고, 어떻게 해서든 그 대가를 꼭 지불한 후에 그 장난감을 갖겠다고 했습니다.

오늘 성경 이야기에서, 우리는 유대인들이 하나님이 주시는 의로움이라는 선물을 어떻게 거부했는지 읽게 될 것입니다. 그들은 율법을 준수하는 자기들만의 방법으로 천국에 들어갈 자격을 얻으려고 노력했습니다. 그러나 아무리 노력한다고 할지라도 절대로 하나님의 율법을 완벽히 지킬 수는 없습니다. 그것은 불가능한 일을 하려는 고집에 불과했습니다. 반면에, 이방인들은 하나님이 주시는 은혜의 선물을 믿음으로 받아들이고 기뻐했습니다. 그리고 점점 더 예수님을 알아가는 큰 즐거움을 누렸습니다.

📖 성경 읽기 | 로마서 9:24~10:4절

💬 깊이 생각하기

유대인들은 율법을 지키는 것으로 그들이 의로워지고 하나님을 흡족하게 해 드릴 수 있을 거로 생각했습니다. 예수님이 말씀하시길, 어떤 사람도 죄를 짓지 않으면서 율법을 완벽히 지킬 수 없다고 하셨습니다. 심지어 바리새인들조차도 율법을 어길 수밖에 없었습니다. 그래서 예수님은 자신만이 하나님께로 나아갈 수 있는 유일한 길이라고 가르치셨습니다. 하나님 앞에서 의롭다 여김을 받으려면, 우리는 예수님을 믿어야만 합니다. 그분은 완전한 삶을 사셨고 십자가에서 우리 죄를 씻어낼 속죄물이 되셨습니다. 그렇게 하심으로 우리에게 그분의 의로움을 주셨습니다.

그러나 바울과 다른 많은 사도가 이것을 가르쳤음에도 불구하고, 대다수 유대인은 율법을 포기하지 않았고, 하나님이 주시는 은혜의 선물을 거절했습니다. 하지만 많은 이방인은 예수님 이야기를 듣고 기뻐했습니다. 그들은 예수님을 믿었습니다. 그리스도인들이 이방인들을 환영하며 한 가족으로 받아들이자, 일부 유대인들은 더욱 예수님을 거부했습니다.

💬 이야기하기

"의로움"은 무슨 뜻인가요?
(이것은 복습 질문입니다. 의로움은 하나님 앞에서 선하다고 인정받는 것입니다. 우리는 모두 죄인입니다. 그 말은 그 누구도 완전히 의로울 수 없다는 뜻입니다. 그러나 예수님은 그분을 믿는 모든 사람에게 자신의 의로움을 아무 대가 없이 주셨습니다.)

바울이 설명하기를 사람들이 하나님께 나아갈 수 있는 길은 두 가지가 있습니다. 그중 올바른 길은 예수님을 향한 믿음으로 나아가는 것입니다. 그렇다면 잘못된 길은 무엇인가요?
(자녀들이 너무 어리다면, 32절을 다시 읽어 주시고 "행위"라는 단어를 강조해 주세요. 유대인들은 율법을 따라서 올바른 행동을 해야 한다고 생각했습니다.)

우리는 왜 율법을 지키는 것만으로는 의로워질 수 없나요?
(왜냐하면 우리는 모두 죄인이기 때문입니다. 단 한 번이라도 죄를 지었다면, 이미 완전한 게 아닙니다. 거룩하신 하나님 앞에 서려면 완벽해야만 하는데 그런 기준으로 볼 때 우리는 이미 자격 미달입니다.)

예수님 믿기를 거부하는 유대인들을 보며 바울은 어떻게 생각했나요?
(바울은 자신의 동족인 유대인들이 예수님 믿기를 간절히 원했습니다. 그리고 하나님께 그들을 구원해 달라고 기도했습니다.)

🙏 기도하기

예수님을 보내셔서 율법의 마침이 되게 하신 하나님께 감사하세요. 이제 우리는 천국에 가려고 올바른 행위를 하려는 노력이 필요 없게 되었습니다. 이제 우리가 할 일은 우리 대신 율법을 완벽히 지키심으로 하나님 앞에서 온전히 의롭게 되신 예수님을 믿기만 하면 됩니다.

DAY 2

♥ 기억하기

어제 이야기 중에서 무엇을 기억하나요? 오늘은 어떤 이야기가 있을 것으로 생각하나요?

📖 성경 읽기 | 로마서 10:5~13절

💬 깊이 생각하기

만약 조립식 장난감이 있다면, 설명서가 얼마나 중요한지 알 것입니다. 그 설명서는 우리에게 장난감을 어떻게 조립해야 제대로 완성되는지를 알려줍니다. 로마서 10:8~10절은 하나님이 우리에게 그리스도인이 되는 방법을 알려주시는 설명서입니다. 오직 두 단계만 있습니다: 첫 단계는 하나님이 우리 죄 때문에 십자가에서 돌아가신 예수님을 살리셨다는 사실을 믿는 것입니다. 그리고 두 번째는 예수님이 우리의 주님이라는 사실을 입을 열어 시인하고 알리는 것입니다.

단지 말하는 것만으로는 부족합니다. 왜냐하면 누구든지 겉으로는 예수님을 믿는다고 하면서 속으로는 여전히 자기 자신만 믿고 살 수 있기 때문입니다. 그런 사람들은 예수님이 그들의 죄 때문에 십자가에서 돌아가셨고, 다시 살아나심으로 승리하셨고, 우리를 구원하셨다는 사실을 믿어야만 합니다. 그리스도인이 되는 이 방법은 모든 사람에게 동일하게 적용됩니다. 유대인이거나, 이방인이거나 상관없습니다. 우리가 누구이건 그리스도인이 되는 방법은 똑같습니다. 하나님은 그렇게 그리스도인이 된 사람들을 누구라도 구원하시겠다고 약속하셨습니다.

💬 이야기하기

우리에게 그리스도인이 되는 방법을 가르치시려고 하나님이 주신 두 가지 방법은 무엇인가요?
(우리는 마음으로 복음을 믿어야만 합니다. 그리고 우리 입을 열어 예수님이 주님이 되신다는 걸 고백하고 증언해야 합니다.)

우리는 왜 마음으로 믿어야 하나요? 왜 입으로 시인하는 것만으로는 부족한가요?
(입으로만 믿는다고 하고 실제로는 예수님보다 세상과 자신을 더 믿는 경우가 종종 있습니다. 하나님은 우리가 마음으로 믿어 입으로 시인하기를 바라십니다.)

바울은 이 설명서대로 하면 누가 그리스도인이 될 수 있다고 했나요?
(바울은 누구든지 구원받을 수 있다고 했습니다.)

왜 우리가 마음으로 믿으려면 성령님의 도움이 필요한가요?
(우리는 근본적으로 죄인입니다. 그래서 하나님을 거부하고 믿으려고 하지 않습니다. 성령님이 우리의 눈을 열어주셔야만 우리가 얼마나 끔찍하고 구제불능의 죄인인지를 알 수 있습니다. 동시에 예수님이 우리를 위해 십자가에서 이루신 일이 얼마나 아름답고 놀라운 은혜인지도 깨닫게 됩니다.)

🙏 기도하기

우리 가족 모두가 각자의 죄를 깨달아 마음 깊이 예수님을 믿고 신뢰하게 해 달라고 하나님께 도움을 구하세요.

DAY 3

♥ 예수님께 연결하기

오늘은 이번 주 성경 이야기를 복음과 연결해 보는 날입니다. 복음은 우리를 구원하신 예수님의 생명과 죽음, 그리고 부활입니다. 이번 주 성경 이야기가 어떻게 복음과 연결되는지 깊이 생각해보세요.

📖 성경 읽기 | 로마서 10:14～15절

💬 깊이 생각하기

구원받고 그리스도인이 되려면, 우리는 마음으로 복음을 받아들이고 믿어야하며, 예수님이 우리의 구주시라고 고백하고 선포해야 합니다. 많은 사람은 자신들이 용서받아야 한다는 사실조차 모른 채 죄인으로 죽어가고 있습니다. 불타는 건물에서 편안히 잠을 자는 것과 같습니다. 그 불에서 구조받으려면, 누군가 그 사람들을 깨워서 불이 났다고 알려줘야 합니다. 하나님은 우리가 예수님을 모르는 사람들에게 그들이 죄인이라는 사실을, 그리고 영원한 죽음과 심판 앞에 놓여 있는 그들에게 예수님을 통해 구원받을 수 있다는 복음을 전해 주길 원하십니다. 그러면 그 사람들 역시 예수님을 알고 사랑하는 기쁨과 우리의 왕이신 그분을 섬기며 살아가는 삶의 즐거움을 경험하게 될 것입니다.

그 사람들이 할 일은 하나님이 알려 주신 설명서대로 하는 것입니다 — 하나님이 예수님을 죽음에서 다시 살려내셨다는 것을 마음으로 믿고 예수님이 주님이라는 사실을 고백하는 것 — 그러면 그들은 구원받습니다. 그런데 우리가 아직 예수님을 모르고 그분을 믿지 않는 사람들에게 전하지 않는다면, 그들은 절대 이 진리를 모를 것입니다. 그래서 우리는 가서 모든 사람에게 복음을 전하고 가르치라는 부름을 받은 것입니다.

💬 이야기하기

바울이 말한 좋은 소식은 무엇인가요? (바울이 전한 좋은 소식은 예수님이 우리 대신 돌아가셨고 우리가 받아야 할 모든 징계를 다 감당하셔서 더 이상 우리를 향한 하나님의 진노는 남아 있지 않고, 이제 우리는 천국에 들어갈 수 있게 되었다는 사실입니다.)

바울은 왜 복음을 전하는 자들의 발이 아름답다고 했나요? (그 이유는 생명을 구하는 메시지를 전하기 때문입니다. 우리 집에 불이 났는데 그 사실을 모른 채 자고 있을 때 누군가가 문을 두드려 우리를 깨우고 밖으로 나오게 한다면 우리를 깨워준 그 손길에 너무나 감사하고 그 도움을 아름답다고 말할 겁니다.)

혹시 주변에 복음을 들어야 할 필요가 있는 사람이 있나요? (아직 예수님을 믿지 않는 가족이나 친척, 친구들이 있는지 아이들이 생각해보게 도와주시고 그들과 만날 계획을 세워 보세요. 집으로 초대하거나 다른 곳에서 만나 식사도 하고 함께 시간을 보내면서 예수님에 관해 얘기하고 복음대로 사는 삶을 보여줄 수 있습니다.)

🤲 기도하기

아직 예수님을 믿지 않는 사람들을 떠올리며 기도하세요. 특별히 우리 가족에게 기회를 주셔서 복음을 전할 수 있게 해 달라고 하나님께 간구하세요.

DAY 4

♥ 기억하기

이번 주 성경 이야기를 통해서 하나님은 우리에게 무엇을 가르치시나요?

📖 성경 읽기 | 로마서 10:16~21절

💬 깊이 생각하기

세인트헬렌스산이 곧 폭발할 거라고 과학자들이 경고했을 때, 그 산자락 아래 살던 사람들은 멀리 피했습니다. 그 마을 사람들 대부분은 그 사실을 듣고 피했지만, 해리라는 사람만은 믿으려 하지 않았습니다. 결국 해리는 화산이 폭발할 때 죽고 말았습니다. 경고 메시지를 듣고 안전한 곳으로 피신한 사람들은 다행이라고 생각했지만, 해리는 그렇지 않았습니다. 오히려 해리는 자신을 설득하려는 사람들 때문에 짜증스럽고 화가 났습니다. 결국 과학자들의 말을 믿고 마을을 떠난 사람들은 모두 안전했습니다.

이처럼, 우리가 복음을 전한다고 해도 모두가 예수님을 믿지는 않을 겁니다. 하지만 죄가 얼마나 위험한지, 그리고 예수님이 우리를 위해 어떤 일을 하셨는지를 전하는 것은 매우 중요합니다. 아무리 완고한 사람도 하나님이 믿음을 주시면 변하기 때문입니다. 우리가 해야 할 일은 복음을 전하는 것이지 사람을 바꾸는 게 아닙니다. 그것은 하나님이 하시는 일입니다.

🗨 이야기하기

부모님은 예수님 믿기를 거부하는 사람에게 복음을 전해본 적이 있는지 생각해 보시고 아이들에게 그 경험을 들려주세요.(주위에 있는 불신자 중에 복음을 전하려고 의도적으로 만나본 사람이 있는지 생각해 보세요. 성경 공부를 끝내면서 그 사람을 위해 아이들과 함께 기도하는 시간을 가지세요.)

성경이 말하는 좋은 소식은 어떤 메시지를 담고 있나요?
(이것은 복습 질문입니다. 그러나 아이들이 복음을 자신의 말로 설명할 수 있는지 확인해 보는 중요한 질문입니다. 예수님이 우리 죄 때문에 돌아가셨고 그 죽음에서 다시 살아나심으로 우리는 모든 죄를 용서받았고 천국에서 하나님과 함께 있게 되었습니다.)

왜 예수님에 대한 이야기를 좋은 소식이라고 하나요?
(그 이야기가 좋은 소식인 이유는 죄에 대한 하나님의 진노와 징계로부터 우리가 어떻게 구원받게 되었는지를 알려주기 때문입니다. 우리가 그 진노와 징계로부터 안전할 수 있는 유일한 길은 바로 예수님을 믿는 것뿐입니다.)

어떤 사람들은 왜 이 메시지를 믿지 않나요?
(왜냐하면 자기들의 죄에서 돌아서고 싶지 않기 때문입니다. 그리고 세상을 향한 사랑이 너무 크기 때문입니다.)

🙏 기도하기

복음을 거부하는 사람들을 생각하며 기도하세요. 하나님이 그들의 굳은 마음을 부드럽게 하셔서 예수님을 믿게 해 달라고 간구하세요.

DAY 5

♥ 발견하기

오늘은 다른 성경 본문을 보는 날입니다. 시편이나 예언서에서 예수님 혹은 우리의 구원에 대해 배울 수 있습니다.

📖 성경 읽기 | 이사야 65:1~2절

💬 깊이 생각하기

예수님이 태어나시기 전에, 이사야는 복음을 듣는 모든 사람이 다 믿지는 않을 거라고 예언했습니다. 그가 말하길 하나님이 그분의 손을 펼쳐서 이스라엘 백성이 믿기를 바라셨으나, 그들은 믿지 않았다고 했습니다. 이스라엘이 하나님께로 돌아서지 않고 그분을 거부하자, 하나님은 이방인들에게로 시선을 돌리셨고, 이렇게 말씀하셨습니다. "내가 여기 있노라" 이 말은 하나님이 이방인들에게 믿을 기회를 부여하신다는 뜻이었습니다.

예수님은 유대인들을 찾아가셨습니다. 그러나 그들은 예수님을 거부했습니다. 그래서 하나님은 바울과 같은 사도들을 통해 이방인들에게 복음을 전하셨습니다. 그러자 많은 이방인이 예수님을 믿었습니다. 하나님은 그때와 마찬가지로 지금도 우리를 향해 두 손을 펴고 복음으로 말씀하십니다. "내가 여기 있노라" 우리에게는 마음으로 복음을 받아들여 믿는 것과 예수님을 거부하는 것 중 하나를 선택할 기회가 주어졌습니다.

🗨 이야기하기

하나님이 우리를 향해 두 손을 펴고 계신다는 말은 무슨 뜻인가요?
(아이들에게 다음과 같이 설명하면 이해하기가 쉬울 겁니다. 두 팔을 넓게 펼치시고 아이들을 환영하며 안아주세요. "아빠가 너희들에게 이렇게 양팔을 벌리고 있으면 어떤 의미일까?"라고 물어보면서 이 질문을 다시 한번 해주세요. "하나님이 우리를 향해 두 손을 펴고 계신다는 말은 무슨 뜻일까?" 그것은 당연히 하나님이 우리를 환영하고, 우리가 그분께 나아오기를 바라신다는 뜻입니다.)

하나님은 오늘날 "내가 여기 있노라"는 말씀을 어떻게 우리에게 전하시나요?
(하나님은 성경을 통해 우리에게 말씀하십니다. 자녀들이 쉽게 답을 생각해 내지 못하면 성경을 손으로 들면서 힌트를 주세요.)

무엇 때문에 사람들은 하나님이 성경을 통해 우리에게 전하시는 복음을 믿지 못하나요?
(일반적으로 사람들이 하나님보다 더 사랑하는 것이 많기 때문입니다. 세상을 사랑하는 것이 복음을 믿지 못하게 합니다. 하나님은 우리가 그 무엇보다도 그분을 사랑하기 원하십니다.)

🤲 기도하기

우리가 하나님의 펴신 팔로 달려가고 그분을 완전히 믿고 신뢰하게 해 달라고 도움을 구하세요. 그리고 세상을 더 사랑하는 마음을 버릴 수 있게 도와달라고 기도하세요.

사슬에 묶인 바울
Paul in Chains

이야기 139 - 컬러 스토리 바이블

성경 공부를 시작하기 전에, 인터넷에서 '박해받는 교회'로 검색을 해보세요. 최근까지도 박해받는 교회와 신자들 소식이 올라온 사이트가 있을 겁니다. 그중에서 아이들에게 들려줄 만한 사례를 몇 가지 찾아보세요. 성경 공부에 아이들을 모이게 하고, "박해"라는 단어가 무슨 뜻인지 아느냐고 물어보세요. (그것은 자신의 신념 때문에 누군가에게 고통을 주는 행위입니다.) 그런 다음 미리 찾아둔 박해 받는 교회나 신자들의 이야기를 들려주세요. 그 교회와 신자들을 위해 함께 기도하는 시간을 가지세요. 그리고 이렇게 말하세요. "이번 주 우리는 바울이 믿음 때문에 감옥에 갇혔지만, 그것을 얼마나 담대하게 견뎌냈는지, 그리고 박해에도 불구하고 어떻게 복음을 전했는지 배울 거야."

DAY 1

♥ 상상하기

선생님 지갑을 훔쳤다고 나를 모함하는 같은 반 친구가 있다고 해 봅시다. 그 거짓말을 믿게 하려고, 그 친구는 선생님의 지갑에서 돈을 다 꺼내고, 지갑은 화장실 쓰레기통에 버렸습니다. 선생님이 정말로 지갑이 없어졌다고 하자, 그 친구는 내가 지갑처럼 보이는 걸 들고 화장실로 들어가는 걸 봤다고 말했습니다.

실제로 이런 일이 내게 벌어졌고, 그 행위에 대한 대가로 보상을 해야 하고 퇴학을 당하게 되었다면, 너무 억울하지만 할 수 있는 일은 공정한 재판을 받겠다고 말하는 것뿐입니다. 재판 담당 판사는 사건과 관련된 상세한 내용을 듣고, 정말로 죄가 있는지 아닌지를 판단합니다.

재판을 요청해서 받아들여지면, 재판이 시작됩니다. 이런 일이 고대 로마에서도 벌어졌습니다. 오늘 성경 이야기에서, 바울은 로마 황제 가이사 앞에서 재판을 받겠다고 요구했습니다. 바울은 무죄로 풀려나더라도 유대인들이 자신을 죽일 수 있기에 두려웠습니다. 바울이 재판을 신청하자, 법을 따라 그는 로마로 이송되어야만 했습니다. 로마는 바울을 해치려는 유대인들에게서 멀리 떨어진 곳이었습니다.

📖 성경 읽기 | 사도행전 26:19~32절

💬 깊이 생각하기

바울은 이방인 교회에서 모은 헌금을 예루살렘에 있는 교회들에 전해주려고 왔을 때, 체포되었습니다. 바울은 예루살렘에 도착하자마자, 자신을 공격하려는 아시아에서 온 유대인들의 반대를 맞닥뜨려야만 했습니다(행 21:27~29절). 그들로 인해 예루살렘 도시 전체에 소동이 일어났습니다(행 21:30절). 유대인들은 바울을 죽이려고 성안에 있던 모든 사람을 충동해서 그를 붙잡았습니다. 이 소동 때문에 로마 군인들이 바울을 체포해서 가뒀습니다.

유대인들은 바울이 체포된 동안에 죽이려고 했습니다. 40명이 넘는 사람들이 바울을 죽이기 전까지는 먹지도 않고 마시지도 않겠다고 맹세할 정도였습니다. 그러나 예수님이 바울에게 나타나셔서 용기를 불어넣어 주셨습니다. 그리고 말씀하시길 "네가 로마에서도 증언하여야 하리라" 하셨습니다(행 23:11절). 그래서 바울은 예루살렘에서 재판이 진행되려 하자, 로마 시민권이 있는 자신은 황제 앞에서 재판을 받겠다고 요구했습니다. 그 요청에 따라 바울은 로마로 보내졌습니다. 그 덕분에 바울은 자신을 죽이려고 혈안이 되어 있던 성난 유대인들에게서 안전하게 벗어날 수 있었습니다. 그 유대인들 때문에 아그립바 왕은 로마 시민권자인 바울을 오히려 감옥에 있게 해서 보호했고, 요청대로 로마로 보냈습니다.

💬 이야기하기

이방인의 사도가 되기 전에 바울의 이름은 무엇이었나요?
(그리스도인이 되기 전, 교회를 박해하던 바울은 사울이라는 이름으로 알려져 있었습니다. 그는 유대인이고 바리새파였습니다. 또한 누구 보다 앞장서서 그리스도인들을 체포해서 감옥에 가두려는 사람이었습니다.)

바울이 어떻게 했기에 유대인들은 심하게 화가 났나요?
(유대인들은 바울을 배신자로 여겼습니다. 그런 바울이 예루살렘에서 예수님을 전하자 배신감에 치를 떨며 분개했습니다.)

예루살렘 관리들은 바울을 놓아주려고 했는데, 바울은 왜 로마 황제 앞에서 재판을 받겠다고 요구했나요?
(바울은 예루살렘에 있는 유대인들이 자신을 죽이려고 안달이 났다는 걸 알았습니다. 또한 예수님이 나타나셔서 로마에서도 복음을 전해야 한다고 하셨습니다. 가이사 앞에서 재판받기를 요구했기에, 예루살렘 관리들은 바울을 로마로 보내야만 했습니다. 결국 바울은 성난 유대인들의 위협에서 이렇게 벗어나게 되었습니다.)

🙏 기도하기

바울을 보호하신 하나님께 감사하세요. 마찬가지로 하나님은 우리도 돌보고 지키신다는 사실을 기억하며 감사 기도를 드리세요.

DAY 2

♥ 기억하기

어제 이야기 중에서 무엇을 기억하나요? 오늘은 어떤 이야기가 있을 것으로 생각하나요?

📖 성경 읽기 | 사도행전 27:39~28:16절

💬 깊이 생각하기

예루살렘에서 로마로 이송되는 바울의 여정은 쉽지 않았습니다. 그러나 하나님은 바울을 보호하셨고, 필요를 채워 주셨습니다. 바울이 탄 배가 지중해를 건널 때 폭풍 때문에 멜리데(말타 malta)라는 섬의 암초에 충돌했습니다. 바울과 선원들은 모두 구조되었고, 그 섬에서 시간을 보내면서 다른 배를 준비해 그 여정을 끝낼 수 있었습니다. 멜리데 섬에서 바울은 아픈 사람들을 치료해 주었고, 그들에게 복음을 전할 기회를 얻었습니다. 바울이 그 섬을 떠날 때까지, 그 섬사람들은 많은 영향을 받았고, 바울을 극진히 대우하며 그에게 필요한 모든 것들을 공급했습니다. 그래서 바울은 로마로 가야 할 배와 음식 등을 준비할 수 있었습니다. 우여곡절 끝에 로마에 도착한 바울에게 하나님은 그리스도인 형제들을 보내주셔서 그를 격려하고 위로해 주셨습니다. 무엇보다도 바울은 감옥에 갇히는 게 아니라 자기를 지키는 군인 한 명과 함께 따로 마련된 공간에 있게 되었습니다. 이 말은 바울이 좁은 감옥에 홀로 있는 게 아니라 필요한 사람들을 자유롭게 만날 수 있게 되었단 뜻이었습니다.

💬 이야기하기

하나님은 바울이 탄 배가 난파되는 위기 상황을 어떻게 사용하셔서 선을 이루게 하셨나요?
(바울은 멜리데 섬에서 사람들을 고치고 복음을 전할 수 있었습니다.)

하나님은 바울을 격려하시려고 누구를 보내셨나요?
(바울이 로마에 도착했을 때, 그곳에 있던 그리스도인 형제들을 보내셔서 격려하셨습니다. 또한 감옥에 다시 갇히지 않고 죄수의 신분이었으나 사람들을 자유롭게 만날 수 있게 하셨습니다.)

왜 감옥이 아닌 다른 곳에 있는 게 더 좋은가요?
(감옥은 주로 어둡고, 춥고, 더럽습니다. 그러나 감옥이 아닌 다른 곳은 정해진 장소 안에서 자유롭게 지낼 수 있습니다. 자신을 감시하는 군인이 있지만, 찾아오는 사람들을 만날 수 있고, 원하는 것을 먹으며 건강을 지킬 수도 있었습니다.)

🙏 기도하기

바울의 삶에서 일어난 모든 일을 선하게 인도하신 하나님께 감사하세요. 하나님은 바울과 함께 배를 타고 있던 사람들을 보호하셨고, 독뱀에게서 바울을 지키셨으며, 바울을 통해 멜리데 섬사람들을 고치시고 복음을 듣게 하셨습니다. 그리고 바울이 로마에서 감옥이 아니라 더 편한 환경에서 재판을 받게 하셨습니다.

DAY 3

♥ 예수님께 연결하기

오늘은 이번 주 성경 이야기를 복음과 연결해 보는 날입니다. 복음은 우리를 구원하신 예수님의 생명과 죽음, 그리고 부활입니다. 이번 주 성경 이야기가 어떻게 복음과 연결되는지 깊이 생각해보세요.

📖 성경 읽기 ｜ 사도행전 28:17~31절

💬 깊이 생각하기

로마에서, 바울이 복음을 전하는 데 그리 오랜 시간이 걸리지 않았습니다. 불과 3일 만에 유대인 지도자들에게 예수님을 믿게 할 수 있는 모든 이야기를 했습니다. 바울처럼 어려움을 겪은 사람들 대부분은 불평했을 겁니다. 그러나 바울은 그러지 않았습니다. 바울은 그 어려움 속에서 오직 예수님이 어떻게 일하셨는지를 전하는 데만 집중했습니다. 그러나 로마에서도 예루살렘에 있던 유대인들처럼, 모든 사람이 다 믿은 건 아니었습니다. 바울은 도무지 믿지 않는 유대인들을 말씀으로 꾸짖으며 말하길 그들의 불신 때문에 이제는 복음이 이방인에게로 옮겨간다고 했습니다.

그러나 바울은 이후 2년 동안이나 여전히 죄수의 신분으로 지내야만 했습니다. 비록 죄수였지만, 하나님은 바울이 복음을 전하고 가르칠 수 있게 하셨습니다. 바울은 감옥에 갇혀 있는 게 아니라서 방문객을 만날 수 있었습니다. 그 덕분에 그를 찾아오는 누구에게든 담대하게 복음을 전할 수 있었습니다. 그리고 바울을 감시하던 군인들도 자연스레 복음을 듣게 되었습니다.

🗨 이야기하기

바울은 종교지도자들과 다른 유대인들에게 하나님의 나라를 가르치고 예수님을 전하는 데 시간을 어느 정도 썼나요?

(자녀들이 어리다면, 23절을 다시 한번 읽어 주시고 정답을 찾으면 손을 들고 대답하게 해 주세요. 바울은 아침부터 저녁까지 강론했습니다. 바울은 다른 사람들에게 예수님을 전하는 데 온 마음과 힘을 쏟았습니다.)

바울이 로마에서 보낸 2년여의 세월은 어떤 유익이 있었나요?

(자녀들이 어리다면, 30~31절을 다시 한번 읽어주시고 질문을 반복해 주세요. 바울이 죄수 신분으로 감시받으며 보낸 시간은 그를 찾아오는 모든 사람에게 아무런 방해 없이 하나님의 나라와 주 예수 그리스도를 전할 기회였습니다.)

바울은 자신이 쇠사슬에 매인 것이 이스라엘의 소망 때문이었다고 했습니다(20절). 이스라엘의 소망은 무엇인가요?

(예수님이 이스라엘의 소망이었습니다. 바울은 예수님을 가르치고 전한 것 때문에 체포되었습니다.)

✋ 기도하기

바울이 감옥에 갇혔음에도 불구하고 복음을 전할 수 있게 하신 하나님께 감사하세요. 그리고 우리도 다른 사람들에게 예수님을 전할 용기와 기회를 달라고 기도하세요.

DAY 4

♥ 기억하기

이번 주 성경 이야기를 통해서 하나님은 우리에게 무엇을 가르치시나요?

📖 성경 읽기 ┃ 빌립보서 1:12∼18절

💬 깊이 생각하기

바울이 로마에 갇혔을 때, 빌립보에 있는 그리스도인들에게 이 편지를 썼습니다. 로마에 갇혀 있는 상황은 마음이 아프고 안타깝지만, 바울은 이 상황을 사용해서 하나님이 어떻게 복음이 전파되게 하셨는지 빌립보 신자들이 알기를 원했습니다. 바울은 자신을 감시하던 군인들에게 어떻게 복음을 전했고 그것을 계기로 로마의 모든 군인이 예수님을 알게 되었다는 사실을 전했습니다. 로마에 있던 다른 그리스도인들이 바울의 담대함을 보고, 그들도 용기 내어 각자의 자리에서 만나는 사람들에게 복음을 전하기 시작했습니다. 결국 복음은, 바울이 감옥에 갇혔기 때문에 로마 전역으로 퍼질 수 있었습니다.

🗨 이야기하기

부모님은 교회 안에서 복음을 가장 열심히 전하는 사람이 누구인지 생각해 보고 아이들에게 얘기해 주세요.
(아이들이 복음 전하는 일에 최선을 다하는 본보기를 보는 것은 큰 유익입니다.)

바울은 자신을 감시하는 군인들에게 어떤 말을 했을까요?
(분명 바울은 복음을 전했을 겁니다.)

죄수 신분임에도 복음을 전하는 데 힘썼던 바울은 다른 그리스도인들에게 어떤 영향을 주었을까요?
(제한된 상황에서도 담대하게 복음을 전한 바울의 모습은 다른 그리스도인들에게 용기를 북돋웠고, 담대하게 복음을 전할 수 있게 했습니다.)

우리는 복음을 전하는 데 어떤가요? 우리가 다가가야 할 전도대상자는 누가 있을까요?
(자녀들과 함께 우리 가족은 복음을 전하는 데 어떤지 얘기해 보는 시간을 가지세요. 그리고 이웃이나 다른 사람들에게 복음을 전할 계획을 함께 세워보세요.)

🙏 기도하기

우리 가족에게 담대함과 용기를 주셔서 다른 사람들에게 복음을 전할 수 있게 해 달라고 기도하세요.

DAY 5

♥ 발견하기

오늘은 다른 성경 본문을 보는 날입니다. 시편이나 예언서에서 예수님 혹은 우리의 구원에 대해 배울 수 있습니다.

📖 성경 읽기 | 시편 22:22~31절

💬 깊이 생각하기

시편 22편은 다윗이 기록한 예수님에 대한 이야기입니다. 이 시편은 예수님이 십자가에서 당하신 끔찍한 고통을 전하면서 시작합니다. 하지만 후반부에서는 예수님의 죽음이 우리에게 가져다준 놀라운 구원을 말합니다. 히브리서 기자는 22절을 반복했고, 그것은 예수님이 하신 말씀이라고 했습니다(히 2:11~12절). 예수님은 언젠가 그분을 믿는 모든 사람을 보실 것입니다. 그리고 그들을 형제라고 하실 겁니다. 우리가 예수님을 믿으면, 하나님은 우리를 그분의 자녀로 삼으십니다. 그리고 예수님은 우리와 한 형제가 되십니다. 누구든지 예수님을 믿고 신뢰하면 그분의 형제자매가 된다는 뜻입니다. 그래서 바울이 로마에 도착했을 때, 그를 찾아왔던 그리스도인들을 형제들이라고 했던 것입니다(행 28:14~15절).

🗨 이야기하기

우리가 예수님을 믿으면 왜 예수님은 우리를 그분의 형제자매라고 하시나요?
(우리가 예수님을 믿을 때, 하나님은 우리를 그분의 자녀로 삼으십니다. 그래서 성경은 믿는 자들을 그리스도 안에서 형제자매라고 합니다.)

오늘 시편 어디에서 우리는 하나님이 아브라함과 맺으신 언약을 발견할 수 있나요?
(아이들에게 먼저 하나님이 아브라함과 맺으신 언약이 무엇이냐고 물어보세요. 그런 다음, 오늘 시편에서 그것을 찾을 수 있는지 기다려보세요. 너무 어려서 찾지 못한다면, 다시 한번 읽어주시고, 정답을 찾으면 손을 들고 대답하게 해 주세요. 하나님은 땅의 모든 족속이 아브라함을 통해 복을 얻을 거라고 말씀하셨습니다[창 12:3절].)

다윗은 하나님의 가족이 된 사람들은 어떻게 한다고 했나요?
(자녀들이 어리다면, 21~31절까지 다시 한번 읽어 주시고 정답을 찾으면 손을 들고 대답하게 해 주세요. 하나님의 백성들은 찬송과 예배로 경배하며 그분을 섬깁니다.)

🙏 기도하기

주님을 찬양하고 경배하세요. 가족이 가장 좋아하는 찬송가나 복음성가를 함께 부르세요.

으뜸이신 그리스도
The Supremacy of Christ

이야기 140 – 컬러 스토리 바이블

사과를 같은 크기로 여섯 조각으로 자른 다음, 다시 원래 모양대로 손에 쥐고 성경 공부 자리로 오세요. 사과가 여섯 조각으로 잘려져 있다는 걸 아이들이 알아차리지 못하게 하세요. 그리고 접시도 준비하세요. 아이들에게 손에 들고 있는 사과를 보여주면서, 손으로 쥐고 있어서 하나인 것 같지만 잘 보라고 말하면서 준비한 접시 위에 사과를 내려놓으세요. 잘린 조각들을 아이들에게 하나씩 주세요.

우리에게는 이렇게 잘린 사과 조각을 하나로 붙들어 둘 힘이 있지만, 예수님께는 이 세상의 모든 것을 붙들 전능한 힘이 있다고 설명해 주세요. 또한 과학자들은 세상의 모든 것들이 보기에는 한 덩어리이지만 실제로는 각자 움직이는 입자와 분자들로 이루어져 있다는 사실을 알고 있다고 말해주세요. 우리 눈에 보이는 테이블, 의자, 가방, 신발 등이 하나의 물건들로 보이지만, 사실은 움직이는 각각의 입자와 분자들로 이루어져 있다는 건 매우 놀랍습니다. 아이들에게 이렇게 얘기해 주세요. "이번 주 우리는 예수님이 모든 것을 하나로 연결되게 하시는 분이라는 사실을 배울 거야."

DAY 1

♥ 상상하기

우리가 바울처럼 어떤 집에 갇혀 있다고 가정해 봅시다. 우리는 그 집을 떠나 멀리 갈 수도 없고, 심지어 잠깐 산책하는 것도 안 됩니다. 항상 감시하는 군인이 있어서 일거수일투족이 노출됩니다. 전화도, 문자도, 컴퓨터도 없어서 누구와도 연락을 주고받거나 집 밖 소식을 들을 방법이 없습니다. 가족이나 친구 등 누군가 우리를 찾아오지 않는 한, 그 안에서 할 수 있는 일은 편지를 쓰는 것뿐입니다. 그러니 바울처럼 2년 동안 갇혀 있게 된다면, 우리도 수많은 편지를 쓰게 될 겁니다. 바울도 우리처럼 그렇게 했습니다. 그 당시 바울이 썼던 많은 편지 가운데 일부가 우리가 오늘날 읽고 있는 성경에 담겼습니다. 이번 주 읽게 될 골로새서도 바울이 로마에 갇혀 있던 시기에 썼던 편지들 가운데 하나입니다.

📖 성경 읽기 | 골로새서 1:1~12절

💬 깊이 생각하기

어느 날 바울이 갇혀 있는 집에 또 다른 그리스도인 죄수 한 명이 옮겨져 왔습니다. 그 사람의 이름은 에바브라였습니다(몬 1:23절). 에바브라는 만나는 사람들에게 예수님 이야기를 했습니다. 에바브라는 골로새에서 복음을 전하면서 교회를 시작했습니다. 바울과 함께 있는 동안에, 그 사람은 골로새 사람들이 어떻게 그리스도인이 되었는지에 대한 이야기를 전했습니다. 그리고 에바브라는 바울과 그곳에 방문한 디모데와 함께 골로새 교회를 위해 기도했습니다. 바울은 다른 교회들에 했던 것처럼 골로새 교회에도 편지를 써야겠다고 생각했습니다. 비록 갇힌 몸이었지만, 골로새 교회에게 인사와 안부를 전하고, 그들의 믿음을 격려하며, 가르치는 내용을 담은 편지를 썼습니다. 바울은 자신의 편지가 그 시기 아시아에 있는 교회들을 어려움과 곤경에 빠뜨리던 거짓 교사들의 가르침을 구별하고 맞서 싸우는 데 도움을 줄 수 있기를 바랐습니다.

💬 이야기하기

바울은 어떤 생각을 하며 골로새에 있는 그리스도인들에게 편지를 썼나요?
(바울은 그들을 돌보고 싶었습니다. 비록 그들을 직접 만난 적은 없었지만, 에바브라가 전해 준 이야기를 통해 이미 그들을 깊이 사랑하고 오랜 시간 알아 온 것처럼 느꼈습니다.)

바울은 얼마나 자주 골로새 교회를 위해 기도했나요?
(얼마나 자주 기도했는지 정확한 기록은 없습니다. 그러나 9절에서 보면 바울은 그들을 위해 기도하는 것을 멈추지 않았던 것 같습니다. 아마도 바울은 매일 그 교회를 위해 기도했을 겁니다.)

9~10절을 다시 읽으세요. 바울은 그 교회를 위해 어떤 기도를 했나요?
(바울은 골로새 교회가 하나님의 뜻을 아는 지식과 신령한 지혜와 총명으로 가득하기를 위해서 기도했습니다. 그래서 그들이 하는 모든 일에 주님을 기쁘시게 하기를 바랐습니다.)

🙏 기도하기

우리에게도 하나님의 뜻을 아는 지식과 신령한 지혜와 총명이 가득하길 간구하세요. 그래서 우리가 하는 모든 일이 하나님께 기쁨이 되기를 기도하세요.

DAY 2

♥ 기억하기

어제 이야기 중에서 무엇을 기억하나요? 오늘은 어떤 이야기가 있을 것으로 생각하나요?

📕 성경 읽기 ㅣ 골로새서 1:13 ~ 18절

💬 깊이 생각하기

바울은 짧은 인사를 통해 골로새 교회를 위해 자신이 기도하고 있다고 하면서 바로 본론으로 들어가 예수님에 대해 매우 중요한 가르침을 전합니다. 바울이 가르치기를, 예수님이 곧 하나님이시고, 그분은 창세전에 이미 계셨으며, 하늘과 땅의 모든 것을 만드셨고, 이 땅의 모든 것이 그분을 통해 하나로 이어졌습니다. 우리의 모든 죄는 예수님 때문에 용서받았고, 그분은 교회의 머리이시고 만물을 다스리시는 분이십니다. 우리가 오늘 이 편지를 읽을 수 있는 것은 그 당시 누군가가, 아마도 골로새 교회의 목회자일 가능성이 높지만, 편지를 보관했고, 다시 손으로 옮겨써서 다른 사람들도 읽게 했기 때문일 겁니다. 하나님은 그 복사본을 보존하시고 성경 일부에 포함시키셨습니다. 오늘을 사는 우리가 위대한 구원자에 대해 이렇게 쉽게 읽을 수 있다는 사실은 정말 놀랍고 큰 기쁨입니다. 우리가 바울의 편지로 배우는 것들은 완전히 새로운 것이며, 성령님을 통해 드러나야만 했던 것들입니다. 하나님의 아들이신 예수님이 태초에 세상을 만드셨다는 사실이 놀랍지 않나요? 그리스도인으로서, 우리는 전능하신 하나님이 누구신지 알기 위해 매일 성경을 읽어야만 합니다.

🗨 이야기하기

바울이 예수님에 대해 골로새 교회에게 가르쳤던 한 가지는 무엇인가요?
(아이들에게 힌트를 주세요. 아이들이 스스로 얼마나 기억할 수 있는지 살펴보세요. 아이들이 글을 읽을 만한 나이라면, 오늘 성경 구절을 직접 다시 읽고 찾아보게 하세요.)

예수님이 세상을 창조하는 데 관여하신 두 가지 방법은 무엇인가요?
(바울이 말하길 예수님은 천지 만물을 직접 말씀으로 창조하셨고, 모든 창조물이 그분에 의해 하나로 연결되었습니다.)

우리 죄가 용서받았다는 말은 무슨 뜻인가요?
(간단하지만 매우 놀라운 질문입니다. 히브리서 8:12절이 답이 될 수 있습니다. "그들의 죄를 다시 기억하지 아니하리라" 용서는 예수님이 십자가에서 그분의 피를 쏟으시고 모든 진노와 징계를 감당하시면서 시작되었습니다. 우리가 예수님을 믿으면, 우리의 모든 죄는 예수님이 십자가에서 행하신 일들로 가려집니다. 그리고 하나님은 우리에게 예수님의 완전한 의로움을 주십니다. 그렇게 되면 우리는 그분 앞에서 의롭게 설 수 있습니다. 마치 우리가 전혀 죄가 없는 것처럼 말입니다.)

🙏 기도하기

우리를 용서하신 하나님을 찬양하세요. 하나님은 동쪽이 서쪽과 아주 멀듯이 우리 죄를 저 멀리 두시고 더 이상 기억조차 하지 않으십니다.

DAY 3

♥ 예수님께 연결하기

오늘은 이번 주 성경 이야기를 복음과 연결해 보는 날입니다. 복음은 우리를 구원하신 예수님의 생명과 죽음, 그리고 부활입니다. 이번 주 성경 이야기가 어떻게 복음과 연결되는지 깊이 생각해보세요.

📖 성경 읽기 | 골로새서 1:19 ~ 23절

💬 깊이 생각하기

오늘 성경 구절에서 복음을 찾아내는 건 어렵지 않습니다. 바울은 인간으로 태어나신 예수님이 동시에 완전한 하나님이라 했습니다. 예수님은 십자가에서 피를 쏟으심으로 우리가 하나님과 화평할 수 있게 하셨습니다(20절). 그것은 우리가 하나님과의 관계를 회복할 수 있는 유일한 길입니다.

바울은 골로새 교회에 그들이 과거에 어땠는지를 떠올리게 했습니다. 하나님이 구원하시기 전에는 그들은 악행으로 하나님을 멀리 떠나 있었고 마음으로 원수였습니다. 이는 첫인사에서 바울이 골로새 교인들에 대해 말했던 것과 너무나 달랐습니다. "우리가 너희를 위하여 기도할 때마다 하나님 곧 우리 주 예수 그리스도의 아버지께 감사하노라 이는 그리스도 예수 안에 너희의 믿음과 모든 성도에 대한 사랑을 들었음이요"(3~4절).

🗣 이야기하기

예수님은 우리와 하나님 사이에 화평을 이루려고 어떻게 하셨나요?
(예수님은 우리 대신 모든 징계를 다 받으시며 돌아가셨습니다. 우리에게 쏟아져야 할 하나님의 진노가 예수님께로 옮겨갔습니다. 그래서 우리가 감당해야 할 진노는 전혀 남지 않았습니다.)

골로새 교인들은 복음 때문에 어떻게 바뀌었나요?
(골로새 교인들은 처음엔 악한 일을 해서 하나님의 원수였습니다. 그러나 그들이 복음을 듣고 예수님을 믿으면서 변했고, 서로가 사랑하게 되었습니다.)

골로새 교인들처럼, 우리도 복음으로 변화되기 전에는 악행을 저지르는 하나님의 원수였습니다. 우리가 알고 있는 사람 중에 복음이 어떻게 사람을 변화시키는지를 보여주는 사람이 있나요?
(아이들이 교회에서 함께 들었던 간증을 기억하게 도와주세요. 혹시 아이들이 너무 어려서 기억하지 못한다면, 부모님의 간증을 들려주세요.)

🙏 기도하기

예수님이 우리를 위해 하신 일들 때문에 우리는 거룩해졌고, 하나님 앞에서 아무런 흠이 없게 되었습니다. 감사 기도를 하세요.

DAY 4

♥ 기억하기

이번 주 성경 이야기를 통해서 하나님은 우리에게 무엇을 가르치시나요?

📖 성경 읽기 ┃ 골로새서 1:24~29절

💬 깊이 생각하기

이렇게 한번 해 보세요: 모두 눈을 감으라고 하세요. 그런 다음 어떤 물건을 테이블에 올려놓고, 테이블보로 덮으세요. 이제 눈을 뜨라고 하세요. 아이들은 테이블보로 덮인 어떤 물건의 형체만 보게 될 겁니다. 대충 무엇인지 짐작은 할 수 있지만, 그것이 정확히 무엇인지는 수수께끼로 남게 될 겁니다. 그 물건이 공이라면, 모양이 둥글다는 추측과 함께 공을 떠올릴 수는 있을 겁니다. 그러나 실제로 그 공을 만져보거나 바닥에 튕겨보지 않는 이상 그것의 무게나 색깔, 특징, 표면이 부드러운지, 울퉁불퉁한지 등은 도저히 알 수 없을 겁니다. 테이블보를 걷어낸다면, 얘기는 달라집니다. 모든 궁금증과 의문점은 다 사라질 겁니다. 그러면 감춰진 것에 대해 분명히 알게 됩니다.

오늘 성경 구절에서, 하나님은 우리에게 예수님이라는 신비를 밝히십니다. 하나님은 그분의 백성들에게 언젠가 메시아를 보내 구원하시겠다고 말씀하셨습니다. 그러나 그 백성들은 그 일이 언제 벌어지고, 누가 메시아인지, 어떻게 그 일을 이루실지는 몰랐습니다. 그 모든 것은 예수님이 태어나시고, 십자가에서 돌아가시고, 다시 살아나시기 전까지는 감춰진 비밀이었습니다. 바울은 하나님이 자기와 같은 사람들을 보내셔서 예수님에 대해 전하게 하셨다고 했습니다. 이제 비밀은 다 밝혀졌습니다.

🗣 이야기하기

부모님이 알고 있는 가장 비밀스러운 이야기를 아이들에게 들려주세요.
(기억하고 있는 이야기를 생각해 보세요. 어린 시절 읽었던 추리 소설일 수도 있고, 반지의 제왕 같은 판타지 소설이나 할아버지 할머니에게 들었던 옛날이야기일 수도 있습니다.)

비밀은 무엇인가요?
(감춰진 채 다 드러나지 않은 것입니다.)

바울은 어떤 비밀을 설명하고 있나요?
(바울은 사람들이 예수님을 통해 어떻게 자신들의 죄에서 구원받을 수 있는지 설명합니다. 하나님은 그 백성들에게 고난받는 종에 대한 이사야 53장 같은 예언을 듣게 하셔서 여러 가지 힌트를 주셨습니다. 예수님이 돌아가시고, 다시 살아나신 후에야 비로소 그 비밀은 완전히 밝혀졌습니다.)

🙏 기도하기

우리의 눈을 열어 주시고 가장 비밀스러운 신비인 구원을 깨닫게 해 주신 하나님을 찬양하세요.

DAY 5

♥ 발견하기

오늘은 다른 성경 본문을 보는 날입니다. 시편이나 예언서에서 예수님 혹은 우리의 구원에 대해 배울 수 있습니다.

📖 성경 읽기 | 시편 22:14~16절

💬 깊이 생각하기

하나님은 우리에게 시편 22편을 통해 어떻게 사람이 죄에서 구원받게 되었는지를 깨닫게 하셨습니다. 이 시편은 한 사람이 악한 자들로부터 어떻게 고통을 당하고 죽음에 이르게 되는지를 설명하고 있습니다. 다윗은 이 시편을 예수님이 태어나시기 오래전에 썼지만, 그것은 우리에게 예수님이 당하실 고통과 죽음을 사실적으로 보여주고 있습니다. 오늘 시편은 예수님의 손과 발이 못질 당하는 것을 예언하고 있습니다.

도마가 자기 두 눈으로 보고 그 못 자국에 직접 손을 넣어 봐야만 믿겠다(요 20:25절)고 말했었다는 걸 기억하세요. 돌이켜보면, 우리는 예수님의 죽음이 결코 우연한 사건이 아니라 하나님의 계획이었다는 것을 알 수 있습니다. 비록 성난 군중이 예수님을 죽였지만, 사실은 우리 죄를 용서하실 속죄물로 예수님을 죽게 한 분은 바로 하나님이셨습니다.

🗣 이야기하기

오늘 우리가 읽은 구절들은 예수님의 죽음을 어떻게 나타내고 있나요?
(이 구절들은 십자가 처형을 당하는 사람이 어떻게 느낄지를 설명하고 있습니다. 예수님의 손과 발에 난 못 자국은 십자가에 매달리면서 생긴 상처였습니다.)

하나님은 왜 예수님의 죽음이 일어나기 오래전에 비밀을 밝힐 단서로 그것을 상세하게 설명하셨을까요?
(십자가 죽음을 자세히 설명함으로써, 하나님은 우리에게 예수님이 우연히 죽임을 당한 게 아니라 하나님의 계획에 순종하신 것이라는 사실을 알게 하셨습니다. 예수님은 하나님의 계획대로 천국에서 우리와 함께하실 겁니다.)

예수님의 죽음을 읽을 때 어떤 기분이 드나요?
(아이들의 대답을 듣기 전에 먼저 얘기해 주시고 아이들도 생각해 보게 도와주세요. 예수님은 하나님이시고 전혀 죄가 없으시지만, 우리 대신 그렇게 죽임을 당하셨다는 사실을 떠올리게 하는 게 도움이 될 겁니다.)

🙏 기도하기

우리 대신 십자가에서 고통을 당하심으로 우리에게는 더 이상 하나님의 진노가 임하지 않게 하신 예수님께 감사하세요.

세상을 창조하기 전에 우리를 택하사
Chosen before the World Began

이야기 141 - 컬러 스토리 바이블

부모님과 아이들의 아기 때 사진을 준비하세요. 각 사진을 보여 주면서 누구인지 맞혀보라고 하세요. 그런 다음 "누가 너희를 가장 먼저 알았지?"라고 물어보세요. 이것은 약간 아리송한 질문입니다. 아이들은 아마도 아빠와 엄마라고 대답할 겁니다. 대답을 들은 후 "하나님은 너희들이 태어나기 전부터 이미 너희를 알고 계셨단다."라고 말해 주세요. 이번 주 아이들은 이 내용에 대해 배울 겁니다.

DAY 1

♥ 상상하기

건물을 세우는 첫 번째 단계는 기초 공사를 하는 것입니다. 그 기초 위에 건물이 지어집니다. 건물의 기초는 대부분 돌이나 시멘트인데, 그래야 튼튼하고 안전하게 지을 수 있고, 무너지지 않게 할 수 있습니다. 그러나 기초를 놓기 전에 해야 할 것이 있습니다. 바로 건물 시공 계획을 철저하게 세우는 것입니다. 시공 계획 없이는 기초를 얼마만 한 높이와 길이로 놓아야 하는지 가늠하기가 어렵습니다. 오늘 성경 이야기에서, 바울은 하나님이 세상을 창조하시기 전에, 계획을 세우셨고, 우리 각 사람을 모든 창조 과정 가운데 일부로 미리 생각하셨다고 말합니다.

📖 성경 읽기 ㅣ 에베소서 1:1~6절

💬 깊이 생각하기

어떤 사람들은 세상이 우연히 만들어졌고 모든 생명체가 스스로 만들어졌다고 생각합니다. 그러나 성경을 읽은 우리는 세상을 창조하신 분은 하나님이라는 것을 분명히 알고 있습니다. 또한 예수님을 보내셔서 우리가 모든 죄에서 용서받게 하신 분도 하나님이십니다. 이 모든 과정은 이 세상을 창조하시기 전에 하나님이 직접 계획하셨습니다. 하나님은 아담과 하와가 금지된 과일인 선악과를 먹을 줄 이미 아셨고, 그들의 죄와 후손인 우리가 지을 모든 죄를 용서하시기 위해 예수님의 죽음이 필요하다는 것 또한 알고 계셨습니다. 게다가 하나님은 그 계획을 따라 구원받고 그분의 자녀가 될 사람을 전부 알고 계십니다. 이 세상 그 무엇도 우연히 생겨나지 않았습니다.

🗨 이야기하기

건물을 세우기 전에 시공 계획을 세우는 것이 왜 필요한가요?
(계획을 세우면, 우리는 기초를 어떻게, 어디에 만들어야 할지 알 수 있습니다.)

바울은 하나님이 세상을 창조하시기 전에 어떤 계획을 세우셨다고 했나요?
(하나님은 죄인인 우리를 구원하시고, 그분의 자녀로 삼을 계획을 세우셨습니다.)

하나님은 어떻게 우리가 태어나기도 전에 우리를 아셨나요?
(하나님은 모든 것을 아십니다. 심지어 아직 일어나지 않은 일까지도 전부 다 아십니다.)

🙏 기도하기

모든 것을 다스리시고 태어나지도 않은 우리를 구원하시고, 그분의 자녀 삼아주시려고 미리 계획하신 하나님께 감사하세요.

DAY 2

♥ 기억하기

어제 이야기 중에서 무엇을 기억하나요? 오늘은 어떤 이야기가 있을 것으로 생각하나요?

📖 성경 읽기 ┃ 에베소서 1:7~12절

💬 깊이 생각하기

이 세상이 창조되기 전부터, 하나님은 죄에서 우리를 구원하실 방법으로 예수님의 십자가 죽음을 계획하셨습니다. 아담과 하와가 죄를 지었다고 해서, 하나님의 계획에 차질이 생기는 것이 아니었습니다. 하나님은 "오, 이런! 아담과 하와가 다 망쳐놨네. 이제 어떡하지?" 라고 말씀하시지 않았습니다. 오히려 하나님은 그들이 죄를 짓기 전, 심지어 만들어지기도 전에, 벌써 그분의 아들을 이 땅에 보내 세상을 구원할 계획을 가지고 계셨습니다. 하나님은 예수님을 보내시기에 가장 적합한 시간("때가 차매" 갈 4:4절)을 결정하시고 선지자들을 통해 그 탄생을 미리 전하셨습니다.

하나님의 계획 중에 특별한 한 가지는 예수님을 믿는 모든 사람에게 그분의 유산을 주신다는 것이었습니다. 우리가 흔히 알고 있는 유산은 어떤 사람이 자신의 재산을 자녀들에게 물려주는 것입니다. 하나님은 죄인인 우리를 구원하시고, 그분의 자녀로 삼아주셨습니다. 우리가 그분의 자녀가 되었기 때문에, 천국에서 예수님과 함께 지낼 수 있는 놀라운 유산을 상속받게 되었습니다.

🗣 이야기하기

왜 어떤 일도 하나님을 놀라게 할 수 없을까요?
(하나님은 모든 것을 아시기 때문입니다. 이 세상에서 벌어지는 일은 전부 다 하나님의 계획대로 이뤄지는 것입니다.)

하나님은 예수님의 십자가 죽음으로 우리를 죄에서 구원하시려는 계획을 얼마나 오래전에 세우셨나요?
(하나님은 천지를 창조하시기 전부터, 우리를 죄에서 구원할 방법으로 예수님의 죽음을 계획하셨습니다.)

유산은 무엇인가요?
(유산은 어떤 사람이 자기 자손들에게 물려주는 재산을 말합니다.)

하나님의 자녀로서, 우리가 받는 유산은 무엇인가요?
(우리는 우리 안에 거하시는 예수님의 영이신 성령님을 선물로 받습니다. 그리고 천국에서 하나님과 영원히 함께 살아갑니다.)

🙏 기도하기

우리에게 예수님을 유산으로 주시고 천국에서 함께 살아갈 수 있게 하신 하나님께 감사하세요.

DAY 3

♥ 예수님께 연결하기

오늘은 이번 주 성경 이야기를 복음과 연결해 보는 날입니다. 복음은 우리를 구원하신 예수님의 생명과 죽음, 그리고 부활입니다. 이번 주 성경 이야기가 어떻게 복음과 연결되는지 깊이 생각해보세요.

📖 성경 읽기 ㅣ 에베소서 1:13~14절

💬 깊이 생각하기

우리가 새 차를 사거나, 값비싼 물건을 사면, 그 물건에 대한 보증서가 함께 제공됩니다. 보증서는 반드시 지켜지는 약속과 같습니다. 어떤 자동차 회사는 신차 구매 후 5년 동안 차량에 문제가 발생하면 무상 수리를 해주거나 어떤 경우에는 다른 새 차로 교환해 주겠다는 보증서를 제공합니다. 이런 보증서 때문에 이 회사의 차량 판매는 늘어날 수 있습니다. 왜냐하면 차량을 사려는 사람들에게 혹시라도 문제가 생기면 확실한 보상을 받을 수 있다는 믿음과 신뢰를 주기 때문입니다. 우리가 예수님을 믿으면, 하나님은 성령님을 보내서 우리 안에 거하게 하십니다. 성령님이 세상을 살아가는 우리를 돌보시고 인도하시며, 천국에 이르렀을 때 하나님과 영원히 함께 살 수 있다는 믿음을 굳건하게 해 주신다는 것을 압니다. 바로 성령님이 하나님의 보증서인 것입니다.

《💬 이야기하기

보증서는 무엇인가요?
(보증서는 꼭 지킨다는 약속과 같은 것입니다. 만약 어떤 사람이 무엇인가를 주겠다고 보증서를 썼다면, 그 사람은 반드시 그것을 줘야만 합니다. 그 약속을 어기거나 취소할 수 없습니다.)

바울이 말하길 우리의 보증서가 되시는 분은 누구인가요?
(13~14절을 다시 읽어 주세요. 읽으실 때, "성령"을 강조해 주세요. 누군가 예수님을 믿으면, 성령님이 그 사람 안에 임재하시고 성령님이 그 사람의 보증이 되셔서 하나님과 함께 천국에 거할 수 있게 된다고 설명해 주세요.)

에베소 교인들은 무엇을 듣고 하나님을 믿게 되었나요?
(13절을 보세요. 그들은 진리의 말씀인 복음을 들었습니다. 복음은 우리를 죄에서 구원하시고 용서하신 예수님의 죽음과 부활 이야기입니다.)

🤲 기도하기

우리에게 진리의 말씀을 주셔서 우리가 예수님을 믿고, 하나님이 우리와 언제나 함께하신다는 보증서가 되시는 성령님을 마음에 모실 수 있게 하신 하나님께 감사하세요.

DAY 4

♥ 기억하기

이번 주 성경 이야기를 통해서 하나님은 우리에게 무엇을 가르치시나요?

📖 성경 읽기 ｜ 에베소서 1:15~23절

💬 깊이 생각하기

사도 바울은 교회들을 위한 기도를 쉬지 않았습니다. 바울은 그가 교회들에 보낸 편지에서 각 교회를 위해 기도하고 있다는 말을 자주 썼습니다. 우리는 그런 바울의 기도 중에 하나를 오늘 읽었습니다. 바울의 기도는 우리 교회를 위해 기도할 때 사용할 수 있을 만큼 놀랍고 아름답습니다. 바울은 하나님이 그들을 도우셔서 예수님에 대해 더 잘 이해하고, 그들의 눈을 밝혀 부르심의 소망을 깨달으며, 그들이 하나님의 자녀로서 주어진 유산을 받게 되기를 원한다고 했습니다. 바울은 예수님은 이제 이 땅에 계시진 않지만, 여전히 모든 것을 다스리신다는, 특히 교회를 돌보신다는 사실을 에베소 교인들이 깨닫길 바랐습니다.

에베소 교회를 위한 바울의 기도는 우리가 배우고 실천해야 할 놀라운 기도입니다. 그리스도인으로서, 우리는 하나님이 주신 유산에 대해 알아가는 것을 결코 멈춰서는 안 됩니다. 또한 우리를 구원하신 위대하신 하나님을 더 많이 알아가는 데 게을러져서는 안 됩니다. 우리는 하나님을 알아가는 더 많은 지혜와 지식을 주시고, 죽은 자들 가운데서 예수님을 다시 살리시고 하늘에서 그 오른편에 앉히신 하나님의 전능하신 능력을 깨닫게 해 달라고 기도해야 합니다.

《● 이야기하기

부모님은 아이들을 위해 어떤 기도를 하시는지 얘기해 주세요.
(자녀들을 위해 어떤 기도를 하고 계시는지 들려주세요.)

바울은 왜 에베소 교회를 위해 어떤 기도를 하는지 말했을까요?
(우리를 위해 누군가 기도하는 소리를 들으면, 큰 힘과 위로를 받습니다. 바울은 에베소 교인들을 격려하고 싶었습니다. 또한 그들을 가르치고 싶었습니다. 바울이 어떻게 기도하는지를 알게 되면, 에베소 교인들 또한 다른 사람들을 위해 그렇게 해야 한다는 것을 배울 겁니다.)

바울이 에베소 교회를 위해 했던 기도를 기억할 수 있나요?
(바울의 기도는 아이들이 이해하기에는 좀 어려울 수 있지만, 천천히 기도문처럼 읽어주시면 아이들이 그 내용 가운데 일부를 기억할 수 있을 겁니다. 이 질문은 아이들이 기도문을 잘 듣고 삶에서 실천할 것들을 스스로 찾아내게 하려는 것입니다.)

🤎 기도하기

바울의 기도로 우리 가족을 위해 기도하세요. 우리가 예수님을 더 잘 알게 하시고, 우리 눈을 밝히셔서 천국을 보게 하시며, 예수님이 우리와 동행하신다는 사실을 깨닫고, 하나님의 능력을 의지해 살아가게 해 달라고 기도하세요.

DAY 5

♥ 발견하기

오늘은 다른 성경 본문을 보는 날입니다. 시편이나 예언서에서 예수님 혹은 우리의 구원에 대해 배울 수 있습니다.

📖 성경 읽기 | 스가랴 9:10~11절

💬 깊이 생각하기

체포되기 전 마지막 저녁 식사에서, 예수님은 자신의 몸을 상징하는 떡을 떼시고 나서, 잔에 포도주를 채우시고 감사 기도를 하신 후 제자들에게 주시며 "…이르시되 너희가 다 이것을 마시라 이것은 죄 사함을 얻게 하려고 많은 사람을 위하여 흘리는 바 나의 피 곧 언약의 피니라" (마 26:27~28절)라고 하셨습니다. 예수님이 태어나시기 전에, 스가랴는 "언약의 피" 때문에 갇힌 자들이 놓이는 날에 대해 말했습니다. 언약의 피는 예수님이 십자가에서 쏟으신 피를 가리킵니다. 그 피 때문에 우리는 죄의 징계를 받지 않게 되었습니다. 스가랴는 지옥을 물 없는 구덩이라고 표현했습니다. 그곳은 깊고 깊은 구덩이인데 한 번 빠지면 결코 올라올 수 없는, 영원한 목마름에 고통받는 곳입니다.

💬 이야기하기

스가랴는 누구의 피를 말하고 있는 건가요?
(예수님이 십자가에서 쏟으신 피를 말하고 있습니다.)

오늘 성경 구절에 나온 물 없는 구덩이는 무엇인가요?
(그곳은 지옥입니다. 자기 힘으로는 절대 탈출할 수 없는 고통스러운 곳입니다.)

스가랴는 하나님이 이방 사람에게 무엇을 주신다고 했나요?
(아이들이 어리다면, 10절을 다시 한번 읽어주시고, "화평"이란 말을 강조해 주세요. 정답을 찾으면 손을 들고 대답하게 해 주세요.)

🙏 기도하기

우리가 영원히 하나님과 분리되어 고통받지 않게 예수님을 보내셔서 우리 대신 죽게 하시고 징계받게 하신 하나님께 감사하세요.

사망에서 생명으로
From Death to Life

이야기 142 – 컬러 스토리 바이블

동물 인형을 가져다가 바닥에 두세요. 아이들에게 명령을 내려 그 인형을 움직이게 해 보라고 하세요. 아마도 아이들은 인형이 어떻게 움직일 수 있냐고 할 겁니다. 아이들이 동물 인형은 살아있지 않다는 말을 할 때까지 계속 질문해 주세요. 이 활동을 통해 아이들에게 살아 있는 사람과 죽은 사람의 차이가 무엇인지 생각할 기회로 삼을 수 있습니다. 죽은 사람은 숨 쉬지 않고, 아무것도 할 수 없다는 게 가장 큰 차이일 겁니다. 아이들에게 이렇게 말해 주세요. "이번 주에는 하나님이 우리를 구원하시지 않으면 우리는 죄 때문에 죽은 것과 다름없고, 동물인형이 혼자서는 절대로 움직일 수 없었던 것처럼 우리도 하나님께 전혀 반응할 수 없는 존재라는 걸 배우게 될거야."

DAY 1

♥ 상상하기

가족과 함께 차를 타고 여행 중이라고 가정해 보세요. 그런데 갑자기 자동차 배터리가 방전되었습니다. 지금 우리는 외딴 지역에 있어서 주변에는 도와줄 사람이 아무도 없는 상황입니다. 배터리가 방전되면 차에 시동을 걸 수가 없습니다. 반복해서 시동을 걸어도 아무 일도 일어나지 않습니다. 차는 그대로 차입니다. 엔진도 그대로입니다. 그러나 엔진의 시동을 걸 수 없으면 아무것도 할 수 없고 도와줄 누군가를 마냥 기다리고 있어야만 합니다. 배터리를 살리거나 새 배터리로 교환하지 않는 이상, 꼼짝달싹할 수가 없습니다. 이것은 우리 죄와 같습니다. 죄 때문에 우리는 죽은 상태이고, 자기 자신을 구원하기 위해 할 수 있는 일은 단 한 가지도 없습니다.

📖 성경 읽기 | 에베소서 2:1~3절

💬 깊이 생각하기

하나님이 우리를 구원하시고 그리스도 안에서 살리시기 전까지, 우리는 죄 때문에 죽은 상태였습니다. 숨 쉬고 원하는 곳은 어디라도 갈 수 있지만, 죄 때문에 죽은 상태인 우리는 하나님을 믿고 예수님을 신뢰할 수가 없어서, 천국에 들어갈 방법이 없습니다. 그래서 하나님께 순종하기보다는 우리가 원하는 대로 합니다. 하나님의 원수인 상태, 영원히 죽은 상태, 모든 사람은 그런 상태로 살아갑니다. 바울이 "공중의 권세 잡은 자"라고 한 사탄은 우리에게 하나님을 거부하고 욕심대로 살라고 속삭입니다.

하나님이 우리에게 생명을 불어넣어 주시지 않는 한, 우리는 결코 그분께 돌아갈 수 없고, 그분을 믿을 수도 없습니다. 성령님의 도움이 없다면, 우리는 영원히 죄에 갇혀 죽은 상태로 살게 될 것입니다. 믿기를 거부하고, 우리를 향한 하나님의 진노 가운데 살 것입니다.

💬 이야기하기

"죽었다"는 단어가 하나님이 구원하시기 전 사람의 상태를 설명하기에 가장 적합한 이유는 무엇인가요?
(아이들이 죽은 사람의 비유를 기억하게 도와주세요. 죽은 사람은 자기를 위해 아무것도 할 수 없습니다. 일어날 수도, 숨을 쉴 수도 없습니다. 그것은 하나님을 떠난 우리의 모습입니다.)

"공중의 권세 잡은 자"는 누구인가요?
(사탄입니다. 사탄은 우리가 하나님을 기쁘시게 하는 삶이 아니라 정욕을 쫓는 삶을 살게 유혹합니다.)

하나님의 진노는 무엇인가요?
(하나님의 진노는 죄를 향한 그분의 거룩한 분노입니다. 하나님은 죄를 반드시 징계하셔야만 합니다. 왜냐하면 죄는 사람들에게 해를 끼치고, 하나님을 배신하게 만들기 때문입니다.)

🙏 기도하기

성령님을 우리 가족 모두에게 보내셔서 우리가 더 이상 죽은 상태로 있지 않게 해 달라고 기도하세요.

DAY 2

♥ 기억하기

어제 이야기 중에서 무엇을 기억하나요? 오늘은 어떤 이야기가 있을 것으로 생각하나요?

📖 성경 읽기 ｜ 에베소서 2:4~10절

💬 깊이 생각하기

우리가 어제 배운 나쁜 소식은 모든 사람은 죄 때문에 죽은 상태라는 것이었습니다. 오늘 우리는 좋은 소식, 즉 하나님은 우리를 다시 살아나게 하실 수 있다는 복음을 듣게 됩니다. 하나님은 새로운 생명을 우리에게 은혜로 주십니다. 여기서 은혜란 우리가 그것을 얻기 위해 아무것도 할 필요가 없는, 그냥 받는 선물이라는 뜻입니다. 예수님이 우리 대신 완전한 삶을 사셨고, 우리가 죄 때문에 받아야 할 모든 징계를 대신 다 받으셨음으로 그 은혜에 필요한 대가를 지불하셨습니다. 하나님이 이 모든 일을 계획하시고 성취하셨기 때문에, 우리 입장에서는 자랑할 것이 전혀 없습니다. 우리는 어떤 자격도 없습니다. 우리에게 주어진 구원과 새 생명은 오직 하나님이 베푸신 것이고, 그것에 대한 모든 찬양과 영광은 하나님께만 돌려드려야 합니다.

《● 이야기하기

우리가 듣게 되는 나쁜 소식은 무엇인가요?
(우리는 모두 죄 때문에 죽은 상태라는 것입니다.)

우리가 듣게 되는 좋은 소식은 무엇인가요?
(예수님이 우리 대신 십자가에서 돌아가셨기 때문에 비록 우리가 여전히 죄 때문에 죽은 상태지만, 하나님은 우리에게 구원과 새 생명을 은혜로 주셨다는 사실입니다.)

'자랑한다' 는 무슨 뜻인가요?
(우리가 한 어떤 일이나 행동을 큰 소리로 드러내고 알린다는 뜻입니다.)

바울은 왜 누구도 구원받은 것을 자랑하지 말라고 했나요?
(아이들이 정확한 대답을 하지 못한다면, "하나님이 우리를 구원하셨니, 아니면 우리가 스스로 구원했니?" 라고 물어보는 것으로 힌트를 주세요. 하나님이 모든 일을 하셨기 때문에, 우리는 아무 것도 자랑할 수 없고 잘난 척 할 수도 없습니다.)

🤲 기도하기

우리를 죄에서 구원하는 데 필요한 모든 일을 직접 이루시고 우리를 자녀로 삼아 주신 하나님께 감사하세요. 그 모든 구원을 위해 우리가 지불해야 할 대가는 아무것도 없습니다. 구원은 값없이 주어지는 선물입니다.

DAY 3

♥ 예수님께 연결하기

오늘은 이번 주 성경 이야기를 복음과 연결해 보는 날입니다. 복음은 우리를 구원하신 예수님의 생명과 죽음, 그리고 부활입니다. 이번 주 성경 이야기가 어떻게 복음과 연결되는지 깊이 생각해보세요.

📖 성경 읽기 | 에베소서 2:11~18절

💬 깊이 생각하기

우리는 어제 복음을 배웠습니다. 오늘은 그 복음이 모든 사람에게 주어진 것이라는 사실을 배울 겁니다. 아브라함을 부르셨을 때, 하나님은 그를 통해 모든 사람이 복을 받게 될 거라고 약속하셨습니다. 그러나 예수님이 모든 사람을 위해 돌아가시고 나서야 비로소 이방인들이 하나님께 나아올 길이 열렸습니다.

예수님을 믿으면, 이전에 하나님을 떠났던 이방인들도 다시 그분의 자녀가 될 수 있습니다. 하나님은 아브라함의 먼 후손으로 태어나신 예수님을 통해 그와 맺으신 언약을 성취하셨습니다. 아브라함에게 아들을 주시고 모든 나라가 복을 누리게 될 거라는 약속을 주셨던 그때부터, 하나님은 유대인과 이방인 모두를 그들의 죄에서 구원하시려고 예수님의 십자가 죽음을 계획하셨습니다.

💭 이야기하기

이방인은 누구인가요?

(이방인은 유대인이 아닌 사람들에게 주어진 이름입니다. 즉 이스라엘에서 태어난 사람이 아니면 모두 이방인입니다.)

이방인이 하나님의 자녀가 될 수 있는 길은 어떻게 열렸나요?

(모든 죄를 위해 십자가에서 돌아가신 예수님이 이방인들도 용서받고 하나님의 자녀가 될 수 있게 하셨습니다.)

예수님은 멀리 있는 사람이나 가까이 있는 사람 모두에게 무엇을 전하셨나요?

(아이들이 어리다면, 15~17절을 다시 읽어주시고 "화평"이란 단어를 강조해 주세요.)

🙏 기도하기

모든 나라 사람들, 즉 이방인들까지도 자녀가 될 수 있게 길을 열어주신 하나님께 감사하세요.

DAY 4

♥ 기억하기

이번 주 성경 이야기를 통해서 하나님은 우리에게 무엇을 가르치시나요?

📖 성경 읽기 | 에베소서 2:19～22절

💬 깊이 생각하기

큰 도시로 운전할 때, 우리는 그곳에 가는 길을 따라 안내 표지판이 세워진 것을 보게 됩니다. 그 표지판만 잘 따라가면 길을 잃어버리진 않습니다. 이와 마찬가지로 구약 성경에는 예수님을 가리키는 표시들이 많이 담겨 있습니다. 예를 들어, 솔로몬 시대에 이스라엘 사람들은 돌로 만든 성전을 지었고, 하나님은 그 성전 안에 임재하셨습니다. 자기 죄에 대한 징계를 씻어내려고 사람들은 양을 죽이고 그 피를 제단에 뿌렸습니다. 구약 시대의 성전과 희생 제물은 예수님을 가리키는 도로 표지판과 같았습니다.

오늘날 우리는 어린 양을 희생 제물로 바칠 필요가 없습니다. 왜냐하면 하나님의 완전한 어린 양이신 예수님이 우리 죄를 위해 돌아가셨기 때문입니다. 구약 시대 어린 양들은 예수님을 가리키는 표시와 같았습니다. 돌로 지은 성전을 가득 채우는 하나님의 임재 대신에, 이제는 성령님이 모든 신자의 마음과 삶을 채웁니다. 구약 시대의 성전은 하나님의 백성이 그들의 마음속에 임재하신 그리스도의 영으로 성전이 된 날을 가리키는 표시였습니다.

🗣 이야기하기

부모님은 하나님의 임재를 느껴본 경험이나 교회에서 동료 신자들과 함께 있을 때 누렸던 기쁨을 아이들에게 얘기해 주세요.

(우리 안에 계시는 하나님의 영을 느끼는 것이 어떤 것인지, 같은 경험을 하는 교회 가족들과 함께 예배하고 교제하며 누리는 기쁨이 어떤 것인지 아이들에게 나눠주세요.)

구약 시대의 성전 기초는 딱딱하고 차가운 돌이었습니다. 신약 시대의 성전 기초는 무엇인가요?

(예수님과 사도들, 그리고 선지자들이 성전의 기초입니다. 그들이 벽돌처럼 실제로 바닥에 엎드리고 나머지 사람들이 그 위에 올라갔다는 말이 아닙니다. 예수님과 사도들이 기초인 이유는 교회가 예수님의 가르침 위에 세워졌는데, 그 가르침은 사도들을 통해 우리에게 전수되었고, 성경에 기록되고 보존되었기 때문입니다.)

하나님의 성전을 이루고, 성령님이 임재하시는 삶을 살려면 무엇을 해야 하나요?

(죄에서 돌이키고 구원의 근거이신 예수님을 믿어야 합니다.)

🙏 기도하기

우리 가족 모두가 회개하고 예수님을 온전히 믿어 하나님의 거룩한 영이 임재하시는 성전이 되게 해 달라고 간구하세요.

DAY 5

♥ 발견하기

오늘은 다른 성경 본문을 보는 날입니다. 시편이나 예언서에서 예수님 혹은 우리의 구원에 대해 배울 수 있습니다.

📖 성경 읽기 | 이사야 53:6절

💬 깊이 생각하기

구약 성경을 통틀어서 죄에 대한 나쁜 소식과 복음의 좋은 소식을 오늘 구절보다 더 명확하게 전달하는 구절은 없습니다. 이사야가 말하길 죄인인 우리는 모두 자기가 원하는 대로 하려고 잘못된 길로 갔고, 하나님에게서 돌아섰습니다. 이사야는 일부만 그렇게 했다고 말하지 않았습니다. 그렇다고 대다수가 그랬다고도 하지 않았습니다. 이사야는 분명히 전부 다 그릇 행하여 각기 제 길로 갔다고 했습니다. 그러나 이사야는 이런 절망밖에 없는 나쁜 소식만 전한 게 아니었습니다. 또한 말하길 우리 모든 죄악을 예수님께 담당시키셨다는 좋은 소식도 전했습니다.

🗨 이야기하기

오늘 성경 구절에서 이사야가 전한 나쁜 소식은 무엇인가요?
(아이들이 어리다면 오늘 구절을 다시 한번 읽어 주시고, 정답을 찾으면 손을 들고 대답하게 해 주세요. 우리는 모두 목자를 떠나 방황하는 양들처럼 하나님을 떠나 각자 원하는 길로 갔습니다.)

"죄악(Iniquity)"은 무슨 뜻인가요?
(죄를 뜻하는 또 다른 단어입니다.)

이사야가 전한 좋은 소식은 무엇인가요?
(하나님은 죄악의 대가를 우리가 감당하지 않게, 전부 다 예수님께 전가하셨습니다. 예수님은 우리 대신 모든 징계와 진노를 당하셨습니다.)

🤲 기도하기

우리 죄악을 예수님께 전가하신 하나님께 감사하세요. 우리가 받아야 할 모든 징계와 진노를 다 감당하신 예수님께 감사하세요. 비록 자기 죄 때문에 죽은 상태였으나 예수님을 믿기만 하면, 하나님은 누구든지 살리시고 영원히 천국에서 함께 할 자격을 주십니다.

교회에 주신 그리스도의 선물
The Gift of Men

이야기 143 – 컬러 스토리 바이블

교회 목사님에게 보낼 감사 카드를 준비하세요. 목사님이 우리 가족을 어떻게 돌봐주셨는지 생각해 보고 감사하는 마음을 구체적으로 써 보세요. 아이들 모두가 함께 이름을 적고, 목사님께 우편으로 보내세요(주일에 직접 드리는 것도 좋습니다). 그리고 이렇게 얘기해 주세요. "이번 주 우리는 하나님이 교회 안에 리더들을 세워주셨는데 그분들에게 은사를 주셔서 우리가 그리스도 안에서 성장하게 하셨다는 걸 배우게 될 거야."

DAY 1

♥ 상상하기

한 소년이 스카우트에 가입할 때는, 하나님과 지역 사회를 섬기고, 스카우트 규칙을 준수하며, 도움이 필요한 사람들에게 손을 내밀어 선행하겠다고 다짐합니다. 그러나 스카우트로서 이 맹세를 어기고, 잘못된 행동을 하면 사람들은 스카우트 전체를 별로 좋지 않게 생각합니다. 어떤 사람이 군복이나 경찰복 같은 제복이나 유니폼을 입으면, 사람들은 그 한 사람을 통해 그 단체에 대한 평가와 인식을 하게 됩니다. 옳건 그르건 그 사람의 행동으로 전체를 판단하는 것입니다. 그리스도인에게도 마찬가지입니다. 그리스도인은 단지 자기만을 위해 사는 게 아닙니다. 우리는 그리스도를 위해 살고 교회를 대표합니다.

우리가 예수님을 믿게 되면, 성경에서 말하길 우리는 그리스도의 옷을 입습니다(갈 3:27절). 이것은 우리가 예수님을 믿어서 완전히 달라졌고, 성령님이 우리 안에 임재하신다는 사실을 드러내는 또 다른 방법입니다. 게다가 그리스도인이라는 이름 자체가 예수님을 드러내고 있습니다. 우리에게도 맹세와 다짐이 있습니다. 우리가 죄에서 돌이켰다는 사실을 고백할 때, 그 말은 곧 예수님만을 위해 살겠다는 맹세이고 다짐입니다. 그래서 그리스도인이라 하면서 예수님을 따르지 않고 죄에 빠져 산다면, 그것은 그리스도이신 예수님과 교회를 모욕하는 것이고 우스갯거리가 되게 하는 것입니다.

📖 성경 읽기 | 에베소서 4:1~6절

💬 깊이 생각하기

오늘 성경 구절에서, 바울은 에베소 교인들에게 그들이 했던 맹세와 다짐을 떠올리게 합니다. 마치 스카우트에게 행동 강령이나 규칙이 있는 것처럼, 그리스도인들도 그렇습니다. 그리스도인으로서, 우리는 예수님을 본받아 살라는 부르심을 입었습니다. 어떤 선행이나 대가로도 천국을 얻을 수 없습니다. 오직 예수님이 우리 대신 치르신 그 대가만이 우리에게 자격을 부여합니다. 그러나 성령님의 도움으로 예수님이 우리를 위해 하신 모든 일을 깨닫고 믿으면, 우리는 예수님을 위해 살고 싶어지고 죄를 따라 살던 삶에서 돌아서게 됩니다. 그렇지만, 여전히 죄는 남아 있어서, 복음을 잊고 성령님의 인도와 도움을 받지 않게 만듭니다. 그래서 바울은 에베소 교인들에게 "너희가 부르심을 받은 일에 합당하게 행하여"(엡 4:1절)라고 말합니다. 바울은 성령님이 도우시면 에베소 교인들이 하나 됨을 지키고 서로 화평하며 살 수 있다는 것을 알았습니다.

💬 이야기하기

바울은 에베소 교인들에게 어떻게 살라고 했나요?
(바울은 "모든 겸손과 온유로 하고 오래 참음으로 사랑 가운데서 서로 용납하고 평안의 매는 줄로 성령이 하나 되게 하신 것을 힘써 지키라"고 했습니다.)

만약 불신자들이 바울의 말(2~3절)대로 살아가는 그리스도인들을 본다면, 어떻게 생각할까요?
(그리스도인들이 그렇게 산다면, 예수님을 모르는 사람들은 자기들과 매우 다르다고 생각할 겁니다. 그리고 어떻게 그렇게 살 수 있는지 궁금해하며 질문할 겁니다. 그때 신자 된 우리는 예수님을 증언할 기회를 얻는 것입니다.)

그리스도인들이 예수님처럼 살지 않고 거만하고 야비하고, 인내심 없이 화내고 편 가르며 산다면, 불신자들은 어떻게 생각할까요?
(만약 그리스도인들이 이렇게 산다면, 예수님을 모르는 세상 사람들과 다를 바가 없고, 오히려 더 손가락질당하고 조롱과 비난을 받을 겁니다. 결국 불신자들은 예수님을 향해 공격과 비방을 쏟아낼 겁니다.)

어떻게 하면 우리는 바울이 말한 대로 살 수 있을까요?
(오직 하나님만이 우리를 그렇게 살게 하실 수 있습니다. 우선, 우리의 삶을 예수님께 드리고 거듭남으로 성령님과 동행해야 합니다. 그다음, 세상의 명예와 부, 그리고 자랑을 멀리하고 예수님만을 믿고 의지하는 삶을 살아야 합니다. 그렇게 할 때 성령님이 도우셔서 예수님을 본받아 살게 하실 겁니다.)

🤲 기도하기

우리 가족의 눈을 열어 주셔서 하나님을 믿고 성령님을 마음에 모셔서 겸손과 온유와 오래 참음과 사랑으로 하나 됨을 지키며 살게 해 달라고 기도하세요.

DAY 2

♥ 기억하기

어제 이야기 중에서 무엇을 기억하나요? 오늘은 어떤 이야기가 있을 것으로 생각하나요?

📖 성경 읽기 | 에베소서 4:7~13절

💬 깊이 생각하기

어제 우리는 하나님이 우리에게 겸손과 온유와 오래 참음과 하나 됨을 지키며 살기를 원하신다는 것을 배웠습니다. 그러나 하나님은 우리의 힘으로는 그렇게 살 수 없다는 것 또한 이미 알고 계셨습니다. 그래서 우리에게 매우 특별한 사람들을 선물로 주셨습니다. 그들을 통해 우리가 그리스도인답게 살도록 돕게 하셨습니다. 바로 교회를 주신 것입니다. 특히, 교회의 리더들을 통해 우리를 가르치시고 깨닫게 하십니다. 교회의 리더로 세우신 목사님들을 통해 성경에 기록된 예수님에 대한 이야기를 가르치십니다. 그리고 그분들의 삶을 통해 우리의 믿음이 성장하고 예수님을 닮아갈 수 있게 본보기가 되게 하셨습니다. 교회 리더들의 가르침과 삶의 실천을 보면서 우리는 서로 싸우지 않고 거짓 가르침에 현혹되지 않을 겁니다.

🗨 이야기하기

바울은 그리스도인들의 믿음을 성장시키고 예수님처럼 살아갈 수 있게 하려고 하나님이 교회에 어떤 선물을 주셨다고 했나요?
(하나님은 교회에 경건한 리더들을 선물로 주셨습니다. 그들을 통해 각 그리스도인의 믿음이 성장하고 예수님을 닮아갈 수 있게 하셨습니다.)

교회의 리더인 목사님들이 각 그리스도인으로 하여금 예수님을 더 닮아가게 할 수 있는 두 가지 방법은 무엇인가요?
(목사님들은 성경을 가르치고 삶의 본을 보임으로 거룩하게 살 수 있게 인도하십니다.)

우리 교회 목사님이 우리가 예수님을 더 닮아갈 수 있게 도와주셨던 가르침 가운데 기억하는 게 있나요?
(아이들이 목사님의 설교나 삶의 모습을 통해 배웠던 것들을 기억할 수 있게 도와주세요. 가장 최근에 들었던 설교 말씀을 되새겨 보는 게 좋습니다.)

🙏 기도하기

우리 교회에 은사대로 리더들을 세우시고 선물로 주신 하나님께 감사하고, 리더들의 이름을 부르며 기도하세요.

DAY 3

♥ 예수님께 연결하기

오늘은 이번 주 성경 이야기를 복음과 연결해 보는 날입니다. 복음은 우리를 구원하신 예수님의 생명과 죽음, 그리고 부활입니다. 이번 주 성경 이야기가 어떻게 복음과 연결되는지 깊이 생각해보세요.

📖 성경 읽기 | 사도행전 20:17~32절

💬 깊이 생각하기

어제 우리는 바울이 에베소 교회에 보낸 편지에서 하나님은 교회에 리더들을 선물로 주셔서 신자들을 돌보게 하셨다고 배웠습니다. 오늘 우리는 바울이 에베소 교회의 장로(목사)들에게 전하는 격려를 읽으면서, 교회 리더들은 어떻게 하나님이 자기 피로 사신 교회를 돌봐야 하는지 자세히 알게 됩니다. 바울은 그들에게 자기가 어떻게 에베소 교회를 돌봤는지를 확인시킵니다. 그렇게 함으로 교회 리더들도 그대로 따라 하기를 바랐기 때문입니다. 바울은 복음을 전하는 것이 교회 리더로서 가르쳐야 할 가장 중요한 것이라는 점도 분명히 했습니다. 또한 하나님의 뜻(27절)을 제대로 전하는 것이 진리에서 멀어지게 만드는 거짓 가르침으로부터 교회를 보호한다고 말했습니다. 이것은 오늘날 교회의 목사님들에게도 동일하게 주어진 사명입니다. 목사님들은 교인들에게 복음을 가르치고 하나님의 뜻을 온전히 전해서 신자들이 그 어떤 거짓 가르침에도 흔들리거나 넘어지지 않게 돌봐야만 합니다.

🗨 이야기하기

바울은 집마다 다니며 무엇을 가르쳤다고 했나요?
(아이들이 어리다면 20~21절을 다시 한번 읽어 주시고, "하나님에 대한 회개"와 "주 예수 그리스도께 대한 믿음"을 강조해 주세요. 그리고 정답을 찾아내는지 기다려보세요.)

바울은 에베소 교회 장로들에게 성경 말씀을 가르치라고 했습니다. 그렇게 해야만 누구로부터 교회를 보호할 수 있다고 했나요?
(바울이 말하길 만약 신자들에게 성경 말씀, 즉 하나님의 뜻을 제대로 가르치면, 그것은 사나운 이리로부터 교회를 지킬 수 있다고 했습니다. 여기서 사나운 이리는 진리를 왜곡되게 가르쳐서 하나님을 배반하고 다른 길로 가게 만드는 거짓 교사들입니다. 교회가 성경이 전하는 바를 정확히 알고 있다면, 결코 거짓말에 흔들리거나 현혹되지 않을 겁니다.)

우리 교회 목사님들은 하나님이 에베소 교회에 주신 목사님처럼 하고 계신가요?
(아이들이 목사님들은 동일한 사명으로 일하고 있다는 걸 이해하게 도와주세요. 대부분의 목사님은 복음을 가르치고 신자들을 돌보는 것으로 거짓 교사들이 그들을 진리에서 벗어나지 못하게 합니다.)

🙏 기도하기

우리 교회 목사님들이 성경을 잘 가르쳐서 온 교회가 성장할 수 있게 해 달라고 기도하세요.

DAY 4

♥ 기억하기

이번 주 성경 이야기를 통해서 하나님은 우리에게 무엇을 가르치시나요?

📖 성경 읽기 ㅣ 에베소서 4:14~16절

💬 깊이 생각하기

한 어린아이가 배에서 떨어져 바다에 빠진다면, 그 아이는 출렁이는 파도와 몰아치는 바람에 맞서 할 수 있는 게 전혀 없습니다. 구명조끼조차도 별 도움이 안 됩니다. 그저 파도와 바람에 이끌려 떠다니게 될 겁니다. 끔찍하고 안타깝지만, 이 아이의 모습이 바로 하나님의 말씀에 대한 정확한 가르침 없이 사는 삶입니다. 바울은 이것을 깨닫게 하려고 애쓰고 있습니다. 우리가 진리가 무엇인지 모른다면, 정확한 기준 없이 아무거나 믿게 될 겁니다. 그런 혼동과 실수를 예방하려고 하나님은 교회에 리더들을 세우셨고, 그들을 통해 진리를 가르치게 하셨습니다.

어제 우리가 배웠듯이, 바울은 에베소 교회 장로(목사)들에게 성경을 가르침으로 거짓 교사들로부터 교회를 지키라고 했습니다. 오늘 성경 구절을 보면, 바울은 같은 말을 하면서 하나님을 배반하고 다른 길로 가게 만드는 속이는 자들을 조심하라고 경고합니다. 하나님의 말씀에 담긴 진리를 아는 것은 우리가 거짓 메시지를 구별하게 해 줍니다.

💬 이야기하기

부모님은 거짓 교사나 거짓 메시지가 하나님을 떠나게 시험했던 적이 있었는지 얘기해 주세요.
(실제로 경험한 적이 있다면 그 이야기를 들려주시면 됩니다. 그러나 간단히 TV 광고를 예로 들어주셔도 아이들이 이해하는 데 도움이 될 겁니다. 광고는 어떤 물건이 우리에게 꼭 필요한 것처럼 말합니다. 지금 그것을 사지 않으면, 마치 큰일이 일어나거나 엄청난 손해를 보는 것처럼 착각하게 만듭니다. 그 물건을 사면, 우리가 행복해질 것처럼 느끼게 만듭니다. 하지만 사실 그렇지 않습니다.)

성경을 배우는 것이 어떻게 거짓 가르침에서 교회를 보호할 수 있나요?
(성경은 우리에게 진리가 무엇인지를 알게 해 줍니다. 만약 설교자나 교사가 성경에 기록된 것과 다른 말을 한다면, 우리는 그 사람이 틀렸다는 것을 금세 알 수 있습니다.)

바울은 우리가 서로를 성장시키기 위해 무엇을 할 수 있다고 했나요?
(우리는 성경에서 배운 진리를 서로에게 말해 줄 수 있습니다[15절]. 하나님은 교회에 목사님을 비롯한 리더들을 주셨지만, 교회를 이룬 각 개인 또한 서로에게 성경의 진리를 전할 수 있습니다.)

우리 가족들이 진리를 기억하도록 우리가 서로에게 전할 수 있는 성경의 가르침은 어떤 것이 있나요?
(아이들이 성경에서 배운 것들을 기억할 수 있게 도와주세요. 그 내용으로 가족을 어떻게 격려하고 섬길 수 있는지도 알려주세요. 요한복음 3:16절과 에베소서 6:2절은 아이들이 진리를 되새겨볼 수 있는 좋은 구절들입니다.)

🙏 기도하기

우리가 하나님의 말씀을 사랑하고 기쁘게 배워서 거짓 가르침으로부터 진리를 지킬 수 있게 해 달라고 기도하세요.

DAY 5

♥ 발견하기

오늘은 다른 성경 본문을 보는 날입니다. 시편이나 예언서에서 예수님 혹은 우리의 구원에 대해 배울 수 있습니다.

📖 성경 읽기 | 시편 68:1~20절

💬 깊이 생각하기

바울은 에베소서에서 시편 68:18절을 인용하면서 그것이 예수님에 대해 말하고 있다고 했습니다(엡 4:8절). 이 시편은 위대한 전투에서 승리한 왕이 포로들을 이끌고 귀환하는 모습입니다. 왕이신 예수님은 이 땅에 우리와 같은 모습으로 내려오셨습니다. 죽음에서 다시 살아나심으로 모든 죄와 사망을 물리치시고 영원한 승리를 이루신 후 천국으로 올라가셨습니다.

🗣 이야기하기

19~20절은 하나님에 대해 어떻게 말하고 있나요?
(아이들이 어리다면 그 구절을 다시 한번 읽어주시고, 하나님에 대해 "우리의 구원"이라는 표현을 찾으면 손을 들고 대답하게 해 주세요.)

시편 68:1~4절에서, 다윗은 우리가 무엇을 해야 한다고 말하나요?
(아이들이 어리면 그 구절을 다시 한번 읽어주시고 정답을 찾으면 손을 들고 대답하게 해 주세요. 다윗은 우리에게 기뻐하고 뛰놀며 즐거워하라고 말합니다. 또한 하나님께 노래하며 그분의 이름을 찬양하라고 합니다.)

오늘 우리는 왜 기뻐하고 즐거워해야만 하나요?
(왜냐하면 예수님이 위대한 승리를 이루셨기 때문입니다. 예수님은 우리 죄 때문에 이 땅에 우리와 같은 모습으로 내려오셨습니다. 그리고 모든 대가를 치르시며 돌아가셨고, 그 죽음에서 다시 살아나셔서 천국으로 올라가셨습니다. 그곳에서 승리하신 위대한 왕으로 계십니다. 언젠가 우리도 그곳에서 예수님과 함께 있을 겁니다. 예수님 때문에, 하나님은 우리를 구원하시고 우리에게도 그분의 승리를 만끽하게 해 주십니다.)

🙏 기도하기

인간의 몸으로 이 땅에 오셔서 우리를 위해 돌아가시려고 천국의 영광을 포기하신 예수님께 감사하세요.

옛 자아를 벗어라
Putting Off the Old Self

이야기 144 – 컬러 스토리 바이블

낡고 오래된 셔츠를 준비하고 그것에 스프레이 페인트나 마커펜으로 낙서를 해서 더럽고 지저분하게 만드세요. 그런 다음 셔츠를 여러 조각으로 찢는데 소매, 깃 등은 연결된 상태로 찢어서 계속 입을 수는 있게 만드세요. 그 셔츠를 입고 성경 공부를 진행하세요. 분명히 자녀들은 한마디씩 할 겁니다. 이 셔츠는 버려야 할 만큼 낡긴 했지만 한 편으로는 여전히 입을 수 있을 것 같다고 말하세요. 이 셔츠를 입고 직장이나 교회에 가는 게 어떨지 아이들에게 물어보세요.

그건 안 될 것 같다고 대답하면, 왜 그렇게 생각하는지 말해보게 하세요. 깨끗한 옷이 있는데 그렇게 더럽고 낡은 옷을 입는 건 어리석은 거라는 대답을 하는지 살펴보세요. 이렇게 말하세요. "이번 주 우리는 이 낡고 더러운 셔츠가 우리의 영적 상태를 설명한다는 걸 배울 거야. 바울은 에베소 교인들에게 옛 자아를 버리고 새것을 입으라고 말했단다."

DAY 1

♥ 상상하기

어떤 사람이 죄를 짓고 감옥에 가게 되었다면, 그 사람은 일상복을 벗고 감옥에서 입어야 하는 옷을 지급받을 겁니다. 그렇게 하면, 교도관들은 누가 죄수이고 아닌지를 쉽게 분간할 수 있습니다. 혹시라도 한 죄수가 탈옥했다면, 옷차림만 봐도 어떤 사람인지 금방 알아차리고 경찰에 신고할 수 있을 겁니다. 감옥에서 석방될 때 가장 먼저 할 일은 바로 죄수복을 벗어버리는 것입니다. 한 번 생각해 보세요. 불편하고 수치스러운 옷을 벗고 편안하고 익숙한 티셔츠와 청바지로 갈아 입었을 때 얼마나 자유롭고 기분이 상쾌할지!

예수님을 믿기 전 우리는 모두 죄의 사슬에 묶인 채 죄수복을 입고 사는 죄수들이었습니다. 그러나 하나님은 그런 우리를 그분의 영으로 죄에서 풀어주셨습니다. 하나님은 우리에게 죄수복을 벗고 그리스도의 의의 옷을 입으라고 말씀하십니다. 우리는 여전히 죄의 잔재로 불신자들처럼 죄를 짓기도 하지만, 하나님은 우리 안에서 일하시며 삶을 바꾸시는 성령님을 의지해 우리의 구원을 따라 살라고 하십니다(빌 2:12~13절).

📖 성경 읽기 | 에베소서 4:17～24절

💬 깊이 생각하기

하나님이 우리를 구원하시고 성령님을 보내시면, 우리 마음에는 죄에 얽매여 살던 과거의 삶을 벗어버리고 죄의 유혹을 거부하려는 바람이 자랍니다. 그러면 우리는 예수님을 위해 선한 삶을 살려고 노력하게 됩니다. 이것은 새 옷을 입는 것과 같습니다. 이런 모습은 우리 안에서 하나님이 그분의 영을 통해 어떻게 일하시는지를 드러내고 우리가 어떻게 변했는지를 보여줍니다. 바울은 이것을 가리켜 죄로 물든 삶을 살던 옛사람을 벗어버리고 새사람을 입는 것이라고 했습니다. 그렇게 되면 우리의 삶은 예수님처럼 살도록 우리를 지으신 하나님의 영광을 드러냅니다. 하나님이 우리를 죄의 권세에서 해방시키시기 전, 우리는 죄의 굴레에 묶여 있어서 절대로 하나님을 위한 삶을 살고 싶지도 않고, 살아낼 수도 없었습니다. 그러나 하나님이 우리를 구원하시고 거듭나게 하시면, 그분의 영이 우리 안에 들어오시고, 그분의 능력 때문에 우리를 붙잡고 있던 모든 죄의 권세들은 쫓겨나게 됩니다. 이제 우리는 자유를 얻게 된 것입니다.

하나님의 영이 우리 안에 임재하시면, 죄를 사랑하던 우리 마음은 변하기 시작해서 하나님을 사랑하고 그분의 뜻대로 살고 싶어집니다. 물론, 죄의 잔재들과 몸에 밴 습관들 때문에 옛날처럼 죄를 짓기도 합니다. 그래서 바울은 에베소 교인들에게 옛 습관을 벗어버리고 그리스도 안에서 새사람을 입으라고 했습니다. 우리는 자기 힘으로 절대 순종할 수 없습니다. 하지만 바울은 "성령을 따라 행함"으로(갈 5:16절), 우리가 죄의 욕망에 굴복하지 않고 거듭난 삶을 살 수 있다고 했습니다.

💬 이야기하기

바울은 어떤 의도로 옛사람에 대해 말한 건가요?
(바울이 말한 옛사람은 그리스도인이 되기 전, 죄의 굴레에 묶여 있던 삶을 뜻합니다.)

바울은 어떤 의도로 새사람에 대해 말한 건가요?
(바울이 말한 새사람은 그리스도인이 되어 거듭난 삶을 살게 되는 것을 뜻합니다. 하나님은 모든 죄를 용서하시고, 그 굴레와 속박에서 벗어나게 해 주십니다. 그래서 이제는 하나님께 순종하고픈 마음을 갖게 됩니다.)

우리는 언제 죄를 거부하고 하나님을 사랑하고 그분께 순종하려는 마음을 가진 새사람을 입게 되나요?
(우리가 하나님을 믿을 때, 하나님이 우리 마음을 바꾸시고 그분의 영을 우리 안에 거하게 하십니다. 성경은 이것을 거듭남이라고 합니다[요 3:3절].)

🙏 기도하기

우리에게 성령님을 보내 달라고 하나님께 간구하세요. 그분의 도움으로 우리는 하나님을 진정으로 믿고 그분께 순종할 수 있습니다. 그래야만 죄에서 돌이켜 새로운 삶을 살 수 있습니다.

DAY 2

♥ 기억하기

어제 이야기 중에서 무엇을 기억하나요? 오늘은 어떤 이야기가 있을 것으로 생각하나요?

📖 성경 읽기 | 에베소서 4:25~32절

💬 깊이 생각하기

우리는 어제 옛사람을 벗어버리고 새사람을 입으라는 바울의 가르침을 들었습니다. 그것은 성령님의 능력으로 변화되어 예수님을 닮아가는 삶입니다. 오늘 성경 구절에서, 우리는 그런 삶이 어떤 것인지를 구체적으로 보게 됩니다. 우리는 이것을 "헌 옷과 새 옷" 목록이라고 할 수 있습니다. 우리 죄는 낡고 오래된, 아주 무거운 코트이고, 반면에 새사람은 가볍고 더 따뜻한 최신 유행 코트라고 생각해 보세요. 우리는 낡고 오래된 코트를 벗지 않으면 새것을 입을 수 없습니다. 그런데 문제는 오직 하나님만이 그 낡은 코트를 벗게 하실 수 있다는 것입니다. 그래서 바울은 성령님이 우리를 인치셨고(30절), 그리스도가 우리를 용서하셨다(32절)고 했습니다. 우리 죄 때문에 십자가에서 돌아가신 예수님과 우리 안에 임재하시는 성령님이 안 계시면, 우리는 절대로 그 무거운 죄의 코트를 벗어버릴 수가 없습니다. 그뿐만 아니라 그것을 벗고 싶어 하지도 않을 겁니다.

💬 이야기하기

바울의 헌 옷과 새 옷 목록 가운데 몇 가지나 기억할 수 있나요?
(바울은 거짓, 화, 도둑질, 더러운 말, 악독, 분냄, 떠드는 것, 비방, 악의를 벗으라고 했습니다. 반면에 참된 것을 말하고, 선한 일을 하며, 덕을 세우고, 서로 친절하고, 불쌍히 여기며, 용서함으로 새 옷을 입으라고 했습니다.)

우리가 죄를 벗어 버리려면 왜 하나님의 도움이 필요한가요?
(우리를 구원하시고 바꾸실 하나님이 필요합니다. 그렇지 않으면 우리는 하나님보다 죄를 더 사랑하는 본성대로 살게 될 겁니다. 우리는 절대로 낡고 오래된 죄의 코트를 스스로 벗고 싶어 하지 않습니다. 하나님이 우리 눈을 열어서 그 옷이 얼마나 더럽고 추한지 알게 해주시기까지는 그것이 문제인지조차 깨닫지도 못합니다.)

바울이 말한 헌 옷 목록 가운데 어떤 것이 가장 벗기 힘든가요?
(아이들과 죄에 대해, 그리고 예수님을 믿는 것에 대해 나눌 수 있는 매우 좋은 기회입니다. 아이들의 삶에서 어떤 성령의 열매가 있는지 함께 찾아보세요. 누구나 그리스도인이라고 말할 수는 있습니다. 그러나 삶에서 드러나는 열매와 변화를 통해 그 말을 증명할 수 없다면 그 말은 거짓말 혹은 빈말에 불과합니다.)

🙏 기도하기

우리 가족 모두가 헌 옷을 벗고 새 옷을 입게 해 달라고 하나님께 간구하세요. 예수님을 믿고 죄에서 돌이킬 때 우리는 새 옷을 입게 됩니다.

DAY 3

♥ 예수님께 연결하기

오늘은 이번 주 성경 이야기를 복음과 연결해 보는 날입니다. 복음은 우리를 구원하신 예수님의 생명과 죽음, 그리고 부활입니다. 이번 주 성경 이야기가 어떻게 복음과 연결되는지 깊이 생각해보세요.

📖 성경 읽기 ┃ 에베소서 5:1~2절

💬 깊이 생각하기

사람들은 하나님을 위해 살겠다고 말하면서 자기 의지와 노력으로 그렇게 하려고 하는 경우가 많습니다. 그런 사람들은 자기 죄로 넘어져서 실패했을 때는 정죄감과 절망 속에 고통스러워합니다. 반면에 무엇인가 잘 이뤄내면, 자신이 하나님께 쓸모 있고 가치 있는 존재라고 생각하며 뿌듯해합니다. 그러나 아무리 우리가 선행하고 위대한 성공을 이루더라도, 그것은 우리를 천국으로 인도하지 못합니다. 바울은 헌 옷과 새 옷 목록을 에베소서 4장에서 제시한 후에 자기 힘으로는 절대로 그것들을 벗어버릴 수 없다는 것과 왜 예수님을 기억해야 하는지를 확실하게 해 두고 싶었습니다. 예수님은 우리 대신 완전한 삶을 사셨습니다. 그리고 우리 죄를 없애버리시려고 십자가에서 우리 대신 죽임 당하셨습니다. 우리는 천국에 들어갈 자격을 얻으려고 옛사람을 벗는 게 아닙니다. 예수님의 십자가 죽음이 모든 죄의 대가를 완전히 지불했기 때문에 그분을 믿는 사람은 어떤 죄의 방해에도 불구하고 천국에 들어갈 수 있습니다. 우리가 올바르게 살고 착한 일을 많이 했기 때문에 천국에 들어가는 게 아닙니다. 천국은 오직 예수님의 죽음과 부활을 믿는 믿음으로 들어갈 수 있습니다. 우리가 붙잡을 소망은 예수님뿐입니다.

🗣 이야기하기

바울은 예수님이 우리 대신 죽임당하신 이유가 무엇이라고 했나요?
(그 이유는 예수님이 우리를 사랑하셨기 때문입니다.)

예수님의 십자가 죽음은 우리가 다른 사람들을 대하는 태도에 어떤 영향을 주나요?
(바울은 예수님이 그분의 생명을 내어주실 정도로 우리를 사랑하신 것처럼 우리도 다른 사람을 사랑해야 한다고 했습니다.)

바울은 우리가 헌 옷을 벗고 새 옷을 입을 때 누구를 본받게 된다고 했나요?
(하나님)

🙏 기도하기

우리를 사랑하셔서 십자가에서 돌아가신 예수님을 기억하는 것이 우리가 사랑하고 선하게 사는 이유가 되게 해 달라고 하나님께 기도하세요.

DAY 4

♥ 기억하기

이번 주 성경 이야기를 통해서 하나님은 우리에게 무엇을 가르치시나요?

📖 성경 읽기 ｜ 에베소서 5:3～21절

💬 깊이 생각하기

복음을 재차 설명하면서, 바울은 우리에게 헌 옷과 새 옷 목록을 알려줍니다. 바울은 죄를 짓는 것은 어둠 속을 걷는 것이고, 예수님을 따르는 것은 빛에 거하는 것이라고 했습니다. 예수님도 제자들에게 이렇게 가르치셨습니다. "나는 세상의 빛이니 나를 따르는 자는 어둠에 다니지 아니하고 생명의 빛을 얻으리라" (요 8:12절). 우리가 빛에 거할 방법은 빛의 자녀가 되는 것밖에는 없습니다. 이 말은 우리가 죄를 거부하고 하나님께 완전히 순종할 수 있는 길은 우리 눈이 복음의 진리에 열려 있는 것뿐입니다. 즉, 예수님이 우리 대신 돌아가셨고 우리의 모든 죄가 사라졌다는 진리를 믿는 것입니다.

🗨 이야기하기

부모님은 예수님이 감당하신 놀라운 그 일이 어떻게 우리가 그분을 기뻐하고 찬양할 수 있게 해 주는지 얘기해 주세요.
(우리 대신 죽임당하신 예수님이 어떻게 우리의 눈을 열어주셨고, 어떻게 우리가 그분을 즐거워하며 찬양할 수 있게 해 주는지 아이들에게 나눠주세요. 예수님이 하신 일을 기억하는 것은 우리를 죄에서 돌이키게 해 주고, 그분을 더욱 믿고 의지하게 해 줍니다.)

바울이 에베소 교인들을 "빛의 자녀들" (8절)이라고 했는데, 그 말은 무슨 뜻인가요?
(하나님은 세상을 비추는 빛이십니다. 하나님이 우리를 구원하실 때, 우리는 그분의 자녀가 됩니다. 그러면 우리는 빛의 자녀들인 것입니다. 다시 말하면 빛의 자녀들은 곧 하나님의 자녀들입니다.)

바울은 술 취하지 말고 어떻게 되라고 했나요?
(오직 성령으로 충만함을 받으라고 했습니다.)

바울은 우리가 성령 충만함을 받으면 무엇을 해야 한다고 했나요?
(바울은 서로 화답하며 마음으로 노래하고, 서로에게 나눠주는 것으로 하나님께 감사하라고 했습니다. 이 말은 자기 것을 챙기려는 욕심이나 다툼, 갈등이 아니라 오히려 자기 것을 서로에게 내어주라는 뜻입니다.)

🙏 기도하기

우리 가족 모두가 성령 충만함을 받게 해 달라고 하나님께 간구하세요. 성령님은 우리가 기쁘게 노래하게 하시고, 다른 사람들과 화평을 이루며 살게 하십니다.

DAY 5

♥ 발견하기

오늘은 다른 성경 본문을 보는 날입니다. 시편이나 예언서에서 예수님 혹은 우리의 구원에 대해 배울 수 있습니다.

📖 성경 읽기 | 시편 44:11~22절

💬 깊이 생각하기

바울은 오늘 성경 구절을 예수님을 따르는 그리스도인들이 당하는 박해를 설명하려고 로마서 8:35~36절에서 인용했습니다. "박해"는 어떤 사람이 자기 신념이나 믿음에 근거해 다른 사람에게 고통을 가하는 것을 뜻합니다. 예수님은 "사람들이 나를 박해하였은즉 너희도 박해할 것이다"라고 말씀하셨습니다(요 15:20절). 예수님이 유일한 구원의 길이라는 얘기를 듣기 싫어하는 사람들이 있습니다. 우리가 다른 사람들에게 예수님 이야기를 할 때, 어떤 사람들은 전혀 들으려고 하지도 않습니다. 또 어떤 사람들은 그런 우리를 조롱하고 비웃기도 합니다. 심지어 화를 내거나 심한 욕설을 내뱉는 경우도 있습니다. 이런 것들도 박해입니다. 그런데 어떤 나라들에서는 그리스도인이라는 이유로 감옥에 갇히거나, 예수님을 전했다는 이유로 죽임을 당하는 일이 벌어지고 있습니다.

🗣 이야기하기

"박해"는 무슨 뜻인가요?
(어떤 사람이 자기 신념이나 믿음에 근거해 다른 사람에게 고통을 가하는 것입니다.)

예수님을 모르는 사람들은 왜 그리스도인들을 박해할까요?
(예수님을 거부하고 그분을 따르는 사람들을 싫어하기 때문입니다.)

시편 44:11~22절을 보면서, 그리스도인들이 당했던 박해를 찾아보세요.
(아이들이 어리다면 이 구절을 다시 읽어 주시고 그리스도인들이 당하는 박해가 어떤 것이 있는지 찾으면 손을 들고 대답하게 해 주세요. 그리스도인들은 욕을 당하고 조소와 조롱을 받습니다. 심지어 죽임을 당하기도 합니다.)

✍ 기도하기

예수님을 믿는다는 이유로 박해를 받는 전 세계의 모든 그리스도인을 위해 기도하세요.

하나님의 전신 갑주
The Armor of God

이야기 145 – 컬러 스토리 바이블

속인 빈 금속 캔 하나, 감자 두 개(그중 하나는 캔 안에 들어갈 만한 크기로), 도마와 날이 무딘 부엌칼을 준비하세요. 성경 공부를 시작하기에 앞서, 아이들에게 갑옷이 어떤 것인지를 보여주겠다고 말하세요. 첫 번째 감자를 도마에 올려놓고 아이들을 안전한 거리에 있게 하고 나서 칼로 감자를 내리쳐서 자르세요. 단칼에 잘라야만 합니다. 지금 감자에 일어난 일이 전쟁터에서 갑옷을 입지 않은 사람에게 벌어질 일이라고 설명하세요.

이제 금속 캔을 도마에 놓고, 두 번째 감자를 그 안에 넣으세요. 첫 번째 감자를 잘랐을 때처럼 몇 차례 금속 캔을 내리칩니다. 그러고 나서 그 금속 캔 표면에 생긴 칼자국을 아이들에게 보여주고 그 안에 있던 감자는 어떻게 되었는지도 살펴보게 하세요. 상처나 홈집이 전혀 없을 겁니다. 그리고 이렇게 얘기하세요. "이번 주 우리는 하나님의 전신 갑주가 악마의 공격과 세상의 유혹에서 우리를 어떻게 보호하시는지를 배울 거야."

DAY 1

♥ 상상하기

1513년 푸에르토리코 섬에서 금을 처음 발견한 후, 스페인 탐험가인 폰세 데 레온은 '젊음의 샘'이라는 새로운 보물을 찾아 떠났습니다. 짧은 항해 후, 그는 오늘날 미국 플로리다에 해당하는 한 해안가를 찾아내고, 거기에서 '젊음의 샘'을 찾기 위해 배를 정박했습니다. 그는 푸에르토리코 원주민을 통해 '젊음의 샘'에 대해 처음 들었습니다. 그 원주민이 말하길 '젊음의 샘'에서 물을 길어 마시면 장수할 수 있는데, 혹시 노인이라면, 젊음을 다시 얻을 수 있을 거라고 했습니다.

그러나 폰세 데 레온은 그 샘을 결국 찾지 못했습니다. 만약 그가 성경을 읽었더라면, 아마도 장수의 비밀을 알 수 있었을 겁니다. 오늘 읽을 성경 이야기에서, 우리는 하나님이 그분의 자녀들에게 주시는 장수에 대한 특별한 약속을 배우게 될 겁니다.

📖 성경 읽기 | 에베소서 6:1~4절

💬 깊이 생각하기

오늘 성경 구절에서, 바울은 하나님이 이스라엘 백성들에게 주셨던 계명을 반복했습니다. 바울은 자녀들이 그 부모에게 순종해야 하는 이유가 그들의 부모가 원해서가 아니라 바로 하나님이 그렇게 하라고 말씀하셨기 때문임을 알기 원했습니다. 그러나 자녀들도 예수님이 도와주셔야만 했습니다. 그래서 바울이 "주 안에서"란 말을 덧붙였습니다. 오직 예수님을 믿음으로 자녀들은 순종하는 마음을 가질 수 있습니다. 이것은 옛사람을 벗고 새사람을 입으라는 바울의 가르침과 연결됩니다. 만약 자녀들이 새사람을 입지 않고 예수님을 닮지 않는다면, 절대로 부모님께 순종할 수 없을 것이고, 그들의 삶은 순탄치 못할 겁니다.

바울은 부모에게 자녀들을 이해하고 화나게 하지 말라고 했습니다. 부모들은 자녀들이 그들의 마음과 삶을 예수님께 드리지 않는 한, 지속적이고 자발적인 순종은 불가능하다는 사실을 기억해야만 합니다. 따라서 자녀들이 죄를 지을 때, 화를 내고 혼내기보다는 그들이 구원자이신 예수님을 바라볼 수 있게 도와야만 합니다.

💬 이야기하기

하나님은 어떻게 하면 장수할 거라고 하셨나요?

(하나님은 만약 부모님께 순종하면, 땅에서 장수할 것이라고 약속하셨습니다.)

부모님이 자녀들에게 가르칠 수 있는 가장 중요한 것은 무엇인가요?

(아이들이 복음을 떠올릴 수 있을 때까지 생각하게 도와주세요. 예수님이 우리를 위해 십자가에서 하신 일이 부모로서 자녀들에게 가장 중요하게 가르쳐야만 하는 것입니다. 예수님이 우리 안에 계시지 않고, 우리에게 순종할 마음을 주시지 않는다면, 우리는 원하고 바라는 대로 생각하고 행동할 겁니다. 그것이 바로 하나님 앞에서 죄를 짓는 것입니다.)

우리가 부모님께 순종하려면 누구의 도움이 필요한가요?

(부모님께 순종할 수 있는 단 하나뿐인 방법은 주님을 믿는 것입니다. 그래서 바울은 자녀들에게 "주 안에서" 부모님께 순종해야 한다고 했습니다.)

🤲 기도하기

자녀들이 예수님을 믿고 따를 수 있게 도와달라고 하나님께 기도하세요.

DAY 2

♥ 기억하기

어제 이야기 중에서 무엇을 기억하나요? 오늘은 어떤 이야기가 있을 것으로 생각하나요?

📖 성경 읽기 | 에베소서 6:10~13절

💬 깊이 생각하기

바울은 로마의 재판을 기다리던 시기에 에베소 교인들에게 편지를 썼습니다. 그때 그는 집안에 갇힌 채 무장한 로마 군인의 감시를 받으며 지내야만 했습니다. 성령님의 감동으로 바울은 한 가지 아이디어를 얻었습니다. 그는 갑옷의 예를 사용해 죄악과의 전투에서 자신을 방어하는 방법을 에베소 교인들에게 가르칠 수 있었습니다. 우리의 원수인 사탄은 우리를 나쁜 생각과 부정적인 감정에 빠지게 하려고 쉬지 않고 애쓰고 있습니다. 그래서 이렇게 속삭이며 거짓말하기를 너무 좋아합니다. "너는 지은 죄가 너무 크고 악해서 예수님도 너를 구원할 수 없을 거야." 또한 원하는 것을 얻기 위해 거짓말하고, 훔치고, 속이라고 말하면서 우리가 죄를 짓게 유혹하는 것을 즐깁니다. 복음의 진리로 무장하고 있다는 것을 기억하면 우리는 사탄의 유혹과 거짓말에 용감히 맞서 싸울 수 있습니다. 바울이 말했듯이 우리 각자는 하나님의 전신 갑주를 입어야만 합니다. 갑옷의 이미지는 사탄이 거짓말로 유혹하며 죄를 짓게 하려고 공격할 때, 그리스도인들에게 복음의 진리를 붙들고 굳건히 서 있게 하는 데 도움이 되었습니다.

🗣 이야기하기

갑옷은 전쟁에서 군인들을 어떻게 지키나요?
(아이들이 스스로 생각해 보게 이끌어 주세요. 적군이 공격할 때, 갑옷을 입은 군사는 큰 부상을 피할 수 있습니다.)

하나님의 전신 갑주는 무엇으로부터 우리를 보호해 주나요?
(아이들이 어리다면 오늘 구절을 다시 한번 읽어 주시고 정답을 찾으면 손을 들고 대답하게 해 주세요. 바울이 말하길 하나님의 전신 갑주 때문에 우리는 마귀의 간계와 죄의 유혹에서 보호받을 수 있습니다.)

하나님의 전신 갑주는 무엇으로 만들어졌나요?
(그것은 가죽이나 쇠로 만들어진 게 아닙니다. 그것은 우리가 하나님의 말씀을 기억할 수 있게 해서 원수의 거짓말과 유혹에 맞서 싸우게 하고 패배하지 않게 지켜줍니다.)

사탄이 거짓말로 예수님을 어떻게 공격했는지, 그리고 예수님이 하나님의 말씀을 사용해서 사탄을 어떻게 물리쳤는지 이야기해 줄 수 있나요?
(아이들이 예수님의 시험 이야기를 기억하는지 확인해 보세요. 그 이야기는 누가복음 4:1~13절에 기록되어 있는데, 하나님의 말씀을 사용해 예수님이 사탄의 거짓말을 어떻게 물리치시는지를 자세히 볼 수 있습니다.)

🙏 기도하기

우리가 성경의 진리를 성실하게 배우고 이해해서 원수의 거짓말에 속아 넘어가지 않게 해 달라고 기도하세요.

DAY 3

♥ 예수님께 연결하기

오늘은 이번 주 성경 이야기를 복음과 연결해 보는 날입니다. 복음은 우리를 구원하신 예수님의 생명과 죽음, 그리고 부활입니다. 이번 주 성경 이야기가 어떻게 복음과 연결되는지 깊이 생각해보세요.

📖 성경 읽기 | 에베소서 6:14~15절

💬 깊이 생각하기

하나님의 전신 갑주 각 부분은 우리에게 복음의 진리를 보여줍니다. 그것은 예수님이 하나님의 계획대로 우리 대신 십자가에서 돌아가시면서 이루신 일들에 대한 이야기입니다. 우리가 매는 허리띠는 진리의 허리띠입니다. 우리는 성경에서 읽은 모든 것이 진리라고 확신할 수 있습니다. 복음이 진리라는 걸 알기 때문에 우리는 진리를 보호하고 원수의 간계에 맞서 싸워야 한다는 자신감을 느끼게 됩니다.

우리의 호심경은 예수님의 의로움입니다. 우리가 예수님을 믿을 때, 그분은 모든 죄를 용서하시고, 그분의 의로움을 우리에게 주십니다. 그래서 원수가 우리에게 "넌 끔찍한 죄인이야"라고 말하면서 좌절시키려고 할 때, 우리는 그리스도의 의가 우리 죄를 완전히 덮었다는 것을 기억하고 의지할 수 있습니다.

가죽 신발은 로마 군인을 보호했습니다. 그래서 그들은 용감하게 전쟁터에 나갈 수 있었고, 혹시나 날카로운 물건에 발을 다칠 수도 있다는 걱정을 할 필요가 없었습니다. 복음은 마찬가지로 그리스도인들에게 전투에 뛰어들 수 있는 자신감을 줍니다. 우리가 복음을 들고 나아가면, 우리는 우리의 모든 걸음을 보호하시는 하나님과 함께 하는 것입니다.

💬 이야기하기

우리는 오늘 하나님의 전신 갑주 가운데 어느 부분에 대해 배웠나요?
(우리는 진리의 허리띠, 의의 호심경, 평안의 복음의 신발에 대해 배웠습니다.)

진리의 허리띠는 무엇을 상징하나요?
(그것은 성경을 나타냅니다. 성경에 기록된 모든 것은 진리이고 사실입니다. 그래서 우리가 전쟁에서 견고할 수 있습니다. 만약 누군가 우리에게 성경에서 말하는 것과 다른 이야기를 한다면, 우리는 그것이 거짓이라는 걸 분별할 수 있습니다.)

의의 호심경은 무엇을 상징하나요?
(그것은 예수님의 죄 없는 삶을 나타냅니다. 우리가 그분을 믿을 때, 예수님은 그 의로운 삶을 우리에게 주십니다. 우리가 아무리 죄인일지라도, 그리스도의 의로움은 우리 모든 죄를 덮습니다.)

🙏 기도하기

예수님의 완전하신 의로움에 근거해 그분을 믿는 모든 사람의 죄를 용서하시고 화평을 이루시며 우리를 전쟁에서 승리하게 하시는 하나님께 감사하세요.

DAY 4

♥ 기억하기

이번 주 성경 이야기를 통해서 하나님은 우리에게 무엇을 가르치시나요?

📕 성경 읽기 | 에베소서 6:16~20절

💬 깊이 생각하기

하나님의 전신 갑주에는 믿음의 방패도 있습니다. 바울은 우리가 그것을 항상 지니고 있어야 한다고 했습니다. 방패는 적의 공격으로부터 우리를 방어해주는 첫 번째 무기입니다. 사탄이 우리를 거짓말과 의심으로 공격해서 쓰러뜨리려고 할 때, 우리는 예수님을 향한 믿음과 십자가에서 이루신 승리에 대한 신뢰를 방패 삼아 그 공격을 막아낼 수 있습니다. 우리는 믿는 사람은 누구나 구원하신다는 하나님의 약속을 투구로 쓰고 있습니다. 바울은 그것을 구원의 투구라고 했습니다.

바울은 적의 공격을 방어하는 무기 외에도, 우리에게는 공격용 무기가 있다고 했습니다. 모든 그리스도인은 하나님의 말씀의 검을 가지고 있습니다. 예수님은 사탄의 시험과 바리새인들의 공격에 대응해 그것을 사용하셨습니다. 그리고 우리도 예수님처럼 하나님의 말씀을 공격용 무기로 사용할 수 있습니다.

🗣 이야기하기

부모님은 하나님의 전신 갑주가 원수들의 공격에서 우리를 어떻게 보호해 주셨는지 돌이켜 보고 아이들에게 얘기해 주세요. (낙담과 좌절, 절망과 실패 속에서 정죄감에 빠져 있을 때, 복음의 진리가 우리를 어떻게 격려하고 위로하며 살아내게 했는지 떠올려 보세요. 또한 우리가 당했던 많은 시험과 유혹에서 하나님의 말씀을 힘입어 이겨냈던 경험을 기억해 보세요.)

하나님의 전신 갑주 가운데 방패는 왜 가장 중요한가요? (방패는 적의 공격을 가장 먼저 막는 역할을 합니다. 즉, 이중 보호 장치입니다. 예를 들어, 적군이 쏜 화살은 방패를 통과해야만 우리 몸에 상처를 입힐 수 있습니다.)

바울은 우리가 지닌 방패를 가리켜 믿음의 방패라고 했습니다. "믿음"이란 무슨 뜻인가요?
(아이들에게 이 부분에 대한 설명이 필요합니다. 아이들의 이해를 도울 수 있는 몇 가지 힌트를 주셔도 좋습니다. 믿음은 어떤 것이 사실이라고 받아들이고 확신하는 것입니다. 우리는 하나님의 말씀과 복음을 믿습니다. 만약 우리가 예수님이 우리를 위해 돌아가심으로 우리가 죄 사함을 받았고 이제는 천국에 들어갈 수 있다고 믿는다면, 원수의 거짓말과 속임수는 절대로 우리가 지닌 방패를 뚫을 수가 없을 겁니다.)

바울은 하나님이 우리에게 어떤 검을 주셨다고 했나요? (하나님의 말씀의 검이 우리가 가진 검입니다. 검은 우리가 원수들을 공격할 때 사용할 수 있는 무기입니다. 예수님이 사탄과 바리새인들에게 그렇게 하셨습니다.)

🙏 기도하기

하나님의 전신 갑주를 주신 것에 감사하세요. 특히 말씀의 검을 주셔서 우리가 다른 무기들과 그 의미까지도 기억할 수 있게 하셨습니다.

DAY 5

♥ 발견하기

오늘은 다른 성경 본문을 보는 날입니다. 시편이나 예언서에서 예수님 혹은 우리의 구원에 대해 배울 수 있습니다.

📖 성경 읽기 ┃ 시편 69:19~25절

💬 깊이 생각하기

시편 69편은 다윗이 자기 삶과 자신이 당하는 고통에 대해 하나님께 호소하려고 쓴 것이었습니다. 그러나 이 시편을 잘 살펴보면, 우리는 예수님이 십자가에서 당하신 고통을 그려볼 수 있습니다. 예를 들면, 예수님이 십자가에 못 박히셨을 때, 로마 군인들은 쓰디쓴 목마름에 괴로워하시는 그분에게 신 포도주를 주었습니다(마 27:48절). 이 것은 다윗이 쓴 내용과 일치합니다(21절). 또한, 베드로는 예수님을 배반하고 죽어서 열두 사도의 자리 가운데 한 자리를 비게 만든 유다를 묘사하려고 25절을 인용했습니다(행 1:20절).

🗣 이야기하기

오늘 시편은 예수님에 대해 어떤 이야기를 하고 있나요?
(시편 69편은 예수님이 신포도주와 쓸개즙을 받으셨을 때, 십자가에서 당하신 고통을 설명하고 있습니다.)

예수님이 태어나시지도 않았는데 다윗은 누구의 도움으로 그분의 고통을 이렇게 상세히 기록할 수 있었나요?
(성령님은 성경을 기록한 사람들을 모두 도와주셨습니다. 그들은 하나님이 원하시는 대로 기록했습니다.)

19~20절은 예수님의 어떤 부분을 나타내나요?
(예수님은 십자가에서 조롱과 수치를 당하셨습니다. 그 자리에서 아무도 그분을 도와주지 않았습니다. 심지어 아버지인 하나님조차도 예수님을 외면하셨고, 오히려 우리가 받아야 할 징계와 진노를 그분께 쏟아내셨습니다. 예수님은 외롭게 십자가에서 죽임당하셨습니다.)

🙏 기도하기

우리 대신 모든 죄를 지시고 죽임당하신 예수님께 감사하세요. 우리를 위해 예수님은 외롭게, 심지어 아버지이신 하나님과 단절되신 채 돌아가셨습니다.

그리스도의 겸손
The Humility of Christ

이야기 146 – 컬러 스토리 바이블

먼저, 아이들이 잘하는 것들을 다섯 가지씩 적어 보세요. 운동이나 수학이나 과학 같은 학습, 그림 그리기, 피아노 연주, 정리정돈/청소 잘하기, 일찍 일어나기, 잘 웃기 등 무엇이든 좋습니다. 아이들만의 재능을 찾아서 목록을 작성하는 겁니다. 이제 아이들을 한자리에 모이게 한 후, 미리 적은 재능 목록을 하나씩 읽을 테니 누구의 재능인지 한번 맞춰 보라고 하세요. 아이들이 지목하는 이름을 기록하세요.

아이들이 자기 이름을 말하면, 이번 주 우리는 나보다 남을 더 낫게 여기는 것에 대해 배울 거니까 자기 이름을 말하는 건 기록하지 않겠다고 말하세요. 아이들이 더는 자기 이름을 말하지 않으면, 다른 사람을 먼저 생각하는 태도와 겸손한 마음을 칭찬해 주세요. 그리고 이번 주 배울 주제를 설명하는 기회로 삼으세요. 이번 주 우리가 배울 내용은 우리 자신보다 다른 사람의 유익을 먼저 고려해야 한다는 것입니다. 설명을 마치며, 이번 한 주 우리 자신보다 다른 사람을 더 생각하고 배려하며 지내보자고 얘기하세요.

DAY 1

♥ 상상하기

모든 사람이 항상 자기 자신만을 생각하고 다른 사람에 대해서는 전혀 관심도 없는 세상이 있다고 상상해 보세요. 그런 세상에서는, 그 누구도 다른 사람에게 문을 열어주지 않고 무엇이든지 자기가 제일 먼저 하려고 경쟁하면서 싸울 겁니다. 교차로에는 자동차들이 뒤엉켜서 오도 가도 못 할 겁니다. 다른 차가 먼저 갈 수 있게 양보하지 않고 오로지 자기가 먼저 가려고 하다 보니 그렇게 된 겁니다. 팀 스포츠는 경기 운영 방식이 변할 겁니다. 왜냐하면 같은 팀 선수들이 다 자기가 최고라고 우기면서 다른 선수들에게 공을 패스해 주지 않기 때문에 지금과 같은 방식으로는 경기가 진행될 수 없기 때문입니다. 자기 생각만 하고, 자기 유익만 추구하는 세상에서는 다른 사람들에게 나누고 양보하는 일은 절대 일어나지 않습니다. 그런 세상은 살기에 그리 좋아 보이지 않습니다. 오늘 우리가 읽을 성경 구절에서, 하나님은 우리에게 매우 다른 것을 가르치십니다. 우리는 자기 자신보다 다른 사람을 더 중요하게 생각해야 합니다.

📖 성경 읽기 | 빌립보서 2:1~4절

💬 깊이 생각하기

어떤 사람이 공짜로 아이스크림을 나눠주는데 준비한 양보다 많은 사람이 줄을 섰다면, 어떻게 할 건가요? 좀 더 앞쪽에 서려고 다른 사람들을 밀치고 나갈 건가요? 아니면 다른 사람들을 위해 기꺼이 포기할 건가요? 바울은 우리가 그리스도인으로서 다른 사람들을 우리 자신보다 더 중요하게 생각해야 한다고 말했습니다. 그렇게 해야 하는 이유는 예수님이 우리를 위해 하신 일 때문입니다. 그리스도인으로서, 우리는 이전 생활 방식을 벗어버리고, "하나님을 따라 의와 진리의 거룩함으로 지으심을 받은 새사람을 입으라"(엡 4:24절)는 말씀을 잊어서는 안 됩니다.

다른 사람들의 이익을 우리의 것보다 우선 고려하는 것은 하나님이 우리를 창조하신 목적을 따라 살아가는 것입니다. 우리가 다른 사람들을 우리 자신보다 더 중요하게 여길 때, 우리의 삶은 우리가 하나님의 형상대로 만들어졌다는 것을 보여주는 용도로 사용되는 것입니다. 바울은 우리가 만약 "성령과 함께하고 있다면," 우리는 이렇게 살아야만 한다고 말합니다. 오직 성령님의 능력으로만 우리는 하나님을 위해 살 수 있습니다.

💬 이야기하기

우리가 다른 사람들을 우리 자신보다 더 중요하게 여기는 것은 누구를 본받는 것인가요?
(아이들이 예수님이라고 대답하면, 이어서 예수님이 그분 자신보다 우리를 더 중요하게 여기신다는 걸 보여주시려고 무엇을 하셨는지 기억하냐고 물어보세요. 하나님의 아들이신 예수님은 자기 영광을 버리고 인간이 되어 우리 대신 죽임당하셨습니다.)

지난 한 주 동안 나 자신보다 다른 사람을 더 중요하게 여긴 적이 있었나요?
(아이들이 다른 사람을 중요하게 여겼던 모습을 떠올려서 아이들을 도와주세요. 그리고 아이들에게 우리의 마음을 변화시키시는 성령님이 안 계시면, 우리는 절대로 다른 사람들의 필요에 관심을 기울이지 않는다고 얘기해 주세요.)

가족이나 친구들을 나보다 더 중요하게 여기는 행동에는 어떤 것들이 있을까요?
(아이들이 가족이나 친구들에게 무엇을 나눌 수 있는지, 또 그들을 어떻게 섬길 수 있는지 함께 생각해보고 대화를 나눠주세요.)

🙏 기도하기

우리 안에 예수님을 더 많이 닮고 싶은 마음과 다른 사람들을 우리 자신보다 더 중요하게 여기는 마음을 갖게 해 달라고 하나님께 기도하세요.

DAY 2

♥ 기억하기

어제 이야기 중에서 무엇을 기억하나요? 오늘은 어떤 이야기가 있을 것으로 생각하나요?

📖 성경 읽기 | 빌립보서 2:5~7절

💬 깊이 생각하기

예수님이 베들레헴에 태어나시기 전, 그분은 성자 하나님으로서 아버지와 함께 천국에 계셨습니다. 아들이신 그분은 아버지처럼 완전한 하나님이셨습니다. 그러나 하나님의 아들은 천국에 계속 계시지 않았습니다. 왜냐하면 아버지께서 그분에게 주신 역할이 매우 커다란 희생을 요구했기 때문입니다. 하나님 아버지는 아들에게 천국에서의 모든 영광을 포기하고 땅으로 내려가 인간의 몸을 입고 고통스러운 죽임을 당하라고 하셨습니다. 하나님의 아들은 그 말씀에 "예"라고 대답했고, 냄새나는 마구간에서 예수님으로 태어나셨습니다. 그리고 천국의 영광을 잠시 뒤로 미뤄두셨습니다.

아기 예수님은 자신을 돌볼 수 없었고 다른 아기들과 마찬가지로 육신의 엄마와 아빠에게 의존해야만 했습니다. 전능하시고 영광으로 가득한 성자 하나님은 자신을 스스로 돌볼 수 없는 아기로 태어나시기까지 낮아지셨습니다. 예수님은 천국에 계속 계시면서 영광을 누릴 수 있었지만, 그분은 종이 되셨고, 언젠가 우리를 위해 대신 죽을 수 있게 모든 영광을 포기하셨습니다.

💬 이야기하기

성자 하나님은 인간으로 태어나시기 전에 어디 계셨나요?
(그분은 성부 하나님, 성령 하나님과 함께 천국에 계셨습니다.)

성자 하나님은 아기 예수님으로 태어나시면서 무엇을 포기했나요? (그분은 모든 것을 통치하시는 왕의 보좌와 하나님으로서 받으실 영광을 포기하시고 완전히 무기력한 아기로 이 땅에 태어나셨습니다.)

바울은 "너희 안에 이 마음을 품으라"고 말하고 나서 예수님이 어떤 분이신지를 설명했습니다. 이것은 우리에게 예수님을 본받으라고 말하는 것입니다. 예수님은 천국의 모든 영광을 포기하시고 이 땅에 갓난아기로 태어나셨습니다. 우리가 그분을 본받으려면 어떻게 해야 하나요?
(자녀들에게 하나님이 보여주신 본보기를 따르기 위해 노력할 수는 있지만, 성령님이 우리 마음을 바꾸시고, 다시 태어날 수 있게 해 주셔야만 한다고 설명해 주세요. 만약 아이들이 신자라면, 그들이 예수님을 본받기 위해 할 수 있는 구체적이고 실제적인 것을 생각해 보게 도와주세요.)

🙏 기도하기

우리 마음을 바꿔주셔서 우리가 좀 더 기꺼이 다른 사람들을 위해 권리를 포기하고 내어줄 수 있게 해 달라고 성령님께 기도하세요.

DAY 3

♥ 예수님께 연결하기

오늘은 이번 주 성경 이야기를 복음과 연결해 보는 날입니다. 복음은 우리를 구원하신 예수님의 생명과 죽음, 그리고 부활입니다. 이번 주 성경 이야기가 어떻게 복음과 연결되는지 깊이 생각해보세요.

📖 성경 읽기 | 빌립보서 2:8절

💬 깊이 생각하기

성자 하나님이 천국의 모든 영광을 제쳐두고 우리와 함께 계시려고 사람으로 태어나셨다는 것은 정말 놀라운 일입니다. 게다가 그렇게 오신 더 중요한 이유가 함께 지낸 우리 대신 십자가에서 끔찍한 죽임을 당하시려는 것이었다는 사실은 너무나 충격적입니다. 하지만 그것이 그분이 당하실 가장 큰 고통은 아니었습니다. 예수님이 십자가에서 죽어가는 동안 하나님은 우리의 죄에 대한 진노를 그분께 쏟으셨고, 외아들을 외면하셨습니다. 그래서 예수님은 이렇게 외치셨습니다. "나의 하나님, 나의 하나님, 어찌하여 나를 버리셨나이까" (마 27:46절). 예수님의 십자가 죽음은 가장 위대한 희생이고, 최고의 겸손과 섬김이었습니다. 바울은 예수님이 하신 일을 통해 우리가 어떻게 살아야 하는지를 기억하게 했습니다. 예수님이 자신의 생명을 기꺼이 포기하시고, 처참하고 외로운 죽음과 아버지의 외면을 당하셨다면, 우리도 자기 자신을 낮추고 일상을 살아갈 때만 기쁨으로 서로 섬길 수 있습니다. 그런데 한 가지 중요한 문제가 있는데, 그것은 성령님이 우리를 변화시키시고, 도와주시지 않는다면, 우리 스스로는 그렇게 할 수 없다는 사실입니다. 그러나 일단 하나님의 영이 우리 안에 임재하시면, 우리 눈이 열려 하나님을 따르는 기쁨을 볼 수 있습니다. 그러면 우리는 정말로 예수님을 닮아가려고 스스로 노력하게 됩니다.

💬 이야기하기

"겸손" 은 무슨 뜻인가요?
(자기 자신을 낮춘다는 뜻입니다. 즉, 나보다 남을 더 낮게 여기고 중요하게 생각한다는 뜻입니다.)

예수님은 겸손을 어떻게 보이셨나요?
(예수님은 천국의 보좌의 모든 영광을 버리시고 우리와 같은 인간이 되셨습니다. 그리고 범죄자 취급을 받으시며 십자가에서 죽임당하셨습니다.)

예수님은 이 땅에 오시기 전에 십자가 죽음에 대해 얼마나 아셨나요?
(예수님은 전부 다 아셨습니다. 바울이 말하길 예수님은 십자가에서 죽기까지 복종하셨습니다. 이 말은 하나님 아버지의 뜻을 따라 우리를 위해 자신의 생명을 포기해야 한다는 것을 예수님이 이미 다 알고 계셨다는 의미입니다. 예수님은 어떻게 죽게 되실지 다 아시면서도 기꺼이 모든 영광을 포기하셨습니다.)

🙏 기도하기

우리 대신 십자가에서 돌아가시려고 천국의 모든 영광과 지위를 포기하신 예수님께 감사하세요.

DAY 4

♥ 기억하기

이번 주 성경 이야기를 통해서 하나님은 우리에게 무엇을 가르치시나요?

📕 성경 읽기 | 빌립보서 2:9~11절

💬 깊이 생각하기

부모님들은 아이들이 좋은 선택을 하거나 다른 사람들을 섬길 때 잘했다고 칭찬하면서 흐뭇해합니다. 예를 들어, 버스나 지하철에서 자리를 양보하거나 집이나 교회 등에서 가족과 친구들에게 간식을 나눠줄 때 그렇습니다. 부모님들이 자녀들의 행동을 칭찬할 때, 그것은 하나님 아버지가 우리에게 보이신 모습을 본받는 것입니다. 예수님이 십자가에서 돌아가신 후에, 하나님 아버지는 예수님을 만왕의 왕으로 세우셨고, 천국에 있는 모든 천사와 이 땅에 있는 모든 사람에게, 심지어 사탄들까지도 예수님께 절하고 경배하라고 선언하셨습니다.

먼 훗날, 마지막 심판 날에, 예수님 믿기를 거부한 사람들은 땅 아래로 떨어지고, 거기서 만왕의 왕이신 예수님을 보며 두려워 떨게 될 것입니다. 그러나 예수님을 믿고 주님을 모신 사람들은 그럴 필요가 없을 겁니다. 신자 된 우리는 기쁘게 절하고 하나님 아버지와 함께 축하하며 기쁨의 노래와 경배를 예수님께 올려드릴 것입니다.

🗨 이야기하기

부모님은 다른 사람을 위해 포기했던 가장 큰 것이 무엇이었는지 얘기해 주세요.
(누군가를 위해 헌혈을 했던 경험이 있을 겁니다. 또한 엄마들은 임신한 상태로 보낸 시간을 말해줄 수 있습니다. 그밖에 과거의 경험들을 떠올려 보세요.)

누군가 다른 사람을 위해 포기했던 가장 위대한 희생은 무엇인가요?
(그것은 바로 예수님이 우리를 위해 그분의 생명을 포기하신 것입니다. 그분은 천국 보좌와 영광을 모두 버리시고 우리 대신 십자가에서 죽임당하는 것을 선택하셨습니다.)

마지막 심판 날에 예수님 믿기를 거부한 사람들과 받아들인 사람들에게 어떤 일이 벌어질까요?
(그날이 오면, 모든 사람은 예수님 앞에 무릎을 꿇고 만왕의 왕이신 그분을 시인하게 될 겁니다.)

🙏 기도하기

우리 가족의 마음을 만져주셔서 우리가 지금 예수님 앞에 무릎 꿇고 경배하게 해 달라고 도움을 구하세요. 그리고 성령님이 우리의 마음을 바꾸셔서 우리가 예수님을 사랑하고 온전히 믿게 해 달라고 기도하세요.

DAY 5

♥ 발견하기

오늘은 다른 성경 본문을 보는 날입니다. 시편이나 예언서에서 예수님 혹은 우리의 구원에 대해 배울 수 있습니다.

📖 성경 읽기 | 시편 103:3~18절

💬 깊이 생각하기

오늘 시편은 예수님의 십자가 희생을 통해 우리를 구원하시려는 하나님의 계획을 보여줍니다. 다윗이 말하길 하나님은 우리의 죄를 따라 우리를 처벌하지 않으시고 우리의 죄악을 따라 우리에게 그대로 갚지 않으십니다. 이 말은 비록 우리가 하나님 보시기에 징계당해 마땅한 죄를 지었지만, 그에 상응하는 처벌을 우리에게 내리시지 않기로 정하셨다는 뜻입니다. 하나님이 우리 죄에 대한 심판을 넘어가실 수 있는 유일한 이유는 예수님이 우리 대신 죽임당하시면서 우리가 받아야만 하는 징계와 진노를 대신 감당하셨고, 더 이상 그것들이 남아 있지 않기 때문입니다.

그렇다면, 예수님의 십자가 죽음이 있기 전에 살았던 다윗 같은 사람들은 어떻게 구원받았는지 궁금할 것입니다. 다윗처럼 예수님이 이 땅에 오시기 전에 살았던 사람들을 위해서, 하나님은 예수님이 그들이 받아야 할 징계까지도 다 감당하실 것을 아셨기 때문에 그 죄도 넘어가셨습니다(롬 3:25~26절). 우리는 하나님의 구원 계획을 기억하고 믿음으로 용서받습니다. 다윗과 같은 사람들은 하나님의 구원 계획이 이뤄질 날을 믿고 간절히 기대함으로 용서받았습니다.

💭 이야기하기

동쪽과 서쪽은 얼마나 먼가요?
(동쪽과 서쪽은 정반대 방향입니다. 그래서 어느 곳보다 멀리 떨어져 있습니다. 하나님은 우리 죄를 이보다 더 멀리 옮기실 수도 있습니다.)

오늘 시편에서 다윗은 하나님을 설명하려고 어떤 단어를 사용했나요?
(오늘 시편에는 하나님의 성품을 나타내는 단어들이 많이 나옵니다. 아이들이 어려서 잘 기억하지 못한다면, 다시 한번 읽어주시고, 하나님이 어떤 분이신지 다윗이 사용한 단어를 찾으면 손을 들고 대답하게 해 주세요.)

다윗은 하나님의 사랑이 얼마나 오랫동안 지속된다고 했나요?
(17절에서 다윗은 하나님의 사랑은 영원부터 영원까지 이른다고 했습니다. 즉, 하나님의 사랑은 영원히 지속됩니다.)

🙏 기도하기

우리를 영원히 사랑하시고, 우리 모든 죄를 더 이상 기억하지 않으시며 동쪽과 서쪽이 정반대로 멀리 떨어져 있듯이 그 죄를 우리에게서 멀리 옮기신 하나님께 감사하세요. 오늘 시편에서 다윗이 기록한 하나님의 성품을 다시 한번 같이 읽으면서 찬양하세요.

천국의 상급을 바라보라

Keep Your Eyes on the Prize

이야기 147 – 컬러 스토리 바이블

오늘 활동에는 도미노나 블록들이 필요합니다. 가족들이 성경 공부 자리에 모이면, 블록을 차곡차곡 쌓아서 탑을 만들기 시작하세요. 새로운 블록들이 쌓일 때마다 높아지는 탑을 보면서 환호하며 기뻐하세요. 어느 정도 높이가 되면, 이제 아이들에게 지금 무엇을 만들고 있는지 알겠냐고 물어보세요. 아이들의 대답을 들은 후, 천국에 올라갈 수 있는 탑을 쌓는 거라고 말해 주세요. 성공할 수 있을 것 같은지 물어보세요. 아마 아이들은 불가능하다고 대답할 겁니다. 그러면 왜 그렇게 생각하는지 이유를 말해 달라고 하세요. 대답을 들은 후, 천국에 올라갈 탑을 쌓는 게 불가능하듯이 우리가 착한 일을 아무리 하더라도 마찬가지라고 설명해 주세요. "이번 주에는 바울이 이 땅의 모든 것들을 예수 그리스도와 비교했을 때, 그것들을 어떻게 생각했는지 배울 거란다." 라고 말하세요.

DAY **1**

♥ 상상하기

야구 경기에서 가장 어려운 기록은 퍼펙트게임을 달성하는 것입니다. 미국 메이저리그 역사상 퍼펙트게임을 달성한 투수는 20명도 되지 않습니다. 투수가 퍼펙트게임을 달성하려면 27개의 아웃을 잡기까지 단 한 명의 타자도 1루 베이스를 밟아선 안 됩니다. 이 말은 볼넷이나 에러가 있어서도 안 되고, 투수는 어떤 타자도 제대로 칠 수 없을 정도로 완벽하게 공을 던져야 한다는 뜻입니다. 퍼펙트게임은 이처럼 정말 어려운 기록이기에, 한 명의 선수가 두 번을 달성한 적이 없었습니다.

하나님의 율법을 준수하는 것은 퍼펙트게임을 달성하는 것과 같습니다. 게다가 그것은 한 경기만 지키면 되는 게 아니라 평생, 매일 같이 그렇게 살아야 하는 것입니다. 작은 실수 하나가 퍼펙트게임을 망치듯이, 단 한 번의 죄가 하나님 앞에서 의로워질 수 있는 자격을 날려버립니다. 우리의 노력과 힘으로 천국에 들어가려고 하는 것은 야구 경기에서 어떤 투수가 자신의 명예를 높이려고 등판할 때마다 퍼펙트게임을 달성하고자 노력하는 것과 마찬가지입니다. 그런데 전 세계의 모든 투수는 이것이 절대 실현 불가능한 것이라는 사실에 동의할 것입니다.

📖 성경 읽기 | 빌립보서 3:1~6절

💬 깊이 생각하기

만약 천국에 들어갈 만큼 완벽하게 율법을 지키고 주의 깊게 행동한 유대인이 있다면, 아마도 그 사람은 바울이었을 겁니다. 진정한 유대인이 되기까지 바울은 완벽했습니다. 퍼펙트게임을 달성한 것입니다. 바울은 율법을 철저히 지키는 부모님 밑에서 태어나, 여드레 만에 할례를 받았습니다. 바울이 말하길 율법의 기준으로 볼 때 자신은 흠잡을 데가 없다고 했습니다. 그러나 바울은 그런 자신조차도 죄인이고 유일한 희망, 유일한 구원의 확신은 오직 예수님을 믿는 것뿐이라는 사실을 분명히 알았습니다. 설령 우리가 겉으로는 전혀 죄가 없어 보일지라도, 우리의 존재 자체가 죄로 가득합니다. 우리는 죄를 따르고, 하나님이 아니라 자기 자신만을 위해 살려는 본성을 가지고 있습니다. 심지어 우리가 착한 일을 할 때도 사실은 다른 사람들이 우리를 좋게 봐주기를 바라는 마음으로 그렇게 하는 것입니다. 우리 가운데 그 누구도 예수님 없이 천국에 갈 수 있을 만큼 선하지 않습니다.

🗣 이야기하기

바울은 완벽한 유대인으로 살기 위해 어떻게 했다고 말했나요?
(아이들이 어려서 잘 기억할 수 없다면, 오늘 성경 구절을 다시 한번 읽어주시고 바울이 어떻게 했는지 찾으면 손을 들고 대답하게 해 주세요.)

바울은 3절에서 육체를 신뢰하지 않는다고 했습니다. 이 말은 무슨 뜻인가요?
(이것은 바울이 천국에 들어가려고 자신의 노력이나 업적을 믿지 않는다는 뜻입니다. 바울은 그런 것들을 의지하지 않았습니다.)

우리는 어떤가요? 사람들은 흔히 어떻게 하면 천국에 들어갈 수 있다고 생각하나요?
(사람들은 다른 사람에게 해를 끼치지 않고 주일마다 교회에 열심히 다니거나, 부모님 말씀을 잘 들으면 천국에 갈 수 있을 거로 생각합니다. 그러나 성경은 우리가 율법 가운데 단 하나라도 지키지 못했다면 죄를 지은 것이고[약 2:10절], 하나님의 용서 없이는 천국에 절대 들어갈 수 없다고 말합니다.)

이번 주 어떤 죄를 지었나요?
(아이들이 자신이 죄인이고 단 한 번이라도 불순종하거나 나쁜 마음을 가졌다면 그것은 하나님 앞에서 큰 죄를 지은 거라는 사실을 이해하게 도와주세요.)

🙏 기도하기

가족 앞에서 자신의 죄를 고백하세요. 예수님 없이 우리는 천국에 들어갈 수가 없습니다.

DAY 2

♥ 기억하기

어제 이야기 중에서 무엇을 기억하나요? 오늘은 어떤 이야기가 있을 것으로 생각하나요?

📖 성경 읽기 ┃ 빌립보서 3:7~8절

💬 깊이 생각하기

어제 우리는 아무리 작은 죄일지라도, 단 한 번 지은 죄일지라도 그것 때문에 천국에 들어갈 수 없다는 걸 배웠습니다. 그래서 바울은 이 세상의 모든 자랑할 만한 것들을 다 해로 여기고 배설물로 여겼습니다. 무더운 여름날, 썩은 내가 풍기는 쓰레기통을 생각해 보세요. 바울은 하나님이 보시기에 우리의 모든 착한 행실과 자랑할 만한 것들이 다 이렇게 보인다고 했습니다. 우리 가운데 누구도 자기 힘과 노력으로 천국에 들어갈 수 없습니다. 이것이 바로 우리에게 주어진 나쁜 소식입니다.

그러나 오늘 성경 구절에서 우리는 좋은 소식을 듣게 됩니다. 우리는 모든 죄를 예수님의 완전한 삶과 바꿀 수 있습니다. 예수님은 우리가 절대 할 수 없는 일을 해내셨습니다. 그분은 단 하나의 실수도 하지 않으셨고, 어떤 죄도 짓지 않으셨습니다. 이번 주에 우리가 얘기 나눴던 퍼펙트게임을 달성한 투수 이야기를 기억하나요? 예수님은 등판할 때마다 퍼펙트게임을 달성하는 투수입니다. 우리가 예수님을 믿고 모든 소망을 그분께 둔다면, 우리의 죄로 가득한 삶을 그분의 완전한 삶과 바꾸십니다. 그래서 바울은 예수님을 아는 것과 비교할 때 이 세상의 모든 것들은 배설물이라고 했습니다.

🗣 이야기하기

바울이 말한 나쁜 소식은 무엇인가요?
(그 누구도 천국에 들어갈 만큼 선하지 않다는 사실입니다. 세상에서 가장 의롭고 선한 사람일지라도 천국에 들어갈 자격을 얻지 못합니다. 이 세상에서의 업적은 하나님 보시기에 쓰레기에 불과합니다.)

좋은 소식은 무엇인가요? (우리 힘과 노력으로는 천국에 들어갈 자격을 절대 얻을 수 없지만, 예수님이 우리를 위해 완전히 의로운 삶을 사셨습니다. 그래서 우리가 예수님을 믿으면, 그분의 의로운 삶을 우리의 죄악 된 삶과 바꾸셔서 천국에 들어갈 자격을 얻게 하십니다.)

우리의 노력과 성과를 쓰레기나 배설물로 여기는 게 왜 어려운가요?
(우리는 어떤 일을 성취하거나 잘했을 때, 그 일로 자신을 칭찬하고 뿌듯해하며 자랑스러워합니다. 그러나 바울은 아무리 우리가 뛰어난 일을 해내고 다른 사람들보다 더 나은 삶을 살지라도 그것은 예수님이 우리를 위해 십자가에서 이루신 일과 비교하면 하찮은 것이고 더 심하게 말하면 냄새나는 쓰레기밖에 되지 않는다는 것을 알았습니다.)

🙏 기도하기

우리가 이 세상에서 해낸 일들을 의지하거나 자랑하지 않게 도와주시고 오직 예수님만을 신뢰하고 의지하게 해 달라고 기도하세요.

DAY 3

♥ 예수님께 연결하기

오늘은 이번 주 성경 이야기를 복음과 연결해 보는 날입니다. 복음은 우리를 구원하신 예수님의 생명과 죽음, 그리고 부활입니다. 이번 주 성경 이야기가 어떻게 복음과 연결되는지 깊이 생각해보세요.

📖 성경 읽기 | 빌립보서 3:8~11절

💬 깊이 생각하기

바울은 자신이 가지고 있는 이 땅에서의 모든 것이 다 하찮고 쓸모없다고 생각했고, 또한 아무리 율법을 지킬지라도 의로워질 수 없다는 것을 알았습니다. 다른 사람과 비교했을 때 좀 더 나을 순 있지만, 결코 완벽해질 수 없다는 걸 알았습니다. 하나님의 기준을 충족시키려고 율법을 지키는 것은 마치 그랜드 캐니언을 건너뛰려는 것과 같습니다. 전 세계에서 가장 멀리 뛸 수 있는 사람은 약 7m 정도까지 뛸 수 있습니다. 하지만 그랜드 캐니언은 약 8km 정도 되니 절대로 사람의 힘으로는 불가능합니다. 이와 마찬가지로, 사람이 율법을 완벽히 지키는 것은 실현 불가능하다는 것을 바울은 알았습니다. 그래서 그는 예수님이 하신 일에 모든 소망을 두었습니다.

예수님은 우리를 위해 완전한 삶을 사셨습니다. 그리고 우리 모든 죄를 대신 짊어지시고 죽임당하셨습니다. 우리가 예수님을 믿을 때, 그분의 완전한 의로움은 우리의 것이 됩니다. 이것은 마치 헬리콥터를 타면 무사히, 그리고 제대로 그랜드 캐니언을 건널 수 있다고 확신하는 것과 같습니다. 우리가 율법을 완벽히 지켜서 하나님께 나아갈 가능성은 전혀 없지만, 예수님을 믿고 그분께 소망을 두면 하나님께 나아갈 수 있고, 그분과 함께할 수 있습니다.

🗨 이야기하기

왜 그랜드 캐니언을 건너뛸 수 없나요?
(반대쪽까지의 거리가 너무 멀기 때문입니다. 사람은 절대로 그 거리를 건너뛸 수 없습니다.)

율법을 지키는 것으로는 왜 천국에 들어갈 수 없나요?
(천국에서 하나님과 함께 있으려면, 우리는 하나님 보시기에 완전히 의로워야만 합니다. 완전히 의로워지려면, 율법을 완벽히 지켜야 합니다. 단 한 번도 죄를 지어선 안 되고, 나쁜 마음이나 생각을 해서도 안 됩니다. 하지만, 아무리 선한 사람이라 할지라도, 죄가 전혀 없지는 않습니다. 심지어 단 하루도 죄를 짓지 않고 살 수가 없습니다.)

율법을 지키는 것으로 의로워질 수 없다면, 어떻게 하면 천국에 들어갈 의로움을 얻을 수 있나요?
(우리는 예수님의 십자가 죽음을 믿음으로 의롭게 여겨집니다. 예수님이 우리 죄의 대가를 다 지불하신 곳이 바로 십자가였습니다. 예수님은 우리가 그분을 믿고 모든 소망을 그분께 둔다면, 기꺼이 그분의 의로움과 우리의 죄악을 교환하십니다. 이것은 최고의 교환입니다.)

🙏 기도하기

우리가 죄인임을 고백하고 예수님이 필요하다는 사실을 인정하세요. 그러고 나서 우리 가족 모두가 예수님을 믿고 오직 그분께만 소망을 두며 살게 해 달라고 성령님께 기도하세요.

DAY 4

♥ 기억하기

이번 주 성경 이야기를 통해서 하나님은 우리에게 무엇을 가르치시나요?

📖 성경 읽기 ┃ 빌립보서 3 : 12 ~ 17절

💬 깊이 생각하기

바울은 예수님을 믿는 것을 장거리 달리기 시합에 비유했습니다. 어떤 마라톤 선수가 시합에서 절반 정도는 선두권에서 달릴 수 있습니다. 그러나 만약 그 선수가 하프 코스 정도에서 멈춘다면, 결코 우승자가 될 수 없을 겁니다. 매우 지치고 힘들겠지만, 우승자가 되려면 포기하지 않고 고통을 견디며 끝까지 완주해야만 합니다. 그렇게 해야만 시합에서 우승자가 될 수 있습니다. 일반적인 마라톤 시합은 우승자가 단 한 명이지만 하나님이 주관하시는 마라톤에서는 완주하는 사람 모두가 우승자입니다. 그 마라톤 시합은 우리가 죽을 때까지 예수님을 믿는 것입니다. 바울이 빌립보교회에 편지를 보냈을 때, 그는 여전히 믿음의 경주를 하는 중이었습니다. 바울은 예수님을 위해 많은 세월을 살아왔습니다. 바울은 예수님을 위해 달리는 우리 인생 자체가 천국의 상을 받을 수 있는 유일한 길이라는 사실을 자신은 물론이고 다른 신자들도 알기 원했습니다.

💬 이야기하기

부모님은 예수님을 위해 사는 삶이 장거리 달리기 시합과 얼마나 비슷한지 아이들에게 알려주세요.
(예수님을 믿는 삶을 살겠다는 말이 그저 하루 정도 그렇게 사는 게 아니라는 것을 이해할 수 있게 설명해 주세요. 우리는 예수님께 인생 전체를 드리는 것입니다. 그 말은 좋을 때나 나쁠 때나 상관없이 끝까지 예수님을 따르는 것을 뜻합니다.)

바울은 왜 그리스도인의 삶을 장거리 경주에 비유했을까요?
(장거리 경주는 쉽게 끝나는 경기가 아닙니다. 처음부터 마지막 결승점을 지날 때까지 수많은 일이 벌어집니다. 그리스도인의 삶도 이와 같습니다. 우리는 어떤 일이 벌어질지라도 예수님을 위해 끝까지 믿음을 지키며 살아야 합니다.)

결승점을 통과하면 얻게 되는 상을 기억하는 것이 달리는 사람에게 어떤 도움을 줄까요?
(달리기 시합에 참여하는 목적은 우승하기 위해서입니다. 어떤 선수가 선두권에서 달리고 있었는데 점점 지치고 힘들어져서 경기를 포기해 버릴 수도 있습니다. 그러나 우승자에게 주어지는 트로피와 상금을 생각하면 다시 기운을 내서 포기하지 않고 끝까지 달리려고 할 겁니다.)

우리는 무슨 상을 바라보며 경주하는 건가요?
(우리가 받을 상은 천국에서 예수님과 영원히 함께 있는 것입니다.)

🙏 기도하기

우리가 천국에서 예수님과 함께 하는 삶을 바라보게 해 달라고 하나님께 기도하세요. 또한 평생 예수님을 바라보며 믿음의 경주를 달릴 수 있게 도와달라고 기도하세요.

DAY 5

♥ 발견하기

오늘은 다른 성경 본문을 보는 날입니다. 시편이나 예언서에서 예수님 혹은 우리의 구원에 대해 배울 수 있습니다.

📖 성경 읽기 | 시편 34:1~8절

💬 깊이 생각하기

시편 34편은 다윗이 하나님을 노래한 아름다운 기도입니다. 다윗이 "나와 함께 여호와를 광대하시다 하며 함께 그의 이름을 높이세"(3절)라고 말했을 때, 그는 우리 모두를 그 노래에 초대하고 있는 것입니다. 다윗은 모든 사람이 주님을 믿고 그분을 찬양하기 원했습니다. 베드로는 오늘 시편의 8절을 인용해서 예수님 안에 있는 우리의 구원을 말하고 있습니다. "갓난 아기들 같이 순전하고 신령한 젖을 사모하라 이는 그로 말미암아 너희로 구원에 이르도록 자라게 하려 함이라 너희가 주의 인자하심을 맛보았으면 그리하라"(벧전 2:2~3절). 다윗과 베드로 모두 우리의 유일한 소망이 주님의 구원을 믿는 것임을 알았습니다. 오늘 우리는 하나님이 그분의 아들이신 예수님을 통해 구원을 주셨다는 걸 알고 있습니다.

🗨 이야기하기

오늘 시편에서, 다윗은 왜 주님을 찬양하고 있나요?
(아이들에게 시편을 다시 읽어주시고 다윗이 하나님을 찬양하는 이유를 발견하면 손을 들고 대답하게 해 주세요. 다윗은 하나님이 기도에 응답하시고 모든 두려움에서 건지셨기 때문에 찬양하고 있습니다.)

다윗은 3절에서 우리 모두에게 무엇을 요구하나요?
(다윗은 그와 함께 하나님의 이름을 찬양하자고 우리를 초대하고 있습니다.)

여호와의 선하심을 맛보아 안다는 건 무슨 뜻인가요?
(사람들은 어떤 것이 좋은지 알아보려고 맛보는 걸 즐깁니다. 다윗은 우리가 주님을 믿는 것이 어떤 것인지를 경험하면 자신을 신뢰하며 사는 것보다 훨씬 더 좋다는 걸 깨닫게 될 거라는 사실을 알았습니다.)

🙏 기도하기

우리를 위해 하신 일로 주님을 찬양하세요. 그리고 그분께 우리의 기도를 올려드리세요.

경건한 삶이 중요하다
Character Counts

이야기 148 - 컬러 스토리 바이블

오늘 활동에는 약간 무게가 있는 플라스틱 컵 세 개와 와인 잔 세 개가 필요합니다. 우선 요새 저글링을 배우고 있는데 아이들에게 시범을 보여주고 싶다고 말하세요. 그런 다음 플라스틱 컵으로 연습합니다. (플라스틱 컵으로 하는 저글링은 실패하는 게 목적입니다. 설령 능숙하게 할 수 있더라도 컵을 바닥에 자꾸 떨어뜨리세요.) 아이들에게 와인 잔으로 시범을 보여도 괜찮겠냐고 물어보세요. 플라스틱 컵으로 연습하면서 자주 떨어뜨렸기 때문에, 아이들은 아직 와인 잔으로 할 만한 실력이 아니라고 말할 겁니다.

그러면 교회를 이루고 있는 대다수 사람은 와인 잔과 같아서 하나님은 아무에게나 그들을 돌보게 하시지 않는다고 설명하세요. 이번 주 하나님이 정하신 목사의 자격은 어떤 것이고, 교회를 인도하고 사람들을 돌보기 전에 그들 스스로가 어떻게 경건한 삶을 살아야 하는지에 대해서 배울 거라고 말해 주세요.

DAY 1

♥ 상상하기

많은 사람이 바닷가에서 조개껍데기 찾는 걸 즐거워합니다. 조개껍데기를 찾기 가장 좋은 때는 폭풍우가 지난 직후 썰물 때입니다. 폭풍우는 바닷속을 뒤집어 놓습니다. 그 시기에 썰물과 밀물이 왔다 갔다 하면서 바닷속에 있던 조개껍데기들을 해안가로 올려놓습니다. 동시에 깨진 조각들도 옮겨집니다. 사람들이 조개껍데기를 찾다가 그런 것들은 그냥 지나쳐 버립니다. 왜냐하면 누구나 모양이 완벽하고 예쁜 것들을 원하기 때문입니다. 아주 특이해 보이는 것을 발견하면 잘 챙겨서 집으로 가져옵니다.

오늘 이야기에서, 바울은 조개껍데기를 찾고 있는 게 아니었습니다. 그가 찾고 있었던 건 자신의 사역을 도울 수 있는 잘 훈련된 젊은이였습니다. 바울 주위엔 많은 사람이 있었습니다. 하지만 바울은 경건하고 복음을 위해 하나님께 선택받은 특별한 사람을 찾고 있었습니다. 그에 알맞은 사람이 바로 디모데였습니다. 바울이 그런 디모데를 훈련한 이유도 바로 교회를 돌보는 사역을 함께 하기 위해서였습니다.

📖 성경 읽기 | 사도행전 16:1~5절

💬 깊이 생각하기

디모데의 어머니 유니게와 할머니 로이스는 아마도 바울이 첫 번째 전도 여행 중에 들렀던 갈라디아 지방의 한 도시인 루스드라에서 복음을 듣고 디모데가 어렸을 적에 그리스도인이 되었을 겁니다. 그 첫 전도 여행 이후, 디모데는 성장했고 다른 그리스도인들과 함께 살아가고 있었습니다. 바울이 다시 루스드라에 왔을 때, 그 도시의 모든 사람이 바울에게 디모데를 칭찬했습니다. 디모데를 만난 후에, 바울은 그를 자신의 사역에 데리고 다니면서 복음을 전할 수 있게 훈련하기로 마음먹었습니다. 바울은 디모데를 마게도냐로 떠나는 전도 여행에 데려갔습니다. 그 지역에 있는 빌립보, 데살로니가, 베뢰아, 그리고 그리스도의 수도인 아테네에서 복음을 전하러 떠나는 전도 여행이었습니다. 디모데는 바울에게서 많은 것을 배웠습니다. 훗날, 빌립보 교회에 쓴 편지에서 바울은 디모데를 보내겠다고 했는데, 그 누구보다 그들을 잘 돌볼 것이라고 했습니다(빌 2:20절).

🗨 이야기하기

바울은 디모데를 어떻게 알게 되었나요?
(자녀들이 어리다면, 오늘 구절을 다시 읽어 주시고 정답을 찾으면 손을 들고 대답하게 해 주세요. 루스드라와 이고니온에 있는 형제들이 디모데를 칭찬하며 바울에게 소개했습니다.)

바울은 왜 디모데 같은 젊은이를 자신의 사역에 데리고 가고 싶어 했나요?
(바울은 교회를 함께 돌볼 수 있는 사람이 필요했습니다.)

만약 우리가 바울이라면, 복음을 전하기 위해 훈련할 사람에게서 살펴볼 자격 조건은 무엇이 있을까요?
(이 질문을 좀 재밌게 활용할 수도 있습니다. 몇 가지 엉뚱하고 말도 안 되는 조건을 제시해 주세요. 예를 들어, 축구를 잘해야 한다거나 피아노를 반드시 칠 줄 알아야 한다거나, 밥을 많이 먹는다거나 등의 조건을 말할 수 있습니다. 바울은 디모데에게서 경건한 태도를 가장 중요하게 여겼다는 사실을 자녀들이 알아차릴 수 있게 이끌어 주세요.)

하나님은 복음을 전하는 데 우리를 어떻게 사용하실까요?
(자녀들이 깊이 생각해 보게 도와주세요. 바울이 디모데를 선택해 가르치고 키우려고 했던 때가 10대였을 거라는 점을 자녀들에게 알려주세요. 부모님과 함께 교회를 섬길 방법이 무엇일지 생각해 보는 시간을 가지세요. 그리고 온 마음을 다해 하나님을 사랑하고 그분의 말씀에 순종하려는 노력을 기울이는 게 중요하다는 걸 알려주세요. 그렇게 준비되면 하나님은 언젠가 그분이 정하신 때에, 원하시는 방법으로 더욱 크게 사용하실 것입니다.)

🙏 기도하기

우리가 하나님을 믿고 그분의 말씀에 순종함으로 더욱 경건해져서 하나님을 섬길 수 있게 해 달라고 기도하세요.

DAY 2

♥ 기억하기

어제 이야기 중에서 무엇을 기억하나요? 오늘은 어떤 이야기가 있을 것으로 생각하나요?

📖 성경 읽기 | 디모데전서 3:1~7절

💬 깊이 생각하기

우리는 어제 바울이 디모데를 어떻게 전도 여행에 동참시켰는지 읽었습니다. 오늘 우리는 감독자(목사의 또 다른 표현)의 소명을 받은 사람들에게서 찾아야 할 조건들이 무엇인지를 바울이 디모데에게 어떻게 가르치는지 읽었습니다. 바울이 알려준 목록을 살펴볼 때, 우리는 그 항목들 대부분이 한 사람의 성품과 삶에 대해 말하고 있다는 사실을 알게 될 겁니다. 오직 하나, "가르치기를 잘하며"만이 그 사람의 기술과 능력에 관한 것일 뿐입니다. 하나님은 목사를 좋은 본보기가 되어 사람들을 이끌라고 부릅니다. 그래서 그 부르심을 입은 자들이 살아가면서 하나님을 경외하고 그분께 순종하는 게 매우 중요합니다.

💭 이야기하기

왜 목사는 경건한 사람이어야만 하나요?
(교회를 이룬 사람들은 목사를 통해 보고 배우며 따릅니다. 만약 목사가 경건하지 않다면, 사람들을 경건함으로 인도할 수가 없고 그렇게 하려고도 하지 않습니다.)

왜 목사는 자기 가족을 잘 돌봐야 하나요?
(작은 공동체인 자기 가족도 잘 돌보지 못하면서 어떻게 더 큰 공동체인 교회를 잘 이끌고 돌볼 수 있을까요? 공 세 개로도 저글링을 못 하면서, 네 개로 가능할까요? 절대 할 수가 없습니다.)

사무엘상 16:1절을 읽으세요. 거기에는 이새의 아들 가운데 한 명을 새로운 왕으로 세우려고 사무엘을 보내면서 하나님이 내리신 지시 사항이 담겨 있습니다. 하나님이 사무엘에게 내리신 명령과 바울이 디모데에게 가르친 내용은 어떤 점에서 비슷한가요?
(하나님은 사람의 마음을 보라고 사무엘에게 말씀하셨습니다. 바울이 지시한 내용은 디모데로 하여금 한 사람의 마음이 하나님으로 인해 얼마나 변했는지에 초점을 맞추게 했습니다.)

이 목록은 왜 우리가 모두 지키고 따를 만한가요?
(이 목록 때문에 우리는 하나님이 무엇을 중요하게 여기시는지를 알 수 있습니다. 그리고 우리가 어떻게 살아야 하는지도 분명하게 이해하게 됩니다.)

🙏 기도하기

우리 교회 목사님을 위해 기도하세요. 하나님이 목사님께 은혜를 베풀어 주시고 그 가족들 모두가 경건한 삶을 살면서 교회를 섬길 수 있게 도와 달라고 기도하세요.

DAY 3

♥ 예수님께 연결하기

오늘은 이번 주 성경 이야기를 복음과 연결해 보는 날입니다. 복음은 우리를 구원하신 예수님의 생명과 죽음, 그리고 부활입니다. 이번 주 성경 이야기가 어떻게 복음과 연결되는지 깊이 생각해보세요.

📖 성경 읽기 | 디모데전서 3:8~13절

💬 깊이 생각하기

목사(감독)의 자격 조건을 가르친 후에, 바울은 디모데에게 이와 비슷한 내용으로 집사에 대해서도 말했습니다. 하나님은 교회를 인도하고 신자들을 돌보는 목사를 돕게 하려고 집사들을 세우셨습니다. 자기를 돕는 집사들이 있다면, 목사는 기도하고 하나님의 말씀을 연구하며 설교를 통해 복음을 전하고 가르치는 데 더 많은 시간을 쓸 수 있습니다. 비록 가르치는 것이 집사의 직분은 아니었으나, 바울은 그들도 복음을 명확하게 이해하기를 원했습니다. 그래서 말하길 집사들도 "믿음의 비밀"을 가져야만 한다고 했습니다. 여기서 "믿음의 비밀"은 바로 복음을 말합니다. 예수 그리스도는 하나님의 아들이시고, 우리 죄 때문에 십자가에서 돌아가시려고 이 땅에 오셨으며, 장사한 지 사흘 만에 다시 살아나셔서 우리에게 영원한 생명을 가져다준 분이십니다.

💬 이야기하기

집사는 누구인가요?
(집사는 하나님이 목사를 도우라고 부르신 사람들입니다. 집사들의 도움 때문에 목사는 기도하고, 말씀을 연구하며, 복음을 전하는 데 더 많은 시간을 쓸 수 있습니다.)

바울이 말한 집사의 자격 조건 중에 어떤 점이 목사의 자격 조건과 비슷한가요?
(두 자격 조건 모두, 하나님은 어떤 사람의 겉모습보다 마음과 삶의 태도에 더 관심을 두고 계신다는 것을 보여줍니다.)

좋은 본보기를 따르는 게 왜 배우기에 가장 나은 방법일까요?
(책을 읽는 것보다 잘하는 누군가의 모습을 보고 따라 하는 것이 훨씬 배우기 쉽습니다. 한 번 생각해 보세요. 운동이나 악기를 배울 때 책만 읽는 것과 누군가를 보고 따라 하는 것과 어떤 차이가 있을지. 보고 따라 하기가 훨씬 더 쉽고, 빨리 배울 수 있습니다. 마찬가지로, 목사와 집사들은 교회 사람들에게 삶을 통해 가르치고 경건함이 무엇인지를 보고 따를 수 있게 해야 합니다.)

🤲 기도하기

어제 우리는 목사님을 위해 기도했습니다. 오늘은 교회의 다른 리더들이나 집사들을 위해 기도하세요.

DAY 4

♥ 기억하기

이번 주 성경 이야기를 통해서 하나님은 우리에게 무엇을 가르치시나요?

📖 성경 읽기 | 디모데전서 3:14~16절

💬 깊이 생각하기

큰 건물은 지붕을 버틸 지지대가 여러 개 필요합니다. 벽만으로는 그 무게를 견딜 수가 없기 때문입니다. 어떤 건물은 기둥이 지붕까지 이어지기도 합니다. 이런 것을 부벽이라고 하는데, 그것은 벽 일부입니다. 오래된 대성당의 경우, 부벽이 벽처럼 세워져 있기도 합니다. (인터넷에서 부벽 이미지를 찾아서 보여주는 것도 좋습니다.)

바울은 15절에서 교회를 "진리의 기둥과 터니라"라고 했습니다. 우리가 경건하게 살 때, 교회 밖 사람들은 우리를 보고 하나님의 말씀이 진리라는 사실을 믿고 받아들이게 됩니다. 그러나 만약 우리가 죄로 가득한 삶을 산다면, 교회는 세상 사람들의 손가락질과 비웃음을 사게 될 겁니다. 결국 하나님의 말씀도 무시와 거절을 당하게 됩니다. 따라서 경건하게 살라는 바울의 가르침을 따르면, 세상 사람들은 우리를 통해 하나님의 말씀을 눈으로 보고 믿게 됩니다.

💬 이야기하기

부모님은 교회 지도자들에게는 얼마나 많은 자격 조건이 요구되는지 자녀들에게 다시 한번 설명해 주세요.

오늘 배운 자격 조건 중에 어떤 항목이 가장 어렵게 느껴지나요?
(부모님이 먼저 어렵게 느낀, 자신의 약한 부분을 얘기해 주세요. 그리고 나서 자녀들도 스스로 생각하고 솔직히 말할 수 있게 도와주세요.)

바울은 왜 신자들을 "살아 계신 하나님"의 교회라고 했나요?
(왜냐하면 그리스도인의 마음에는 하나님의 영이 임재하시기 때문입니다. 하나님은 돌덩이나 나무 같은 우상이 아니라 진정으로 살아 계신 분이십니다.)

🙏 기도하기

우리도 바울이 디모데에게 가르친 목사의 자격 조건을 따라 살 수 있게 해 달라고 간구하세요.

DAY 5

♥ 발견하기

오늘은 다른 성경 본문을 보는 날입니다. 시편이나 예언서에서 예수님 혹은 우리의 구원에 대해 배울 수 있습니다.

📖 성경 읽기 | 시편 144편

💬 깊이 생각하기

시편 144편은 그 백성을 위험에서 구하시는 하나님의 도움에 대해 말하고 있습니다. 아마도 다윗은 이 시편을 쓰면서 자신을 큰 위험에서 구하셨던 하나님을 깊이 묵상하고 기억했을 겁니다. 그러나 이 시편을 읽으면서 우리는 예수님을 떠올립니다. 예수님은 우리의 피난처이십니다. 따라서 우리는 이 시편을 보면서, 예수님이 우리를 위해 무엇을 하셨는지, 그리고 그분이 우리에게 주신 위대한 승리를 기억해야만 합니다. 그분은 십자가에서 돌아가시고 다시 살아나심으로 이 모든 것을 아무런 대가 없이 우리에게 주셨습니다.

💬 이야기하기

다윗은 왜 하나님을 요새와 산성, 그리고 방패라고 했나요?
(그것들은 사람들을 위험에서 지키고 보호합니다. 하나님은 다윗을 모든 위험에서 지키고 보호하셨습니다. 그렇기 때문에 다윗은 하나님을 요새이시고 산성이시며 방패라고 했습니다.)

우리는 무엇으로부터 구원받기 위해 하나님의 도움과 손길이 필요한가요?
(우리가 지은 모든 죄로부터 구원받아야 하기에 하나님의 구원이 필요합니다.)

다윗은 하나님이 자신을 적들로부터 구하셨으니 이제 무엇을 하겠다고 하나요(9절)?
(다윗은 새 노래로 노래하며 열 줄 비파로 주를 찬양하겠다고 했습니다. 실제로 시편 144편은 다윗이 하나님을 찬양하려고 쓰고 부른 노래입니다.)

✍️ 기도하기

하나님의 구원을 찬양하는 노래를 부르세요.

모든 성경은 하나님의 감동으로 된 것으로
God Breathed the Scriptures

이야기 149 – 컬러 스토리 바이블

낡은 셔츠를 입고 스프레이 페인트나 마커펜으로 셔츠에 이런저런 그림을 그리고 낙서를 해서 더럽고 지저분하게 만드세요. 그런 다음 셔츠를 여러 조각으로 찢는데 소매, 깃 등은 연결된 상태로 찢어서 계속 입을 수 있게 만드세요. 그 셔츠를 입고 성경 공부를 진행하세요. 분명히 자녀들은 한마디씩 할 겁니다. 이 셔츠는 버려야 할 것 같은데 또한 한 편으로는 여전히 입을 수 있을 것 같다고 말하세요. 이 셔츠를 입고 직장이나 교회에 가는 게 어떨지 자녀들에게 물어보세요.

그렇게 할 수는 없다고 대답하면, 왜 그렇게 생각하는지 말해보라고 하세요. 깨끗한 옷이 있는데 이렇게 더럽고 낡은 옷을 입는 건 어리석은 일이라고 자녀들이 대답하는지 살펴보세요. 이어서 이렇게 말하세요. "이번 주 우리는 이 낡고 더러운 셔츠가 우리의 영적 상태를 설명한다는 것을 배울 거야. 바울은 에베소교회 사람들에게 옛 자아를 버리고 새것을 입으라고 말했단다."

DAY 1

♥ 상상하기

우리가 규칙적으로 손을 씻지 않는다면, 특히 화장실을 다녀오거나 음식을 준비한 후에 그런다면, 손에 묻은 세균을 몸의 다른 부분에 옮기게 되고, 결국은 식중독을 일으키는 살모넬라균, A형 간염, 편모충증, 독감, 패혈증, 장티푸스, 포도상구균 등에 자신뿐만 아니라 다른 사람까지도 감염되게 할 수 있습니다. 이런 병들은 규칙적으로 손을 씻기만 해도 충분히 예방할 수 있습니다.

영적인 삶도 이처럼 규칙적으로 깨끗하게 해야만 합니다. 죄는 이런 병균들과 매우 비슷합니다. 그리고 하나님의 말씀은 비누와 같습니다. 그래서 바울은 디모데에게 앞으로 사역을 하면서 맞닥뜨리게 될 죄의 목록에 대해 알아야 한다고 말했습니다. 디모데가 하나님의 말씀을 날마다 기억하고 삶에 적용하지 않으면 그런 죄들 때문에 그의 사역이 망가질 수 있기 때문입니다.

📖 성경 읽기 | 디모데후서 3:1~9절

💬 깊이 생각하기

바울이 전하는 죄의 목록을 유심히 살펴보면, 우리는 죄의 근원을 알아보는 데 도움이 되는 단서들을 발견할 수 있습니다. 가장 눈에 띄는 단서는 바로 "사랑"이라는 단어입니다. 바울은 사람들이 자기를 사랑하며, 돈을 사랑하며, 선한 것을 좋아하지 아니하며, 하나님보다 쾌락을 사랑한다고 했습니다. 무엇이 문제인지 보다 명확해 보이나요? 예수님은 우리에게 두 주인을 섬길 수 없다고 분명하게 말씀하셨습니다. 우리는 한쪽을 사랑하고 다른 한쪽은 미워하고 거부해야 합니다. 우리는 절대 둘 다 사랑하고 섬길 수 없습니다(마 6:24절). 바울이 말하는 모든 죄는 하나님보다 세상을 더 사랑하는 것에서부터 시작합니다.

🗨 이야기하기

바울은 사람들이 사랑하는 세 가지가 무엇이라고 했나요?

(자녀들이 어려서 답을 쉽게 찾을 수 없다면, 오늘 구절을 다시 읽어 주시고 정답을 찾으면 손을 들고 대답하게 해주세요. 바울은 사람들이 자기 자신과 돈, 그리고 쾌락을 사랑한다고 했습니다.)

그리스도인들은 세상을 사랑하려고 어떤 사랑을 버렸나요?

(우리는 하나님을 향한 사랑을 세상을 향한 사랑으로 바꿨습니다.)

바울이 말한 죄들 가운데 우리는 어떤 죄에 가장 약한가요?

(자녀들에게 부모님의 약함과 죄를 고백할 수 있는 매우 좋은 기회입니다. 부모님이 먼저 약함을 나눠주시면 자녀들도 자신에 대해 돌아보고 생각하는 기회가 될 겁니다.)

🙏 기도하기

우리가 세상의 어떤 것보다, 어떤 즐거움이나 기쁨보다 하나님을 더욱 사랑하게 해 달라고 도움을 구하세요.

DAY 2

♥ 기억하기

어제 이야기 중에서 무엇을 기억하나요? 오늘은 어떤 이야기가 있을 것으로 생각하나요?

📖 성경 읽기 | 디모데후서 3:10~15절

💬 깊이 생각하기

자세히 살펴봐야 할 죄의 목록을 디모데에게 전한 후, 바울은 죄와 싸워 이길 수 있는 비밀스러운 무기에 대해 말합니다. 그 무기는 디모데도 이미 알고 있는 것이었습니다. 그것은 바로 하나님의 말씀입니다. 바울은 디모데가 어렸을 때부터 이미 하나님의 말씀을 알았기 때문에 구원에 이르게 하는 지혜를 가지고 있다고 말했습니다. 바울은 디모데에게 하나님의 말씀을 통해 배운 것을 전부 기억하고, 예수님을 위해 살아가는 바울 자신을 본보기로 삼아 따르라고 했습니다. 디모데를 향한 바울의 그 놀라운 가르침은 오늘을 사는 우리에게도 동일하게 적용되는 것입니다. 우리는 하나님의 말씀을 가지고 있고, 그 말씀을 통해 바울의 삶이 우리에게 전해졌습니다. 성경을 읽음으로, 우리는 하나님의 말씀이라는 비장의 무기를 지니게 되었고, 우리를 망가뜨리고 패배시키려는 죄와 싸워 이길 수 있게 되었습니다.

🗨 이야기하기

죄와 싸워 이기라고 하나님이 우리에게 주신 비밀스러운 무기는 무엇인가요?
(하나님의 말씀)

하나님의 말씀은 우리가 죄와 싸울 때 어떻게 도움이 되나요?
(아이들이 생각해 볼 수 있게 도와주세요. 하나님의 말씀은 두 가지 일을 합니다. 첫째, 어제 배웠듯이, 하나님의 말씀은 죄를 드러나게 합니다. 둘째, 하나님의 말씀은 그리스도 예수 안에서 우리를 지혜롭게 만드는 진리를 가르칩니다.)

성경이 어른들만이 아니라 아이들을 위한 것이라는 사실을 어떻게 알 수 있나요?
(바울은 디모데가 어렸을 때부터 하나님의 말씀을 배웠다고 말했습니다.)

🤲 기도하기

우리가 하나님의 말씀을 사랑해서 매일 읽고 묵상할 수 있게 해 달라고 도움을 구하세요. 말씀을 통해 그리스도 예수 안에서 구원에 이르는 지혜를 우리에게 달라고 하나님께 간구하세요.

DAY 3

♥ 예수님께 연결하기

오늘은 이번 주 성경 이야기를 복음과 연결해 보는 날입니다. 복음은 우리를 구원하신 예수님의 생명과 죽음, 그리고 부활입니다. 이번 주 성경 이야기가 어떻게 복음과 연결되는지 깊이 생각해보세요.

📖 성경 읽기 | 디모데후서 3:16절

💬 깊이 생각하기

디모데후서 3:16절은 많은 사람이 암송하는 유명한 성경 구절 가운데 하나입니다. 그리고 암송하기에도 매우 쉽습니다. 왜냐하면 가장 유명한 암송 구절인 요한복음 3:16절과 장과 절이 같기 때문입니다. 이 구절은 성경이 비록 사람의 손으로 쓰였지만, 하나님이 그 말씀에 호흡을 불어 넣으셨다는 걸 알려줍니다. 하나님은 성령님을 통해 성경을 기록한 사람들을 사용하셨습니다.

하나님이 그 기록의 모든 과정을 인도하셨기 때문에, 성경은 단순히 사람의 말이 아니라 우리를 향한 하나님의 말씀입니다. 그래서 우리는 성경에 기록된 모든 말씀을 믿고, 복음을 진리로 받아들입니다. 성경을 쓰신 분이 하나님이시기 때문에 그 안에 기록된 모든 내용, 즉 예수님이 완전한 삶을 사셨고, 우리 죄 때문에 십자가에서 돌아가셨으며, 그 죽음에서 다시 살아나셨다는 것을 사실로 받아들이고 믿습니다. 그리고 우리가 죄에서 돌이키고 예수님을 믿으면, 우리는 용서받을 수 있고 아무런 대가 없이 의(義)의 선물(예수님의 완전한 의로움)을 받을 수 있습니다.

💬 이야기하기

바울은 "모든 성경은 하나님의 감동으로 된 것"이라고 했습니다. 이 말은 무슨 뜻인가요?
(다음 이야기를 통해 성경을 쓴 건 사람들이지만, 사실은 하나님이 쓰신 것이라는 사실을 설명할 수 있습니다. 펜으로 글을 씁니다. 그러면 질문해 보겠습니다. 펜이 직접 글을 쓴 건가요? 물론 펜이 종이에 흔적을 남겼습니다. 그러나 사람이 펜을 도구로 사용해서 쓰고 싶은 내용을 기록한 것입니다. 성경을 기록한 사람들도 이와 마찬가지입니다. 간단히 말해서, 성경을 기록한 사람들은 하나님의 "펜"인 것입니다.)

바울은 무엇을 위해 성경을 사용하라고 했나요?
(16절을 다시 한번 살펴보고 자녀들이 일상 속에서 구체적으로 어떻게 적용할 수 있을지 생각해 보게 도와주세요.)

성경은 우리가 성장하는 데 구체적으로 어떤 도움이 되었나요?
(자녀들이 스스로 생각해 보게 도와주세요.)

🤚 기도하기

우리에게 말씀을 주신 하나님께 감사하세요.

DAY 4

♥ 기억하기

이번 주 성경 이야기를 통해서 하나님은 우리에게 무엇을 가르치시나요?

📖 성경 읽기 ｜ 디모데후서 4:1～5절

💬 깊이 생각하기

"엄히 명하노니"라는 말은 반드시 지키고 따라야만 한다는 뜻입니다. 군인은 자기 생명을 바쳐서 나라를 지켜야 할 의무와 책임이 있습니다. 경찰은 법과 질서를 수호하고 시민의 안전을 위해 자기를 희생할 준비를 하고 있어야 합니다. 오늘 성경 구절에서, 바울은 때를 얻든지 못 얻든지 항상 하나님의 말씀을 가르치고 권할 의무가 있다고 강하게 명령합니다.

말씀을 가르친다는 것은 사람들에게 예수님이 누구시고 그분의 가르침이 무엇인지를 전하는 것입니다. 더욱 강조하려고, 바울은 디모데에게 하나님을 증인으로 두고서 그 명령을 내린다고 했습니다. 그 말은 하나님이 그 책임과 의무를 지켜보고 계신다는 뜻이었습니다. 디모데는 이렇게 말할 수 없었습니다. "바울 선생님, 저는 제가 복음을 가르치고 설교할 거라고는 상상조차 하지 못했어요, 제게 그렇게 할 거라고 말씀하신 적도 없으셨잖아요." 왜냐하면 증인 되신 하나님이 지켜보고 계시기 때문이었습니다.

🗨 이야기하기

부모님은 어떤 책임이나 의무를 감당한 경험이 있다면, 자녀들에게 얘기해 주세요.

(성경은 우리에게 많은 책임과 의무를 말합니다. 비록 직접적인 표현은 사용하지 않을지라도 주의 깊게 듣고 엄히 지켜야만 하는 것들입니다. 신명기 30:16~20절을 자녀들에게 읽어 주세요. 하나님을 사랑하라는 이 명령은 이스라엘 민족에게 주어진 첫 번째 명령이었습니다. 그러나 이 명령은 신자 된 모든 사람에게 전해졌습니다. 성경은 빈번하게 이 명령을 가르치고 있습니다.)

바울은 디모데에게 말씀을 전하라고 명령했습니다. 말씀을 전한다는 건 무슨 뜻인가요?

(사람들에게 성경에 담긴 메시지를 전하는 것인데 그 메시지가 바로 복음입니다. 하나님이 외아들 예수님을 보내셔서 우리 죄를 해결하려고 십자가에서 죽게 하셨고 죽음에서 다시 살아나셔서 완전한 승리를 이루신 사건입니다. 그 사실을 믿는 모든 사람은 죄 용서를 받고 그분의 자녀로서 천국에서 영원히 하나님과 함께 살게 됩니다.)

바울은 디모데에게 사람들에게 어떤 일이 벌어질 거라고 경고했나요? (자녀들이 어려서 답을 쉽게 찾을 수 없다면, 오늘 구절을 다시 읽어 주시고 정답을 찾으면 손을 들고 대답하게 해 주세요. "그 귀를 진리에서 돌이켜 허탄한 이야기를 따르리라", 이 부분을 강조해서 읽어주는 것으로 힌트를 줄 수 있습니다.)

🤲 기도하기

하나님의 말씀에 담긴 진리에 귀를 기울이고 그것을 받아들일 수 있게 해 달라고 기도하세요. 그래야만 하나님으로부터 떠나서 배회하며 다른 이야기에 귀를 기울이지 않게 됩니다.

DAY 5

💛 발견하기

오늘은 다른 성경 본문을 보는 날입니다. 시편이나 예언서에서 예수님 혹은 우리의 구원에 대해 배울 수 있습니다.

📖 성경 읽기 ㅣ 이사야 59:12~21절

💬 깊이 생각하기

이사야가 말하길 하나님이 보시기에 그분의 백성들은 악을 행하려고 그분에게서 돌아선 죄인이었고, 땅 위에 있는 그 누구도 그들을 구원할 수가 없었습니다. 그러나 하나님이 자기 팔로 스스로 구원을 베푸시며 자기의 공의를 스스로 의지하사 그들에게 구원자를 보내주셨습니다. 예수님은 하나님이 보내신 구원자셨습니다. 하나님은 이사야에게, 구원자로 보낼 예수님을 통해 전할 말을 가르칠 것이라고 하셨습니다. 그것은 바울이 디모데에게 "모든 성경은 하나님의 감동으로 된 것으로"라고 말한 것과 매우 흡사했습니다. 베드로는 옛 예언자들이 전한 말들도 이와 같다고 했습니다. 베드로가 말하길 예언자들은 자신들이 원했던 바를 전한 게 아니었습니다. 그들은 오직 "성령의 감동하심을 받아" 하나님의 말씀을 대언했을 뿐이었습니다(벧후 1:21절).

💬 이야기하기

하나님은 구원자를 보내겠다는 약속을 어떻게 지키셨나요?
(예수님은 하나님이 약속하셨던 구원자입니다. 예수님은 우리 대신 십자가에서 돌아가심으로 모든 죄의 대가를 대신 치르셨습니다.)

하나님이 이사야에게 약속한 말씀은 얼마나 오랫동안 지속되나요?
(하나님은 이사야에게 영원할 말씀을 주시겠다고 했습니다.)

21절에서 하나님은 이사야의 입에 전할 말씀을 주시겠다고 하셨습니다. 이것은 바울이 디모데에게 가르쳤던 "모든 성경은 하나님의 감동으로 된 것으로"라는 말과 어떤 점에서 비슷한가요?
(두 구절 모두 하나님이 성경을 쓰신 분이라는 사실을 전합니다. 하나님은 성경을 기록한 모든 사람을 도구로 사용하셨습니다.)

17절에 나오는 하나님의 무기들은 바울이 말했던 것과 어떻게 비슷한가요?
(바울이 에베소서 6장에서 말했던 무기들과 두 가지가 비슷합니다. 구원의 투구와 의의 갑옷)

🙏 기도하기

우리의 모든 죄의 대가를 대신 치르신 구원자를 우리에게 보내주신 하나님께 감사하세요.

자기 욕심
The Heart's Desires

이야기 150 - 컬러 스토리 바이블

유리컵 두 잔에 찰랑거릴 정도로 물을 가득 채웁니다. 한쪽에는 빨간색 식용 색소를, 다른 한쪽에는 초록 색소를 넣습니다. 각 유리컵을 흰색 키친타월을 깐 테이블 위에 놓으세요. (테이블보를 깔거나 접시나 쟁반을 놓고 그 위에 컵을 놓으세요.) 빨간색 유리컵은 진정으로 주님을 사랑하는 그리스도인의 마음을 나타내고, 초록색은 온통 돈만 생각하는 탐욕스러운 마음을 나타낸다고 아이들에게 설명해 주세요. 그런 다음 손가락으로 유리컵을 튕겨서 내용물이 흘러넘치게 하세요. 손가락으로 튕기는 것은 누군가 그 두 사람에게서 무엇인가를 훔치는 것을 나타낸다고 말하세요.

초록색 컵을 가리키며 물어보세요. "탐욕스러운 마음을 가진 사람에게선 무엇이 흘러나왔지?" 정답은 탐욕과 분노와 그 밖에 여러 가지 죄입니다. 그리고 나서 빨간색 컵을 가리키며 똑같은 질문을 던지세요. "주님을 사랑하는 마음을 가진 그리스도인에게선 무엇이 흘러나왔지?" 정답은 훔쳐 간 사람을 향한 하나님의 사랑과 용서입니다. 이렇게 얘기해 주세요. "이번 주에 우리는 죄 된 행동은 우리 마음에 가득한 죄악에서 나온다는 걸 배우게 될 거야."

DAY 1

♥ 상상하기

비가 오는 날 천장에서 물이 새기 시작한다면 어떻게 할 건가요? 제일 먼저 할 일은 그릇을 놓고 새는 물을 받는 것입니다. 물론 그릇은 물을 받을 뿐 근본적인 문제를 해결할 수 있는 건 아닙니다. 어디서 물이 새는지 빨리 찾아야만 합니다. 천장에서 물이 새는 곳을 찾아 그 부분을 수리하면 방 안에 물이 떨어지는 것을 멈출 순 있습니다. 하지만 여전히 근본적인 문제가 해결된 것은 아닙니다. 천장 안쪽을 더욱 자세히 살펴봐야 합니다. 그래서 어디서 물이 새서 흘러들어오고 있는지를 찾아내야만 합니다. 그곳을 찾아 수리해야만 완전히 문제가 해결된 겁니다. 오늘 성경 이야기에서, 야고보는 우리에게 죄가 어디서 시작되며, 그 원인을 찾을 수 있는지 알려줍니다.

📖 성경 읽기 | 야고보서 4:1~2절

💬 깊이 생각하기

사람들이 화가 나서 서로 비난하며 싸울 때, 주로 상대방 탓을 합니다. 그 문제를 해결하려면, 누군가 한 사람이 그 자리를 떠나거나 더 이상 두 사람이 얘기를 나누지 말아야 합니다. 그러나 그것은 근본적인 문제 해결이 아닙니다. 마음은 여전히 분노에 가득 차 있고 비난하는 말을 쏟아내고 있습니다.

물이 새는 천장의 근본적인 원인을 찾는 것처럼, 우리는 분노의 원인을 세심히 살피고 찾아야만 합니다. 비록 분노의 말을 입으로 쏟아내지만, 야고보가 말했듯이 죄는 그 마음에 숨겨진 정욕에서부터 일어납니다. 화를 내고선 다른 사람 탓을 하거나 입이 문제였다고 말할 순 없습니다. 또한 나쁜 의도로 그런 게 아니었다고 말해서도 안 됩니다. 우리는 죄가 어디서부터 흘러나오는지 그 근원을 찾아내야만 합니다. 그것은 바로 우리의 죄 된 마음입니다. 주로 화를 내는 이유는 우리가 원하는 것을 얻지 못하기 때문입니다. 자기 마음대로 할 수 없어서 화를 냅니다. 우리가 예수님을 사랑하고 그분 안에 머물지 않은 채 세상의 것을 향한 욕심대로 살면 죄를 짓는 것입니다.

💭 이야기하기

야고보는 다툼과 싸움의 원인이 무엇이라고 했나요?
(간단히 말해 우리가 무엇인가를 바라기 때문이라고 했습니다. 원하는 바를 얻지 못할 때, 화가 나고 싸움이 일어납니다. 그것이 바로 정욕입니다.)

원하는 것을 얻지 못해서 화가 나고 싸웠던 경험이 있나요?
(아이들이 자신의 경험을 기억할 수 있게 도와주세요. 굳이 오래된 경험을 기억할 필요조차 없습니다. 죄 된 욕망은 너무 빈번하게 쏟아져 나오기 때문입니다.)

사람들이 원하는 것을 얻지 못했을 때 주로 어떻게 한다고 야고보는 말했나요?
(야고보가 말하길 사람들은 시기하고 다투며 싸웁니다. 심지어 살인까지도 저지릅니다.)

우리가 자주 싸우고 다투게 되는 욕심은 무엇인가요? 무엇을 갖지 못해서 화가 나나요?
(부모님이 먼저 자신의 욕심을 자녀들에게 얘기해 주세요. 자녀들이 방 청소를 하지 않았을 때 화가 나나요? 자녀들이 자야 할 시간에 계속 떠들고 있는 건 어떤가요? 조용히 쉬고 싶은 저녁 시간이 방해받으면 화가 나나요? 부모님의 이야기를 해 준 후, 자녀들이 화가 나거나 다투게 만드는 욕심이 무엇인지 생각해 보게 도와주세요.)

🙏 기도하기

우리가 세상의 그 어떤 것보다 하나님을 사랑하게 도와달라고 기도하세요.

DAY 2

♥ 기억하기

어제 이야기 중에서 무엇을 기억하나요? 오늘은 어떤 이야기가 있을 것으로 생각하나요?

📖 성경 읽기 │ 야고보서 4:3~5절

💬 깊이 생각하기

어제 우리는 죄 된 욕심이 다툼과 싸움을 일으킨다고 배웠습니다. 우리는 원하는 것을 얻지 못하면 화가 납니다. 우리는 오늘, 하나님이 우리가 원하는 모든 것을 주지는 않으신다는 것을 배웁니다. 왜냐하면 우리가 하나님보다 세상과 더 친하기 때문입니다. 그 말은 하나님보다 세상을 더 사랑한다는 뜻입니다. 성경은 우리에게 마음을 다하고 목숨을 다하고 뜻을 다하고 힘을 다하여 하나님을 사랑하라고 말합니다(막 12:30절).

하나님은 우리에게 세상이 주는 것이 아니라 하나님을 사랑하라고 말씀하십니다. 그래서 우리가 원하고 바라는 것들을 전부 주시지 않습니다. 하나님은 어떤 것이 우리에게서 하나님을 사랑하는 마음을 빼앗아 가는지 아십니다. 어떤 사람이 하나님보다 세상을 더 사랑하는지 아닌지를 알 수 있는 좋은 방법은 그 사람이 원하는 것을 얻지 못했을 때 보이는 태도를 살펴보는 것입니다. 만약 원하는 것을 얻지 못해서 화가 난다면, 그것은 하나님보다 자기 욕심을 더 사랑하고 세상이 주는 것을 더 바란다는 분명한 신호입니다.

💭 이야기하기

무엇 때문에 사람들은 하나님보다 세상을 더 사랑하는 죄를 짓나요?

(선한 것들조차도 그 무엇이든 하나님보다 더 소중하게 여기면 죄가 될 수 있습니다. 돈은 악한 게 아닙니다. 하나님보다 돈을 더 사랑하면 그것이 악한 것입니다. 축구나 다른 운동이 악한 게 아닙니다. 그것들을 하나님보다 더 소중히 여기고 즐기면 악한 것입니다.)

우리가 하나님보다 세상을 더 사랑한다는 걸 어떻게 알 수 있나요?

(우리가 하나님보다 세상을 더 사랑한다는 걸 알 수 있는 한 가지 방법은 원하는 것을 얻지 못했을 때 어떤 태도를 보이는지 살펴보는 것입니다. 그런 상황에서 만약 화가 난다면, 아마도 하나님보다 그것을 더 사랑한다고 볼 수 있을 겁니다.)

우리가 하나님보다 더 사랑하는 대상은 무엇인가요?

(이 질문은 부모님 자신의 약함과 죄를 고백할 기회입니다. 질문에 부모님이 먼저 대답해 주시고 그 후에 자녀들도 스스로 생각해 볼 수 있게 도와주세요.)

🤲 기도하기

우리가 하나님보다 다른 것을 더 사랑했던 죄를 고백하고 용서를 구하는 기도를 하세요.

DAY 3

♥ 예수님께 연결하기

오늘은 이번 주 성경 이야기를 복음과 연결해 보는 날입니다. 복음은 우리를 구원하신 예수님의 생명과 죽음, 그리고 부활입니다. 이번 주 성경 이야기가 어떻게 복음과 연결되는지 깊이 생각해보세요.

📖 성경 읽기 | 야고보서 4:6~10절

💬 깊이 생각하기

은혜는 아무런 조건이나 대가 없이 주어지는 선물입니다. 우리는 그것을 얻기 위해 무엇인가를 할 필요가 전혀 없습니다. 성경에 쓰인 "은혜"라는 말은 언제나 십자가를 통해 주어지는 하나님의 구원을 나타냅니다. 예수님이 십자가에서 죽임당하지 않으셨다면, 용서도, 구원도 그리고 죄와 싸울 수 있는 도움도 우리에게 주어지지 않았을 겁니다. 이 모든 것은 우리에게 은혜로 주어진 선물입니다. 야고보가 말하길 하나님의 은혜를 받을 방법은 겸손히 자신을 낮추는 것입니다. 우리가 하나님의 도움이 필요한 죄인이라는 걸 인정할 때 우리 자신을 스스로 낮추게 됩니다. 교만한 사람은 하나님의 은혜를 받지 못합니다. 왜냐하면 그들은 은혜가 필요하다고 생각하지 않기 때문입니다. 하나님의 은혜를 받기 위해 우리가 해야 할 일은 죄에서 돌이키고 하나님께 간구하면 된다는 사실이 놀랍지 않나요? 이것은 우리의 구원과 그리스도인의 삶에 있어서 모두 사실입니다.

💬 이야기하기

성경에 기록된 "은혜"는 항상 무엇을 가리키나요?
(성경에서, 은혜는 언제나 예수님과 그분을 믿는 모든 사람에게 대가 없이 주어지는 구원을 나타냅니다.)

"은혜"는 무슨 뜻인가요?
(은혜는 우리가 아무것도 하지 않고 그냥 받는 선물입니다.)

야고보는 하나님이 누구에게 은혜를 주신다고 말하나요?
(하나님은 겸손한 사람들에게 은혜를 주십니다. 그런 사람들은 자기 욕심이 아니라 하나님의 마음을 더 높이고 따릅니다.)

야고보는 하나님이 교만한 사람들을 어떻게 하신다고 말하나요?
(야고보가 말하길 하나님은 교만한 자들을 물리치십니다.)

🙏 기도하기

우리가 자기 자신을 믿으면서 교만하게 살지 않고 하나님을 신뢰하며 의지하면서 겸손하게 살게 해 달라고 기도하세요.

DAY 4

♥ 기억하기

이번 주 성경 이야기를 통해서 하나님은 우리에게 무엇을 가르치시나요?

✝ 성경 읽기 | 야고보서 4:11~17절

💬 깊이 생각하기

우리가 얼마나 미약한지를 알게 하려고, 야고보는 우리가 내일 벌어질 일조차 알지 못한다고 했습니다. 우리가 할 수 있는 최선은 그저 내일 무슨 일이 일어날지 추측하는 것뿐입니다. 폭풍 이동 경로를 측정하는 기상학자들조차도 태풍이 다음 날 어디로 이동할지 확신하지는 못합니다. 단지 예상만 합니다. 그러나 하나님은 이 땅에 존재하는 모든 사람의 내일을 분명히 알고 계십니다. 하나님은 우리에게 내일 어떤 일이 벌어질지 정확하게 말씀해 주실 수 있습니다. 왜냐하면 모든 것이 하나님의 계획대로 진행되기 때문입니다. 우리는 아무것도 장담할 수 없기에 오직 하나님만을 신뢰하고 의지해야 합니다.

신자인 우리가 가야 할 곳은 천국이라는 사실을 기억해야 합니다. 이 세상의 그 어떤 보물도 다 사라질 겁니다. 우리는 사라질 그 보물들에 우리의 시선을 고정해서는 안 됩니다. 우리는 인내로써 우리 앞에 당한 경주를 하며 믿음의 주요 또 온전하게 하시는 분인 예수님을 바라봐야만 합니다. 그분은 그 앞에 있는 기쁨을 위하여 십자가를 참으사 부끄러움을 개의치 아니하시고 이제는 하나님 보좌 우편에 앉아계신 분이십니다(히 12:1~2절).

🗨 이야기하기

부모님은 고등학교 시절 꿈꿨던 삶과 현재 삶이 어떻게 다른지 자녀들에게 얘기해 주세요.
(고등학교 시절 어떤 삶을 꿈꿨었는지 자녀들에게 얘기해 주세요. 꿈꾸던 직업을 가지고 있나요? 현재의 삶은 그 당시 바라던 것과 어떻게 다른가요? 모든 걸 다 아시는 하나님과 비교했을 때, 우리가 예측할 수 있는 것은 정말 미약하고 하찮다는 걸 자녀들이 이해하게 도와주세요.)

야고보는 왜 우리의 삶을 금세 사라질 안개에 비유했나요?
(야고보는 우리의 삶이 얼마나 짧은지, 그리고 우리 자신이 생각만큼 중요한 존재가 아니라는 사실을 알게 하고 싶었습니다.)

야고보는 죄를 무엇이라고 설명했나요?
(자녀들이 어리다면 17절을 다시 읽어주세요. 그리고 정답을 찾으면 손을 들고 대답하게 해 주세요. 죄는 선을 행하지 않는 것입니다.)

🤲 기도하기

우리의 삶이 얼마나 짧은지, 그리고 당장 내일도 어떻게 될지 모르는 미약한 존재라는 걸 기억함으로 겸손하게 하나님께 순종할 수 있게 해 달라고 기도하세요.

DAY 5

♥ 발견하기

오늘은 다른 성경 본문을 보는 날입니다. 시편이나 예언서에서 예수님 혹은 우리의 구원에 대해 배울 수 있습니다.

📖 성경 읽기 ┃ 시편 22:7~8절

💬 깊이 생각하기

우리는 어제 야고보서의 말씀을 통해 우리가 절대 하나님같이 될 수 없다는 걸 배웠습니다. 우리는 당장 내일 일도 모릅니다. 그러나 하나님은 우리와 전혀 다른 분이십니다. 하나님은 무슨 일이 벌어질지를 다 아시고 심지어 모든 것을 다 다스리십니다. 시편 22편은 이것을 설명하는 좋은 예시입니다. 예수님이 십자가에서 돌아가시기 오래전에, 하나님은 예수님이 어떻게 돌아가시게 될지 전부 다 아시고 계획하셨습니다. 22편에서, 다윗은 사람들이 예수님을 쳐다보며 조롱했다고 말했습니다. 마태복음 27:41절에는 이렇게 기록되어 있습니다. "대제사장들도 서기관들과 장로들과 함께 희롱하여 이르되" 다윗은 예수님을 보는 사람들이 머리를 흔들었다고 했습니다. 마태복음 27:39절에는 "지나가는 자들은 자기 머리를 흔들며 예수를 모욕하여"라고 기록되어 있습니다.

다윗은 심지어 사람들이 여호와께서 십자가에 달린 예수님을 구원하라고 말할 거라고 했습니다. 마태복음 27:43절에는 "그가 하나님을 신뢰하니 하나님이 원하시면 이제 그를 구원하실지라 그의 말이 나는 하나님의 아들이라 하였도다 하며"라고 기록되어 있습니다. 하나님은 사람들이 어떻게 행동할지를 이미 수백 년 전에 알고 계셨습니다. 하나님은 모든 것을 아실 뿐만 아니라 미래를 다 계획해 두셨기 때문에 사람들이 어떻게 행동할지를 다 알고 계셨습니다. 우리를 위해 하나님이 모든 것을 계획하셨고, 예수님은 그 계획대로 하셨다는 사실이 기쁘지 않나요(행 2:23절)?

🗣 이야기하기

마태복음 27:39~44절을 읽고 오늘 말씀인 시편 22:7~8절과 비교해 보세요. 이 두 성경 구절은 얼마나 비슷한가요?
(두 성경 구절은 예수님이 십자가 처형을 당하시면서 겪으신 조롱과 모욕을 설명하고 있습니다.)

이 두 구절을 비교하는 것으로 우리는 하나님에 대해 무엇을 배우게 되나요?
(우리는 하나님은 어떤 일이 벌어지기 오래전부터 이미 그것을 다 알고 계신다는 걸 배웁니다.)

하나님은 왜 예수님의 죽음이 실제로 일어나기 훨씬 전에 다윗에게 그것을 기록하게 하셨나요?
(하나님은 예수님의 십자가 죽음이 우연히 벌어진 일이 아니라 하나님의 계획대로 이뤄진 사건이라는 것을 알기 원하셨습니다.)

🙏 기도하기

예수님이 태어나시기 오래전에 매우 끔찍한 죽음이라는 걸 알면서도 계획하신 대로 외아들이신 예수님을 포기하신 하나님께 감사하세요.

거듭남!
Born Again!

이야기 151 – 컬러 스토리 바이블

금속 광택제와 헝겊, 그리고 빛이 바래진 은으로 가공한 제품을 준비하세요(보석이나 접시, 혹은 동전도 괜찮습니다). 이 세상의 보물은 모두 그 가치를 잃게 된다고 아이들에게 말하세요. 헝겊을 깔고 그 위에 광택제를 올려놓으세요. 그리고 은 가공 제품을 닦아서 광택이 나게 하세요. 헝겊에 떨어지는 검정 찌꺼기를 아이들에게 보여주세요. 제대로 작업해서 광택이 나기 전에는 결과물을 아이들에게 보여주지 마세요. 아이들은 광택을 내는 과정에서 나오는 검정 찌꺼기와 깨끗하게 광택이 나는 결과물을 보면 깜짝 놀랄 겁니다. 이번 주에 우리는 하나님이 우리를 위해 천국에 보물을 쌓아두셨는데 그것은 절대 사라지지도, 손상되지도 않는다는 걸 배울 거라고 말해 주세요.

DAY **1**

♥ 상상하기

우리는 기상학자들이 내일 날씨를 예측하는 것을 기상 예보라고 합니다. 풍향을 조사하고 위성사진에 찍힌 구름을 살펴본 후에, 내일 날씨가 예보될 수 있습니다. 기상 예보는 맞을 수도 있고, 틀릴 수도 있습니다. 기상을 예측할 수 있고, 실제 기상 예보대로 날씨를 만들어낼 수 있는 기상학자가 있다고 가정해 보세요. 그 학자는 언제나 완벽하고 틀림없는 예측을 할 겁니다.

이 기상학자는 "내일은 비가 올 수도 있으니 우산을 챙기시는 게 좋겠습니다." 라고 말하지 않을 겁니다. 그 사람은 "북부 지방에 사시는 분들은 내일 천둥과 번개를 동반한 폭우가 오후 3시 5분부터 적어도 24분간 쏟아질 예정이니 주의하시기 바랍니다."고 예보할 겁니다. 이런 기상 예보가 매일 이뤄지고, 실제로 날씨가 그렇게 된다면, 사람들은 그 기상학자를 대단한 사람이라고 여길 겁니다. 왜냐하면 사람은 절대로 그렇게 완벽하게 예측할 수 없고, 오직 하나님만이 그렇게 하실 수 있기 때문입니다. 이것이 우리가 오늘 성경 이야기에서 배우게 될 내용입니다.

✝ 성경 읽기 | 베드로전서 1:1~2절

💬 깊이 생각하기

앞서 말했듯이 기상학자의 날씨 예측을 기상예보라고 합니다. 예보라는 말은 아직 일어나지 않은 일을 미리 알려 준다는 뜻입니다. 그리고 예보는 일어날 수도, 그렇지 않을 수도 있습니다. 베드로는 미래를 아시는 하나님을 설명 하려고 예보와 유사한 개념이지만 매우 다른 단어인 "미리 아심"이란 말을 썼습니다. 예보는 불확실한 추측이지 만, 하나님의 미리 아심은 확실합니다. 하나님은 모든 것을 "그의 뜻의 결정대로" (엡 1:11절) 하실 수 있는데, 그것 은 그분의 계획대로 모든 게 이뤄질 수 있다는 뜻입니다.

베드로는 여러 지역에 흩어져 나그네 된 사람들에게 하나님의 미리 아심을 따라 선택받은 신자라고 했습니다. 그 말은 그들이 우연히 그리스도인이 되지 않았다는 뜻입니다. 그들은 하나님의 계획과 목적대로 그리스도인이 된 것입니다. 베드로가 의미했던 바는 그들이 교회의 일부가 될 것을 하나님이 이미 알고 계셨다는 사실이었습니다.

💬 이야기하기

베드로가 베드로전서를 썼다는 걸 우리는 어떻게 알 수 있나요?

(신약 성경 대부분은 그것을 누가 썼는지 알려줍니다. 베드로후서의 경우, 베드로는 자기 이름을 말하면서 시작하 고 있습니다.)

하나님의 미리 아심은 무엇인가요?

(하나님의 미리 아심은 그분이 모든 것을 다 아신다는 뜻입니다. 심지어 미래에 일어날 일까지도 하나님은 전부 다 아십니다.)

베드로는 하나님의 구원 계획에 이방인들도 포함된다는 사실을 처음에 어떻게 알았나요? 사도행전 10장을 기억해 보세요.

(어떤 식으로건 아이들에게 힌트를 주세요. 베드로는 각종 네 발 가진 짐승과 기는 것과 공중에 나는 것들이 담긴 보자기 환상을 보고 하나님이 이방인들도 구원하신다는 사실을 알았습니다. 34~35절을 주목해서 읽어보세요.)

예수 그리스도의 피 뿌림은 무엇을 뜻하나요?

(십자가에서 쏟으신 예수님의 피가 그분을 믿는 모든 그리스도인의 죄를 씻어준다는 뜻입니다. 모세가 처음으로 피를 뿌렸는데 이것은 이스라엘 민족이 하나님의 언약 아래에 놓여 있다는 걸 상징하는 것이었습니다. 출애굽기 24:5~8절을 보세요.)

🤲 기도하기

미래를 아시고 모든 것을 통치하시는 하나님께 감사하세요. 예수님은 말씀하시길 아버지께서 내게 주신 자를 하 나도 잃어버리지 아니하겠다고 하셨습니다(요 6:37~39절). 언제나 우리를 보호하시는 하나님을 찬양하세요.

DAY 2

♥ 기억하기

어제 이야기 중에서 무엇을 기억하나요? 오늘은 어떤 이야기가 있을 것으로 생각하나요?

📖 성경 읽기 ┃ 베드로전서 1:3~5절

💬 깊이 생각하기

어제 우리는 말씀을 통해 하나님 아버지는 미래를 아시고 다스리시며 모든 것을 계획대로 진행하신다는 것을 배웠습니다. 하나님은 자녀 된 모든 자를 천국으로 안전하게 인도하시고 언제나 보호하십니다. 예수님은 말씀하시길 하나님이 주신 사람은 단 한 명도 잃어버리지 않는다고 하셨습니다(요 6:39절). 그래서 베드로는 신자 된 이들에게 언젠가 모두 천국에 들어갈 것이고, 하나님이 약속하신 그들의 유업은 절대로 없어지거나 사라지지 않을 거라고 했습니다. 왜냐하면 그 유업은 하나님이 직접 주시는 것이기 때문입니다. 세상에서도 귀중한 보물을 갖게 되면, 그것을 금고에 보관합니다. 금고는 두꺼운 금속으로 만들어진 상자인데 화재도 견디고 도둑이 들어도 안전합니다. 우리가 예수님을 믿고 그리스도인이 되면, 예수님과 함께 있게 될 천국에서의 미래는 하나님이 약속하셨기에 안전하게 보장됩니다. 그분의 약속은 어떤 금속보다 튼튼하고 영원합니다. 그 어떤 것도, 그 누구도 천국에 대한 하나님의 약속을 빼앗아갈 수 없습니다.

《● 이야기하기

예수님 안에서 우리에게 주어진 구원은 천국을 약속합니다. 누가 그 약속을 지키시나요?
(하나님은 천국에 간직한 우리의 유업은 안전할 것이고 결코 더럽혀지거나 썩지 않을 것이라고 말씀하셨습니다. 하나님이 말씀하셨기에 우리는 그것이 사실이라고 믿습니다.)

성경 이야기 중에 어떤 일이 벌어지기 전에 하나님이 사람을 통해 예언하셨거나 그분의 말씀대로 성취된 사건 중 기억나는 이야기가 있나요? (우리는 매주 다섯 번째 날에 예언서를 공부해 왔습니다. 하나님이 하신 말씀 중에서 가장 중요한 것은 바로 예수님이 우리 죄 때문에 돌아가실 거라는 말씀이었습니다. 아이들이 기억하는 말씀이 있는지 확인해 보세요. 또 하나의 놀라운 이야기는 하나님이 모세에게 그 백성을 구원해 낼 것이라고 하신 말씀입니다. 출애굽 전에 하나님은 모세에게 분명히 말씀하셨습니다.)

거듭난다는 것은 무슨 뜻인가요? (하나님이 우리를 구원하실 때, 우리 죄는 전부 사라지고 대신 예수님의 의가 주어집니다. 이것은 정말 놀라운 변화인데 성경은 이 변화를 가리켜 거듭났다고 말합니다.)

✍ 기도하기

하나님은 자녀 된 자들을 모두 안전하게 보호하시고 천국에서 영원한 생명을 누리게 하십니다. 그분은 단 한 명도 잃어버리지 않고 그 약속을 성취하십니다.

DAY 3

♥ 예수님께 연결하기

오늘은 이번 주 성경 이야기를 복음과 연결해 보는 날입니다. 복음은 우리를 구원하신 예수님의 생명과 죽음, 그리고 부활입니다. 이번 주 성경 이야기가 어떻게 복음과 연결되는지 깊이 생각해보세요.

📖 성경 읽기 | 베드로전서 1:6~9절

💬 깊이 생각하기

베드로는 하나님이 예수님 안에서 우리 믿음을 마치 불로 금을 정화하듯이 확실하게 하신다고 했습니다. 금을 채굴하면, 먼저 그것을 부숴서 가루로 만듭니다. 그리고 나서 금가루와 돌가루를 분리합니다. 금가루만 따로 모아서 그것들이 녹을 때까지 열을 가합니다. 금은 가라앉고 나머지 불순물은 위로 뜹니다. 불순물을 건져내면 이제는 순도 높은 금만 남게 됩니다. 베드로는 하나님이 우리에게 허락하시는 시험은 금을 정화하는 것처럼 우리를 정결하게 만든다고 합니다. 하나님은 시험을 통해 우리의 신앙을 순결하고 정결하게 만드십니다. 그래서 우리가 먼 훗날 천국에 들어갔을 때, 그 신앙은 순금처럼 밝게 빛날 겁니다. 우리 삶이 편하고 어려움이 없다면, 아마도 우리는 쉽게 하나님을 잊고 우리 자신을 믿고 멋대로 살려고 할 겁니다. 그러나 시험과 고난 때문에 우리는 주님의 도움 없이는 살 수 없다는 사실을 기억하게 됩니다. 시험과 고난은 우리의 시선을 예수님께 돌리게 하고 십자가에서 우리 대신 돌아가신 그 희생을 잊지 않게 해 줍니다.

🗣 이야기하기

베드로는 신자들에게 "여러 가지 시험으로 말미암아 잠깐 근심하게 되지 않을 수 없었으나" 라고 했습니다. 시험은 무엇인가요?
(시험은 삶에서 겪게 되는 어려움입니다. 그것 때문에 우리는 예수님께 도움을 구하고 그분을 의지하게 됩니다.)

베드로는 하나님이 왜 우리에게 시험을 주신다고 했나요? (우리의 신앙을 확인하려고 그렇게 하신다고 했습니다. 우리는 살면서 모든 게 순탄하고 어려움이 없다면, 정말 쉽게 하나님을 잊습니다. 하지만, 우리가 해결할 수 없는 어려움을 당하면, 주님을 찾게 되고, 그분께 도움을 구하며 의지하게 됩니다.)

우리가 하나님을 믿고 의존하게 했던 시험은 어떤 것이 있었나요?
(아이들은 그렇게 힘들고 큰 어려움을 경험해 본적이 많지 않을 겁니다. 아이들에게 가장 큰 어려움은 아마도 아프거나 다쳤던 경험일 겁니다. 많이 아팠던 때를 기억할 수 있게 도와주세요.)

🙏 기도하기

비록 우리가 예수님을 직접 볼 순 없지만, 그분을 찬양할 수는 있습니다. 지금까지 살아오는 동안 우리 가족에게 행하신 그분의 일하심을 찬양하는 시간을 가지세요.

DAY 4

♥ 기억하기

이번 주 성경 이야기를 통해서 하나님은 우리에게 무엇을 가르치시나요?

📕 성경 읽기 | 베드로전서 1:10~12절

💬 깊이 생각하기

구약 성경에서, 하나님은 선지자를 통해 그 백성들에게 말씀하셨습니다. 선지자가 해야 할 일은 하나님의 말씀을 백성들에게 전하는 것이었습니다. 그래서 그들은 하나님이 먼 훗날 그 백성을 구원하시려고 메시아를 보내실 거란 사실을 다른 누구보다 먼저 알고 있었습니다. 하지만 메시아가 누구이고, 언제 오실지는 몰랐습니다. 그것은 태어날 아기를 기다리는 것과 비슷했습니다. 태중에 아기가 있다는 건 알 수 있지만, 언제쯤 그 아기가 태어날지, 그리고 어떻게 생겼을지는 확신할 수가 없습니다. 그래서 부모는 아이가 언제 태어날지, 어떻게 생겼을지, 남자아이인지 여자아이인지 궁금해하고 온갖 상상을 다 하며 기다립니다.

오늘날 초음파 사진 덕분에 의사는 아직 태어나지도 않은 아이의 성별을 보다 정확하게 확인할 수 있습니다. 마찬가지로 선지자들은 메시아가 오신다는 사실에 너무 흥분되고 기대되어 가만히 있지 못하고 그분이 언제 오실지, 누가 그분이실지 연구하고 예측하며 토론했습니다. 그러나 하나님은 선지자들에게 그 예언은 그들의 시대에 성취되지 않는다는 것을 보여주셨습니다. 결국 구약의 모든 선지자는 그분의 이름조차도 전혀 모르고 그저 구원자가 오실 거라는 사실만을 믿은 채 죽었습니다.

🗨 이야기하기

부모님은 각 자녀가 태어나거나 입양하기를 기다리면서 어떤 마음이었는지, 또한 각 자녀의 이름을 어떻게 지었는지 얘기해 주세요.
(자녀가 생긴다는 그 설렘과 흥분, 기대감을 잘 떠올려 보세요. 그리고 자녀들을 처음 만났을 때 느낀 벅찬 감동을 천천히 얘기해 주세요.)

구약 시대의 선지자들은 하나님이 그분의 백성을 구원하시려고 보내시기로 한 메시아에 관해 몰랐던 게 무엇인가요? (그들은 메시아가 언제 오실지, 그리고 누가 메시아일지 몰랐습니다. 게다가 그분의 이름조차도 몰랐습니다.)

세례 요한은 다른 선지자들과 어떻게 달랐나요?
(세례 요한은 메시아가 오실 때 살고 있었습니다. 그래서 메시아가 오셨다는 걸 세상에 알렸습니다. 요한은 메시아가 오셨던 시기에 살았던, 그래서 그분이 누구신지를 알았던 유일한 선지자였습니다.)

✍ 기도하기

지금 우리는 메시아가 누구신지를 매우 잘 압니다. 그분은 바로 예수님이십니다. 메시아가 누구시고, 왜 이 땅에 오셨는지를 우리에게 알게 하신 하나님께 감사하세요. 그분은 우리 죄 때문에 십자가에서 돌아가시고 승리 가운데 다시 살아나시려고 오셨습니다!

DAY 5

💙 발견하기

오늘은 다른 성경 본문을 보는 날입니다. 시편이나 예언서에서 예수님 혹은 우리의 구원에 대해 배울 수 있습니다.

📖 성경 읽기 ┃ 스가랴 13:7~9절

💬 깊이 생각하기

스가랴는 베드로가 언급한 선지자 가운데 한 명이었습니다. 하나님은 스가랴에게 구원자가 올 것을 말씀하셨습니다. 하나님은 구원자를 그 백성의 죄를 씻을 샘으로 설명하셨습니다(슥 13:1절). 우리가 오늘 읽은 구절에서, 하나님은 메시아를 공격당할 목자라고 하셨습니다. 그 말은 예수님의 죽음을 가리키는 단서였습니다. 예수님은 제자들이 모두 그분 곁을 떠나 도망칠 거라는 말씀을 하시면서 스가랴의 예언을 인용하셨습니다(마 26:31절). 예수님을 부인했던 베드로가 절대 그분 곁을 떠나지 않을 거라고 말했던 것을 우리는 분명히 기억합니다. 그러나 베드로도 다른 제자들처럼 도망쳤고, 심지어 그분을 세 번씩이나 부인했습니다.
우리는 베드로전서를 통해 스가랴가 하나님이 주신 예언을 매우 의아스럽게 여겼다는 걸 알게 됩니다. "하나님이 말씀하시는 그 목자는 도대체 누구지? 그분은 언제 오실까?" 하지만 하나님은 다른 선지자들과 마찬가지로 스가랴에게도 그가 사는 동안에는 이 일이 일어나지 않을 거라는 사실을 알려주셨습니다. 스가랴의 예언을 오늘날 읽는 것은 우리에게 믿음을 더욱 굳건히 하는 근거가 됩니다. 왜냐하면 하나님이 말씀하신 그 예언이 예수님을 통해 어떻게 성취되었는지를 우리는 확인할 수 있기 때문입니다. 예수님은 우연히 죽은 게 아니라 하나님의 사랑과 그 계획을 따라 미리 준비된 대로 돌아가신 것입니다.

🗨️ 이야기하기

스가랴가 예수님에 대해 알았던 것은 무엇인가요? (자녀들이 대답하지 못한다면, 몇 가지 유도 질문을 해 주세요. "스가랴는 예수님의 이름을 알았나요?" 스가랴는 예수님의 이름도, 그분이 언제 오실지도 몰랐습니다.)

베드로는 하나님이 우리의 신앙을 마치 금을 세공하듯이 시험하신다고 했습니다(벧전 1:6~9절). 스가랴 13:9절은 어떻게 비슷한가요? (스가랴의 예언은 먼 미래에 하나님은 그분의 백성들을 은과 금처럼 정결하게 하셔서 그들이 오직 하나님만을 구하고 경배하게 할 거라는 사실을 우리에게 알려줍니다. 베드로는 스가랴의 예언과 그것이 그대로 이뤄질 것이라는 사실을 알았습니다.)

구약의 선지자들은 예수님을 전혀 알지 못했습니다. 그렇다면, 그들이 천국에서 주님을 만났을 때, 어떨 것 같나요? (자녀들이 스스로 생각해 보게 도와주세요. 선지자들 대부분은 하나님의 아들을 보게 된다는 것과 그분의 계획에 매우 흥분했을 겁니다. 그렇기 때문에 분명히 천사들과 함께 천국에서 예수님의 탄생, 그분의 삶, 십자가의 죽음, 그리고 부활을 전부 지켜봤을 겁니다.)

🙏 기도하기

선지자들을 통해 말씀하셔서 예수님의 죽음을 우연한 사고가 아니라 우리를 구원하시려는 하나님의 계획과 그 사랑 때문에 이뤄진 것이라는 사실을 알게 해 주신 하나님께 감사하세요.

하나님의 말씀은 살아 있고
God's Word Is Living

이야기 152 – 컬러 스토리 바이블

사과 한 개와 도마, 칼을 준비하세요. 하나님은 사과를 만드시면서 특별한 것을 그 안에 감추어 두셨는데, 이제 그 것이 무엇인지 살펴보기 위해 사과를 절반으로 자를 거라고 하세요. 사과를 꼭지에서부터 세로가 아니라 가로로 반을 나눠 자르세요. 잘린 단면을 살펴보세요. 무엇이 보이나요? 씨가 있는 중심에 별이 있습니다! 사과 중심에 별이 있다는 걸 알았는지 아이들에게 물어보세요. 그리고 이렇게 얘기하세요. "이번 주 우리는 하나님의 말씀이 어떻게 우리 마음을 쪼개고 그 안에 감춰진 것을 드러낼 수 있는지 배울 거야."

DAY **1**

♥ 상상하기

양날 검은 양쪽 날이 모두 날카롭기 때문에 매우 위험한 무기입니다(스테이크 나이프 두 개를 칼날이 바깥으로 나오게 겹치면 양날 검이 어떤 것인지 아이들이 더 쉽게 이해할 수 있을 겁니다.). 양날 검은 휘어 있거나 칼날이 넓지 않습니다. 그것은 곧게 뻗었고 적군의 무기를 관통할 수 있게 칼날이 얇습니다. 만약 우리가 전쟁에서 양날 검을 가진 적군과 맞닥뜨린다면, 좌우 양쪽과 앞쪽에서 찌르고 들어올 수 있다는 점까지 생각하고 대비를 해야만 합니다. 오늘 성경 말씀에서, 하나님은 그분의 말씀을 양날 검에 비유했습니다.

📖 성경 읽기 | 히브리서 4:12절

💬 깊이 생각하기

성경은 살아 있다는 점에서 다른 수많은 책과 구별됩니다. 그 말은 성경이 호흡하거나 듣거나 움직일 수 있다는 뜻이 아닙니다. 성경을 살아 있다고 하는 이유는 그것이 우리를 향한 하나님의 음성이기 때문입니다. 비록 성경이 글로 기록되어 있지만, 그것들은 모두 하나님이 하신 말씀이고 그 능력은 조금도 사라지지 않습니다. 그래서 우리가 "수고하고 무거운 짐 진 자들아 다 내게로 오라 내가 너희를 쉬게 하리라"(마 11:28절)는 예수님의 말씀을 읽을 때, 그것이 그 당시 사람들에게만 하신 게 아니라는 것을 알 수 있습니다. 그분의 말씀은 오늘을 사는 우리에게 하시는 것이고 말씀하신 그대로 우리에게도 쉼을 주십니다.

우리가 하나님의 말씀을 읽을 때, 그것은 우리에게 말합니다. 우리 마음속 깊이 새겨져서 하나님 앞에서 우리가 얼마나 큰 죄인인지를 깨닫게 해 줍니다. 그리고 우리를 죄로부터 구원할 분이 필요하다는 사실을 인정하게 합니다. 하나님의 영은 말씀을 통해 우리 안에 믿음을 심어주시고 거듭나게 하십니다. 우리는 얼마든지 속은 죄로 가득하지만 겉은 좋게 보이게 할 수 있습니다. 하나님의 말씀은 우리 마음속을 드러내게 하고 우리에게 죄를 직면하게 합니다. 우리 안에 숨겨진 죄를 깨닫게 되면, 우리는 예수님을 찾을 이유가 생기게 되는 겁니다. 바로 용서받기 위해서 예수님께 나아가야만 합니다. 그때 하나님의 말씀은 우리 안에 있는 두려움을 밀어내고, 우리에게 격려와 용기를 불어넣어 주십니다.

💬 이야기하기

히브리서 기자는 하나님의 말씀을 무엇에 비유했나요? (양날의 검)

히브리서 기자는 왜 하나님의 말씀을 살아 있다고 했나요?
(히브리서 기자는 하나님의 말씀은 살아 있어서 오늘을 사는 우리에게도 여전히 말씀하고 있다고 했습니다. 하나님의 말씀은 처음 쓰이고 전해졌던 그때와 마찬가지로 오늘날에도 강력합니다.)

하나님의 말씀의 검이 우리 삶을 쪼개면, 그것은 무엇을 드러내나요?
(하나님의 말씀은 우리 마음 깊은 곳에 숨겨진 죄를 드러냅니다.)

하나님의 말씀이 우리 안에 숨겨진 죄를 드러냈던 경험을 나누는 시간을 가지세요.
(아이들이 말씀으로 자신의 죄를 깨달은 경험이 없을 수도 있습니다. 이 질문은 부모님이 하나님의 말씀을 통해 어떤 영향을 받았는지 아이들에게 나누는 기회가 됩니다.)

🙏 기도하기

살아 움직이는 말씀을 통해 우리 죄를 직면하게 하시고 주신 은혜를 깨닫게 해 주신 하나님께 감사하세요.

461

DAY 2

♥ 기억하기

어제 이야기 중에서 무엇을 기억하나요? 오늘은 어떤 이야기가 있을 것으로 생각하나요?

📖 성경 읽기 | 히브리서 4:13절

💬 깊이 생각하기

비행기에 탑승하려면, 우선 칼이나 총과 같은 위험한 물건을 소지하지 않았다는 걸 안전 요원들이 확인할 수 있게 금속 탐지기를 통과해야만 합니다. 모든 짐도 검색대를 통과해 숨긴 물건이 없는지 점검받아야 합니다. 그런 과정 때문에 안전한 비행을 보장받을 수 있습니다. 그렇게 해야 범죄자들이나 테러리스트들이 총을 비롯해 각종 무기류를 소지한 채 비행기에 탑승할 수 없기 때문입니다. 오늘 성경 구절에서, 그 누구도 하나님의 말씀을 읽게 되면 자기 죄를 감출 수가 없다는 사실을 알게 됩니다. 하나님의 말씀은 모든 죄를 완전히 드러나게 하십니다.

하나님의 말씀은 우리 마음을 비치는 엑스레이와 같습니다. 만약 누군가 총을 가지고 비행기에 탑승하려고 한다면, 사전에 보안 요원이나 경찰에 신고해야만 합니다. 그 말은 왜 총을 소지해야만 하는지를 설명할 수 있어야 하고 총기 소지 허가를 받아야만 한다는 뜻입니다. 마찬가지로, 하나님은 우리의 몸과 마음 곳곳을 다 살피십니다. 그래서 죄가 조금도 숨어있을 수 없습니다. 그래서 히브리서 기자는 말하길, 하나님 앞에 만물이 벌거벗은 것 같이 드러난다고 했습니다. 만약 우리 죄의 문제를 해결하신 예수님을 믿지 않는다면, 우리는 모든 죄에 대해 하나님 앞에서 다 고백해야 하고 그것에 대한 판결을 받아야만 합니다.

🗨 이야기하기

하나님의 말씀은 공항 검색대의 엑스레이처럼 우리 마음의 무엇을 드러내게 하나요?
(그분의 말씀은 공항 검색대의 엑스레이가 숨겨 놓은 물건을 찾아내는 것처럼 우리 마음에 숨겨진 죄를 드러냅니다.)

하나님이 우리 모든 죄를 아신다는 사실을 기억하는 것은 우리가 거룩한 삶을 살게 하는 데 어떤 도움을 주나요?
(우리가 어떤 죄도 하나님께 숨길 수 없다는 사실을 깨닫게 되면, 일상 가운데 주님을 두려워하며 죄를 짓지 않으려 애쓰게 될 겁니다. 마치 과속 운전하던 사람이 단속 구간에서는 속도를 줄이는 것과 같습니다.)

죄를 숨기려 하지 말고 어떻게 해야 하나요?
(하나님께 죄를 고백하고, 용서를 구해야 합니다.)

🙏 기도하기

하나님이 모든 것을 다 아시고 보고 계신다는 사실을 우리가 기억하게 도와달라고 기도하세요. 그리고 죄를 지을 때마다 하나님께 고백하고 용서를 구할 수 있게 인도해 달라고 간구하세요.

DAY 3

♥ 예수님께 연결하기

오늘은 이번 주 성경 이야기를 복음과 연결해 보는 날입니다. 복음은 우리를 구원하신 예수님의 생명과 죽음, 그리고 부활입니다. 이번 주 성경 이야기가 어떻게 복음과 연결되는지 깊이 생각해보세요.

✝ 성경 읽기 | 히브리서 4:14~15절

💬 깊이 생각하기

구약시대 대제사장은 성막에서 가장 안쪽에 위치한 장소이자, 하나님이 임재하시는 곳인 지성소에 들어갈 수 있는 유일한 사람이었습니다. 일 년에 단 한 번, 대제사장은 자신의 몸에 피를 뿌리고 그 백성의 죄 용서를 위해 희생 제물로 바쳐진 동물의 피를 들고 지성소로 들어갔습니다. 구약 성경에 나오는 대제사장은 우리 죄를 씻기 위해 자신의 피를 흘리신 예수님을 상징합니다.

오늘날, 예수님은 진정한 지성소인 천국에서 하나님 아버지의 임재 앞에 우리를 위해 서 계신 대제사장이십니다. 거기서 예수님은 여전히 손에 못 자국을 가지신 채로 서 계십니다. 그렇게 함으로써 우리 죄의 대가를 이미 다 치르셨다는 사실을 하나님 앞에서 영원히 증명하고 계십니다. 예수님은 이 땅에 계실 때, 우리처럼 시험과 유혹을 받으셨습니다. 그래서 단 한 번도 죄를 짓지 않으셨음에도 불구하고, 시험을 당하는 게 얼마나 힘든 것인지를 잘 아십니다. 우리의 약함을 예수님은 이미 다 아신다는 사실 때문에 우리가 그분께 도움을 구할 때, 우리를 외면하시지 않을 거라고 확신할 수 있습니다. 우리가 물에 빠졌을 때, 누군가 구조의 손길을 보내준다면, 우리는 그것을 있는 힘껏 붙잡아야만 살 수 있습니다. 이처럼 우리는 예수님을 믿는 도리를 온 힘을 다해 붙잡아야만 합니다. 그렇게 해야 용서받고 구원받을 수 있습니다. 이것이 오늘 성경 구절에서 말하는 중요한 신앙고백입니다.

🗣 이야기하기

대제사장은 무슨 일을 하나요?
(대제사장은 백성들이 그들의 죄 때문에 바치는 희생 제물을 들고 하나님의 임재 앞에 나아가는 일을 합니다.)

예수님은 어떻게 우리의 대제사장이 되시나요? (예수님은 우리 죄를 속죄하시려고 하나님께 자신을 희생 제물로 바치셨습니다. 예수님은 우리 죄의 대가를 다 치렀다는 흔적인 못 자국을 가지신 채 천국에서 하나님 앞에 서 계십니다.)

히브리서 기자는 우리에게 신앙고백이 필요하다고 했습니다. 어떤 신앙고백인가요? 그리고 왜 우리는 그것을 굳게 붙들어야 하나요?
(이 질문은 아이들에게 어려울 수 있습니다. 질문에 대한 답을 찾기보다 아이들에게 신앙고백에 대해 한 번 더 설명하는 기회로 삼으시는 게 좋습니다. 우리가 해야 할 신앙고백은 예수님을 구원자로 믿는 것입니다. 그 고백을 붙들고 지켜야만 하는 이유는 그것만이 우리가 구원받을 수 있는 유일한 길이기 때문입니다. 오직 예수님만이 우리 구원자가 되신다는 진리를 마음으로 믿고 입으로 시인할 때 구원받을 수 있습니다. 로마서 10:9절을 보세요.)

🙏 기도하기

우리가 죄와 싸우는 것이 얼마나 어려운지를 다 아시고 십자가에서 우리 죄의 대가를 직접 대신 치르심으로 우리의 대제사장이 되신 예수님께 감사하세요.

DAY 4

♥ 기억하기

이번 주 성경 이야기를 통해서 하나님은 우리에게 무엇을 가르치시나요?

📖 성경 읽기 | 히브리서 4:16절

💬 깊이 생각하기

어제 우리는 예수님이 우리의 대제사장 되시며, 우리가 죄와 싸우는 것이 얼마나 어려운 일인지를 다 아시면서도, 단 한 번도 죄를 지은 적이 없는 분이라는 걸 배웠습니다. 오늘 구절을 통해 우리가 비록 죄인이지만 하나님께 담대히 기도할 수 있다는 사실을 배우게 됩니다. 예수님의 희생과 그분의 몸에 난 상처는 천국 보좌 앞에서 우리 죄가 이미 다 처리되었다는 걸 보증하는 영원한 증거가 됩니다. 성막 휘장이 둘로 찢어졌었던 걸 기억하나요? 예수님의 희생 때문에, 하나님의 임재로 나아갈 수 있는 길이 열렸습니다. 예수님을 믿는 사람은 누구든지, 어떤 죄를 지었든지 하나님의 징계를 두려워하지 않아도 됩니다. 게다가 우리는 이제 하나님의 자녀가 되었기에 담대함을 가져도 됩니다. 하나님은 우리의 아버지로서 긍휼과 은혜를 베푸시기 때문입니다. 그분은 우리의 필요를 다 아시고 정하신 방법대로 채우시고 돌보십니다.

《♥ 이야기하기

부모님은 간절한 기도 제목을 가지고 하나님 앞에 담대하게 나아갔던 경험을 아이들에게 들려주세요.
(하나님의 긍휼과 도움을 간절히 구했던 경험을 나눠주세요. 우리의 죄를 고백했던 순간이나, 다른 어떤 간절한 기도 제목을 놓고 간구했던 시간이었을 수도 있습니다.)

우리가 하나님의 보좌 앞에 담대히 나아갈 때, 우리는 무엇을 받게 되나요?
(자녀들이 어려서 아직 글을 읽는 게 서툴다면, 오늘 읽은 구절을 다시 한번 읽어 주세요. 그런 다음 답을 찾으면 손을 들고 대답하게 해 주세요. 하나님은 우리에게 긍휼과 때를 따라 돕는 은혜를 주십니다.)

우리가 기도할 때 하나님께 받게 되는 긍휼과 은혜는 무엇인가요?
(긍휼은 우리가 받아야 할 징계를 받지 않게 되는 것이고 은혜는 용서, 회복, 그리고 우리의 필요를 채우시는 도움처럼 우리가 받을 수 없는 복을 받게 되는 것입니다.)

🙏 기도하기

하나님의 자녀로서 그분께 기도함으로 은혜의 보좌 앞으로 나아가는 시간을 가지세요.

DAY 5

♥ 발견하기

오늘은 다른 성경 본문을 보는 날입니다. 시편이나 예언서에서 예수님 혹은 우리의 구원에 대해 배울 수 있습니다.

✝ 성경 읽기 | 나훔 1장

💬 깊이 생각하기

나훔은 요나와 마찬가지로 하나님이 니느웨 성에 보내셔서 메시지를 전하게 한 선지자였습니다. 요나에게 하셨듯이, 하나님은 니느웨의 죄를 향한 그분의 심판을 선포하려고 나훔을 보내셨습니다. 그런데 15절을 보면, 변화가 생겼다는 걸 알 수 있습니다. 갑자기 하나님은 나훔에게 그분의 백성인 유다를 향한 메시지를 주십니다. 심판이 아니라 하나님은 아름다운 소식과 평화의 메시지를 전할 사람을 보내겠다고 약속하십니다.

오늘 이 예언을 읽으면서, 우리는 하나님이 유다에게 보내시겠다고 약속하신 분이 바로 예수님이라는 걸 알게 됩니다. 예수님이 그분의 공생애를 시작하셨을 때, 이렇게 말씀하셨습니다. "주의 성령이 내게 임하셨으니 이는 가난한 자에게 복음을 전하게 하시려고 내게 기름을 부으시고"(눅 4:18절). 또한 이렇게도 전하셨습니다. "평안을 너희에게 끼치노니 곧 나의 평안을 너희에게 주노라"(요 14:27절). 15절에서, 나훔은 하나님의 백성들에게 그들의 절기를 기억하라고 했습니다. 왜냐하면 유월절과 같은 절기들은 예수님을 가리키고 있기 때문입니다.

💬 이야기하기

예수님이 전하신 좋은 소식은 무엇인가요?
(좋은 소식은 우리가 예수님을 믿으면 모든 죄를 용서받고 예수님이 십자가에서 행하신 일을 통해 우리가 받아야 할 모든 징계가 다 사라졌다는 것입니다.)

예수님은 어떤 평화를 가져다주셨나요? (예수님은 우리에게 하나님과 화평하게 하셨습니다. 예수님이 이 땅에 오시기 전에, 우리는 죄인으로서 하나님의 원수였습니다. 그러나 예수님이 오셔서 모든 죄와 징계를 다 해결하셨고, 그것을 믿는 사람은 누구나 하나님의 원수에서 자녀로 신분이 변했습니다.)

나훔은 하나님의 백성들에게 절기를 지키라고 했습니다. 유월절이 어떻게 예수님을 가리키는지 기억하나요?
(유월절이 어떤 점에서 예수님을 상징하는지 아이들이 기억할 수 있게 힌트를 주세요. 하나님은 그 백성들에게 어린 양을 잡아 그 피를 문설주에 바르면 죽음의 사자들이 그 집은 지나쳐 갈 것이고 그 집의 장자는 죽임을 당하지 않을 거라고 하셨습니다. 하나님의 심판이 그들에게 내리지 않는 것입니다. 그 어린 양은 마치 예수님이 우리 죄를 대신해 십자가에서 죽임당하신 것처럼 그들의 죄를 대신해 바쳐진 희생 제물이었습니다. 예수님이 우리 대신 돌아가셨으므로 하나님의 심판은 우리에게도 내리지 않게 되었습니다.)

🤲 기도하기

우리에게 복음을 전해 주시고 하나님과 화평하게 해 주신 예수님께 감사하세요.

믿음으로
By Faith

이야기 153 – 컬러 스토리 바이블

뚜껑을 따지 않은 탄산수를 성경 공부 자리에 가져오세요. (병 속을 잘 들여다볼 수 있도록 비닐 포장을 벗기거나 투명한 병으로 준비하면 더 효과적입니다.) 탄산수를 테이블에 올려놓고, 이 물속에는 탄산가스가 숨겨져 있다고 아이들에게 말하세요. 혹시 그것을 볼 수 있는지 자세히 살펴보라고 하세요. 아이들은 쉽게 볼 수 없을 겁니다. 그럼 탄산가스가 들어있다는 말을 믿을 수 있냐고 물어보세요. 아마도 그렇다고 대답할 겁니다. 볼 수 없는 무엇인가를 믿는 걸 설명할 때, "믿음"이란 단어를 사용한다고 얘기해 주세요.

그러고 나서 말하세요. "믿음은 우리가 하나님을 믿을 때 꼭 필요한 것인데 그 이유는 그분을 눈으로 볼 수 없기 때문이지. 언젠가 우리는 천국에서 하나님을 만나게 될 거야. 그러나 그때까지는 믿음으로 예수님을 신뢰하고 순종해야만 하지." 말을 마치고 아이들에게 탄산수병을 자세히 보라고 말하면서 뚜껑을 여세요. 수천 방울의 탄산가스가 거품을 일으키며 생기는 걸 볼 겁니다. 이렇게 얘기하세요. "이번 주 우리는 믿음은 주님을 기쁘시게 하는데 필요한 것이라는 걸 배우게 될 거야."

DAY 1

♥ 상상하기

도교 공포증(Gephyrophobia)은 다리 건너기를 두려워하는 것입니다. 이 증상으로 고통스러워하는 사람은 다리를 가로질러 가는 것을 두려워합니다. 특히 강이나 바다를 건너는 다리는 더욱더 그렇습니다. 그 사람은 자신이 다리를 건너는 동안 그 다리가 안전할 것이라는 확신을 갖지 못합니다. 자기를 제대로 떠받치지 못할 거로 생각합니다. 수백만 명의 사람들이 특별한 염려나 두려움 없이 매일 다리를 건너고 있습니다. 그러나 일부 사람들은 안전에 대한 확신을 갖지 못하고 다리가 무너질 거라는 두려움을 가지고 있습니다. 그리고 자신들이 건너는 그 순간에 무너질 거로 생각합니다.

사람들이 모든 것을 믿는 게 쉬운 일은 아닙니다. 아이들도 두려움을 가지고 있습니다. 어떤 아이들은 인형 공포증(pupaphobia)을 가지고 있습니다. 그것은 단지 인형일 뿐, 어떤 해를 끼치거나 상처를 입힐 수 없다고 아무리 주변에서 얘기해도, 그 아이들은 전혀 받아들이지 않으려고 합니다. 또 어떤 아이들은 광대 공포증(coulrophobia)을 가지고 있습니다. 아무리 안심시키려 해도, 그 아이들은 광대가 위협적인 존재가 아니라는 것을 믿지 못하고 가까이 다가오기만 해도 두려워서 경직됩니다. 믿음은 두려움을 정복하는 비결입니다. 만약 우리가 다른 사람들에게서 들은 것을 믿는다면 – 다리는 무너지지 않는다, 인형이나 광대는 무서운 존재가 아니라 안전하다 – 우리는 두려워할 필요가 없을 겁니다. 우리가 붙들어야 할 가장 중요한 믿음은 바로 하나님을 믿는 것입니다. 오늘 우리는 성경이 믿음을 어떻게 가르치는지 볼 겁니다.

📖 성경 읽기 | 히브리서 11:1~4절

💬 깊이 생각하기

믿음은 보거나 만질 수 없는 무엇인가를 신뢰하는 것입니다. 히브리서 기자는 그 본보기로 하나님을 제시했는데 그분은 아무것도 없는 상태에서 오직 말씀만으로 세상을 창조하셨습니다. 우리는 그것을 성경에서 읽을 수 있습니다. 그러나 아무도 하나님이 그렇게 하시는 것을 본 적은 없습니다. 이것을 사실로 받아들일 수 있는 유일한 방법은 사실로 믿는 것뿐입니다. 성경의 첫 번째 구절을 볼 때, 우리는 볼 수 없는 것을 믿으라는 부르심을 받았다는 걸 알 수 있습니다.

우리는 또한 믿음으로 하나님이 실제라는 것을 받아들입니다. 하나님을 보거나 만질 수 없습니다. 우리는 성경에서 하나님이 누구시고 어떤 일을 하셨는지 읽습니다. 그러나 우리가 직접 그분을 보거나 만질 수 없기에, 믿음으로 그분이 살아 계신다는 사실을 받아들여야 합니다. 하지만 하나님을 믿는 것은 믿음으로 사는 첫 단계입니다. 하나님은 우리가 그분을 믿음으로 죄에서 구원받기를 바라십니다. 예수님을 믿는 것은 하나님의 구원 계획을 신뢰함으로 우리 삶에서 그분을 주인으로 모시고 그 말씀에 순종하는 것입니다. 그것만이 우리가 구원받을 방법이자, 하나님을 기쁘게 해 드릴 수 있는 길입니다. 히브리서 11장에는 하나님이 칭찬하시는 믿음의 사람들이 가득합니다.

🗣 이야기하기

믿음은 무엇인가요?
(믿음은 볼 수 없는 것들을 신뢰하고 의지하며 따르는 것입니다.)

히브리서는 믿음을 설명하려고 우리에게 본보기로 무엇을 제시했나요?
(히브리서 기자는 아무것도 없는 상태에서 오직 말씀만으로 세상을 창조하신 하나님을 본보기로 사용했습니다.)

우리는 무엇을 신뢰하기 위해 믿음이 필요할까요?
(그런 경우는 많습니다. 예를 들어, 탑승한 비행기 기장의 조종 실력에 대한 믿음, 우리가 강을 건널 때 이용하는 다리는 충분히 안전하다는 믿음, 지금 앉아 있는 의자가 나를 받쳐 줄 거라는 믿음, 세 번 씻은 시금치는 안전하다는 믿음이 있습니다.)

하나님을 믿고 신뢰한다는 것은 무슨 뜻인가요?
(하나님을 믿는다는 것은 실제로 볼 수는 없지만, 그분이 살아 계신다는 것을 사실로 받아들이고 신뢰한다는 뜻입니다. 우리는 예수님을 단 한 번도 직접 만난 적이 없지만, 그분을 믿습니다.)

🙏 기도하기

우리가 예수님을 믿고 의심하지 않게 도와달라고 기도하세요.

DAY 2

♥ 기억하기

어제 이야기 중에서 무엇을 기억하나요? 오늘은 어떤 이야기가 있을 것으로 생각하나요?

📖 성경 읽기 ┃ 히브리서 11:4~12절

💬 깊이 생각하기

우리는 어제 믿음은 볼 수 없는 것을 신뢰하고 의지하며 따르는 것이라고 배웠습니다. 히브리서 11장은 하나님의 구원 계획이 자신들을 구원할 거라고 신뢰한 사람들을 보여주는 믿음의 전당입니다. 믿음의 전당은 아벨, 에녹, 노아, 아브라함, 그리고 사라로 시작합니다. 이들에게는 하나님을 향한 믿음이 가장 중요했습니다. 우리는 6절에서 "믿음이 없이는 하나님을 기쁘시게 하지 못하나니"라는 문구를 통해 그 사실을 이미 알고 있습니다. 우리가 아무리 선행을 하고 최고의 업적을 쌓을지라도 하나님을 기쁘시게 할 수 없습니다. 그런 것들은 이미 죄로 인해 망가져 있기 때문입니다. 그러나 믿음은 다릅니다. 믿음은 하나님이 하신 일과 그분의 계획을 신뢰하고 의지하는 것입니다. 믿음은 볼 수 없지만, 하나님이 하시는 일들을 신뢰하는 것입니다. 비 한 방울 내리지 않지만, 하나님을 믿고 방주를 만들었던 노아처럼 하는 것입니다.

🗨 이야기하기

히브리서 기자는 믿음이 없이는 무엇이 불가능하다고 했나요?
(아이들이 어리다면, 6절을 다시 읽어 주시고, "하나님을 기쁘시게" 부분을 강조해 주세요.)

아브라함은 하나님을 향한 믿음을 어떻게 보여주었나요?
(아브라함은 하나님이 고향 땅을 떠나 낯선 곳으로 가라고 하셨을 때 그대로 순종했습니다. 아브라함은 어디로 가야 할지 몰랐지만, 망설이지 않고 따랐습니다.)

사라는 하나님을 향한 믿음을 어떻게 보여주었나요?
(하나님이 아들을 주겠다고 말씀하셨을 때, 사라는 그분을 신뢰했습니다. 즉, 하나님이 약속하신 대로 이루실 것이라고 믿었습니다.)

🙏 기도하기

우리 믿음이 자라서 하나님을 기쁘시게 하는 삶을 살게 해 달라고 간구하세요.

DAY 3

♥ 예수님께 연결하기

오늘은 이번 주 성경 이야기를 복음과 연결해 보는 날입니다. 복음은 우리를 구원하신 예수님의 생명과 죽음, 그리고 부활입니다. 이번 주 성경 이야기가 어떻게 복음과 연결되는지 깊이 생각해보세요.

✝ 성경 읽기 | 히브리서 11:13~28절

💬 깊이 생각하기

믿음의 전당에 이름을 올린 사람들은 예수님을 몰랐지만, 그들은 여호와를 신뢰하고 그분의 구원 계획을 받아들임으로 예수님을 믿는 것이었습니다. 우리가 예수님이 하신 일들을 믿어서 구원받은 것처럼, 그들은 하나님의 구원 계획을 믿고 간절히 바라는 것으로 구원받았습니다. 예를 들면, 모세가 유월절 규례를 지키고 하나님의 구원 계획을 믿음으로 문설주에 피를 발랐을 때, 그는 또한 예수님을 믿는 것이었습니다. 아마 그 순간에 모세는 자신이 예수님을 믿는 것이라는 사실을 정확히 몰랐을 겁니다. 그러나 모세는 하나님께 온전히 순종해야 한다는 것만은 분명히 알았기 때문에, 어린 양의 피를 문설주에 바르고 하나님의 구원을 기다렸습니다. 하나님은 문설주에 바른 그 어린 양의 피가 예수님이 십자가에서 쏟으신 피를 상징하고, 그 피는 그들과 우리의 모든 죄를 용서받게 하므로 이스라엘 민족을 마지막 재앙에서 건지신 것입니다.

🗣 이야기하기

구약시대에 살았던 믿음의 조상들은 어떻게 구원받았나요?
(그들은 하나님의 구원 계획을 믿음으로 구원받았습니다. 그 구원 계획은 바로 예수님이었습니다. 결국 구원 계획을 믿는 것은 자신들의 행위가 아니라 예수님을 믿는 것이었습니다.)

아브라함은 이삭을 제물로 바치는 것으로 하나님을 향한 어떤 믿음을 드러냈나요?
(믿음 때문에 아브라함은 아들을 제물로 바칠 수 있었습니다. 그 행위가 결코 하나님의 구원 계획을 방해하거나 막을 거로 생각하지 않았습니다. 오히려 아브라함은 만약 이삭이 죽는다면, 하나님이 다시 살려내실 것이라고 확신했습니다. 이것이 진정한 믿음입니다.)

모세는 애굽의 모든 보화 대신에 누구를 선택했나요?
(아이들이 어리다면 24~26절을 다시 한번 읽어 주시고 "그리스도"라는 말을 강조해 주세요. 정답을 찾으면 손을 들고 대답하게 해 주세요. 히브리서 기자가 말하길 모세는 애굽의 모든 보화를 버리고 하나님의 구원 계획을 믿음으로, 그리스도와 천국 보상을 선택했습니다.)

구약성경에 등장하는 믿음의 조상들은 하나님의 구원 계획을 간절히 바라는 것으로 구원받았습니다. 그렇다면 우리는 어떻게 구원받나요? (십자가에서 모든 죄를 짊어지시고 죽임당하신 예수님을 통해 완성된 하나님의 구원 계획을 믿는 것으로 구원받습니다.)

🤲 기도하기

과거와 현재의 모든 사람이 십자가를 바라보는 것으로 구원받게 되는 놀라운 길을 열어주신 하나님을 찬양하세요.

DAY 4

♥ 기억하기

이번 주 성경 이야기를 통해서 하나님은 우리에게 무엇을 가르치시나요?

📖 성경 읽기 ┃ 히브리서 11:29～38절

💬 깊이 생각하기

히브리서 11장이 전하는 가장 좋은 소식은 믿음의 전당이 실로 엄청난 규모라는 것입니다. 믿음의 전당에는 수많은 이름이 기록되어 있습니다. 하나님의 구원 계획을 믿는 모든 사람은 믿음의 전당에 이름을 올릴 자격이 주어집니다. 물론 우리 이름이 거기에 기록되지 않을 수도 있습니다. 그러나 우리가 예수님을 믿고 구원 계획을 신뢰한다면, 하나님은 모세나 아브라함에게 그러셨던 것처럼, 우리의 믿음만으로도 충분히 기뻐하십니다. 꼭 기억해야 할 것은 하나님은 어떤 행위나 업적을 보고 기뻐하시는 분이 아니라는 사실입니다. 하나님은 그분의 일하심과 계획을 믿고 따르는 사람들을 기뻐하십니다. 그것은 우리에게도 똑같이 적용됩니다. 우리가 예수님을 믿고 그분이 우리를 죄에서 구원하셨다는 걸 신뢰할 때, 우리도 믿음의 전당에 속하게 됩니다.

🗣 이야기하기

부모님은 히브리서 11장에 기록된 믿음의 조상들 이야기 중에 어떤 것을 가장 좋아하는지, 그리고 왜 그런지 얘기해 주세요.
(설령 가장 좋아하는 이야기가 없거나 선택하기 어렵더라도, 한 가지를 골라서 진행해 주세요.)

우리가 알고 있는 성경 이야기 중에 가장 좋아하는 믿음의 이야기를 선택해 서로 나누고 왜 그렇게 생각하는지 얘기해 보세요.
(이 질문은 아이들에게 하는 질문입니다. 첫 번째 질문에서 부모님이 말씀하셨을 테니 이번 질문은 아이들의 대답을 들어보세요.)

만약 신약성경에 기록된 믿음의 이야기 가운데 믿음의 전당에 추가할 인물이 있다면 누가 있을까요?
(자녀들이 하나님을 믿고 그분의 구원 계획을 신뢰하며 순종했던 믿음의 사람들을 떠올려 보게 도와주세요. 처녀의 몸으로 예수님을 임신한 마리아, 임신한 마리아와 결혼할 정도로 하나님을 신뢰한 요셉, 예수님에 대해 가르치고 선포했던 세례 요한, 모든 것을 버리고 예수님을 따른 제자들 등이 있습니다.)

🙏 기도하기

우리 가족에게도 믿음의 조상들처럼 하나님을 향한 믿음을 선물로 달라고 기도하세요. 우리도 믿음의 전당에 이름이 올라갈 수 있게 인도해 달라고 간구하세요.

DAY 5

♥ 발견하기

오늘은 다른 성경 본문을 보는 날입니다. 시편이나 예언서에서 예수님 혹은 우리의 구원에 대해 배울 수 있습니다.

📖 성경 읽기 | 시편 25편

💬 깊이 생각하기

다윗은 믿음의 전당에 이름을 올린 사람으로 히브리서 11:32절에서 언급되었습니다. 시편 25편에서 우리는 그 이유를 알 수 있습니다. 다윗은 하나님이 자신을 구원하실 거라고 확신했습니다. 다윗은 자신이 죄인이고 스스로를 구원할 수 없다는 것을 분명히 알았습니다. 시편 25편은 자신의 죄를 용서해 달라는 다윗의 기도입니다. 다윗이 속죄를 구한 근거는 자신의 행위가 아니었습니다. 그는 하나님의 신실하심과 긍휼하심에 근거해 죄 사함을 구했습니다.

우리도 다윗이 쓴 이 시편으로 기도할 수 있습니다. 하나님께 드리는 기도로 다시 한 번 오늘 시편을 읽어보세요. 우리 죄 때문에 십자가에서 죽임당하신 예수님을 기억하며 그렇게 해 보세요. 다윗이 모든 죄를 용서하시는 하나님을 신뢰했을 때, 그는 예수님을 믿는 것이었습니다. 이스라엘을 구원해 달라는 마지막 절은 또한 우리에게 예수님을 떠올리게 합니다. "속량하다"(구원하다)는 되갚는다는 뜻입니다. 예수님이 우리를 구원하심으로 모든 죽음과 심판에서 건져내셨습니다 – 예수님은 그분의 생명으로 우리가 치러야 할 모든 죄의 대가를 갚으셨습니다.

💬 이야기하기

다윗은 어떻게 믿음의 전당에 이름을 올렸나요?
(오늘 시편에서 아이들이 그 답을 찾게 해 보세요. 다윗은 믿음으로 하나님께 구원해 달라고 기도했습니다. 어쩌면 꼭 오늘 시편이 아니어도 골리앗과 싸우러 나갈 때처럼 다윗이 하나님의 구원 계획을 믿기 때문에 할 수 있었던 행동들을 찾을 수도 있습니다.)

오늘 시편은 왜 우리 기도로 사용하기에 좋은가요?
(다윗처럼, 우리도 하나님의 신실하심과 긍휼로 구원해 달라고 기도해야 하는 죄인이기 때문입니다.)

다윗의 어떤 말이 예수님을 가리키는 건가요?
(이것은 좀 어려운 질문입니다. 아이들에게 마지막 절에 답이 있다고 말해 주셔도 괜찮습니다. 아이들이 어리다면 마지막 절을 다시 읽어 주고 정답을 찾게 해 볼 수도 있습니다. 다윗은 이스라엘을 모든 환난에서 속량해 달라고 하나님께 기도했습니다. 여기서 속량은 빚을 되갚는다, 대가를 치른다는 뜻입니다. 예수님은 십자가에서 우리의 모든 죄를 속량하셨습니다.)

🙏 기도하기

시편 25편으로 함께 기도하는 시간을 가지세요.
(온 가족이 한 구절씩 읽습니다. 아이들이 어리다면, 부모님이 먼저 읽고 따라 읽게 해 주세요.)

서로 사랑하기
Loving One Another

이야기 154 – 컬러 스토리 바이블

아이들에게 다른 사람한테서 어떤 선물을 받고 싶은지 물어보세요. 질문을 바꿔서 다른 사람에게 어떤 선물을 주고 싶은지 물어보세요. 마지막으로 선물을 받는 것과 주는 것 중에 어느 쪽이 더 즐거울지 물어보세요. 이번 한 주 동안 다른 누군가에게 어떤 선물을 주면 좋을지 생각해 보는 건 어떻겠냐고 아이들에게 질문해 보세요. 고장 나서 쓸모없거나 별로 가치 없는, 너무 싼 것을 선물로 고르지는 않게 하세요. 받았을 때 기뻐할 수 있는 것을 선물로 주는 게 좋다고 알려주세요. 이번 주 아이들은 무엇인가를 나누는 것이 서로 사랑하는 마음을 전하는 매우 중요한 방법이라는 걸 배울 겁니다.

DAY 1

♥ 상상하기

자동차로 장거리 여행을 하려면, 먼저 자동차 상태를 점검해야 합니다. 특히 엔진 오일이 얼마나 있는지 꼭 확인해야 합니다. 그것은 엔진이 원활하게 작동하는 데 필요하기 때문입니다. 엔진 오일이 없으면, 엔진에 문제가 발생하기도 하고, 심지어 완전히 멈춰버릴 수도 있습니다. 엔진에 부착된 딥스틱(점검 쇠막대)을 살펴보는 것으로 오일이 얼마나 남아 있는지 점검할 수 있습니다. 그리스도인들이 자동차라면, 딥스틱은 오일이 아니라 그 마음에 사랑이 얼마나 있는지를 점검해 줄 겁니다. 자동차 엔진 오일처럼, 사랑은 매우 중요해서 그리스도인에게 사랑이 없으면, 성경의 표현대로 죽은 것이나 다름없습니다. 오늘 우리가 읽을 성경 말씀은 이와 관련된 것입니다.

📖 성경 읽기 | 요한 1서 3:11~15절

💬 깊이 생각하기

가인과 아벨의 이야기를 볼 때, 자신을 가인보다는 아벨에 더 가깝게 생각하는 경우가 일반적입니다. 왜냐하면 가인처럼 누군가를 죽여본 적이 없기 때문입니다. 아마 "가인은 정말 나쁘네. 하나님이 경고까지 하셨는데 동생을 죽이다니! 난 절대 저렇게 하진 않을 텐데."라고 쉽게 생각할 수 있습니다. 그러나 마음속으로 누군가를 향해 화를 내고 미워한 적은 있었을 겁니다. 그것은 아벨을 죽인 가인의 죄와 다를 바가 없습니다.

사도 요한은 말하길 형제를 미워하는 것은 마음으로 그를 죽이는 것과 같다고 했습니다. 예수님도 그렇게 가르치셨습니다(마 5:22절). 하나님의 영이 우리 안에 임재하시면, 그분은 우리 마음에 하나님의 율법을 새기십니다. 그리고 우리가 하나님을 사랑하고 내 이웃을 사랑하게 이끄십니다. 그래서 사도 요한은 형제를 사랑하는 것은 하나님이 우리를 변화시키셨고 우리에게 영원한 생명을 주셨다는 증거라고 했습니다. 하나님의 은혜가 없다면, 우리는 모두 가인과 똑같은 죄인입니다.

💬 이야기하기

요한은 형제를 미워하는 사람을 무엇이라고 했나요?
(살인자)

누군가를 향해 화를 내고 미워한 적이 있나요?
(아이들이 자신을 돌아볼 수 있게 도와주세요. 형제나 친구 등을 미워한 적이 있다는 걸 아이들이 떠올리면, 이번 한 주간 살인자와 같은 우리를 하나님이 어떻게 변화시키시는지 배울 거라고 설명해 주세요.)

누군가를 사랑하는 건 왜 어려울까요?
(보통 주위 사람들은 우리의 즐거움을 방해하는 경우가 많습니다. 우리가 바라고 원하는 것을 중간에 가져가거나 편안함과 안락함을 깨뜨린다면, 그 사람들에게 화를 낼 겁니다. 우리가 예수님보다 세상이 주는 것들을 더 사랑하면, 주위 사람들이 우리를 방해할 때, 화가 나고 미움이 커질 겁니다. 그래서 그 사람들을 사랑할 수 없습니다.)

서로를 향한 사랑을 표현하기 위해 무엇을 할 수 있을까요?
(아이들이 스스로 생각해 보게 도와주세요. 어떤 방법을 찾아내는지 살펴보세요.)

🤲 기도하기

우리가 화를 내고 미워함으로 가족과 친구 등 주위 사람들을 살인한 죄인이라고 고백하는 시간을 가지세요. 그리고 우리 마음을 바꿔 주셔서 그들을 모두 사랑할 수 있게 도와달라고 하나님께 기도하세요.

DAY 2

♥ 기억하기

어제 이야기 중에서 무엇을 기억하나요? 오늘은 어떤 이야기가 있을 것으로 생각하나요?

📖 성경 읽기 ┃ 요한 1서 3:16~24절

💬 깊이 생각하기

사람들은 밸런타인데이에 가족과 연인, 친구들에게 사랑한다는 말을 적은 카드와 함께 초콜릿을 선물로 주곤 합니다. 그런데 사람들이 "사랑"이라는 단어를 사용한다고 해서 그들이 서로 사랑한다는 뜻은 아닙니다. 사도 요한은 그리스도인들의 진정한 사랑은 말로만 하는 게 아니라고 말합니다. 그 사랑은 서로에게 하는 모든 행동까지 포함합니다. 얼마든지 말로는 사랑한다고 할 수 있습니다. 그러나 만약 우리가 도움이 필요한 사람에게 손길을 내밀지 않는다면, 우리는 정말로 사랑하는 게 아닙니다.

예수님은 우리에게 어떻게 사랑해야 하는지를 직접 보여주셨습니다. 그분은 우리를 위해 생명을 내어주셨습니다. 예수님의 십자가는 가장 위대한 사랑의 표현입니다. 하나님은 그저 우리를 사랑한다고만 하지 않으셨습니다. 하나님은 우리를 위해 아들이신 예수님을 주심으로 진정한 사랑을 표현하셨습니다. 성령님의 능력으로 변화된 그리스도인들은 예수님이 보여주신 대로 따를 것입니다. 바울은 예수님을 믿기 전에는 도저히 할 수 없었던 방식으로 주위 사람들을 사랑하는 자기 자신을 깨달을 때, 비로소 우리 안에 하나님의 임재를 확신할 수 있다고 했습니다.

🗣 이야기하기

우리를 향한 하나님의 위대한 사랑을 보이려고 하나님은 무엇을 주셨나요?
(하나님은 우리 죄를 용서해 주시려고 그분의 아들 예수님을 십자가에서 죽게 하셨습니다.)

누군가 우리를 사랑해서 보여주었던 행동은 어떤 것이었나요?
(아이들이 행동으로 자신들에게 사랑을 베풀어 준 사람을 떠올리게 도와주세요.)

오늘 하루 주위 사람들에게 사랑을 표현할 수 있는 두 가지 방법을 생각해 보세요.
(아이들이 서로에게 할 수 있는 구체적인 사랑의 표현들을 생각해보고 그것을 적어보게 하세요. 하루 동안 실천한 다음, 잠자리에 들기 전에 어땠는지 함께 얘기하는 시간을 가지세요.)

🙏 기도하기

우리가 서로 말로만 사랑하지 말고 행동으로 사랑할 수 있게 도와달라고 기도하세요.

DAY 3

♥ 예수님께 연결하기

오늘은 이번 주 성경 이야기를 복음과 연결해 보는 날입니다. 복음은 우리를 구원하신 예수님의 생명과 죽음, 그리고 부활입니다. 이번 주 성경 이야기가 어떻게 복음과 연결되는지 깊이 생각해보세요.

📖 성경 읽기 ┃ 요한 1서 4:7∼11절

💬 깊이 생각하기

누군가 사랑이 무엇이냐고 묻는다면, 어떻게 대답할 건가요? 많은 사람은 사랑은 누군가에게 마음이 끌리는 아름다운 감정이라고 말할 겁니다. 그러나 오늘 성경 구절에서, 요한은 사랑을 단순한 감정 이상의 것으로 말하면서 우리가 따라야 할 희생으로 설명합니다. 오늘 구절에서, 요한은 진정한 사랑을 설명하기 위해 복음을 사용합니다. 하나님의 사랑에 대한 묘사는 십자가를 가리킵니다. 우리가 하나님을 먼저 사랑하지 않았지만, 하나님은 우리를 사랑하셔서 예수님을 보내셨고, 우리 죄를 대신 짊어지시고 십자가에서 죽임당하게 하셨습니다. 요한이 우리에게 말하는 그 희생이 사랑에 관한 전부인 것입니다. 우리를 사랑해 줄 수 있는 사람을 사랑하는 건 쉽습니다(눅 6:32절). 하나님은 우리가 그분을 대적함에도 먼저 사랑하셨습니다(롬 5:9∼10절). 하나님은 우리가 그분의 원수였으나 먼저 사랑하셨습니다. 그래서 놀라운 사랑입니다.

🗣 이야기하기

하나님은 그분의 사랑을 보여주시려고 어떻게 하셨나요?
(이 질문의 가장 좋은 답은 요한복음 3:16절입니다. 온 가족이 함께 이 구절을 암송해 보세요. 그리고 요한복음을 기록한 사람이 이번 주 우리가 읽고 있는 요한 1서를 썼다고 알려주세요.)

우리를 향한 하나님의 사랑을 본받아, 요한은 11절에서 우리가 어떻게 해야만 한다고 말하나요?
(아이들이 어리다면 11절을 다시 읽어 주시고 정답을 찾으면 손을 들고 대답하게 해 주세요. 우리는 서로 사랑해야만 합니다.)

우리가 서로 사랑하려면 어떻게 해야 하나요?
(아이들이 친절한 말이나 가벼운 입맞춤과 같은 손쉬운 행동에 그치지 않고 불편하고 즐겁지 않더라도 기꺼이 자신을 내어줄 방법을 함께 생각해 보세요. 예를 들어, 다른 사람이 하기 싫어하는 일을 대신에 하거나 내가 좋아하는 것을 포기하고 양보하기 등이 있습니다.)

하나님은 우리가 누구를 사랑하길 원하시나요?
(우리를 사랑해 주는 사람과 그렇지 않은 사람, 심지어 원수까지도 사랑해야 합니다. 마태복음서 5:43∼44절을 보세요.)

🙏 기도하기

우리를 성령으로 충만하게 해 주셔서 우리가 하나님의 원수였을 때 어떤 사랑을 받았는지 기억하고, 다른 사람들을 사랑할 수 있게 도와달라고 하나님께 기도하세요.

DAY 4

♥ 기억하기

이번 주 성경 이야기를 통해서 하나님은 우리에게 무엇을 가르치시나요?

📖 성경 읽기 | 요한 1서 4:12~21절

💬 깊이 생각하기

우리가 하나님이 외아들이신 예수님을 포기하심으로 우리를 사랑하셨다는 복음의 메시지를 믿으면, 하나님은 우리에게 성령님을 보내주십니다. 우리 안에 계신 성령님은 우리가 하나님을 닮아가게 바꾸십니다. 그렇게 되면 우리는 서로를 더 많이 사랑하게 됩니다. 성령님은 모든 그리스도인에게 이렇게 하십니다. 그래서 자기 형제를 계속 미워하는 사람은 하나님을 사랑한다고 말할 수 없습니다.

이 말은 우리가 완벽하다거나 다른 사람들에게 나쁜 말을 절대로 하지 않는다는 뜻이 아니고, 하나님을 믿고 사랑하는 사람은 다른 사람들을 향한 분노나 미워하는 마음을 오랫동안 품고 살아갈 수가 없다는 뜻입니다. 요한은 이 점을 매우 강한 어조로 말합니다: "누구든지 하나님을 사랑하노라 하고 그 형제를 미워하면 이는 거짓말하는 자니 보는 바 그 형제를 사랑하지 아니하는 자는 보지 못하는 바 하나님을 사랑할 수 없느니라" (요일 4:20절).

요한이 말하는 핵심은 책망이나 비난이 아니라 격려와 용기를 불어넣는 것입니다. 요한이 쓴 이 편지는 믿음에 대한 확신이 없는 그리스도인들을 위한 것이었고, 요한은 확신을 가지려면 어떻게 해야 하는지 그들이 알기를 원했습니다. 요한은 이렇게 전하고 있는 것입니다. "여러분은 하나님이 함께 계시지 않는 한 절대로 그분을 믿을 수 없고 서로 사랑할 수 없습니다. 불신자들은 말만 할 뿐 행동하지 않습니다. 그것으로 여러분이 불신자가 아니라는 것을 확인할 수 있습니다."

💬 이야기하기

부모님은 다른 사람들을 사랑할 수 있게 성령님이 어떻게 도와주셨는지 아이들에게 얘기해 주세요.
(하나님이 은혜를 주셔서 도저히 사랑할 수 없을 것 같은 사람에게 따뜻하고 친절하게 행동했던 경험을 떠올려 보세요. 예수님이 우리를 위해 하신 일을 기억하는 것은 다른 사람들을 사랑하는 데 큰 도움이 될 것입니다.)

자녀들은 불순종했음에도 불구하고 변함없이 부모님이 사랑해주셨던 때가 언제였는지 기억해 보세요.
(이 질문에 대해 부모님도 함께 생각해 보시면 좋습니다. 언제 아이들의 행동이나 태도와 상관없이 사랑했었는지 기억을 되짚어 보세요. 하지만 그것이 부모님 자신의 자랑거리가 되어서는 안 됩니다. 그리스도를 떠올리는 기회로 삼으세요. 그분은 우리가 여전히 죄인이고 원수였을 때에도 기꺼이 우리 죄를 짊어지시고 십자가에서 죽임당하셨습니다.)

우리 가족은 서로 어떻게 사랑하고 있나요?
(우리 가족이 서로 사랑을 어떻게 표현하는 것 같은지 아이들이 보고 들은 것을 얘기하게 해 주세요.)

🙏 기도하기

우리에게 사랑의 본을 보여주신 하나님께 감사하세요. 우리에게 성령님을 보내셔서 하나님이 하신 것처럼 우리도 사랑할 수 있게 도와달라고 간구하세요.

DAY 5

♥ 발견하기

오늘은 다른 성경 본문을 보는 날입니다. 시편이나 예언서에서 예수님 혹은 우리의 구원에 대해 배울 수 있습니다.

📖 성경 읽기 ∣ 시편 35편

💬 깊이 생각하기

예수님은 제자들에게 사람들이 그분을 싫어했던 것처럼 그들도 같은 취급을 받을 거라고 가르치셨습니다(요 15:20~25절). 그리고 자신에 관한 예언인 시편 35편 19절을 말씀하셨습니다. 예수님이 태어나시기 오래전에, 다윗은 그가 부당하게 미움을 받는다고 말했습니다. 사람들은 예수님이 자신들이 바라던 메시아가 아니라는 이유로 그분을 미워하고 거부했습니다. 그들은 이 땅에서 다스릴 왕을 기대했습니다. 종교지도자들은 온갖 이유를 들어 예수님을 공격했습니다: 그들은 예수님을 따르는 많은 사람을 보며 질투했고, 예수님이 그들에게 위선자라고 했을 때 화가 났으며, 사마리아인에게 손을 내밀자 분노가 치밀었습니다. 오늘날도 마찬가지입니다. 사람들은 그리스도인들을 향해 비아냥거림과 공격을 퍼붓습니다. 혹시 어떤 사람이 우리가 그리스도인이라는 이유로 이렇게 한다면, 우리는 시편 35편을 읽고, 기도할 수 있습니다.

💬 이야기하기

예수님을 미워했던 사람들은 어떻게 했나요?
(예수님을 체포했고, 예수님에 대해 거짓말했으며, 예수님을 십자가에 매달았습니다.)

사람들은 왜 예수님을 싫어했나요?
(왜냐하면 예수님은 죄를 들춰내셨기 때문입니다. 예수님은 사람들을 가리켜 죄인이라고 하셨고, 스스로는 절대 구원할 수 없다고 하셨습니다.)

예수님은 자신을 싫어하고 공격하는 사람들에게 어떻게 반응하셨나요?
(예수님은 원수들을 사랑하셨습니다. 또한 우리가 원수였을 때에 우리를 위하여 십자가에서 돌아가셨습니다.)

🙏 기도하기

시편 35편으로 가장 강력한 원수인 사탄과 우리 마음에서 하나님을 멀리하게 만드는 죄에 맞서는 기도를 하세요.

존귀하신 하나님의 어린 양
Worthy Is the Lamb

이야기 155 – 컬러 스토리 바이블

오늘 활동을 위해서 자물쇠(padlock)와 열쇠가 필요합니다. 자물쇠를 잠그고 그것을 아이들에게 주세요. 그리고 열어보라고 하세요. U자 모양의 고랑이 열릴 때 어떻게 튀어나오는지 설명해 주고 이번엔 고랑을 잡아당겨서 열어 보라고 하세요. 잠시 후에 그것을 여는 게 왜 어려운지 물어보세요. 아이들은 열쇠가 없기 때문이라고 대답할 겁니다. 그 말에 동의해 주시고 오직 열쇠를 가진 사람만이 자물쇠를 열 수 있다는 말과 함께 열쇠를 넣고 자물쇠를 여세요. 아이들에게 이번 주 일곱 개의 봉인으로 잠긴 두루마리에 대해 배울 건데 그것은 오직 열쇠를 가진 사람만이 열 수 있다고 설명해 주세요. 그 사람은 바로 하나님의 어린 양이신 예수님입니다. 그리고 열쇠는 바로 복음, 즉 예수님의 십자가 희생과 죄와 사망을 이기신 승리입니다.

DAY 1 ⎯⎯⎯⎯⎯⎯⎯⎯⎯⎯⎯⎯⎯⎯

♥ 상상하기

우리가 예수님을 따르다가 재판을 받고 유죄를 선고받아 외딴 섬에서 남은 인생을 살게 되었다고 가정해 봅시다. 어느 날 기도하던 중에, 지금부터 보는 모든 것을 그대로 적으라는 명령이 나팔 소리 같은 큰 음성으로 들렸다고 상상해 보세요. 두려워하며 조심스럽게 고개를 들어 소리 나는 쪽을 바라보니 거기에는 흰옷을 입고 허리에 황금 띠를 두른 한 사람이 서 있었습니다. 그 사람의 머리카락은 흰색이고 두 눈은 타오르는 불꽃 같으며, 얼굴은 태양처럼 빛났습니다.

마치 공상 과학 만화에나 나오는 이야기처럼 들릴 겁니다. 그러나 이것은 복음을 전했다는 이유로 밧모섬에 유배 당한 사도 요한에게 실제로 벌어진 일이었습니다. 요한계시록은 하나님이 요한에게 보여주신 놀라운 환상을 설명합니다. 요한이 하나님의 명령대로 본 것을 그대로 기록했기 때문에 오늘 우리가 그것을 읽고 있습니다. 앞으로 두 주 동안 우리는 요한의 마지막 책이며, 동시에 성경 전체의 마지막 책인 계시록을 통해 하나님이 보여주신 환상 가운데 일부를 볼 것입니다.

📖 성경 읽기 | 요한계시록 5:1~5절

💬 깊이 생각하기

하나님이 보여주신 환상에서, 사도 요한은 두루마리를 들고 보좌에 앉아 계신 하나님 아버지를 봤습니다. 일곱 인으로 봉인된 그 두루마리는 이 땅을 향한 심판과 통치에 대한 하나님의 마지막 계획을 담고 있었습니다. 그러나 그 봉인들은 풀 수 없었고, 아무도 그것을 읽을 수가 없었습니다. 오직 하나님의 원수들을 물리치고 승리를 얻은 자가 그 봉인들을 뗄 수가 있었습니다. 도대체 누가 그것을 풀어서 하나님의 승리를 선포할 수 있는지 찾기 시작했습니다. 하지만 아무도 누가 그런 자격을 가졌는지 찾을 수가 없었습니다.

아무도 그 두루마리를 열 수 없자, 요한은 크게 슬퍼하며 울었습니다. 그러자 천국에서 예수님을 봤던 한 장로가 말하기를 유다 지파의 사자가 두루마리를 향해 나아오고 있다고 했습니다. 그 장로는 예수님만이 그 봉인을 해제해서 두루마리를 읽고 하나님의 승리를 선언할 자격이 충분하다는 것을 알았습니다. 왜냐하면 예수님은 사탄을 물리치시고, 죄인에게 쏟아부어야 할 하나님의 저주와 진노를 해결하시려고 자신의 생명을 그 대가로 지불하심으로, 하나님의 용서와 승리가 천국에서 선언되게 하셨기 때문입니다.

🗨 이야기하기

요한은 왜 슬펐나요?
(아무도 그 두루마리를 열 수 없었기 때문입니다.)

창세기 49:9~10절을 읽으세요. 이 구약의 말씀과 오늘 읽은 구절은 어떤 부분에서 비슷한가요?
(야곱이 예수님의 먼 조상인 유다를 축복할 때, 그를 사자라고 했습니다. 오늘 읽은 성경 말씀을 보면, 예수님을 가리켜 사자라고 합니다. 야곱은 유다에게서 통치자의 지팡이가 떠나지 않을 거라고 했는데 그것은 유다 지파에서 영원히 통치하시는 왕이 나온다는 뜻이었습니다. 야곱이 말하던 왕은 바로 예수님이었습니다.)

그 두루마리에는 무엇이 적혀 있었나요?
(하나님의 나라를 복원하고 사탄을 영원히 멸망시킬 마지막 승리 계획이 기록되어 있었습니다.)

예수님은 왜 그 두루마리를 개봉하기에 적합하신가요?
(예수님은 십자가에서 돌아가심으로 죄로 인해 당해야 할 모든 징계를 다 해결하셨습니다. 십자가 죽음은 죄인들을 용서하시려는 하나님의 계획을 완성했습니다.)

🙏 기도하기

우리가 죄 때문에 받아야 할 모든 진노와 징계를 십자가 죽음으로 영원히 해결하심으로 그 두루마리를 열 충분한 자격을 가지신 예수님을 찬양하세요. 예수님이 하신 일은 홀로 찬양받으시기에 충분한 가치가 있습니다.

DAY 2

♥ 기억하기

어제 이야기 중에서 무엇을 기억하나요? 오늘은 어떤 이야기가 있을 것으로 생각하나요?

📖 성경 읽기 | 요한계시록 5:6~8절

💬 깊이 생각하기

요한이 계시록에 쓴 것에 대해 이해했다고 생각하는 그 순간, 매우 이상해 보이는 환상이 펼쳐집니다: 그것은 일곱 뿔과 일곱 눈을 가진 어린 양에 대한 것입니다. 보통은 머릿속으로 성경에 묘사된 어린 양의 모습을 그려보려고 할 겁니다. 그러나 요한은 실제로 존재하는 생명체를 설명한 것이 아닙니다. 그는 예수님에 대해 말하고 있습니다. 그 뿔과 눈은 우리 주님에 대한 중요한 특징을 전달하려는 목적으로 만들어 낸 모습입니다. 뿔은 그분의 힘과 능력을 나타내고, 일곱 눈은 그분이 모든 것을 보시고 다 아신다는 뜻인데, 결국 주님이 곧 하나님이라는 사실을 우리에게 알려주고 있습니다.

요한의 묘사는 또한 우리에게 그 어린 양은 죽임을 당한 것 같다고 말하고 있습니다. 우리는 예수님이 나중에 손과 발에 못 자국을 가진 채로 다시 살아나신다는 것을 알고 있습니다. 예수님의 옆구리에는 창 자국이 있는데, 그것은 그분이 죽임당했으나 다시 살아나셨다는 것을 증명해 줍니다. 요한이 본 환상은 희생 제물로 죽임당하셨으나 곧 새로운 생명으로 다시 살아나신 예수님이 모든 능력과 권위를 가지고 보좌에 올라, 아버지의 손에서 두루마리를 취하시고 천국에 있는 이들에게 모든 죄의 대가는 다 지불되었고, 죄를 이기고 영원한 승리를 얻었다는 것을 보여준다고 말하고 있습니다. 바로 그 때, 천국에 있는 모든 생명이 죄와 사망을 물리치시고 승리하신 하나님의 아들께 엎드려 경배했습니다.

🔊 이야기하기

어린 양의 일곱 뿔은 무엇을 나타내는 건가요?
(그것들은 어린 양의 힘과 능력을 가리킵니다.)

어린 양의 일곱 눈은 무엇을 나타내는 건가요?
(그것들은 어린 양이 모든 것을 보고 다 아신다는 사실을 말합니다.)

천국에 있는 모든 생명체는 예수님이 두루마리를 취하시자, 왜 그분 앞에 엎드렸나요?
(그들은 모두 엎드려 그분을 경배했습니다.)

🙏 기도하기

예수님의 힘과 능력, 모든 지식과 지혜, 그리고 십자가 희생을 찬양하세요.

DAY 3

♥ 예수님께 연결하기

오늘은 이번 주 성경 이야기를 복음과 연결해 보는 날입니다. 복음은 우리를 구원하신 예수님의 생명과 죽음, 그리고 부활입니다. 이번 주 성경 이야기가 어떻게 복음과 연결되는지 깊이 생각해보세요.

✝ 성경 읽기 | 요한계시록 5:9~14절

💬 깊이 생각하기

우리가 주일마다 교회에서 예수님을 찬송할 때, 천국에 있는 수많은 천사와 믿음의 조상들이 우리와 함께 그분의 영원한 승리를 찬양하고 있다는 것을 알고 있나요? 예수님이 두루마리를 취하신 후에, 천국에서는 어마어마한 찬양의 축제가 벌어졌습니다. 그들이 부르는 노래의 가사는 예수님이 십자가에서 이루신 승리를 축하하는 것이었습니다. 보좌를 둘러선 모든 생물과 장로들은 천사들과 함께 노래했습니다. 그들은 모두 같은 노래를 불렀습니다. "존귀하신 하나님의 어린 양" 찬양의 노래를 부를 때마다, 우리도 천국에서 예수님을 찬양하는 그 축제에 동참하는 것입니다.

💬 이야기하기

9절은 예수님이 피 흘리심으로 무엇을 이루셨다고 하나요?
(아이들이 어리다면 "사람들을 피로 사서 하나님께 드리시고" 라는 부분을 강조해서 다시 읽어 주시고 정답을 찾으면 손을 들고 대답하게 해 주세요. 이 말은 예수님이 그분의 생명을 대가로 지불하셔서 우리의 죄를 없애주셨다는 뜻입니다.)

오늘 성경 구절 어디에서 하나님이 아브라함과 맺으신 첫 번째 언약을 찾아볼 수 있나요?
(아이들이 기억하지 못하면, 창세기 12:3절을 읽어주세요. 하나님은 땅의 모든 족속이 아브라함의 먼 후손인 예수님을 통해 복을 받게 된다는 언약을 성취하셨습니다.)

천국에 있는 모든 사람은 왜 찬송과 경배로 축하하나요?
(예수님이 두루마리를 취하셨기 때문입니다. 아버지의 손에서 두루마리를 가져가실 수 있다면, 그분은 그것을 또한 여실 수도 있을 겁니다.)

🙏 기도하기

"존귀하신 하나님의 어린 양" 이란 가사가 들어간 찬송가가 있을 겁니다. 그런 찬송가를 안다면, 온 가족이 함께 예수님을 기념하면서 그 노래를 부르세요. 기억나는 노래가 없다면, 9~10절을 읽으면서 함께 기도하세요.

DAY 4

♥ 기억하기

이번 주 성경 이야기를 통해서 하나님은 우리에게 무엇을 가르치시나요?

📖 성경 읽기 | 요한계시록 6장

💬 깊이 생각하기

예수님은 두루마리를 취하실 수 있을 뿐만 아니라 봉인을 떼어내고 하나님의 마지막 심판을 시작하실 수도 있습니다. 각 봉인이 떼어질 때마다 하나님의 심판이 온 땅을 휩쓸었습니다. 먼 훗날, 하나님의 마지막 심판이 임하더라도, 예수님을 믿는 사람들은 두려워할 필요가 없을 겁니다. 왜냐하면 그들은 모두 이미 용서받았기 때문입니다. 애굽에 내려진 마지막 재앙이 문설주에 바른 어린 양의 피를 보고서 지나갔듯이, 하나님의 마지막 심판도 모든 신자를 건너갈 것입니다. 그러나 믿지 않는 자들은 하나님을 대적한 악한 원수들과 함께 모두 쓸려버릴 것입니다. 그들은 어디든 숨어보려고 애쓰겠지만, 아무도 하나님의 심판을 피할 수 없을 겁니다.

🗨 이야기하기

부모님은 하나님의 심판이 두려웠던 적이 있었다면 그때의 느낌과 생각을 아이들에게 들려주세요.
(많은 사람은 죄를 향한 하나님의 심판에 대해 생각하면서 그들이 만약 믿지 않는다면 어떻게 될지 걱정해 본 적이 있을 겁니다. 그랬던 경험을 떠올려서 얘기해 주세요. 하지만 지금은 예수님을 믿기에 안전하고 평안하다는 것을 꼭 얘기해 주세요.)

예수님이 마지막 심판 때에 다시 오시면 이 땅의 모든 악한 것들은 어떻게 될까요?
(예수님은 모든 악을 심판하시고 용서받지 못한 죄에 대해 분명히 징계를 내리실 겁니다. 예수님을 믿지 않는 사람들은 결코 피할 수 없습니다.)

예수님이 마지막 심판을 하시려고 이 땅에 다시 오시면, 믿기를 거절한 사람들은 어떻게 하려고 할까요(15~16절)?
(아이들이 어리다면 해당 구절을 다시 읽어 주시고, 믿지 않는 사람들은 어디든 숨으려고 할 거라는 정답을 찾으면 손을 들고 대답하게 해 주세요. 아담과 하와가 죄를 짓고 에덴동산에서 숨으려고 했었다는 사실을 기억하게 해 주세요. 그러나 어디에도 숨을 수 없고, 그 무엇으로도 가릴 수 없습니다.)

🤲 기도하기

우리 가족 모두에게 성령님을 보내 주셔서 우리가 예수님을 믿고 마지막 심판의 날에 구원받게 해 달라고 예수님께 간구하세요.

DAY 5

♥ 발견하기

오늘은 다른 성경 본문을 보는 날입니다. 시편이나 예언서에서 예수님 혹은 우리의 구원에 대해 배울 수 있습니다.

📖 성경 읽기 ㅣ 시편 89:1~29절

💬 깊이 생각하기

시편 89편은 다윗 왕에 대한 것이지만, 왕이신 예수님에 의해 완성되었습니다. 예수님은 "이스라엘의 거룩한 이" (18절)로서 다윗의 보좌에서 영원토록 다스리는 왕이십니다. 하나님이 다윗의 후손을 구원하시고 그분의 언약을 영원히 성취하실 수 있는 건 바로 예수님을 통해서입니다. 하나님은 모든 백성의 죄를 없애주시겠다는 약속을 지키시려고 예수님을 보내 십자가에서 죽게 하셨습니다. 이것이 다윗 왕과 오늘을 사는 우리가 모두 구원받을 수 있는 유일한 방법입니다. 죄를 물리치신 예수님의 승리는 요한계시록의 핵심입니다. 요한은 계시록을 이렇게 시작합니다. "또 충성된 증인으로 죽은 자들 가운데에서 먼저 나시고 땅의 임금들의 머리가 되신 예수 그리스도로 말미암아 은혜와 평강이 너희에게 있기를 원하노라 우리를 사랑하사 그의 피로 우리 죄에서 우리를 해방하시고 그의 아버지 하나님을 위하여 우리를 나라와 제사장으로 삼으신 그에게 영광과 능력이 세세토록 있기를 원하노라 아멘" (계 1:5~6절).

🗨 이야기하기

어떤 단서가 오늘 읽은 시편이 사실은 예수님에 대한 것이라는 사실을 알려주나요?
(아이들이 단서들을 스스로 찾아보게 도와주세요. "구원", "영원"은 예수님을 가리키는 단어입니다. 또한 18절에 기록된 "이스라엘의 거룩한 이"는 예수님을 지칭하는 표현입니다.)

하나님이 다윗에게 하신 약속이 왜 우리에게도 해당하는 약속인가요?
(이 질문에 대한 힌트는 1절과 4절에 있다고 아이들에게 알려주세요. 정답은 우리가 모두 하나님이 구원하실 다윗의 후손들이기 때문입니다. 하나님은 그분의 신실하심을 예수님(복음)을 통해 보여주셨습니다.)

27~29절에서 보면, 하나님은 다윗과 맺으신 약속을 어떻게 지키셨나요?
(해당 구절을 다시 한번 읽어주세요. 하나님은 예수님을 보내심으로 그 약속을 지키셨습니다. 예수님이 십자가에서 돌아가심으로 다윗의 죄는 다 용서받았습니다. 그것이 다윗과 그 후손들, 그리고 오늘을 사는 우리들까지 모두 구원받을 수 있는 유일한 방법입니다.)

🤲 기도하기

하나님을 찬양하고 그분께 드리는 기도가 되게 시편 89:13~18절을 함께 소리 내어 읽으세요.

보좌 앞에서 경배하라
At the Throne Worshiping

이야기 156 – 컬러 스토리 바이블

천국에는, 서로 다른 언어로 보좌 앞에 엎드려 경배하는 수많은 사람이 있을 겁니다. 아이들이 다양한 언어가 있다는 걸 경험해 보게 "안녕하세요" 란 인사말을 여러 나라말로 알려주세요.

스와힐리어 — Jambo

러시아어 — Pre-vyet

일본어 — Ohayou gozaimasu

독일어 — Hallo

프랑스어 — Salut

콩고어 — Mambo

버마어 — Mingalarbar

스페인어 — Hola

타밀어 — Vanakkam

중국 만다린어 — Nee how

그리고 이렇게 말하세요. "이번 주 우리는 보좌 앞에서 한목소리로 어린 양께 경배와 찬양을 올려드리려고 모이는 서로 다른 사람들에 대해 배울 거야."

DAY 1

♥ 상상하기

손으로 모래 한 줌을 움켜쥐고 하얀 종이 위에 뿌리면 셀 수 없을 만큼 수많은 모래 알갱이를 보게 될 겁니다. 그럼, 이제 바닷가의 모래를 전부 세야 한다면 어떨지 한 번 상상해 보세요. 한 바구니도 혼자서는 절대 셀 수 없습니다. 창세기에서 하나님은 아브라함에게 하늘의 별과 같고 바닷가의 모래와 같이 셀 수 없을 만큼 많은 자손을 주겠다고 말씀하셨습니다(창 22:17~18절). 언젠가 천국에서 그 모든 사람을 다 만난다면 어떨지 생각해 보세요. 계시록에서 하나님은 요한에게 천국의 모습을 보여주셨습니다. 그리고 요한은 하나님의 보좌 앞에 모인 각기 다른 수많은 사람을 봤습니다. 이제 우리가 그 이야기를 살펴볼 것입니다.

📖 성경 읽기 | 요한계시록 7:1~10절

💬 깊이 생각하기

어떤 책의 결말이 궁금해서 마지막 부분을 미리 살펴본 적이 있나요? 계시록을 읽게 되면, 하나님이 이끌어 가시는 이야기의 결말이 어떻게 될지 엿볼 수 있습니다. 이번 주 보게 될 7장은, 우리에게 그 이야기는 아브라함과 맺으신 언약을 성취하는 것으로 끝난다는 걸 알려줍니다. 하나님이 어떻게 아브라함에게 수많은 후손을 주겠다고 하셨는지, 그리고 그를 통해 큰 나라를 이루겠다고 하셨는지 기억하나요?

하나님은 또한 이 땅의 모든 나라가 아브라함을 통해 복을 받게 될 거라고 하셨습니다(창 22:18절). 계시록 7장에서 우리는 하나님이 그 약속을 어떻게 지키시는지를 미리 볼 수 있습니다. 예수님을 통해, 각 나라에서, 아무도 능히 셀 수 없을 만큼 많은 사람이 모여서 함께 노래할 날이 올 것입니다. "구원하심이 보좌에 앉으신 우리 하나님과 어린 양에게 있도다!" 그곳에 모인 사람들은 자신들의 죄가 다 사라졌고, 용서받았다는 걸 보이려고 흰옷을 입고 서 있습니다.

💬 이야기하기

하나님이 아브라함과 맺으신 언약은 무엇이었나요?
(하나님은 아브라함에게 셀 수 없을 만큼 많은 후손을 주겠다고 약속하셨습니다. 그리고 이 땅의 모든 나라가 아브라함의 후손을 통해 복을 받게 될 거라고 하셨습니다.)

얼마나 많은 사람이 천국에 있었나요?
(셀 수 없을 만큼 많은 사람이 있었습니다.)

7장을 읽으면서, 하나님이 약속을 이루셨다는 걸 어떻게 알 수 있나요?
(천국에는 셀 수 없을 만큼 많은 사람이 있었습니다. 그리고 이스라엘의 족속과 백성이 모여 있었습니다.)

🙏 기도하기

아브라함과 맺으신 언약을 성취하신 하나님의 신실하심을 찬양하세요.

DAY 2

♥ 기억하기

어제 이야기 중에서 무엇을 기억하나요? 오늘은 어떤 이야기가 있을 것으로 생각하나요?

📖 성경 읽기 | 요한계시록 7:11~12절

💬 깊이 생각하기

더 이상 죄가 없고, 모든 나라에서 모인, 서로 다른 언어를 가진 그리스도인들이 천사들과 함께 예수님을 찬양하고 하나님을 경배하는 날이 온다면 어떨지 상상해 보세요. 아마도 그날은 최고의 축제일 겁니다!

그러나 이 축제의 날을 생각할 때, 우리는 스스로 질문을 해봐야 합니다. "과연 그 자리에 나도 함께 있을까?" 우리가 그 놀라운 축제의 자리에서 수많은 신자와 함께 하나님을 경배하고 예수님을 찬양할 방법은 딱 하나뿐입니다. 우리는 예수님을 믿어야만 합니다. 그분은 하나님의 아들이시고 죽음에서 다시 사신 분이십니다. 그리고 이 땅에서 사는 동안 먼저 그분께 무릎 꿇고 경배와 찬양을 올려드려야 합니다. 천국에서 하나님의 백성들과 함께할 수 있는 길은 지금 여기에서 예수님을 믿는 것입니다. 그래야만 우리의 모든 죄가 용서받기 때문입니다. 죄의 문제가 해결되지 않으면 아무도 천국에 들어갈 수 없습니다.

《● 이야기하기

수많은 사람과 천사들은 천국에서 무엇을 함께 하고 있었나요?
(그들은 하나님을 경배하고 있었습니다.)

어떻게 하면 천국에서 하나님의 백성들과 함께할 수 있나요?
(천국에 들어갈 방법은 딱 하나입니다. 우리 죄를 없애주신 예수님을 믿는 것뿐입니다. 예수님을 믿고 그분이 십자가에서 우리를 위해 하신 일을 신뢰하는 사람은 누구든지 천국에 갈 수 있습니다.)

우리가 주일마다 예배하는 것은 요한이 천국에서 본 것과 어떻게 비슷한가요?
(우리를 죄에서 구원하시려고 예수님을 보내신 하나님을 찬양하고 경배한다는 점에서 비슷합니다.)

🙏 기도하기

좋아하는 찬송을 온 가족이 함께 부르세요. 마치 우리가 하나님의 승리를 축하하는 자리에 있는 것처럼 찬양하세요.

DAY 3

♥ 예수님께 연결하기

오늘은 이번 주 성경 이야기를 복음과 연결해 보는 날입니다. 복음은 우리를 구원하신 예수님의 생명과 죽음, 그리고 부활입니다. 이번 주 성경 이야기가 어떻게 복음과 연결되는지 깊이 생각해보세요.

📖 성경 읽기 | 요한계시록 7:13~17절

💬 깊이 생각하기

옷이 더러워지면, 그것을 세탁기에 넣고 세제를 부어 깨끗하게 합니다. 그러나 우리 죄는 아무리 세제를 넣어도 소용없습니다. 죄의 흔적을 지울 수 있는 유일한 방법은 그것을 어린 양의 피로 씻어내는 것뿐입니다. 물론 이 말이 어린 양의 피를 우리 옷에다 쏟아붓는다는 뜻은 아닙니다. 어린 양의 피로 씻어낸다는 것은 예수님이 십자가에서 쏟으신 피가 우리 죄를 다 씻어냈고, 그분이 죽음에서 다시 살아나심으로 영원한 승리를 이루셨다는 사실을 우리가 믿는다는 뜻입니다. 우리가 하나님의 어린 양이신 예수님을 믿으면, 그분은 우리 죄를 다 깨끗하게 씻어내시고 용서해 주십니다. 천국에는 어떤 슬픔도 없고, 오직 주님을 영원히 경배하는 기쁨만 있습니다.

《♥ 이야기하기

천국에서 사람들이 입고 있는 옷은 무슨 색깔인가요?
(사람들은 흰옷을 입었습니다.)

천국에 있는 모든 사람은 왜 흰 옷을 입고 있나요?
(흰옷은 어린 양의 피로 그들의 죄가 다 씻겼다는 것을 보여줍니다.)

천국은 어떤 모습일까요?
(아이들이 어리다면 오늘 구절을 다시 한번 읽어주시고 천국을 설명하는 내용이 나오면 손을 들고 대답하게 해 주세요. 예수님은 천국에서 우리의 목자가 되시고, 우리의 눈물을 닦아 주실 겁니다. 우리는 천국에서 목마르거나 배고프지 않을 건데, 그 뜻은 우리의 모든 필요가 채워지고 우리는 완전히 만족하며 살게 된다는 것입니다.)

🙏 기도하기

우리가 하나님의 어린 양이신 예수님을 믿음으로 모든 죄의 흔적을 깨끗이 씻어낼 수 있게 해 달라고 기도하세요.

DAY 4

♥ 기억하기

이번 주 성경 이야기를 통해서 하나님은 우리에게 무엇을 가르치시나요?

📖 성경 읽기 | 요한계시록 21:1~8절

💬 깊이 생각하기

우리는 어제 천국의 모습이 어떨지 엿볼 수 있었고, 하나님이 우리의 슬픔을 모두 사라지게 할 것이라고 배웠습니다. 오늘 우리는 계시록의 마지막으로 넘어갈 텐데, 오늘 성경 본문을 통해, 천국에 대해 더 많은 것들을 알게 됩니다. 마지막 날에, 하나님은 모든 죄를 멸하시고 세상을 새롭게 하실 겁니다. 하나님은 우리를 천국으로 들어 올려서 영원히 살게 하시는 게 아니라, 우리가 사는 이곳에 거룩한 성을 세우시고 거기서 우리와 함께 영원히 계실 겁니다. 우리는 흔히 천국을 저 하늘 위 어디쯤이라고 생각합니다. 그러나 천국은 어떤 특정한 장소가 아니라 우리가 그분과 함께 있는 바로 그곳입니다. 천국은 하나님이 새 하늘과 새 땅을 만드시기 전후에 우리와 함께 계시는 곳입니다.

새롭게 창조된 세상에서, 아무도 아프거나 죽는 고통을 당하지 않을 겁니다. 어떤 슬픔도 그곳엔 존재하지 않습니다. 모든 죄악은 불과 유황으로 타는 지옥에 던져질 것이고 영원히 거기에 갇힐 겁니다. (요한계시록 20:10~15절을 보세요.) 예수님을 믿고 그분의 십자가 죽음을 의지하는 모든 하나님의 사람들은 영원히 살 것입니다. 이것은 예수님을 믿다가 우리보다 먼저 죽은 가족과 친구를 비롯한 수많은 사람을 우리가 만나게 될 거라는 뜻입니다. 우리는 또한 모든 믿음의 조상들, 예를 들어, 아브라함, 모세, 베드로, 바울 그리고 다윗 왕과 수많은 선지자를 만나게 될 겁니다. 천국에서 열리는 축제는 끝나지 않고 영원히 이어질 겁니다. 매일매일, 영원히 우리는 예수님이 하신 그 일을 찬양하고 기념하며 기뻐할 것입니다.

🗣 이야기하기

부모님은 천국에서 무엇을 가장 기대하고 있는지 아이들에게 얘기해 주세요.
(예수님 만나기, 먼저 천국에 간 사랑하는 사람들 재회하기, 더 이상 죄를 짓지 않는 것 등을 말해 줄 수 있습니다.)

예수님을 제외하고, 천국에 가면 누구를 가장 먼저 만나고 싶나요? (아이들이 스스로 생각해 보게 도와주세요.)

예수님 믿기를 거부했던 사람들에게는 어떤 일이 벌어질까요?
(그들은 불과 유황으로 타는 호수에 던져질 것입니다.)

우리는 천국에 갈 거라고 어떻게 확신할 수 있을까요? (예수님은 그분을 믿는 사람들의 죄를 없애주시려고 십자가에서 돌아가셨습니다. 그렇기 때문에 누구든지 예수님을 믿으면, 천국에 들어가 그분과 함께 영원히 살 겁니다.)

🙏 기도하기

우리가 아는 불신자들이 죄에서 돌이켜 예수님의 죽음과 부활을 믿어 영원히 그분과 함께 천국에서 살 수 있게 해 달라고 기도하세요.

DAY 5

♥ 발견하기

오늘은 다른 성경 본문을 보는 날입니다. 시편이나 예언서에서 예수님 혹은 우리의 구원에 대해 배울 수 있습니다.

📖 성경 읽기 | 시편 96편

💬 깊이 생각하기

어떤 사람이 죄를 지으면, 체포되어 재판을 기다리는 동안 감옥에 갇히게 됩니다. 재판의 마지막 순간, 그 사람은 최종 선고를 기다리며 판사 앞에 섭니다. 유죄가 확정되면, 판사는 해당하는 징계를 선고하고 다시 감옥으로 보냅니다. 그러나 유죄를 입증할 결과물이 없어서 무죄가 선고되면, 그 사람은 그 자리에서 즉시 석방되고 자유를 얻습니다. 그리고 그 죄에 대해 다시는 재판을 받지 않게 됩니다.

우리는 모두 하나님 앞에서 심판을 받아야만 한다는 사실을 알고 있었나요? 예수님을 믿는 사람들에게, 가장 높은 재판관이신 하나님 아버지는 "무죄"를 선고하실 겁니다. 그래서 시편 96편은 말하길 하나님의 심판을 기념하고 즐거워하라고 했습니다. 하나님의 심판을 합당하게 여기며 그것을 기념하고 축하할 수 있는 유일한 방법은 예수님이 죄 때문에 우리가 받아야만 할 모든 징계를 대신 받으셨고, 그래서 우리에게는 무죄가 선고되며, 천국에서 환영받는 존재가 되었다는 사실을 기억하는 것뿐입니다. 시편 96편은 우리가 무죄를 선고받았다는 사실을 이 땅에서 먼저 축하하고, 모든 사람에게 하나님의 놀라운 구원을 전하자는 초대장입니다. 그렇게 함으로 그 사람들도 복음을 믿을 수 있고, 자신들의 죄 때문에 받아야 할 하나님의 심판 앞에서 자유롭게 될 수 있습니다.

《● 이야기하기

하나님의 심판은 너무 두려워 보입니다. 과연 어떤 사람들이 그 심판을 기념하고 환영할까요? 죄가 있는 사람들일까요? 없는 사람들일까요? (하나님의 심판을 기념하고 환영하는 사람들은 죄가 없는 사람들입니다. 그런 사람들은 하나님의 심판으로 오히려 죄에서 완전히 자유롭게 되었다는 확인을 받게 됩니다.)

우리는 이미 삶에서 많은 죄를 지었는데, 어떻게 그 심판의 날에 자유롭게 될 수 있나요?
(예수님이 우리가 받아야 할 모든 진노와 징계를 대신 받으심으로 대가를 치르셨습니다. 그래서 우리가 예수님을 믿고 그분이 행하신 모든 일을 신뢰하면, 심판의 날에 우리는 죄가 없다는 선언을 듣게 될 겁니다.)

오늘 시편은 우리의 구원을 기념하고 축하하기 위해 어떻게 해야 한다고 말하나요?
(하나님을 송축하고 구원을 날마다 전파하라고 합니다.)

하나님이 우리를 위해 하신 가장 경이로운 일은 무엇인가요?
(바로 그분의 아들이신 예수님을 우리와 같은 몸을 입은 인간으로 이 땅에 보내셔서 우리를 위한 속죄물이 되게 하신 것입니다. 그래서 그분을 믿는 모든 사람이 다 용서받게 되었습니다.)

✋ 기도하기

가장 좋아하는 찬송을 골라 온 가족이 함께 부르세요. 환호성과 춤을 추며 부르세요. 먼 훗날 우리는 죄에서 자유롭게 되고 영원히 우리의 왕이신 예수님과 함께 있게 될 것입니다.

"오직 이것을 기록함은

너희로 예수께서 하나님의 아들 그리스도이심을 믿게 하려 함이요

또 너희로 믿고 그 이름을 힘입어 생명을 얻게 하려 함이니라 "

(요 20 : 31절)

초판 1쇄 발행 2019년 1월 15일

지은이	마티 마쵸스키
옮긴이	HIS
펴낸이	박진하
교정	목윤희
표지디자인	정윤선
펴낸곳	홈앤에듀
신고번호	제 379-251002011000011호
주소	경기도 성남시 수정구 복정동 639-3 정주빌딩 B1
전화	050-5504-5404
홈페이지	홈앤에듀 http://www.homenedu.com
패밀리	홈스쿨지원센터 http://homeschoolcenter.co.kr
	아임홈스쿨러 http://www.imh.kr
	아임홈스쿨러몰 http://imhmall.com
판권소유	홈앤에듀

ISBN 979-11-962840-1-5 03230
값 25,000원